"十三五"国家重点图书出版规划项目

中国现代化报告 2016

——服务业现代化研究

何传启　主编

中国现代化战略研究课题组　编
中国科学院中国现代化研究中心

图书在版编目(CIP)数据

中国现代化报告.2016:服务业现代化研究/何传启主编.—北京:北京大学出版社,2016.6
ISBN 978-7-301-27148-3

Ⅰ.①中… Ⅱ.①何… Ⅲ.①现代化建设—研究报告—中国—2016 ②服务业现代化—研究报告—中国—2016 Ⅳ.①D61 ②F299.21

中国版本图书馆CIP数据核字(2016)第107226号

书　　　名	中国现代化报告2016——服务业现代化研究 ZHONGGUO XIANDAIHUA BAOGAO 2016
著作责任者	何传启　主编
责 任 编 辑	黄　炜
标 准 书 号	ISBN 978-7-301-27148-3
出 版 发 行	北京大学出版社
地　　　址	北京市海淀区成府路205号　100871
网　　　址	http://www.pup.cn
电 子 信 箱	zpup@pup.cn
新 浪 微 博	@北京大学出版社
电　　　话	邮购部 62752015　发行部 62750672　编辑部 62752021
印 刷 者	北京大学印刷厂
经 销 者	新华书店
	850毫米×1168毫米　16开本　26.5印张　746千字 2016年6月第1版　2016年6月第1次印刷
定　　　价	108.00元

未经许可,不得以任何方式复制或抄袭本书之部分或全部内容。
版权所有,侵权必究
举报电话:010-62752024　电子信箱:fd@pup.pku.edu.cn
图书如有印装质量问题,请与出版部联系,电话:010-62756370

中国现代化战略研究课题组

顾　问

　　周光召　院　士　中国科学院
　　路甬祥　院　士　中国科学院
　　徐冠华　院　士　国家科学技术部
　　白春礼　院　士　中国科学院
　　许智宏　院　士　北京大学
　　陈佳洱　院　士　国家自然科学基金委员会
　　李主其　教　授　国家自然科学基金委员会
　　郭传杰　研究员　中国科学院
　　方　新　研究员　中国科学院

组　长

　　何传启　研究员　中国科学院中国现代化研究中心

成　员（按姓氏笔画为序）

　　于维栋　研究员　中共中央办公厅调研室
　　马　诚　研究员　中国科学院生物科学与技术学部
　　方竹兰　教　授　中国人民大学经济学院
　　叶　青　副　研　中国科学院中国现代化研究中心
　　刘　雷　副　研　中国科学院中国现代化研究中心
　　刘细文　研究员　中国科学院文献情报中心
　　刘洪海　编　审　中国科学院国家纳米科技中心
　　朱文瑜　助　研　中国科学院中国现代化研究中心
　　朱庆芳　研究员　中国社会科学院社会学研究所
　　汤锡芳　编　审　国家自然科学基金委员会
　　吴述尧　研究员　国家自然科学基金委员会
　　张　凤　研究员　中国科学院科技战略咨询研究院
　　李　力　助　研　中国科学院中国现代化研究中心
　　李　宁　副教授　美国东华盛顿大学
　　李　扬　助　研　中国科学院中国现代化研究中心
　　李存富　高　编　中国科学报社
　　李泊溪　研究员　国务院发展研究中心
　　杜占元　研究员　国家教育部
　　杨重光　研究员　中国社会科学院城市与环境研究中心
　　邹力行　研究员　国家开发银行研究院

陈　丹	研究员	中国科学院文献情报中心
陈永申	研究员	国家国有资产管理局
胡志坚	研究员	国家科技部中国科技发展战略研究院
赵西君	副　研	中国科学院中国现代化研究中心
赵学文	研究员	国家自然科学基金委员会
程　萍	教　授	国家行政学院
董正华	教　授	北京大学世界现代化进程研究中心
谢文蕙	教　授	清华大学经济管理学院
裘元伦	研究员	中国社会科学院欧洲研究所
靳　京	助　研	中国科学院中国现代化研究中心

前　言

现代化既是我国的国家目标,也是世界交叉科学的前沿课题。2001年既是新世纪的纪元,也是中国"第三步战略"的起点。2001年开始出版的《中国现代化报告》(以下简称《报告》),曾经先后得到国家自然科学基金委员会、国家科技部和中国科学院的资助,得到课题组顾问们的关怀和指导,受到许多著名学者的充分肯定,受到部分知名媒体的持续关注,特此感谢!

本项研究得到中国科学界前辈们的关怀和支持。中国科学院前院长周光召院士题词:为可持续发展的现代化奋斗。中国科学院前院长路甬祥院士题词:研究现代化规律,创新现代化理论,促进现代化建设。中国工程院前院长宋健院士亲笔指导:你们近几年出版的《现代化报告》,非常好,对各界极有参考价值,很有思想性。国家科技部前部长徐冠华院士为《报告》作序:系统和科学地研究现代化,全面揭示现代化的客观规律,是中国科学家的一个历史责任。北京大学前校长、国家自然科学基金委员会前主任陈佳洱院士为《报告》作序:中国现代化研究既是关系国家目标和国家长远发展的重大基础研究,又是跨学科、跨领域和跨部门的综合研究,值得社会各界给予关注和支持。

美国杜克大学社会学荣誉教授图亚江(E. Tiryakian)说:《报告》覆盖的领域很广,而且毫无疑问,它代表了这些领域的世界先进水平。联合国教科文组织国际社会学理事会理事长、意大利米兰大学马蒂内利教授(A. Martinelli)说:《报告》采用自然科学与社会科学相结合的研究方法,这种方法是促进现代化研究的有效方法。俄罗斯科学院通讯院士拉宾教授(N. Lapin)发现,2010年俄罗斯有19个地区已进入第二次现代化,有64个地区处于第一次现代化。

2001年以来,先后有280多家中国媒体对《报告》进行报道或评论;美国、英国、德国、韩国和澳大利亚等国家的媒体进行了多次报道。2008年香港《中国评论通讯社》说:《中国现代化报告》的影响力很大,对政府长远政策的制定、对社会精英的思考模式、对社会舆论的理论引导、对民意的启发,都具有无法低估的作用。2011年元月《科学时报》头版报道:现代化科学是民族复兴基础。2011年《中国现代化报告》被列入"十二五"国家重点图书出版规划项目。

迄今为止,《报告》已经走过了15年历程。《报告》前14年的主题依次是:现代化与评价、知识经济与现代化、现代化理论与展望、地区现代化、经济现代化、社会现代化、生态现代化、国际现代化、文化现代化、世界现代化、现代化科学、农业现代化、城市现代化和工业现代化。它们分别涉及现代化理论研究、分层次现代化、分领域现代化和分部门现代化研究等。

今年《报告》主题是服务业现代化,侧重定量分析和国际比较,主要目的是:① 为研究服务业现代化提供历史事实和理论框架;② 为中国服务业现代化提供世界背景和政策建议。

本《报告》主要包括四个部分:首先,系统分析1700~2100年期间世界服务业现代化的发展趋势,完成世界服务业现代化的30多年评价(1980~2013)。其次,简要分析服务业现代化的国家案例、产业结构和基本原理。其三,简要分析中国服务业现代化的发展趋势,提出中国服务业现代化路线图和政策建议。其四,完成2013年世界现代化评价。

本《报告》提出了《国际行业分类建议版》和中国服务业现代化路线图,建议实施"知识强国战略",建设流通服务强国、知识创新强国、知识传播强国、知识经济强国和诚信社会。工业现代化的"制造强国战略"和服务业现代化的"知识强国战略",推动中国经济的腾飞。

本《报告》和前14本《报告》一样,世界现代化评价注意了如下几个方面:

(1) 有限目标。现代化是动态的和综合的,涉及人类生活各个领域的深刻变化。世界现代化评价仅对经济、社会、文化和环境现代化进行评价,没有涉及政治领域的现代化。

(2) 评价方法的科学性。现代化评价是对一个非线性大系统的动态过程进行评价,评价方法包括定性评价、定量评价和综合评价等。基于目前的条件,本报告采用定量评价。

(3) 评价指标的合理性。选择评价指标有四个原则:其一,具有代表性的关键指标,避免指标相互重叠;其二,可以获得连续的官方统计数据,避免随机波动;其三,具有可比性,能够反映发展水平;其四,对评价指标进行相关性分析,保证指标的合适性和逻辑一致性。

(4) 评价数据的权威性和一致性。评价数据采用国际权威机构和官方统计机构公布的数据;其中,世界现代化评价以世界银行的《2015年世界发展指标》网络数据库的系列数据为基本数据来源,中国地区现代化评价以《中国统计年鉴2014》的系列数据为基本数据来源。

(5) 评价结果的相对性和客观性。本《报告》的数据来源是权威的,现代化评价方法没有采用"加权系数",减少人为因素的影响,评价结果具有连续可比性。影响现代化的因素很多,评价结果更多反映一种趋势。在分析和引用结果时,要非常慎重。

本项研究得到中国科学院中国现代化研究中心理事会的大力支持。中国科学院文献情报中心和北京同响时代现代化管理咨询中心给予了许多的帮助。北京大学出版社在很短时间内完成了《报告》的编辑出版工作。特此,向有关领导、单位、学者及工作人员表示诚挚的谢意!

本《报告》是集体合作的成果。课题组对《报告》进行了多次讨论和修改。

《报告》各部分执笔人分别是:前言和综述:何传启;第一章:刘雷;第二章第一节:李扬;第二章第二节:靳京;第二章第三节:刘雷;第三章前三节:赵西君;第三章第四节:何传启;第四章:叶青;第五章:何传启和张凤;附录一:叶青;附录二和附录三:张凤。

本《报告》包含500多张图表和大量数据,在处理过程中难免出现遗漏和错误;有些统计指标有多个版本,有些观点只是一家之言。敬请读者不吝赐教,我们将虚心学习和不断改进。

本《报告》突出了服务业现代化的定量分析,但关于服务业的制度和文化的定性分析有所不足。不同服务部门具有不同特点,它们的现代化需要专题研究。这些是课题组今后的研究方向。

何传启

中国现代化战略研究课题组组长

中国科学院中国现代化研究中心主任

2016年3月20日

目 录

综述 走向知识型服务时代 i

上篇 服务业现代化研究

第一章 世界服务业现代化的发展趋势 4
第一节 服务业现代化的研究方法 5
一、服务业现代化的基本概念 5
二、服务业现代化的研究方法 12
三、服务业现代化的坐标分析法 14
第二节 服务业现代化的时序分析 19
一、世界服务生产的时序分析 20
二、世界服务经济的时序分析 32
三、世界服务要素的时序分析 61
第三节 服务业现代化的截面分析 69
一、世界服务生产的截面分析 70
二、世界服务经济的截面分析 75
三、世界服务要素的截面分析 80
第四节 服务业现代化的过程分析 84
一、世界服务业现代化的历史进程 84
二、世界服务业现代化的客观现实 90
三、世界服务业现代化的前景分析 92
本章小结 97

第二章 服务业现代化的案例和原理 101
第一节 服务业现代化的国家案例 101
一、美国的服务业现代化 101
二、韩国的服务业现代化 105
第二节 服务业现代化的产业结构 107
一、工业时代的产业分类 107
二、后工业社会的新兴产业 108
三、知识时代的产业分类 110
第三节 服务业现代化的基本原理 114
一、服务业现代化的内涵 115
二、服务业现代化的过程 116
三、服务业现代化的结果 120

四、服务业现代化的动力 ……………………………………………………………… 121
　　五、服务业现代化的模式 ……………………………………………………………… 123
　本章小结 ……………………………………………………………………………………… 125

第三章　中国服务业现代化的理性分析 …………………………………………………… 126
　第一节　中国服务业现代化的时序分析 ……………………………………………………… 127
　　一、中国服务生产的时序分析 ………………………………………………………… 127
　　二、中国服务经济的时序分析 ………………………………………………………… 135
　　三、中国服务要素的时序分析 ………………………………………………………… 148
　第二节　中国服务业现代化的截面分析 ……………………………………………………… 154
　　一、中国服务生产的截面分析 ………………………………………………………… 155
　　二、中国服务经济的截面分析 ………………………………………………………… 157
　　三、中国服务要素的截面分析 ………………………………………………………… 159
　第三节　中国服务业现代化的过程分析 ……………………………………………………… 160
　　一、中国服务业现代化的历史进程 …………………………………………………… 161
　　二、中国服务业现代化的客观现实 …………………………………………………… 167
　　三、中国服务业现代化的前景分析 …………………………………………………… 173
　第四节　中国服务业现代化的战略分析 ……………………………………………………… 177
　　一、中国服务业现代化的目标分析 …………………………………………………… 179
　　二、中国服务业现代化的路线图 ……………………………………………………… 183
　　三、中国服务业现代化的战略要点 …………………………………………………… 188
　本章小结 ……………………………………………………………………………………… 201

下篇　世界和中国现代化评价

第四章　服务业现代化 30 年 ……………………………………………………………… 210
　第一节　世界服务业现代化 30 年 …………………………………………………………… 210
　　一、2013 年世界服务业现代化指数 …………………………………………………… 211
　　二、1980～2013 年世界服务业现代化进程 …………………………………………… 217
　第二节　中国服务业现代化 30 年 …………………………………………………………… 222
　　一、2013 年中国服务业现代化水平 …………………………………………………… 222
　　二、1980～2013 年中国服务业现代化进程 …………………………………………… 223
　第三节　中国地区服务业现代化进程 ………………………………………………………… 225
　　一、2013 年中国地区服务业现代化指数 ……………………………………………… 227
　　二、2010 年中国地区服务业现代化指数 ……………………………………………… 229
　　三、2000 年中国地区服务业现代化指数 ……………………………………………… 229
　本章小结 ……………………………………………………………………………………… 229

第五章　2013 年世界和中国现代化指数 ………………………………………………… 231
　第一节　2013 年世界现代化指数 …………………………………………………………… 231
　　一、2013 年世界现代化的总体水平 …………………………………………………… 232

二、2013年世界现代化的国际差距 239
　　三、2013年世界现代化的国际追赶 240
第二节　2013年中国现代化指数 242
　　一、2013年中国现代化的总体水平 242
　　二、2013年中国现代化的国际差距 245
　　三、2013年中国现代化的国际追赶 247
第三节　2013年中国地区现代化指数 248
　　一、2013年中国地区现代化的总体水平 249
　　二、2013年中国地区现代化的国际差距 254
　　三、2013年中国地区现代化的国际追赶 256
本章小结 257

技术注释 258
参考文献 270
数据资料来源 275

附　录

附录一　服务业现代化评价的数据集 279
附录二　世界现代化水平评价的数据集 315
附录三　中国地区现代化水平评价的数据集 362

图 表 目 录

图A　1800～1960年发达国家经济发展的三种模式 .... (ii)
图B　1960～2013年世界服务业的扩张 .... (ii)
图C　1820～2010年美国经济结构变化（农业、工业和服务业增加值比例和劳动力比例的变化） .... (vi)
图D　1948～2010年美国服务业结构变化（劳务型服务业和知识型服务业增加值比重和劳动力比重的变化） .... (vi)
图E　1948～2010年美国经济结构变化（农业和工业、劳务型服务业和知识型服务业增加值和劳动力比例的变化） .... (vii)
图F　1953～2013年韩国经济结构变化（农业、工业和服务业增加值和劳动力比例的变化） .... (vii)
图G　1970～2010年韩国服务业结构变化（劳务型服务业和知识型服务业增加值比重的变化） .... (vii)

图 H	1970～2010年韩国经济结构变化(农业和工业、劳务型服务业和知识型服务业增加值比例的变化)	(viii)
图 I	人类生活的两个基本需要和三大产业(示意图)	(ix)
图 J	2013年中国、美国和德国服务业的比较	(xiv)
图 K	2010年中国、美国和德国知识型服务业的比较	(xv)
图 L	知识强国战略的结构示意图	(xvi)

图一　服务业现代化的路线图 ············ (3)

图1-1　服务业现代化犹如一场服务业发展的国际马拉松 ············ (4)
图1-2　服务业现代化的研究对象 ············ (4)
图1-3　服务业内涵和外延的操作性界定 ············ (5)
图1-4　服务业现代化的研究对象(示意图) ············ (10)
图1-5　服务业现代化现象的过程分析 ············ (13)
图1-6　服务业现代化过程的结果分析 ············ (13)
图1-7　服务业现代化的一种分析框架 ············ (19)
图1-8　1700～2012年服务业劳动力比例的变化 ············ (21)
图1-9　1800～2013年服务业增加值比例的变化 ············ (21)
图1-10　2004～2012年样本国家旅游服务业增加值比重的变化 ············ (22)
图1-11　1991～2012年服务业劳动生产率的变化 ············ (25)
图1-12　1970～2011年知识型服务业劳动生产率的变化 ············ (25)
图1-13　1970～2011年劳务型服务业劳动生产率的变化 ············ (25)
图1-14　1960～2014年人均服务业增加值的变化 ············ (30)
图1-15　1970～2011年人均知识型服务业增加值的变化 ············ (30)
图1-16　1991～2014年创办企业所需时间的变化 ············ (30)
图1-17　1800～2014年服务业与农业增加值之比的变化 ············ (34)
图1-18　1970～2011年劳务型生产服务业增加值占服务业增加值比重的变化 ············ (35)
图1-19　1800～2014年服务业与工业增加值之比的变化 ············ (35)
图1-20　1970～2011年劳务型服务业增加值占服务业增加值比重的变化 ············ (37)
图1-21　1970～2011年知识型服务业增加值占服务业增加值比重的变化 ············ (37)
图1-22　1970～2011年劳务型消费服务业增加值占服务业增加值比重的变化 ············ (37)
图1-23　1970～2011年劳务型综合服务业增加值占服务业增加值比重的变化 ············ (38)
图1-24　1970～2011年智力服务型服务业增加值占服务业增加值比重的变化 ············ (38)
图1-25　1970～2011年知识传播型服务业增加值占服务业增加值比重的变化 ············ (38)
图1-26　1970～2011年生产型服务业增加值占服务业增加值比重的变化 ············ (39)
图1-27　1970～2011年消费型服务业增加值占服务业增加值比重的变化 ············ (39)
图1-28　1970～2011年综合型服务业增加值占服务业增加值比重的变化 ············ (39)
图1-29　1970～2011年公共型服务业增加值占服务业增加值比重的变化 ············ (40)
图1-30　1970～2011年非公共型服务业增加值占服务业增加值比重的变化 ············ (40)
图1-31　1970～2011年信息和通信服务业增加值比重的变化 ············ (41)

图 1-32　1970～2011年专业、科学和技术服务业增加值比重的变化 …………………………………（41）
图 1-33　1970～2011年人体健康和社会工作服务业增加值比重的变化 ……………………………（41）
图 1-34　1970～2011年行政和辅助服务业增加值比重的变化 ………………………………………（42）
图 1-35　1970～2011年艺术、娱乐和文娱服务业增加值比重的变化 ………………………………（42）
图 1-36　1970～2011年批发和零售业、汽车和摩托车的修理服务业增加值比重的变化 …………（42）
图 1-37　1970～2011年运输和储存服务业增加值比重的变化 ………………………………………（43）
图 1-38　1970～2011年公共管理与国防、强制性社会保障服务业增加值比重的变化 ……………（43）
图 1-39　1970～2011年教育服务业增加值比重的变化 ………………………………………………（43）
图 1-40　1970～2011年金融和保险服务业增加值比重的变化 ………………………………………（44）
图 1-41　1970～2011年房地产服务业增加值比重的变化 ……………………………………………（44）
图 1-42　1970～2011年食宿服务业增加值比重的变化 ………………………………………………（44）
图 1-43　1970～2011年家庭作为雇主的服务业增加值比重的变化 …………………………………（45）
图 1-44　1970～2011年其他服务业增加值比重的变化 ………………………………………………（45）
图 1-45　1700～2014年服务业与农业劳动力之比的变化 ……………………………………………（47）
图 1-46　1980～2012年服务业女性就业比例（占全部女性劳动力的比例）的变化 ………………（47）
图 1-47　1970～2011年消费型服务业劳动力比重的变化 ……………………………………………（47）
图 1-48　1700～2014年服务业与工业劳动力之比的变化 ……………………………………………（48）
图 1-49　1970～2011年劳务型服务业劳动力比重的变化 ……………………………………………（49）
图 1-50　1970～2011年知识型服务业劳动力比重的变化 ……………………………………………（50）
图 1-51　1970～2011年劳务型生产服务业劳动力比重的变化 ………………………………………（50）
图 1-52　1970～2011年劳务型消费服务业劳动力比重的变化 ………………………………………（50）
图 1-53　1970～2011年劳务型综合服务业劳动力比重的变化 ………………………………………（51）
图 1-54　1970～2011年智力服务型服务业劳动力比重的变化 ………………………………………（51）
图 1-55　1970～2011年知识传播型服务业劳动力比重的变化 ………………………………………（51）
图 1-56　1970～2011年生产型服务业劳动力比重的变化 ……………………………………………（52）
图 1-57　1970～2011年综合型服务业劳动力比重的变化 ……………………………………………（52）
图 1-58　1970～2011年公共型服务业劳动力比重的变化 ……………………………………………（52）
图 1-59　1970～2011年非公共型服务业劳动力比重的变化 …………………………………………（53）
图 1-60　1970～2011年专业、科学和技术服务业劳动力比重的变化 ………………………………（53）
图 1-61　1970～2011年人体健康和社会工作服务业劳动力比重的变化 ……………………………（54）
图 1-62　1970～2011年行政和辅助服务业劳动力比重的变化 ………………………………………（54）
图 1-63　1970～2011年信息和通信服务业劳动力比重的变化 ………………………………………（54）
图 1-64　1970～2011年艺术、娱乐和文娱服务业劳动力比重的变化 ………………………………（55）
图 1-65　1970～2011年批发和零售业、汽车和摩托车的修理服务业劳动力比重的变化 …………（55）
图 1-66　1970～2011年运输和储存服务业劳动力比重的变化 ………………………………………（55）
图 1-67　1970～2011年公共管理与国防、强制性社会保障服务业劳动力比重的变化 ……………（56）
图 1-68　1970～2011年教育服务业劳动力比重的变化 ………………………………………………（56）
图 1-69　1970～2011年金融和保险服务业劳动力比重的变化 ………………………………………（56）
图 1-70　1970～2011年房地产服务业劳动力比重的变化 ……………………………………………（57）
图 1-71　1970～2011年食宿服务业劳动力比重的变化 ………………………………………………（57）

图 1-72　1970～2011 年家庭作为雇主的服务业劳动力比重的变化 ……………………………………(57)
图 1-73　1970～2011 年其他服务业劳动力比重的变化 ………………………………………………(58)
图 1-74　2005～2014 年人均服务出口的变化 …………………………………………………………(59)
图 1-75　2005～2014 年人均服务进口的变化 …………………………………………………………(60)
图 1-76　1970～2013 年中学入学率的变化 ……………………………………………………………(62)
图 1-77　1970～2013 年大学入学率的变化 ……………………………………………………………(62)
图 1-78　1990～2012 年接受过高等教育劳动力的比例的变化 ………………………………………(62)
图 1-79　1990～2015 年卫生设施普及率的变化 ………………………………………………………(63)
图 1-80　2004～2013 年自动取款机数量的变化 ………………………………………………………(63)
图 1-81　1996～2012 年人均 R&D 支出的变化 ………………………………………………………(64)
图 1-82　1996～2012 年 R&D 经费占 GDP 比例的变化 ………………………………………………(65)
图 1-83　1960～2013 年专利拥有率的变化 ……………………………………………………………(65)
图 1-84　1996～2013 年开展科技开发企业比例的变化 ………………………………………………(65)
图 1-85　1960～2014 年人均 GDP 的变化 ……………………………………………………………(66)
图 1-86　1960～2014 年城市人口比例的变化 …………………………………………………………(67)
图 1-87　1960～2013 年人均能源使用量的变化 ………………………………………………………(67)
图 1-88　1960～2011 年人均居住和服务的二氧化碳排放量的变化 …………………………………(67)
图 1-89　1960～2015 年婴儿死亡率的变化 ……………………………………………………………(68)
图 1-90　世界服务业现代化的过程分析 ………………………………………………………………(84)
图 1-91　世界现代化和人类文明的主要阶段 …………………………………………………………(85)
图 1-92　1980～2013 年世界服务业现代化的国际体系的结构（根据现代化指数分组）…………(89)
图 1-93　1980～2013 年世界服务业现代化的国际体系的结构（根据现代化指数分组）…………(89)

图 2-1　1801～2000 年英国经济结构变化 ……………………………………………………………(108)
图 2-2　服务业变迁和服务业现代化的坐标 …………………………………………………………(118)
图 2-3　国家服务业水平的国际地位的几种状态（马尔科夫链）……………………………………(120)
图 2-4　服务业现代化过程的创新驱动模型 …………………………………………………………(123)
图 2-5　21 世纪服务业现代化的三条路径 ……………………………………………………………(124)

图 3-1　21 世纪中国服务业现代化的路径选择——综合服务业现代化的运河路径 ………………(127)
图 3-2　1952～2013 年中国服务业增加值比例和服务业劳动力比例的变化 ………………………(128)
图 3-3　1991～2012 年中国劳务型与知识型服务业的差距 …………………………………………(133)
图 3-4　1960～2014 年中国服务业与工农业增加值之比的变化 ……………………………………(135)
图 3-5　1991～2012 年中国劳务型服务业与知识型服务业增加值比重的变化 ……………………(138)
图 3-6　1991～2012 年中国知识型服务业结构的变化 ………………………………………………(138)
图 3-7　1991～2012 年中国劳务型服务业结构的变化 ………………………………………………(138)
图 3-8　1991～2012 年中国公共服务业与非公共服务业增加值比重的变化 ………………………(139)
图 3-9　1991～2012 年中国非公共服务业结构的变化 ………………………………………………(139)
图 3-10　1991～2012 年中国知识型服务业的部门结构变化 …………………………………………(139)
图 3-11　1978～2013 年中国劳务型服务业的部门结构变化 …………………………………………(140)

图 3-12	1962～2013 年中国服务业与工业、农业劳动力之比的变化	(142)
图 3-13	2005～2013 年中国服务进出口占 GDP 比例的变化	(146)
图 3-14	2005～2013 年中国保险与金融服务进出口占服务进出口比例的变化	(146)
图 3-15	2005～2013 年中国交通服务进出口占服务进出口比例的变化	(146)
图 3-16	2005～2013 年中国旅行服务进出口占服务进出口比例的变化	(146)
图 3-17	2005～2013 年中国人均服务出口和进口的变化	(147)
图 3-18	2005～2013 年中国人均知识产权使用费出口和进口的变化	(147)
图 3-19	中国服务业现代化的过程分析	(161)
图 3-20	2000～2013 年中国服务业现代化速度的国际比较	(168)
图 3-21	中国服务业现代化的路线图——运河路径	(185)
图 3-22	中国服务业现代化路线图的战略要点	(189)
图 3-23	1991～2012 年中国服务业结构变化（劳务型服务业和知识型服务业比例的变化）	(191)
图 3-24	劳务型服务业的过程模型	(191)
图 3-25	经济质量的层次模型	(192)
图 3-26	知识型服务业的过程模型（直接知识服务）	(193)
图 3-27	知识强国战略的结构图	(195)

图二	现代化评价的结构	(209)

图 4-1	2013 年世界服务业现代化的坐标	(212)
图 4-2	1980～2013 年世界服务业现代化进程	(217)
图 4-3	1980～2013 年中国服务业现代化指数	(224)

图 5-1	2013 年世界现代化进程的坐标图	(231)
图 5-2	2013 年世界现代化的定位图（基于现代化阶段和第二次现代化水平）	(234)
图 5-3	2013 年世界现代化的定位图（基于现代化阶段和综合现代化水平）	(234)
图 5-4	2013 年中国第一次现代化的特点	(243)
图 5-5	2013 年中国第二次现代化的特点	(244)
图 5-6	2013 年中国综合现代化的特点	(244)
图 5-7	1950～2013 年中国现代化指数的增长	(247)
图 5-8	1970～2013 年中国现代化水平的提高	(247)
图 5-9	2013 年中国地区现代化进程的坐标图	(249)
图 5-10	2013 年中国现代化的地区定位图（第二次现代化水平的定位）	(251)
图 5-11	2013 年中国现代化的地区定位图（综合现代化水平的定位）	(252)
图 5-12	2013 年中国地区第一次现代化指数	(252)
图 5-13	2013 年中国地区第二次现代化指数	(253)
图 5-14	2013 年中国地区综合现代化指数	(253)

图 a	第一次现代化阶段评价的信号指标变化	(261)

表A	服务业的两大集群	(i)
表B	1970~2011年15个OECD国家服务经济的内部结构变化	(iii)
表C	"国际行业分类(建议版)"和2010年产业结构估算	(x)
表D	世界服务业现代化的两个阶段(前沿过程)	(xi)
表E	知识强国战略的核心目标(2050年)	(xvi)

表1-1	服务业现代化的研究范围与研究单元的研究矩阵	(5)
表1-2	服务业的门类	(6)
表1-3	服务的聚类	(7)
表1-4	服务业的聚类	(7)
表1-5	国际标准行业分类(4.0版)的服务业门类的聚类	(8)
表1-6	国际标准行业分类(3.1版)的服务业门类的聚类	(9)
表1-7	服务业现代化研究的研究内容的分类	(10)
表1-8	服务业现代化研究的结构矩阵	(11)
表1-9	服务业现代化与分领域和分层次现代化的交叉	(11)
表1-10	服务业现代化研究的主要类型	(12)
表1-11	服务业现代化研究的坐标分析方法	(14)
表1-12	文明时间与历史时间的对照表	(14)
表1-13	人类历史上的文明范式及其代表性特征	(15)
表1-14	人类历史上的服务业范式及其代表性特征	(15)
表1-15	服务业现代化研究的时序分析的国家样本(2014年)	(16)
表1-16	2013年截面分析的国家分组	(17)
表1-17	服务业现代化研究的分析变量的主要类型	(18)
表1-18	服务业现代化的分析指标和分析变量	(19)
表1-19	服务业变量的特点和分类	(20)
表1-20	1700~2013年服务生产的变迁	(20)
表1-21	服务规模的分析变量和变化趋势	(21)
表1-22	1990~2012年服务业规模与一些特征指标的相关性	(23)
表1-23	1700~2012年服务业劳动力比例的世界前沿和国际差距	(24)
表1-24	1800~2014年服务业增加值比例的世界前沿和国际差距	(24)
表1-25	服务效率的分析变量和变化趋势	(24)
表1-26	服务业劳动生产率的国家地位的转移概率(马尔可夫链分析)	(26)
表1-27	1991~2012年六个国家三大产业劳动生产率比较	(26)
表1-28	1970~2011年典型国家服务业内部劳动生产率的变化(知识含量聚类)	(27)
表1-29	1970~2011年典型国家服务业内部劳动生产率的变化(服务对象聚类)	(28)
表1-30	1991~2012年服务业劳动生产率的世界前沿和国际差距	(29)
表1-31	服务质量的分析变量和变化趋势	(29)
表1-32	1970~2011年典型国家服务业内部各行业人均增加值的变化	(31)
表1-33	1960~2014年人均服务业增加值的世界前沿和国际差距	(32)
表1-34	1700~2013年服务经济的变迁	(32)

表 1-35	产业结构的分析变量和变化趋势	(34)
表 1-36	1800~2014 年典型国家三大产业增加值比例的变化	(35)
表 1-37	2010 年典型国家服务业内部结构比较	(45)
表 1-38	1800~2013 年服务业与农业增加值之比的世界前沿和国别差异	(46)
表 1-39	就业结构的分析变量和变化趋势	(46)
表 1-40	1800~2014 年典型国家三大产业劳动力比例的变化	(48)
表 1-41	2010 年典型国家服务业内部劳动力结构比较	(58)
表 1-42	1800~2014 年服务业与农业劳动力之比的世界前沿和国别差异	(59)
表 1-43	服务贸易的分析变量和变化趋势	(59)
表 1-44	2013 年服务业国际贸易的国家分布	(60)
表 1-45	2005~2014 年人均服务进出口的世界前沿和国别差异	(60)
表 1-46	1700~2014 年服务要素的变迁	(61)
表 1-47	人力资源的分析变量和变化趋势	(61)
表 1-48	服务设施的分析变量和变化趋势	(63)
表 1-49	服务创新的分析变量和变化趋势	(64)
表 1-50	服务环境的分析变量和变化趋势	(66)
表 1-51	人类历史上的服务制度(举例)	(68)
表 1-52	服务思想观念的时序变迁(特征举例)	(69)
表 1-53	服务变量的截面特征及其与时序特征的关系	(70)
表 1-54	2013 年服务生产 37 个变量与国家经济水平的特征关系	(71)
表 1-55	2013 年服务生产变量与国家经济水平的特征关系的分类	(72)
表 1-56	2013 年截面服务生产变量的世界前沿和国际差距(9 组国家特征值之间的比较)	(72)
表 1-57	2013 年服务生产变量的截面特征与时序特征的关系	(73)
表 1-58	2000 年截面服务生产变量与国家经济水平的特征关系的分类	(73)
表 1-59	2000 年服务生产变量的截面特征与时序特征的关系	(73)
表 1-60	1980 年截面服务生产变量与国家经济水平的特征关系的分类	(73)
表 1-61	1980 年服务生产变量的截面特征与时序特征的关系	(74)
表 1-62	1900 年截面服务生产变量与国家经济水平的特征关系的分类	(74)
表 1-63	服务生产变量与国家经济水平的关系分类	(74)
表 1-64	1820 年截面服务生产变量与国家经济水平的特征关系	(74)
表 1-65	1700 年截面服务生产变量与国家经济水平的特征关系	(75)
表 1-66	2013 年服务经济 76 个定量指标与国家经济水平的特征关系	(75)
表 1-67	2013 年截面服务经济变量与国家经济水平的特征关系的分类	(77)
表 1-68	2013 年截面服务经济变量的世界前沿和国际差距(9 组国家特征值之间的比较)	(77)
表 1-69	2010 年服务经济变量的截面特征与时序特征的关系	(78)
表 1-70	2000 年截面服务经济变量与国家经济水平的特征关系的分类	(78)
表 1-71	2000 年服务经济变量的截面特征与时序特征的关系	(79)
表 1-72	1980 年截面服务经济变量与国家经济水平的特征关系的分类	(79)
表 1-73	1980 年服务经济变量的截面特征与时序特征的关系	(79)
表 1-74	1900 年截面服务经济变量与国家经济水平的特征关系的分类	(79)

表 1-75	服务经济变量与国家经济水平的关系分类	(80)
表 1-76	1820 年截面服务经济变量与国家经济水平的特征关系的分类	(80)
表 1-77	2013 年服务要素 27 个定量指标与国家经济水平的特征关系	(80)
表 1-78	2013 年服务要素定量指标与国家经济水平的特征关系的分类	(81)
表 1-79	2013 年截面服务要素定量指标的世界前沿和国际差距（9 组国家特征值之间的比较）	(81)
表 1-80	2013 年服务要素定量指标的截面特征与时序特征的关系	(82)
表 1-81	2000 年截面服务要素定量指标与国家经济水平的特征关系的分类	(83)
表 1-82	2000 年服务要素定量指标的截面特征与时序特征的关系	(83)
表 1-83	1980 年截面服务要素定量指标与国家经济水平的特征关系的分类	(83)
表 1-84	1980 年服务要素定量指标的截面特征与时序特征的关系	(83)
表 1-85	服务要素定量指标与国家经济水平的关系分类	(84)
表 1-86	世界现代化进程的阶段划分	(86)
表 1-87	世界现代化的两大阶段和六次浪潮	(86)
表 1-88	世界经济现代化的两大阶段和六次浪潮	(86)
表 1-89	世界服务业现代化的两大阶段和七个小阶段	(87)
表 1-90	20 世纪服务业指标与国家经济水平的相关性	(87)
表 1-91	1760～1970 年世界整体服务业现代化的结果分析（举例说明）	(88)
表 1-92	1970～2013 年世界整体服务业现代化的结果分析（举例说明）	(89)
表 1-93	2013 年世界整体的服务业现代化的阶段分析	(90)
表 1-94	2000～2013 年世界服务业现代化的整体水平和速度分析	(90)
表 1-95	2000～2013 年世界服务业现代化的国际体系	(91)
表 1-96	2000～2013 年世界和 15 个国家服务业现代化的速度	(92)
表 1-97	21 世纪世界服务业现代化的先进水平的情景分析	(93)
表 1-98	21 世纪世界服务业现代化的平均水平的情景分析表	(93)
表 1-99	服务生产指标的世界前沿水平的情景分析	(94)
表 1-100	服务生产指标的世界平均水平的情景分析	(94)
表 1-101	服务经济指标的世界前沿水平的情景分析	(95)
表 1-102	服务经济指标的世界平均水平的情景分析	(95)
表 1-103	服务要素指标的世界前沿水平的情景分析	(96)
表 1-104	服务要素指标的世界平均水平的情景分析	(96)
表 2-1	美国的历史阶段和现代化阶段（时期和大致年代）	(102)
表 2-2	美国服务业现代化的起步	(102)
表 2-3	美国服务业现代化的发展阶段	(103)
表 2-4	1820～2010 年美国经济的产业结构和就业结构	(103)
表 2-5	1869～1970 年美国经济中服务业的比例	(103)
表 2-6	1950～2010 年美国服务业的产业结构和就业结构	(104)
表 2-7	1950～2014 年美国经济的产业结构和就业结构	(104)
表 2-8	1950～2014 年美国服务业的产业结构	(104)

表 2-9	1870～2000 年美国服务业转型的协调性	(105)
表 2-10	韩国服务业现代化的起步	(105)
表 2-11	1960～2014 年韩国经济的产业结构和就业结构	(106)
表 2-12	1980～2013 年韩国综合现代化和服务业现代化情况	(106)
表 2-13	1960～2013 年韩国服务业转型的协调性	(107)
表 2-14	1970～2010 年韩国劳务型服务业与知识型服务业增加值比重	(107)
表 2-15	马克卢普对知识产业的分类	(108)
表 2-16	波拉特对信息产业的分类	(109)
表 2-17	OECD 关于信息产业的统计框架	(109)
表 2-18	文化产业和相关产业的结构	(110)
表 2-19	国际行业分类(建议版)	(111)
表 2-20	2010 年服务业产业结构的一种估算	(112)
表 2-21	2000～2010 年美国和韩国产业结构的一种估算	(112)
表 2-22	1950～2010 年美国产业结构变化	(113)
表 2-23	两种行业分类版本的比较	(113)
表 2-24	服务业现代化理论的结构	(115)
表 2-25	广义服务业现代化的一般理论	(115)
表 2-26	服务业现代化的两个判据和三个标准	(116)
表 2-27	服务业变迁和服务业现代化的周期表——服务业形态的变化	(117)
表 2-28	服务业现代化过程的分阶段特点	(118)
表 2-29	服务业现代化过程的动力模型	(122)
表 3-1	1820～2013 年服务业增加值占 GDP 比例的国际比较	(126)
表 3-2	1960～2014 年中国服务业指标的变化趋势	(127)
表 3-3	1960～2011 年中国服务业规模的变化	(128)
表 3-4	1960～2013 年中国服务业增加值比例的国际比较	(129)
表 3-5	2013 年中国服务规模的国际比较	(129)
表 3-6	1960～2013 年中国服务业效率的变化	(130)
表 3-7	1980～2002 年中国分行业服务业职工平均工资	(130)
表 3-8	2003～2013 年中国分行业服务业职工平均工资	(131)
表 3-9	1991～2012 年中国服务业劳动生产率的国际比较	(131)
表 3-10	1991～2012 年中国服务质量的变化	(132)
表 3-11	1960～2013 年中国人均服务业增加值的国际比较	(133)
表 3-12	1990～2011 年中国人均知识型服务业增加值的国际比较	(134)
表 3-13	2013 年中国服务质量指标的国际比较	(134)
表 3-14	2010 年中国与 OECD 国家服务质量的国际比较	(135)
表 3-15	1960～2014 年中国服务业与工农业增加值之比的变化	(135)
表 3-16	1991～2012 年中国服务业的聚类结构变化	(136)
表 3-17	1978～2013 年中国服务业的部门结构变化	(136)
表 3-18	1991～2003 年中国服务业的部门结构的变化	(137)

表 3-19	2004~2012 年中国服务业的部门结构的变化	(137)
表 3-20	1960~2013 年中国服务业与工业增加值之比的国际比较	(140)
表 3-21	2013 年中国服务业产业结构的国际比较	(141)
表 3-22	2010 年中国服务业分类型的产业结构国际比较	(141)
表 3-23	2010 年中国服务业分类型的产业结构国际比较	(142)
表 3-24	1962~2013 年中国服务业与工农业劳动力之比的变化	(142)
表 3-25	2003~2012 年中国城镇单位服务业就业劳动力比例的变化	(143)
表 3-26	1980~2010 年中国服务业与工业劳动力之比的国际比较	(144)
表 3-27	2010 年中国服务就业结构的国际比较	(144)
表 3-28	2005~2013 年中国服务业贸易结构的变化	(145)
表 3-29	2005~2013 年中国服务贸易额占 GDP 的比例的国际比较	(147)
表 3-30	2013 年中国服务贸易结构国际比较	(148)
表 3-31	2013 年中国服务业贸易结构国际比较	(148)
表 3-32	1970~2013 年中国服务业人力资源的变化	(149)
表 3-33	1975~2013 年大学入学率的国际比较	(149)
表 3-34	2010 年中国服务业人力资源的国际比较	(150)
表 3-35	1980~2011 年中国服务设施的变化	(150)
表 3-36	1990~2014 年中国卫生设施普及率的国际比较	(151)
表 3-37	2013 年中国服务设施的国际比较	(151)
表 3-38	1996~2012 年中国服务创新的变化	(152)
表 3-39	1996~2011 年中国人均 R&D 支出的国际比较	(152)
表 3-40	2012 年中国服务创新的国际比较	(152)
表 3-41	1960~2012 年中国服务环境的变化	(153)
表 3-42	1960~2014 年中国城镇人口比例的国际比较	(154)
表 3-43	2012 年中国服务环境的国际比较	(154)
表 3-44	1980、2000 和 2013 年截面中国服务业指标的水平分布	(155)
表 3-45	2013 年截面中国服务业生产指标的相对水平	(155)
表 3-46	2013 年截面中国服务业生产指标的国际比较	(155)
表 3-47	2000 年截面中国服务生产指标的相对水平	(156)
表 3-48	1980 年截面中国服务业生产指标的相对水平	(156)
表 3-49	2013 年截面中国服务经济指标的相对水平	(157)
表 3-50	2013 年截面中国服务业经济指标的国际比较	(157)
表 3-51	2000 年截面中国服务业经济指标的相对水平	(158)
表 3-52	1980 年截面中国服务业经济指标的相对水平	(158)
表 3-53	2013 年截面中国服务要素定量指标的相对水平	(159)
表 3-54	2013 年截面中国服务业要素定量指标的国际比较	(159)
表 3-55	2000 年截面中国服务业要素定量指标的相对水平	(160)
表 3-56	1980 年截面中国服务业要素定量指标的相对水平	(160)
表 3-57	中国经济现代化的发展阶段	(161)
表 3-58	中国服务业现代化的起步	(162)

表 3-59	中国服务业现代化的发展阶段		(162)
表 3-60	1890～2013 年中国经济结构和就业结构		(163)
表 3-61	1980～2013 年中国服务业现代化水平的变化		(163)
表 3-62	1991～2012 年中国劳务型服务业与知识型服务业增加值比重		(164)
表 3-63	1960～2013 年中国服务业效率的差距		(164)
表 3-64	1952～2013 年中国服务业转型的协调性		(165)
表 3-65	2005～2013 年中国服务进口与出口比例		(165)
表 3-66	1991～2012 年中国公共型与非公共型服务业增加值的比例		(165)
表 3-67	1980～2013 年中国服务业现代化水平的国际差距		(166)
表 3-68	1970～2013 年中国服务业指标的国际差距（举例）		(166)
表 3-69	2013 年中国服务业三大方面的现代化水平		(168)
表 3-70	2013 年中国服务业指标的现代化水平		(168)
表 3-71	2013 年中国服务业指标的世界排名和国际差距（举例）		(169)
表 3-72	2013 年中国服务业生产指标的国际差距		(169)
表 3-73	2013 年中国服务业经济指标的国际差距		(169)
表 3-74	2013 年中国服务业要素定量指标的国际差距		(170)
表 3-75	2013 年中国服务生产指标的国际比较		(171)
表 3-76	2013 年中国服务经济指标的国际比较		(172)
表 3-77	2013 年中国服务经济的年代差		(173)
表 3-78	中国服务业现代化指数的一种国际比较		(174)
表 3-79	中国服务生产指标的情景分析		(174)
表 3-80	中国服务业经济指标的情景分析		(175)
表 3-81	中国服务要素指标的情景分析		(176)
表 3-82	我国服务业有关文件举要（近年）		(178)
表 3-83	2013 年中国第一次服务业现代化指标的国际差距		(180)
表 3-84	2013 年中国服务业现代化指标的国际差距		(180)
表 3-85	中国服务业现代化的政策目标的时间分解（一种可选的方案）		(181)
表 3-86	中国第一次服务业现代化的共性目标		(181)
表 3-87	2050 年中国服务业现代化的共性目标		(181)
表 3-88	2010 年中国知识产业的国际比较		(182)
表 3-89	2050 年中国服务业现代化的个性目标：知识产业强国		(182)
表 3-90	2010 年中国服务业生态环境指标的国际比较		(183)
表 3-91	中国服务业现代化路线图的战略目标		(183)
表 3-92	中国服务业现代化路线图的时间阶段		(184)
表 3-93	中国服务业现代化路线图的基本任务		(184)
表 3-94	中国服务业现代化路线图的监测指标体系		(186)
表 3-95	中国服务业现代化的服务内容监测		(187)
表 3-96	中国服务业现代化的服务质量监测		(187)
表 3-97	中国服务业现代化的服务要素监测		(188)
表 3-98	2010 年中国服务业指标的国际比较		(189)

表 3-99	2010 年中国服务业结构的国际比较	(190)
表 3-100	劳务型服务业的服务质量的影响因素	(191)
表 3-101	发展劳务型服务业的政策建议	(192)
表 3-102	知识型服务业的影响因素	(193)
表 3-103	发展知识型服务业的政策建议	(193)
表 3-104	提升服务能力的政策建议	(193)
表 3-105	2010 年中国和美国知识型服务业指标的比较	(194)
表 3-106	知识强国战略的核心目标（2050 年定量指标）	(195)
表 3-107	16 世纪以来的科技革命	(197)
表 3-108	2010 年中国和美国流通服务指标的比较	(198)
表 3-109	中国经济部门现代化的三个路线图	(205)
表 4-1	服务业现代化指数的评价结构	(210)
表 4-2	世界服务业现代化进程的信号指标和判断标准	(211)
表 4-3	1980～2013 年世界服务业现代化评价	(211)
表 4-4	2013 年世界服务业现代化指数	(212)
表 4-5	2013 年世界服务业现代化的前沿	(214)
表 4-6	2013 年世界服务业现代化水平的国家差距	(214)
表 4-7	世界服务业现代化的国家地位的转移概率（马尔可夫链分析）	(215)
表 4-8	2013 年世界服务业现代化的国家分布和不平衡性	(216)
表 4-9	1980～2013 年世界服务业现代化的阶段（处于不同阶段的国家个数）	(217)
表 4-10	1980～2013 年世界服务业现代化指数的国际差距	(218)
表 4-11	1980～2013 年服务业现代化分组升级和降级的国家	(218)
表 4-12	1980～2013 年服务业现代化的世界地位发生升降的国家	(219)
表 4-13	1980～2013 年世界服务业现代化水平的结构	(219)
表 4-14	世界范围的国家服务业现代化进程的一种估计	(220)
表 4-15	世界服务业现代化与世界现代化的相关系数	(220)
表 4-16	1980～2013 年中国服务业现代化指数	(222)
表 4-17	2013 年中国服务业现代化水平的国际差距	(223)
表 4-18	1980～2013 年中国服务业现代化进程	(224)
表 4-19	1980～2013 年中国现代化的协调性	(224)
表 4-20	1980～2013 年中国服务业现代化评价指标的表现	(225)
表 4-21	中国地区服务业现代化的统计数据	(226)
表 4-22	2000～2013 年中国内地地区服务业现代化水平	(226)
表 4-23	2000～2013 年中国内地地区服务业现代化的国内差距和国际差距	(228)
表 4-24	中国内地地区服务业现代化的追赶	(228)
表 4-25	2013 年中国内地地区服务业现代化的不平衡性	(229)
表 5-1	世界现代化指数的组成	(232)
表 5-2	2000～2013 年的世界现代化进程	(232)

表 5-3	2000～2013年根据第二次现代化水平的国家分组	(232)
表 5-4	2013年国家现代化的水平与阶段的关系	(233)
表 5-5	20个发达国家的现代化指数	(235)
表 5-6	25个中等发达国家的现代化指数	(235)
表 5-7	34个初等发达国家的现代化指数	(236)
表 5-8	52个欠发达国家的现代化指数	(237)
表 5-9	2013年处于第二次现代化发展期的国家	(239)
表 5-10	2013年世界现代化的前沿国家	(239)
表 5-11	2013年世界现代化的后进国家	(240)
表 5-12	世界现代化水平的国际差距	(240)
表 5-13	2000～2013年世界现代化的国际地位发生变化的国家	(240)
表 5-14	1960～2013年世界现代化的国际地位发生变化的国家	(241)
表 5-15	世界现代化的国家地位的转移概率(马尔科夫链分析)	(242)
表 5-16	1950～2013年中国现代化指数	(243)
表 5-17	1970～2013年中国第二次现代化指数	(244)
表 5-18	1980～2013年中国综合现代化指数	(245)
表 5-19	2013年中国现代化指数的国际比较	(245)
表 5-20	2013年中国第一次现代化评价指标的差距	(245)
表 5-21	2013年中国第二次现代化评价指标的国际比较	(246)
表 5-22	2013年中国综合现代化评价指标的国际比较	(246)
表 5-23	21世纪中国第二次现代化指数的世界排名的估算	(248)
表 5-24	21世纪中国现代化水平的推算	(248)
表 5-25	2013年中国地区现代化指数	(249)
表 5-26	1990～2013年的中国现代化进程	(251)
表 5-27	2013年中国不同区域的现代化水平的比较	(253)
表 5-28	2013年中国内地地区现代化的前沿水平和国际比较	(255)
表 5-29	1990～2013年中国内地地区现代化的地区差距	(255)
表 5-30	1990～2013年中国内地地区现代化的国际差距	(256)
表 5-31	2000～2012年中国内地地区第二次现代化指数的地区分组变化	(256)
表 5-32	2000～2012年中国内地地区综合现代化指数的分组变化	(256)

表 a	《中国现代化报告2003》的国家分组	(259)
表 b	第一次现代化的评价指标和评价标准(1960年工业化国家指标平均值)	(260)
表 c	第一次现代化信号指标的划分标准和赋值	(261)
表 d	第二次现代化评价指标	(262)
表 e	第二次现代化信号指标的标准和赋值	(264)
表 f	综合现代化评价指标	(265)
表 g	服务业现代化水平评价指标的标准值	(268)
表 h	中国地区服务业现代化的评价结构	(269)

综述　走向知识型服务时代

人类经济发展,从满足物质生活需要为主到重视精神生活需要,从提高生活水平为主到提高生活质量,经历了数千年的演化。随着科技进步和生产力提高,社会分工精细化和市场化,越来越多的劳动力从农业、工业和家务劳动中分离出来,进入提供劳务服务和知识服务的服务业。如果说,18世纪的工业革命开启了工业经济时代,那么,20世纪的知识和信息革命促进了服务经济和知识经济时代的来临。

在过去200多年里,服务业从传统服务业走向现代服务业,从现代服务业走向知识型服务业,服务内容、服务质量和服务治理发生了很大改变,服务业逐步超过工业和农业,成为国民经济的最大产业。本《报告》着重从定量分析角度,分析世界服务业现代化的发展趋势和基本原理,探讨21世纪中国服务业现代化的理性选择。

一、服务业现代化的发展趋势

根据国际标准行业分类,第一产业是农业,第二产业是工业,第三产业是服务业;服务业包括15个部门,分为两大集群(表A)。服务业现代化包括服务业和服务经济的现代化。本《报告》对世界服务业现代化进行时序分析、截面分析和过程分析,时间跨度为400年(1700~2100年),覆盖131个国家和97%的世界人口,分析内容涉及服务生产、服务经济和服务要素140多个指标,以及定量评价等。

表A　服务业的两大集群

集群	定义	"国际标准行业分类(4.0版)"的服务部门
劳务型服务业	以体力和低技术为基础的、劳务密集和知识含量较低的服务部门	6个部门:批发和零售业、汽车和摩托车的修理;运输和储存;食宿服务活动;房地产活动;其他服务活动;家庭作为雇主的活动、家庭自用、未加区分的物品生产和服务活动
知识型服务业	以知识和信息为基础的、知识含量较高的服务部门	9个部门:专业、科学和技术活动;教育;信息和交流;艺术、娱乐和文娱活动;人体健康和社会工作活动;金融和保险活动;行政和辅助活动;公共管理与国防、强制性社会保障;国际组织和机构的活动

注:根据知识含量高低,把服务业分成劳务型和知识型;这种分类是相对的,有些部门有交叉。例如,在行政和辅助活动部门,汽车的出租和租赁、安保活动、为楼房和院落景观活动提供的服务等,属于劳务型服务业。

1. 世界服务生产的发展趋势

服务业是一个特殊产业,服务生产和服务消费往往同时发生。服务活动是一个交互过程。如果服务不涉及市场交易,那么它是一种非经济行为。如果服务以市场交易为前提,那么它属于服务业。18世纪以来,世界服务生产发生了深刻变化,这种变化涉及服务规模、服务技术、服务模式、服务效率和服务质量等方面。

- 服务规模。18世纪以来,服务业在发达国家经济中占有重要位置。在1800~1960年期间,如果以服务业和工业之比为分类依据,发达国家经济发展可以分为三种类型:工业优先型、服务业优先型、工业和服务业协调型(图A)。20世纪60年代以来,世界服务业规模迅速扩张,服务业增加值比例和劳动力比例超过50%和70%的国家数量不断增加(图B)。2013年服务业增加值比例超过50%和70%的国家分别为114个和35个,服务业劳动力比例超过50%和70%的国家分别为71个和30个。2010年世界平均服务业增加值比例和劳动力比例分别为70%和51%,世界经济进入服务经济时代。

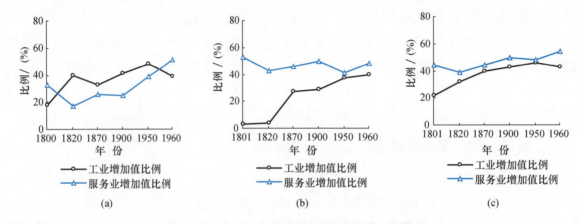

图A 1800~1960年发达国家经济发展的三种模式

注:(a)工业优先(法国),(b)服务业优先(澳大利亚),(c)工业和服务业协调发展(英国)。
数据来源:库兹涅茨,1999;米切尔,2002;World Bank,2015。

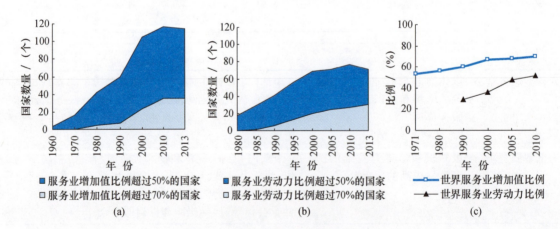

图B 1960~2013年世界服务业的扩张

注:(a)服务业增加值比例的国家分布,(b)服务业劳动力比例的国家分布,(c)世界服务业增加值和劳动力比例。
数据来源:World Bank,2015。

- 服务效率。从"价值形态"看,服务效率指单位时间服务劳动创造的价值。18世纪以来,服务效率的提升是一个长期趋势,但国际差距和部门差异比较大。有些部门如教育和公共管理部门等,服务价值难以量化,服务效率与服务成本和人力成本紧密相关。从"实物形态"看,服务效率指单位时间服务劳动提供的服务量。这种意义的服务效率的变迁,同样具有很大的国际差距和部门差异。服务效率的提高有三种类型:技术进步驱动型、劳动成本驱动型、技术和成本双驱动型,同时服务创新普遍存在。例如,交通运输业等属于第一类,家政服务等属于第二类,医疗服务等属于第三类。2010年服务业劳动生产率,在美国等国家高于工业,在法国等国家低于工业,世界平均高于工业。在1970~2010年期间,丹麦等国家知识型服务业劳动生产率高于劳务型服务业,法国等国家知识型服务业劳动生产率低于劳务型服务业,部分发达国家生产型服务业劳动生产率高于消费型服务业和公共型服务业。

- 服务质量。从微观层次看,服务质量指服务活动的品质,它既决定于服务内容,也决定于服务过程;服务内容的质量,主要决定于服务者采用的物品和知识;服务过程的质量,影响因素很多,与服务双方都有关。从宏观层次看,服务质量指服务业和服务经济的品质,可以通过对人均服务、服务结构、服务效益和服务管理等方面进行比较分析。18世纪以来,人均服务业增加值和人均服务业劳动力呈上升趋势,说明人均享受的服务价值和服务数量在上升。在1970~2010年期间,人均知识型服务业和人均劳务型服务业增加值都在上升,2010年部分发达国家人均知识型服务业增加值超过人均劳务型服务业。2000年以来,ISO 9001认证企业比例上升。2005年以来,创办企业所需的时间缩短,商品出口通关所需时间缩短,公共管理和服务质量有所提升。

- 服务生产的前景预测。未来35年,服务业增加值比例和劳动力比例会上升,人均服务业增加值和人均服务业劳动力会上升,人均知识型服务业和劳务型服务业增加值会上升,服务效率继续提高,服务质量继续改进,但国别差异和国际差距仍然很大。

2. 世界服务经济的发展趋势

18世纪以来,世界经济发生了两次转型,先是工业经济逐步超过农业经济,随后服务经济快速超过工业经济。在这个过程中,服务经济的产业结构、就业结构和服务贸易都发生了深刻变化,关于服务经济的认识也在逐步深化。

- 产业结构。在1970~2011年期间,15个OECD国家服务经济的产业结构变迁,既有共性也有国别差异(表B)。在服务业增加值中,劳务型服务业比重下降,知识型服务业比重上升;公共型和非公共型服务业增加值比重波动;5个服务部门比重呈上升趋势,3个部门比重呈下降趋势,其他7个部门比重的国别差异比较大,波动或没有数据。

- 就业结构。在1970~2011年期间,15个OECD国家服务经济的就业结构变迁,与产业结构变迁基本一致(表B)。在服务业劳动力中,劳务型服务业劳动力比重下降,知识型服务业劳动力比重上升;公共型和非公共型服务业劳动力比重波动;5个服务部门比重呈上升趋势,3个部门比重呈下降趋势,其他7个部门国别差异较大或无数据。

表B 1970~2011年15个OECD国家服务经济的内部结构变化

聚类或部门	占服务业增加值比重的发展趋势	占服务业劳动力比重的发展趋势
按知识含量聚类		
劳务型服务业	下降,2011年为50%左右	下降,2011年为50%左右
知识型服务业	上升,2011年为50%左右	上升,2011年为50%左右

(续表)

聚类或部门	占服务业增加值比重的发展趋势	占服务业劳动力比重的发展趋势
按服务对象聚类		
生产型服务业	国别差异,2011年为30%左右	国别差异,2011年为20%左右
消费型服务业	国别差异,2011年为20%左右	国别差异,2011年为35%左右
综合型服务业	国别差异,2011年为30%左右	国别差异,2011年为15%左右
公共型服务业	国别差异,在25%左右波动	国别差异,在30%左右波动
非公共型服务业	国别差异,在75%左右波动	国别差异,在70%左右波动
服务部门	**15个部门占服务业增加值比重和劳动力比重的发展趋势**	
劳务型服务部门	• 下降部门2个:批发和零售业、汽车和摩托车的修理,运输和储存 • 国别差异部门4个:食宿服务,房地产,其他服务,家庭作为雇主的活动、家庭自用、未加区分的物品生产和服务活动	
知识型服务部门	• 上升部门5个:专业、科学和技术服务,信息和交流,人体健康和社会工作,行政和辅助,艺术、娱乐和文娱 • 下降部门1个:公共管理与国防、强制性社会保障 • 国别差异部门3个:教育,金融和保险,国际组织和机构的活动	

注:根据OECD的产业结构数据(OECD,2015)进行分类和计算的结果。

- 服务贸易。2005以来,世界服务贸易发展很快,人均服务进出口、人均知识产权贸易等大幅上升。服务贸易存在很大国别差异,2013年服务贸易净出口国有50多个。目前,人均知识产权净出口国家比较少,净进口国家有80多个。
- 服务经济的前景预测。未来35年,知识型服务业比重继续上升,劳务型服务业比重继续下降;智力服务比重上升,知识传播服务比重波动;公共型和非公共型服务业比重继续波动和国别差异较大;服务贸易会继续增长,服务贸易关税可能会下降等。

3. 世界服务要素的发展趋势

世界服务发展的影响因素非常多。有些基本要素,如人力资源、服务设施、服务创新、服务环境、服务制度和观念等,同时作用于服务生产和服务经济。

- 人力资源。20世纪以来,中学普及率和大学普及率逐步提高,受过高等教育的劳动力比例不断提高。女性在服务业中发挥重要作用,2010年发达国家86%的女性劳动力在服务部门工作。发展中国家,服务业的童工比例在下降。
- 服务设施。20世纪60年代以来,公共服务设施的普及率不断提高,包括公共卫生设施、能源服务设施、交通服务设施、信息服务设施、金融和商业服务设施等。
- 服务创新。1965年以来,世界40多个国家发明专利拥有率增加。1996年以来,世界100多个国家人均科技经费增加,60多个国家科技经费比例增加,20多个欧盟国家开展研究与发展活动的企业比例增加。发达国家的服务模式创新层出不穷。
- 服务环境。服务业的社会环境和生态环境在持续变化。在社会环境方面,人均国民收入、平均预期寿命和城市人口比例等不断增长。在生态环境方面,人均能源消费和人均居住和服务的二氧化碳排放量先升后降等;多数的服务部门是环境友好的。

- 服务制度。服务制度的演变可以大致分为三大阶段：农业经济、工业经济和知识经济时代的服务制度。本《报告》讨论了生产、流通、分配、消费、税收和环境制度等。
- 服务观念。服务观念的演变可以大致分为三大阶段：农业经济、工业经济和知识经济时代的服务观念。本《报告》讨论了生产、流通、分配、消费、税收和环境观念等。
- 服务要素的前景预测。未来35年，大学普及率会持续提高，受过高等教育劳动力比例会持续提高，女性在服务业中继续发挥重要作用，发展中国家服务设施继续改进，发达国家服务创新能力继续提高，服务环境、服务制度和观念等继续演变。

4. 世界服务业现代化的发展趋势

首先，世界服务业现代化的历史进程。

- 在18～21世纪期间，世界服务业现代化大致分为两大阶段。第一次服务业现代化是从传统服务业向现代服务业的转型，大致时间是1763～1970年，主要特点包括机械化、电气化、规模化、标准化、自动化和现代服务业比例上升等。第二次服务业现代化是从现代服务业向知识型服务业的转型，大致时间是1970～2100年，主要特点包括知识化、信息化、智能化、绿色化、便利化、个性化、国际化和知识型服务业比例上升等。
- 在1980～2013年期间，完成第一次服务业现代化的国家从17个上升到31个，进入第二次服务业现代化的国家从4个上升到23个；服务业发达国家的比例为15%～21%，服务业发展中国家的比例为79%～85%。
- 在1990～2013年期间，大约2%的服务业发展中国家升级为服务业发达国家，大约5%的服务业发达国家降级为服务业发展中国家；国际地位发生变化的国家有41个。

其次，世界服务业现代化的现实水平。

- 2013年世界服务业现代化处于两次服务业现代化并存的阶段。世界服务业现代化的前沿进入第二次服务业现代化，平均大约处于第一次服务业现代化的后期，末尾处于传统服务业。世界服务业平均水平约为世界服务业先进水平的1/2。
- 2013年根据服务业现代化指数分组，美国等21个国家属于服务业发达国家，意大利等23个国家属于服务业中等发达国家，南非和中国等29个国家属于服务业初等发达国家，肯尼亚等58个国家属于服务业欠发达国家。
- 2013年服务业现代化指数世界排名前10位的国家：比利时、瑞士、芬兰、荷兰、美国、法国、丹麦、瑞典、以色列、新加坡。

其三，世界服务业现代化的前景分析。

- 整体水平。大体而言，服务业发达国家第二次服务业现代化指数2050年将是2013年的3倍左右；世界服务业现代化的平均水平比发达国家的平均水平落后约20年。
- 国际体系。根据过去30年经验，服务业国际体系结构相对稳定，服务业发达国家和发展中国家的国际地位相对稳定，地位转变概率一般低于10%。21世纪世界服务业现代化的水平结构和地理结构很难发生根本性的改变。
- 国家水平。进入第二次服务业现代化的国家，2050年为80个左右；处于第一次服务业现代化的国家，2050年为40个左右。
- 国际追赶。如果按历史经验推算，21世纪有2个左右服务业发达国家有可能降级为服务业发展中国家,有3个左右服务业发展中国家有可能晋级服务业发达国家。

二、服务业现代化的案例和原理

1. 服务业现代化的国家案例

首先,美国的服务业现代化。美国经济现代化大约是1790年起步的。在1790～1870年期间,美国服务业比例提高到58%。在1870～1960年期间,美国服务业增加值比例在58%左右波动,服务业劳动力比例提高到57%,同时工业增加值比例和劳动力比例都在上升,但服务业比例高于工业。1960年以来,经济结构发生巨大转变,服务业比例持续上升,但工业增加值比例和劳动力比例持续下降(图C)。

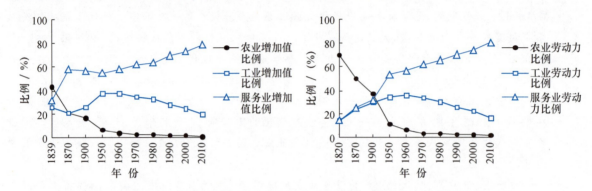

图C 1820～2010年美国经济结构变化(农业、工业和服务业增加值比例和劳动力比例的变化)
数据来源:库兹涅茨,1999;麦迪森,2003;米切尔,2002;World Bank 2015。

1950年以来,美国服务业中,劳务型服务业增加值比例和劳动力比例下降,知识型服务业增加值比例和劳动力比例上升(图D)。1980年以来,美国经济中,知识型服务业比例超过劳务型服务业比例,超过农业和工业比例的总和(图E)。

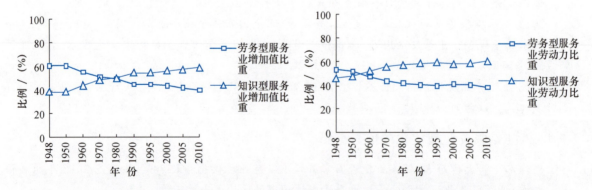

图D 1948～2010年美国服务业结构变化(劳务型服务业和知识型服务业增加值比重和劳动力比重的变化)
数据来源:BEA,2015;OECD,2015。

其次,韩国的服务业现代化。韩国经济现代化大约是20世纪50年代开始的。在1953～1990年期间,韩国经济中,服务业和工业比例都在快速提高,但服务业比例高于工业,具有服务业优先发展的特点;1990年以来,服务业比例继续上升,工业劳动力比例持续下降,工业增加值比例在38%左右波动(图F)。

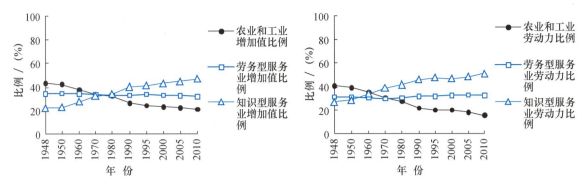

图 E　1948～2010 年美国经济结构变化（农业和工业、劳务型服务业和知识型服务业增加值和劳动力比例的变化）
数据来源：BEA，2015；OECD，2015。

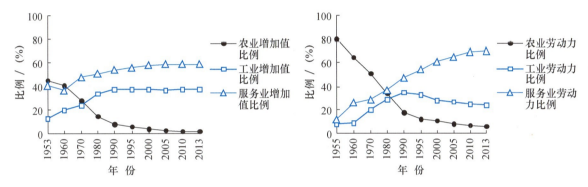

图 F　1953～2013 年韩国经济结构变化（农业、工业和服务业增加值和劳动力比例的变化）
数据来源：米切尔，2002；World Bank，2015。

1970 年以来，韩国服务业中，劳务型服务业增加值比例下降，知识型服务业增加值比例上升（图 G）。2005 年以来，韩国知识型服务业超过劳务型服务业（图 H）。

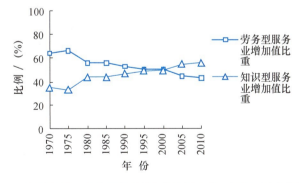

图 G　1970～2010 年韩国服务业结构变化（劳务型服务业和知识型服务业增加值比重的变化）
数据来源：OECD，2015。

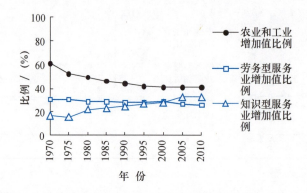

图 H 1970~2010年韩国经济结构变化（农业和工业、劳务型服务业和知识型服务业增加值比例的变化）
数据来源：OECD，2015。

其三，后发国家的经济追赶。1960年，韩国产业结构与美国1839年大致相当，就业结构与美国1820年大致相当（图C和图F），两国经济结构相距约140年。2013年，韩国产业结构约与美国1970年相当，就业结构约与美国1980年相当（图C和图F）；韩国服务业结构约与美国1970年相当（图E和图H），两国经济结构相距约40年。韩国约用50年时间（1960~2013年）完成美国150年（1820~1970年）的经济结构变迁历程，为后发国家的经济追赶提供了一个成功案例。

2. 服务业现代化的产业结构

首先，工业时代的产业分类。18世纪工业革命导致现代工业的崛起，世界经济结构发生了根本性转变，突出特征是农业比例下降，工业比例上升，工业超过农业。20世纪30年代，英籍新西兰学者费希尔和澳大利亚学者克拉克提出了三次产业的分类。费希尔认为，人类经济活动可分为三个阶段：农牧业为主、工业为主、发展非物质生产（劳务领域）；与之对应，经济部门可分为三次产业：第一次产业提供食物，第二次产业提供非食物的物质产品，第三次产业提供非物质的服务。

其次，后工业社会的新兴产业。20世纪70年代以来，随着信息革命的发生和发展，世界经济的产业结构和就业结构再次发生了根本性转变，突出特征是工业比例下降，服务业比例上升，服务业超过工业。1962年美国学者马克卢普提出知识产业，包括研究与开发、教育、通信和媒体、信息设施和信息组织。1977年美国学者波拉特进一步分析了美国信息经济的产业和就业结构。1973年美国学者贝尔在《后工业社会的来临》一书中提出了后工业社会的五大产业。他把服务业分成三个部分，分别为第三、第四和第五产业，第五产业包括卫生、教育、研究、政府和娱乐。

其三，知识时代的产业分类。1996年经济合作与发展组织出版的《以知识为基础的经济》的报告（OECD，1996）认为，知识经济是以知识的生产、传播和应用为基础的经济。1999年中国学者何传启在《第二次现代化》一书中提出了知识时代的三大产业。他认为人类生活有两个基本需要，即物质生活和精神生活需要；人类经济活动围绕两大需求，形成物质产业、服务产业和知识产业三大产业(图 I)。

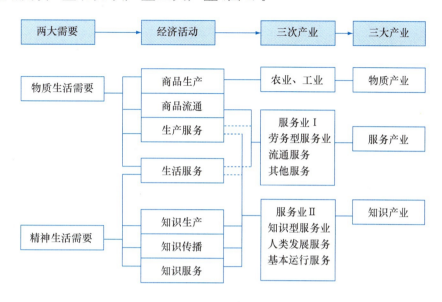

图 I 人类生活的两个基本需要和三大产业(示意图)

注:虚线表示:生产和生活服务中劳务型服务归入服务业 I,生产和生活服务中知识型服务归入服务业 II。服务业 I 是劳务型服务业,简称服务产业;服务业 II 是知识型服务业,简称知识产业。商品生产和流通过程涉及知识,服务和知识产业涉及商品,上述分类是相对的。狭义知识服务是以知识为基础的服务;广义知识服务是知识型服务的简称,包含知识生产、知识传播和狭义知识服务,知识生产属于一种间接知识服务。

- 物质产业(Material Industries)是物质商品的生产部门,包括农业和工业,满足人类物质生活的商品需要。
- 服务产业(Service Industries)是劳务服务的生产部门,包括流通服务(Circulation Services)和其他劳务服务,满足商品流通和其他劳务服务需要。
- 知识产业(Knowledge Industries)是知识和知识服务的生产部门,包括人类发展服务和基本运行服务两个集群,分别简称人类服务(Human Services)和基本服务(Essential Services)。其中,人类服务是促进人类自身发展的知识服务部门,满足人类精神生活的知识需要和健康需要;基本服务是维持经济和社会运行的知识服务部门,满足维持经济和社会基本运行的知识服务需要。

简单地说,就是把农业和工业合并成物质产业,把服务业一分为二,分成劳务型服务业和知识型服务业(表 A),分别简称服务产业和知识产业。中国学者何传启以"国际标准行业分类(4.0 版)"为基础,提出了三大产业的行业分类方案:"国际行业分类(建议版)"(表 C、附表 1-1)。这种分类比较符合目前发达国家的经济发展趋势。

表 C "国际行业分类(建议版)"和 2010 年产业结构估算

国际行业分类(建议版)			2010 年产业结构估算/(%)			
产业	集群	部门	美国	德国	韩国	中国
物质产业	农业	农业(农牧业、林业、渔业)	1	1	3	10
	工业	采矿业,制造业,建筑业,公共事业,环境治理	19	30	38	47
服务产业	流通服务	批发与零售,运输和储存,食宿服务,房地产和租赁	30	29	23	21
	其他服务	其他的个人和家庭服务,其他的劳务服务	2	2	1	2
知识产业	人类服务	科学研发,教育,信息和交流,艺术、娱乐和文娱,旅行,健康和社会帮助	21	18	20	9
	基本服务	金融和保险,专业和技术活动,行政和辅助,公共管理和社会安全,成员组织,国际组织	27	20	15	12
物质产业			20	31	41	57
服务产业			32	31	24	23
知识产业			48	38	35	20
合计	6	24	100	100	100	100

注:根据 OECD(2015)产业结构和《中国统计年鉴 2014》数据的估算。请注意四舍五入的影响。

在 1970~2010 年期间,15 个 OECD 国家产业结构变化为:物质产业比例下降,知识产业比例上升,服务产业比例变化存在国别差异;就业结构变化为:物质产业比例下降,知识产业比例上升,服务产业比例上升。2010 年美国物质产业、服务产业和知识产业的增加值比例分别为 20%、32% 和 48%,劳动力比例分别为 16%、33% 和 51%(图 E),韩国三大产业增加值比例分别为 41%、26% 和 33%(图 H)。

"国际标准行业分类(4.0 版)"包括农业、工业和服务业以及 21 个经济部门,是基于生产过程的产业分类,比较适用于工业时代。"国际行业分类(建议版)"包括物质产业、服务产业和知识产业以及 24 个经济部门(表 C),是基于人类需求的产业分类,比较适用于知识时代。目前,发达国家已经进入知识经济时代。

3. 服务业现代化的基本原理

服务业现代化是经济现代化的一种表现形式和组成部分。服务业现代化涉及服务经济学、产业经济学、宏观经济学、发展经济学、经济现代化和现代化科学等。

(1) 服务业现代化的内涵

首先,服务业现代化没有统一定义。下面是它的两种操作性定义。

- 服务业现代化是 18 世纪以来的一个经济现象,是服务业发展的世界前沿,以及追赶、达到和保持这种世界前沿水平的行为和过程。达到和保持服务业的世界前沿水平的国家是服务业发达国家,其他国家是服务业发展中国家,两类国家之间的转换有一定概率。
- 服务业现代化是 18 世纪以来服务业的一种深刻变化,是从传统服务业向现代服务业和知识型服务业的转变,它包括现代服务业的形成、发展、转型和国际互动,服务业要素的创新、选择、传播和退出,以及服务业国际体系和国家地位的变化等。

其次,服务业现代化的两重性。从服务业发展和转型角度看,每个国家的服务业现代化都会前进和有可能成功,但国家服务业进步有快慢,服务业水平有高低,成功时间有先后。从世界前沿和国际竞争角度看,只有部分国家的服务业能够达到和保持世界先进水平,不同国家成功的概率有差异。

(2) 服务业现代化的过程

首先,服务业现代化的过程大致分为两类:前沿过程和追赶过程,它们相互影响。前沿过程是发达国家的服务业现代化,是领先型服务业现代化。追赶过程是发展中国家的服务业现代化,是追赶型服务业现代化。

其次,服务业现代化的前沿过程包括两大阶段:第一次和第二次服务业现代化(表D)。如果说,第一次服务业现代化是初级服务业现代化,是从传统服务业向现代服务业的转变;那么,第二次服务业现代化是高级服务业现代化,是从现代服务业向知识型服务业的转变。两次服务业现代化的协调发展是综合服务业现代化,它比较适合于21世纪没有完成第一次服务业现代化的国家。

表 D 世界服务业现代化的两个阶段(前沿过程)

项目	第一次服务业现代化	第二次服务业现代化
时间	约 1763~1970 年	约 1970~2100 年
内容	从传统服务业向现代服务业转变 现代服务业比例上升 传统服务业比例下降	从现代服务业向知识型服务业转变 知识型服务业比例上升 劳务型服务业比例下降
生产	专业化、标准化、规模化	网络化、绿色化、国际化、订单化
技术	机械化、电气化、自动化	知识化、信息化、智能化、绿色化
内容	专业化、科学化、标准化	知识化、数字化、个性化、优质化
制度	税收制度等,部门差别很大	知识产权保护等,部门差别很大
观念	效率、标准、公平、非经济性等	效益、质量、创新、环境意识等
副作用	少数部门的环境污染、安全性低等	技术风险、网络风险、就业风险等

其三,服务业现代化过程的基本原理。服务业现代化遵循现代化的一般原理,包括:进程不同步、分布不均衡、结构稳定性、地位可变迁、行为可预期、路径可选择、需求递进、效用递减、状态不重复、中轴转变原则。服务业现代化具有二重性:既要维护国家安全利益,又要提高服务业生产力和国际竞争力。

其四,服务业包括劳务型和知识型服务业2个服务产业集群和18个服务部门。不同产业集群和服务部门的现代化,既遵循现代化的一般原理,也需要专题研究。

(3) 服务业现代化的结果

首先,服务业现代化的一般结果。主要包括服务业现代性、特色性、多样性和副作用的形成,包括服务内容和服务质量的改进、服务结构和服务能力的进步、服务治理和服务文化的合理化以及国际服务体系和国家服务地位的变化等。

其次,服务业现代化的3种变化。包括世界服务业的前沿变化、国际服务业体系变化和国家服务业状态的变化。

其三,服务业现代化的国家目标。主要目标有两个:提高服务业劳动生产力和国际竞争力,保持或达到服务业的世界先进水平。发达国家的目标是保持服务业的世界先进水平,发展中国家的目标是追赶和达到服务业的世界先进水平。

(4) 服务业现代化的动力

服务业现代化的动力分析,涉及动力因素和动力机制两个方面。

- 服务业现代化的动力因素。主要包括科技进步、服务创新、制度创新、国际竞争、国家利益和市场需求等。在服务业发达国家,科技进步和服务创新作用比较突出;在服务业发展中国家,科技进步和国际学习作用比较突出。
- 服务业现代化的动力模型。国家现代化的动力模型可以适用。不同服务部门的动力机制有所不同,科技进步和人力成本的驱动作用存在部门差异和国别差异。

(5) 服务业现代化的模式

服务业现代化是一个长期过程,具有时间跨度和发展路径。不同国家的服务业现代化,不同服务部门的现代化,有自己的发展路径和阶段模式。

- 21世纪服务业现代化大致有3条基本路径:第一次服务业现代化路径、第二次服务业现代化路径和综合服务业现代化路径。不同国家和地区可以选择不同路径。
- 服务业现代化没有标准模式。不同服务部门的现代化,需要不同的现代化模式。

一般而言,第一次服务业现代化的模式选择,更多受自身条件和历史条件的影响。第二次服务业现代化的模式选择,更多受科技水平和国际环境的影响。综合服务业现代化的模式选择,更多受政策导向和国际竞争的影响。

三、中国服务业现代化的理性思考

2013年,中国服务业增加值占GDP比例首次超过工业,服务业成为国民经济的第一大产业,服务业现代化成为中国经济现代化的主体部分。2012年以来,国务院颁布了促进服务业发展的一系列重要文件,为我国服务业发展提供了政策指引。

中国服务业现代化是一种后发追赶型现代化,它既要借鉴先行国家的成功经验,又要面对新的经济形态和国际竞争。我们认为,未来30年,中国可以选择综合服务业现代化路径,制定服务业现代化路线图,建设流通服务和知识型服务强国。

1. 中国服务生产的发展趋势

20世纪以来,中国服务生产的绝对规模扩大,但服务业增加值比例和劳动力比例都经历了上升、下降和再上升三个阶段。中国服务生产的发展是不平稳的。

- 服务规模。服务业增加值比例,1900~1960年期间上升,1960~1982年期间下降,1983年以来上升;2013年服务业增加值比例首次超过工业。服务业劳动力比例同样经历三个阶段,大致是 1900~1960 年上升、1960~1975 年下降和 1975 年以来上升。
- 服务效率。服务业劳动生产率,在 1960~2013 年期间提高了 30 多倍,从 400 美元提高到 14 280 美元;服务业劳动生产率低于工业,但高于农业。2013 年城镇单位服务业职工平均工资,金融业、信息业和科技服务业排前三位,住宿和餐饮业、水利环保和公共设施管理、居民服务和其他服务排后三位。
- 服务质量。人均服务业增加值,在 1960~2013 年期间提高了 100 多倍,从 29 美元提高到 3280 美元。1991 年以来,人均知识型服务业增加值提升了 30 多倍,人均劳务型服务业增加值提高了 20 多倍,人均公共型服务业增加值提高了 20 多倍,人均劳务型服务业增加值高于人均知识型服务业增加值。
- 服务生产的前景分析。未来 35 年,服务业增加值比例和劳动力比例继续上升,人均服务业增加值、人均劳务型服务业和人均知识型服务业增加值继续上升,服务效率和服务质量继续提升,但部门差距和地区差距仍然存在。

2. 中国服务经济的发展趋势

20 世纪 80 年代以来,中国服务经济进入上行轨道,经济结构发生明显变化。中国服务经济的发展趋势与世界基本一致,但与国际差距比较大。

- 产业结构。1991 年以来,在服务业增加值中,劳务型服务业比重下降,知识型服务业比重上升,劳务型服务业比重超过知识型服务业比重;公共型和非公共型服务业增加值比重波动,非公共服务业是公共服务业的 4 倍左右。2012 年中国服务业的四大部门依次是:批发和零售、房地产、金融、交通和运输等,它们占服务业增加值的 57%。
- 就业结构。1990 年以来,中国服务业劳动力统计数据不完整,难以完整分析服务业就业结构变化。在 2003~2012 年期间,城镇单位服务业就业比重,信息产业和房地产业等 9 个部门比重上升,交通运输和文体娱乐等 5 个部门比重下降。
- 服务贸易。在 2005~2013 年期间,中国人均服务贸易额增加,但服务贸易占 GDP 比例下降。2009 年以来中国成为服务贸易净进口国。在服务出口中,保险和金融、信息和通信服务出口比重上升,信息服务和旅行服务出口比重较大。
- 服务经济的前景分析。未来 35 年,劳务型服务业比重继续下降,知识型服务业比重继续上升;公共型和非公共型服务业比重继续波动;人均服务贸易额继续增长,但服务贸易结构将发生很大变化等。

3. 中国服务要素的发展趋势

20 世纪 80 年代以来,中国服务要素进步明显,部分指标达到世界平均水平。

- 人力资源。1980 以来,中学普及率和大学普及率快速提升,受过中等教育和高等教育的劳动力比例不断上升,但大学普及率仍低于世界平均水平。
- 服务设施。中国服务设施的发展趋势与世界基本一致。2013 年中国电力普及率、自动取款机普及率、互联网宽带普及率等高于世界平均水平。
- 服务创新。在 1996~2012 年期间,R&D 经费(研发经费)占 GDP 比例和人均 R&D 经费实现双增长,人均研发经费提高了近 30 倍,专利拥有率提高了近 40 倍。
- 服务环境。社会环境大幅改善,人均国民收入和城市人口比例等不断增长。生态环境方面,人均能源消费上升,人均居住和服务的二氧化碳排放量在波动等。

4. 中国服务业现代化的发展趋势

首先,中国服务业现代化的历史进程。

- 中国服务业现代化起步比发达国家晚了约百年。中国服务业现代化的发端,可以追溯到19世纪中后期,大致可以以1860年为起点。
- 19世纪以来,中国服务业现代化大致分为3个阶段:清朝后期的服务业现代化起步、民国时期的局部服务业现代化、新中国的全面服务业现代化。
- 在1990~2013年期间,中国服务业现代化指数从13上升到35,指数排名从世界第117位提高到第59位,服务业现代化水平从欠发达水平提高到初等发达水平。

其次,中国服务业现代化的现实水平(2013年)。

- 中国属于一个服务业发展中国家,具有初等发达国家水平(发展中国家的中间水平)。
- 中国处于第一次服务业现代化的成熟期,但已具有第二次服务业现代化的许多要素。
- 中国服务指标发展不平衡。中国32个服务指标水平大致是:12%的指标为中等发达水平,44%的指标为初等发达水平,44%的指标为欠发达水平。

其三,中国服务业现代化的国际差距。

- 指标差距(2013年)。服务生产指标,中国与高收入国家的相对差距超过5倍的指标有1个,超过2倍的指标有1个。服务经济指标,中国与高收入国家相对差距超过10倍的指标有4个,超过5倍的指标有3个,超过2倍的指标有2个。
- 关键指标。2013年,服务业劳动生产率,美国是中国的7倍,法国是中国的6倍,日本、德国、英国是中国的5倍多;人均服务业增加值,美国是中国的11倍,日本、德国、英国、法国是中国的7倍以上(图J)。2010年人均知识型服务业增加值,美国是中国的20多倍,德国是中国的10多倍(图K)。

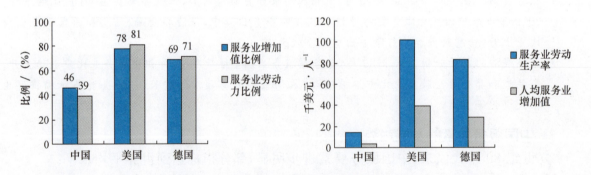

图 J 2013 年中国、美国和德国服务业的比较

数据来源:World Bank, 2015。
注:美国服务业劳动力比例为2010年数据。

- 综合差距。2013年中国服务业现代化指数为35,高收入国家平均值为100,世界平均值为48,美国为110,德国为106,英国为105;中国与世界平均水平的差距比较小,与发达国家水平的差距比较大,中国服务业水平约为发达国家平均水平的35%。

其四,中国服务业现代化的前景分析。

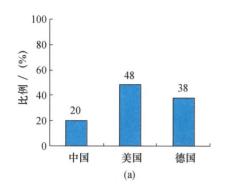 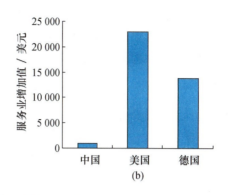

图 K 2010 年中国、美国和德国知识型服务业的比较

注:(a) 知识型服务业增加值占 GDP 比例,(b) 人均知识型服务业增加值。
数据来源:OECD,2015。

- 路径选择。21 世纪前 50 年,可以选择综合服务业现代化路径,持续向现代服务业和知识型服务业转型。不同地区和不同服务部门可以选择适合自己的路径。
- 水平估计。在 2030 年前完成第一次服务业现代化,达到 1970 年服务业发达国家的平均水平;在 2050 年前后,达到世界服务业中等发达水平,基本实现服务业现代化。
- 巨大挑战。2013 年中国服务业为初等发达水平。根据世界经验估算,在 30 年里,服务业初等发达水平升级为中等发达水平的概率约为 30%;在 60 年里,服务业初等发达水平升级为发达水平的概率约为 6%。中国服务业现代化不能简单依靠国际经验。

5. 中国服务业现代化的路线图

中国服务业现代化路线图是服务业现代化的目标和路径的一种系统集成。

首先,战略目标。根据综合服务业现代化原理,采纳两次服务业现代化的精华,避免两次服务业现代化的误区,迎头赶上服务业的未来世界先进水平,逐步建成流通服务强国、知识型服务强国和知识经济发达国家。这里的"知识经济"是狭义的,特指"以知识型服务业为基础的经济",不包括高技术产业部分。

- 在 2030 年前后完成第一次服务业现代化,建设流通服务强国;
- 在 2050 年前后基本实现服务业现代化,建设知识经济强国;
- 在 21 世纪末全面实现服务业现代化,建设知识经济发达国家。

其次,运河路径。瞄准世界服务业的未来前沿,两次服务业现代化协调发展,加速从传统服务业向现代服务业和知识型服务业的转型;坚持"质量第一、内容至上、诚信为本"的三个原则,大力推进服务业的规模化、标准化、智能化、便利化、个性化和国际化,迎头赶上服务业的未来前沿;在 2050 年前达到中等发达水平,建成流通服务强国和知识经济强国;在 21 世纪末达到世界先进水平,服务质量、服务内容、服务能力和知识经济等达到当时发达国家水平,全面实现服务业现代化。

其三,三个重点。在一定程度上,质量是服务业的生命,内容是服务业的灵魂,诚信是服务业的准则;服务质量现代化是重中之重,服务内容现代化是主攻方向,服务能力现代化是长期任务。未来 30 年,重点做好三件事:

- 大力发展劳务型服务业,推动服务质量现代化,建设流通服务强国;
- 优先发展知识型服务业,推动服务内容现代化,建设知识经济强国;
- 加快诚信文化建设,推进服务能力现代化,建设高质量的诚信社会。

其四,三个建议。知识强国战略是主体,流通服务强国和诚信文化建设是辅助。

- **"知识强国战略"建议书摘要。**
- 建议理由。21世纪既是服务经济的世纪,也是知识经济的世纪。2012年服务经济占世界经济的比例超过70%,发达国家知识型服务业占GDP比例达到40%左右。知识和信息的生产、传播和服务,不仅决定国际经济竞争的成败,而且影响民族的前途和命运。实施知识强国战略,优先发展知识型服务业,建设知识经济强国,具有战略意义。
- 基本思路。以人类发展服务为引领,以高效经济和社会运行服务为基础,以便捷流通服务为支撑,全面提升知识型服务业的服务内容、服务质量和服务能力,不断满足人民日益增长的精神生活需要和健康需求,建设知识型服务强国和知识经济发达国家。
- 在一定程度上,如果说人类发展服务代表了中国的前进方向,那么基本运行服务反映了中国的现状,流通服务体现了中国的活力。形象地说,让人类发展服务走到世界前沿,让基本服务达到世界水平,让流通服务畅通高效,让诚信成为中国文化(图L)。

图 L 知识强国战略的结构示意图

- 总体目标。力争用35年时间(2015~2050),知识型服务业的劳动生产率和国际竞争力超过世界平均水平,知识生产、知识传播和知识服务的内容和质量达到世界先进水平,建成知识创新强国、知识传播强国和知识经济强国(表E)。

表 E 知识强国战略的核心目标(2050年)

项目	服务质量	服务内容	服务能力
知识创新强国	知识服务业劳动生产率超过9万美元 人均人类服务增加值超过1万美元	诺贝尔奖获奖人数达到10名左右 知识产权出口占GDP比例超过0.5%	人均R&D经费投入超过1000美元
知识传播强国	人均基本服务增加值超过1万美元 人均公共服务增加值超过1万美元	大学普及率超过80% 人均知识产权贸易超过500美元	互联网宽带普及率超过80%
知识经济强国	人均国际旅游收入超过500美元 平均预期寿命超过80岁	人均知识型服务增加值超过2万美元 知识型服务业占GDP比例超过40%	家用服务机器人普及率超过50%

- 主要措施。从人类发展服务、基本运行服务、流通服务和诚信文化四个方面协同推进。
- 研制和启动三个工程。启动国家知识创新工程,抢占第六次科技革命的制高点。启动流通强国工程,建设流通服务强国。启动诚信文化建设工程,建设诚信社会。

- 制定和实施四个行动计划。实施文化服务行动计划,重点建设6个国家文化服务示范区:北方(北京、哈尔滨)、南方(长沙、南京)、西部(西安、昆明)。实施旅游服务行动计划,重点建设8个国家旅游服务示范区:北方(大连、青岛)、南方(杭州、厦门、桂林、三亚)、西部(成都、兰州)。实施生产服务行动计划,重点建设8个国家生产性服务试验区:北方(沈阳、天津、郑州),南方(深圳、苏州、武汉)、西部(重庆、乌鲁木齐)。实施公共服务行动计划,建设一批城市基本公共服务试验区,重点提升教育服务、健康服务和政府服务的服务能力和服务质量,建设服务型政府。
- 组建"国家知识经济部",促进知识型服务业和知识经济的发展等。
- 预期效果:实现五个目标:知识创新强国、知识传播强国、知识经济强国、流通服务强国和诚信社会;完成从物质经济向知识经济、从效率优先向质量第一的转型升级。
- **"流通强国"建议书摘要。**
- 建议理由。从系统论角度看,人类社会是一个开放系统,可以看成是人体系统的一种"放大"。人类社会的流通系统,大致相当于人体的血液系统。一旦血液系统出问题,人体就会生病。如果流通系统出问题,人类社会将有大麻烦。启动流通强国工程,建设流通服务强国(简称流通强国),可以极大提高中国社会的运行效率。
- 总体目标。力争用15年时间(2015～2030),流通服务业劳动生产率和人均流通服务超过世界平均水平,流通服务业质量和比例接近世界先进水平,建成流通服务强国。
- 主要措施。实施自由贸易区战略,推进自由贸易区建设,重点建设5个自由贸易区:上海浦东自由贸易区、福建厦门自由贸易区、广东自由贸易区、天津自由贸易区、海南岛自由贸易区等。大力发展现代物流服务,重点建设7个国家物流服务中心:北方中心(沈阳、石家庄、郑州)、南方中心(广州、武汉)、西部中心(西安、成都)等。
- **"诚信社会"建议书摘要。**
- 建议理由。从社会关系角度看,传统社会是一种血缘社会,现代社会是一种契约社会;诚信是契约社会的基石。服务过程是一个互动过程。如果服务的提供者和消费者彼此缺少诚信,那么,服务过程就会不顺利,服务的交易成本就会很高。启动诚信文化建设工程,全面建设先进服务文化和诚信社会,可以极大降低中国社会的运行成本。
- 基本目标。力争用15年时间(2015～2030),全面确立诚信意识,健全完善诚信法规,诚实守信成为自觉行为;违背诚信引发的社会冲突和法律案件的数量和比例持续下降,服务部门的诚信水平和服务能力接近发达国家水平,建成高质量的诚信社会。
- 重要措施。发布《诚信宣言》。诚信社会,从我做起。不说假话,不做假事,言行一致,诚实守信。("假事"指弄虚作假的事情)。完善社会信用体系,提高"失信行为"的机会成本,增强诚信的激励机制。建立企业"信用资产负债表"预警机制。建设一批非营利的诚信服务中心和诚信服务平台等。

四、世界和中国现代化评价

1. 2013年世界现代化水平

首先,整体水平。2013年美国等27个国家进入第二次现代化,中国等100个国家处于第一次现代化,乍得等4个国家处于传统农业社会,还有一些原始部落。

其次,国际体系。根据第二次现代化指数的国家分组,2013年美国等20个国家为发达国家,俄罗斯等 25 个国家为中等发达国家,中国等 34 个国家为初等发达国家,肯尼亚等 52 个国家为欠发达国家。

其三,世界前沿。2013 年第二次现代化指数排世界前 10 名的国家是:瑞典、新加坡、丹麦、芬兰、美国、荷兰、瑞士、日本、比利时、奥地利。

2. 2013 年中国现代化水平

2013 年中国是一个发展中国家,具有初等发达国家水平(发展中国家的中间水平)。2013 年中国第一次现代化指数为 98,排名世界 131 个国家的第 52 位;第二次现代化指数和综合现代化指数分别为 41 和 40,排名第 57 位和第 67 位。

3. 2013 年中国地区现代化水平

首先,整体水平。2013 年北京等 5 个地区进入第二次现代化,天津等 29 个地区处于第一次现代化,局部地区属于传统农业社会。

其次,水平结构。根据第二次现代化指数分组,2013 年中国多数地区属于发展中地区。其中,北京、上海、香港和澳门 4 个地区的部分指标达到发达国家水平,天津、台湾、江苏、浙江、广东、辽宁、重庆、山东和福建 9 个地区的部分指标达到中等发达国家水平,陕西等 19 个地区的部分指标达到初等发达国家水平。

其三,前沿水平。2013 年中国内地地区现代化的前沿已经进入第二次现代化的发展期,地区现代化的前沿水平接近发达国家的底线,部分指标达到发达国家的底线。例如,2013 年北京和上海的部分指标接近或达到意大利和西班牙的水平。

全面实现服务业现代化,全面建成"质量是生命、内容是灵魂、诚信是准则"的先进服务文化,以及流通服务强国、知识型服务强国和知识经济发达国家,需要群策群力。不同地区和不同服务部门有不同特点,其服务业现代化需要专题研究。

《中国现代化报告 2012》提出农业现代化路线图,《中国现代化报告 2014～2015》提出工业现代化路线图,《中国现代化报告 2016》提出服务业现代化路线图。通过实施"制造强国战略"和"知识强国战略"等,中国经济的腾飞值得期待。

何传启
中国现代化战略研究课题组组长
中国科学院中国现代化研究中心主任
2016 年 3 月 10 日

上 篇

服务业现代化研究

物质生活有极限，精神生活无止境。

物质经济打基础，服务经济成主流。

18世纪以来，工业革命极大提高了劳动生产率，物质生活日益丰富起来，精神生活需求稳步增长。随着劳动生产率提高和社会分工精细化，从事服务业的劳动力和劳动力比例逐步提高。2010年，全球110多个国家服务业增加值比例超过50%，70多个国家服务业劳动力比例超过50%；世界平均服务业增加值比例超过70%，服务业劳动力比例超过50%；世界经济进入服务经济时代。《中国现代化报告2005》讨论了经济现代化，《中国现代化报告2012》讨论了农业现代化，《中国现代化报告2014~2015》讨论了工业现代化。本《报告》专题研究服务业现代化（图一）。从现代化角度研究服务业，只是服务业和服务经济研究的一个视角。

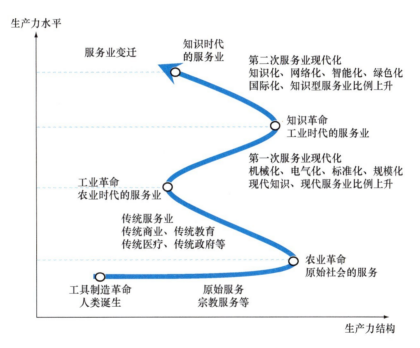

图一 服务业现代化的路线图

注：人类文明曾经发生过四次革命，文明中轴发生了三次转换，形成四个时代和四种基本社会形态，每个时代和每种社会的生产力结构不同，坐标的刻度不同。结构刻度采用劳动力结构数值：原始社会为农业劳动与狩猎采集劳动之比、农业社会为狩猎采集劳动与农业劳动之比，工业社会为工业劳动与农业劳动之比，知识社会为工业劳动与知识劳动之比。

第一章 世界服务业现代化的发展趋势

服务业历史悠久,可以追溯到原始社会的中期,如原始祭祀等。但在很长的历史时期,服务业并不被看成是一个产业,至少不是一个生产性产业,而被认为只是一个附属部门(关权,2014),也不是研究对象。直到20世纪中叶,服务经济的兴起,服务业才逐渐引起了人们的重视。目前,服务业不仅是古老产业,也是现代产业,更是世界经济的主体部分。2010年以来,服务业增加值占世界经济的比例超过70%,农业和工业分别约占3%和27%。

服务业现代化是18世纪以来的一种服务业变迁,是世界现代化的一种表现形式。迄今为止,关于服务业现代化,没有统一定义。根据现代化科学的解释,服务业现代化犹如一场服务业发展的国际马拉松;跑在前面的国家的服务业成为发达服务业,跑在后面的国家的服务业成为发展中服务业,两类国家之间可以转换(图1-1)。在本《报告》里,服务业现代化指服务业和服务经济的现代化,它包括分段服务业现代化、分层服务业现代化、服务业子系统现代化和服务业亚部门现代化等(图1-2)。服务业是国民经济的一个部门,服务业现代化是国家现代化和经济现代化的一个组成部分。服务业现代化受国家利益和市场需求的双重驱动。

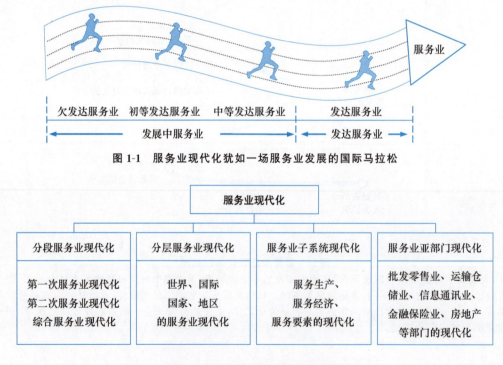

图1-1 服务业现代化犹如一场服务业发展的国际马拉松

图1-2 服务业现代化的研究对象

注:综合服务业现代化是两次服务业现代化的协调发展,是发展中国家服务业现代化的一条基本路径。

第一节 服务业现代化的研究方法

服务业现代化是服务业和服务经济现代化的一种简称,它与领域现代化、分段现代化和分层现代化有交叉。服务业现代化研究以国家为基本研究单元,它可以合理延伸到世界和地区层面;服务业现代化研究的地理范围,可以是世界、国家或地区等(表1-1)。服务业现代化涉及国家利益和国际竞争,服务业本身包含的子行业门类众多,是一个异质性很强的庞大产业,缺乏系统性和统一性,所以服务业现代化研究需要多角度和多层面的综合研究。

表1-1 服务业现代化的研究范围与研究单元的研究矩阵

		研究范围		
		全球范围	国家范围	地区范围
研究单元	世界	世界层面的服务业现代化	—	—
	国家	全球范围的国家服务业现代化	某国的服务业现代化	—
	地区	全球范围的地区服务业现代化	某国的地区服务业现代化	某地的服务业现代化

一、服务业现代化的基本概念

服务业现代化是现代化的一个重要方面,服务业现代化研究是现代化研究的一个重要分支。它可以以18世纪初为起点,可以从历史进程、客观现实和未来前景三个角度进行分析。

1. 服务业现代化的词义分析

服务业现代化包含两个单词:服务业和现代化。

(1) 什么是服务业

关于服务业,目前没有统一定义。国际标准化组织和国际电工委员会联合颁布的《ISO/IEC 76号指南》认为(2008):服务是为满足顾客的需要,供方和顾客之间接触的活动以及供方内部活动所产生的结果;而服务业是生产或提供各种服务的经济部门或企业的集合(图1-3)。

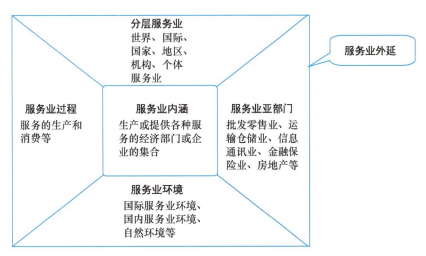

图1-3 服务业内涵和外延的操作性界定

根据国际标准行业分类,农业是第一次产业,工业是第二次产业,服务业是第三次产业。与工业和农业相比,服务业是一个比较模糊和难以准确定义的产业,服务业测度和统计困难,"共性"难以概况,反映服务业一般特征的普适分析框架不易构造(江小涓,2012)。

> **专栏 1-1　服务业与第三产业的关系**
>
> 　　第三产业是指除第一次、第二产业以外的其他行业,亦即除农业、工业以外的其他行业的总称。第三次产业一词目前在中国、日本使用较多。在中国,按照《国民经济行业分类 2011》:国际组织不属于我国的常驻单位,不纳入服务业的范围;农、林、牧、渔服务业明确列入第一产业。从而服务业与第三次产业在这两方面出现了差别,但两者在基本范围方面是一致的,同时,由于农、林、牧、渔服务业增加值的规模不大,如果不考虑在国际组织方面的差异,两者在数量上的差别并不明显。
>
> 　　资料来源:许宪春,2004。

服务业研究面临许多困难,例如,① 服务部门多,部门差异大,没有统一分类;② 有些服务部门如科研和教育部门的增加值很难计量;③ 商业服务和公共服务有很大差别等。

根据国际标准行业分类(ISIC 3.1),服务业包括 11 个门类;根据国际标准行业分类(ISIC 4.0),服务业包括 15 个门类;不同国家和地区服务业的分类有所不同(表 1-2)。

表 1-2　服务业的门类

序号	ISIC 3.1	ISIC 4.0	美国	中国
1	G. 批发和零售业;汽车、摩托车及个人和家庭用品的修理	G. 批发和零售业;汽车和摩托车的修理	批发	批发和零售业
2	H. 旅馆和餐馆	H. 运输和储存	零售	交通运输、仓储和邮政业
3	I. 运输、储存和通信	I. 食宿服务活动	运输和仓储	住宿和餐饮业
4	J. 金融媒介活动	J. 信息和通信	信息	信息传输、软件和信息技术服务业
5	K. 房地产、租赁和商业活动	K. 金融和保险活动	金融和保险	金融业
6	L. 公共管理与国防;强制性社会保障	L. 房地产活动	房地产和租赁	房地产业
7	M. 教育	M. 专业、科学和技术活动	专业和科技服务	租赁和商贸服务业
8	N. 卫生与社会工作	N. 行政和辅助活动	企业管理	科学研究和技术服务业
9	O. 其他社区、社会和个人服务活动	O. 公共管理与国防;强制性社会保障	行政和废物管理	水利、环境和公共设施管理业
10	P. 雇用家政服务人员的私人家庭的活动和私人家庭的无差别生产活动	P. 教育	教育服务	居民服务、修理和其他服务业
11	Q. 域外组织和机构	Q. 人体健康和社会工作活动	卫生和社会帮助	教育
12		R. 艺术、娱乐和文娱活动	艺术、娱乐、旅游	卫生和社会工作
13		S. 其他服务活动	住宿和餐饮服务	文化、体育和娱乐业
14		T. 家庭作为雇主的活动;家庭自用、未加区分的物品生产和服务活动	其他非政府服务	公共管理、社会保障和社会组织
15		U. 国际组织和机构的活动	政府服务	

关于服务经济,没有统一定义。这里,服务经济指以服务业为基础的经济,属于一种部门经济。同样道理,农业经济是以农业为基础的经济,工业经济是以工业为基础的经济。

(2) 服务业的聚类

在某种意义上,服务业是国民经济中扣除农业和工业的剩余部分。服务业,不仅内容非常庞杂,而且不同服务部门的差异很大。为了把握服务业的发展趋势,需要进行聚类分析。

首先,服务的聚类。目前已有多种版本(表 1-3)。可以根据服务内容、服务对象、服务特点、服务生产和服务知识含量等进行聚类。当然,各种分类是相对的,有时它们有些交叉。

表 1-3 服务的聚类

聚类的依据	服务的分类
服务的内容 (商品和劳务的价值比例)	商品密集型服务:服务生产中商品价值占比远超劳务价值的服务,如房地产等 劳务密集型服务:服务生产中劳务价值占比远超商品价值的服务,如运输服务等 混合型服务:商品和劳务价值比例大致相当的服务,如餐饮服务等
服务的对象	生产型服务:为企业、组织和政府等提供的非公共服务,如广告设计等 消费型服务:为个人提供的非公共服务,如旅游服务等 公共型服务:政府和组织等为社会提供的公共服务,如义务教育服务等
服务的特点	劳动密集型服务:劳务密集度很高的服务,如家政服务等 技术和知识密集型服务:技术和知识含量高的服务,如医疗服务等 资本密集型服务:资本含量高的服务,如金融服务等
服务的生产方式	传统服务:农业时代以来就存在的服务,如家政服务、传统饮食等 现代服务:以现代科技以支撑的服务,如航空运输、教育、医疗等 新兴服务:以最新科技为支撑的服务,如网络游戏、动漫服务等
服务的知识含量	知识型服务:以知识和信息为基础的、知识密集型服务,如医疗和教育服务等 劳务型服务:以体力和劳务为基础的、劳务密集型服务,如公路运输服务等

资料来源:《中华人民共和国国家标准:服务业分类(征求意见稿)》,2010。

其次,服务业的聚类。同样有多种版本(表 1-4)。根据服务内容、服务对象、服务特点、服务生产和服务知识含量等进行聚类。当然,各种分类不是绝对的,它们有时有些交叉。

表 1-4 服务业的聚类

分类的依据	服务的分类
服务的内容 (商品和劳务的价值比例)	商品密集型服务业:指服务过程中,商品价值所占比例较大、劳务价值所占比例较小的服务行业 劳务密集型服务业:指服务过程中,劳务价值所占比例较大、商品价值所占比例较小或无的服务行业 混合型服务业:指服务过程中,商品和劳务的价值比例相对均衡的服务行业
服务的对象	生产型服务业:指服务对象的60%以上为企业、组织或政府部门的非公共性服务行业 消费型服务业:指服务对象的60%以上为面向个体消费者的非公共性服务行业 公共型服务业:指政府或组织等为社会提供的各种公共服务 综合型服务业:指除生产型服务业、消费型服务业和公共型服务业之外的其他服务行业,其服务对象的结构介于生产型和消费型之间
服务的特点	劳动密集型服务业:指服务过程中,劳动投入的比例高于其他生产要素比例的服务业 技术密集型服务业:指服务过程中,技术和知识投入的比例高于其他生产要素比例的服务业 资本密集型服务业:指服务过程中,资本投入的比例高于其他生产要素比例的服务业

(续表)

分类的依据	服务的分类
服务的生产方式	传统服务业:指存续时间久,生产方式相对传统,未经改造升级的服务业 现代服务业:指以现代科学技术为主要支撑,建立在新的商业模式、服务方式和管理方法基础上的服务行业 新兴服务业:指以新技术、新业态和新的服务方式向社会提供高附加值、满足社会高层次和多元化需求的服务业
服务的知识含量	知识型服务业:以知识和信息为基础的、知识含量较高的服务行业 劳务型服务业:以体力和劳务为基础的、知识含量较低的服务行业 知识型服务业包括知识传播业、智力服务业两类 劳务型服务业包括生产型劳务服务业、消费型劳务服务业、混合型劳务服务业三类

资料来源:《中华人民共和国国家标准:服务业术语(征求意见稿)》,2010。

其三,服务部门的聚类。相应地,服务业各个门类可以进行聚类(表1-5,表1-6)。

表1-5 国际标准行业分类(4.0版)的服务业门类的聚类

ISIC 4.0	门类	服务对象分类*	服务特点分类*	知识含量分类
G	批发和零售业;汽车和摩托车的修理	综合型	劳动密集型	劳务型(综合型)**
H	运输和储存	生产型	劳动密集型	劳务型(生产型)**
I	食宿服务活动	消费型	劳动密集型	劳务型(综合型)**
J	信息和通信	综合型	技术密集型	知识型(知识传播)
K	金融和保险活动	生产型	资本密集型	知识型(智力服务)
L	房地产活动	综合型	资本密集型	劳务型(综合型)**
M	专业、科学和技术活动	生产型	技术密集型	知识型(智力服务)
N	行政和辅助活动	生产型	技术密集型	知识型(智力服务)
O	公共管理与国防;强制性社会保障	公共型	劳动密集型	知识型(智力服务)
P	教育	公共型	技术密集型	知识型(知识传播)
Q	人体健康和社会工作活动	公共型	技术密集型	知识型(智力服务)
R	艺术、娱乐和文娱活动	消费型	技术密集型	知识型(智力服务)
S	其他服务活动	消费型	劳动密集型	劳务型(消费型)
T	家庭作为雇主的活动;家庭自用、未加区分的物品生产和服务活动	消费型	劳动密集型	劳务型(消费型)
U	国际组织和机构的活动	公共型	技术密集型	知识型(智力服务)
	合计	生产型:4 消费型:4 综合型:3 公共型:4	劳动密集型:6 技术密集型:7 资本密集型:2	知识型:9 劳务型:6

注:详细分类见附表1-2-1。* 参考其他学者分类。** 流通服务。劳务型服务还可分为流通服务和其他服务。分类有交叉,如按知识含量分,N类中的汽车的出租和租赁、安保活动等属于劳务型。

表1-6　国际标准行业分类(3.1版)的服务业门类的聚类

ISIC 3.1	门类	服务对象分类	服务特点分类	知识含量分类
G	批发和零售业；汽车、摩托车及个人和家庭用品的修理	综合型	劳动密集型	劳务型(综合型)
H	旅馆和餐馆	消费型	劳动密集型	劳务型(消费型)
I	运输、储存和通信	生产型	劳动密集型	劳务型(生产型)
J	金融媒介活动	生产型	技术密集型	知识型(智力服务)
K	房地产、租赁和商业活动	综合型	资本密集型	劳务型(综合型)
L	公共管理与国防；强制性社会保障	公共型	劳动密集型	知识型(智力服务)
M	教育	公共型	技术密集型	知识型(知识传播)
N	卫生与社会工作	公共型	技术密集型	知识型(智力服务)
O	其他社区、社会和个人服务活动	消费型	劳动密集型	劳务型(消费型)
P	雇用家政服务人员的私人家庭的活动和私人家庭的无差别生产活动	消费型	劳动密集型	劳务型(消费型)
Q	域外组织和机构	公共型	技术密集型	知识型(智力服务)
合计		生产型:2 消费型:3 公共型:4 综合型:2	劳动密集型:6 技术密集型:4 资本密集型:1	知识型:5 劳务型:6

注：G类中汽车、摩托车及个人和家庭用品的修理，按服务对象分为消费型。I类中通信，按知识含量分为知识型(智力服务)。K类中租赁和商业活动，按知识含量分租赁为劳务型，商务活动为知识型(智力服务)。

(3) 什么是现代化

现代化研究已经有50多年历史，但迄今为止，现代化没有统一定义。

现代化科学认为：现代化既是一个世界现象，也是一种文明变化。作为一种世界现象，现代化是18世纪工业革命以来人类发展的世界前沿，以及达到和保持世界前沿的过程。作为一种文明变化，现代化包括现代文明的形成、发展、转型和国际互动，文明要素的创新、选择、传播和退出，以及追赶、达到和保持世界先进水平的国际竞争和国际分化；达到和保持世界先进水平的国家是发达国家，其他国家是发展中国家，两类国家之间可以转换。

(4) 什么是服务业现代化

现代化科学认为：从政策角度看，服务业现代化是18世纪工业革命以来服务业和服务经济发展的世界前沿，以及达到和保持世界前沿的行为和过程。服务业现代化包括现代服务业的形成、发展、转型和国际互动，服务业要素的创新、选择、传播和退出，以及追赶、达到和保持服务业和服务经济世界先进水平的国际竞争和国际分化；达到和保持世界先进水平的国家是服务业发达国家，其他国家是服务业发展中国家，两类国家之间可以转换。

如果把服务业看成是一个部门(国民经济的一个分部门)，服务业现代化是服务业部门的现代化。如果把服务业看成是一个领域(经济领域的一个分领域)，服务业现代化是服务经济领域的现代化。如果把服务业看成是一个系统(经济系统的一个分系统)，服务业现代化是服务业系统的现代化。

2. 服务业现代化的研究对象

显而易见，服务业现代化现象，是服务业现代化研究的研究对象。

服务业现代化现象是18世纪以来的一个历史现象，包括服务业变迁和服务业国际竞争等；但是，并非所有的服务业变迁和服务业国际竞争都属于服务业现代化。一般而言，服务业现代化研究重点关注18世纪以来服务业变迁的世界前沿、达到前沿的过程和国际竞争（图1-4）。

图1-4　服务业现代化的研究对象（示意图）

具体而言，服务业现代化的研究对象是服务业和服务经济的现代化，包括世界、国家和地区的服务业现代化，包括服务业子系统和亚部门的现代化、服务业与现代化的互动等（图1-2）。

3. 服务业现代化的研究内容

服务业现代化现象是一种复杂的世界现象，可以和需要从不同角度进行研究。根据研究的目的和性质的不同，可以对服务业现代化研究的研究内容进行分类（表1-7）。

表1-7　服务业现代化研究的研究内容的分类

分类的依据	研究内容的描述
概念研究	现代服务业的世界前沿的形成、发展、转型、国际互动 现代服务业要素的创新、选择、传播、退出等
过程和行为研究	四个方面：服务业现代化的过程、结果、动力、模式 四个要素：服务业行为、结构、制度、观念的现代化 不同角度：服务生产、服务经济、服务要素的现代化 　　　　　服务效率、服务质量、服务能力的现代化 　　　　　服务内容、服务模式、服务治理的现代化 相互作用：服务业不同系统、不同要素的相互作用等
结果研究	四种结果：服务业的现代性、特色性、多样性、副作用 四种分布：服务业的地理结构、国际结构（水平结构）、人口结构、系统结构等
研究问题	理论问题：服务业的世界前沿、长期趋势、文明转型、国际分化等 应用问题：服务业的国际竞争、国际经验、国际追赶、前沿创新等
研究性质	基础研究：服务业的世界前沿和前沿变化的特征和规律，服务业发达的科学原理等 应用研究：服务业达到和保持世界前沿的方法和途径，服务业发达的基本方法等 开发研究：服务业现代化的战略、规划和政策等

4. 服务业现代化研究的研究矩阵

首先，研究范围与研究单元的研究矩阵。一般而言，服务业现代化的实证研究，需要明确研究范围和研究单元，它们可以组成一个研究矩阵（表1-1）。研究范围可以是全球、国家或地区范围等，研究单元可以是世界、国家或地区等。国家是现代化研究的基本单元。

其次，研究对象与研究内容的研究矩阵。服务业现代化的研究对象是服务业和服务经济的现代化，包括服务生产、服务结构、服务要素的现代化等；研究内容包括服务业行为、结构、制度和观念的现代化等。它们可以组成一个结构矩阵（表1-8）。

表1-8 服务业现代化研究的结构矩阵

研究内容		研究对象		
		服务业	服务生产、服务经济、服务要素	世界、国家、地区服务业
		服务业现代化	三个服务业子系统的现代化	三个层次的服务业现代化
要素	行为 结构 制度 观念	服务业行为、服务业结构、服务业制度和服务业观念的现代化	三个服务业子系统的服务业行为、服务业结构、服务业制度和服务业观念的现代化	三个层次的服务业行为、服务业结构、服务业制度和服务业观念的现代化
方面	过程 结果 动力 模式	服务业现代化的过程、结果、动力和模式	三个服务业子系统的现代化的过程、结果、动力和模式	三个层次的服务业现代化的过程、结果、动力和模式

注：服务生产涉及服务规模、服务效率、服务效益、服务质量和服务设施等。服务经济涉及产业结构、就业结构、服务贸易等。服务要素涉及人力资源、服务创新、服务环境、服务制度和服务观念等。服务业现代化的研究内容还有许多，例如，分段服务业现代化、服务业亚部门现代化、服务业前沿分析、服务业趋势分析、服务业前沿过程分析、服务业追赶过程分析、国际竞争分析、国际服务业差距分析、服务业现代化要素和不同领域之间的相互作用等。

其三，服务业现代化与分领域和分层次现代化的交叉（表1-9）。一般而言，现代化科学包括分领域现代化和分层次现代化研究，服务业现代化研究包括服务业部门、亚部门和服务业子系统现代化研究等。它们可以组成一个研究矩阵，反映了服务业现代化研究的交叉性。

表1-9 服务业现代化与分领域和分层次现代化的交叉

部门现代化	分领域现代化				分层次现代化		
	经济现代化	文化现代化	人的现代化	生态现代化	世界和国际现代化	国家现代化	地区现代化
服务业现代化	*	*	*	*	*	*	*
G 批发和零售；汽车和摩托车的修理	*			*	*	*	*
H 运输和存储业	*		*	*	*	*	*
I 食宿服务活动	*	*		*	*	*	*
J 信息和通信	*	*	*	*	*	*	*
K 金融和保险活动	*	*	*	*	*	*	*
L 房地产活动	*	*	*	*	*	*	*
M 专业、科学和技术活动	*	*	*	*	*	*	*
N 行政和辅助活动	*	*	*	*	*	*	*
O 公共管理与国防；强制性社会保障	*	*	*	*	*	*	*
P 教育	*	*	*	*	*	*	*
Q 人体健康和社会工作活动	*	*	*	*	*	*	*
R 艺术、娱乐和文娱活动	*	*	*	*	*	*	*
S 其他服务活动	*	*	*	*	*	*	*
T 家庭作为雇主的活动	*	*	*	*	*	*	*

(续表)

部门现代化	分领域现代化				分层次现代化		
	经济现代化	文化现代化	人的现代化	生态现代化	世界和国际现代化	国家现代化	地区现代化
U 国际组织和机构的活动	*	*	*	*	*	*	*
服务生产	*	*	*	*	*	*	*
服务经济	*	*	*	*	*	*	*
服务要素	*	*	*	*	*	*	*

注：*表示该部门现代化与主要的领域和层次现代化的交叉；服务业部门分类参照国际标准行业分类（4.0版）。

二、服务业现代化的研究方法

服务业现代化研究是现代化研究的一个组成部分，可以沿用现代化研究的研究方法。

1. 服务业现代化研究的方法论

服务业现代化研究，大致有五种研究视角和方法论。

首先，从科学角度研究服务业现代化，可以采用实证主义的研究方法，揭示服务业现代化的客观事实和基本规律，建立客观的和没有偏见的因果模型。

其次，从人文角度研究服务业现代化，可以采用阐释主义的研究方法，描述服务业现代化的意义和关联，建构服务业现代化现象的话语和理念。

其三，从政策角度研究服务业现代化，可以采用现实主义的研究方法，归纳服务业现代化现象的因果关系和价值导向，提出服务业现代化的解释模型和政策建议。

在现代化科学里，实证研究、阐释研究和实用研究的区分是相对的，有些时候会交替采用三种方法论，有些时候会同时采用三种方法论。一般而言，实证研究提供现代化现象的事实和原理，阐释研究提供现代化现象的意义和关联，实用研究提供现代化现象的选择和建议。

其四，从未来学角度研究服务业现代化，分析服务业现代化的趋势，预测它的未来。

其五，从批判角度研究服务业现代化，分析和批判服务业现代化的现行理论、实践和失误，提出改进的对策和建议等。

2. 服务业现代化研究的主要方法

服务业现代化研究是一种交叉研究，自然科学和社会科学的诸多研究方法，都可以作为它的研究方法。例如，观察、调查、模拟、假设、心理分析、统计分析、定量分析、定性分析、模型方法、理论分析、比较分析、历史分析、文献分析、过程分析、情景分析和案例研究等。

服务业现代化研究有许多研究类型，不同研究类型可以采用不同研究方法（表1-10）。

表1-10 服务业现代化研究的主要类型

编号	类型	特点和方法
1	事后分析	在服务业现代化现象发生后进行研究，是对现代化进程和结果的研究
2	事先分析	在服务业现代化现象发生前进行研究，是对现代化前景和战略的研究
3	系统分析	从服务业现代化的源头到末尾进行系统研究。服务业现代化的源头是创新，服务业现代化的末尾是服务业现代化的结果。从创新到现代化的系统研究，是一种多学科的交叉研究

(续表)

编号	类型	特点和方法
4	单维研究	对服务业现代化进行单维度、单学科的研究
5	交叉研究	对服务业现代化进行两维度或多维度、跨学科的交叉研究
6	综合研究	对服务业现代化进行多维度、多学科的综合研究
7	历史研究	服务业现代化的历史研究,时序、截面、过程、前沿、范式、文献、历史和案例研究等
8	现实研究	服务业现代化的现状研究,层次、截面、统计、比较、前沿分析、社会调查、案例研究等
9	前景分析	服务业现代化的前景分析,回归、趋势分析、线性和非线性外推、目标逼近和情景分析等

服务业现代化现象的前沿分析。前沿分析包括服务业现代化的世界前沿的识别、比较和变化分析等。通过分析世界前沿的特征、水平和变化等,研究服务业前沿的变化规律和服务业发达的基本原理。

服务业现代化现象的过程分析。过程分析包括服务业现代化过程的类型、阶段、特点、内容、原理和模式分析等(图 1-5)。服务业现代化过程的阶段分析,旨在识别和描述它的主要阶段和阶段特征等,分析方法包括定性和定量分析等。它的阶段划分,应该与经济现代化过程的阶段划分相协调。

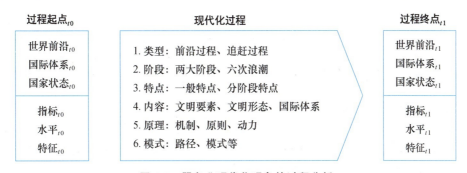

图 1-5　服务业现代化现象的过程分析

注:文明要素包括文明的行为、结构、制度和观念等。

服务业现代化过程的结果分析。过程的结果与它的时间跨度紧密相关,与起点截面和终点截面(或分析截面)紧密相关(图 1-6)。在不同历史截面,服务业现代化的世界前沿、国际体系和国家状态有所不同,它的指标、水平和特征有所不同;通过两个截面的宏观和微观层次的比较,可以分析在两个

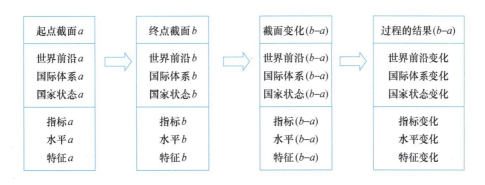

图 1-6　服务业现代化过程的结果分析

注:从起点截面 a 到终点截面 b,现代化过程的主要结果包括:① 宏观变化,如世界前沿、国际体系和国家状态的变化等;② 微观变化,如指标变化(新增的指标、消失的指标)、水平变化(原有指标的水平变化、新增指标的水平变化)和特征变化(新增的特征、消失的特征)等,包括服务业的现代性、特色性、多样性和副作用等。服务业现代化过程的有些变化,有可能消失在过程中,在结果里没有体现。

截面之间的服务业现代化的主要结果。截面比较包括定量和定性比较等。一般而言,服务业现代化过程的结果是时间的函数,服务业现代性是时间的函数。

在起点截面 a 和终点截面 b 之间,服务业现代化进程的结果＝截面 b －截面 a

简化的数学表达式:$f_{b-a}=f_b-f_a$

其中,f 为状态函数,f_{b-a} 为状态变化,f_b 为截面 b 的状态,f_a 为截面 a 的状态。

三、服务业现代化的坐标分析法

现代化研究的坐标分析方法是现代化科学的一种常用方法,它主要包括三个步骤和六个部分(表1-11)。其主要特点是:时序分析与截面分析相结合,定量分析与定性分析相结合,分析方法和结果表达的模型化、图形化、数量化、系统性、实证性和科学性等。三个步骤和六个部分相互关联和相互支持,形成现代化的连续的、系列的时间坐标图和截面分布图,从而相对直观和系统地刻画现代化的进程和分布。这种方法可应用于服务业现代化研究。

表1-11 服务业现代化研究的坐标分析方法

序号	主要步骤	六个部分	注释
1	建立坐标系	现代化的坐标体系	确定坐标系的横坐标和纵坐标
2	变量分析	范式分析、定量评价、时序分析和截面分析	分析现代化的各种变量
3	表达结果	现代化的坐标图和路径图	将分析结果标记到坐标系上

1. 建立服务业现代化的坐标体系

服务业现代化的坐标体系是坐标分析的核心内容,包括服务业变迁和服务业现代化的时间表、周期表、坐标系和路线图等。服务业变迁和服务业现代化的坐标系由横坐标和纵坐标组成。横坐标可以是历史时间、文明时间等,纵坐标可以是服务业现代化水平、服务业现代化指标水平等。文明时间是根据人类文明的"前沿轨迹"所标识的一种时间刻度(表1-12)。

表1-12 文明时间与历史时间的对照表

文明时间	历史时间(大致时间)	文明时间	历史时间(大致时间)/年
原始文化时代	250万年前～公元前3500年	工业文明时代	1763～1970
起步期	250万年前～20万年前	起步期	1763～1870
发展期	20万年前～4万年前	发展期	1871～1913
成熟期	4万年前～1万年前	成熟期	1914～1945
过渡期	1万年前～公元前3500年	过渡期	1946～1970
农业文明时代	公元前3500年～公元1763年	知识文明时代	1970～2100
起步期	公元前3500年～公元前500年	起步期	1970～1992
发展期	公元前500年～公元500年	发展期	1993～2020
成熟期	公元500年～1500年	成熟期	2020～2050
过渡期	1500年～1763年	过渡期	2050～约2100

注:历史时间指自然的物理时间,文明时间指根据人类文明的"前沿轨迹"所标识的一种时间刻度。

在世界上,不同国家都采用统一的历史时间;但是,在同一历史时间,不同国家可能处于不同的文明时间。历史时间好比人的生物年龄,文明时间好比人的生理年龄。对于走在人类文明前列的国家,文明时间可能与历史时间是一致的;对于后进国家,文明时间与历史时间是不一致的。例如,2000年,美国处于知识文明时代,一些非洲国家处于农业文明时代。

如果将服务业现代化进程评价、时序分析、截面分析、范式分析和一般过程分析的结果,标记在服务业现代化的坐标系里,就可以构成服务业现代化的坐标图、路线图等。服务业现代化的坐标图和路线图,既有基本图,也有分阶段、分层次、分部门、分专题和分指标的分解图,它们组成一个服务业现代化的坐标图和路线图的系统,全方位地表征服务业现代化的进程和分布。

2. 服务业现代化的坐标分析的四种方法

(1) 服务业现代化研究的范式分析

一般而言,服务业现代化研究不仅要有单要素分析,而且要有整体分析。不能只见树木不见森林。服务业现代化研究的整体分析,就是分析它的整体变化。那么,如何分析服务业现代化的整体变化呢?目前没有通用方法。现代化研究,借鉴科学哲学的"范式"概念,分析现代化的"范式"变化,建立现代化研究的范式分析。它适用于服务业现代化研究。

美国科学哲学家库恩在《科学革命的结构》一书中提出了"范式"的概念,认为成熟科学的发展模式是"范式Ⅰ——科学革命——范式Ⅱ"。简单地说,范式指科学共同体公认的范例,包括定理、理论和应用等。在科学发展史上,一种范式代表一种常规科学(成熟的科学),从一种范式向另一种范式的转变就是科学革命。在科学哲学领域,尽管还存在争议,范式和科学革命被认为是解释科学进步的一种有力理论。

借鉴库恩的"范式"思想,可以把与经济、社会、政治、文化、环境管理和个人行为的典型特征紧密相关的"文明类型"理解为一种"文明范式"(表1-13)。依据这种假设,文明发展可以表述为"文明范式Ⅰ——文明革命(文明转型)——文明范式Ⅱ",或者"文明类型Ⅰ——文明革命(文明转型)——文明类型Ⅱ"。这样,可以抽象地认为,文明发展表现为文明范式的演变和交替,现代化表现为现代文明范式的形成和转变。反过来说,可以用文明范式和范式转变为分析框架,讨论文明特征和现代化特征的定性变化。

表1-13 人类历史上的文明范式及其代表性特征

项目	原始文化	农业文明	工业文明	知识文明
历史时间	人类诞生至 公元前3500年	公元前3500年至 公元1763年	公元1763年至 1970年	1970年至 约2100年
经济特征	狩猎采集	农业经济	工业经济	知识经济
社会特征	原始社会	农业社会	工业社会	知识社会
政治特征	原始民主	专制政治	民主政治	多元政治
文化特征	原始文化	农业文化	工业文化	网络文化
个人特征	部落生活方式	农村生活方式	城市生活方式	网络生活方式
环境特征	自然崇拜 部落互动	适应自然 国际关系等	征服自然 国际战争等	人与自然互利共生 国际依赖等

注:本表的四种文明范式分类,是文明范式分类的一种分类方式。

服务业现代化研究的范式分析,可以参考现代化研究的文明范式分析。依据服务业生产力水平和结构进行分类,人类服务业主要有四种基本类型:原始服务业、传统服务业、初级现代服务业和高级现代服务业(1-14)。它们既是服务业变迁的不同历史阶段的形态,又同时存在于现今世界。

表1-14 人类历史上的服务业范式及其代表性特征

项目	原始服务业	农业时代的服务业	工业时代的服务业	知识时代的服务业
历史时间	人类诞生至 公元前3500年	公元前3500年至 公元1763年	公元1763年至 1970年	1970年至 约2100年
服务内容	祭祀、家务	传统劳务为主 传统知识	现代劳务为主 现代知识	知识和信息为主 专业化劳务

(续表)

项目	原始服务业	农业时代的服务业	工业时代的服务业	知识时代的服务业
服务模式	个体、部落	手工、分散 非规范	机械化、电气化 规模化、标准化	信息化、智能化 绿色化、国际化
服务经济	比例很小	小于国民经济的20%	约国民经济的40%	约国民经济的80%

注：本表四种服务业范式分类，是服务业范式分类的一种分类方式。反映服务业变迁的世界前沿的轨迹。

一般而言，服务业变迁是不同步的，国家内部发展也是不平衡的。当某个国家进入某种基本服务业形态时，它的内部可以存在一些生产力水平比基本服务业形态的生产力水平更低或者更高的服务业形态；它们的规模相对较小，可以统称为亚服务业形态。国家的基本服务业形态和亚服务业形态是相对的，不是绝对的，可以相互转换。

(2) 服务业现代化研究的定量评价

服务业现代化是一种服务业变化，包括定性变化和定量变化。其中，定量变化可以定量评价。例如，《中国现代化报告》提出了一批现代化过程的定量评价模型，包括第一次现代化、第二次现代化、综合现代化、地区现代化、经济现代化、社会现代化、文化生活现代化、生态现代化和国际现代化等的评价方法，并完成1950年以来131个国家的现代化定量评价。服务业现代化的定量评价，已经有大量的研究文献。

(3) 服务业现代化研究的时序分析

服务业现代化研究的时序分析是现代化坐标分析的重要内容。它旨在通过分析比较服务业现代化的时间系列数据、特征、资料和变化，揭示服务业现代化的长期趋势及其变化规律。时序分析主要用于服务业现代化的历史进程研究，可以作为一种趋势分析。

首先，选择分析指标。一般选择关键指标进行分析。可以从三个方面选择：服务业现代化的综合指标，服务业行为、结构、制度和观念现代化，服务业供给、流通、需求、科技、环境和农民现代化等。行为和结构指标，多数是定量指标；制度和观念指标多数是定性指标。

其次，选择分析的国家样本。目前，世界上有190多个国家。如果条件许可，可以对每一个国家进行时序分析。如果条件不许可，或者根据研究目的，可以选择若干国家进行时序分析。《中国现代化报告》选择15个国家作为分析样本(表1-15)。包括8个发达国家和7个发展中国家，它们的国民收入(GNI)约占世界总收入的72%，人口约占世界总人口的60%。这些分析样本，与经济、社会、文化和生态现代化研究的时序分析的国家样本是一致的。

表1-15 服务业现代化研究的时序分析的国家样本(2014年)

国家	人均收入/美元	国民收入占世界比例/(%)	人口占世界比例/(%)	国家	人均收入/美元	国民收入占世界比例/(%)	人口占世界比例/(%)
美国	54 629	22.37	4.39	俄罗斯	12 735	2.39	1.98
日本	36 194	5.91	1.75	墨西哥	10 230	1.65	1.73
德国	47 627	4.95	1.11	巴西	11 384	3.01	2.84
英国	45 603	3.78	0.89	中国	7593	13.30	18.79
法国	42 732	3.63	0.91	印度尼西亚	3491	1.14	3.50
澳大利亚	61 886	1.87	0.32	印度	1595	2.65	17.84
意大利	34 960	2.75	0.84	尼日利亚	3203	0.73	2.44
加拿大	50 271	2.29	0.49	合计	—	72.43	59.84

数据来源：World Bank, 2015。

其三，选择分析的时间范围。一般的时间跨度约为300年(1700年至今)。

其四，采集和建立分析指标的时序数据和资料。一般而言，定量指标采用权威部门的统计数据或著名学术机构的相关数据；定性指标应采用比较科学客观的研究资料。

其五，系统分析现代化的定量指标的变化和长期趋势等。

其六，系统分析现代化的定性指标的长期趋势和特征等。

(4) 服务业现代化研究的截面分析

服务业现代化研究的截面分析是现代化坐标分析的重要内容。它旨在通过分析比较服务业现代化的不同时间截面的数据、特征、资料和变化，揭示或阐释服务业现代化的结构特征及其规律等。截面分析主要用于服务业现代化的现状研究和历史进程研究。

首先，选择分析变量。同时序分析一样，从三个方面选择关键指标进行分析。

其次，选择分析国家和国家分组(表1-16)。世界范围的服务业现代化研究的截面分析，可以包括全部国家(有数据的国家)。为便于表述截面特征，可以对国家进行分组，并计算每组国家的特征值。除按国家经济水平分组外(根据人均国民收入对国家分组)，还可以按国家现代化水平和服务业现代化水平分组。

表1-16 2013年截面分析的国家分组

分组号		1	2	3	4	5	6	7	8	9	合计
分组标准	人均国民收入/美元	小于701	701～1000	1001～3000	3001～6000	6001～10 724	10 610～20 000	20 001～40 000	40 001～60 000	大于60 000	—
分组结果	国家/个	14	8	25	22	15	19	9	14	4	130
	人均国民收入/美元	517	862	1694	4369	7915	14 759	28 606	49 364	78 851	—

注：数据来自世界银行2015。2013年人均国民收入的世界平均值为10 610美元，高收入国家平均值为37 569美元，中等收入国家平均值为4548美元，低收入国家平均值为609美元。

其三，选择分析截面。可以根据研究目的和需要选择截面。

其四，采集和建立分析指标的截面数据和资料。一般而言，定量指标采用权威部门的统计数据或著名学术机构的相关数据；定性指标应采用比较科学客观的研究资料。

其五，定量分析需要计算每组国家某个变量的"特征值"。计算方法大致有三种："中值法""平均值法"和"回归分析法"。《中国现代化报告》采用第二种方法——算术平均值法。

$$X_{ij} = \sum x_{ij}/n_{ij}$$

其中，X_{ij}为第i组国家第j个变量的"特征值"；$\sum x_{ij}$为第i组国家第j个变量的每个国家的数值的加和；n_{ij}为国家个数，即第i组国家第j个变量的具有数据的国家个数。

其六，单个截面的系统分析。主要分析截面的结构特征、水平特征和性质特征，包括国家经济水平与现代化变量的截面"特征关系"和统计关系，制度和观念的截面特征等。关于截面特征的分析，可以是定性、定量或综合分析。

其七，多个截面的比较分析。两个或多个截面之间的比较，包括结构比较、水平比较、特征比较和性质比较等，还可以计算分析指标的变化速率等。

3. 服务业现代化的坐标分析的分析变量

(1) 选择分析变量的原则

由于服务业现代化的研究对象非常复杂，一项研究不可能对它的所有方面和全部过程进行分析。

比较合理和有效的方法是选择有限的关键变量进行分析。分析变量的选择,需要考虑三个因素:具有学术或政策意义,便于国际比较和分析,可以获得连续数据或资料。

(2) 分析变量的性质

服务业现代化研究的分析变量,包括定量和定性指标、共性和个性指标(表1-17)。定量指标,多数可以通过统计资料获得数据;没有统计数据的定量指标(新现象),需要专题研究。一般而言,制度和观念变化是定性指标,可以定性分析,缺少统计数据。有些时候,定性指标可以通过社会调查,转换成相应的定量指标。共性指标是反映服务业现代化的共性、普遍特征和要求的指标,如服务业增加值占GDP的比例和服务业就业人员占就业总数的比例等,多数为定量指标。个性指标是反映服务业现代化的个性、特殊性和多样性的指标,多数为定性指标,如物流绩效指数等;部分为定量指标,如服务密度等。

表1-17 服务业现代化研究的分析变量的主要类型

类型		解释	举例
定量指标	综合指标	若干个单项指标经过模型计算合成一个综合指标	服务业现代化指数
	总量指标	指标数值反映总量	服务业增加值
	人均指标	指标数值反映人均量	人均服务业增加值
	结构指标	指标数值反映结构比例	服务业劳动力比例
	效率指标	指标数值反映单位产出	服务业劳动生产率
	增长率指标	指标数值反映年度变化率	服务业增加值年增长率
	前沿指标	指标数值反映世界先进水平	发达国家服务业生产率
	平均指标	指标数值反映世界平均水平	世界平均服务业生产率
	末尾指标	指标数值反映世界末尾水平	欠发达国家服务业生产率
	差距指标	指标数值反映国际差距	服务业生产率的最大差距
定性指标	制度指标	制度的特征和变化	公共管理质量评级
	观念指标	观念的特征和变化	服务公平性
两类指标	共性指标	反映服务业现代化的共性、普遍特征和要求的指标	服务业劳动生产率
	个性指标	反映服务业现代化的个性、特殊性和多样性的指标	服务密度

一般而言,人均指标、结构指标、效率指标和共性指标,可以用于服务业现代化的定量评价;总量指标、增长率指标、定性指标和个性指标,可以用于服务业现代化的特征分析。

(3) 分析变量的类型

服务业现代化研究的分析变量,根据长期趋势和变化特点的不同,可大致分为八种类型。

① 上升变量:有些变量随时间而上升,其数值会发生短期波动。

② 下降变量:有些变量随时间而下降,其数值会发生短期波动。

③ 转折变量:有些变量经历上升和下降(或者下降和上升)两个阶段。

④ 波动变量:有些变量长期在一定范围内波动,运动没有明显的方向性,趋势很平缓。

⑤ 随机变量:有些变量的变化是随机的,趋势不明显。

⑥ 地域变量:有些变量的变化趋势存在明显的地域差异和多种形式,没有统一趋势。

⑦ 稳定变量:有些变量的变化幅度非常小,或几乎没有明显变化,如土资源等。

⑧ 饱和变量:在上升或下降变量中,有些变量的数值已经饱和或接近饱和,数值不再发生变化或变化不大。例如,许多国家的安全饮水普及率已经达到100%。

一般而言,上升和下降变量可以用于现代化评价,转折变量和波动变量用于政策分析。

本《报告》选择12类140个指标作为服务业现代化研究的分析变量(表1-18)。

表 1-18　服务业现代化的分析指标和分析变量

服务生产	指标数量	服务经济	指标数量	服务要素	指标数量
① 服务规模	10 个指标	④ 产业结构	29 个指标	⑦ 人力资源	4 个指标
② 服务效率	12 个指标	⑤ 就业结构	31 个指标	⑧ 服务设施	9 个指标
③ 服务质量	15 个指标	⑥ 服务贸易	16 个指标	⑨ 服务创新	4 个指标
				⑩ 服务环境	5 个指标
				⑪ 服务制度	5 个指标
				⑫ 服务观念	定性分析

注：指标名称、解释和单位详见附表 1-2。

第二节　服务业现代化的时序分析

服务业现代化的时序分析，是对服务业现代化的全过程的时间序列数据和资料进行分析，试图去发现和归纳服务业现代化的客观事实和基本规律。在服务业现代化过程中，在一定程度上，服务生产现代化是它的微观基础，服务经济现代化是它的宏观表现，服务业的一些共性要素同时作用于服务生产和服务经济（图 1-7）。我们选择 15 个国家为分析样本，分析服务生产、服务经济和服务要素的变迁，时间跨度约为 300 年（1700～2015 年），分析内容包括长期趋势、世界前沿、国际差距或国别差异等。本节聚焦于服务业内部的变迁，关于服务业与其他现代化的相互关系，需要专门讨论。本章第一节介绍了时序分析方法，这里讨论分析结果。

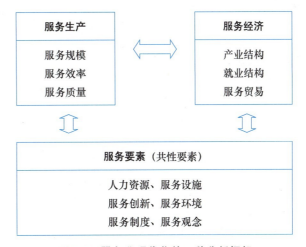

图 1-7　服务业现代化的一种分析框架

注：关于服务生产、服务经济和服务要素的归类划分是相对的，它们既相互交叉，又相互影响。

一般而言，服务业现代化的时序分析需要鉴别服务业变量的趋势和特征。根据它们的变化趋势，服务业变量可以分为上升变量、下降变量、转折变量、波动变量和地域变量等；根据它们与服务业水平的关系，服务业变量可以分为水平变量、特征变量和交叉变量等（表 1-19）。其中，水平变量，反映服务业的发展水平，具有很好的国际可比性和历史可比性；特征变量，反映服务业的地理特点，不反映服务业的发展水平，历史（纵向）可比性好，国际（横向）可比性差；交叉变量，同时与服务业的发展水平和地理特点有关，历史可比性好，但国际可比性差。由于《报告》篇幅有限，我们选择少数指标为代表，用"图形"显示它们的变化趋势。

表 1-19　服务业变量的特点和分类

变量分类	变量的特点	变量的举例
水平变量	反映发展水平,不反映国别特色。国际可比性好,历史可比性好	服务业劳动生产率、服务业增加值比例等
特征变量	不反映发展水平,反映国别特色。历史可比性好,国际可比性差	公共服务比例、非公共服务比例等
交叉变量	反映发展水平,反映国别特色。历史可比性好,国际可比性差	人均服务出口、人均服务进口等
上升变量	指标数值长期上升,短期波动,反映服务业的发展水平	服务业劳动生产率、人均服务业增加值等
下降变量	指标数值长期下降,短期波动,反映服务业的发展水平	服务业童工雇佣率等
转折变量	指标数值发生转折,先升后降,或先降后生,与发展阶段有关	人均居住和服务的二氧化碳排放量等
波动变量	指标数值不断波动,趋势不明显,与农业的发展状态有关	服务业增长率等
地域变量	指标数值与服务业的地理特征有关,与发展水平没有关系	服务业增加值占世界比重等

一、世界服务生产的时序分析

服务生产涉及许多方面和要素,我们不可能对每一个方面和要素都进行分析,只能选择有代表性的方面和统计数据比较齐全的指标进行分析。这里重点讨论服务生产的规模、效率和质量(表 1-20)。尽管这种分析很不完备,但可以提供有用信息。

表 1-20　1700~2013 年服务生产的变迁

方面	服务业变量				长期趋势和特点
	18 世纪	19 世纪	1900~1970 年	1970~2010 年	
服务规模		服务业增加值、服务业增加值比例、服务业劳动力、服务业劳动力比例			上升,波动
			服务业增加值占世界比重、旅游服务业增加值比重、旅游服务业就业占总就业比重		国别差异
		服务业增加值增长率、服务业劳动力增长率			波动
				服务密度	上升,国别差异
服务效率			服务业劳动生产率		上升,国别差异
			劳务型服务业劳动生产率		上升,国别差异
				知识型服务业、生产型服务业、消费型服务业、综合型服务业、公共型服务业、劳务型生产服务业、劳务型消费服务业、劳务型综合服务业、知识传播型服务业、智力服务型服务业的劳动生产率	上升
服务质量		人均服务业增加值			上升,波动
			人均综合型服务业增加值、ISO 9001 认证企业比例		上升,国别差异
			人均劳务型服务业、人均知识型服务业、人均生产型服务业、人均消费型服务业、人均公共型服务业的增加值		上升
				创办企业所需的时间、取得营业执照所需时间、出口通关所需时间	下降,国别差异
				公共管理质量评级、公共部门透明度、问责性和腐败评级、预算和金融管理质量评级、物流绩效指数	定性分析,国别差异

注:时序分析的历史数据来自:库兹涅茨,1999;麦迪森,2003;米切尔,2002。后同。

1. 服务规模的时序分析

服务规模指服务业的相对规模,包括它在国民经济中所占比例的大小,涉及服务业增加值和服务业劳动力等要素。在这里,我们选择 10 个服务规模指标为代表进行分析(表 1-20);其中,2 个指标为水平变量,3 个指标为交叉变量,5 个指标为特征变量(表 1-21)。

表 1-21 服务规模的分析变量和变化趋势

变化趋势	水平变量	交叉变量	特征变量
上升变量	服务业增加值比例、服务业劳动力比例	服务密度	服务业增加值、服务业劳动力
波动变量			服务业增加值增长率、服务业劳动力增长率
地域变量		旅游服务业增加值比重、旅游服务业就业占总就业比重	服务业增加值占世界比重

(1) 服务规模的变化趋势

服务规模指标的变化趋势是:5 个指标属于上升变量,2 个指标属于波动变量,3 个指标属于地域变量(表 1-21)。其中,服务业劳动力比例(图 1-8)、服务业增加值比例(图 1-9)的变化可以反映水平变量的特点,旅游服务业增加值比例(图 1-10)可以反映交叉变量的特点。

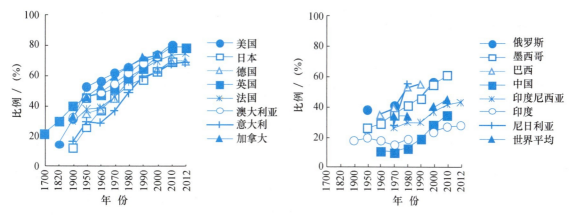

图 1-8 1700~2012 年服务业劳动力比例的变化

数据来源:库兹涅茨,1999;麦迪森,2003;World Bank 2015。

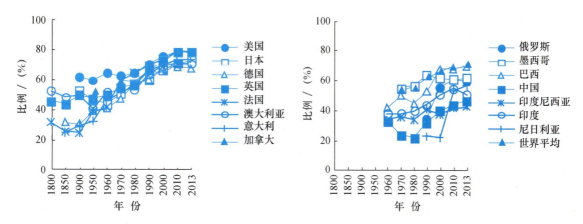

图 1-9 1800~2013 年服务业增加值比例的变化

数据来源:库兹涅茨,1999;米切尔,2002;World Bank,2015。

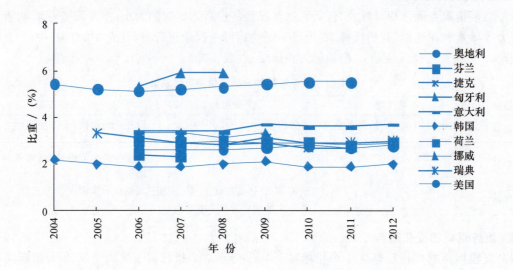

图 1-10　2004～2012 年样本国家旅游服务业增加值比重的变化
数据来源：OECD，2015。

(2) 服务规模变化的主要特点

首先，服务业劳动力投入的变化。18 世纪以来，服务业劳动力的投入总量和服务业劳动力比例在不断上升。目前，发达国家服务业劳动力比例在 71% 左右，世界平均约 51%。

其次，服务业增加值的变化。尽管在历史统计口径方面有一定的差别，但是整体而言：19 世纪以来，服务业增加值和服务业增加值比例都在不断上升。目前，发达国家的服务业增加值比例在 74% 左右，世界平均约 70%。

其三，服务业劳动力比例的上升明显高于服务业增加值比例的上升。一些学者将这归因于需求的迁移（贝尔，1974）；而服务需求的增加则主要通过劳动要素的方式来扩大供给规模（陈宪，2010）。

其四，服务业规模与服务业劳动生产率的关系。在 1991～2012 年期间，服务业增加值、服务业增加值比例、服务业增加值占世界比重、服务业劳动力比例、服务密度与服务业劳动生产率正相关；服务业劳动力与服务业劳动生产率不相关（表 1-22）。

其五，服务业规模与人均 GDP 的关系。在 1990～2012 年期间，服务业增加值比例、服务业劳动力比例、服务密度与人均 GDP 正相关；服务业增加值、服务业增加值占世界比重、服务业劳动力与人均 GDP 不相关（表 1-22）。

其六，服务业规模与城镇人口比例的关系。在 1990～2012 年期间，服务业增加值比例、服务业劳动力比例、服务密度与城镇人口比例正相关；服务业增加值、服务业增加值占世界比重、服务业劳动力与城镇人口比例不相关（表 1-22）。

其七，服务业规模与专利拥有比例的关系。在 1990～2012 年期间，服务业增加值、服务业增加值比例、服务业劳动力比例与专利拥有比例正相关；服务业增加值占世界比重、服务业劳动力、服务密度与专利拥有比例不相关（表 1-22）。

表 1-22 1990～2012 年服务业规模与一些特征指标的相关性

指标	1990	2000	2010	2012	相关性
服务业劳动生产率					
服务业增加值	0.575***	0.248*	0.118	0.457***	正相关
服务业增加值比例	0.708***	0.625***	0.650***	0.556***	正相关
服务业增加值占世界比重	—	0.248**	0.118	0.457***	正相关
服务业劳动力	0.036	0.033	−0.033	−0.113	不相关
服务业劳动力比例	0.483***	0.591***	0.711***	0.686***	正相关
服务密度	0.246*	0.700***	0.680***	0.710***	正相关
人均 GDP					
服务业增加值	0.444***	0.226***	0.129	0.125	—
服务业增加值比例	0.598***	0.567***	0.554***	0.504***	正相关
服务业增加值占世界比重	—	−0.068	−0.063	−0.054	不相关
服务业劳动力	0.141	−0.019	−0.059	−0.112	不相关
服务业劳动力比例	0.548***	0.622***	0.706***	0.640***	正相关
服务密度	0.263***	0.276***	0.240**	0.254***	正相关
城镇人口比例					
服务业增加值	0.259***	0.103	0.087	0.091	不相关
服务业增加值比例	0.519***	0.601***	0.526***	0.539***	正相关
服务业增加值占世界比重	—	0.039	0.091	0.102	不相关
服务业劳动力	0.056	−0.137	−0.135	−0.217	不相关
服务业劳动力比例	0.684***	0.830***	0.800***	0.842***	正相关
服务密度	0.301***	0.246***	0.219**	0.220**	正相关
专利拥有比例					
服务业增加值	0.741***	0.236***	0.193**	0.201**	正相关
服务业增加值比例	0.256***	0.267***	0.240***	0.226**	正相关
服务业增加值占世界比重	—	−0.046	−0.022	−0.021	不相关
服务业劳动力	0.207*	0.046	0.055	0.040	不相关
服务业劳动力比例	0.201	0.241**	0.337***	0.474***	正相关
服务密度	0.133	0.120	0.074	0.073	不相关

注：指标单位见附表 1-2。国家样本数为 52～131 个，不同指标不同年份的国家样本数有所不同；服务业劳动生产率 1990 年为 1991 数据。* 表示相关，** 表示显著相关，*** 表示非常显著相关。

(3) 服务规模的世界前沿、国际差距或国别差异

服务规模的世界前沿、国际差距和国别差异，可以用几个指标来代表。

首先，服务业劳动力比例的世界前沿和国际差距（表 1-23）。服务业劳动力比例不断上升，国际相对差距先扩大后缩小。目前，它的国际相对差距约为 3 倍。

表 1-23 1700～2012 年服务业劳动力比例的世界前沿和国际差距

项目	1700	1820	1900	1960	1970	1980	1990	2000	2010	2012
前沿（最大值）	22	30	40	57	62	66	73	78	81	81
末尾（最小值）	—	15	13	11	10	13	15	13	27	28
平均值					34	34	—	40	45	
绝对差距	—	15	27	46	52	53	58	65	54	53
相对差距		2	3	5	6	5	5	6	3	3
国家样本数	1	2	8	12	16	37	62	83	75	53

注：绝对差距＝最大值－最小值，相对差距＝最大值÷最小值，后同。

其次，服务业增加值比例的世界前沿和国别差异（表 1-24）。服务业增加值比例的变化趋同，但是存在国别差异，例如，1960 年尼泊尔、多米尼加的服务业增加值比例均为 100％；而 2014 年分别降为 50％和 67％。目前，服务业增加值比例的国家相对差别约为 3 倍。

表 1-24 1800～2014 年服务业增加值比例的世界前沿和国际差距

项目	1800	1850	1900	1950	1960	1970	1980	1990	2000	2010	2014
最大值	53	49	62	60	100	69	72	75	76	81	83
最小值	32	25	25	33	21	19	21	16	13	21	26
平均值	—	—	—	—	—	54	56	62	67	70	—
绝对差别	21	24	37	27	79	50	51	59	63	60	57
相对差别	2	2	2	2	5	3	3	5	6	4	3
国家样本数	3	5	7	8	28	57	72	103	127	125	98

2. 服务效率的时序分析

生产率是经济增长中的核心问题之一，而服务业的生产率长期以来是一个备受争议的问题（Bandt，2015；夏杰长，2013）。这里我们以 12 个服务相关的生产率指标为代表，利用版面数据尝试对服务业的生产效率进行时序分析；它们都为水平变量（表 1-25）。

表 1-25 服务效率的分析变量和变化趋势

变化趋势	水平变量	交叉变量	特征变量
上升变量	服务业劳动生产率、劳务型服务业劳动生产率、知识型服务业劳动生产率、生产型服务业劳动生产率、消费型服务业劳动生产率、综合型服务业劳动生产率、公共型服务业劳动生产率、知识传播型服务业劳动生产率、智力服务型服务业劳动生产率、劳务型生产服务业劳动生产率、劳务型消费服务业劳动生产率、劳务型综合服务业劳动生产率		

(1) 服务效率的变化趋势

服务效率指标的变化趋势是：12 个指标均属于上升变量（表 1-25）。其中，服务业劳动生产率（图

1-11)、知识型服务业劳动生产率(图 1-12)和劳务型服务业劳动生产率(图 1-13)的变化可以反映为水平变量的特点。

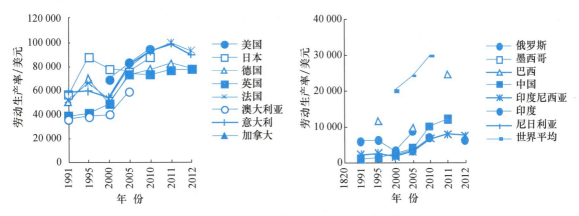

图 1-11　1991～2012 年服务业劳动生产率的变化

数据来源：World Bank，2015。

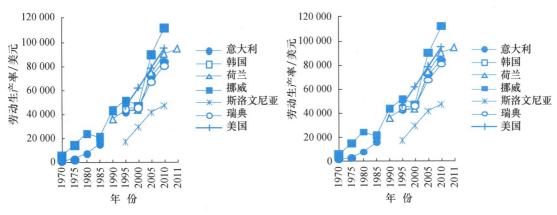

图 1-12　1970～2011 年知识型服务业劳动生产率的变化

数据来源：OECD，2015。

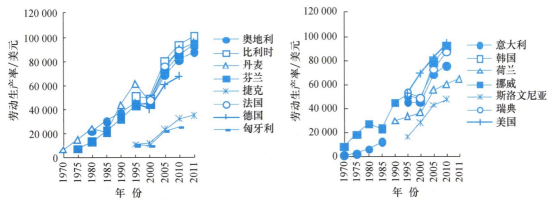

图 1-13　1970～2011 年劳务型服务业劳动生产率的变化

数据来源：OECD，2015。

(2) 服务效率变化的主要特点

首先,服务业劳动生产率的变化。1991年以来,服务业劳动生产率不断提高(图1-11)。2010年服务业劳动生产率的世界平均值为29 851美元。服务业劳动生产率的国际地位可转移(表1-26)。根据服务业劳动生产率的高低,可以把国家分为服务业发达、中等发达、初等发达和欠发达国家。在10~20年里,欠发达国家地位上升的概率约为10%。

表1-26 服务业劳动生产率的国家地位的转移概率(马尔可夫链分析)

分组	国家数	发达	中等	初等	欠发达	国家数	发达	中等	初等	欠发达
	1991	1991~2010年转移概率/(%)				2000	2000~2010年转移概率/(%)			
发达	7	100	0	0	0	13	100	0	0	0
中等	7	71	15	14	0	7	43	57	0	0
初等	14	0	0	74	36	25	0	16	72	12
欠发达	9	0	0	11	89	12	0	0	8	92

注:根据服务业劳动生产率分组,发达代表服务业发达国家,中等代表服务业中等发达国家,初等代表服务业初等发达国家,欠发达代表服务业欠发达国家。分组方法:发达国家:服务业劳动生产率超过高收入国家平均值;中等发达国家:超过世界平均值但低于高收入国家平均值;初等发达国家:低于世界平均值但高于欠发达国家;欠发达国家:1991年低于3000美元,2000年低于4398美元,2010年低于11 097美元。

其次,服务业劳动生产率与农业、工业劳动生产率的比较。传统观点认为服务业的劳动生产率相对较低,特别是与工业的劳动生产率作比较。2010年,美国等国家的服务业劳动生产率高于工业,法国等工业劳动生产率高于服务业,世界平均服务业劳动生产率高于工业。

世界银行数据表明:1991~2012年期间,法国和意大利等国服务业劳动生产率居于首位、工业次之、农业劳动生产率最低;2000~2012年期间,英国等工业劳动生产率居于首位、服务业次之、农业劳动生产率最低;德国情况是:1991~2000年期间,服务业劳动生产率超过工业;2010~2012年,工业劳动生产率超过服务业。目前,世界农业劳动生产率为4265美元、工业劳动生产率为20 717美元、服务业劳动生产率为29 851美元。

表1-27 1991~2012年六个国家三大产业劳动生产率比较 单位:美元

国家	产业	1991	2000	2010	2012
美国	农业	—	30 756	71 325	—
	工业	—	68 157	115 943	—
	服务业	—	69 316	94 842	—
日本	农业	16 220	22 843	25 404	30 308
	工业	60 179	72 956	93 261	95 319
	服务业	56 736	78 203	87 977	—
德国	农业	12 790	19 929	37 850	44 411
	工业	40 481	43 372	83 536	87 359
	服务业	50 167	50 293	77 954	78 383
英国	农业	24 998	32 570	49 192	53 469
	工业	37 529	53 152	79 355	85 683
	服务业	38 874	48 862	73 278	77 864
法国	农业	26 922	29 287	54 227	57 828
	工业	44 835	44 372	77 924	80 405
	服务业	52 545	53 385	93 254	93 280

（续表）

国家	产业	1991	2000	2010	2012
意大利	农业	22 122	28 083	46 462	51 900
	工业	48 816	41 809	71 898	71 255
	服务业	58 683	54 798	92 802	89 714
世界平均	农业	—	1189	4265	—
	工业	—	17 545	20 717	—
	服务业	—	20 256	29 851	—

再次，服务业内部劳动生产率的变化。在1970～2011年期间，OECD中15个样本国家，服务业劳动生产率都在提高。

服务业的知识含量聚类：劳务型服务业劳动生产率和知识型服务业劳动生产率都在不断提高；其中劳务型生产服务业、劳务型消费服务业、劳务型综合服务业、知识传播型服务业、智力服务型服务业的劳动生产率均表现为上升（表1-28）。丹麦等国家的知识型服务业劳动生产率高于劳务型服务业，法国等劳务型服务业劳动生产率高于知识型服务业。

表1-28　1970～2011年典型国家服务业内部劳动生产率的变化（知识含量聚类）　　单位：美元

国家	产业	1970	1980	1990	2000	2005	2010
美国	**劳务型服务业**	—	—	—	69 077	82 900	93 964
	劳务型生产服务业	—	—	—	55 958	70 986	79 407
	劳务型消费服务业	—	—	—	31 013	35 335	40 155
	劳务型综合服务业	—	—	—	94 251	115 991	134 034
	知识型服务业	—	—	—	62 189	78 996	94 598
	知识传播型服务业	—	—	—	58 994	77 380	88 310
	智力服务型服务业	—	—	—	63 236	79 505	96 597
德国	**劳务型服务业**	—	—	—	40 450	60 471	67 886
	劳务型生产服务业	—	—	34 635	38 867	69 737	86 507
	劳务型消费服务业	—	—	21 873	23 736	33 428	37 243
	劳务型综合服务业	—	—	80 315	90 911	133 026	142 890
	知识型服务业	—	—	42 346	44 915	63 354	69 633
	知识传播型服务业	—	—	37 037	42 578	58 924	65 134
	智力服务型服务业	—	—	44 059	45 581	64 595	70 845
法国	**劳务型服务业**	—	—	—	47 828	75 997	89 368
	劳务型生产服务业	—	—	—	59 670	87 854	111 627
	劳务型消费服务业	—	—	—	26 345	42 130	48 537
	劳务型综合服务业	—	—	—	96 649	154 956	185 172
	知识型服务业	—	—	—	44 614	70 399	85 391
	知识传播型服务业	—	—	—	44 138	73 367	89 869
	智力服务型服务业	—	—	—	44 748	69 622	84 276

(续表)

国家	产业	1970	1980	1990	2000	2005	2010
意大利	劳务型服务业	1556	6743	—	45 341	68 257	75 716
	劳务型生产服务业	—	—	—	49 520	72 583	76 398
	劳务型消费服务业	1649	7068	—	26 393	36 466	39 372
	劳务型综合服务业	1038	5015	—	110 547	185 372	216 820
	知识型服务业	1700	7620	—	45 368	72 222	83 989
	知识传播型服务业	1706	7038	—	39 687	66 272	75 862
	智力服务型服务业	1695	8210	—	47 226	74 068	86 310
丹麦	劳务型服务业	6583	24 326	43 669	47 265	74 327	89 777
	劳务型生产服务业	10 237	29 067	51 497	64 816	107 702	131 956
	劳务型消费服务业	4083	15 389	26 521	27 556	42 833	50 723
	劳务型综合服务业	12 379	53 383	97 238	99 061	153 168	195 113
	知识型服务业	7291	25 733	47 511	49 903	79 609	100 504
	知识传播型服务业	5713	20 607	40 460	44 681	70 774	87 314
	智力服务型服务业	8074	28 078	50 276	52 019	82 975	105 416

服务业的服务对象聚类。生产型服务业劳动生产率、消费型服务业劳动生产率、综合型服务业劳动生产率和公共型服务业劳动生产率都在不断提高(表1-29)。发达国家生产型服务业劳动生产率一般高于消费型服务业和公共型服务业。

表1-29 1970～2011年典型国家服务业内部劳动生产率的变化(服务对象聚类) 单位：美元

国家	产业	1970	1980	1990	2000	2005	2010
美国	生产型服务业	—	—	—	77 520	98 817	124 004
	消费型服务业	—	—	—	32 587	37 025	42 276
	综合型服务业	—	—	—	95 557	121 795	140 818
	公共服务型服务业	—	—	—	47 286	59 163	70 609
德国	生产型服务业	—	—	47 162	49 447	76 075	85 546
	消费型服务业	—	—	22 886	24 480	34 199	38 079
	综合型服务业	—	—	76 795	86 568	123 806	134 038
	公共服务型服务业	—	—	33 590	37 197	53 908	61 810
法国	生产型服务业	—	—	—	59 229	89 736	110 517
	消费型服务业	—	—	—	—	26 694	50 569
	综合型服务业	—	—	—	94 339	152 647	179 311
	公共服务型服务业	—	—	—	38 149	60 823	74 783
意大利	生产型服务业	—	—	—	54 696	79 859	86 790
	消费型服务业	1649	7068	—	44 794	58 261	60 423
	综合型服务业	1038	5015	—	101 824	170 049	195 252
	公共服务型服务业	1700	7620	—	36 065	61 328	75 452
丹麦	生产型服务业	9117	28 949	53 677	62 307	102 941	129 257
	消费型服务业	4208	15 837	27 587	28 525	44 256	51 935
	综合型服务业	12 144	49 091	91 344	90 947	140 681	174 449
	公共服务型服务业	6697	24 202	41 685	43 565	69 235	88 252

(3) 服务效率的世界前沿和国际差距

服务业劳动生产率的世界前沿和国际差距。在1991～2012年期间，世界各国服务业劳动生产率均不断提高;服务业劳动生产率的绝对差距从6万多美元扩大到14万多美元,相对差距先扩大后缩小,目前全球服务业劳动生产率相对差距近70倍(表1-30)。

表1-30　1991~2012年服务业劳动生产率的世界前沿和国际差距　　　　　　单位:现价美元

项目	1991	1995	2000	2005	2010	2011	2012
前沿(最大值)	68 273	89 446	78 203	98 011	133 747	155 964	146 314
末尾(最小值)	970	909	582	1078	1849	2189	2118
平均值	—	—	20 256	24 340	29 851	—	—
绝对差距	67 303	88 537	77 621	96 933	131 898	153 775	144 196
相对差距	70	98	134	91	72	71	69
国家样本数	51	60	74	87	69	64	51

3. 服务质量的时序分析

服务质量可以从宏观和微观两个层次进行分析。从微观层次看,服务质量指服务活动的品质,可以通过对服务内容、服务方式、服务活动的客户满意度等方面的国际比较来进行分析。从宏观层次看,服务质量指服务业和服务经济的品质,可以通过对人均服务、服务结构、服务效益和服务管理等方面的国际比较来进行分析。我们选择11个宏观的服务质量指标为代表;其中,8个指标为水平变量,3个指标为交叉变量(表1-31)。

表1-31　服务质量的分析变量和变化趋势

变化趋势	水平变量	交叉变量	特征变量
上升变量	人均服务业增加值、人均劳务型服务业增加值、人均知识型服务业增加值、人均生产型服务业增加值、人均消费型服务业增加值、人均综合型服务业增加值、人均公共型服务业增加值、ISO 9001认证企业比例		
下降变量		创办企业所需的时间、取得营业执照所需时间、出口通关所需时间	

(1) 服务质量的变化趋势

服务质量指标的变化趋势是:8个指标属于上升变量,3个指标属于下降变量(表1-31)。其中,人均服务业增加值(图1-14)和人均知识型服务业增加值(图1-15)的变化可以反映为水平变量的特点,创办企业所需的时间(图1-16)可以反映交叉变量的特点。

(2) 服务质量变化的主要特点

首先,人均服务业增加值的变化。18世纪以来,人均服务业增加值不断上升(图1-14)。2010年,高收入国家的人均服务业增加值为23 113美元;中等收入国家为1771美元;低收入国家为210美元;世界平均为5880美元。

其次,服务业内部各行业人均增加值的变化。1970~2011年期间,OECD中15个典型国家的人均劳务型服务业增加值、人均知识型服务业增加值、人均生产型服务业增加值、人均消费型服务业增

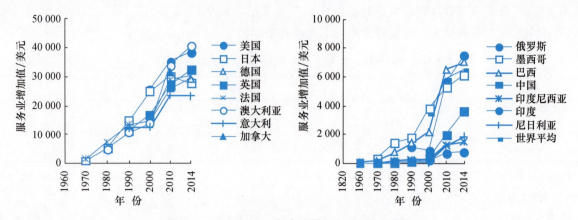

图 1-14　1960～2014 年人均服务业增加值的变化

数据来源：World Bank, 2015。

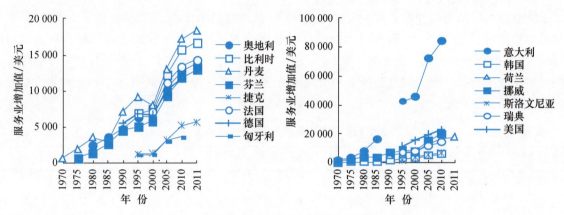

图 1-15　1970～2011 年人均知识型服务业增加值的变化

数据来源：OECD, 2015。

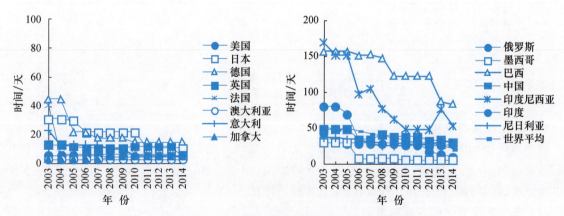

图 1-16　1991～2014 年创办企业所需时间的变化

数据来源：World Bank, 2015。

加值、人均综合型服务业增加值、人均公共型服务业增加值均表现为上升（表 1-32）。2000 年以来，人均知识型服务业增加值高于人均劳务型服务业增加值，但是也存在国别差异；而在服务对象聚类这一层面：人均综合型服务业增加值居首位、其次为人均生产型服务业增加值、再次为人均公共型服务业增加值、最后为人均消费型服务业增加值。

表 1-32　1970～2011 年典型国家服务业内部各行业人均增加值的变化　　单位：美元

国家	产业	1970	1980	1990	2000	2005	2010
美国	劳务型服务业	—	—	—	9340	11 792	13 880
	知识型服务业	—	—	—	15 369	19 547	23 036
	生产型服务业	—	—	—	7010	8796	10 177
	消费型服务业	—	—	—	2336	2702	2950
	综合型服务业	—	—	—	11 329	13 549	14 116
	公共型服务业	—	—	—	6486	8380	10 282
德国	劳务型服务业	—	—	6079	7612	7412	11 270
	知识型服务业	—	—	5513	6699	9878	11 730
	生产型服务业	—	—	3036	3581	5565	6500
	消费型服务业	—	—	2371	3011	4376	5319
	综合型服务业	—	—	3430	4251	6370	7481
	公共型服务业	—	—	2754	3268	4838	5859
法国	劳务型服务业	—	—	—	7540	12 269	14 728
	知识型服务业	—	—	—	7027	11 093	13 389
	生产型服务业	—	—	—	3414	5409	6689
	消费型服务业	—	—	—	3077	4903	5828
	综合型服务业	—	—	—	4449	7356	8740
	公共型服务业	—	—	—	3628	5693	6860
意大利	劳务型服务业	1556	6743	—	45 687	45 341	68 257
	知识型服务业	1700	7620	—	45 368	72 222	83 989
	生产型服务业	—	—	—	54 696	79 859	86 790
	消费型服务业	1649	7068	—	44 794	58 261	60 423
	综合型服务业	1038	5015	—	101 824	170 049	195 252
	公共型服务业	1700	7620	—	36 065	61 328	75 452
丹麦	劳务型服务业	1118	4504	8966	12 364	10 272	16 442
	知识型服务业	761	3540	7130	7975	13 054	17 220
	生产型服务业	562	2021	4307	5221	8627	11 085
	消费型服务业	483	1980	3762	4186	6765	8193
	综合型服务业	399	1869	4124	4709	7524	9420
	公共型服务业	437	2175	3902	4132	6581	8693

其三，服务质量管理的变化。从世界银行国家政策和制度评估（CPIA）的定性分析报告来看：2005 年以来，发展中国家在公共部门透明度、环境可持续性政策、社会包容性公平政策三个方面有所改善。服务质量管理的定量指标显示：2000 年以来，ISO 9001 认证企业比例在不断上升；创办企业所需的时间在不断缩短，2014 年世界平均为 22 天，美国为 6 天，中国为 31 天（图 1-16）；取得营业执照所需时间在不断缩短；出口通关所需时间也在不断缩短，但存在国别差异，目前世界平均为 22 天，美国为 6 天，中国为 21 天；物流绩效指数在不断上升，但存在国别差异，2014 年世界平均为 2.89，美国为 3.92。

（3）服务质量的世界前沿和国际差距

服务质量的世界前沿、国际差距和国别差异，可以用几个指标来代表，这里主要以人均服务业增加值进行分析。在 1960～2014 年期间，世界各国人均服务业增加值在不断上升；人均服务业增加值的绝对差距从 200 多美元扩大到 5 万多美元,相对差距先扩大后缩小,目前全球人均服务业增加值的相对差距近 500 倍(表 1-33)。

表 1-33 1960～2014 年人均服务业增加值的世界前沿和国际差距

项目	1960	1970	1980	1990	2000	2010	2014
前沿(最大值)	291	1829	9540	24 735	26 134	52 233	52 217
末尾(最小值)	18	12	23	38	19	86	108
平均值	—	—	—	—	3440	5880	6523
绝对差距	273	1817	9517	24 697	26 115	52 147	52 109
相对差距	16	152	415	651	1375	607	483
国家样本数	32	65	75	103	127	126	103

注:人均服务业增加值的单位为现价美元。

二、世界服务经济的时序分析

服务业现代化不仅要求提高服务生产的效率和质量,而且要求优化服务的内容和结构,提高服务竞争力,这就涉及服务经济。服务经济现代化是服务现代化的重要内容。服务经济涉及许多方面和要素,这里我们重点讨论服务经济的产业结构、就业结构和服务贸易(表 1-34)。

表 1-34 1700～2013 年服务经济的变迁

方面	服务业变量				长期趋势和特点
	18 世纪	19 世纪	1900～1970 年	1970～2013 年	
产业结构			服务业与农业增加值之比		上升,国别差异
				服务业与工业增加值之比	先降后升,国别差异
				知识型服务业比重	上升,国别差异
				信息和通信服务业比重,智力服务型服务业比重,专业、科学和技术服务业比重,人体健康和社会工作服务业比重	上升
				行政和辅助服务业增加值比重,艺术、娱乐和文娱服务业增加值比重	上升,国别差异
				批发和零售业服务业、汽车和摩托车的修理服务业比重,运输和储存服务业增加值比重,公共管理与国防、强制性社会保障服务业比重	下降
				劳务型生产服务业比重,劳务型服务业比重	下降,国别差异
				食宿服务业比重,金融和保险服务业比重,房地产服务业比重,教育服务业比重,其他服务业增加值比重,家庭作为雇主的服务业增加值比重,劳务型消费服务业比重,劳务型综合服务业比重,知识传播型服务业比重,生产型服务业增加值比重,消费型服务业增加值比重,综合型服务业增加值比重,公共型服务业增加值比重,非公共型服务业增加值比重	国别差异,波动

(续表)

方面	服务业变量				长期趋势和特点
	18世纪	19世纪	1900~1970年	1970~2013年	
就业结构			服务业与农业劳动力之比		上升,国别差异
				服务业与工业劳动力之比	先降后升,国别差异
				智力服务型服务业劳动力比重	上升
				服务业女性就业比例,知识型服务业劳动力比重,消费型服务业劳动力比重	上升,国别差异
				服务业童工雇佣率,知识传播型服务业劳动力比重,劳务型服务业劳动力比重,生产型劳务服务业劳动力比重	下降,国别差异
				生产型服务业劳动力比重,公共型服务业劳动力比重	先降后升,国别差异
				非公共型服务业劳动力比重	先升后降,国别差异
				劳务型消费服务业劳动力比重,劳务型综合服务业劳动力比重,综合型服务业劳动力比重	国别差异
				专业、科学和技术服务业劳动力比重,人体健康和社会工作服务业劳动力比重	上升
				房地产服务业劳动力比重,行政和辅助服务业劳动力比重,艺术、娱乐和文娱服务业劳动力比重	上升,国别差异
				信息和通信服务业劳动力比重,金融和保险服务业劳动力比重	先升后降,国别差异
				公共管理与国防、强制性社会保障服务业劳动力比重	下降
				批发和零售业、汽车和摩托车的修理服务业劳动力比重,运输和储存服务业劳动力比重、教育服务业劳动力比重,其他服务业劳动力比重	下降,国别差异
				食宿服务业劳动力比重,家庭作为雇主的服务业劳动力比重	国别差异
服务贸易				服务贸易额比重,服务出口比例,服务进口比例,信息和通信技术服务出口,人均服务出口,人均服务进口,人均知识产权收入,人均知识产权支出	上升,国别差异
				交通服务占服务出口比例,交通服务占服务进口比例,旅行服务占服务出口比例,旅行服务占服务进口比例	下降,国别差异
				保险与金融服务占服务出口比例,保险与金融服务占服务进口比例	国别差异

注:国际组织和机构的服务业增加值比重、国际组织和机构的服务业劳动力比重没有统计数据。

1. 产业结构的时序分析

产业结构涉及服务业的外部结构和内部结构两个方面。我们选择29个产业结构指标为代表;其中,8个指标为水平变量,17个指标为交叉变量,4个指标为特征变量(表1-35)。

表 1-35　产业结构的分析变量和变化趋势

变化趋势	水平变量	交叉变量	特征变量
上升变量	服务业与农业增加值之比,知识型服务业比重,智力服务型服务业比重,专业、科学和技术服务业比重	信息和通信服务业比重,行政和辅助服务业增加值比重,人体健康和社会工作服务业比重,艺术、娱乐和文娱服务业增加值比重	
下降变量	劳务型服务业比重	批发和零售业服务业、汽车和摩托车的修理服务业比重,运输和储存服务业增加值比重,公共管理与国防、强制性社会保障服务业比重,劳务型生产服务业比重	
转折变量	服务业与工业增加值之比		
波动变量	生产型服务业比重,知识传播型服务业比重	食宿服务业比重,其他服务业增加值比重,金融和保险服务业比重,房地产服务业比重,教育服务业比重,劳务型消费服务业比重,劳务型综合服务业比重,消费型服务业比重,综合型服务业增加值比重	公共型服务业增加值比重,非公共型服务业增加值比重,家庭作为雇主的服务业增加值比重
地域变量			国际组织和机构的服务业增加值比重

(1) 产业结构的变化趋势

产业结构指标的变化趋势是:8 个指标属于上升变量,5 个指标属于下降变量,1 个指标属于转折变量、14 个指标属于波动变量、1 个指标属于地域变量(表 1-35)。其中,服务业与农业增加值之比(图 1-17)和劳务型生产服务业增加值比重(图 1-18)的变化可以分别反映水平变量和交叉变量的特点,国际组织和机构的服务业增加值比重作为地域变量,目前没有可获得的统计数据。

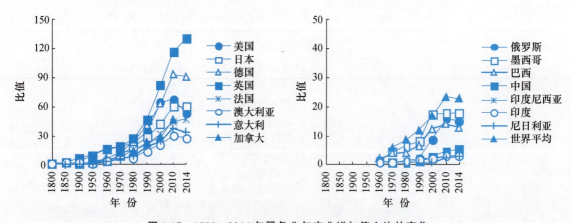

图 1-17　1800~2014 年服务业与农业增加值之比的变化

数据来源:World Bank,2015。

(2) 产业结构变化的主要特点

首先,服务业的外部结构变化,共性和个性并存。19 世纪以来,服务业与农业增加值之比不断上升,目前世界平均值为 22.9、美国为 54.0、中国为 5.3(图 1-17);服务业与工业增加值之比先下降后上升,目前世界平均值为 2.7、美国为 3.8、中国为 1.1(图 1-19)。

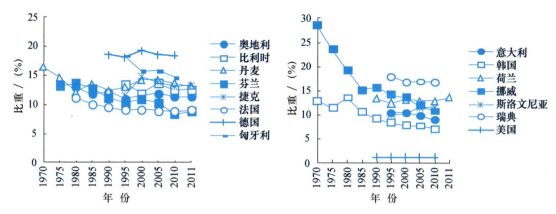

图 1-18　1970～2011 年劳务型生产服务业增加值占服务业增加值比重的变化

数据来源：OECD, 2015。

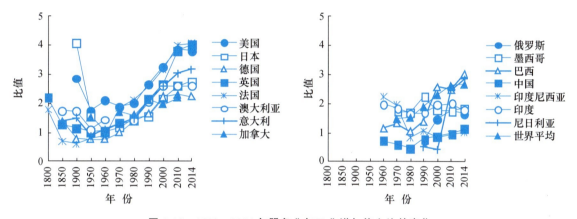

图 1-19　1800～2014 年服务业与工业增加值之比的变化

数据来源：World Bank, 2015。

产业结构的演进是经济水平提高的重要标志，但也存在国别差异。历史数据表明，世界经济基本遵循农业（第一产业）、工业（第二产业）、服务业（第三产业），这样一个主导产业的递进更替规律；但有些国家，服务业的发展先于工业的发展，如澳大利亚等（表 1-36）。大体而言，在 1800～1960 年期间，如果以服务业和工业比例为分类依据，发达国家经济发展可以分为三种类型：工业经济优先型（法）、服务经济优先型（澳）、工业经济和服务经济协调型（英）。

表 1-36　1800～2014 年典型国家三大产业增加值比例的变化　　　　　　　　单位：%

国家	产业	1800	1900	1960	1980	2000	2010	2014
美国	农业	43.0*	17.0	4.0	2.9	1.2	1.2	1.4
	工业	26.0*	21.5	31.0	32.1	23.2	20.3	20.5
	服务业	32.0*	61.5	65.0	65.0	75.6	78.5	78.1
日本	农业	—	34.0	13.0	3.1	1.6	1.2	1.2
	工业	—	13.0	43.0	39.1	31.1	27.5	26.2
	服务业	—	53.0	44.0	57.9	67.3	71.3	72.6
德国	农业	—	29.0	6.0	2.0	1.1	0.7	0.8
	工业	—	40.0	53.0	41.0	30.8	30.0	30.7
	服务业	—	31.0	41.0	57.0	68.2	69.3	68.6

(续表)

国家	产业	1800	1900	1960	1980	2000	2010	2014
英国	农业	33.0	7.0	3.0	2.3	0.9	0.7	0.6
	工业	21.0	43.0	47.0	40.7	26.9	20.6	19.8
	服务业	46.0	50.0	50.0	57.0	72.2	78.7	79.6
法国	农业	49.0**	34.0	10.0	4.1	2.3	1.8	1.7
	工业	18.0**	41.0	48.0	30.7	23.3	19.6	19.4
	服务业	33.0**	25.0	42.0	65.2	74.3	78.6	78.9
澳大利亚	农业	44.0	21.0	12.0	7.9	3.4	2.4	2.5
	工业	3.0	29.0	36.0	37.8	26.8	27.0	27.1
	服务业	53.0	50.0	52.0	54.3	69.8	70.6	70.4
墨西哥	农业	—	28.0	16.0	9.0	3.5	3.5	3.5
	工业	—	19.0	—	33.6	34.9	35.1	33.8
	服务业	—	53.0	—	57.4	61.6	61.5	62.7
巴西	农业	—	—	20.6	11.2	5.5	4.9	5.6
	工业	—	13.0	37.1	43.8	26.5	27.4	23.4
	服务业	—	—	42.3	45.0	68.0	67.8	71.0
中国	农业	—	69.0	23.4	29.9	14.7	9.6	9.2
	工业	—	—	44.5	47.9	45.4	46.2	42.6
	服务业	—	—	32.1	22.2	39.8	44.2	48.2
印度	农业	—	58.0	42.6	35.4	23.0	18.2	17.0
	工业	—	—	19.3	24.3	26.0	27.2	30.1
	服务业	—	—	38.1	40.3	51.0	54.6	53.0
世界平均	农业	—	—	34.0	7.0	4.0	3.0	3.1
	工业	—	—	—	36.5	29.1	26.9	26.4
	服务业	—	—	—	56.0	66.9	70.1	70.5

注：* 为 1839 年的数据。** 为 1788/89 年的数据。

其次，服务业的聚类结构变化。在 1970～2011 年期间，OECD 的 15 个样本国家，服务业聚类结构的变化，既有规律性，也有国别差异。

- **按照知识含量聚类：**
- 劳务型服务业比重：下降，2011 年为 50% 左右（图 1-20）；
- 知识型服务业比重：上升，2011 年为 50% 左右（图 1-21）；
- 劳务型生产服务业比重：下降趋势，2011 年为 12% 左右（图 1-18）；
- 劳务型消费服务业比重：国别差异较大，2011 年为 20% 左右（图 1-22）；
- 劳务型综合服务业比重：国别差异较大，2011 年为 20% 左右（图 1-23）；
- 智力服务型服务业比重：上升，2011 年为 40% 左右（图 1-24）；
- 知识传播型服务业比重：国别差异较大，在 12% 左右波动（图 1-25）。
- **按照服务对象聚类：**
- 生产型服务业比重：国别差异较大，2011 年为 30% 左右（图 1-26）；
- 消费型服务业比重：国别差异较大，2011 年为 20% 左右（图 1-27）；
- 综合型服务业比重：国别差异较大，2011 年为 30% 左右（图 1-28）；
- 公共型服务业比重：国别差异较大，在 25% 左右波动（图 1-29）；

- 非公共型服务业(生产型、消费型和综合型服务业)比重:国别差异大,在75%左右波动。

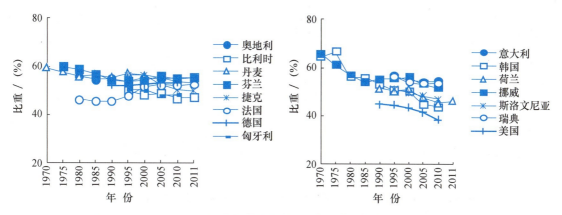

图 1-20　1970~2011 年劳务型服务业增加值占服务业增加值比重的变化
数据来源:OECD,2015。

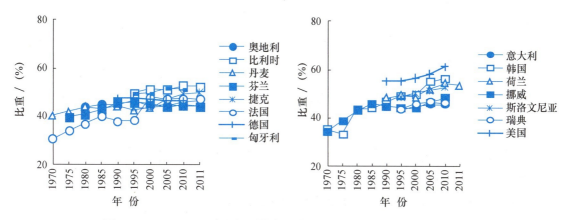

图 1-21　1970~2011 年知识型服务业增加值占服务业增加值比重的变化
数据来源:OECD,2015。

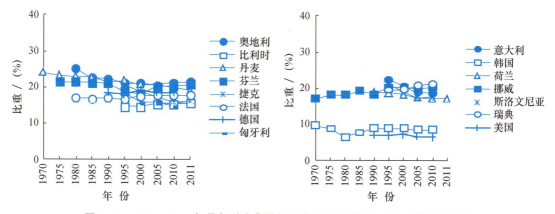

图 1-22　1970~2011 年劳务型消费服务业增加值占服务业增加值比重的变化
数据来源:OECD,2015。

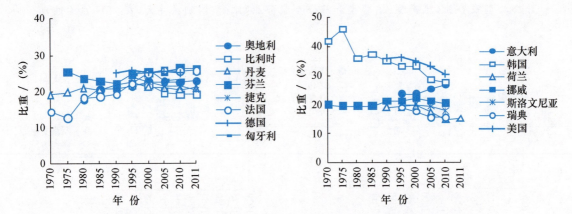

图 1-23　1970~2011 年劳务型综合服务业增加值占服务业增加值比重的变化
数据来源：OECD，2015。

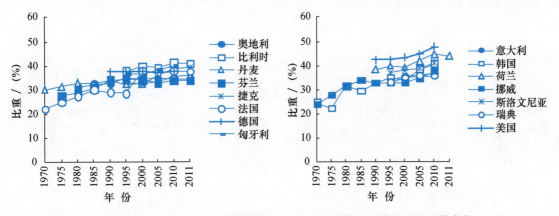

图 1-24　1970~2011 年智力服务型服务业增加值占服务业增加值比重的变化
数据来源：OECD，2015。

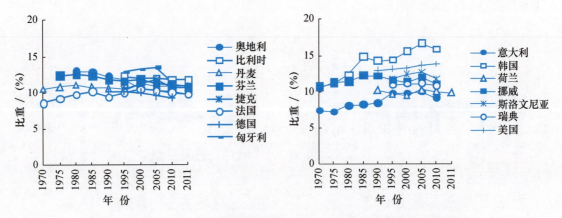

图 1-25　1970~2011 年知识传播型服务业增加值占服务业增加值比重的变化
数据来源：OECD，2015。

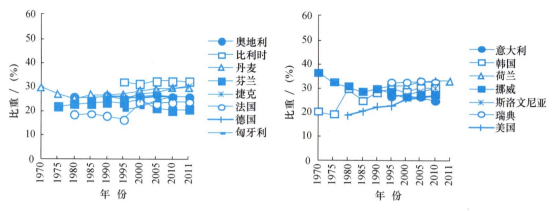

图 1-26　1970～2011 年生产型服务业增加值占服务业增加值比重的变化

数据来源：OECD，2015。

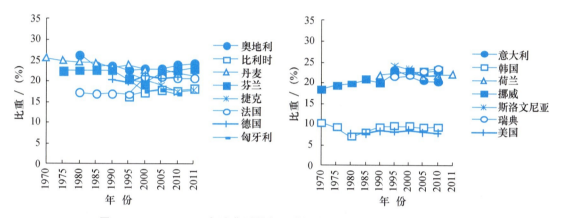

图 1-27　1970～2011 年消费型服务业增加值占服务业增加值比重的变化

数据来源：OECD，2015。

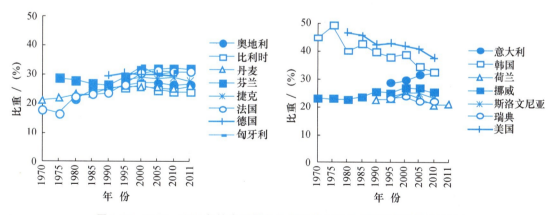

图 1-28　1970～2011 年综合型服务业增加值占服务业增加值比重的变化

数据来源：OECD，2015。

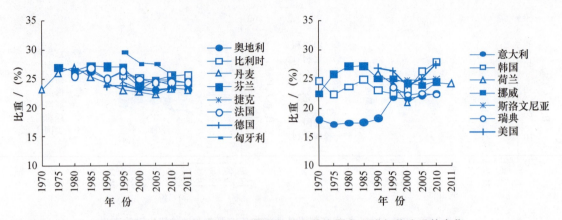

图 1-29　1970~2011 年公共型服务业增加值占服务业增加值比重的变化
数据来源：OECD，2015。

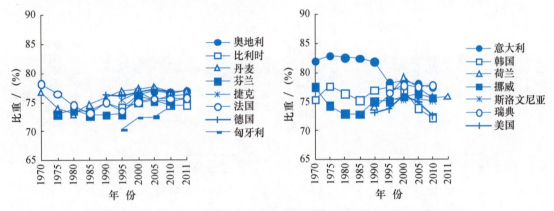

图 1-30　1970~2011 年非公共型服务业增加值占服务业增加值比重的变化
数据来源：OECD，2015。

其三，服务业的部门结构变化。按照国际标准行业分类（4.0 版）分析：1970~2011 年期间，OECD 中 15 个样本国家，服务业的部门结构变化，既有共性，也有多样性。

- 上升趋势的服务部门：
  - 信息和通信服务业增加值比重：上升，2011 年为 7% 左右（图 1-31）；
  - 专业、科学和技术服务业增加值比重：上升，2011 年为 8% 左右（图 1-32）；
  - 人体健康和社会工作服务业增加值比重：上升，2011 年为 10% 左右（图 1-33）；
  - 行政和辅助服务业增加值比重：上升，国别差异，2011 年为 5% 左右（图 1-34）；
  - 艺术、娱乐和文娱服务业增加值比重：上升，国别差异，2011 年为 2% 左右（图 1-35）。
- 下降趋势的服务部门：
  - 批发和零售业、汽车和摩托车的修理服务业增加值比重：下降，2011 年为 15% 左右（图 1-36）；
  - 运输和储存服务业增加值比重：下降，2011 年为 8% 左右（图 1-37）；
  - 公共管理与国防、强制性社会保障服务业增加值比重：下降，2011 年为 10% 左右（图 1-38）。
- 国别差异比较大的服务部门：
  - 教育服务业增加值比重：国别差异，在 8% 左右波动（图 1-39）；
  - 金融和保险服务业增加值比重：国别差异，在 7% 左右波动（图 1-40）；

- 房地产服务业增加值比重:国别差异,在12%左右波动(图1-41);
- 食宿服务业增加值比重:国别差异,在4%左右波动(图1-42);
- 家庭作为雇主的服务业增加值比重:国别差异,在0.5%左右(图1-43);
- 其他服务业增加值比重:国别差异,在2%左右(图1-44)。

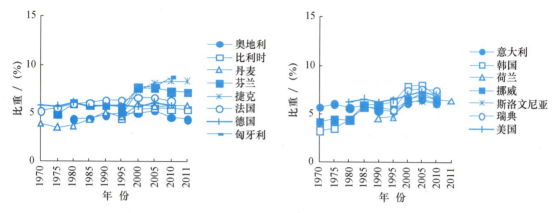

图1-31　1970~2011年信息和通信服务业增加值比重的变化

数据来源:OECD,2015。

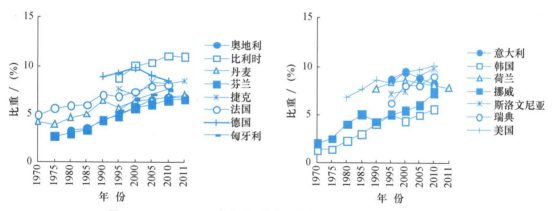

图1-32　1970~2011年专业、科学和技术服务业增加值比重的变化

数据来源:OECD,2015。

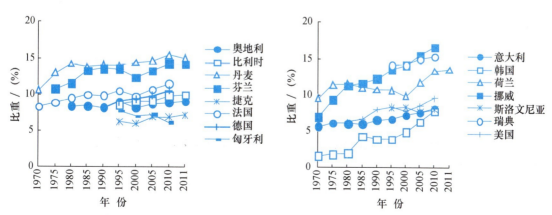

图1-33　1970~2011年人体健康和社会工作服务业增加值比重的变化

数据来源:OECD,2015。

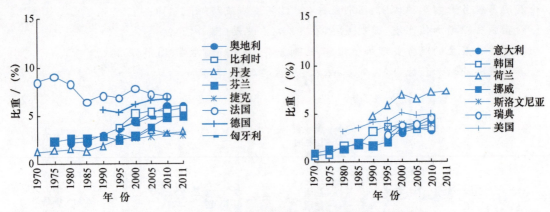

图1-34 1970~2011年行政和辅助服务业增加值比重的变化

数据来源:OECD,2015。

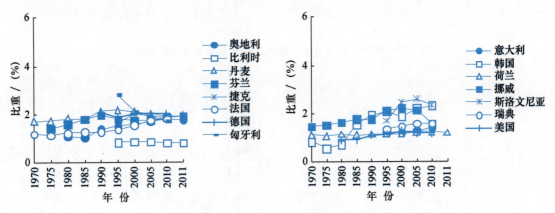

图1-35 1970~2011年艺术、娱乐和文娱服务业增加值比重的变化

数据来源:OECD,2015。

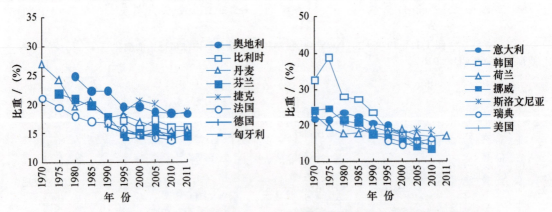

图1-36 1970~2011年批发和零售业、汽车和摩托车的修理服务业增加值比重的变化

数据来源:OECD,2015。

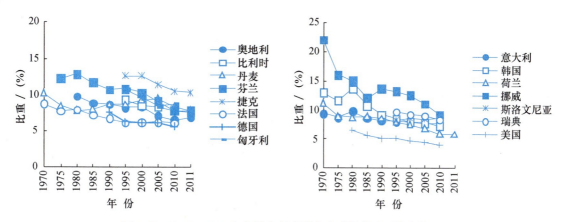

图 1-37　1970~2011 年运输和储存服务业增加值比重的变化

数据来源：OECD，2015。

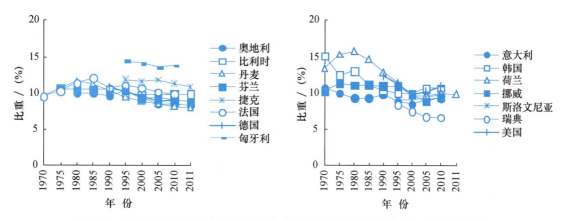

图 1-38　1970~2011 年公共管理与国防、强制性社会保障服务业增加值比重的变化

数据来源：OECD，2015。

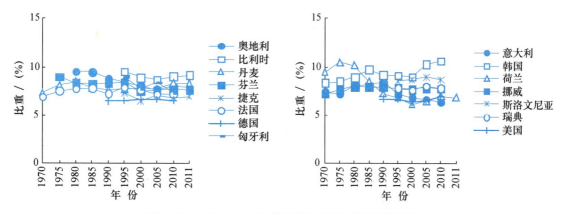

图 1-39　1970~2011 年教育服务业增加值比重的变化

数据来源：OECD，2015。

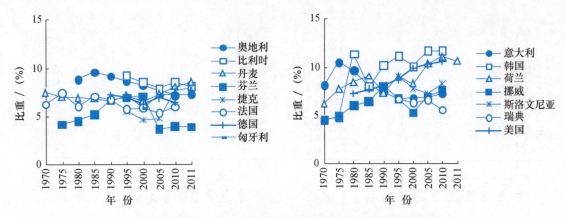

图 1-40 1970～2011 年金融和保险服务业增加值比重的变化

数据来源：OECD，2015。

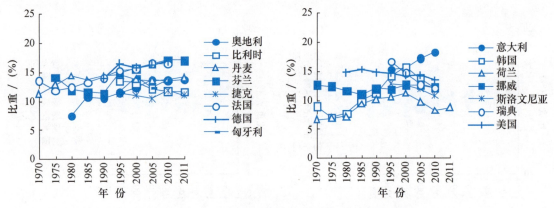

图 1-41 1970～2011 年房地产服务业增加值比重的变化

数据来源：OECD，2015。

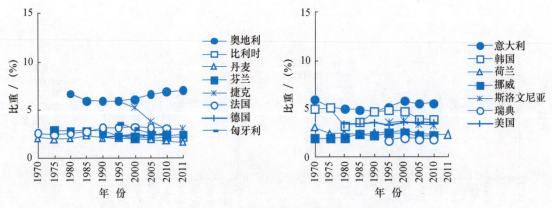

图 1-42 1970～2011 年食宿服务业增加值比重的变化

数据来源：OECD，2015。

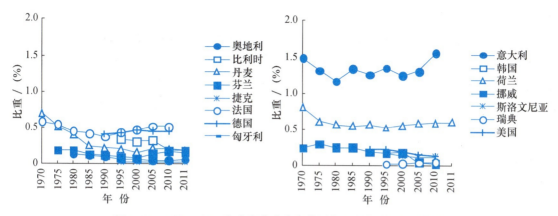

图 1-43　1970～2011 年家庭作为雇主的服务业增加值比重的变化
数据来源：OECD，2015。

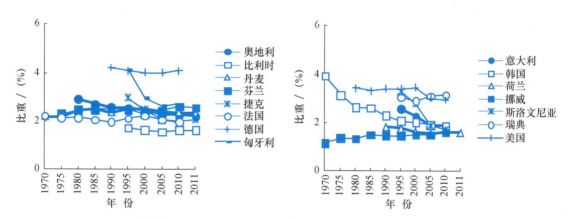

图 1-44　1970～2011 年其他服务业增加值比重的变化
数据来源：OECD，2015。

其四，具有相同服务比重的经济体，可能由于经济发展阶段和国家产业发展政策的差异，在服务业内部结构方面呈现不同的行业分布状况。例如，2010 年，美国、法国、荷兰、丹麦、比利时和意大利六国的服务业增加值比例分别为 78%、78%、76%、76%、75% 和 74%，其内部结构却存在明显差异。

表 1-37　2010 年典型国家服务业内部结构比较　　　　　　　　　　　　　　　　　单位：%

服务业产业	美国	法国	荷兰	丹麦	比利时	意大利
劳务型服务业	38.6	52.4	45.4	54.0	47.1	54.5
知识型服务业	61.4	47.6	54.6	46.0	52.9	45.5
生产型服务业	27.1	23.8	33.2	29.7	32.6	24.9
消费型服务业	7.9	20.7	22.0	21.9	17.8	20.2
综合型服务业	37.6	31.1	20.5	25.2	24.1	32.4
公共型服务业	27.4	24.4	24.3	23.2	25.5	22.5

(3) 产业结构的世界前沿和国别差异

产业结构的世界前沿和国别差异，可以用几个指标来代表。这里主要以服务业与农业增加值之比进行分析。在 1800～2013 年期间，世界各国服务业与农业增加值之比在不断上升；服务业与农业增加值之比的绝对差距从 1 扩大到 2000 多，相对差距从 2 扩大到 4300 多，目前全球服务业与农业增加值之比的相对差距超过 4000 倍(表 1-38)。

表 1-38 1800~2013 年服务业与农业增加值之比的世界前沿和国别差异

项目	1800	1850	1900	1950	1970	1980	1990	2000	2010	2013
最大值	1.39	2.13	7.14	10.0	19.0	39.7	198.5	658.3	1859.8	2171.7
最小值	0.64	0.44	0.60	1.1	0.27	0.3	0.4	0.2	0.6	0.5
平均值	—	—			6.1	8.48	11.48	16.7	23.4	22.9
绝对差别	0.75	1.69	6.54	8.9	18.73	39.4	198.1	658.1	1859.2	2171.2
相对差别	2	5	12	9	70	132	496	3292	3100	4343
国家样本数	3	5	7	8	56	72	103	127	125	118

2. 就业结构的时序分析

就业结构涉及服务业的外部结构和内部结构两个方面。我们选择 31 个就业结构指标为代表;其中,6 个指标为水平变量,12 个指标为交叉变量,13 个指标为特征变量(表 1-39)。

表 1-39 就业结构的分析变量和变化趋势

变化趋势	水平变量	交叉变量	特征变量
上升变量	服务业与农业劳动力之比,智力服务型服务业劳动力比重,知识型服务业劳动力比重,专业、科学和技术服务业劳动力比重	服务业女性就业比例,信息和通信服务业劳动力比重,行政和辅助服务业劳动力比重,人体健康和社会工作服务业劳动力比重,艺术、娱乐和文娱服务业劳动力比重	
下降变量		劳务型服务业劳动力比重,运输和储存服务业劳动力比重	批发和零售业、汽车和摩托车的修理服务业劳动力比重,公共管理与国防、强制性社会保障服务业劳动力比重
转折变量	服务业与工业劳动力之比		
波动变量	服务业童工雇佣率	知识传播型服务业劳动力比重,生产型服务业劳动力比重,房地产服务业劳动力比重,金融和保险服务业劳动力比重,教育服务业劳动力比重	劳务型生产服务业劳动力比重,劳务型消费服务业劳动力比重,劳务型综合服务业劳动力比重,公共型服务业劳动力比重,非公共型服务业劳动力比重,其他服务业劳动力比重
地域变量			消费型服务业劳动力比重,综合型服务业劳动力比重,食宿服务业劳动力比重,家庭作为雇主的服务业劳动力比重,国际组织和机构的服务业增加值比重

(1) 就业结构的变化趋势

就业结构指标的变化趋势是:9 个指标属于上升变量,4 个指标属于下降变量,1 个指标属于转折变量,12 个指标属于波动变量,5 个指标属于地域变量(表 1-39)。其中,服务业与农业劳动力之比(图 1-45)、服务业女性就业比例(图 1-46)和消费型服务业劳动力比重(图 1-47)的变化可以分别反映水平变量、交叉变量和特征变量的特点。

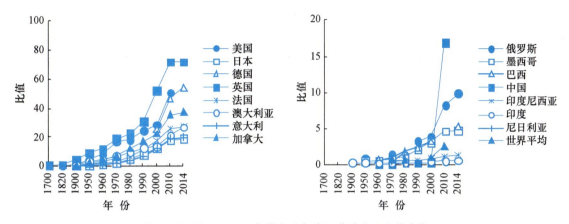

图 1-45 1700~2014 年服务业与农业劳动力之比的变化

数据来源：World Bank，2015。

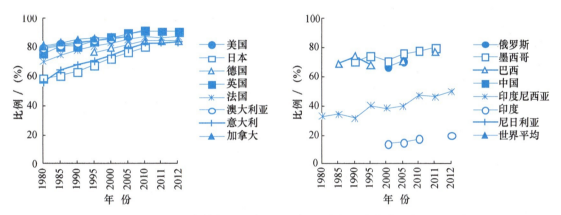

图 1-46 1980~2012 年服务业女性就业比例（占全部女性劳动力的比例）的变化

数据来源：World Bank，2015。

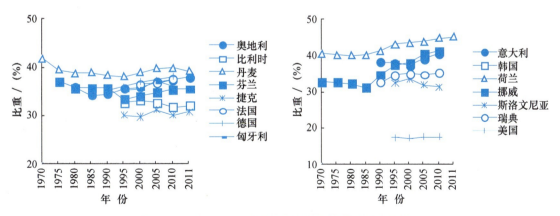

图 1-47 1970~2011 年消费型服务业劳动力比重的变化

数据来源：OECD，2015。

（2）就业结构变化的主要特点

首先，服务业的外部就业结构。18 世纪以来，服务业与农业劳动力之比不断上升，2010 年世界平均值为 2.6、美国为 50.8、中国为 16.8（图 1-45）；服务业与工业劳动力之比先下降后上升，但国别差异较大。2010 年世界平均值为 1.8、美国为 4.7、中国为 1.1(图 1-48)。

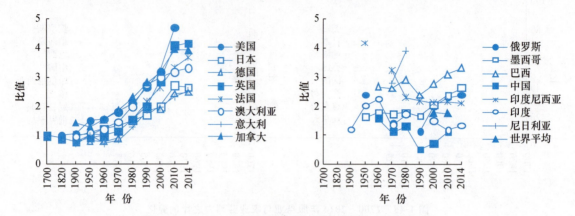

图 1-48　1700~2014 年服务业与工业劳动力之比的变化

数据来源:World Bank,2015。

就像产业结构的演变一样(表 1-36),就业结构的演进同样是经济水平提高的重要标志,但也存在国别差异(表 1-40)。历史数据表明,世界经济的就业结构的演变基本遵循农业(第一产业)、工业(第二产业)、服务业(第三产业),这样一个递进更替规律;但有些国家,服务业就业的发展先于工业就业的发展,如巴西等(表 1-40)。就业结构和产业结构的演变,有些国家基本同步,有些国家不同步,国别差异很大。大体而言,在 1800~1960 年期间,如果以服务业和工业就业比例为分类依据,发达国家经济发展可以分为三种类型:工业就业优先型(德)、服务就业优先型(美)、工业和服务就业协调型(英)。

表 1-40　1800~2014 年典型国家三大产业劳动力比例的变化　　　　　　　　　单位:%

国家	产业	1700	1820	1900	1960	1980	2000	2010	2014
美国	农业	—	70.0	38.0	7.0	3.5	2.5	1.6	—
	工业	—	15.0	30.0	36.0	30.8	23.2	17.2	—
	服务业	—	15.0	32.0	57.0	65.7	74.3	81.2	—
日本	农业	—	—	71.0	33.0	10.4	5.1	4.1	3.7
	工业	—	—	16.0	30.0	35.3	31.2	25.4	25.8
	服务业	—	—	13.0	37.0	54.3	63.7	69.5	69.5
德国	农业	—	49.5*	36.8	14.0	7.0	2.5	1.5	1.3
	工业	—	28.7*	41.0	48.0	—	33.6	28.5	28.3
	服务业	—	21.8*	22.2	38.0	—	63.9	70.0	70.4
英国	农业	56.0	37.0	9.0	4.0	2.6	1.4	1.1	1.1
	工业	22.0	33.0	51.0	48.0	37.2	25.3	19.2	18.9
	服务业	22.0	30.0	40.0	48.0	58.9	73.0	79.0	79.1
法国	农业	—	—	41.0	22.0	8.4	4.0	2.9	2.8
	工业	—	—	29.0	39.0	35.5	26.3	22.2	20.5
	服务业	—	—	30.0	39.0	56.2	69.6	74.4	75.8
澳大利亚	农业	—	—	33.0	11.0	6.5	4.9	3.2	2.6
	工业	—	—	34.0	40.0	31.0	22.2	21.4	20.8
	服务业	—	—	33.0	49.0	62.4	66.9	68.4	69.5

(续表)

国家	产业	1700	1820	1900	1960	1980	2000	2010	2014
墨西哥	农业	—	—	58.0	55.0	36.3	18.0	13.1	13.4
	工业	—	—	—	16.0	23.0	26.8	25.5	23.6
	服务业	—	—	—	29.0	41.0	55.2	60.6	62.4
巴西	农业	—	—	—	52.0	29.3	18.5	0.6	14.5
	工业	—	—	15.0	13.0	18.0	21.2	24.1	22.9
	服务业	—	—	—	35.0	53.0	59.1	75.3	76.6
中国	农业	—	—	—	82.0	68.7	50.0	36.7	—
	工业	—	—	—	7.0	18.2	22.5	28.7	—
	服务业	—	—	—	11.0	13.1	27.5	34.6	—
印度	农业	—	—	67.0	74.0	69.5	59.9	51.1	49.7
	工业	—	—	15.0	8.0	11.0	16.0	22.4	21.5
	服务业	—	—	18.0	18.0	19.0	24.0	26.6	28.7
世界平均	农业	—	—	—	60.7	52.0	36.1	19.8	—
	工业	—	—	—	—	—	20.0	28.8	—
	服务业	—	—	—	—	34.0	35.9	50.9	—

注:* 为1870年的数据。

其次,服务业的聚类就业结构变化。在 1970~2011 年期间,OECD 中 15 个样本国家,服务业聚类的就业结构变化,具有一定规律性和多样性。

- **按照知识含量聚类:**
- 劳务型服务业劳动力比重:下降,国别差异,2011 年约为 50%(图 1-49);
- 知识型服务业劳动力比重:上升,国别差异,2011 年约为 50%(图 1-50);
- 劳务型生产服务业劳动力比重:国别差异较大,2011 年约为 10%(图 1-51);
- 劳务型消费服务业劳动力比重:国别差异较大,2011 年约为 35%(图 1-52);
- 劳务型综合服务业劳动力比重:国别差异较大,2011 年约为 10%(图 1-53);
- 智力服务型服务业劳动力比重:上升,2011 年约为 35%(图 1-54);
- 知识传播型服务业劳动力比重:国别差异较大,在 10% 左右波动(图 1-55)。

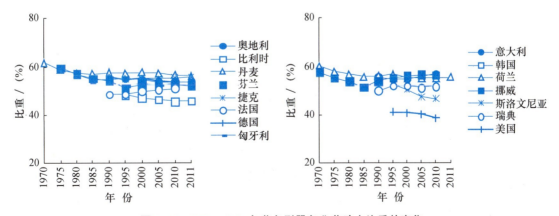

图 1-49　1970~2011 年劳务型服务业劳动力比重的变化

数据来源:OECD,2015。

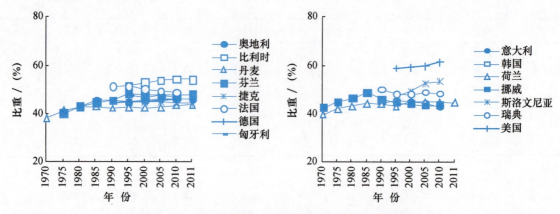

图 1-50　1970~2011 年知识型服务业劳动力比重的变化

数据来源：OECD，2015。

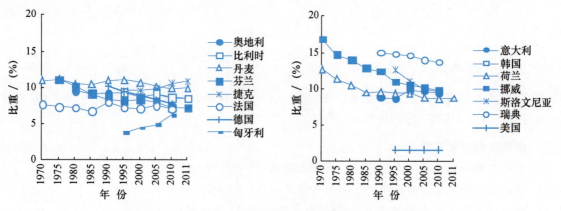

图 1-51　1970~2011 年劳务型生产服务业劳动力比重的变化

数据来源：OECD，2015。

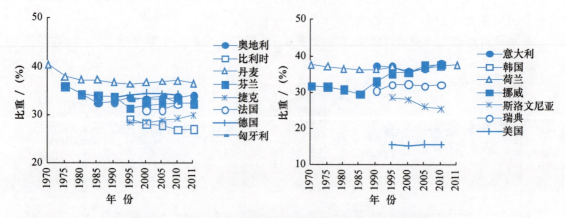

图 1-52　1970~2011 年劳务型消费服务业劳动力比重的变化

数据来源：OECD，2015。

- 按照服务对象聚类：
- 生产型服务业劳动力比重：国别差异较大，在20%左右波动（图1-56）；
- 消费型服务业劳动力比重：国别差异较大，在35%左右波动（图1-47）；

- 综合型服务业劳动力比重：国别差异较大，在15%左右波动（图1-57）；
- 公共型服务业劳动力比重：国别差异较大，在30%左右波动（图1-58）；
- 非公共型服务业劳动力（生产型、消费型和综合型服务业）比重：在70%左右波动。

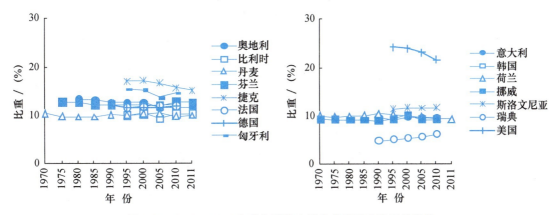

图1-53　1970～2011年劳务型综合服务业劳动力比重的变化

数据来源：OECD，2015。

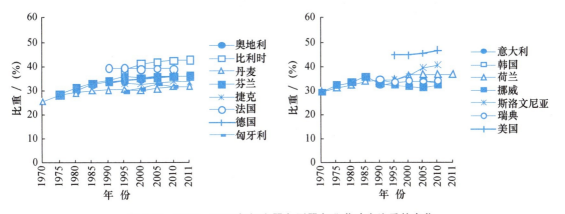

图1-54　1970～2011年智力服务型服务业劳动力比重的变化

数据来源：OECD，2015。

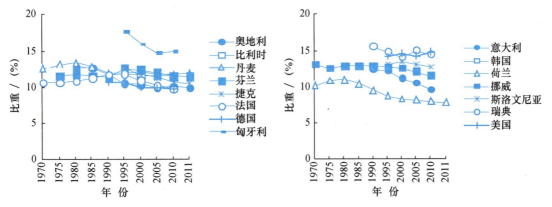

图1-55　1970～2011年知识传播型服务业劳动力比重的变化

数据来源：OECD，2015。

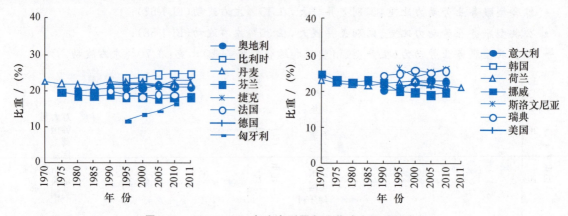

图1-56　1970～2011年生产型服务业劳动力比重的变化

数据来源：OECD，2015。

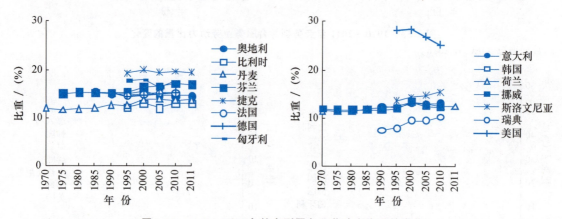

图1-57　1970～2011年综合型服务业劳动力比重的变化

数据来源：OECD，2015。

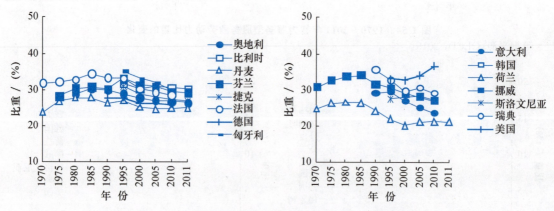

图1-58　1970～2011年公共型服务业劳动力比重的变化

数据来源：OECD，2015。

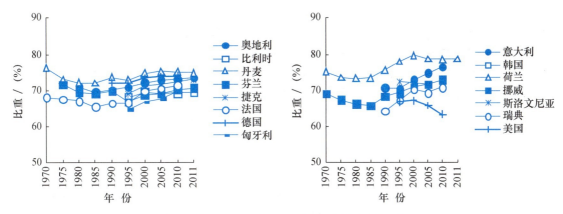

图 1-59 1970~2011 年非公共型服务业劳动力比重的变化

数据来源:OECD,2015。

其三,服务业的部门就业结构变化。按照国际标准行业分类(4.0 版)分析:1970~2011 年期间,OECD 中 15 个样本国家,服务业的部门就业结构变化,既有共性,也有多样性。服务业的部门就业结构的变化趋势与产业结构变化趋势基本一致。

- **上升趋势的服务部门:**
- 专业、科学和技术服务业劳动力比重:上升,2011 年为 8% 左右(图 1-60);
- 人体健康和社会工作服务业劳动力比重:上升,2011 年为 15% 左右(图 1-61);
- 行政和辅助服务业劳动力比重:上升,国别差异,2011 年为 7% 左右(图 1-62);
- 信息和通信服务业劳动力比重:上升,2011 年为 5.5% 左右(图 1-63);
- 艺术、娱乐和文娱服务业劳动力比重:上升,国别差异,2011 年为 2% 左右(图 1-64)。

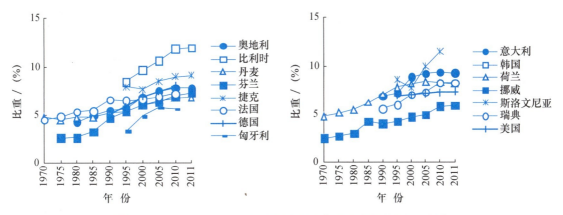

图 1-60 1970~2011 年专业、科学和技术服务业劳动力比重的变化

数据来源:OECD,2015。

- **下降趋势的服务部门:**
- 批发和零售业、汽车和摩托车的修理服务业劳动力比重:下降,2011 年为 15% 左右(图 1-65);
- 运输和储存服务业劳动力比重:下降,2011 年为 8% 左右(图 1-66);
- 公共管理与国防、强制性社会保障服务业劳动力比重:下降,2011 年为 10% 左右(图 1-67)。
- **国别差异比较大的服务部门:**
- 教育服务业劳动力比重:国别差异,在 10% 左右波动(图 1-68);

- 金融和保险服务业劳动力比重：国别差异大，在5.5%左右波动（图1-69）；
- 房地产服务业劳动力比重：国别差异大，在1.5%左右波动（图1-70）；
- 食宿服务业劳动力比重：国别差异大，在5%左右波动（图1-71）；
- 家庭作为雇主的服务业劳动力比重：国别差异大，2011年在2%左右（图1-72）；
- 其他服务业劳动力比重：国别差异，在5%左右波动（图1-73）。

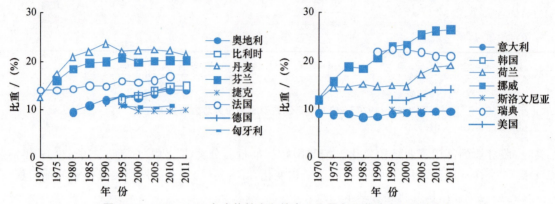

图1-61　1970~2011年人体健康和社会工作服务业劳动力比重的变化
数据来源：OECD，2015。

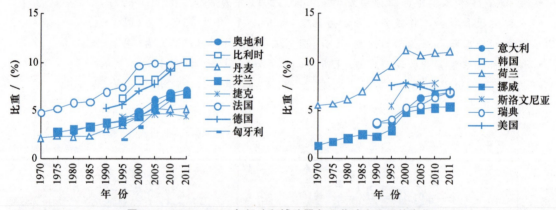

图1-62　1970~2011年行政和辅助服务业劳动力比重的变化
数据来源：OECD，2015。

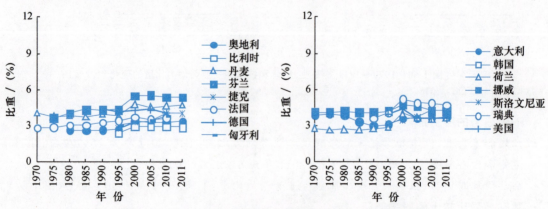

图1-63　1970~2011年信息和通信服务业劳动力比重的变化
数据来源：OECD，2015。

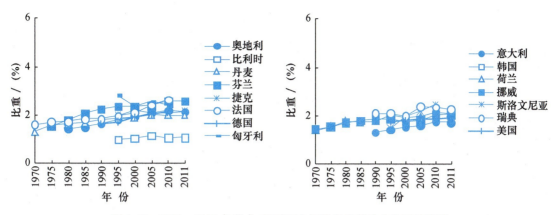

图 1-64　1970～2011 年艺术、娱乐和文娱服务业劳动力比重的变化

数据来源：OECD，2015。

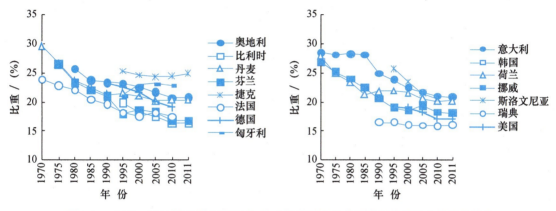

图 1-65　1970～2011 年批发和零售业、汽车和摩托车的修理服务业劳动力比重的变化

数据来源：OECD，2015。

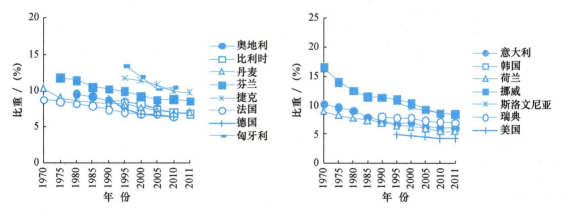

图 1-66　1970～2011 年运输和储存服务业劳动力比重的变化

数据来源：OECD，2015。

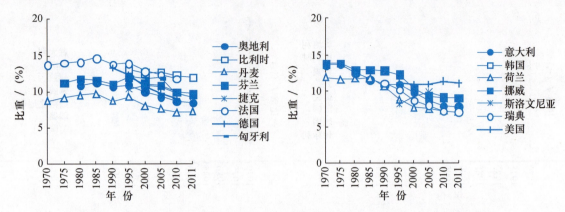

图 1-67　1970～2011 年公共管理与国防、强制性社会保障服务业劳动力比重的变化
数据来源：OECD，2015。

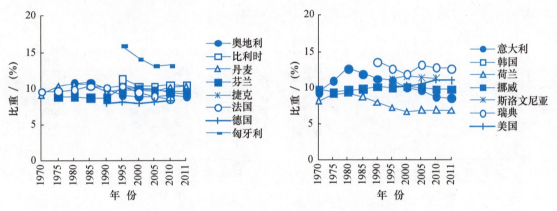

图 1-68　1970～2011 年教育服务业劳动力比重的变化
数据来源：OECD，2015。

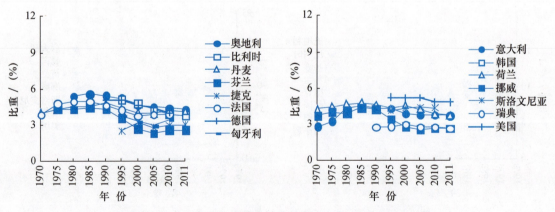

图 1-69　1970～2011 年金融和保险服务业劳动力比重的变化
数据来源：OECD，2015。

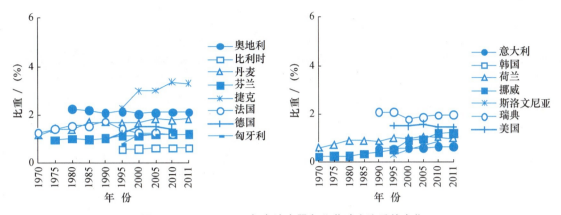

图 1-70　1970~2011 年房地产服务业劳动力比重的变化

数据来源：OECD，2015。

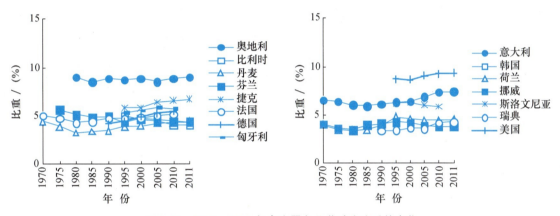

图 1-71　1970~2011 年食宿服务业劳动力比重的变化

数据来源：OECD，2015。

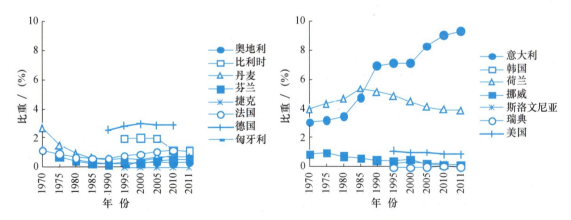

图 1-72　1970~2011 年家庭作为雇主的服务业劳动力比重的变化

数据来源：OECD，2015。

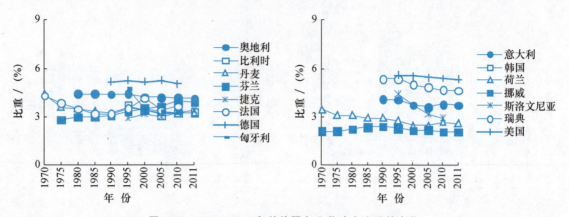

图 1-73　1970～2011 年其他服务业劳动力比重的变化
数据来源：OECD，2015。

其四，与产业结构相类似，具有相同服务业劳动力比重的经济体，在服务业内部劳动力结构方面呈现不同的行业分布状况。例如，2010年，美国、丹麦、芬兰、荷兰、德国、奥地利的服务业劳动力比例分别为81%、78%、72%、72%、70%和70%，其内部结构差异明显（表1-41）。

表 1-41　2010 年典型国家服务业内部劳动力结构比较　　　　　　　　　　　　　　单位：%

服务业产业	美国	丹麦	芬兰	荷兰	德国	奥地利
劳务型服务业	38.8	56.7	52.5	55.4	54.0	53.8
知识型服务业	61.2	43.3	47.5	44.6	46.0	46.2
生产型服务业	20.6	21.7	18.0	21.3	20.8	21.2
消费型服务业	17.6	39.8	35.4	44.8	38.1	37.4
综合型服务业	25.2	13.6	17.1	12.5	15.2	14.5
公共型服务业	36.6	24.9	29.5	21.4	25.9	26.9

其五，服务业是吸纳女性劳动力的主要渠道。世界银行数据表明：在1980～2012年期间，服务业女性就业人员占女性就业的百分比呈现上升趋势，而世界各国特别是发达国家服务业吸纳女性就业的比例占据绝对优势（图1-46）。例如，2010年高收入国家服务业女性就业人员占女性就业的百分比高达86%，而美国、挪威、英国和瑞典四国超过90%。

其六，服务业童工雇佣率。世界银行数据表明，2000以来，三大产业的服务业童工雇佣率以农业居首，服务业次之，制造业位居第三。在2000～2014年期间，巴西、印度尼西亚、印度和尼日利亚四国农业童工雇佣率平均值分别为54.5%、59.7%、67.1%、85.2%，服务业童工雇佣率平均值分别为35.2%、26.8%、11.8%、28.4%，制造业童工雇佣率平均值分别为7.6%、8.3%、18.9%、3.3%，而在这十多年里，有统计数据的国家，其服务业童工雇佣率没有明显变化。

（3）就业结构的世界前沿和国别差异

就业结构的世界前沿和国别差异，仅以服务业与农业劳动力之比进行分析（表1-38）。在1800～2014年期间，服务业与农业劳动力之比的绝对差距从不足1扩大到120多，相对差距从4扩大到200多，目前全球服务业与农业增加值之比的相对差距超过200倍（表1-42）。

表 1-42　1800~2014 年服务业与农业劳动力之比的世界前沿和国别差异

项目	1700	1820	1900	1960	1980	1990	2000	2010	2014
最大值	0.39	0.81	4.44	12.00	48.15	169.00	130.33	65.75	125.50
最小值	—	0.21	0.18	0.13	0.19	0.30	0.24	0.52	0.60
平均值	—	—	—	—	0.65	—	1.05	1.48	—
绝对差别	—	0.60	4.26	11.87	47.96	168.70	130.09	65.23	124.90
相对差别	—	4	25	92	253	563	543	126	209
国家样本数			8	12	37	61	83	75	54

3. 服务贸易的时序分析

关于服务业的国际贸易,我们选择 16 个服务贸易指标为代表;其中,6 个指标为水平变量,10 个指标为特征变量(表 1-43)。

表 1-43　服务贸易的分析变量和变化趋势

变化趋势	水平变量	特征变量
上升变量	人均服务出口、人均服务进口、人均商业服务出口、人均商业服务进口、人均知识产权收入、人均知识产权支出	信息和通信技术服务出口、服务贸易额比重、服务出口比例、服务进口比例
下降变量		交通服务占服务出口比例、交通服务占服务进口比例、旅行服务占服务出口比例、旅行服务占服务进口比例
地域变量		保险与金融服务占服务出口比例、保险与金融服务占服务进口比例

(1) 服务贸易的变化趋势

服务贸易指标的变化趋势是:10 个指标属于上升变量,4 个指标属于下降变量,2 个指标属于地域变量(表 1-43)。其中,人均服务出口(图 1-74)和人均服务进口(图 1-75)的变化可以反映水平变量的变化特点。

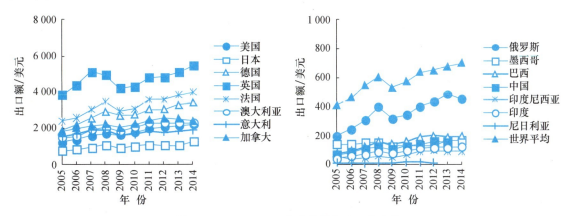

图 1-74　2005~2014 年人均服务出口的变化

数据来源:World Bank,2015。

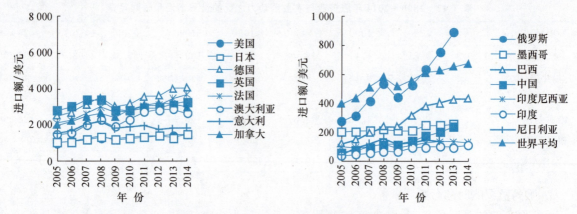

图 1-75　2005~2014 年人均服务进口的变化

数据来源：World Bank，2015。

(2) 服务贸易变化的主要特点

首先，服务业国际贸易的扩展。2005 以来，国际服务业贸易发展很快，包括人均服务出口、人均服务进口、人均商业服务出口、人均商业服务进口、人均知识产权收入、人均知识产权支出等，都有大幅上升。

其次，服务业国际贸易存在很大国别差异(表 1-44)。目前，人均知识产权的净出口国家比较少，净进口国家比较多。人均服务和人均商业服务的净出口国家与净进口国家在数量上相当。人均服务的净出口国家，不仅有发达国家，发展中国家也发挥重要作用。但是 2013 年，中国在人均服务、人均商业服务和人均知识产权收支方面都属于净进口国家。

表 1-44　2013 年服务业国际贸易的国家分布

项目	人均服务进出口	人均商业服务进出口	人均知识产权进出口
净出口国家/个	59	58	14
净进口国家/个	53	49	82
国家合计/个	112	107	96

(3) 服务贸易的世界前沿和国别差异

服务贸易的世界前沿和国别差异，仅以人均服务进出口为代表(表 1-45)。目前，世界人均出口的最大值超过 2 万美元，最小值约 20 美元，相对差别超过 1200 倍；而人均进口的最大值超过 1 万美元，最小值约 40 美元，相对差别超过 200 倍。

表 1-45　2005~2014 年人均服务进出口的世界前沿和国别差异

项目	2005		2010		2014	
	出口	进口	出口	进口	出口	进口
最大值/美元	13 217	17 173	19 862	23 530	25 675	11 391
最小值/美元	4	0	6	0	20	44
平均值	413	400	576	560	704	680
绝对差别	13 213	17 173	19 856	23 530	25 655	11 347
相对差别	3304	—	3310	—	1284	259
国家样本数	126	120	125	119	71	61

三、世界服务要素的时序分析

在服务业现代化过程中,在某种意义上,服务生产现代化是微观基础,服务经济现代化是宏观表现形式,服务要素现代化则同时作用于服务生产和服务经济的现代化。服务业现代化涉及许多要素。这里,简要讨论服务业的六个共性要素的变化趋势和特点(表1-46)。

表1-46　1700~2014年服务要素的变迁

方面	服务业变量				长期趋势和特点
	18世纪	19世纪	1900~1970年	1970~2014年	
人力资源			中学入学率、大学入学率		上升,国别差异
				接受过高等教育的劳动力比例	上升,国别差异
				接受过中学教育的劳动力比例	先升后降,国别差异
服务设施			人均铁路里程		先升后降,国别差异
				商业银行分支机构、自动取款机	上升,国别差异
				互联网宽带普及率、移动通信普及率	上升
			安全饮水普及率、卫生设施普及率、电力普及率		上升,国别差异
服务创新				人均R&D经费支出	上升
				R&D经费占GDP比例、开展科技开发企业比例	上升,国别差异
				专利拥有率	上升,国别差异
服务环境			人均GDP、人均能源消费		上升,国别差异
				婴儿死亡率	下降,国别差异
				城市人口比例	上升,国别差异
				人均居住和服务的二氧化碳排放量	先升后降,国别差异
服务制度				宏观经济管理评级、公共管理部门和机构集群平均值、环境可持续性政策和制度评级、社会包容性/公平政策集群平均值、企业监管环境评级	定性分析,国别和时代差异
服务观念				科学化、专业化、标准化、信息化、智能化、绿色化、个性化	定性分析,国别和时代差异

1. 人力资源的时序分析

服务业劳动力是服务业生产的执行者,也是服务业现代化的行为主体。这里重点讨论与服务业劳动力素质相关的受教育情况,我们选择4个指标为代表,包括中学入学率、大学入学率、接受过高等教育的劳动力比例和接受过中学教育的劳动力比例,它们均为水平变量。

人力资源的变化趋势是:3个指标属于上升变量,1个指标属于转折变量(表1-47)。人力资源变化的主要特点是劳动力素质的普遍提高,主要表现是中学入学率(图1-76)、大学入学率(图1-77)和接受过高等教育的劳动力比例(图1-78)的提高。2013年,世界平均中学入学率为75.2%、大学入学率为32.9%。

表1-47　人力资源的分析变量和变化趋势

变化趋势	水平变量	交叉变量	特征变量
上升变量	中学入学率、大学入学率、接受过高等教育的劳动力比例		
转折变量	接受过中学教育的劳动力比例		
地域变量			

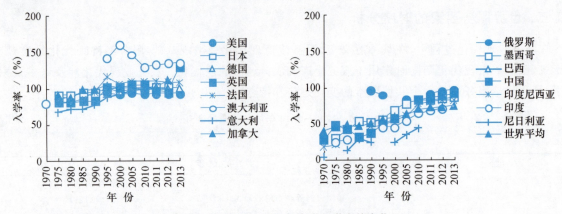

图 1-76 1970～2013 年中学入学率的变化

数据来源：World Bank，2015。

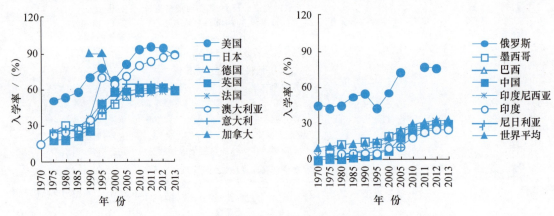

图 1-77 1970～2013 年大学入学率的变化

数据来源：World Bank，2015。

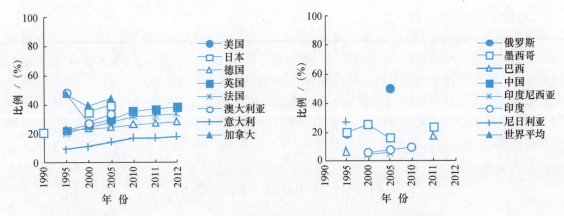

图 1-78 1990～2012 年接受过高等教育劳动力的比例的变化

数据来源：World Bank，2015。

2. 服务设施的时序分析

服务设施是服务业发展的物质基础，服务设施建设的强化有利于服务水平的提升。关于服务设施的讨论，这里我们重点选择 9 个指标为代表；其中，5 个指标为水平变量，4 个指标为交叉变量（表 1-48）。

表 1-48 服务设施的分析变量和变化趋势

变化趋势	水平变量	交叉变量	特征变量
上升变量	互联网宽带普及率、移动通信普及率、安全饮水普及率、卫生设施普及率、电力普及率	商业银行分支机构、自动取款机、销售点终端机	
转折变量		人均铁路里程	

(1) 服务设施的变化趋势

服务设施指标的变化趋势是:8 个指标属于上升变量,1 个指标属于转折变量(表 1-48)。其中卫生设施普及率(图 1-79)和自动取款机(图 1-80)的变化可以分别反映水平变量和交叉变量的变化特点。

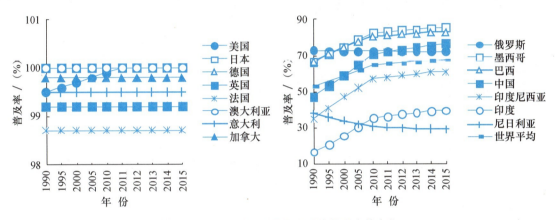

图 1-79 1990～2015 年卫生设施普及率的变化

数据来源:World Bank,2015。

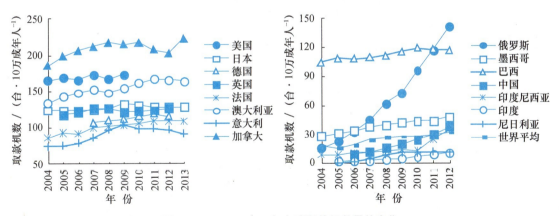

图 1-80 2004～2013 年自动取款机数量的变化

数据来源:World Bank,2015。

(2) 服务设施变化的特点

首先,公共设施的供给不断提高。世界银行数据表明:1990～2015 年期间,世界各国卫生设施普及率、安全饮水普及率、电力普及率等都在不断提高,但存在国别差异。目前,世界平均卫生设施普及率为 67.5%、安全饮水普及率为 91.0%、电力普及率为 84.6%。中国的卫生设施普及率为 76.5%、安全饮水普及率为 95.5%、电力普及率为 100%。

其次,商业服务设施的变化。1998~2014年期间,世界各国互联网宽带普及率、移动通信普及率、自动取款机方面的变化呈现上升趋势。目前,世界平均互联网宽带普及率为9.6%、移动通信普及率为96部/百人、自动取款机为34台/10万成年人。

3. 服务创新的时序分析

服务创新是服务业向高端升级发展的源动力。服务创新评价主要是基于宏观的科技创新能力进行分析,这里我们选择4个指标为代表,分别为人均R&D经费支出、R&D经费占GDP比例、开展科技开发企业比例和专利拥有率,这4个指标均为水平变量(表1-49)。

表1-49 服务创新的分析变量和变化趋势

变化趋势	水平变量	交叉变量	特征变量
上升变量	人均R&D经费支出、R&D经费占GDP比例、开展科技开发企业比例、专利拥有率		
转折变量			
地域变量			

(1) 服务创新的变化趋势

服务创新的4个指标,均为上升变量(表1-49)。

(2) 服务创新变化的特点

首先,人均R&D支出方面的变化。1996~2012年期间,世界100多个国家人均R&D支出均表现出上升趋势(图1-81),2010年,世界平均人均R&D支出为200美元;芬兰人均值最高,为1802美元;美国为1325美元;中国为79美元。

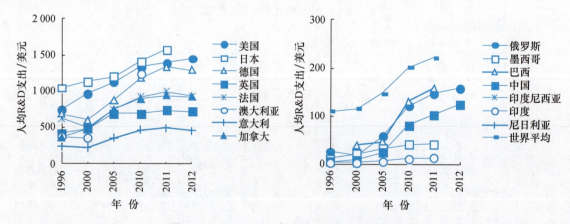

图1-81 1996~2012年人均R&D支出的变化

数据来源:World Bank,2015。

其次,R&D经费占GDP比例的变化。1996~2012年期间,世界80多个国家R&D经费比例呈现缓慢上升的趋势(图1-82),目前,世界平均为2.1%,高收入国家为2.3%;以色列R&D经费占比为3.9%;中国约为2.0%。

其三,专利拥有率的变化。1965~2013年期间,世界40多个国家发明专利拥有率呈现上升趋势,但存在一定的国别差异(图1-83)。目前,高收入国家平均为6.3件/万居民,中等收入国家为1.5件/万居民,世界平均为2.3件/万居民;以色列居首位,为31.9件/万居民;美国为9.1件/万居民;德国为5.9件/万居民;中国为5.2件/万居民。

其四,开展科技开发企业比例的变化。欧盟数据表明:1996～2012年期间,德国、英国、法国、意大利四国开展科技开发企业比例大致呈现上升趋势(图1-84)。

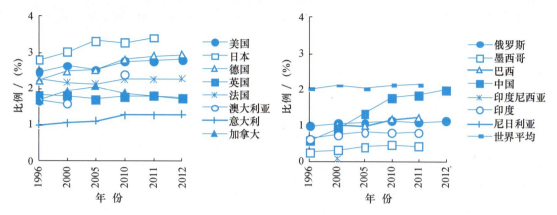

图 1-82　1996～2012年R&D经费占GDP比例的变化

数据来源:World Bank,2015。

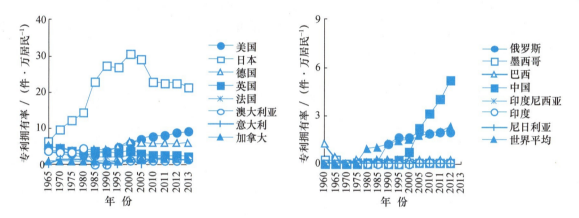

图 1-83　1960～2013年专利拥有率的变化

数据来源:World Bank,2015。

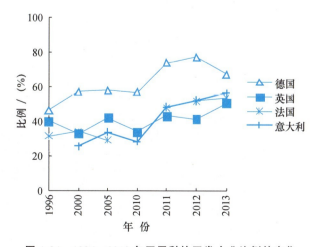

图 1-84　1996～2013年开展科技开发企业比例的变化

数据来源:EU,2015。

> **专栏 1-2　网络环境下的服务模式创新**
>
> 　　互联网、物联网、智能网和手机网络等信息化技术的发展,为服务创新提供了新的工具和手段,为服务需求者和提供者的动态互动提供了更多的可选途径。网络日益成为技术转移和服务创新的重要渠道,当前基于网络化服务的核心技术包括:云计算技术、电子标签技术和信息传输技术等。随着互联网的蓬勃发展,越来越多的企业家开始关注商业模式,并随着互联网的发展渗透到所有产业。从管理学的角度,互联网对人类最大的贡献是商业模式的创新。其中最核心的商业模式包括:网络广告、增值性业务和电子商务三种;而网络化服务创新的新兴业态包括:远程医疗、智能电网、移动商务等。未来,网络环境下的服务创新趋势包括:服务创新管理风险化、服务创新领域聚焦化、服务创新技术精细化和服务创新行业差异化四个方面。
>
> 　　资料来源:中国服务经济发展报告,2012。

4. 服务环境的时序分析

服务环境涉及服务业的生态环境和社会环境两个方面的要素。这里我们选择 5 个指标为代表,分别为人均 GDP、城市人口比例、婴儿死亡率、人均能源消费、人均居住和服务的二氧化碳排放量。其中 4 个指标为水平变量、1 个指标为交叉变量(表 1-50)。

表 1-50　服务环境的分析变量和变化趋势

变化趋势	水平变量	交叉变量	特征变量
上升变量	人均 GDP、人均能源消费	城市人口比例	
下降变量	婴儿死亡率		
转折变量	人均居住和服务的二氧化碳排放量		
地域变量			

(1) 服务环境的变化趋势

服务环境指标的变化趋势是:3 个指标属于上升变量,1 个指标属于下降变量,1 个指标属于转折变量(表 1-50)。其中人均 GDP(图 1-85)和城市人口比例的变化(图 1-86)可以分别反映水平变量和交叉变量的变化特点。

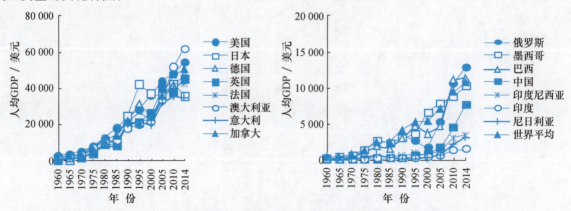

图 1-85　1960~2014 年人均 GDP 的变化

数据来源:World Bank,2015。

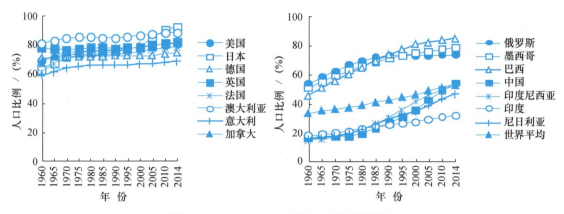

图 1-86　1960~2014 年城市人口比例的变化

数据来源：World Bank，2015。

(2) 服务环境变化的特点

首先，与生态环境相关的几个指标的变化。20 世纪 60 年代以来，人均能源消耗呈现上升趋势（部分国家先升后降，图 1-87）。在二氧化碳排放方面，20 世纪 60 年代以来，人均居住和服务的二氧化碳排放量的变化先上升后下降（图 1-88）。

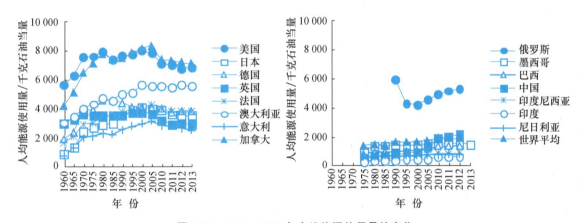

图 1-87　1960~2013 年人均能源使用量的变化

数据来源：World Bank，2015。

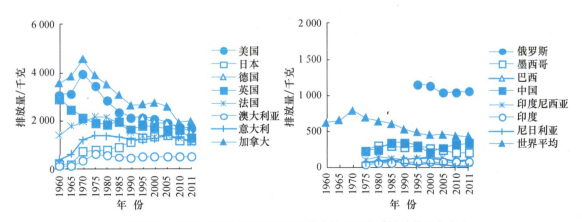

图 1-88　1960~2011 年人均居住和服务的二氧化碳排放量的变化

数据来源：World Bank，2015。

其次,社会环境的变化。20世纪60年代以来,世界人均GDP不断上升(图1-85),城市人口比例不断上升(图1-86),婴儿死亡率不断下降(图1-89)。

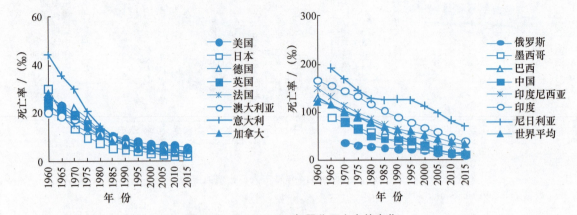

图1-89　1960~2015年婴儿死亡率的变化

数据来源:World Bank,2015。

其三,服务业对环境的影响。服务业,特别是知识型服务业,被认为是典型的"无烟"产业,具有低资源消耗、低环境污染和高产业带动力的特点;而城市化水平的提高,有赖于知识型服务业的发展;同时,解决高素质劳动力的就业问题,知识型服务业是关键(原毅军,2011)。

5. 服务制度的时序分析

根据制度经济学家的观点(诺思,1999),制度是规范人类行为的规章、程序、伦理道德和习俗的集合。服务制度有两种理解:其一是狭义服务制度,指服务业部门建立的制度,包括服务生产、服务经济和服务创新等的有关制度;其二是广义服务制度,指与服务业相关的制度,涉及狭义服务制度,以及服务投资、服务生产标准、服务质量管理、服务贸易和产业扶持等制度。一般而言,服务制度的变迁是复杂的和有序的,存在很大的国别差异和时代差异(表1-51)。全面分析服务制度的历史变迁需要很大篇幅,下面简要讨论它的一些特点。

表1-51　人类历史上的服务制度(举例)

项目	原始经济时代	农业经济时代	工业经济时代	知识经济时代
大致时间	人类诞生至 公元前4000年	公元前4000年至 公元1763年	公元1763年至 1970年	1970年至 2100年
生产制度	集体劳动	庄园、雇工、作坊等	企业、金融和投资等	弹性工作、知识化生产
流通制度	实物交换	地区性贸易、高关税	全国性市场、高关税	市场全球化、WTO、低关税
分配制度	平均分配	按权力和地权分配	按资本、地权或劳动分配	按贡献分配、按需要调节
消费制度	实时消费	自行消费	消费税、高消费	绿色消费、合理消费
税收制度	无	土地税、人头税、交易税	所得税、增值税	所得税、关税
科教制度	无	无	职业教育	多元教育
环境制度	无	水利制度、森林保护等	保护区、国家公园等	环境保护法、生态安全法等

首先,农业时代的服务制度。生产制度:庄园、雇工、家庭作坊等。流通制度:地区性贸易、高关税等。分配制度:按权力和地权分配等。税收制度:土地税、人头税、交易税等。环境制度:水利制度、森林保护制度等。

其次,工业时代的服务制度。生产制度:企业、金融和投资制度等。流通制度:全国性贸易、高关税等。分配制度：按资本、地权或劳动分配等。消费制度：消费税、高消费等。税收制度：所得税、增值税等。科教制度：职业教育等。环境制度：国家保护区、国家公园等。

其三，知识时代的服务制度。知识时代的服务制度还在形成过程中，这里讨论它目前的一些特点。生产制度：弹性工作、知识化生产等。流通制度：市场全球化、世界贸易组织（WTO）的贸易协议、低关税等。分配制度：按贡献分配，按需要调节等。消费制度：绿色消费、合理消费等。税收制度：所得税、关税等。服务业科技和教育制度：多元教育等。环境制度：环境保护法、生态安全法等。

6. 服务观念的时序分析

服务观念有两种理解，其一是狭义服务观念，指服务业部门内部的观念，涉及服务生产和服务经济等的观念；其二是广义服务观念，指关于服务业的观念，涉及狭义服务观念和与服务业有关的观念。服务观念的变化体现在三个层面，其一是学术思想层面——服务业思想的变迁；其二是服务业规范层面——服务业伦理的变化；其三是服务业政策层面——服务制度的变化。上面讨论了服务制度，服务业伦理需要专门研究，这里主要讨论服务业思想观念的演变。

一般而言，服务观念的变迁是复杂的和不同步的，存在很大的国别差异和时代差异（表1-52）。全面分析服务观念的历史变迁需要很大篇幅，下面简要讨论它的一些特点。

表 1-52　服务思想观念的时序变迁（特征举例）

项目	原始经济时代	农业经济时代	工业经济时代	知识经济时代
大致时间	人类诞生至公元前4000年	公元前4000年至公元1763年	公元1763年至1970年	1970年至2100年
生产观念	家务劳动	自给的、人工的	高效率、机械化、商业化	信息化、智能化、绿色化
流通观念	实物交易	剩余产品的地区性交易	全国性贸易、高关税	全球性贸易、低关税
分配观念	平均分配	按权力和地权分配	按资本、地权或劳动分配	按贡献分配、按需要调节
消费观念	—	基本消费	按需消费、高消费	绿色消费、合理消费
税收观念	—	土地税、人头税	所得税、增值税等	所得税、关税
科教观念	—	传统技术、学徒制	现代技术、职业教育	后现代技术、多元教育
环境观念	自然崇拜	气候论、自然论	征服自然、改造自然	环境保护、可持续发展

首先，农业时代的服务观念。生产观念：自给自足的、人工的等。流通观念：剩余产品的地区性贸易等。分配观念：按权力和地权分配等。消费观念：基本消费。税收观念：土地税、人头税等。科技观念：传统技术、学徒制等。环境观念：气候论、自然论、"天人合一"等。

其次，工业时代的服务观念。生产观念：高效率、高利润、专业化、商业化、机械化和投资风险等。流通观念：全国性贸易、高关税等。分配观念：按资本、地权或劳动分配等。消费观念：按需消费、高消费等。税收观念：所得税、增值税等。科教观念：现代技术、职业教育等。环境观念：改造自然、国家保护区等。

其三，知识时代的服务观念。知识时代的服务观念还会继续演化，新思想还会不断出现。这里讨论它当前的一些特点。生产观念：信息化、智能化、绿色化等。流通观念：全球性贸易、低关税等。分配观念：按贡献分配，按需要调节等。消费观念：绿色消费、合理消费等。税收观念：所得税、关税等。科教观念：后现代技术、教育多元化、科技风险等。环境观念：环境保护、可持续发展等。

第三节　服务业现代化的截面分析

服务业现代化的截面分析，是对服务业现代化的历史过程的关键时期的截面数据和资料进行分析，试图去发现和归纳服务业现代化的客观事实和基本规律。截面分析的结果需要谨慎对待，并与时序分析结果进行交叉检验和对照，以确认结果的真实性。在本《报告》里，我们选择人口超过100万和统计数据相对完整的131个国家作为分析样本，分析变量涉及服务生产、服务经济和服务要素三个方面，分析内容包括基本特征、世界前沿、国际差距或国别差异等，时间跨度约为300年（1700～2015年），分析对象包括6个历史截面（1700、1820、1900、1980、2000和2013年），并以2013年截面为重点。需要特别注意的是，具有18～19世纪的服务业数据的国家非常少，而且数据是不系统的和不完整的，这对分析结果的客观性会有一定影响。

一般而言，服务变量与国家经济水平的截面特征关系，可以大致分为三种类型：正相关、负相关和没有显著关系；服务变量与国家经济水平的相关程度可以大致分为四个等级：相关性没有达到显著程度（没有显著关系）、相关（正或负相关）、显著相关（正或负相关）和非常显著相关（正或负相关）；截面分析的结果和时序分析的结果相比，可能出现三种情况：完全一致、不完全一致和相互矛盾（表1-53）。如果截面分析与时序分析的结果完全一致，表示该指标的变化有很强规律性。如果截面分析与时序分析的结果不一致，表示该指标的变化具有多样性。如果截面分析与时序分析的结果相互矛盾，表示该指标的变化需要个案分析。由于《报告》篇幅有限，我们选择少数指标为代表，用"图形"显示它们与国家经济水平的特征关系。

表1-53 服务变量的截面特征及其与时序特征的关系

类型	服务变量与国家经济水平的截面关系			服务变量截面特征与时序特征的关系		
	正相关	负相关	没有显著关系	完全一致	不完全一致	相互矛盾
特点	服务业指标的数值越大，国家经济水平越高	服务业指标的数值越大，国家经济水平越低	服务业指标的数值变化，与国家经济水平的变化无显著关系	截面分析和时序分析的结果是一致的	截面分析和时序分析的结果不完全一致	截面分析和时序分析的结果是相互矛盾的
举例	服务业劳动生产率越高，国家经济水平越高	服务业童工比例越高，国家经济水平越低	服务业增加值年增长率是波动的，与国家经济水平没有显著关系	服务业劳动生产率：时序特征是上升变量，截面特征是正相关变量	服务业增加值年增长率：时序特征是波动变量，截面特征是负相关变量	某个指标：时序特征是上升变量，截面特征是负相关变量

注：没有显著关系的服务变量，可以分为两类：① 部分相关，但相关性没有达到统计分析的显著水平；② 完全没有关系。它们需要个案分析，区别对待。时序特征与截面特征的关系：① 完全一致：时序分析的上升变量（下降变量）——截面分析的正相关（负相关）、时序分析的其他变量——截面分析的不相关；② 不完全一致：时序分析的上升变量（下降变量）——截面分析的不相关、时序分析的其他变量——截面分析的正相关（负相关）；③ 相互矛盾：时序分析的上升变量（下降变量）——截面分析的负相关（正相关）。

一、世界服务生产的截面分析

服务生产的截面分析选择6个截面为对象，重点是2013年截面。

1. 服务生产的2013年截面分析

(1) 2013年服务生产的截面特征

服务生产涉及服务规模、服务效率和服务质量等方面。我们选择37个变量进行比较。很显然，不同变量的"变化过程"以及与国家经济水平的特征关系是不同的（表1-54和表1-55），许多指标的变化是波动的，而不是平滑的。

表 1-54 2013 年服务生产 37 个变量与国家经济水平的特征关系

国家经济水平	欠发达			初等发达		中等发达		发达		相关系数	显著性
国家分组	1	2	3	4	5	6	7	8	9		
人均国民收入	517	862	1694	4369	7915	14 759	28 606	49 364	78 851		
(1) 服务规模											
服务业增加值	6527	16 866	77 217	53 717	490 618	276 674	906 775	1 701 481	541 730	0.630	*
服务业增加值比例	45.9	45.9	52.2	54.4	57.0	64.5	67.8	71.3	68.9	0.807	***
服务业占世界比重	0.01	0.04	0.18	0.12	0.97	0.56	1.95	3.66	1.17	0.635	*
服务业劳动力	—	—	2809	718	3482	418	701	1042	296	−0.531	—
服务业劳动力比例	—	—	39.1	53.5	57.5	62.9	68.1	74.3	75.9	0.841	**
旅游服务业增加值比例	—	—	—	—	—	4.30	3.53	3.38	3.15	−0.216	—
旅游服务业劳动力比例	—	—	—	—	—	8.40	4.00	5.09	6.30	−0.602	—
服务业增加值增长率	2.42	5.46	6.43	3.86	5.54	3.81	0.68	1.14	2.32	−0.602	*
服务业劳动力增长率	—	—	3.15	3.18	2.52	1.72	1.56	1.27	1.53	−0.751	*
服务密度	3	9	10	24	49	49	343	2937	337	0.504	—
(2) 服务效率											
服务业劳动生产率	—	—	4900	11 321	15 029	29 711	59 780	90 206	123 946	0.992	***
劳务型服务业劳动生产率	—	—	—	—	—	30 029	61 827	86 589	89 483	0.888	
知识型服务业劳动生产率	—	—	—	—	—	37 369	65 620	88 588	96 081	0.923	
生产型服务业劳动生产率	—	—	—	—	—	47 309	70 970	113 808	124 200	0.945	
消费型服务业劳动生产率	—	—	—	—	—	17 595	46 572	48 416	56 034	0.827	
综合型服务业劳动生产率	—	—	—	—	—	53 697	133 732	159 011	193 045	0.917	
公共型服务业劳动生产率	—	—	—	—	—	29 475	59 482	77 146	77 313	0.849	
劳务型生产服务业生产率	—	—	—	—	—	47 753	66 978	112 686	107 896	0.873	
劳务型消费服务业生产率	—	—	—	—	—	16 949	36 184	47 625	55 482	0.936	
劳务型综合服务业生产率	—	—	—	—	—	47 911	144 639	165 977	215 595	0.920	
知识传播型服务业生产率	—	—	—	—	—	30 364	59 901	87 279	79 806	0.811	
智力服务型服务业生产率	—	—	—	—	—	40 322	67 301	89 225	102 509	0.952	
(3) 服务质量											
人均服务业增加值	223	358	792	2206	4289	8524	17 398	32 158	49 423	1.000	***
人均劳务型服务业增加值	—	—	—	—	—	4551	28 909	16 110	19 074	0.297	
人均知识型服务业增加值	—	—	—	—	—	4653	32 381	16 087	17 218	0.136	
人均生产型服务业增加值	—	—	—	—	—	2648	31 364	8872	10 737	−0.076	
人均消费型服务业增加值	—	—	—	—	—	1612	21 444	6286	8419	−0.012	
人均综合型服务业增加值	—	—	—	—	—	2686	67 295	9162	8618	−0.263	
人均公共型服务业增加值	—	—	—	—	—	2258	27 258	7877	8519	−0.105	
ISO 9001 认证企业比例	12.1	16.0	16.6	17.6	19.4	30.3	27.7	—	—	0.854	**
物流绩效指数:综合分数	2.40	2.46	2.58	2.74	2.86	3.13	3.50	3.82	3.89	0.926	***
创办企业所需的时间	22	42	32	25	22	29	11	10	11	−0.743	**
取得营业执照所需时间	25.0	26.2	17.9	17.0	29.1	30.4	74.6	—	9.8	−0.062	—
出口通关所需时间	—	—	—	—	—	—	13.1	8.6	8.5	−0.823	
公共管理质量评级	2.8	2.8	3.0	3.1	3.0	—	—	—	—	0.651	
公共部门透明度等评级	2.6	2.7	2.9	3.0	2.5	—	—	—	—	−0.233	
预算和金融管理质量评级	3.0	3.2	3.3	3.6	3.5	—	—	—	—	0.792	—

注:指标单位见表 1-18。* 表示相关,** 表现显著相关,*** 表示非常显著相关,其他为不相关。"—"表示没有数据。后同。

表 1-55 2013 年服务生产变量与国家经济水平的特征关系的分类

方面	正相关变量/个	负相关变量/个	相关性不显著变量/个	其他变量/个	合计/个
服务规模	4	2	2	2	10
服务效率	1	0	0	11	12
服务质量	3	1	1	10	15
合计	8	3	3	23	37

注:其他变量指因为数据不全而不能分类的指标。后同。

(2) 2013 年截面服务生产的世界前沿和国际差距

服务变量的世界前沿和国际差距的判断和分析非常复杂,因服务变量而异。如果服务变量与国家经济水平显著相关,那么,可以根据 9 组国家服务变量的特征值的截面分析,大致分辨世界前沿和国际差距;当然这只是一种简化处理。一般而言,第 9 组国家的服务变量的水平代表了前沿水平,国际差距可进行统计学分析;从统计角度看,正相关指标的最大值或负相关指标的最小值代表前沿水平,正相关指标的最小值或负相关变量的最大值代表末尾水平(表 1-56)。

表 1-56 2013 年截面服务生产变量的世界前沿和国际差距(9 组国家特征值之间的比较)

变量	最大值	最小值	绝对差距	相对差(倍)	平均值	标准差	相关系数	相关性
(1) 服务规模								
服务业增加值	1 701 481	6527	1 694 954	261	45 240	526 538	0.630	正相关
服务业增加值比例	71.3	45.9	25.4	2	58.6	9.2	0.807	正相关
服务业占世界比重	3.66	0.01	3.65	366	0.96	1.13	0.635	正相关
服务业劳动力比例	75.9	39.1	36.8	2	61.6	11.9	0.841	正相关
服务业增加值增长率	6.43	1.14	5.29	6	3.51	1.91	−0.602	负相关
服务业劳动力增长率	3.18	1.27	1.91	3	2.13	0.74	−0.751	负相关
(2) 服务效率								
服务业劳动生产率	123 946	4900	119 046	25	47 841	41 939	0.992	正相关
(3) 服务质量								
人均服务业增加值	49 423	223	49 200	222	12 819	16 320	1.000	正相关
ISO 9001 认证企业比例	30.3	12.1	18.2	3	19.9	6.1	0.854	正相关
物流绩效指数:综合分数	3.89	2.40	1.49	2	3.04	0.54	0.926	正相关
创办企业所需的时间	42	10	32	4	22	10	−0.743	负相关

注:变量的单位见表 1-18。绝对差距 = 最大值−最小值,相对差距 = 最大值÷最小值。有些指标的变化比较复杂,在 9 组国家的特征值中,第 9 组国家的特征值不等于它们的最大值(正相关变量)或最小值(负相关变量),第 1 组国家的特征值不等于它们的最小值(正相关变量)或最大值(负相关变量)。后同。

(3) 服务生产变量的截面特征和时序特征的比较

2013 年截面的 37 个服务生产变量中,有 7 个服务变量的截面特征与时序特征完全一致,有 7 个服务变量的截面特征与时序特征不完全一致,23 个指标数据不全,没有截面特征与时序特征相互矛盾的变量(表 1-57)。这说明服务生产指标的变化是非常复杂的。

表 1-57　2013 年服务生产变量的截面特征与时序特征的关系

方面	完全一致/个	不完全一致/个	相互矛盾/个	合计/个
服务规模	3	5（服务业占世界比重、服务业劳动力、服务业增加值增长率、服务业劳动力增长率、服务密度）	0	8
服务效率	1	0	0	1
服务质量	3	2（创办企业所需时间、取得营业执照所需时间）	0	5
合计	7	7	0	14

2. 服务生产的其他截面

(1) 2000 年服务生产的截面特征

2000 年服务截面分析，国家分组按 2000 年国家经济水平（人均国民收入）分组，分析变量仍然为 37 个变量。其中，7 个指标与国家经济水平正相关，1 个指标负相关，4 个指标相关性不显著，25 个指标数据不全（表 1-58）；7 个服务变量的截面特征与时序特征完全一致，5 个服务变量的截面特征与时序特征不完全一致，没有截面特征与时序特征相矛盾的变量（表 1-59）。

表 1-58　2000 年截面服务生产变量与国家经济水平的特征关系的分类

方面	正相关变量/个	负相关变量/个	相关性不显著变量/个	其他变量/个	合计/个
服务规模	5	0	3	2	10
服务效率	1	0	0	11	12
服务质量	1	1	1	12	15
合计	7	1	4	25	37

表 1-59　2000 年服务生产变量的截面特征与时序特征的关系

方面	完全一致/个	不完全一致/个	相互矛盾/个	合计/个
服务规模	4	4	0	8
服务效率	1	0	0	1
服务质量	2	1	0	3
合计	7	5	0	12

(2) 1980 年服务生产的截面特征

1980 年服务截面分析，国家分组按 1980 年国家经济水平（人均国民收入）分组，分析变量为 37 个变量。其中，2 个指标与国家经济水平正相关，4 个指标相关性不显著，31 个服务变量数据不全（表 1-60）；2 个服务变量的截面特征与时序特征完全一致，5 个服务变量的截面特征与时序特征不完全一致（表 1-61）。

表 1-60　1980 年截面服务生产变量与国家经济水平的特征关系的分类

方面	正相关变量/个	负相关变量/个	相关性不显著变量/个	其他变量/个	合计/个
服务规模	1	0	4	5	10
服务效率	0	0	0	12	12
服务质量	1	0	0	14	15
合计	2	0	4	31	37

表 1-61　1980 年服务生产变量的截面特征与时序特征的关系

方面	完全一致/个	不完全一致/个	相互矛盾/个	合计/个
服务规模	1	5	0	6
服务效率	0	0	0	0
服务质量	1	0	0	1
合计	2	5	0	7

(3) 1900 年服务生产的截面特征

1900 年数据非常少。其中,服务业劳动力和增加值比例与国家经济水平正相关(表 1-62)。

表 1-62　1900 年截面服务生产变量与国家经济水平的特征关系的分类

方面	正相关变量	负相关变量	相关性不显著变量	合计/个
服务规模	服务业增加值比例、服务业劳动力比例	—	—	2
服务效率	—	—	—	—
服务质量	—	—	—	—
合计/个	2	—	—	2

20 世纪以来,服务生产的变化是巨大的,而且变化是复杂的和有逻辑的。在 37 个服务生产指标中,大约 20% 的指标的变化是相对连续的和可以预期的,大约 10% 的指标难以预测,大约 70% 的指标的统计数据不全(表 1-63)。

表 1-63　服务生产变量与国家经济水平的关系分类

项目	2013 年	2000 年	1980 年	1900 年	合计	比例/(%)
正相关的变量/个	8	7	2	2	19	16.8
负相关的变量/个	3	1	0	0	4	3.5
没有显著关系的变量/个	3	4	4	0	11	9.7
其他变量/个	23	25	31	—	79	69.9
合计/个	37	37	37	2	113	100.0

(4) 1820 年服务生产的截面特征

1820 年数据非常少。其中,服务劳动力和增加值比例与国家经济水平正相关(表 1-64)。

表 1-64　1820 年截面服务生产变量与国家经济水平的特征关系的分类

方面	正相关变量	负相关变量	相关性不显著变量	合计/个
服务规模	服务业增加值比例、服务业劳动力比例	—	—	2
服务效率	—	—	—	—
服务质量	—	—	—	—
合计/个	2	—	—	2

(5) 1700 年服务生产的截面特征

1700 年截面数据非常少。其中,服务劳动力比例与国家经济水平如表 1-65 所示。

表 1-65　1700 年截面服务生产变量与国家经济水平的特征关系

国家经济水平	欠发达			初等发达		中等发达		发达		相关系数	显著性
国家分组	1	2	3	4	5	6	7	8	9		
人均 GDP	—	—	400	531	565	774	929	1341	1680		
服务劳动力比例	—	—	—	—	—	—	—	22	—	—	

注：劳动力结构数据，第 8 组国家数据为英国的数据。

二、世界服务经济的截面分析

服务经济的截面分析选择 5 个截面为对象，重点是 2013 年截面。

1. 服务经济的 2013 年截面分析

(1) 2013 年服务经济的截面特征

一般而言，服务经济涉及产业结构、就业结构和服务贸易等方面。关于定量指标，我们选择 76 个变量进行比较。关于定性指标，我们进行定性讨论。很显然，不同变量的"变化过程"以及与国家经济水平的特征关系是不同的（表 1-66 和表 1-67），许多指标的变化是波动的，而不是平滑的。

表 1-66　2013 年服务经济 76 个定量指标与国家经济水平的特征关系

国家经济水平	欠发达			初等发达		中等发达		发达		相关系数	显著性
国家分组	1	2	3	4	5	6	7	8	9		
人均国民收入	517	862	1694	4369	7915	14 759	28 606	49 364	78 851		
(1) 产业结构											
服务业与工业增加值之比	45.9	45.9	52.2	54.4	57.0	64.5	67.8	71.3	68.9	0.807	***
服务业与农业增加值之比	1.4	2.0	3.3	5.9	12.0	14.7	31.2	240.3	55.1	0.590	*
劳务型服务业增加值比重	—	—	—	—	—	49.3	48.4	50.4	52.7	0.916	—
知识型服务业增加值比重	—	—	—	—	—	50.6	51.6	49.8	47.3	−0.899	—
劳务型生产服务业增加值比重	—	—	—	—	—	13.9	9.3	11.0	13.8	0.231	—
劳务型消费服务业增加值比重	—	—	—	—	—	15.3	15.1	17.2	20.9	0.963	—
劳务型综合服务业增加值比重	—	—	—	—	—	22.2	24.0	23.1	17.9	−0.772	—
知识传播型服务增加值比重	—	—	—	—	—	11.1	12.2	10.9	10.9	−0.464	—
智力服务型服务增加值比重	—	—	—	—	—	39.5	39.3	39.0	36.4	−0.924	—
生产型服务业增加值比重	—	—	—	—	—	27.9	28.4	27.3	30.0	0.666	—
消费型服务业增加值比重	—	—	—	—	—	17.2	17.1	19.8	23.2	0.975	—
综合型服务业增加值比重	—	—	—	—	—	30.1	29.5	28.4	23.5	−0.956	—
公共型服务业增加值比重	—	—	—	—	—	24.9	25.0	24.5	23.3	−0.943	—
非公共型服务业增加值比重	—	—	—	—	—	75.2	75.0	75.5	76.7	0.922	—
批发和零售业等的增加值比重	—	—	—	—	—	16.6	16.2	15.6	14.9	−0.999	—
运输和储存服务业增加值比重	—	—	—	—	—	9.6	7.8	6.5	8.8	−0.207	—
食宿服务业增加值比重	—	—	—	—	—	2.7	4.3	3.2	2.1	−0.529	—
信息和通信服务业增加值比重	—	—	—	—	—	8.5	6.4	6.1	6.9	−0.482	—
金融和保险服务业增加值比重	—	—	—	—	—	7.5	9.1	7.8	6.7	−0.595	—
房地产服务业增加值比重	—	—	—	—	—	12.8	13.9	14.0	12.3	−0.372	—

(续表)

国家经济水平	欠发达			初等发达		中等发达		发达		相关系数	显著性
国家分组	1	2	3	4	5	6	7	8	9		
人均国民收入	517	862	1694	4369	7915	14 759	28 606	49 364	78 851		
(1) 产业结构											
专业、科学和技术服务业比重	—	—	—	—	—	7.9	7.8	8.2	8.1	0.692	—
行政和辅助服务业增加值比重	—	—	—	—	—	4.1	3.6	5.7	4.6	0.472	—
公共管理与国防等的比重	—	—	—	—	—	12.6	9.9	9.4	8.0	−0.916	—
教育服务业增加值比重	—	—	—	—	—	7.1	8.6	7.6	7.8	0.134	—
人体健康和社会工作比重	—	—	—	—	—	6.5	7.9	11.6	15.9	0.997	—
艺术、娱乐和文娱服务业比重	—	—	—	—	—	1.8	2.0	1.6	1.6	−0.708	—
其他服务业增加值比重	—	—	—	—	—	2.4	1.8	2.4	2.4	0.342	—
家庭作为雇主的增加值比重	—	—	—	—	—	0.1	0.8	0.3	0.1	−0.315	—
国际组织和机构的增加值比重	—	—	—	—	—	—	—	—	—	—	—
(2) 就业结构											
服务业与工业劳动力之比	—	—	2.1	2.9	2.7	2.4	2.9	3.5	3.8	0.894	***
服务业与农业劳动力之比	—	—	1.1	5.3	3.9	16.8	11.6	35.1	31.6	0.892	***
服务业女性就业人员	—	—	43.1	64.3	68.8	75.1	83.2	88.0	88.6	0.787	**
服务业童工雇佣比重	5.7	23.0	17.6	28.2	36.7	41.7	27.9	—	3.1	−0.406	—
劳务型服务业劳动力比重	—	—	—	—	—	54.4	51.9	51.0	54.2	0.046	—
知识型服务业劳动力比重	—	—	—	—	—	45.6	48.1	49.0	45.9	−0.021	—
劳务型生产服务业劳动力比重	—	—	—	—	—	8.4	9.5	7.4	11.7	0.625	—
劳务型消费服务业劳动力比重	—	—	—	—	—	30.9	31.7	31.2	34.8	0.870	—
劳务型综合服务业劳动力比重	—	—	—	—	—	15.2	10.7	12.5	7.7	−0.846	—
知识传播型服务业劳动力比重	—	—	—	—	—	12.8	11.1	10.9	12.9	0.174	—
智力服务型服务业劳动力比重	—	—	—	—	—	32.7	37.0	38.1	32.9	−0.083	—
生产型服务业劳动力比重	—	—	—	—	—	19.6	24.4	20.9	22.5	0.254	—
消费型服务业劳动力比重	—	—	—	—	—	33.1	35.9	35.3	38.2	0.899	—
综合型服务业劳动力比重	—	—	—	—	—	18.6	14.3	15.8	11.2	−0.864	—
公共型服务业劳动力比重	—	—	—	—	—	28.8	25.4	28.0	28.1	0.146	—
非公共型服务业劳动力比重	—	—	—	—	—	71.3	74.6	72.0	71.9	−0.172	—
批发和零售业等的劳动力比重	—	—	—	—	—	23.8	20.9	18.6	17.1	−0.955	—
运输和储存服务业劳动力比重	—	—	—	—	—	10.3	7.6	6.6	8.0	−0.520	—
食宿服务业劳动力比重	—	—	—	—	—	6.3	6.7	5.9	4.1	−0.911	—
信息和通信服务业劳动力比重	—	—	—	—	—	4.0	4.0	3.9	4.6	0.782	—
金融和保险服务业劳动力比重	—	—	—	—	—	3.3	4.1	4.0	2.7	−0.520	—
房地产服务业劳动力比重	—	—	—	—	—	2.3	0.8	1.4	1.6	−0.185	—
专业、科学和技术劳动力比重	—	—	—	—	—	7.4	10.4	8.1	7.1	−0.393	—
行政和辅助服务业劳动力比重	—	—	—	—	—	5.4	7.3	8.1	5.8	0.044	—
公共管理与国防等劳动力比重	—	—	—	—	—	9.7	8.6	9.7	8.2	−0.595	—
教育服务业劳动力比重	—	—	—	—	—	11.3	10.0	9.3	11.3	0.068	—
人体健康和社会工作的比重	—	—	—	—	—	10.3	9.6	17.0	23.8	0.969	—
艺术、娱乐和文娱劳动力比重	—	—	—	—	—	2.3	2.1	2.1	2.2	−0.254	—
其他服务业劳动力比重	—	—	—	—	—	3.3	3.4	3.9	3.4	0.267	—
家庭作为雇主的劳动力比重	—	—	—	—	—	0.5	4.7	1.5	0.1	−0.390	—
国际组织和机构的比重	—	—	—	—	—	—	—	—	—	—	—

(续表)

国家经济水平	欠发达			初等发达		中等发达		发达		相关系数	显著性
国家分组	1	2	3	4	5	6	7	8	9		
人均国民收入	517	862	1694	4369	7915	14 759	28 606	49 364	78 851		
(3) 服务贸易											
服务贸易比例	18.7	14.2	16.9	19.6	15.3	18.4	16.1	32.0	20.2	0.528	—
服务出口比例	6.4	5.2	7.5	10.2	8	10.5	9.1	16.3	10.5	0.626	*
服务进口比例	12.4	9.0	9.1	9.4	7.2	8.3	6.9	16.4	9.7	0.291	—
信息和计算机服务出口比例	24.5	29	27.5	18.7	24.8	23.8	24.5	37.4	31.1	0.608	*
保险与金融服务出口比例	2.2	1.5	5.2	2.1	5.8	3.4	3.1	10.7	11.8	0.869	***
保险与金融服务进口比例	4.9	4.0	8.2	8.0	9.3	5.8	6.8	7.3	4.9	−0.192	—
交通服务出口比例	17.1	18.2	17.2	22.1	20.3	30.9	25.4	21.0	20.6	0.157	—
交通服务进口比例	45.3	53.3	42.2	41.7	29.8	30.7	29.7	23.1	16.6	−0.859	***
旅行服务出口比例	32.4	46.1	36.3	47.6	42.4	32.6	35.3	18.0	25.2	−0.736	**
旅行服务进口比例	14.8	13.9	21.9	22.1	24.8	23.4	21.0	22.4	30.4	−0.857	***
人均服务出口	36	45	120	456	704	1549	2449	8337	8365	0.956	***
人均服务进口	72	76	144	431	611	1234	1893	8375	7887	0.938	***
人均商业服务出口额	32	41	128	447	717	1519	2443	8142	8293	0.959	***
人均商业服务进口额	61	68	141	397	622	1194	1827	8111	7844	0.942	***
人均知识产权收入	0.4	0.4	0.6	1	3	22	82	482	996	0.962	***
人均知识产权支出	0.7	0.1	2	11	17	51	99	1434	524	0.687	**

注：指标单位见附表1-2。* 表示相关，** 表现显著相关，*** 表示非常显著相关，其他为不相关。"—"表示没有数据。

表1-67　2013年截面服务经济变量与国家经济水平的特征关系的分类

方面	正相关变量/个	负相关变量/个	相关性不显著变量/个	其他变量/个	合计/个
产业结构	2	0	0	27	29
就业结构	3	0	1	27	31
服务贸易	9	3	4	0	16
合计	14	3	5	54	76

(2) 2013年服务经济的世界前沿和国际差距

关于服务变量的世界前沿和国际差距的分析方法，在服务生产的世界前沿和国际差距分析时已有介绍。这里，介绍2013年服务经济的世界前沿和国际差距（表1-68）。

表1-68　2013年截面服务经济变量的世界前沿和国际差距（9组国家特征值之间的比较）

变量	最大值	最小值	绝对差距	相对差(倍)	平均值	标准差	相关系数	相关性
(1) 产业结构								
服务业与工业增加值之比	71.3	45.9	25.4	2	58.7	9.3	0.807	正相关
服务业与农业增加值之比	240.3	1.4	238.9	172	40.7	72.5	0.590	正相关
(2) 就业结构								
服务业与工业劳动力之比	3.8	2.1	1.7	2	2.9	0.5	0.894	正相关
服务业与农业劳动力之比	35.1	1.1	34	32	15.1	12.6	0.892	正相关
服务业女性就业人员	88.6	43.1	45.5	2	73.0	14.9	0.787	正相关

(续表)

变量	最大值	最小值	绝对差距	相对差(倍)	平均值	标准差	相关系数	相关性
(3) 服务贸易								
服务出口比例	16.3	5.2	11.1	3	9.3	3.0	0.626	正相关
信息和计算机服务出口比例	37.4	18.7	18.7	2	26.8	5.0	0.608	正相关
保险与金融服务出口比例	11.8	1.5	10.3	8	5.1	3.6	0.869	正相关
交通服务进口比例	53.3	16.6	36.7	3	34.7	11.0	−0.859	负相关
旅行服务出口比例	46.1	18.0	28.1	3	35.1	9.0	−0.736	负相关
旅行服务进口比例	30.4	13.9	16.5	2	21.6	4.7	−0.857	负相关
人均服务出口	8365	36	8329	232	2451.2	3240.7	0.956	正相关
人均服务进口	8375	72	8303	116	2302.6	3168.0	0.938	正相关
人均商业服务出口额	8293	32	8261	259	2418.0	3187.7	0.959	正相关
人均商业服务进口额	8111	61	8050	133	2251.7	3109.5	0.942	正相关
人均知识产权收入	996	0.4	995.6	2490	176.4	325.2	0.962	正相关
人均知识产权支出	1434	0.1	1433.9	14 340	237.6	451.6	0.687	正相关

注：变量的单位见附表1-2。一般而言，正相关变量：最大值为世界前沿；负相关变量：最小值为世界前沿。

(3) 服务经济变量的截面特征和时序特征的比较

2013年截面的76个服务经济变量中，有14个服务变量的截面特征与时序特征完全一致，有8个服务变量的截面特征与时序特征不完全一致，没有服务变量的截面特征与时序特征相互矛盾，54个服务经济变量数据不全（表1-69）。这说明服务经济指标的变化同样是复杂的。

表1-69 2010年服务经济变量的截面特征与时序特征的关系

方面	完全一致/个	不完全一致/个	相互矛盾/个	合计/个
产业结构	1	1(服务业与工业增加值之比)	0	2
就业结构	2	2(服务业与工业劳动力之比、服务业童工雇佣比重)	0	4
服务贸易	11	5(服务贸易比例、服务进口比例、保险与金融服务出口比例、保险与金融进口比例、交通服务出口比例)	0	16
合计	14	8	0	22

2. 2000年服务经济的截面特征

2000年服务截面分析，国家分组按2000年国家经济水平（人均国民收入）分组，分析变量为60个变量。其中，3个指标与国家经济水平正相关，0个指标负相关，2个指标相关不显著（表1-70），55个指标数据不全；2个指标的截面特征与时序特征完全一致，3个指标的截面特征与时序特征不完全一致，没有截面特征与时序特征相互矛盾的指标（表1-71）。

表1-70 2000年截面服务经济变量与国家经济水平的特征关系的分类

方面	正相关变量/个	负相关变量/个	相关性不显著变量/个	其他变量/个	合计/个
产业结构	1	0	1	27	29
就业结构	2	0	1	28	31
服务贸易	0	0	0	0	0
合计	3	0	2	55	60

表 1-71 2000 年服务经济变量的截面特征与时序特征的关系

方面	完全一致/个	不完全一致/个	相互矛盾/个	合计/个
产业结构	1	1	0	2
就业结构	1	2	0	3
服务贸易	0	0	0	0
合计	2	3	0	5

3. 1980 年服务经济的截面特征

1980 年服务截面分析,国家分组按 1980 年国家经济水平(人均国民收入)分组,分析变量为 60 个。其中,2 个指标与国家经济水平正相关,0 个指标负相关,3 个指标相关不显著,55 个指标数据不完整(表 1-72);2 个指标的截面特征与时序特征完全一致,3 个指标的截面特征与时序特征不完全一致,没有截面特征与时序特征相互矛盾的指标(表 1-73)。

表 1-72 1980 年截面服务经济变量与国家经济水平的特征关系的分类

方面	正相关变量/个	负相关变量/个	相关性不显著变量/个	其他变量/个	合计/个
产业结构	1	0	1	27	29
就业结构	1	0	2	28	31
服务贸易	0	0	0	0	0
合计	2	0	3	55	60

表 1-73 1980 年服务经济变量的截面特征与时序特征的关系

方面	完全一致/个	不完全一致/个	相互矛盾/个	合计/个
产业结构	1	1	0	2
就业结构	1	2	0	3
服务贸易	0	0	0	0
合计	2	3	0	5

4. 1900 年服务经济的截面特征

1900 年数据非常少。其中,人均钢铁产量与国家经济水平正相关(表 1-74)。

表 1-74 1900 年截面服务经济变量与国家经济水平的特征关系的分类

方面	正相关变量	负相关变量	相关性不显著变量	合计/个
产业结构	服务业与农业增加值之比	—	—	1
就业结构	服务业与农业劳动力之比	—	—	1
服务贸易	—	—	—	—
合计/个	2	—	—	2

20 世纪以来,服务经济的变化是巨大的,而且变化是复杂的和有逻辑的。在 76 个服务经济指标中,大约 12% 的指标的变化是相对连续的和可以预期的,大约 5% 的指标难以预测,大约 83% 的指标的统计数据不全(表 1-75)。

表 1-75 服务经济变量与国家经济水平的关系分类

项目	2013 年	2000 年	1980 年	1900 年	合计	比例/(%)
正相关的变量/个	14	3	2	2	21	10.6
负相关的变量/个	3	0	0	0	3	1.5
没有显著关系的变量/个	5	2	3	0	10	5.1
其他变量/个	54	55	55	—	164	82.8
合计/个	76	60	60	2	198	100.0

1820 年服务经济的截面特征见表 1-76。

表 1-76 1820 年截面服务经济变量与国家经济水平的特征关系的分类

方面	正相关变量	负相关变量	相关性不显著变量	合计/个
产业结构	—	—	—	—
就业结构	服务业与农业劳动力之比	—	—	1
服务贸易	—	—	—	—
合计/个	1	0	0	1

三、世界服务要素的截面分析

服务要素的截面分析选择 3 个截面为对象,重点是 2013 年截面。

1. 服务要素的 2013 年截面分析

(1) 2013 年服务要素的截面特征

一般而言,服务要素涉及定量指标和定性指标,定量指标涉及人力资源、服务设施、服务创新和服务环境等,定性指标涉及服务制度和服务观念等。关于定量指标,我们选择 27 个变量进行比较(表 1-77,表 1-78)。关于定性指标,我们进行定性讨论。

表 1-77 2013 年服务要素 27 个定量指标与国家经济水平的特征关系

国家经济水平	欠发达			初等发达		中等发达		发达		相关系数	显著性
国家分组	1	2	3	4	5	6	7	8	9		
人均国民收入	517	862	1694	4369	7915	14 759	28 606	49 364	78 851		
(1) 人力资源											
接受过高等教育的劳动力比例	—	—	11.7	17.6	20.2	25.7	26.1	33.3	35.2	0.905	***
接受过中学教育的劳动力比例	—	—	37.5	25.2	63.6	56.8	38.6	46.5	47.0	0.122	—
中学入学率(毛入学率)	37.7	40.0	61.1	86.0	96.9	99.8	114.3	122.2	126.0	0.783	**
大学入学率(毛入学率)	10.9	4.8	21.7	38.0	49.5	67.3	76.5	70.3	71.9	0.724	**
(2) 服务设施											
人均铁路里程	0.09	0.01	0.07	0.15	0.32	0.52	0.23	0.58	0.60	0.804	***
商业银行分支机构	4	4	8	17	39	21	38	24	27	0.461	—
自动取款机(ATM)	4	4	13	38	51	68	109	90	105	0.816	***
销售点终端机	7	11	21	295	587	941	2842	2042	2923	0.881	***
安全饮水普及率	67.9	68.3	78.4	89.4	94.2	95.3	99.6	99.7	100.0	0.683	**
卫生设施普及率	31.6	25.1	54.8	77.7	81.2	91.6	99.7	98.6	99.3	0.681	**
电力普及率	28.1	28.2	64.1	89.1	94.8	97.6	99.7	99.8	100.0	0.580	—
互联网宽带普及率	0.3	0.4	2.0	4.8	10.8	17.1	25.3	33.1	34.8	0.926	***
移动通信普及率	48	70	87	116	113	134	127	123	121	0.526	—

(续表)

国家经济水平	欠发达			初等发达		中等发达		发达		相关系数	显著性
国家分组	1	2	3	4	5	6	7	8	9		
人均国民收入	517	862	1694	4369	7915	14 759	28 606	49 364	78 851		
(3) 服务创新											
人均R&D经费支出	—	—	—	—	56	183	531	1173	1813	0.998	***
R&D经费占GDP比例	—	—	—	—	0.8	1.2	1.9	2.4	2.5	0.916	**
发明专利拥有比例	—	—	—	0.1	0.6	0.5	6.5	2.7	2.0	0.319	—
开展科技开发企业比例	—	—	—	—	24.0	38.1	46.1	54.9	50.3	0.778	
(4) 服务环境											
人均GDP	517	862	1694	4369	7915	14 759	28 606	49 364	78 851	1.000	—
婴儿死亡率	51.4	61.0	42.4	22.3	18.3	11.8	4.2	3.9	2.9	−0.715	**
城镇人口比例	28.5	35.6	40.1	57.6	67.4	70.9	76.3	83.6	82.1	0.767	**
人均能源消费	412	422	588	998	1941	2875	3049	4535	5095	0.937	***
人均居住和服务的CO_2排放量	49	54	143	217	574	629	723	1097	656	0.708	**
(5) 制度和观念											
宏观经济管理评级	3.6	3.7	3.9	3.8	4.0	—	—	—	—	0.778	
公共部门管理等集群平均值	3.0	2.9	3.2	3.2	3.1	—	—	—	—	0.426	
环境可持续性政策和制度评级	3.1	2.8	3.2	2.9	3.0	—	—	—	—	−0.112	
社会包容性等的平均值	3.3	3.1	3.4	3.5	3.8	—	—	—	—	0.930	
企业监管环境评级	3.0	2.9	3.4	3.6	4.0	—	—	—	—	0.949	

注：有些指标2013年没有数据，但临近年有数据。指标单位见附表1-2。* 表示相关，** 表现显著相关，*** 表示非常显著相关，其他为不相关。"—"表示没有数据。后同。

表1-78　2013年服务要素定量指标与国家经济水平的特征关系的分类

方面	正相关变量/个	负相关变量/个	相关性不显著变量/个	其他变量/个	合计/个
人力资源	3	0	1	0	4
服务设施	6	0	3	0	9
服务创新	2	0	2	0	4
服务环境	3	1	1	0	5
制度与观念	0	0	0	5	5
合计	14	1	7	5	27

（2）2013年截面服务要素定量指标的世界前沿和国际差距

关于服务变量的世界前沿和国际差距的分析方法，在服务生产的世界前沿和国际差距分析时已有介绍。这里，介绍2013年服务要素定量指标的世界前沿和国际差距（表1-79）。

表1-79　2013年截面服务要素定量指标的世界前沿和国际差距（9组国家特征值之间的比较）

变量	最大值	最小值	绝对差距	相对差距	平均值	标准差	相关系数	相关性
(1) 人力资源								
接受过高等教育的劳动力比例	35.2	11.7	23.5	3	24.3	7.80	0.905	正相关
中学入学率（毛入学率）	126.0	37.7	88.3	3	87.1	31.76	0.783	正相关
大学入学率（毛入学率）	71.9	4.8	67.1	15	45.7	26.33	0.724	正相关

(续表)

变量	最大值	最小值	绝对差距	相对差距	平均值	标准差	相关系数	相关性
(2) 服务设施								
人均铁路里程	0.60	0.01	0.59	60	0.3	0.22	0.804	正相关
自动取款机（ATM）	105	4	101	26	53.6	39.53	0.816	正相关
销售点终端机	2923	7	2916	418	1074	1141	0.881	正相关
安全饮水普及率	100	67.9	32.1	1	88.1	12.44	0.683	正相关
卫生设施普及率	99.3	31.6	67.7	3	73.2	27.55	0.681	正相关
互联网宽带普及率	34.8	0.3	34.5	116	14.3	13.10	0.926	正相关
(3) 服务创新								
人均 R&D 经费支出	1813	56	1757	32	751	657	0.998	正相关
R&D 经费占 GDP 比例	2.5	0.8	1.7	3	1.8	0.68	0.916	正相关
(4) 服务环境								
婴儿死亡率	51.4	2.9	48.5	18	24.2	20.76	−0.715	负相关
城镇人口比例	83.6	28.5	55.1	3	60.2	19.65	0.767	正相关
人均能源消费	5095	412	4683	12	2212	1682	0.937	正相关
人均居住和服务的 CO_2 排放量	1097	49	1048	22	460.2	341.3	0.708	正相关

注：变量的单位见附表 1-2。绝对差距 ＝ 最大值－最小值，相对差距 ＝ 最大值÷最小值。

(3) 服务要素定量指标的截面特征和时序特征的比较

2013 年截面的 27 个服务要素定量指标中，有 14 个服务变量的截面特征与时序特征完全一致，有 7 个服务变量的截面特征与时序特征不完全一致，6 个指标数据不全（表 1-80）。这说明服务经济指标的变化同样是复杂的。

表 1-80 2013 年服务要素定量指标的截面特征与时序特征的关系

方面	完全一致/个	不完全一致/个	相互矛盾/个	合计/个
人力资源	3	1	0	4
服务设施	5	4	0	9
服务创新	2	2	0	4
服务环境	4	0	0	4
合计	14	7	0	21

(4) 服务要素定性指标的截面特征

服务要素的定性指标包括服务制度和服务观念。关于它们 2013 年的截面特点，需要大量篇幅进行讨论；可以参考本章第二节时序分析的知识经济时代的服务制度（表 1-51）和服务观念（表 1-52）。这里不再重复。

2. 服务要素的 2000 年截面

2000 年服务要素截面分析，国家分组按 2000 年国家经济水平（人均国民收入）分组，分析变量为 18 个。其中，15 个指标与国家经济水平正相关，1 个指标负相关，2 个指标相关不显著（表 1-81）；15 个指标的截面特征与时序特征完全一致，3 个指标的截面特征与时序特征不完全一致，没有截面特征与时序特征相互矛盾的指标（表 1-82）。

表 1-81　2000 年截面服务要素定量指标与国家经济水平的特征关系的分类

方面	正相关变量/个	负相关变量/个	相关性不显著变量/个	其他变量/个	合计/个
人力资源	3	0	1	0	4
服务设施	5	0	1	0	6
服务创新	4	0	0	0	4
服务环境	3	1	0	0	4
合计	15	1	2	0	18

表 1-82　2000 年服务要素定量指标的截面特征与时序特征的关系

方面	完全一致/个	不完全一致/个	相互矛盾/个	合计/个
人力资源	3	1	0	4
服务设施	4	2	0	6
服务创新	4	0	0	4
服务环境	4	0	0	4
合计	15	3	0	18

服务要素的定性指标的 2000 年截面特点，可以参考本章第二节时序分析的知识经济时代的服务制度（表 1-51）和服务观念（表 1-52）。

3. 服务要素的 1980 年截面

1980 年服务要素截面分析，国家分组按 1980 年国家经济水平（人均国民收入）分组，分析变量为 8 个。其中，6 个指标与国家经济水平正相关，1 个指标负相关，1 个指标相关不显著（表 1-83）；6 个指标的截面特征与时序特征完全一致，2 个指标的截面特征与时序特征不完全一致，没有截面特征与时序特征相互矛盾的指标（表 1-84）。

表 1-83　1980 年截面服务要素定量指标与国家经济水平的特征关系的分类

方面	正相关变量/个	负相关变量/个	相关性不显著变量/个	其他变量/个	合计/个
人力资源	2	0	0	0	2
服务设施	1	0	0	0	1
服务创新	0	0	1	0	1
服务环境	3	1	0	0	4
合计	6	1	1	0	8

表 1-84　1980 年服务要素定量指标的截面特征与时序特征的关系

方面	完全一致/个	不完全一致/个	相互矛盾/个	合计/个
人力资源	2	0	0	2
服务设施	0	1	0	1
服务创新	0	1	0	1
服务环境	4	0	0	4
合计	6	2	0	8

20 世纪以来，服务要素定量指标的变化是巨大的，而且变化是复杂的和有逻辑的。在 27 个服务要素指标中，大约 72% 的指标的变化是相对连续的和可以预期的，大约 19% 的指标难以预测，大约 9% 的指标的统计数据不全（表 1-85）。

表 1-85 服务要素定量指标与国家经济水平的关系分类

项目	2013 年	2000 年	1980 年	合计	比例/(%)
正相关的变量/个	14	15	6	35	66.0
负相关的变量/个	1	1	1	3	5.7
没有显著关系的变量/个	7	2	1	10	18.9
其他变量/个	5	0	0	5	9.4
合计/个	27	18	8	53	100.0

服务要素的定性指标 1980 年的截面特点,可以参考本章第二节时序分析的服务经济时代的服务制度(表 1-51)和服务观念(表 1-52)。

第四节 服务业现代化的过程分析

世界服务业现代化的过程分析,时间跨度约为 400 年(1700～2100 年),分析内容可以根据需要有所选择(图 1-5)。由于篇幅有限,我们简要讨论世界服务业现代化的历史进程(1700～2013 年)、客观现实(2013 年)和未来前景(2015～2100 年)。

根据系统论的观点,整体不等于局部之和。前面关于服务业现代化的时序分析和截面分析,揭示了世界服务业三个方面的事实。但是,它们尚不能构成服务业现代化的完整概念。全面和系统地认识服务业现代化,不仅要有三个方面的现代化研究,还要有服务业现代化的整体研究,包括世界整体的服务业现代化、国家和地区的服务业现代化研究(图 1-90)等。

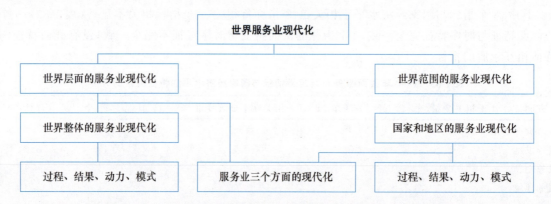

图 1-90 世界服务业现代化的过程分析

注:服务业三个方面指服务生产(服务规模、服务效率、服务质量)、服务经济(产业结构、就业结构、服务贸易)和服务要素(人力资源、服务设施、服务创新、服务环境、服务制度、服务观念),包括十二个小方面。世界、国家和地区的服务业现代化,都涉及服务业三大方面的现代化。关于世界服务业三大方面的现代化,前面两节已有专门分析(时序分析和截面分析)。

一、世界服务业现代化的历史进程

世界服务业现代化的历史进程,指从它的起步到目前的历史过程。世界服务业现代化的进程研究,时间跨度约为 300 年;分析内容包括世界整体的服务业现代化、世界服务业三大方面的现代化、世界范围的国家和地区服务业现代化等。关于世界服务业三大方面现代化,前面已有专门分析。关于国家和地区服务业现代化,需要专题研究。这里重点讨论世界整体的服务业现代化。

世界整体的服务业现代化是一个多维度的历史过程,需要从多个角度进行分析,分析内容可以根据需要进行选择。下面简要讨论它的阶段、内容、特点、结果、动力和模式。

关于1980～2013年世界服务业现代化的进程评价,参见本《报告》第四章。

1. 世界服务业现代化的主要阶段

世界服务业现代化的阶段划分,应该与世界和经济现代化的阶段划分相协调,因为服务业现代化是世界和经济现代化的组成部分。当然,它们并非完全同步,而且存在国家差异。

首先,关于世界现代化的阶段划分没有统一认识(图1-91,专栏1-3)。一般而言,阶段划分可以依据它的前沿轨迹和特征进行。事实上,人类文明的历史阶段和社会阶段的划分,都是依据人类文明进程的前沿轨迹和特征进行的。当然研究角度不同,认识会有所差别。

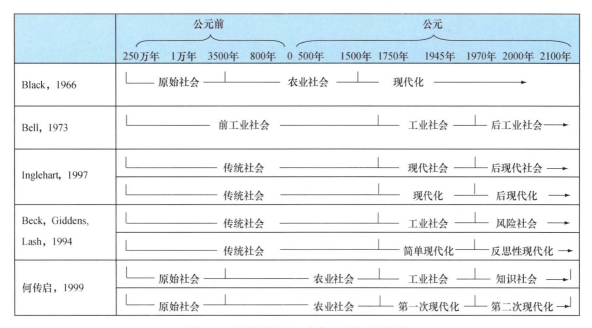

图1-91 世界现代化和人类文明的主要阶段

专栏1-3 世界现代化的起点和阶段

关于世界现代化的起点大致有三种主要观点。① 16～17世纪的科学革命是世界现代化的起点;② 17～18世纪的启蒙运动是世界现代化的起点;③ 18世纪的英国工业革命和法国大革命是世界现代化的起点。其中,第三种观点得到较多支持。《中国现代化报告》认为,18世纪的工业革命可以作为世界现代化的起点。

关于世界现代化的阶段划分大致有七种观点。根据现代化进程的前沿特征和水平划分,在18～21世纪期间,现代化进程可以分为第一次现代化和第二次现代化两大阶段,两个阶段的分界点大约是1970年前后(知识和信息革命);每个大阶段又分为起步、发展、成熟和过渡四个小阶段。

表 1-86 世界现代化进程的阶段划分

阶段划分	内容	备注
三次浪潮	第一次浪潮(1780~1860年)、第二次浪潮(19世纪下半叶至20世纪初)和第三次浪潮(20世纪下半叶)(罗荣渠,1993)	经典现代化的内部阶段
四个阶段	现代性的挑战、现代化领导集团的巩固、社会和经济转型、社会整合(Black,1966)	
五个阶段	经济成长的五个阶段:传统社会、为起飞创造前提条件阶段、起飞阶段、向成熟推进阶段和大众消费阶段(Rostow,1960);后来增加了第六个阶段:生活质量阶段	
四个时期	准备时期、转变时期、高级现代化时期和国际一体化时期(Black,1976)	
两大阶段	经典现代化和后现代化(现代社会和后现代社会)(Crook, Pakulski, Waters, 1992; Inglehart, 1997) 简单现代化和反思性现代化(工业社会和风险社会)(Beck, 1986; Beck, Giddens, Lash, 1994) 第一次现代化和第二次现代化(工业社会和知识社会)(何传启,1998a, b, 1999, 2003, 2013)	两次现代化

第二次现代化理论认为,在18~21世纪期间,根据它的前沿内涵和特征,世界现代化过程可以分为两大阶段和六次浪潮(表1-87);其中,第五次和第六次浪潮是一种预测。

表 1-87 世界现代化的两大阶段和六次浪潮

浪潮	大致时间	六次浪潮的内容	两大阶段
第一次	1763~1870	第一次工业革命、机械化、城市化、社会分化流动	第一次现代化
第二次	1870~1945	第二次工业革命、电气化、电器化、普及义务教育	工业化、城市化、民主化
第三次	1946~1970	第三次产业革命、自动化、福利化、普及中等教育	理性化、福利化、流动化
第四次	1970~2020	知识和信息革命、信息化、网络化、普及高等教育	第二次现代化
第五次	2020~2050	新生物学革命、生物经济、仿生化、生物经济社会	知识化、信息化、生态化
第六次	2050~2100	新物理学革命、文化经济、体验化、文化经济社会	全球化、个性化、多元化

注:依据现代化前沿轨迹的内涵和特征进行划分。第五和第六次浪潮是一种预测。不同国家的现代化进程是不同步的,不同国家的现代化阶段划分可以有所差别。对于先行国家,六次浪潮是先后发生的。对于后发国家,可以两次或多次浪潮的内容同时发生,可以把几次浪潮的内容压缩在同一个时期进行。

其次,世界经济现代化的主要阶段。《中国现代化报告2005》提出经济现代化的两大阶段和六次浪潮(表1-88)。虽然服务业现代化与经济现代化并非完全同步,而且存在国家差异,但是,经济现代化的两大阶段和六次浪潮,可以为服务业现代化研究提供一个分析框架。

表 1-88 世界经济现代化的两大阶段和六次浪潮

浪潮	大致时间	核心内容	主要特点	两大阶段
第一次	1763~1870	第一次产业革命	机械化、蒸汽机、殖民效应	第一次经济现代化
第二次	1870~1945	第二次产业革命	电气化、内燃机、贸易效应	(工业化、非服务业化)
第三次	1946~1970	第三次产业革命	自动化、计算机、冷战效应	(全国性市场)
第四次	1970~2020	第四次产业革命	信息化、绿色化、知识效应	第二次经济现代化
第五次	2020~2050	新生物学革命	生命工程、生物经济、新生效应	(知识化、非工业化)
第六次	2050~2100	新物理学革命	超级运输、体验经济、新物效应	(市场全球化)

注:第二次浪潮的时间包括1914~1945年期间的经济危机和调整,知识效应包括高技术革命等。

其三,世界服务业现代化的主要阶段。参照经济现代化的阶段划分,在 18~21 世纪期间,世界服务业现代化的前沿过程大致包括两大阶段和七个小阶段,它们有不同特点(表 1-89)。

表 1-89　世界服务业现代化的两大阶段和七个小阶段

序号	时期	服务业增加值比例	两大阶段
1	起步期	20%~30%,<30%	第一次服务业现代化
2	发展期	30%~40%,<40%	服务业的市场化、机械化、电气化、自动化、专业化、标准化、规模化、现代科技、现代教育、现代医疗、现代交通,现代服务业比例上升,传统服务业比例下降等
3	成熟期	40%~50%,<50%	
4	过渡期	50%~60%,<60%	
5	起步期	60%~70%,<70%	第二次服务业现代化
6	发展期	70%~80%,<80%	服务业的知识化、信息化、网络化、智能化、绿色化、个性化、多样化、国际化,知识型服务业比例上升,劳务型服务业比例下降等
7	过渡期	80%	

注:七个时期的划分和内容是相对的,有些内容在几次时期中都出现,但重点可能有所不同。

2. 世界服务业现代化的主要特点

关于世界服务业现代化的特点,可以和需要从不同角度进行分析。

首先,服务业现代化是相对可以预期的。在一般情况下,20 世纪世界服务业变化是相对连续的和有规律可循的;在具有统计数据的服务业指标中,大约 74% 的服务业指标与国家经济水平显著相关(表 1-90);同时有大量服务业指标的统计数据不全。例如,服务规模的扩大,服务效率的上升,服务业增加值比例和服务业劳动力比例上升等。

表 1-90　20 世纪服务业指标与国家经济水平的相关性

项目	2013 年	2000 年	1980 年	1900 年	合计	比例/(%)
正相关变量/个	36	25	10	4	75	65
负相关变量/个	7	2	1	0	10	9
没有显著关系变量/个	15	8	8	0	31	26
合计/个	58	35	19	4	116	100

其次,服务业现代化是一个长期的过程。在过去的 300 年里,服务业现代化包括从传统服务业向现代服务业、从现代服务业向知识型服务业的转变;其中,第二个转变尚没有完成。

其三,服务业现代化是一个复杂的过程。服务业包括 15 个部门,分为知识型服务业和劳务型服务业。不同服务部门,现代化有很大差别,需要专题研究。服务业现代化不仅包括服务效率的提高,也包括服务结构、服务制度和服务观念的变化。其中,服务内容、服务技术、服务模式、服务制度和服务观念的转变和更替,是服务业现代化的关键。

其四,服务业现代化是一个不平衡的过程。在过去 300 年里,服务业现代化是不同步的,表现为服务业效率增长的不同步、服务结构变化的不同步、服务制度和观念变化的不同步和服务形态转变的不同步等;服务业现代化成就的空间分布不均衡。

其五,服务业现代化是一个动态的过程。服务业现代化不仅内涵是变化的,而且不同国家的表现也是变化的。世界服务业中心是可变的,世界服务业前沿是变化的,国际服务业差距是变化的,国家服务业地位是可变的。

其六,服务业现代化是一个可逆的过程,可以出现停滞、中断或倒退现象等。整个世界的服务业现代化进程是连续的和不可逆的,但是,某个国家和地区的服务业现代化进程就有多种表现形式,它可以是连续的,也可以是不连续的;可以出现停滞或中断,也可以出现暂时的倒退,甚至长期的倒退。

其七,服务业现代化是一个全球的过程。在过去300年里,所有发达国家都是参与国际竞争的国家;服务业现代化波及全球的绝大多数国家和地区。在未来100年里,发达国家将全面参与服务业国际化,其他国家或者参与服务业国际化,或者受到国际化的影响。

其八,服务业现代化是一个进步的过程。过去300年的服务业现代化过程,是服务业劳动生产率提高的过程。在未来100年里,没有理由怀疑这种趋势会中断或逆转。

其九,服务业现代化是一个充满风险的过程。在服务业现代化过程中,随着产业转型和技术更替,老的技术和旧的产业将失去其原有的服务业价值和地位,有些行业和人群将受到损失。在另一个方面,科学和技术是一柄双刃剑,技术风险始终存在,而且有扩大的可能。服务业现代化过程要求风险控制和危机管理。

其十,政府在服务业现代化过程中有不可替代的作用,特别是公共型服务业的发展。服务创新是服务业现代化向高端发展的源动力。

3. 世界服务业现代化的主要结果

世界服务业现代化的结果,包括一般结果和分段结果,需要截面比较(图1-91,专栏1-3)。

(1) 世界服务业现代化的一般结果

世界服务业现代化的一般结果包括服务生产、服务经济、服务要素和国际服务业体系的变化,包括世界服务业前沿、国际服务业体系结构和国家服务业状态的变化等。世界服务业前沿的特征可以简称为服务业现代性,服务业的多样性和副作用也是世界服务业现代化的重要结果。

(2) 世界服务业现代化的分段结果

首先,1760～1970年世界服务业现代化的主要结果。如果把世界服务业1760年和1970年截面进行比较,可以发现它们的差别,显示了世界服务业现代化210年的主要结果(表1-91)。结果包括:服务业的专业化、标准化、规模化、机械化、电气化和自动化,服务业劳动生产率提高,服务业增加值比例超过50%,劳务型服务业比例超过知识型服务业比例等。

表1-91 1760～1970年世界整体服务业现代化的结果分析(举例说明)

1760年截面	1970年截面	1760～1970年服务业现代化的结果
世界服务业是传统服务业,服务业效率国际差距比较小等	世界服务业增加值比例超过50%,现代服务业比例超过传统服务业,劳务型服务业比例超过知识型服务业;服务效率的国际差距很大;不同服务部门有很大差别	服务业比例上升,现代服务业占主导地位;服务业生产率提高,服务业效率国际差距扩大等。现代服务业的主要特征包括机械化、电气化、自动化、标准化和专业化等

其次,1970～2013年服务业现代化的主要结果。如果把世界服务业1970年和2013年截面进行比较,可以发现它们的主要差别,这个差别显示了世界服务业现代化43年来的主要结果(表1-92)。主要结果包括:服务业的知识化、信息化、绿色化、智能化和国际化,服务业劳动生产率提高,服务业增加值比例超过70%,知识型服务业比例超过劳务型服务业比例等。

表1-92 1970～2013年世界整体服务业现代化的结果分析（举例说明）

1970年截面	2013年截面	1970～2013年服务业现代化的结果
世界服务业增加值比例超过50%，现代服务业比例超过传统服务业，劳务型服务业比例超过知识型服务业；服务效率的国际差距很大；不同服务部门有很大差别	世界服务业增加值比例超过70%、服务业劳动力比例超过50%；部分发达国家知识型服务业比例超过劳务型服务业；服务业效率国际差距非常大；不同服务部门有很大差别，但都受到知识化、信息化和绿色化的影响	服务业比例继续上升，部分国家劳务型服务业比例下降，知识型服务业比例上升，部分国家知识型服务业比例超过劳务型服务业；服务业生产率提高，服务业效率国际差距扩大等。知识型服务业的主要特征包括知识化、信息化、智能化、绿色化和国际化等

其三，2015～2100年世界服务业现代化的主要结果。需要等到2100年才能进行研究。

(3) 世界服务业现代化的国际体系变化

首先，世界服务业现代化的国际体系的水平结构（图1-92）。在1980～2013年期间，服务业发达国家的比例为15%～21%，服务业发展中国家的比例为79%～85%。

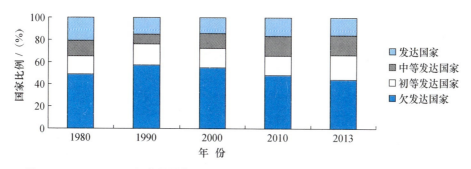

图1-92 1980～2013年世界服务业现代化的国际体系的结构（根据现代化指数分组）

其次，世界服务业现代化的国际体系的地理结构。在1980～2013年期间，服务业现代化水平从高到低的排序大致是：欧洲、美洲、亚洲和非洲；大洋洲国家较少。

其三，世界服务业现代化的国际体系的水平变化。在1980～2013年期间，进入第二次服务业现代化的国家数量增加，处于传统服务业的国家数量减少（图1-93）。

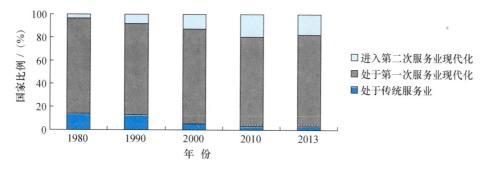

图1-93 1980～2013年世界服务业现代化的国际体系的结构（根据现代化指数分组）

(4) 世界服务业现代化的国家地位变化

马尔科夫链分析表明：在1980～2013年期间，服务业发达国家降级为服务业发展中国家的概率为0～16%，服务业发展中国家升级为服务业发达国家的概率为2%～4%；服务业中等发达国家和初等发达国家的转移概率比较大，服务业欠发达国家升级的概率为18%～24%。

4. 世界服务业现代化的主要动力

世界服务业现代化的动力分析，需要专题进行。一般而言，服务创新是服务业现代化的根本源泉,创新扩散(学习)、市场竞争、国际竞争和投资都对世界服务业现代化有重大影响。

5. 世界服务业现代化的路径和模式

世界服务业现代化的模式和路径需要专题研究。一般而言,在1760～1970年期间,世界服务业现代化的基本路径是第一次服务业现代化路径。在1970～2100年期间,世界服务业现代化的基本路径是多样的,包括发达国家的第二次服务业现代化路径、发展中国家的第一次服务业现代化、第二次服务业现代化和综合服务业现代化路径等。

二、世界服务业现代化的客观现实

关于世界服务业现代化的客观现实,不可能有标准答案。在本《报告》中,世界服务业现代化的现实分析以2013年截面为分析对象,分析内容包括世界服务业现代化的整体水平、世界服务业三大方面的水平、国家和地区水平(图1-90)。关于2013年截面世界服务业三大方面的水平,请参考本章第三节的分析。这里讨论世界服务业现代化的整体水平和国家水平。

关于1980～2013年世界服务业现代化的评价结果,请参考本《报告》第四章。

1. 世界服务业现代化的整体水平

世界服务业现代化的整体水平是以"世界为核算单位"的服务业现代化水平。世界服务业现代化的整体水平分析,其内容包括阶段、水平和结构等,分析指标包括世界的平均水平、前沿水平和末尾水平等;世界前沿水平可以用高收入国家平均值代表,世界末尾水平可以用低收入国家平均值代表。

(1) 2013年世界服务业现代化的整体阶段

世界服务业现代化的整体进程包括两次现代化和七个阶段(表1-87)。2013年世界服务业现代化的前沿已经进入第二次服务业现代化,处于第二次服务业现代化的发展期。世界整体的服务业现代化大约处于第一次服务业现代化的成熟期,世界现代化的末尾处于第一次服务业现代化的起步期;世界服务业现代化处于两次服务业现代化并存的阶段(表1-93)。

表1-93 2013年世界整体的服务业现代化的阶段分析

世界平均、世界前沿和世界末尾		阶段	备注
世界平均	(世界平均)	第一次服务业现代化的成熟期	
世界前沿	(高收入国家平均)	第二次服务业现代化的发展期	两次服务业现代化并存
世界末尾	(低收入国家平均)	第一次服务业现代化的发展期	

注:服务业现代化的阶段判断方法,沿用国家现代化的阶段判断方法,详见技术注释。

(2) 2013年世界服务业现代化的整体水平和速度

世界服务业现代化的整体水平和速度可以采用服务业现代化指数(表1-94)。世界服务业整体水平约为世界服务业先进水平的1/2。

表1-94 2000～2013年世界服务业现代化的整体水平和速度分析

指标	2000～2013年		2000年				2013年			
	变化	年增长率/(%)	平均	前沿	末尾	差距	平均	前沿	末尾	差距
服务业现代化指数	17	3.43	31	66	8	58	48	100	14	86

注:服务业现代化指数,以2013年高收入国家平均值为标准值(100)计算。前沿用高收入国家平均值代表。末尾用低收入国家平均值代表。平均为世界平均值。差距=前沿－末尾。变化=2013年的世界平均值－2000年的世界平均值。年增长率为2000～2013年期间的年均增长率。

2013年世界平均水平大约为:服务业现代化指数约为48,比2000年提高约17。在2000～2013

年期间,服务业现代化指数年增长率约为 3.43%。

(3) 2013 年世界服务业现代化的宏观结构

首先,2013 年世界服务业现代化的地理结构。欧洲水平是高的;其次是美洲和亚洲;非洲水平仍然是比较低的;大洋洲只有 3 个国家参与评价。

23 个国家进入第二次服务业现代化,102 个国家处于第一次服务业现代化,4 个国家属于传统服务业;21 个国家是服务业发达国家,23 个国家是服务业中等发达国家,29 个国家是服务业初等发达国家,58 个国家是服务业欠发达国家(表 1-95)。

其次,2013 年世界服务业现代化的国际结构(国际体系)。在 131 个参加评价国家中,18% 的国家进入第二次服务业现代化,79% 的国家处于第一次服务业现代化,3% 的国家处于传统服务业;服务业发达国家、中等发达国家、初等发达国家和欠发达国家的比例分别约为 16%、18%、22% 和 44%(表 1-95)。2013 年的国际体系与 2000 年的相比,进入第二次服务业现代化的国家的数量和比例有所增加,欠发达国家数量和比例下降。

表 1-95 2000~2013 年世界服务业现代化的国际体系

服务业现代化的阶段和水平		2013 年		2000 年		备注
		国家个数	国家比例/(%)	国家个数	国家比例/(%)	
阶段	第二次服务业现代化	23	17.8	17	13.0	—
	第一次服务业现代化	102	79.1	107	81.7	—
	传统服务业	4	3.1	7	5.3	—
	合计	129	100	131	100	—
水平	发达国家	21	16.0	19	14.5	服务业发达国家
	中等发达国家	23	17.6	17	13.0	
	初等发达国家	29	22.1	23	17.6	服务业发展中国家
	欠发达国家	58	44.3	72	55.0	
	合计	131	100	131	100	—

根据服务业现代化指数的国家分组,2013 年的服务业发达国家包括比利时、瑞士、芬兰、荷兰、美国、法国、丹麦、瑞典、以色列、新加坡等。一般而言,根据服务业现代化指数的国家分组,服务业发达国家是服务业现代化国家,服务业中等发达国家、初等发达国家和欠发达国家是非服务业现代化国家,也是服务业发展中国家。

如果某个国家要成为服务业现代化国家,或者要保持服务业现代化国家的国际地位,那么,它的服务业现代化指数的世界排名需要进入并保持在世界前 20 名内;要成为服务业中等发达国家,它的服务业现代化指数的世界排名要进入并保持在世界前 50 名内。如果考虑到服务业中等发达国家的地位变迁概率比较大,某个国家要保持中等发达国家的国际地位,那么,它的服务业现代化指数的世界排名需要进入世界前 40 名,否则降级可能性比较大。

2. 世界服务业现代化的国家水平

世界服务业现代化的国家水平是以"国家为核算单位"的服务业现代化水平。世界范围的国家服务业现代化水平分析的对象包括国家服务业现代化的阶段、水平和三大方面水平等。关于国家服务业三大方面的水平,请参考本章第三节的 2013 年截面分析。

(1) 2013 年世界范围的国家服务业现代化的阶段

首先,在国家层面,2013 年国家服务业现代化的阶段具有差异性。有些国家已经进入第二次服务业现代化,有些国家处于第一次服务业现代化,有些国家处于传统服务业。

其次,在国际体系层面,2013年国家现代化的阶段具有多样性。美国等23个国家进入第二次服务业现代化,中国等102个国家处于第一次服务业现代化,中非共和国等4个国家处于传统服务业阶段。

(2) 2013年世界范围的国家服务业现代化的水平和速度

首先,在国家层面,2013年国家服务业现代化的水平具有差异性,不同国家水平不同。在国际体系层面,2013年国家服务业现代化的水平具有多样性。根据国家的服务业现代化指数分组,美国等21个国家是服务业发达国家,日本等23个国家是服务业中等发达国家,中国等29个国家是服务业初等发达国家,印度等58个国家是服务业欠发达国家。服务业中等发达、初等发达和欠发达国家都属于服务业发展中国家。

其次,2000~2013年国家服务业现代化的速度。不同时期和不同国家服务业现代化的速度有很大差别,在2000~2013年期间有些国家服务业现代化指数的年均增长率为3.43(表1-96)。

表1-96 2000~2013年世界和15个国家服务业现代化的速度

国家	服务业现代化指数			国家	服务业现代化指数		
	2000年	2013年	年均增长率/(%)		2000年	2013年	年均增长率/(%)
美国	86	110	1.91	俄罗斯	28	51	4.82
日本	74	91	1.55	墨西哥	35	42	1.58
德国	69	105	3.36	巴西	31	44	2.65
英国	71	105	3.06	中国	17	35	5.91
法国	68	108	3.65	印度尼西亚	16	21	2.14
澳大利亚	67	105	3.50	印度	17	23	2.19
意大利	52	78	3.17	尼日利亚	11	26	6.89
加拿大	62	101	3.84				
高收入国家	66	100	3.23	低收入国家	8	14	3.99
中等收入国家	16	31	5.20	世界	31	47.7	3.43

其三,2013年国家服务业现代化的国际差距比较大。从服务业现代化指数来看,2013年,在131个样本国家中,服务业现代化指数最大值为115,最小值为3,平均值为48,国家间绝对差距超过100,相对差距超过30倍。

其四,世界范围的国家服务业现代化的国际追赶。在1980~2013年期间,服务业现代化指数的相对差距在缩小;52个国家的服务业现代化水平分组发生了变化。地位上升的国家有24个:芬兰、新加坡、奥地利、中国等;地位下降的国家有6个:蒙古、叙利亚等。

其五,世界范围的国家服务业现代化的国际地位变化。在1980~2013年期间,服务业发达国家降级为发展中国家的概率约为10%(0~16%),发展中国家升级为发达国家的概率约为3%(2%~4%);其中,中等发达国家升级为发达国家的概率为12%~23%,初等发达国家升级为中等发达国家的概率为27%~43%;欠发达国家升级为初等发达国家的概率为18%~24%,升级为中等发达国家的概率约为2%。

三、世界服务业现代化的前景分析

关于世界服务业现代化的前景分析,带有科学猜想的性质。在本《报告》中,世界服务业现代化的前景分析,时间跨度为2013~2100年(约87年),分析对象包括世界服务业现代化的整体前景、世界服务业三大方面的前景和国家前景等,分析方法包括路径分析、情景分析和外推分析等。这种前景分析,只是讨论一种可能性,而不是精确预见,有一定参考意义。

1. 世界服务业现代化的整体前景

世界服务业现代化的整体前景分析需要专题研究。这里主要讨论三个问题：21世纪世界服务业现代化的路径、水平和宏观结构。显然这种讨论是非常初步的。

(1) 21世纪世界服务业现代化的路径分析

21世纪世界现代化路径将是混合路径，或者说是几种路径的集合。主要路径包括：发达国家的第二次现代化路径、发展中国家的第一次现代化路径、第二次现代化路径和综合现代化路径等。在第二章我们还将专门讨论现代化路径。

21世纪世界服务业现代化的路径将是世界现代化路径在服务业领域的体现，将是几种路径的集合。主要路径包括：服务业发达国家的第二次服务业现代化路径、服务业发展中国家的第一次服务业现代化路径、第二次服务业现代化路径和综合服务业现代化路径等。

(2) 21世纪世界服务业现代化的整体水平

如果21世纪全球科技突破的频率、创新扩散的速率、世界文化和国际竞争的合理程度不低于20世纪后50年，如果21世纪不发生改变人类命运的重大危机（如核危机、能源和宇宙危机等），那么，可以根据20世纪后期世界服务业现代化水平和速度，外推21世纪世界服务业现代化水平。当然，21世纪有很多不确定因素，外推分析只能提供一种可能性。

首先，世界服务业现代化的先进水平的情景分析（表1-97）。一般而言，世界服务业现代化的先进水平可以用服务业发达国家（高收入国家）平均值代表。大体而言，2050年服务业现代化指数的世界先进水平会比2013年提高2倍，2100年会比2050年提高约4倍。

表1-97 21世纪世界服务业现代化的先进水平的情景分析

年均增长率/(%)	2020	2030	2040	2050	2060	2070	2080	2090	2100
3.23	125	172	236	324	446	612	841	1156	1589

注：服务业现代化指数的年均增长率为2000~2013年高收入国家年均增长率。

其次，世界服务业现代化的平均水平的情景分析（表1-98）。一般而言，世界服务业现代化的平均水平可以用世界平均值代表。大体而言，2050年服务业现代化指数的世界平均值将达到166，世界服务业现代化的平均水平大致比世界先进水平落后约20年。

表1-98 21世纪世界服务业现代化的平均水平的情景分析表

年均增长率/(%)	2020	2030	2040	2050	2060	2070	2080	2090	2100
3.43	60	85	119	166	233	326	457	640	897

注：服务业现代化指数的年均增长率为2000~2013年世界年均增长率。

(3) 21世纪世界服务业现代化的宏观结构

首先，世界服务业现代化的地理结构。世界服务业现代化的地理结构的突出特征包括进程不平衡和分布不均衡。世界服务业现代化从欧洲起步，然后扩散到美洲和亚洲，最后波及非洲。2013年，欧洲服务业现代化水平相对较高，美洲和亚洲水平次之，非洲现代化相对较低。

根据过去30年经验，服务业发达国家和欠发达国家的国际地位相对稳定，地位转变的概率一般低于20%。如果这种情况继续，那么，21世纪世界服务业现代化的地理结构很难发生根本性的改变。在21世纪，欧洲、美洲和亚洲的服务业现代化水平，预计仍然会高于非洲。

其次，世界服务业现代化的国际体系。在过去30年，世界服务业现代化的国际体系的水平结构相对稳定。但国家水平的国际地位会发生改变。131个国家大致维持下列比例关系：

服务业发达国家：中等发达国家：初等发达国家：欠发达国家 ≈ 16：18：22：44。如果没有发生重大改变和重大危机，21世纪国际体系将大致维持这种比例结构。

21世纪进入第二次服务业现代化的国家会增加，处于第一次服务业现代化的国家会减少，处于传统服务业社会的国家将趋向于零。国际体系中，处于第二次服务业现代化阶段的国家和比例会提高，处于第一次服务业现代化阶段的国家和比例会下降。

2. 世界服务业三大方面现代化的前景分析

世界服务业三大方面现代化的前景分析需要专题研究。这里采用举例分析。

(1) 世界服务生产现代化的前景分析

世界服务生产现代化的前景分析，选择4个指标，分析世界前沿和世界平均水平。其中，关于服务业增加值比例、服务业劳动力比例、服务业劳动生产率和人均服务业增加值的数据，分别反映服务业发达国家和世界的平均值，不代表世界前沿或世界平均水平。

首先，服务生产的世界前沿水平（用高收入国家平均值代表）。服务业增加值比例、服务业劳动力比例、服务业劳动生产率和人均服务业增加值都有不同程度的提高，但服务业增加值比例和服务业劳动力比例有极限值（表1-99）。

表1-99 服务生产指标的世界前沿水平的情景分析

项目	增长率/(%)		2020	2030	2040	2050
参考1980～2013年增长率估算	实际值	预测值				
服务业增加值比例	0.73	0.73	78	84	—	—
服务业劳动力比例	0.59	0.59	74	78	83	—
服务业劳动生产率	3.62	3.62	99 321	141 735	202 262	288 636
人均服务业增加值	4.60	4.60	34 077	53 430	83 772	131 346
参考1990～2013年增长率估算	实际值	预测值				
服务业增加值比例	0.63	0.63	77	82	—	—
服务业劳动力比例	0.70	0.70	74	79	85	—
服务业劳动生产率	2.62	2.62	92 803	120 194	155 669	201 614
人均服务业增加值	2.73	2.73	30 035	39 319	51 472	67 382

其次，服务生产的世界平均水平。世界平均水平与世界先进水平相比，服务业劳动力比例和人均服务业增加值水平落后多于50年，服务业劳动生产率水平大约落后30年（表1-99，表1-100，表1-23，表1-33）。

表1-100 服务生产指标的世界平均水平的情景分析

项目	增长率/(%)		2020	2030	2040	2050
参考1980～2013年增长率估算	实际值	预测值				
服务业增加值比例	1.41	1.41	78	89	—	—
服务业劳动力比例	0.28	0.28	52	53	55	56
服务业劳动生产率	3.28	3.28	36 629	50 581	69 847	96 452
人均服务业增加值	5.21	5.21	9281	15 422	25 628	42 588
参考1990～2013年增长率估算	实际值	预测值				
服务业增加值比例	0.64	0.64	74	79	84	—
服务业劳动力比例	0.46	0.46	53	55	58	60
服务业劳动生产率	3.64	3.64	37 532	53 663	76 727	109 704
人均服务业增加值	3.94	3.94	6844	7360	7915	8513

(2) 世界服务经济现代化的前景分析

世界服务经济现代化的前景分析,选择3个指标,分析世界前沿和世界平均水平。

首先,服务经济的世界前沿水平(用高收入国家平均值代表)。知识型服务业和智力型服务业增加值比重和人均服务贸易不断上升(表1-101)。

表1-101 服务经济指标的世界前沿水平的情景分析

项目	增长率/(%)		2020	2030	2040	2050
参考1980~2013年增长率估算	实际值	预测值				
知识型服务业增加值比重*	0.53	0.53	65	68	72	76
智力型服务业增加值比重*	0.59	0.59	50	53	57	60
人均服务贸易	6.93	6.93	8540	16 691	32 619	63 748
参考1990~2013年增长率估算	实际值	预测值				
知识型服务业增加值比重*	0.82	0.82	67	72	78	85
智力型服务业增加值比重*	0.93	0.93	52	57	63	69
人均服务贸易	6.58	6.58	8347	15 786	29 856	56 466

注:*世界前沿水平用美国指标来代表,增长率为1990~2010年和2000~2010年的年均增长率。

其次,服务经济的世界平均水平。世界平均水平与世界先进水平相比,知识型服务业和智力型服务业增加值比重、人均服务贸易大约落后30年(表1-101,1-102)。

表1-102 服务经济指标的世界平均水平的情景分析

项目	增长率/(%)		2020	2030	2040	2050
参考1980~2013年增长率估算	实际值	预测值				
知识型服务业增加值比重*	—	—	—	—	—	—
智力型服务业增加值比重*	—	—	—	—	—	—
人均服务贸易	6.05	6.05	2012	3621	6515	11 723
参考1990~2013年增长率估算	实际值	预测值				
知识型服务业增加值比重*	1.29	0.60	53	56	59	63
智力型服务业增加值比重*	1.87	1.00	43	47	52	58
人均服务贸易	6.21	6.21	2034	3715	6786	12 396

注:*世界平均水平用捷克指标来代表,增长率为1990~2010年和2000~2010年的年均增长率。

(3) 世界服务要素现代化的前景分析

世界服务要素现代化的前景分析,包括定量指标和定性指标的分析。这里,简要讨论4个定量指标的世界前沿和世界平均水平。其中,关于人均GDP、人均能源消费、城镇人口比例、卫生设施普及率的数据,分别反映服务业发达国家和世界的平均值(或总数),不代表世界前沿或世界平均水平。

首先,服务要素定量指标的世界前沿水平(用高收入国家平均值代表)。人均GDP和人均能源消费不断上升,城市人口比例不断提高(表1-103)。

表 1-103　服务要素指标的世界前沿水平的情景分析

项目	增长率/(%)		2020	2030	2040	2050
参考 1980~2013 年增长率估算	实际值	预测值				
人均 GDP	1.72	1.72	34 659	41 104	48 747	57 811
人均能源消费	0.25	0.25	4755	4876	4999	5125
城镇人口比例	0.33	0.33	82	85	88	91
参考 1990~2013 年增长率估算	实际值	预测值				
人均 GDP	1.45	1.45	34 020	39 288	45 371	52 396
人均能源消费	0.05	0.05	4689	4713	4736	4760
城镇人口比例	0.32	0.32	82	85	88	91

其次,服务要素定量指标的世界平均水平。世界平均水平与世界先进水平相比,人均 GDP 和人均能源消费大约落后 100 年(图 1-85,图 1-87,表 1-103,表 1-104)。

表 1-104　服务要素指标的世界平均水平的情景分析

项目	增长率/(%)		2020	2030	2040	2050
参考 1980~2013 年增长率估算	实际值	预测值				
人均 GDP	1.34	1.34	8680	9916	11 328	12 941
人均能源消费	0.81	0.81	2008	2177	2360	2558
城镇人口比例	0.91	0.91	56	62	68	74
参考 1990~2013 年增长率估算	实际值	预测值				
人均 GDP	1.32	1.32	8668	9883	11 268	12 847
人均能源消费	0.57	0.57	1975	2091	2213	2342
城镇人口比例	0.92	0.92	57	62	68	74

3. 世界范围的国家服务业现代化的前景分析

世界范围的国家服务业现代化的前景分析,可以在国家层面和国际体系层面进行。它的分析对象包括国家服务业现代化的路径和水平等。

(1) 21 世纪世界范围的国家服务业现代化的路径分析

国家服务业现代化具有路径依赖性,路径选择受历史传统、起点水平和国际环境的影响。

一般而言,国家服务业现代化的路径选择与国家服务业现代化的阶段紧密相关。

已经完成第一次服务业现代化和已经进入第二次服务业现代化的国家,会选择第二次服务业现代化路径。

没有完成第一次服务业现代化的国家,可以有三种选择:追赶服务业现代化路径、综合服务业现代化路径和第二次服务业现代化路径。没有完成第一次服务业现代化的国家,一般不宜采用第二次服务业现代化路径。传统服务业的国家,一般会选择追赶服务业现代化路径。

(2) 21 世纪世界范围的国家服务业现代化的时间和水平分析

首先,21 世纪国家服务业现代化的时间进度。2013 年大约有 102 个国家处于第一次服务业现代化,有 23 个国家进入第二次服务业现代化。2050 年处于第一次服务业现代化的国家将为 40 个左右,进入第二次服务业现代化的国家将超过 90 个;2100 年处于第一次现代化的国家将为 10 个左右,进入第二次服务业现代化的国家将为 120 个左右。

其次,21 世纪国家服务业现代化的国际地位的变化。

在过去30年(1980～2013年)里,服务业发达国家降级为服务业发展中国家的概率约为10%,服务业发展中国家升级为服务业发达国家的概率约为3%。

如果参照历史经验,21世纪大约有3个服务业发展中国家有可能晋级服务业发达国家。当然,21世纪具有很大不确定性,依据历史预测未来是不可能准确的;借鉴历史经验分析未来,只是一种预测方法。

本 章 小 结

服务业现代化是一个系统过程。本章关于服务业现代化的时序分析、截面分析和过程分析,加深了对服务业现代化的历史进程和未来前景的认识,从中可以发现和归纳出服务业现代化的长期趋势和基本事实,它们是分析服务业现代化规律的历史基础。关于服务业现代化的前景分析,可以为制定服务业现代化政策提供国际背景。

1. 服务生产的事实和前景

首先,关于服务规模。18世纪以来,服务业劳动力的投入总量和服务业劳动力比例都在上升。目前,发达国家服务业劳动力比例在74%左右,世界平均约45%。19世纪以来,服务业增加值和服务业增加值比例都在上升。目前,发达国家的服务业增加值比例在74%左右,世界平均约70%。20世纪,服务业增加值比例、服务业劳动力比例、服务密度与服务业劳动生产率、人均GDP和城镇人口比例正相关;服务业增加值比例、服务业劳动力比例与专利拥有率正相关。

21世纪服务业增加值比例和服务业劳动力比例会继续上升。

其次,关于服务效率。18世纪以来服务业劳动生产率不断提高。2010年服务业劳动生产率的世界平均值为29 851美元、农业劳动生产率为4265美元、工业劳动生产率为20 717美元。20世纪以来劳务型服务业劳动生产率和知识型服务业劳动生产率都在不断提高。20世纪以来生产型服务业劳动生产率、消费型服务业劳动生产率、综合型服务业劳动生产率和公共型服务业劳动生产率都在不断提高。20世纪以来服务业劳动生产率的绝对差距不断扩大,目前已经超过10万美元。

21世纪服务业劳动生产率会继续提高,绝对差距会继续扩大。

其三,关于服务质量。18世纪以来,人均服务业增加值不断上升,人均享受的服务增加了。1970～2011年期间,OECD中15个典型国家的人均劳务型服务业增加值、人均知识型服务业增加值、人均生产型服务业增加值、人均消费型服务业增加值、人均综合型服务业增加值、人均公共型服务业增加值均表现为上升。2000年以来,人均知识型服务业增加值高于人均劳务型服务业增加值,但是也存在国别差异。20世纪以来人均服务业增加值绝对差距不断扩大,目前已经超过5万多美元。

21世纪人均服务业增加值会继续增长。

2. 服务经济的事实和前景

首先,关于产业结构。服务业的结构变化,共性和个性并存。18世纪以来世界经济基本遵循农业、工业、服务业这样一个主导产业的递进更替规律;但有些国家,服务业的发展先于工业的发展,如澳大利亚等。

在1970～2011年期间,OECD的15个样本国家,服务业聚类结构的变化,既有规律性,也有国别差异。

- **按照知识含量聚类:**
  - 劳务型服务业比重:下降,2011年为50%左右;
  - 知识型服务业比重:上升,2011年为50%左右;

- 智力服务服务业比重：上升，2011年为40%左右；
- 知识传播服务业比重：国别差异较大，在12%左右波动。
- **按照服务对象聚类：**
- 公共型服务业比重：国别差异较大，在25%左右波动；
- 非公共型服务业（生产型、消费型和综合型服务业）比重：国别差异大，在75%左右波动。

按照国际标准行业分类（4.0版）分析：1970~2011年期间，OECD中15个样本国家，服务业的部门结构变化，既有共性，也有多样性。

- **上升趋势的服务部门有5个：**
- 信息和通信服务业增加值比重：上升，2011年为7%左右；
- 专业、科学和技术服务业增加值比重：上升，2011年为8%左右；
- 人体健康和社会工作服务业增加值比重：上升，2011年为10%左右；
- 行政和辅助服务业增加值比重：上升，国别差异，2011年为5%左右；
- 艺术、娱乐和文娱服务业增加值比重：上升，国别差异，2011年为2%左右。
- **下降趋势的服务部门有3个：**
- 批发和零售业、汽车和摩托车的修理服务业增加值比重：下降，2011年为15%左右；
- 运输和储存服务业增加值比重：下降，2011年为8%左右；
- 公共管理与国防、强制性社会保障服务业增加值比重：下降，2011年为10%左右。
- **国别差异比较大的服务部门有6个。**

具有相同服务比重的经济体，可能由于经济发展阶段和国家产业发展政策的差异，在服务业内部结构方面呈现不同的行业分布状况。

其次，关于就业结构。就业结构和产业结构的演变，有些国家基本同步，有些国家不同步，国别差异很大。18世纪以来世界经济的就业结构的演变基本遵循农业、工业、服务业这样一个递进更替规律；但有些国家，服务业就业的发展先于工业就业的发展，如巴西等。

在1970~2011年期间，OECD中的15个样本国家，服务业聚类的就业结构变化，具有一定规律性和多样性。

- **按照知识含量聚类：**
- 劳务型服务业劳动力比重：下降，国别差异，2011年为50%左右；
- 知识型服务业劳动力比重：上升，国别差异，2011年为50%左右；
- 智力服务服务业比重：上升，2011年约35%；
- 知识传播服务业比重：国别差异较大，在10%左右波动。
- **按照服务对象聚类：**
- 公共型服务业劳动力比重：国别差异较大，在30%左右波动；
- 非公共型服务业劳动力（生产型、消费型和综合型服务业）比重：在70%左右波动。

服务业的部门就业结构变化。按照国际标准行业分类（4.0版）分析：1970~2011年期间，OECD中的15个样本国家，服务业的部门就业结构变化，既有共性，也有多样性。服务业的部门就业结构的变化趋势与产业结构变化趋势基本一致。

20世纪以来服务业女性就业人员占女性就业的百分比呈现上升趋势，而世界各国特别是发达国家服务业吸纳女性就业的比例占据绝对优势。

其三，关于贸易结构。服务业国际贸易的扩展，但国别差异较大。2005年以来国际服务业贸易发展很快,包括人均服务出口、人均服务进口、人均商业服务出口、人均商业服务进口、人均知识产权收入、人均知识产权支出等,都有大幅上升。2013年人均知识产权的净出口国家比较少,净进口国家有80多个。人均服务和人均商业服务的净出口国家与净进口国家在数量上相当。人均服务的净出口国家,不仅有发达国家,发展中国家也发挥了重要作用。

21世纪人均服务贸易会继续增长。

3. 服务要素的事实和前景

首先,关于人力资源。人力资源变化的主要特点是劳动力素质的普遍提高。20世纪以来中学入学率、大学入学率都在不断提高;接受过高等教育劳动力的比例在不断提高。21世纪劳动力素质会继续提高。

其次,关于服务设施。公共设施供给的不断提高:1990～2015年期间,世界各国卫生设施普及率、安全饮水普及率、电力普及率等都在不断提高,但存在国别差异。目前,世界平均卫生设施普及率为67.5%、安全饮水普及率为91.0%、电力普及率为84.6%。

商业服务设施的变化:1998～2014年期间,世界各国互联网宽带普及率、移动通信普及率、自动取款机方面的变化呈现上升趋势。目前,世界平均互联网宽带普及率为9.6%、移动通信普及率为96部/百人、自动取款机为34台/10万成年人。21世纪服务设施日趋完善,供给能力不断提高。

其三,关于服务创新。1996～2012年期间,世界100多个国家人均R&D支出均表现出上升趋势,2010年,世界平均人均R&D支出为200美元,芬兰为1802美元,美国为1325美元;世界80多个国家R&D经费比例呈现缓慢上升的趋势,目前,世界平均为2.1%,高收入国家为2.3%。

1965～2013年期间,世界40多个国家发明专利拥有率呈现上升趋势,但存在一定的国别差异。目前,高收入国家平均为6.3件/万居民,中等收入国家为1.5件/万居民,世界平均为2.3件/万居民。1996～2012年期间,德国、英国、法国、意大利四国开展科技开发企业比例大致呈现上升趋势。

其四,关于服务环境。20世纪以来世界人均能源消耗呈现上升趋势,目前少数发达国家已开始下降。20世纪以来人均居住和服务的二氧化碳排放量的变化先上升后下降。

其五,服务制度和观念。

服务制度。服务制度的演变可以大致分为三大阶段:农业经济、工业经济和知识经济时代的服务制度。本《报告》讨论了生产、流通、分配、消费、税收和环境制度等。

服务观念。服务观念的演变可以大致分为三大阶段:农业经济、工业经济和知识经济时代的服务观念。本《报告》讨论了生产、流通、分配、消费、税收和环境观念等。

4. 世界服务业现代化的历史进程

在18～21世纪期间,世界服务业现代化的前沿过程大致包括两大阶段和七个小阶段。

第一次服务业现代化主要特点包括服务业的市场化、机械化、电气化、自动化、专业化、标准化、规模化、现代科技、现代教育、现代医疗、现代交通,现代服务业比例上升,传统服务业比例下降等。

第二次服务业现代化主要特点包括服务业的知识化、信息化、网络化、智能化、绿色化、个性化、多样化、国际化,知识型服务业比例上升,劳务型服务业比例下降等。

世界服务业现代化的历史进程,分析的时间跨度为1700～2013年(约300年)。

在1980～2013年期间,完成第一次服务业现代化,并进入第二次服务业现代化的国家从4个上升到23个。

在1980～2013年期间,服务业发达国家的比例为15%～21%,服务业发展中国家的比例为79%～85%;服务业现代化水平从高到低的排序大致是:欧洲、美洲、亚洲和非洲。

5. 世界服务业现代化的客观现实

2013年,23个国家进入第二次服务业现代化,102个国家处于第一次服务业现代化,4个国家属于传统服务业国家。

在131个国家中,21个国家是服务业发达国家,23个国家是服务业中等发达国家,29个国家是服务业初等发达国家,58个国家是服务业欠发达国家。

6. 世界服务业现代化的前景分析

大体而言,2050年服务业现代化指数的世界先进水平会比2013年提高2倍左右。

2050年处于第一次服务业现代化的国家将为40个左右,进入第二次服务业现代化的国家将超过90个。2100年处于第一次服务业现代化的国家将为10个左右,进入第二次服务业现代化的国家将为120个左右。

如果参照历史经验,21世纪大约有3个服务业发展中国家有可能晋级服务业发达国家。

第二章 服务业现代化的案例和原理

服务业是一个古老产业,但关于服务业的认识,经历了很大的转变。在农业经济时代,服务业是依附性的,不被重视,甚至受到限制。在工业经济时代早期,英国"重商主义"和法国"重农学派"代表了两种对立的观点。20世纪30年代提出"三次产业"分类,确立了服务业的经济地位。20世纪70年代以来,服务业规模逐渐超过工业和农业,成为国民经济的主体部分,对服务业和服务经济的认识不断深化。尽管如此,目前关于服务经济的研究和认识,仍然是有限的,争议很多。相对于物质生产,服务生产有很大特殊性。本章我们讨论三个议题:服务业现代化的案例研究、产业变迁和基本原理。

第一节 服务业现代化的国家案例

服务业是国民经济的一个重要组成部分。不同国家的经济现代化和服务业现代化,既有共性也有差异,如起步时间、发展速度和发展水平有很大差异等。这里讨论两个国家案例。

一、美国的服务业现代化

在世界现代化进程中,英国是一个先发国家,美国是一个后发国家。大约在20世纪初,美国成功赶上并超过英国。目前,美国既是一个经济发达国家,也是一个服务业发达国家。美国服务业现代化是美国现代化的组成部分,美国现代化大致包括两大阶段(表2-1)。

1. 美国服务业现代化的起步

首先,美国现代化的起步和阶段。美国于1776年宣布独立,1789年建立联邦政府。如果从独立战争算起,美国历史可以大致分为独立战争时期、向西扩张时期、转型时期、世界大战时期、战后繁荣时期、变革时期和走向新世纪等七个阶段(USIA,1994)。

美国现代化进程大致可以分为经典现代化(第一次现代化)和新现代化(第二次现代化)两大阶段(表2-1)。其中,经典现代化以工业化为重要标志,美国工业化的起点大致为1790年;美国经典现代化的完成时间,大致是1960年前后。随后,美国进入新的发展阶段,罗斯托称之为"追求生活质量阶段",贝尔称之为"后工业社会阶段",殷格哈特称之为"后现代化阶段"(或后现代社会),何传启称之为"第二次现代化阶段"。

其次,美国服务业现代化的起点。关于美国服务业现代化的起点没有统一认识。美国现代报纸可以追溯到1690年,现代电信可以追溯到1844年;现代教育可以追溯到1636年,现代金融可以追溯到1782年,现代铁路1830年,发电照明1879年(表2-2)。美国服务业现代化的发端,可以追溯到18世纪后期,大致可以以1790年为起点。

表 2-1 美国的历史阶段和现代化阶段(时期和大致年代)

历史阶段	现代化阶段				
(1)	(2)	(3)	(4)	(5)	(6)
1. 殖民地时期 1607~1775	传统社会	前工业社会	传统社会	现代化酝酿时期 1750~1790	农业社会 1776~1790
2. 独立战争时期 1776~1814	准备阶段				第一次现代化(经典现代化) 起步期 1790~1870
3. 向西扩张时期 1815~1860	起飞阶段 1843~1860	工业社会	现代化现代社会	现代化转变时期 1790~1890	发展期 1870~1913
4. 转型时期 1861~1913	成熟阶段 1860~1900				
5. 世界大战期间 1914~1945	大众消费阶段 1901~1956			现代化成熟时期 1890~1960	成熟期 1914~1945
6. 战后繁荣时期 1945~1960					过渡期 1945~1970
7. 变革时期 1960~1980	追求生活质量阶段 1957~	后工业社会 1970~	后现代化后现代社会 1970~	新时期? 1960~	第二次现代化(新现代化) 起步期 1970~1992
8. 走向新世纪 1980~					发展期 1992~

注:美国独立战争时期指从第一次英美战争(1775~1783)到第二次英美战争结束(1812~1814)。
资料来源:中国现代化战略研究课题组等,2004。
注:阶段划分的资料来源:① USIA. 1994. An Outline of American History. Washingtong D C: GPO.② 罗斯托.[1960] 2001. 经济增长的阶段. 北京:中国社会科学出版社.③ 贝尔.[1973] 1997. 后工业社会的来临. 北京:新华出版社.④ Inglehart, R. 1997. Modernization and Postmodernization. Princeton, New Jersey: Princeton University Press.⑤ 张少华. 1996. 美国早期现代化的两条道路之争. 北京:北京大学出版社.⑥ 何传启. 1999. 第二次现代化. 北京:高等教育出版社.

表 2-2 美国服务业现代化的起步

方面	典型事件	发生时间、地点或人物
报纸和电信	第一份报纸——《国内外实事报道》	1690,波士顿
	第一条电报线——华盛顿至巴尔的摩	1844,莫尔斯
	第一家电信企业——电话电报公司(AT&T)	1877,纽约州
现代教育	第一所医学院——宾大医学院	1765,费城,约翰·摩根
	第一所大学——哈佛学院	1636,波士顿,J.哈佛
现代服务业	第一家保险公司——北美洲保险公司	1792
	第一条铁路——巴尔的摩至俄亥俄	1830,巴尔的摩—俄亥俄
	第一次发电照明——旧金山实验电厂	1879,旧金山
	第一个银行——北美银行	1782,费城,罗伯特·莫里斯

2. 美国服务业现代化的发展阶段

一般而言,服务业现代化的阶段划分应该与国家现代化进程的阶段划分相协调。

参照美国现代化的阶段划分,美国服务业现代化大致分为两个阶段:第一次服务业现代化和第二次服务业现代化(表 2-3)。

表 2-3　美国服务业现代化的发展阶段

阶段	大致时间	历史阶段	服务业现代化的主要内容和特点（举例）
第一次服务业现代化	1790~1814	独立战争	服务业的机械化、电气化、专业化、规模化等
	1815~1860	向西扩张	
	1861~1913	转型时期	
	1914~1945	世界大战	
	1945~1960	战后繁荣	
第二次服务业现代化	1960~1980	变革时期	服务业的信息化、网络化、国际化、智能化等
	1980~至今	走向新世纪	

注：本表内容只是一个提纲，不是全面阐述。

首先，第一次服务业现代化（1790~1960年）。在1790~1870年期间，服务业比例提高到58%；在1870~1960年期间，服务业增加值比例在58%左右波动；服务业劳动力比例从1820年的15%提高到1960年的57%，同时工业增加值比例和劳动力比例都在上升，但服务业比例高于工业（表2-4），具有服务业优先发展的特点。

表 2-4　1820~2010年美国经济的产业结构和就业结构　　　　　　　　　　　　　　　单位：%

产业结构	1839	1870	1900	1950	1960	1970	1980	1990	2000	2010
农业	43	21	17	7	4	3	3	2	2	1
工业	26	21	26	38	38	35	33	28	25	20
服务业	32	58	57	55	58	62	64	70	73	79
就业结构	1820	1870	1900	1950	1960	1970	1980	1990	2000	2010
农业	70	50	38	12	7	4	4	3	3	2
工业	15	24	30	35	36	34	31	26	23	17
服务业	15	26	32	54	57	62	66	71	75	81

数据来源：库兹涅茨，1999；麦迪森，2003；米切尔，2002；World Bank，2015.

在1869~1970年期间，美国服务业增加值比例增加不多；交通和运输服务比例下降，商业和金融服务比例波动，其他服务业比例上升（表2-5）。

表 2-5　1869~1970年美国经济中服务业的比例　　　　　　　　　　　　　　　　　单位：%

门类	1869	1879	1889	1904	1914	1930	1940	1950	1960	1970
交通通信	12	12	11	11	11	12	9	8	8	6
商业金融	27	29	29	31	29	30	24	26	26	31
其他服务	19	19	18	14	16	24	22	21	27	25
服务业	58	60	58	56	56	66	55	55	61	62

资料来源：米切尔，2002。

其次，第二次服务业现代化（1960~2100年）。1960年以来，服务业比例继续上升，但工业增加值比例和劳动力比例持续下降（表2-4）；劳务型服务业增加值比例和劳动力比例下降，知识型服务业增加值比例和劳动力比例上升（表2-6）。1980年以来，美国经济中，知识型服务业比例超过劳务型服务业比例，超过工农业比例（表2-7）。

表 2-6　1950～2010 年美国服务业的产业结构和就业结构　　　　　　　　　　　　　单位:%

项目	1950	1960	1970	1980	1990	2000	2005	2010	2014
劳务型服务增加值比例	60.8	55.5	51.1	49.6	45.3	43.8	42.3	40.8	41.6
知识型服务增加值比例	39.2	44.5	48.9	50.4	54.7	56.5	57.7	59.2	58.4
劳务型服务劳动力比例	52.0	47.4	43.7	42.4	40.9	41.5	40.9	39.2	—
知识型服务劳动力比例	48.0	52.6	56.3	57.6	59.1	58.5	59.1	60.8	—

资料来源:BEA,2015。

表 2-7　1950～2014 年美国经济的产业结构和就业结构　　　　　　　　　　　　　单位:%

产业结构	1950	1960	1970	1980	1990	2000	2005	2010	2014
农业和工业	42.3	37.7	33.6	32.6	26.5	23.3	22.3	21.1	21.3
劳务型服务业	35.1	34.6	33.9	33.4	33.3	33.5	32.9	32.2	32.7
知识型服务业	22.6	27.7	32.5	34.0	40.2	43.2	44.8	46.7	46.0
就业结构									
农业和工业	39.6	35.2	31.0	27.5	21.9	20.3	18.4	15.7	—
劳务型服务业	31.4	30.7	30.2	30.7	32.0	33.0	33.4	33.0	—
知识型服务业	29.0	34.1	38.9	41.8	46.1	46.7	48.2	51.2	—

数据来源:麦迪森,2003;米切尔,2002;World Bank 2015;BEA,2015。

1960 年以来,服务部门的发展趋势可以分为三类(表 2-8):① 上升类,9 个部门;② 下降类,4 个部门;③ 波动类,2 个部门。

表 2-8　1950～2014 年美国服务业的产业结构　　　　　　　　　　　　　单位:%

项目	1950	1960	1970	1980	1990	2000	2005	2010	2014
批发	6.4	6.6	6.5	6.7	6.0	6.1	5.8	5.8	6.0
零售	8.9	7.9	8.0	7.1	6.9	6.8	6.5	5.8	5.8
运输和仓储	5.7	4.4	3.9	3.7	3.0	3.0	2.9	2.8	2.9
信息产业	3.0	3.3	3.6	3.9	4.1	4.6	4.9	4.9	4.6
金融和保险	2.8	3.7	4.2	4.9	6.0	7.3	7.6	6.7	7.2
房地产和租赁	8.7	10.5	10.5	11.1	12.1	12.1	12.6	13.0	13.0
职业和科技服务	1.4	2.0	2.6	3.4	5.4	6.4	6.4	6.8	7.0
公司管理	1.5	1.5	1.4	1.4	1.4	1.7	1.7	1.8	2.0
行政和废物管理	0.6	0.8	1.0	1.3	2.1	2.7	2.9	2.9	3.1
教育服务	0.4	0.4	0.7	0.6	0.7	0.8	0.9	1.1	1.1
健康和社会帮助	1.6	2.2	3.2	4.2	5.8	5.8	6.3	7.2	7.1
艺术和娱乐	0.6	0.6	0.6	0.6	0.8	1.0	0.9	1.0	1.0
住宿和餐饮	2.5	2.2	2.3	2.3	2.6	2.8	2.7	2.6	2.8
其他服务	2.9	3.0	2.7	2.5	2.7	2.7	2.4	2.2	2.2
政府服务	10.7	13.2	15.2	13.7	13.9	12.9	13.2	14.3	12.9

资料来源:BEA,2015。

3. 美国服务业现代化的主要特点

关于美国服务业现代化的特点,没有统一认识。一般而言,世界服务业现代化的主要特点在美国都有不同程度的反映,同时美国有自己的特色。

首先,美国具有服务业优先发展的特点(表 2-4)。美国在工业化过程中甚至工业化以前就是一个高度商业化的社会,1870 年服务业比例已达 58%。

其次,美国服务业现代化的产业与就业协调性逐步提高。1870~2000 年,美国服务业劳动力比例持续增加;1870~1960 年,美国服务业增加值相对稳定,1970 年以后,美国服务业增加值比例持续快速增加。总体来看,服务业协调性在提高(表 2-9)。

表 2-9 1870~2000 年美国服务业转型的协调性

项目	1870	1900	1950	1960	1970	1980	1990	2000
服务业增加值比例/(%)	58.0	57.0	55.0	58.0	62.0	63.8	70.0	73.5
服务业劳动力比例/(%)	25.6	32.3	53.6	57.0	62.0	65.9	70.9	74.5
服务业协调指数	2.27	1.76	1.03	1.02	1.00	0.97	0.99	0.99

数据来源:库兹涅茨,1999;麦迪森,2003;米切尔,2002;World Bank,2015。

其三,美国服务业是一种产业集聚发展模式的现代化。美国纽约等大城市的服务业占 GDP 比例达到 90% 左右。纽约市名副其实的国际金融中心,其金融服务业占 GDP 比例从 1990 年的 26% 上升到 2010 年的近 50%。纽约中心的曼哈顿地区形成了以金融业为主,以会展业、商业服务业、文化娱乐业等为辅的现代服务产业结构,该地区中心商业区已成为纽约市发展的助推器。

其四,1950 年以来,劳务型服务业比例下降,知识型服务业比例上升。1980 年以来,知识型服务业超过劳务型服务业、超过工农业总和。

二、韩国的服务业现代化

韩国位于东亚朝鲜半岛南部。国土面积约 10 万平方千米,2014 年人口约为 5042 万,人均国民收入 27 090 美元。韩国 1948 年正式建国,1988 年确立"三权分立、依法治国"的现代政治体制。建国初期,韩国是一个传统农业国家。目前,韩国是发达国家的一员。

1. 韩国服务业现代化的起步

首先,韩国现代化的起步和阶段。韩国现代化进程,大致可以分为两个阶段:第一次现代化(1948~2000 年)和第二次现代化(2000 年至今)。韩国 1995 年左右完成第一次现代化,2000 年左右升级为发达国家。目前,韩国大致处于第二次现代化的起步期。

其次,韩国服务业现代化的起点。韩国现代报纸可以追溯到 1946 年,现代电信可以追溯到 1981 年;现代教育可以追溯到 1946 年,现代金融可以追溯到 1897 年,现代铁路 1899 年,发电照明 1898 年(表 2-10)。韩国服务业现代化的发端,可以追溯到 19 世纪末、20 世纪初。韩国服务业现代化的起点比西方发达国家晚了约 200 年。

表 2-10 韩国服务业现代化的起步

方面	典型事件	发生时间
报纸和电信	第一份报纸——《韩国釜山日报》	1946
	第一家电信企业——韩国电信公司	1981
现代教育	第一所大学——首尔大学	1946
现代服务业	第一家保险公司——三星生命保险株式会社	1957
	第一条铁路——京仁线(仁川—汉江)	1899
	第一次发电照明——韩国电力公司	1898
	第一个银行——韩国新韩银行	1897

2. 韩国服务业现代化的发展阶段

结合韩国国家现代化阶段划分,以及根据世界服务业现代化的阶段划分(表 1-89)和韩国产业结构(表 2-11),1980~2014 年韩国服务业现代化处于第一次服务业现代化的过渡期;但根据就业结构,2000 年以来,韩国进入第二次服务业现代化的起步期。2014 年韩国大致处于第二次服务现代化的起步期。

表 2-11　1960~2014 年韩国经济的产业结构和就业结构　　　　　　　　　　　单位:%

年份	产业结构			就业结构		
	农业	工业	服务业	农业	工业	服务业
1960	41.0	20.0	37.0	64.8	9.4	25.7
1970	27.5	24.5	48.0	50.8	20.1	29.1
1980	15.1	34.2	50.7	34.0	29.0	37.0
1985	12.5	36.1	51.4	24.9	30.8	44.3
1990	8.2	38.2	53.6	17.9	35.4	46.7
1995	5.8	38.4	55.8	12.4	33.3	54.3
2000	4.4	38.1	57.5	10.6	28.1	61.2
2005	3.1	37.5	59.4	7.9	26.8	65.2
2010	2.5	38.3	59.3	6.6	24.9	68.5
2011	2.5	38.4	59.1	6.4	24.8	68.9
2012	2.5	38.1	59.5	6.2	24.5	69.3
2013	2.3	38.4	59.3	6.1	24.4	69.5
2014	2.3	38.2	59.4	—	—	—

数据来源:World Bank,2015。

3. 韩国服务业现代化的主要特点

首先,韩国服务业现代化与国家现代化基本同步,但又不完全一致(表 2-12)。韩国服务业现代化水平和国家综合现代化水平基本保持持平,但具体看可分为三个小阶段:2000 年以前,韩国服务业现代化指数低于国家综合现代化指数;2000 年两者相同;2000 年以后,韩国服务业现代化指数高于国家综合现代化指数,且差距在拉大。

表 2-12　1980~2013 年韩国综合现代化和服务业现代化情况

年份	综合现代化		服务业现代化	
	指数	排名	指数	排名
1980	47.1	54	43.8	27
1990	63.2	27	56.4	30
2000	78.7	18	78.7	20
2010	85.9	18	86.2	21
2013	83.0	20	87.5	20

其次,韩国服务业现代化的产业与就业协调性逐步提高。1960~2013 年,韩国服务业增加值比例和劳动力比例都保持稳定的增加,服务业协调性不断提高(表 2-13)。

表 2-13　1960~2013 年韩国服务业转型的协调性

项目	1960	1970	1980	1990	2000	2005	2010	2013
服务业增加值比例/(%)	37.0	48.0	50.7	53.6	57.5	59.4	59.3	59.3
服务业劳动力比例/(%)	25.7	29.1	37.0	46.7	61.2	65.2	68.5	69.5
服务业协调指数	1.44	1.65	1.37	1.15	0.94	0.91	0.87	0.85

数据来源:World Bank,2015。

其三,1975 年以来,韩国知识型服务业增加值比重持续上升,劳务型服务业增加值比重持续下降;2005 年以来,韩国知识型服务业增加值比重超过劳务型服务业(表 2-14)。

表 2-14　1970~2010 年韩国劳务型服务业与知识型服务业增加值比重

项目	1970	1975	1980	1985	1990	1995	2000	2005	2010
劳务型服务业增加值比重/(%)	64.5	66.5	56.2	56.0	53.1	50.7	50.4	44.9	43.6
知识型服务业增加值比重/(%)	35.3	33.3	43.7	44.0	46.8	49.3	49.5	55.0	56.3
劳务型　知识型	29.2	33.2	12.6	12.0	6.3	1.4	1.0	-10.1	-12.7

数据来源:OECD,2015。

其四,韩国服务业现代化是受政府干预影响很大的一种现代化。20 世纪 60 年代以来,韩国实行了 7 个"五年计划",每个"五年计划"都有各自的侧重点,如"一五"计划主要的任务是扭转经济上对外国的依赖,建立起本国的经济基础;"二五"计划的目标是提高经济自给自足的能力、促进产业结构的现代化;"三五"计划则是发展重工业,继续促进产业结构的现代化等。

第二节　服务业现代化的产业结构

18 世纪以来,世界经济结构变化的基本趋势是:农业比例下降,工业比例先升后降,服务业比例上升,目前服务业比例超过 70%。当服务业比例超过 70% 的时候,需要对产业分类体系进行相应调整,以适合经济发展的趋势,并有助于制定更加科学合理的产业政策。

一、工业时代的产业分类

18 世纪工业革命导致现代工业的崛起,世界经济的产业结构和就业结构发生了根本性转变,突出特征是农业比例下降,工业比例上升,工业超过农业。20 世纪 30 年代,英籍新西兰经济学家费希尔和澳大利亚经济学家克拉克提出了三次产业的分类。费希尔认为,人类经济活动可分为三个阶段:农牧业为主阶段、工业大生产为主阶段、发展非物质生产阶段(劳务领域);与之对应,经济部门可分为三次产业:第一次产业是农业,提供食物;第二次产业是工业,提供非食物的物质产品;第三次产业是服务业,提供非物质的服务。

英国是第一个现代化国家,这里以英国为例。产业结构变迁可以分为两个阶段。1801~1950 年,农业增加值比例下降,工业增加值比例上升,服务业增加值比例上升;1950~2000 年,农业比例下降,工业比例下降,服务业比例上升。就业结构变迁同样分为两个阶段。1801~1911 年,农业劳动力比例下降,工业劳动力比例上升,服务业劳动力比例上升;1911~2000 年,农业比例下降,工业比例下降,服务业比例上升(图 2-1)。

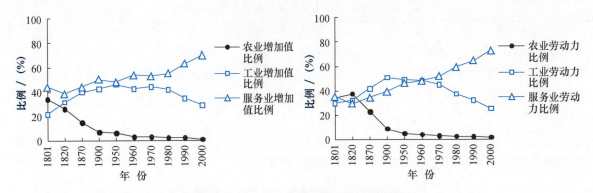

图 2-1　1801~2000 年英国经济结构变化

数据来源:库兹涅茨,1999;麦迪森,2003;米切尔,2002;World Bank,2015。

二、后工业社会的新兴产业

20 世纪 70 年代以来,随着信息革命的发生和发展,世界经济的产业结构和就业结构再次发生了根本性转变,突出特征是工业比例下降,服务业比例上升,服务业超过工业。知识、信息等成为经济社会发展的主导因素,知识产业、信息产业、文化产业、创意产业、版权产业等得到快速发展,信息经济、知识经济也越来越受到学者和机构的关注。

1. 知识产业与信息产业

1962 年,美国学者马克卢普在《美国的知识生产与分配》一书中提出知识产业和知识职业。他认为,知识产业指生产知识和信息产品或提供信息服务的企业、组织和机构。它们生产的目的可能是为自身消费,或者为他人消费。他的知识产业包括五大类,共 30 个产业。五大类是教育、研究与开发、通信和媒体、信息设施和信息组织(表 2-15)。

表 2-15　马克卢普对知识产业的分类

知识产业	内容
教育	家庭教育、在职培训、教会教育、军队教育、初等教育、中等教育、高等教育
研究和开发	基础研究、应用研究、开发研究、测验和评估
通信和媒体	印刷品、照相机和音响、舞台和电影、无线电广播、广告和公共关系、电话、电报和邮政服务、会议
信息设施	用于知识产业的信息机器、信号设备,用于度量、观察和控制的器械、办公室信息及其电子计算机
信息组织	法律服务、工程服务、会计和审计服务、医疗服务、银行、证券和商品中介、销售者和交易所、其他金融服务、保险承保人和代理人、房地产出租代理商、销售商、评估师等、批发业中的拍卖商、中间商、居间代理商和代理人、企业咨询、政府服务

资料来源:马克卢普,2007。

1973 年美国学者贝尔在《后工业社会的来临》中提出信息经济学和知识社会,并认为后工业社会的关键变量是信息和知识,并提出了后工业社会的五大产业。他把服务业分成三个部分,分别为第三、第四和第五产业,第五产业包括卫生、教育、研究、政府和娱乐。

1977 年,美国学者波拉特在《信息经济》中提出信息部门和信息产业,并进一步分析了美国信息经济的产业和就业结构。他认为信息是组织化的、可传递的数据,信息活动可分为市场化信息活动和非市场化信息活动。从事市场化信息活动的企业部门是一级信息部门(向市场提供信息产品或服务的部门,如信息设备生产部门和专业性信息服务部门),是社会信息市场的行为主体。一级信息部门包括八类产业:知识生产与发明业、信息分配和通信产业、风险经营、调研与调控产业、信息处理与传递服务业、信息产品产业、邮政和教育等政府活动、基础设施(表 2-16)。二级信息部门是从事非市场化信息活动的部门(政府或非信息企业内部为自己提供信息产品和服务的部门),它们为自己提供信息产品和服务,如电子数据处理、图书检索等。二级信息部门的结构要比一级信息部门更为复杂。

表 2-16 波拉特对信息产业的分类

一级信息产业	内容
知识生产与发明业	研究与开发产业;发明性产业(民间);民间信息服务
信息分配和通信产业	教育;公共信息服务;正式通信媒介
风险经营	各类保险、金融和投机经纪业
调研与调控产业	调研和非投机经纪业;广告业;非市场调控机构
信息处理与传递服务业	电子和非电子处理业;电讯业基础设施
信息产品产业	非电子性消费或中间产品;非电子性投资产品;电子性消费或中间产品;电子性投资产品
某些政府活动	联邦政府中的一级信息服务部门;邮政服务;州和地方教育
基础设施	信息建筑物及租赁;办公室设备

OECD(OECD,2009)认为,信息产业包括八大类(ICT 制造业、ICT 贸易行业、ICT 服务行业、书籍和期刊等的出版、电影、视频和电视节目活动、音像出版活动、电台和电视广播以及其他信息服务活动)和 32 个小类,小类是基于 ISIC4.0 的分类体系(表 2-17)。

表 2-17 OECD 关于信息产业的统计框架

信息产品制造业	书籍和期刊等的出版
电子元件和电子板的生产	书籍出版
计算机和外部设备的制造	名录和邮寄名单的出版
通信设备的制造	报纸、杂志和期刊的出版
电子消费品的制造	其他出版活动
磁性媒介物和光学媒介物的制造	电影、视频和电视节目活动
信息产品贸易行业	电影、录像和电视节目的制作活动
计算机及其外部设备和软件的批发	电影、录像和电视节目的后期制作活动
电子和电信设备与零件的批发	电影、录像和电视节目的发行活动
信息服务行业	电影放映活动
软件的发行	音像出版活动
计算机咨询服务和设施管理活动	录音和音乐作品发行活动
其他信息技术和计算机服务活动	电台和电视广播
数据处理、存储及相关活动	电台广播
门户网站	电台和电视广播
电脑和外部设备的修理	其他信息服务活动
通信设备的修理	新闻机构的活动
	未另分类的其他信息服务活动

2. 文化产业和创意产业

文化产业是法兰克福学派提出来的。20 世纪 50 年代,阿多诺和霍克海默发表《文化工业:作为大众欺骗的启蒙》一文,提出"文化工业"的概念(Adorno,Horkheimer,1944);随后在《启蒙辩证法》一书中系统阐述了"文化工业"(Adorno,Horkheimer,1947),认为文化工业是指大众文化的工业化生产。

1982年，联合国教科文组织（UNESCO）发表《文化产业：文化未来的挑战》报告（UNESCO，1982），认为文化产业是文化内容的创造、生产和商业化的产业，包括文化商品和文化服务。20世纪90年代以来，相关新概念不断涌现，如内容产业、创意产业、版权产业、文化经济、体验经济、创意经济等（Florida，Tinagli，2004；Gordon，Beily-ORRin，2006；O'Connor，2007；派恩二世，吉尔摩，2002；哈特利，2007；赫斯蒙德夫，2007）（表2-18）。联合国教科文组织、欧盟和世界知识产权组织也都提出了文化产业的统计框架（联合国教科文组织，2009；WIPO，2006；European Commission，2006）。

表2-18 文化产业和相关产业的结构

项目	核心产业	周边产业	相关产业
文化产业	广告、电影、互联网、音乐、出版、电视和广播、录像和电子游戏	创意艺术	消费电子、时装、软件、运动
创意产业	广告、建筑、艺术和古董市场、工艺品、设计、时装、电影和录像、音乐、表演艺术、出版、软件、电视和广播、录像和电子游戏	—	
版权产业	广告、收藏、电影和录像、音乐、表演艺术、出版、软件、电视和广播、音像艺术	空白磁带光盘、消费电子、音乐设备、纸、影印和照相设备	建筑、衣服和鞋、设计、时装、家庭用品、玩具
文化和创意产业	文学、音乐、表演艺术、视觉艺术、电影、博物馆、图书馆	文化遗产服务、出版、录音、电视和广播、录像和电子游戏	广告、建筑、设计、时装

资料来源：UNCTAD，2008。

三、知识时代的产业分类

1997年经济合作与发展组织出版《以知识为基础的经济》报告，认为知识经济是以知识的生产、传播和应用为基础的经济。知识经济引起广泛关注，学术文献非常丰富。

1. 知识时代的三大产业

1980年美国学者谢曼特把美国产业分为四类：农业、工业、服务业和信息业；1980年美国四大部门的就业人数比例分别为农业2.8%、工业20.2%、服务业27.1%和信息业50.0%（陈禹，谢康，1998）。根据美国学者鲁宾和泰勒的测算，1980年美国知识产业（知识产品消费）占国民生产总值（GNP）的比例达到34%。

1999年我国学者何传启在《第二次现代化》一书中提出了知识时代的三大产业。他认为人类生活有两个基本需要，即物质生活需要和精神生活需要，人类经济活动的主要目的是满足物质和精神生活的需要，提高物质和精神生活的质量。满足物质生活需要的经济活动包括物质商品的生产、流通和服务，满足精神生活需要的经济活动包括知识和信息的生产、传播和服务。根据国际标准行业分类，生产物质商品的产业主要是农业和工业，其他都属于服务业。根据知识含量的不同，服务业可以分为两大类，即体力服务（知识含量较低的劳务服务业）和脑力服务（知识密集的知识服务业）。发达国家物质生活非常丰富，物质需要的满足程度已经很高了，于是精神生活需要成为经济活动的重点，知识服务业快速发展。

何传启提出，从人类需要的角度对经济部门进行分类：首先，把生产物质商品的农业和工业部门合并成物质产业；其次，把原来服务业中提供商品流通服务和其他劳务服务的服务部门合并成服务产业；其三，把原来服务业中满足精神生活需要和健康需要的知识服务部门（知识和信息的生产、传播和服务)以及维持经济和社会运行的知识服务部门合并成知识产业,形成知识时代的三大产业分类(专栏2-1);然后以"国际标准行业分类(4.0版)"为基础,提出相应的行业分类方案:"国际行业分类(建议版)"(表2-19,附表1-1)。

> **专栏2-1　知识时代的三大产业**
>
> - 物质产业(Material industries)是物质商品的生产部门,包括农业(Agriculture)和工业(Industry)两个集群,满足人类物质生活的商品需要。
> - 服务产业(Service Industries)是劳务服务的生产部门,是劳务密集和知识含量较低的服务部门,包括流通服务(Circulation services)和其他服务(Other services)两个集群,满足人类的商品流通和其他劳务服务的需要。
> - 知识产业(Knowledge industries)是知识和知识服务的生产部门,包括人类发展服务(Human development services)和基本运行服务(Essential operation services)两个集群,分别简称人类服务(Human services)和基本服务(Essential services)。其中,人类服务是促进人类自身发展的知识服务部门,满足人类精神生活的知识需要和健康需要;基本服务是维持经济和社会运行的知识服务部门,满足维持经济和社会运行的知识服务需要。

表2-19　国际行业分类(建议版)

产业	集群	部门	功能	特点
物质产业	农业	农业(农牧业、林业、渔业)	提供商品	生产性
	工业	采矿业,制造业,建筑业,公共事业,环境治理	提供商品	生产性
服务产业 (劳务型服务业)	流通服务	批发与零售,运输和储存,食宿服务,房地产和租赁	提供流通服务	商业性
	其他服务	其他的个人和家庭服务,其他的劳务服务	提供其他服务	商业性
知识产业 (知识型服务业)	人类服务	科学研发,教育,信息和交流,艺术、娱乐和文娱,旅行,健康和社会帮助	精神生活需要 健康需要	半公共性
	基本服务	金融和保险,专业和技术服务,行政和辅助 公共管理和社会安全,成员组织,国际组织	经济运行服务 社会运行服务	商业性 公共性

本《报告》第一章,根据知识含量不同,把服务业一分为二。其中,劳务型服务业是以体力和劳务为基础的、知识含量较低的服务部门;知识型服务业是以知识和信息为基础的、知识含量较高的服务部门(表1-4)。劳务型服务业简称服务产业,知识型服务业简称知识产业。

知识服务有广义和狭义之分。狭义的知识服务,指以知识为基础的服务。广义的知识服务,指原来服务业中的知识生产、知识传播和狭义的知识服务,是知识型服务的简称。

首先,"国际行业分类(建议版)"能够反映目前发达国家的经济结构特点。

- 反映服务产业和知识产业之间的比例关系。根据经济合作与发展组织(OECD,2015)的产业结构数据估算,2010年美国、德国、法国和意大利四个国家,知识产业增加值比例超过服务产业增加值比例。其中,服务产业(劳务型服务业)占服务业增加值比重低于50%,知识产业(知识型服务业)占服务业增加值比重超过50%;劳务型服务业占GDP的比例为31%~37%;知识型服务业占GDP的比例为37%~48%(表2-20)。

表 2-20　2010 年服务业产业结构的一种估算　　　　　　　　　　　　　　　　　　　单位：%

项目	指标	美国	德国	法国	意大利	韩国	中国
占服务业增加值的比重	劳务型服务业比重	40.4	45.2	43.6	49.6	40.7	52.9
	知识型服务业比重	59.7	54.7	56.6	50.4	59.3	47.1
	流通服务比重	37.3	42.3	42.2	46.9	38.8	49.4
	其他服务比重	3.1	2.9	1.4	2.7	1.9	3.5
	人类服务比重	26.6	26.6	28.5	24.2	33.2	20.2
	基本服务比重	33.1	28.1	28.1	26.2	26.1	26.9
占 GDP 的比例	服务业比例	79.9	69.1	78.6	73.7	59.3	43.2
	劳务型服务业比例	32.2	31.2	34.3	36.6	24.1	22.9
	知识型服务业比例	47.7	37.8	44.5	37.1	35.1	20.3
	流通服务比例	29.8	29.2	33.2	34.6	23.0	21.3
	其他服务比例	2.5	2.0	1.1	2.0	1.1	1.5
	人类服务比例	21.3	18.4	22.4	17.8	19.7	8.7
	基本服务比例	26.4	19.4	22.1	19.3	15.5	11.6

注：根据 OECD(2015)产业数据和《中国统计年鉴 2014》数据的一种估算。请注意四舍五入的影响。

- 反映流通服务、其他服务、人类服务和基本服务之间的比例关系。根据经济合作与发展组织(OECD,2015)的产业结构数据估算,2010 年美国、德国、法国和意大利四个国家,在服务业中,流通服务占服务业增加值比重为 37%~47%,其他服务比重为 1%~3%,人类服务比重为 24%~28%,基本服务比重为 26%~33%;在 GDP 中,流通服务占 GDP 的比例为 29%~35%,其他服务比例 1%~2%,人类服务比例为 18%~22%,基本服务比例为 19%~26%(表 2-20)。

其次,"国际行业分类(建议版)"能够反映发达国家经济结构的发展趋势。

- 反映美国和韩国 2000 年以来的经济结构发展趋势。根据经济合作与发展组织(OECD,2015)的产业结构数据估算,在 2000~2010 年期间,美国和韩国,物质产业和服务产业比例下降,知识产业比例上升,三大产业的结构比较均衡;同时,流通服务和其他服务比例下降,人类服务和基本服务比例上升(表 2-21)。

表 2-21　2000~2010 年美国和韩国产业结构的一种估算　　　　　　　　　　　　　　　单位：%

产业	集群	美国 2000	美国 2005	美国 2010	韩国 2000	韩国 2005	韩国 2010
物质产业	农业	1.0	1.0	1.1	4.4	3.1	2.5
	工业	22.0	20.7	19.0	38.1	37.5	38.3
服务产业	流通服务	32.0	31.2	29.8	28.1	27.4	23.0
	其他服务	2.8	2.5	2.5	1.3	1.2	1.1
知识产业	人类服务	18.6	19.8	21.3	14.4	16.6	19.7
	基本服务	23.6	24.8	26.4	13.7	14.1	15.5
物质产业		23.0	21.7	20.1	42.5	40.6	40.7
服务产业		34.8	33.7	32.2	29.4	28.6	24.1
知识产业		42.2	44.6	47.7	28.0	30.7	35.2
合计		100	100	100	100	100	100

注：根据 OECD(2015)产业数据的一种估算。请注意四舍五入的影响。

- 反映美国1960年以来的经济结构发展趋势。根据美国经济分析局(BEA,2015)的产业结构数据估算,1960年以来,美国物质产业和服务产业比例下降,知识产业比例上升,三大产业的结构相对均衡(表2-22)。

表 2-22　1950～2010年美国产业结构变化　　单位:%

产业增加值比例		1950	1960	1970	1980	1990	2000	2005	2010
三次产业	农业	7	4	3	2	2	1	1	1
	工业	36	34	31	30	25	23	21	20
	服务业	58	62	66	68	74	77	78	79
三大产业	物质产业	42	38	34	33	27	23	22	21
	服务产业	35	35	34	33	33	34	33	32
	知识产业	23	28	33	34	40	43	45	47

数据来源:World Bank,2015;BEA,2015。
注:BEA数据、World Bank数据、OECD数据之间有所差别。请注意四舍五入的影响。

2. 两个行业分类版本的比较特点

"国际标准行业分类(4.0版)"和"国际行业分类(建议版)"之间,既有继承关系,也有所不同(表2-23)。两者分类的角度不同,适用范围也有所差别。

表 2-23　两种行业分类版本的比较

国际标准行业分类(4.0版)		国际行业分类(建议版)		
三次产业	产业部门	三大产业	产业集群	产业部门
农业	农业(农业、林业及渔业)	物质产业	农业	农业(农业、林业及渔业)
工业	采矿和采石		工业	采矿和采石
	制造业			制造业
	电、煤气、蒸汽和空调的供应			建筑业
	供水、污水处理、废物管理和补救活动			公共事业(电、气、水等)
	建筑业			环境治理
服务业	批发和零售业,汽车和摩托车的修理	服务产业	流通服务	批发和零售
	运输和储存			运输和储存
	食宿服务			食宿服务
	信息和交流			房地产和租赁
	金融和保险		其他服务	其他个人和家庭服务
	房地产			其他的劳务服务
	专业、科学和技术	知识产业	人类服务	科学研发
	行政和辅助			教育
	公共管理和国防,强制性社会保障			信息和交流
	教育			艺术、娱乐和文娱
	人体健康和社会工作			旅行
	艺术、娱乐和文娱			健康和社会帮助
	其他服务		基本服务	金融和保险
	家庭作为雇主的活动,家庭自用、未加区分的物品生产和服务活动			专业和技术活动
				行政和辅助
	国际组织和机构的活动			公共管理和社会安全
				成员组织的活动
				国际组织的活动
合计	21个部门(6+15)		6个集群	24个部门(6+18)

首先,前者是基于生产过程的产业分类,后者是基于人类需求的产业分类。

其次,前者适用于工业时代,后者比较适用于知识时代。以美国为例,1950年以来,按三次产业分类,三次产业严重失衡;按三大产业分类,三大产业相对均衡(表2-22)。

其三,前者包括农业、工业和服务业三次产业以及21个产业部门;后者包括物质产业、服务产业和知识产业三大产业,农业、工业、流通服务、其他劳务服务、人类服务和基本服务六个产业集群和24个产业部门。基本服务包括经济运行服务和社会运行服务。

其四,后者把前者的农业和工业合二为一,称为物质产业,把前者的服务业一分为二,把知识生产、知识传播和知识服务合并成知识产业,把剩余的服务业称为服务产业。

3. "国际行业分类(建议版)"的局限性

"国际行业分类(建议版)"的分类是相对的,存在一定局限性。

首先,物质产业包括服务和知识产业的部分内容,但物质商品生产是主体。例如,制造业中的高技术产业,是知识生产和知识应用一体化的产业。物质生产部门中存在知识的传播和服务。在某种意义上,物质生产部门是物质生产、知识生产、知识应用、知识传播和服务有机结合的部门,只是它以物质生产和满足人们物质生活的商品需要为主要宗旨。

其次,服务产业包含物质产业和知识产业的部分内容,但劳务服务是主体。例如,餐饮服务包括食品生产和劳务服务;服务部门中同样有知识生产和知识传播。

其三,知识产业包含物质产业和服务产业的部分内容,但知识服务是主体。例如,教育服务要以物质商品(图书)为载体。

其四,三大产业是部分交叉的,但各有侧重。物质产业、服务产业和知识产业,都离不开知识应用;在一定程度上三大产业都是以知识应用为基础的"知识应用产业",它们的差别主要是应用知识的目的不尽相同。物质产业应用知识生产人们需要的物质产品;知识产业应用知识生产知识、传播知识和提供知识服务,以满足人们的精神和知识需要;服务产业应用知识为人们的工作和生活提供便利和流通服务。

第三节 服务业现代化的基本原理

现代化是18世纪以来人类文明的一种前沿变化和国际竞争,发生在人类文明的所有部门,不同部门的现代化既有共性也有差异。服务业是人类文明和国民经济的一个重要部门。服务业现代化属于一种部门现代化,是经济现代化和国家现代化的一个重要组成部分。服务业现代化研究是现代化科学的一个组成部分,也与服务经济学、产业经济学、发展经济学、宏观经济学、知识经济、信息经济、文化经济、体验经济和现代化科学等有很多交叉。现代化科学的基本原理可以适用于服务业现代化,同时服务业现代化具有一些特有的规律和性质。

何传启认为,可以把《现代化科学:国家发达的科学原理》推广到服务业现代化领域(表2-24),他提出了"广义服务业现代化的一般理论"(表2-25),涵盖服务业现代化的内涵、过程、结果、动力和模式五方面内容。

表 2-24　服务业现代化理论的结构

分类	理论	主要内容
一般理论	元理论	服务业现代化的内涵、过程、结果、动力和模式等
分支理论	分阶段研究	第一次服务业现代化、第二次服务业现代化、综合服务业现代化
	分层次研究	世界、国家、地区等的服务业现代化
	分领域研究	服务生产、服务经济、服务要素的现代化
	分部门研究	交通现代化、信息现代化、教育现代化、卫生现代化等
相关理论	其他现代化理论	第二次现代化理论、经济现代化理论、生态现代化理论、现代化科学等
	其他相关理论	经济学、服务经济学、发展经济学、知识经济、信息经济等

注：服务生产涉及服务规模、服务效率和服务质量等；服务经济涉及产业结构、就业结构和服务贸易等；服务要素涉及人力资源、服务设施、服务创新、服务环境、服务制度和服务观念等。

表 2-25　广义服务业现代化的一般理论

方面	基本内容
内涵	服务业现代化是服务业和服务经济的现代化，是 18 世纪以来服务业和服务经济发展的世界前沿，以及追赶、达到和保持世界前沿的行为和过程；它包括现代服务业的形成、发展、转型和国际互动，服务要素的创新、选择、传播和退出，国际服务体系和国家地位的变化等
过程	服务业现代化是一个复杂过程，其中，发达国家的服务业现代化是前沿过程，发展中国家的服务业现代化是追赶过程。在 18～21 世纪期间，服务业现代化过程的前沿过程可以分为两大阶段，其中，第一次服务业现代化的主要特点包括服务业的市场化、机械化、电气化、自动化、专业化、标准化、规模化、现代科技、现代教育、现代医疗、现代交通、现代服务业比例上升，传统服务业比例下降等；第二次服务业现代化目前的特点包括服务业的知识化、信息化、网络化、智能化、绿色化、个性化、便利化、优质化、人性化、多样化、国际化，知识型服务业比例上升，劳务型服务业比例下降等；两次服务业现代化的协调发展是综合服务业现代化。22 世纪服务业现代化还会有新变化
结果	服务业现代性、特色性和多样性的形成，包括服务效率的提高，服务质量的改善，服务技术和服务制度的发展，服务行为和服务结构的合理化，以及国家服务业水平、国际服务业地位和国际服务业体系的变化等。
动力	服务业现代化的动力因素包括技术创新、制度创新、模式创新、企业创新、服务业竞争、国家利益和市场需求等。动力模型包括：创新驱动、双轮驱动、联合作用、创新扩散、创新溢出、竞争驱动、服务业生产函数、服务业要素优化、服务业结构优化、服务业企业进化等。不同国家和不同阶段服务业现代化的动力有所不同
模式	服务业现代化的路径和模式是多样的，具有路径依赖性，受服务业历史传统和国际环境的影响；在 21 世纪有三种基本路径：第一次服务业现代化路径、第二次服务业现代化路径和综合服务业现代化路径；服务业现代化的模式具有多样性和客观条件依赖性，不同客观条件的国家和地区可以创造或选择不同模式，不同发展阶段可以有不同模式

一、服务业现代化的内涵

服务业现代化是服务业和服务经济的现代化，是经济现代化的组成部分，是现代化的一种表现形式。本书第一章第一节和第二章第二节介绍了服务业现代化的基本概念。

1. 服务业现代化的涵义

一般而言，服务业现代化既是一种状态，是现代服务业的世界先进水平；又是一个过程，是达到和保持世界服务业先进水平的过程。

首先，服务业现代化没有统一定义。下面是它的两种操作性定义。

- 服务业现代化是18世纪以来的一个经济现象,是服务业和服务经济发展的世界前沿,以及追赶、达到和保持这种世界前沿水平的行为和过程。达到和保持服务业的世界前沿水平的国家是服务业发达国家,其他国家是服务业发展中国家,两类国家之间的转换有一定概率。
- 服务业现代化是18世纪以来服务业的一种深刻变化,是从传统服务业向现代服务业和知识型服务业的转变,它包括现代服务业的形成、发展、转型和国际互动,服务业要素的创新、选择、传播和退出,以及服务业国际体系和国家地位的变化等。

其次,服务业现代化的两重性。从服务业发展和转型角度看,每个国家的服务业现代化都会前进和有可能成功,但国家服务业进步有快慢,服务业水平有高低,成功时间有先后。从世界前沿和国际竞争角度看,只有部分国家的服务业能够达到和保持世界先进水平,不同国家成功的概率有差异。

2. 服务业现代化的判断标准

服务业现代化是服务业变迁的一个组成部分,是现代化与服务业变迁的一个交集。

一般而言,服务业变迁没有时间和性质限制,现代化有时间和性质限制,显然,时间和性质可以作为判断依据的主要指标。时间是一个判断依据,18世纪是分界线。性质是一个判断依据,可以参考现代化的三个标准,同时保持服务业特色。现代化的三个标准是:有利于生产力的解放和提高、有利于社会的公平和进步、有利于人类的自由解放和全面发展。

由此,我们认为服务业现代化的三个标准是:有利于服务业生产力和质量的提高、有利于服务业劳动力的收入和生活质量的提高、有利于服务技术水平和竞争力的提高(表2-26)。

表2-26 服务业现代化的两个判据和三个标准

	属于服务业现代化的服务业变迁	不属于服务业现代化的服务业变迁
时间判据	18世纪以来的服务业变迁,同时满足性质判据的标准	18世纪以前的服务业变迁
性质判据	属于服务业进步和正向适应的服务业变迁,满足下列标准	属于服务业倒退和反向适应的服务业变迁,满足下列标准
判断标准	标准一:有利于服务业生产力和服务业质量的提高	标准一:不利于服务业生产力和服务业质量的提高
	标准二:有利于服务业劳动力收入和生活质量的提高	标准二:不利于服务业劳动力收入和生活质量的提高
	标准三:有利于服务技术水平和服务业竞争力的提高	标准三:不利于服务技术水平和服务业竞争力的提高

注:21世纪服务业现代化的标准还包括环境友好。

二、服务业现代化的过程

服务业现代化是一个历史过程。关于它的起点和终点,目前没有统一认识。关于服务业现代化的过程分析,可关注七个方面:类型、阶段、结构、特点、原理、动力和模式。这里主要讨论类型、阶段、特点和原理四个方面的内容。

1. 服务业现代化过程的类型

在18~21世纪期间,服务业现代化过程可以分为两种类型:前沿过程和追赶过程。

前沿过程是发达国家的服务业现代化,同时也是领先型服务业现代化。发达国家并非每一个方面都是领先的,有时候需要向其他发达国家和发展中国家学习。

追赶过程是发展中国家的服务业现代化,同时也是追赶型服务业现代化。发展中国家可以创造新模式和新经验,供其他发展中国家甚至发达国家借鉴。

这两类过程既有联系又有区别,而且相互影响。发达国家可以掉下来,发展中国家可以赶上去,两类国家是动态变化的。

2. 服务业现代化过程的阶段

在18～21世纪期间,服务业现代化过程大致分为两大阶段,不同阶段有不同特点,不同国家的阶段划分有所不同。服务业现代化是现代化的一种表现形式。第二次现代化理论(何传启,1999,2013)提出了人类文明进程的周期表、坐标系和路线图。参照第二次现代化理论,可以建立服务业变迁和服务业现代化的周期表(表2-27)、坐标系(图2-2)和路线图(图一)。

表2-27 服务业变迁和服务业现代化的周期表——服务业形态的变化

文明时间(起始年)	文明进程	服务业变迁和服务业形态 (要点举例)	服务业现代化
工具时代(起步～公元前3500年)	原始文化(原始社会)	原始社会的服务(原始服务)	
起步期(250万年前)	旧石器早期	宗教祭祀、部落战争等	
发展期(20万年前)	旧石器中期	宗教祭祀、部落战争等	
成熟期(4万年前)	旧石器晚期	宗教祭祀、部落管理、部落战争等	
过渡期(1万年前)	新石器时代	宗教祭祀、部落管理、部落战争等	
农业时代(公元前3500～1763年)	农业文明(农业社会)	农业社会的服务业(传统服务业)	
起步期(公元前3500年)	古代文明	传统劳务服务为主、传统知识服务为辅	
发展期(公元前500年)	古典文明	传统劳务服务为主、传统知识服务为辅	
成熟期(公元500年)	东方文明、欧洲中世纪	传统劳务服务为主、传统知识服务为辅	
过渡期(1500年)	欧洲文艺复兴	传统劳务服务为主、传统知识服务为辅	
工业时代(1763～1970年)	工业文明(工业社会)	工业社会的服务业(现代服务业)	
起步期(1763年)	第一次产业革命	机械化、工厂化、工会	第一次服务业现代化 服务业的市场化、机械化、电气化、自动化,现代服务业比例上升,传统服务业比例下降等
发展期(1870年)	第二次产业革命	电气化、规模化	
成熟期(1914年)	家庭机械电器化	专业化、标准化	
过渡期(1946年)	第三次产业革命	自动化、公共服务	
知识时代(1970～2100年)	知识文明(知识社会)	知识社会的服务业(知识型服务业)	
起步期(1970年)	第一次信息革命	知识化、信息化、全球化	第二次服务业现代化 服务业的知识化、信息化、网络化、智能化,知识型服务比例上升,劳务型服务业比例下降等
发展期(1992年)	第二次信息革命	智能化、绿色化、网络化	
成熟期(2020年)	新生物学革命	仿生化、再生、体验化	
过渡期(2050年)	新物理学革命	新能源、新运输、太空旅行	

注:文明时间、文明进程、服务业变迁和服务业形态,都是基于人类文明前沿的时间轨迹的描述。人类文明进程是不同步的,文明前沿与文明末尾的差距在扩大。不同阶段的特点是相对的,有许多交叉。

一般而言,服务业现代化是一个长期的历史过程,而且不同国家的服务业现代化是不同步的。在18～21世纪期间,世界服务业现代化的前沿轨迹可以分为第一次和第二次服务业现代化两大阶段;每个阶段分别包含起步、发展、成熟和过渡四个小阶段(表2-25,图2-2)。

如果说,第一次服务业现代化是初级服务业现代化,是从农业时代的服务业向工业时代的服务业的转变;那么,第二次服务业现代化是高级服务业现代化,是从工业时代的服务业向知识时代的服务业的转变;两次服务业现代化的协调发展是综合服务业现代化。22世纪服务业现代化还会有新变化。

3. 服务业现代化过程的特点

服务业现代化过程的特点,可以从不同角度和不同层次来讨论。

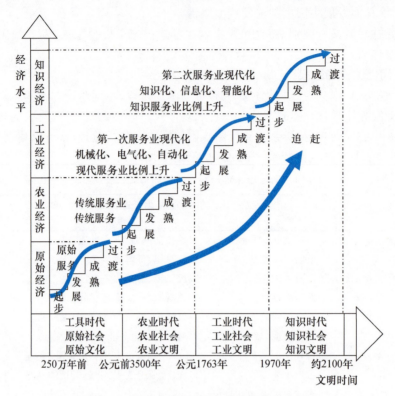

图 2-2　服务业变迁和服务业现代化的坐标

首先,服务业现代化过程的一般特点。服务业现代化过程的一般特点包括:部分可预期、不均衡、不同步、有阶段、多样性、系统性、复杂性、长期性、进步性、全球性、风险性、政府作用、服务业效率分化和服务业结构趋同等。

其次,服务业现代化过程的分阶段特点。在18～21世纪的400年里,服务业现代化过程可以分为第一次服务业现代化和第二次服务业现代化两大阶段。两个阶段的特点有所不同(表2-28)。

表2-28　服务业现代化过程的分阶段特点

项目	第一次服务业现代化的特点	第二次服务业现代化的特点
时间	约1763～1970年	约1970～2100年
内容	服务业的市场化、机械化、电气化、自动化、专业化、标准化、规模化,现代服务业比例上升,传统服务业比例下降等	服务业的知识化、信息化、网络化、智能化、绿色化、个性化、多样化、国际化,知识型服务业比例上升,劳务型服务业比例下降等
职工	提高识字率、普及初等教育、职业培训	提高竞争力、普及高等教育、终身学习
企业	现代企业、科学和效率管理	网络型企业、学习型企业、创新和战略管理
生产	专业化、标准化、规模化	网络化、绿色化、国际化、订单化
技术	机械化、电气化、自动化	知识化、信息化、智能化、绿色化
内容	专业化、科学化、标准化	知识化、数字化、个性化、优质化
质量	质量管理、部门差别很大	全面质量管理、部门差别很大
制度	税收制度等,部门差别很大	知识产权保护等,部门差别很大
观念	效率、标准、公平、非经济性等	效益、质量、创新、环境意识等
副作用	少数部门的环境污染、安全性低等	技术风险、网络风险、就业风险等

4. 服务业现代化过程的原理

服务业现代化过程的基本原理不仅包括服务内容、服务形态和服务业国际体系变化的主要机理和基本原则,还包括它们的动力和模式等;它遵循现代化一般原理。

(1) 现代化原理在服务业部门的应用

服务业现代化遵循现代化的一般原理,包括:进程不同步、分布不均衡、结构稳定性、地位可变迁、行为可预期、路径可选择、需求递进、效用递减、状态不重复、中轴转变原则。

服务业包括劳务型和知识型服务业两个服务产业集群和19个服务部门(表2-19)。不同产业集群和服务部门的现代化,既遵循现代化的一般原理,也需要专题研究。

(2) 服务内容现代化的主要机理

服务内容现代化是服务要素的创新、选择、传播和退出交互进行的复合过程,它包括服务业要素的创新、选择、传播的双向循环和服务业要素的可逆退出过程,这些过程共同组成一个超循环。这些过程的突出特征是多样性,同时有两重性。

首先,服务要素创新具有多样性。服务业要素创新是服务业要素现代化的一种形式和一种路径,是服务业现代化的一种形式和一种路径,具有形式和路径的多样性。例如,服务行为创新、服务技术创新、服务企业创新、服务组织创新、服务管理创新、服务模式创新、服务制度创新、服务观念创新和服务要素的组合创新等。每一种要素创新都是多路径的。

其次,服务要素选择具有多样性。服务要素选择是服务要素现代化的一个重要环节,是服务业现代化的重要内容,具有路径和标准的多样性。例如,① 社会选择,重视服务业的国家利益;② 市场选择,重视市场需求和商业利益;③ 个体选择,重视个人需求等。

其三,服务要素传播具有多样性。服务要素传播是服务要素现代化的一种形式和一种路径,是服务业现代化的一种形式和一条路径,具有形式和路径的多样性。例如,① 服务技术推广;② 服务交流和服务合作;③ 服务贸易(技术贸易)和服务业竞争等。

其四,服务要素退出具有多样性。服务要素退出是服务要素现代化的一种形式和一种路径,是服务业现代化的一条路径,具有形式和路径的多样性。例如,① 服务要素的遗失和放弃;② 服务要素遗产化;③ 服务要素的合理保护和有限传递(有限的退出)等。

其五,服务业现代化的二重性:既要维护国家安全利益,又要提高服务业生产力和国际竞争力。服务业现代化过程有两个导向:国家利益和市场需求。它们体现在服务要素的创新、选择、传播和退出的每一个决策过程中。

(3) 服务形态现代化的主要机理

一般而言,服务业形态现代化是现代服务业的形成、发展、转型和国际互动的前沿过程,每个方面都具有路径、内容或形式的多样性。

首先,现代服务业形成有三条路径。具体包括:① 传统服务业的部分继承和发展;② 传统服务业的部分否定和转向;③ 服务要素创新、扩散和交流。

其次,现代服务业发展有三个标准。现代服务业发展是一种现代服务业变迁,是服务业现代化的一个重要组成部分。在21世纪,满足服务业现代化的四个标准的服务业变迁(表2-23),才属于服务业现代化,才属于现代服务业发展。

其三,服务业转型具有多样性。服务业转型是服务业形态现代化过程的重要内容。服务业转型是一个长期和渐进的过程。在这个过程中,不同服务业形态所占的比例会发生变化;当新服务业形态超过旧服务业形态的时候,服务业转型就基本完成。

其四,服务业国际互动具有多样性。服务业国际互动是服务业形态现代化过程的重要内容。如果国际互动是平等的,那么,国家之间可以相互促进。如果国际互动是不平等的,那么,从短期看,有些国家获利,有些国家受损;从长期看,国家之间可能相互抑制。

(4) 服务业国际体系变化的主要机理

服务业国际体系变化是一个世界服务业的国际分化、国家分层、国家流动和结构变迁的多元复合过程,发生在结构单元和国际体系两个层次上,前者是后者的基础。服务业国际体系变化一般遵循四个基本原理,即进程不同步、分布不均衡、结构稳定性和地位可变迁等。

首先,服务业国际分化一般指服务业效率的国际差距和国际差别扩大、国际地位和国际分工的变化。服务业国家分层主要指国家服务业水平的分层,达到和保持世界服务业先进水平的国家是服务业发达国家,其他国家是服务业发展中国家;服务业发展中国家包括服务业中等发达、初等发达和欠发达国家。服务业国家流动主要指国家服务业水平的国际地位变化,包括世界排名和国家分组的变化。

其次,结构单元层次的变化主要包括国家服务业水平和国际服务业地位的变化等。

- 国家服务业水平变化:国家服务业现代化水平是时间的函数,随时间而变化。
- 国家服务业的世界排名变化:每年都有发生,变化比较大。
- 国家服务业的国家分组变化:国家分组的变化是随机的,只能在几种状态之间变动,可以进行马尔科夫链分析(图 2-3)。国家分组的变化具有一定概率,与时间跨度有关。在大约 20 年里,服务业发达国家降级为发展中国家的概率约为 5%,服务业发展中国家升级为发达国家的概率约为 2%等。

图 2-3 国家服务业水平的国际地位的几种状态(马尔科夫链)

其三,国际体系层次的变化主要包括体系水平和体系结构变化等。

国际体系水平变化:国际体系水平与它的结构单元的现代化水平和阶段正相关。

国际体系结构变化:国际体系结构具有相对稳定性。一般而言,服务业发达国家的比例约为 20%,服务业发展中国家的比例约为 80%;在 30 年里,服务业发达国家仍然为发达国家的概率约为 95%,服务业发展中国家仍然为发展中国家的概率约为 98%。

三、服务业现代化的结果

服务业现代化过程的结果,是时间的函数,随时间而变化。服务业现代化结果不仅与服务业现代化过程的时间跨度紧密相关,与它的起点截面、终点截面(分析的终点)和地理范围紧密相关,还与服务业现代化目标紧密相关。

1. 服务业现代化的一般结果

服务业现代化的一般结果,主要包括服务业现代性、特色性、多样性和副作用的形成,包括服务内容和服务模式的改进、服务企业和服务结构的进步、服务治理和服务观念的合理化、服务效率和服务质量的提高以及国家服务业水平、国际服务业地位和国际服务业体系的变化等。不同国家服务业现代化的结果既有共性又有差异;两次服务业现代化的结果是不同的。

2. 服务业现代化的三种变化

(1) 世界服务业的前沿变化

一般而言,世界服务业的前沿变化主要是服务业发达国家前沿变化的一个集合。通过比较服务业发达国家的服务业现代化过程的起点截面和终点截面(分析截面)的前沿差别,可以认识世界前沿的变化。世界服务业前沿就是服务业现代化的前沿,它与服务业现代性紧密相关。服务业现代性的研究方法大致包括思辨方法和实证方法两种。

(2) 国际服务业体系的变化

通过比较服务业现代化过程的起点截面和终点截面(分析截面)的国际服务业体系的差别,可以认识国际体系的变化。国际服务业体系变化包括体系组成、结构、水平和特征的变化等。国家服务业体系在水平结构方面相对稳定。例如,在1980~2013年期间,服务业发达国家的比例为15%~21%,服务业发展中国家的比例为79%~85%;两类国家之间的转移概率小于10%。

国际服务业体系的水平差距因指标而异。在1700~2010年期间,有些服务业指标的国际差距扩大,如服务业效率的国际差距持续扩大;有些服务业指标的国际差距从扩大到缩小,如服务业劳动力比例等。

(3) 国家服务业状态的变化

在服务业现代化过程中,国家服务业状态是国家服务业现代化状态的简称,包括它的阶段、前沿、水平和国际地位等。国家服务业状态的变化可以定性和定量分析。通过比较国家服务业现代化过程的起点和终点截面(分析截面)的国家服务业状态的差别,可以分析它的变化。

首先,从国家服务业前沿变化角度分析,服务业现代化过程的主要结果包括服务业现代性和特色性的形成。

其次,国家第一次服务业现代化过程的主要结果是服务业第一现代性和特色性的形成,可能还有副作用,不同国家的副作用可能有所差别。国家第二次服务业现代化过程的主要结果是服务业第二现代性和特色性的形成,可能还有副作用,不同国家的副作用可能有所差别。

其三,在服务业现代化过程中,一部分国家达到和保持世界服务业先进水平,成为服务业发达国家,其他国家是服务业发展中国家,两类国家之间可以转换,处于动态平衡中。

3. 服务业现代化的国家目标

首先,服务业现代化的理论目标。包括:完成第一次服务业现代化,进入第二次服务业现代化;追赶、达到和保持世界服务业的先进水平,成为服务业发达国家或缩小国际服务业差距。

其次,前两个目标的实现是一个"时间问题",所有国家都有可能先后完成;第三个目标的实现是一个"比例和概率问题",只有部分国家能够达到和保持世界先进水平。

其三,从政策角度看,国家服务业现代化的主要目标有两个:提高服务业生产力和竞争力,保持或达到世界服务业先进水平;发达国家的政策目标是保持世界服务业先进水平,发展中国家的政策目标是追赶和达到世界服务业先进水平。

其四,服务业现代化的实现标准。一般而言,实现服务业现代化的基本标准包括服务业劳动生产率和职工收入、服务内容、服务质量、服务制度和服务观念达到当时世界先进水平等。

完成第一次服务业现代化的标准:服务业增加值比例和服务业劳动力比例分别达到50%,服务业现代化指数达到60。进入第二次服务业现代化的标准:服务业增加值比例和服务业劳动力比例分别达到60%,服务业现代化指数超过60。

四、服务业现代化的动力

服务业现代化过程的动力分析,涉及动力因素和动力机制两个方面。第二次现代化理论分析了现代化的动力因素和动力模型(何传启,2010),它们可以应用于服务业现代化领域。

1. 服务业现代化的动力因素

服务业现代化是一个复杂过程,影响因素很多,不同因素的作用不同。有些因素有促进作用,有些有抑制作用。促进作用比较大的影响因素,可以称为现代化过程的动力因素。

首先,微观层次的影响因素。一般而言,微观因素包括个人心理因素和社会因素等。例如,企业家精神、创业精神、创新精神、冒险精神、成就感、责任感等,社会的知识、制度、观念、结构、传统、资本、资源、市场、交流、合作和竞争等。它们影响服务业现代化。

其次,宏观层次的影响因素。一般而言,宏观因素包括国内因素和国际因素等。例如,经济增长、税收、城市化、信息化、全球化和合理预期,包括自然资源禀赋、资本积累、技术进步、制度进步、服务结构、服务环境、服务政策和国际服务业体系和服务贸易变化等。

其三,服务业现代化的主要动力因素。主要包括科技进步、技术创新、制度创新、服务创新、服务业竞争、国家利益和市场需求等。技术创新是服务业现代化的技术来源,制度创新是服务业现代化的制度来源,服务创新是服务业现代化的重要基础,服务业竞争是服务业现代化的激励机制,国家利益是服务业国际竞争的主导因子,市场需求是服务业产品创新的主导因素。在服务业发达国家,技术创新和服务创新作用比较突出;在服务业发展中国家,服务业竞争和学习作用比较突出。

2. 服务业现代化的动力模型

服务业现代化是现代化的一种表现形式,服务业现代化的动力模型可以借鉴现代化的动力模型。当然,服务业现代化的动力模型会有一些新特点(表2-29),以下仅以创新驱动模型为例进行说明。

表2-29 服务业现代化过程的动力模型

编号	动力模型	备注
1	创新驱动模型:创新产生新观念、新制度、新知识和新模式,推动服务业现代化	
2	双轮驱动模型:市场需求和国家利益的共同作用,推动服务业现代化	微观层次模型
3	联合作用模型:创新、竞争和学习的联合作用,推动服务业现代化	
4	创新扩散模型:重大服务业创新的国内扩散和国际扩散	
5	创新溢出模型:一个行业重大创新对其他行业的促进作用	宏观层次模型
6	竞争驱动模型:国际竞争、市场竞争和政治竞争的作用	
7	服务业生产率函数:服务业生产率与技术进步、人均技能和人均资本成正比	
8	服务业要素优化模型:服务业生产率与先进技术、优质资产和优质劳动比例成正比	定量模型
9	服务业结构优化模型:服务业生产率与高效服务部门比例成正比	
10	服务业企业进化模型:服务业生产率与优质服务企业比例成正比	

资料来源:何传启,2010。

服务业现代化的创新驱动模型(图2-4)。创新是服务业现代化的根本来源。服务创新产生新观念、新制度、新知识和新模式,它们形成新服务生产和新服务经济,从而推动服务业现代化;在每一个阶段都有信息反馈,形成从创新到服务业现代化的正反馈循环驱动。

熊彼特的"创新理论"认为:创新包括五种形式:新产品、新工艺、新原料来源、新市场和新企业组织,一般而言,新产品和新工艺属于技术创新,新企业组织属于一种制度创新。

服务业创新有很多类型,蔺雷等(2007)认为服务创新包括9个基本类型:产品创新、过程创新、传递创新、市场创新、技术创新、组织创新、重组创新、专门化创新和规范化创新。

我们认为,技术创新、制度创新和服务创新,是服务业创新的三个关键因素。技术创新、制度创新和服务创新联合作用导致新产品、新制度、新结构和新企业,它们联合作用促进服务业现代化;在创新

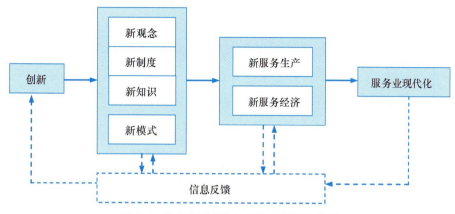

图 2-4 服务业现代化过程的创新驱动模型

过程的每一步都有信息反馈,形成从三种创新到服务业现代化的正反馈循环驱动。

五、服务业现代化的模式

服务业现代化是一个历史过程,具有时间跨度和发展路径。不同国家的服务业现代化,有自己的发展路径和阶段模式。发展路径指在服务业现代化的起点与终点(目标)之间的道路,它具有方向性、阶段性和结构特征。服务业现代化的模式是服务业现代化的发展路径的一段历史截段,是服务业现代化的关键要素的一种组合(配方),具有时效性和针对性。一般而言,服务业现代化模式是服务业现代化的实践经验的代名词。

1. 服务业现代化的路径

一般而言,服务业现代化是多路径的。根据路径的性质,可以把路径分为三类。21 世纪服务业现代化大致有三条基本路径(图 2-5),不同国家和地区可以选择不同路径。一般而言,服务业现代化没有最佳路径,只有合适路径。基本路径可以选择,细分路径可以选择。每一条细分路径的适用性不同,同一条细分路径对不同国家是不等价的。

- 第一类是基本路径,指服务业现代化的主要路径,每条路径的方向和结构特征是独特的。
- 第二类是细分路径,指基本路径中方向一致但结构特点不同的一组路径,又称为亚路径。
- 第三类是分叉路径,指看似可以通向现代化目标,但实际上是不可能达到目标的路径。

21 世纪国家服务业现代化有三种路径选择。

- 选择一,第二次服务业现代化路径。适合于已经完成或基本完成第一次服务业现代化的国家。
- 选择二,追赶服务业现代化路径。先完成第一次服务业现代化,后推进第二次服务业现代化。适合于没有完成第一次服务业现代化的国家,特别是服务业现代化刚刚起步的国家。
- 选择三,综合服务业现代化路径,两次服务业现代化协调发展,并持续向第二次服务业现代化转型。适合于没有完成第一次服务业现代化的国家,特别是第一次服务业现代化实现程度较高的国家。

2. 服务业现代化的模式

服务业现代化模式是国家服务业现代化过程中某一个历史截段的典型特征的一种抽象表述,或者说是国家服务业现代化路径的一个历史截段的"名称"。服务业现代化包括许多基本要素,如服务生产、服务经济、服务制度和服务观念等。服务业现代化模式就是这些基本要素的某种组合。不同国

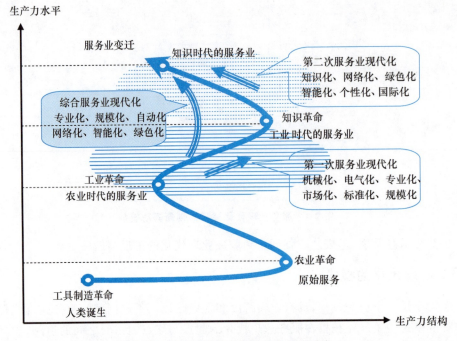

图 2-5　21 世纪服务业现代化的三条路径

注：21 世纪第一次服务业现代化路径将受到第二次服务业现代化的影响，多少具有综合服务业现代化的特点。综合服务业现代化路径具有多样性，与起点和目标选择紧密相关。

家的不同历史时期具有不同的条件和环境，需要不同的要素组合。

如果国家服务业现代化的某一个阶段取得明显的成功或失败，人们就会把这个阶段的路径及其特征归结为"一种模式"。先行国家服务业现代化过程的一些成功模式，往往成为后发国家的参照。关于服务业现代化的模式，不同学者的认识有所不同。

首先，服务业现代化具有模式多样性。一般而言，不同国家和不同阶段可以选择不同模式，可以创造不同的模式。它们与国内、国际环境和政策选择紧密相关。美国学者丹尼尔·贝尔曾指出：服务业经历了以个人服务和家庭服务为主、以商业服务和运输服务为主，到以技术型、知识型的服务和公共服务为主的进化过程。亦即经历了最终需求带动模式、中间需求带动模式和新技术带动模式这三个阶段（白玉芹，2004）。

有学者对发达国家服务业发展模式的研究认为：美国现代服务业的发展模式包括主导型服务行业带动型、产业集聚促进型和跨国转移促进型三种；英国的发展模式包括金融业带动型、空间分布多级型和以点带面辐射型；而日本的发展模式包括垄断财团主导型、发展区域辐射型以及服务业和制造业的关联化（车鑫，2015）。

总的来说，服务业发展模式是相对的，相关模式之间没有明显边界，不同模式可以交叉进行。几个模式可以组合成一种复合模式。

其次，服务业现代化没有标准模式，没有最佳模式，只有合适模式。国家可以选择或创造模式。模式的创造和选择，受客观条件和国际环境的影响，需要专题研究。

其三，一般而言，第一次服务业现代化的模式选择，更多受自身条件的影响。第二次服务业现代化的模式选择，更多受科技水平和国际环境的影响。综合服务业现代化的模式选择，更多受政策导向和国际竞争的影响。

3. 综合服务业现代化

综合服务业现代化是 21 世纪服务业现代化的一条基本路径,它包括两次服务业现代化的联动,包括服务业的专业化、自动化、标准化、规模化、知识化、信息化、智能化、绿色化和国际化的协同发展,包括服务业劳动生产率和职工收入的提高、服务业职工福利与生活质量的改善、国际服务业竞争力和国际服务业地位的提高等。

从经济结构角度看,第一次服务业现代化是一种传统服务业比例下降、现代服务业比例上升的过程;第二次服务业现代化是一种知识型服务业比例上升、劳务型服务业比例下降的过程;综合服务业现代化是两次服务业现代化协调发展的过程,服务业内部结构有可能长期在某一个范围内波动,但服务观念和服务制度等持续向知识型服务业转型,向第二次服务业现代化转型。

本 章 小 结

首先,服务业现代化的国家案例。美国和韩国服务业现代化,都经历了两大阶段。第一阶段,传统服务业比例下降,现代服务业比例上升,服务业占 GDP 比例达到 60%。第二阶段,劳务型服务业比例下降,知识型服务业比例上升,知识型服务业比例超过劳务型服务业比例。

其次,服务业现代化的产业结构。工业时代的三次产业:第一次产业是农业,提供食物;第二次产业是工业,提供非食物的物质产品;第三次产业是服务业,提供非物质的服务。1997 年经济合作与发展组织出版《以知识为基础的经济》报告,认为知识经济是以知识的生产、传播和应用为基础的经济。1999 年何传启提出了知识时代的三大产业。其中,物质产业是物质商品的生产部门,包括农业和工业,满足人类物质生活的商品需要;服务产业是劳务服务的生产部门,包括流通服务和其他劳务服务,满足人类的商品流通和其他劳务服务的需要;知识产业是知识和知识服务的生产部门,包括两个部分,其中,人类发展服务(简称人类服务)是促进人类发展的服务部门,满足人类精神生活和健康需要;基本运行服务(简称基本服务)是维持经济和社会运行的服务部门,满足维持运行的知识服务需要。

其三,服务业现代化的基本原理。讨论了服务业现代化的内涵、过程、结果、动力和模式等。在 18 世纪至 21 世纪期间,服务业现代化可以分为两大阶段,第一次服务业现代化是从传统服务业向现代服务业的转变,第二次服务业现代化是从现代服务业向知识服务业的转变;21 世纪,没有完成第一次服务业现代化的国家可以采用两次服务业协调发展的道路,就是综合服务业现代化。

第三章 中国服务业现代化的理性分析

随着人类文明的发展,服务业在国民经济中的地位日益上升,但关于服务业的认识和政策,经历了很大转变。早期服务业被认为是不创造价值的产业,是一种"商人逐利活动"。在18世纪以前的中国,盛行"重农抑商"的文化传统,商业服务的发展一直不受重视。18世纪的工业革命不仅催生了现代工业、工业化和工业现代化,也带来了现代服务业和服务业现代化。中国服务业现代化的起步大致是19世纪下半叶,中国服务业现代化的任务仍然非常艰巨。

20世纪初,中国服务业增加值占GDP比例约为22%,低于美国和英国1820年的水平。经过100多年的发展,目前中国服务业增加值比例仍低于世界平均水平,国际差距明显(表3-1)。中国现代化是世界现代化的组成部分,中国服务业现代化遵循世界服务业现代化的基本原理。我们沿用第一章世界服务业现代化的分析逻辑,先开展时序分析、截面分析和过程分析,然后讨论中国服务业现代化的战略选择(图3-1)。关于中国服务业的统计数据,分别来自世界银行世界发展指标数据库、中国统计年鉴和中国人口普查等,同一个指标的不同来源的数据有时会有一些差别;不同年代数据由于统计口径调整而产生差异;由此产生的不一致,敬请谅解。

表3-1 1820~2013年服务业增加值占GDP比例的国际比较 单位:%

地区	1820	1870	1900	1960	2000	2010	2013
中国[a]	—	—	22	32	40	44	47
美国[b]	31	58	57	58	76	79	78
英国[c]	42	45	50	54	72	78	78
德国[c]	—	30	31	41	68	69	69
法国[c]	17	26	25	51	74	79	79
日本[c]	—	—	52	42	67	71	73
印度	—	—	—	38	51	55	51
高收入国家	—	—	—	54	70	74	74
中收入国家	—	—	—	37	51	54	55
低收入国家	—	—	—	27	45	46	46
世界[d]	—	—	—	45	67	70	71

注:[a] 1900年数据为1890年数据,为估计数。[b] 1820年、1870年和1900年数据分别为1839年(库兹涅茨,1999)、1869年和1904年数据(米切尔,2002)。[c] 数据来源:米切尔,2002。[d] 1960年数据为估计数,为高收入国家平均值、中等收入国家平均值和低收入国家平均值的算术平均值。1960~2013年数据来源:世界银行世界发展指标(World development indicators online 2015)。"—"表示没有数据,后同。

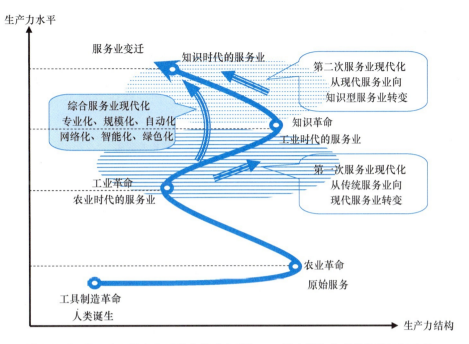

图 3-1　21 世纪中国服务业现代化的路径选择——综合服务业现代化的运河路径

注：关于中国服务业现代化的路径选择，必然见仁见智。运河路径是一种理性选择。中国不同地区的现代化水平和服务业现代化水平有所不同，他们可以选择适合自己的服务业现代化路径。

第一节　中国服务业现代化的时序分析

中国服务业现代化的时序分析，是对中国服务业现代化的全过程的时间序列数据和资料进行分析，试图去发现和归纳它的事实和特点。世界服务业时序分析的国家样本为 15 个（表 1-15）。我们选择其中的 6 个国家、高收入国家、中等收入国家、低收入国家和世界平均值为参照，分析中国服务生产、服务经济和服务要素的变迁，时间跨度约为 50 年（表 3-2），分析内容包括长期趋势和国际比较等。关于中国服务业现代化的地区差异和地区多样性，需要专题研究。

表 3-2　1960～2014 年中国服务业指标的变化趋势

变化类型	服务生产指标/个	服务结构指标/个	服务要素定量指标/个	合计/个	比例/(%)
上升变量	35	12	18	65	64.4
下降变量	2	8	1	11	10.9
转折变量	1	10	—	11	10.9
波动变量	2	11	1	14	13.9
合计	40	41	20	101	100.0

一、中国服务生产的时序分析

服务生产涉及许多方面。这里重点讨论服务规模、服务效率和服务质量三个方面。

1. 中国服务规模的时序分析

(1) 中国服务规模的变化趋势

1960年以来,中国服务业规模的变化趋势与世界服务业规模的变化趋势基本一致;其中,6个指标为上升变量,2个为波动变量,1个为转折变量(表3-3)。1960年至2011年,中国服务业增加值大幅提升,提高170多倍;2011年服务业劳动力和服务业劳动力比例分别是1960年的10.6倍和3.6倍。服务密度显著提升,由0.23提高到34.7,提高了150倍。

表3-3 1960～2011年中国服务业规模的变化

项目	1960	1970	1980	1990	2000	2011	变化	类型
服务业增加值/亿美元	190	222	422	1162	4800	33 209	175	上升
服务业增加值比例/(%)	32.1	24.3	22.2	32.4	39.8	44.3	1.4	转折
服务业增加值占全球比例/(%)	—	1.6	0.7	0.9	2.3	7.5	4.8	上升
服务业劳动力/百万人	26*	31	55	120	198	273	10.6	上升
服务业劳动力比例/(%)	9.9*	9.0	13.1	18.5	27.5	35.7	3.6	上升
旅游服务业占GDP比例**/(%)	—	—	—	0.81	1.06	1.08	1.4	上升
服务业增加值增长率/(%)	—	7.1	6.1	2.7	9.7	9.5	1.3	波动
服务业劳动力增长率/(%)	—	—	—	8.7	3.4	2.4	0.3	波动
服务密度/(万美元·平方千米$^{-1}$)	—	0.23	0.44	1.22	5.02	34.7	151	上升

数据来源:World Bank,2015(世界发展指标数据库网络版);中国统计年鉴等;后同。

注:"—"为没有数据,后同。*1960年数据为1962年数据。服务业劳动增长率为每5年的劳动力增长率计算所得。变化=终点/起点。**估算:旅游服务业占GDP比例(%)=旅游服务业收入÷GDP×0.23×100%。

上升变量:服务业增加值、服务业增加值占全球比例、服务业劳动力、服务业劳动力比例、旅游服务业增加值比例、服务密度。

转折变量:服务业增加值比例。

波动变量:服务业增加值增长率、服务业劳动力增长率。

(2) 中国服务规模变化的主要特点

首先,20世纪以来,服务业增加值比例的变化可以分为三个阶段。上升阶段:1900～1960年,服务业增加值比例上升。下降阶段:1960～1982年,服务业增加值比例下降。上升阶段:1983～2013年,服务业增加值比例持续上升(图3-2)。

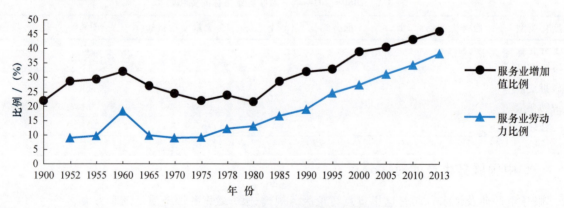

图3-2 1952～2013年中国服务业增加值比例和服务业劳动力比例的变化

其次,20世纪以来,服务业劳动力比例的变化可以分为三个阶段。上升阶段:1900~1960年,服务业劳动力比例上升。下降阶段:1960~1975年,服务业劳动力比例下降。上升阶段:1975~2013年,服务业劳动力比例持续上升(图3-2)。

其三,服务密度持续上升。

(3) 中国服务规模的国际比较

首先,过程比较,以中国服务业增加值比例为例(表3-4)。1970年以来,中国服务业增加值比例低于美国、德国、法国等发达国家,也低于墨西哥、巴西和印度等发展中国家,基本与低收入国家相当。2013年,中国服务业增加值比例大约为世界平均值的67%。

表3-4　1960~2013年中国服务业增加值比例的国际比较　　　　　单位:%

区域	1960	1970	1980	1990	2000	2010	2013	2013/1970
中国	32.1	24.3	22.2	32.4	39.8	44.2	46.9	1.93
美国	—	55.9	58.9	65.2	75.6	78.5	78.1	1.40
德国	—	43.6	51.4	55.7	68.2	69.3	68.4	1.57
法国	—	59.9	65.2	69.6	74.3	78.6	78.7	1.31
墨西哥	—	55.1	57.4	63.7	61.6	61.5	62.1	1.13
巴西	36.3	41.5	40.8	53.2	68.0	67.8	70.0	1.69
印度	38.1	37.6	40.3	44.5	51.0	54.6	51.3	1.36
高收入国家	—	55.1	55.5	60.4	66.9	73.5	73.8	1.34
中等收入国家	—	37.2	38.1	44.5	50.4	53.7	54.6	1.47
低收入国家	—	31.0	35.6	41.1	45.0	46.0	46.3	1.49
世界平均	—	52.9	55.5	60.4	66.9	70.1	70.5	1.33
中国/世界	—	0.46	0.40	0.54	0.60	0.63	0.67	1.45

注:时序分析样本包括15个国家(表1-15)。这里选择其中的6个国家为中国国际比较的对照。后同。

其次,前沿比较,以2013年为例(表3-5)。中国服务业增加值比例低于世界平均水平;服务业增加值占全球比重远低于美国,但高于德国、法国、墨西哥、巴西和印度;旅游业占GDP比例低于美国。中国服务业年增长率、服务密度约为世界平均水平的3.8倍、1.4倍。

表3-5　2013年中国服务规模的国际比较

区域	服务业增加值/(万亿美元)	服务业占GDP比例/(%)	服务业增加值占全球比重/(%)	服务业就业人员/(亿人)*	服务业就业人员占总就业比/(%)*	旅游业增加值比例/(%)*	服务业增加值年增长率/(%)	服务密度/(万美元·平方千米$^{-1}$)
中国	4.5	46.9	9.6	2.6	34.6	0.9	8.3	47
美国	12.2	78.1	26.3	1.2	81.2	2.8	1.8	124
德国	2.3	68.4	4.9	0.3	70.0	—	0.1	642
法国	2.0	78.7	4.3	0.2	74.4	—	0.8	361
墨西哥	0.8	62.1	1.6	—	60.6	—	2.5	38
巴西	1.4	70.0	3.1	—	—	—	1.8	17
印度	0.9	51.3	1.9	1.2	26.6	—	9.1	27
高收入国家	34.5	73.8	74.3	4.6	74.0	—	1.4	60
中等收入国家	11.8	54.6	25.3	7.9	36.6	—	5.9	19
低收入国家	0.2	46.3	0.3	—	—	—	6.7	1.1
世界平均	46.5	70.5	100.0	13.6	45.1	—	2.2	35
中国/世界	0.10	0.67	0.10	0.19	0.77	—	3.75	1.35

注:*为2010年数据。

2. 中国服务效率的时序分析

(1) 中国服务效率的变化趋势

1960年以来中国服务业劳动生产率上升,1980年以来服务业14个部门平均工资不断提高。

首先,中国服务业劳动生产率呈上升趋势(表3-6)。1960年为400美元/人,2013年为14 280美元/人,是1960年的36倍。在此期间,中国工业劳动生产率从640美元/人提高到17 393美元/人;服务业劳动生产率与工业劳动生产率之比,从0.62提高到0.82。

表3-6 1960~2013年中国服务业效率的变化   单位:美元

指标	1960	1970	1980	1990	2000	2010	2013	变化	趋势
服务业劳动生产率	400	716	1185	1028	2359	9737	14 280	36	上升
工业劳动生产率	640	1053	1898	1164	3393	12 672	17 393	27	上升
服务业/工业生产率	0.62	0.68	0.62	0.88	0.70	0.77	0.82		

注:变化=终点/起点。

其次,中国服务业平均工资的提高。根据《中国统计年鉴》《中国第三产业统计年鉴》和《中国劳动和就业统计年鉴》的数据,1990~2014年期间的服务业就业劳动力的统计数据不齐全。反映服务业劳动生产率的其他12个指标:劳务型服务业劳动生产率、知识型服务业劳动生产率、生产型服务业劳动生产率、消费型服务业劳动生产率、综合型服务业劳动生产率、知识传播型服务业劳动生产率、智力服务型服务业劳动生产率、公共服务型劳动生产率、非公共服务型劳动生产率、生产型劳务服务业劳动生产率、消费型劳务服务业劳动生产率、综合型劳务服务业劳动生产率,无法进行测算。在这里,就对不同服务部门职工平均工资进行比较。

2002年,职工平均工资最高的行业是金融保险业,其次是科学研究和综合技术服务业、交通运输仓储和邮电通信业,批发零售贸易和餐饮业职工工资最低。1980~2002年,在我国11类服务行业中,社会服务业提升幅度最大,提升了27倍多,其次是金融保险业和房地产业,分别提升了25.6倍和21.3倍,提升幅度最小的是批发零售贸易和餐饮业,提升了12.6倍(表3-7)。

表3-7 1980~2002年中国分行业服务业职工平均工资   单位:元

项目	1980	1985	1990	1995	2000	2002	变化	排名
地质勘查业和水利管理业	895	1406	2465	5962	9622	12 303	13.75	10
交通运输仓储和邮电通信	832	1275	2426	6948	12 319	16 044	19.28	3
批发零售贸易和餐饮业	692	1007	1818	4248	7190	9398	13.58	11
金融、保险业	720	1154	2097	7376	13 478	19 135	26.58	1
房地产业	694	1028	2243	7330	12 616	15 501	22.34	4
社会服务业	475	777	2170	5982	10 339	13 499	28.42	8
卫生体育和社会福利业	718	1124	2209	5860	10 930	14 795	20.61	5
教育、文化、艺术和广播电影电视业	700	1166	2117	5435	9482	13 290	18.99	9
科学研究和综合技术服务业	851	1272	2403	6846	13 620	19 113	22.46	2
国家机关、政党机关和社会团体	800	1127	2113	5526	10 043	13 975	17.47	7
其他	—	—	—	6295	11 098	14 215	—	6
行业工资差距(最高/最低)	1.88	1.81	1.36	1.74	1.89	2.04		

数据来源:2000年以来的《中国统计年鉴》。

注:变化=终点/起点。

2013年,职工平均工资最高的行业是金融业,其次是信息传输、软件和信息技术服务业、科学研究、技术服务和地质勘查业,住宿和餐饮业职工工资最低。2003～2013年,在我国14类服务行业中,金融业提升幅度最大,提升了3.8倍,其次是批发和零售业、科学研究和技术服务业,分别提升了3.6倍和2.7倍,提升幅度最小的是信息传输、软件和信息技术服务业,提升了1.9倍(表3-8)。

表3-8　2003～2013年中国分行业服务业职工平均工资　　　单位:元

项目	2003	2005	2010	2011	2012	2013	变化	排名
批发和零售业	10 894	15 256	33 635	40 654	46 340	50 308	4.62	10
交通运输仓储和邮政业	15 753	20 911	40 466	47 078	53 391	57 993	3.68	6
住宿和餐饮业	11 198	13 876	23 382	27 486	31 267	34 044	3.04	14
信息传输、软件和信息技术服务业	30 897	38 799	64 436	70 918	80 510	90 915	2.94	2
金融业	20 780	29 229	70 146	81 109	89 743	99 653	4.80	1
房地产业	17 085	20 253	35 870	42 837	46 764	51 048	2.99	9
租赁和商务服务业	17 020	21 233	39 566	46 976	53 162	62 538	3.67	4
科学研究、技术服务和地质勘查业	20 442	27 155	56 376	64 252	69 254	76 602	3.75	3
水利、环境和公共设施管理业	11 774	14 322	25 544	28 868	32 343	36 123	3.07	13
居民服务和其他服务业	12 665	15 747	28 206	33 169	35 135	38 429	3.03	12
教育	14 189	18 259	38 968	43 194	47 734	51 950	3.66	8
卫生、社会保障和社会福利业	16 185	20 808	40 232	46 206	52 564	57 979	3.58	7
文化、体育和娱乐业	17 098	22 670	41 428	47 878	53 558	59 336	3.47	5
公共管理和社会组织	15 355	20 234	38 242	42 062	46 074	49 259	3.21	11
行业工资差距(最高/最低)	2.84	2.80	3.00	2.95	2.87	2.93		

数据来源:2005年以来的《中国统计年鉴》。
注:变化=终点/起点。

(2) 中国服务效率变化的主要特点

首先,1970年以来,服务业劳动生产率持续提高。

其次,2003年以来,金融业、批发和零售业的平均工资提升比较快。

其三,2003年以来,金融业和信息业的平均工资在服务业中居于前列。

其四,1980年以来,住宿和餐饮业的职工平均工资是最低的。

(3) 中国服务效率的国际比较

以服务业劳动生产率为例(表3-9),1991年以来,中国服务业劳动生产率一直在提高,但中国服务业劳动生产率仍低于世界平均值,2000年为世界平均值的12%,2010年为世界平均值的35%。在与美国、德国、法国、巴西和印度的各年比较中,中国服务业劳动生产率除比印度高外,都明显低于其他各国。

表3-9　1991～2012年中国服务业劳动生产率的国际比较　　　单位:美元/人

区域	1991	1995	2000	2005	2010	2012	变化
中国	1135	1522	2505	4090	10 312	13 269	11.69
美国	—	—	69 316	83 329	94 842	—	1.37
德国	50 167	69 724	50 293	72 710	77 954	82 728	1.65
法国	52 545	65 987	53 385	79 975	93 254	99 650	1.90

(续表)

区域	1991	1995	2000	2005	2010	2012	变化
巴西	—	11 552	—	9913	—	—	0.86
印度	—	—	2392	3606	7186	6557	3.00
高收入国家	—	—	48 627	61 001	69 193	—	1.42
中等收入国家	—	—	4398	5650	11 097	—	2.52
世界平均	—	—	20 256	24 340	29 851	—	1.47
中国/世界	—	—	0.12	0.17	0.35	—	2.79

注：变化＝终点/起点。

3. 中国服务质量的时序分析

(1) 中国服务质量的变化趋势

中国服务业质量的变化趋势总体向好（表3-10）。其中，14个指标为上升变量，2个指标为下降变量，另有2个指标由于数据缺失无法判断变化趋势。1991年以来，提升幅度最大的指标是人均知识传播型服务业增加值，提升了50倍；其次是人均消费型服务业增加值，提升了40倍；人均劳务型消费服务业增加值提高了34倍，人均知识型服务业增加值提升了32倍。创办企业所需的时间和出口通关所需时间有所下降，说明公共服务质量有所提升。

表3-10　1991～2012年中国服务质量的变化

项目	1991	1995	2000	2005	2010	2012	变化	趋势
人均服务业增加值/(元·人$^{-1}$)	628	1490	2366	5633	12 977	17 171	27.34	上升
人均劳务型服务业增加值/(元·人$^{-1}$)	381	894	1419	3063	6865	9026	23.72	上升
人均知识型服务业增加值/(元·人$^{-1}$)	243	586	930	2569	6112	8145	33.54	上升
人均劳务型生产服务业增加值/(元·人$^{-1}$)	122	254	428	831	1430	1826	14.90	上升
人均劳务型消费服务业增加值/(元·人$^{-1}$)	39	128	257	562	1059	1370	35.24	上升
人均劳务型综合服务业增加值/(元·人$^{-1}$)	219	512	733	1670	4375	5831	26.61	上升
人均知识传播型服务业增加值/(元·人$^{-1}$)	40	93	189	800	1564	2018	51.05	上升
人均智力服务型服务业增加值/(元·人$^{-1}$)	203	493	740	1770	4548	6127	30.14	上升
人均生产型服务业增加值/(元·人$^{-1}$)	250	587	917	1761	4133	5543	22.21	上升
人均消费型服务业增加值/(元·人$^{-1}$)	39	128	257	653	1246	1625	41.81	上升
人均综合型服务业增加值/(元·人$^{-1}$)	219	512	733	2036	5039	6643	30.31	上升
人均公共服务业增加值/(元·人$^{-1}$)	116	253	441	1183	2559	3360	29.03	上升
人均非公共服务业增加值/(元·人$^{-1}$)	508	1227	1908	4450	10 418	13 811	27.21	上升
ISO 9001认证企业比例/(%)	—	—	—	—	—	53.4	—	—
物流绩效指数：综合分数	—	—	—	3.32	3.49	3.52	1.06	上升
创办企业所需的时间/天	—	—	—	48*	48	38	33	0.69	下降
取得营业执照所需时间/天	—	—	—	—	—	27.5	—	—
出口通关所需时间/天	—	—	—	23	21	21	0.91	下降

注：* 为2003年数据。变化＝终点/起点。

上升变量：人均服务业增加值、人均劳务型服务业增加值、人均知识型服务业增加值、人均劳务型生产服务业增加值、人均劳务型消费服务业增加值、人均劳务型综合服务业增加值、人均知识传播型服务业增加值、人均智力服务型服务业增加值、人均生产型服务业增加值、人均消费型服务业增加值、人均综合型服务业增加值、人均公共服务业增加值、人均非公共服务业增加值、物流绩效指数。

下降变量：创办企业所需的时间、出口通关所需时间。

（2）中国服务质量变化的主要特点

首先，1991 年以来，中国人均服务业增加值提高了 26 倍。

其次，1991 年以来，中国人均劳务型服务业高于人均知识型服务业（图 3-3）。

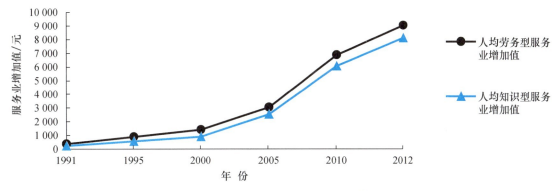

图 3-3 1991～2012 年中国劳务型与知识型服务业的差距

其三，1991 年以来，中国人均知识型服务业比人均劳务型服务增加值的增长要快一些。

其四，1991 年以来，中国人均公共服务业比人均非公共服务业增加值的增长要快一些，但人均非公共服务增加值一直高于人均公共服务增加值，2012 年人均非公共服务增加值是人均公共服务增加值的 4 倍。

其五，1991 年以来，中国人均智力服务增加值比人均知识传播增加值要高很多，2012 年人均智力服务增加值是人均知识传播服务增加值的 3 倍。

其六，创建企业效率明显提升。2005 年之前，我国创办企业所需时间大约需要 48 天，2010 年则缩减到 38 天，2012 年仅需 33 天。

（3）中国服务质量的国际比较

首先，过程比较，以人均服务业增加值为代表。1970 年以来，中国人均服务业增加值不断提升，但低于世界平均水平。2013 年，中国人均服务业增加值仅为世界平均水平的 50%，大大低于美国、德国、法国等发达国家，也低于墨西哥和巴西（表 3-11）。中国人均知识型服务业增加值更是远远低于美国、德国、法国、韩国等发达国家（表 3-12）。

表 3-11 1960～2013 年中国人均服务业增加值的国际比较　　　　　　　　　　　　单位：美元

区域	1960	1970	1980	1990	2000	2005	2010	2013	2013/1960
中国	29	27	43	102	380	720	1996	3280	113.1
美国	—	2792	7177	15 026	25 784	31 788	35 436	38 634	13.84*
德国	—	1165	6034	12 015	14 560	21 932	25 997	28 454	24.42*
法国	—	1519	7417	13 619	14 985	24 014	28 841	30 089	19.81*
墨西哥	—	352	1463	1780	3860	4607	5255	6153	17.48*
巴西	76	183	788	1394	2204	2682	6522	7108	93.53
印度	30	40	100	152	214	360	721	705	23.50

（续表）

区域	1960	1970	1980	1990	2000	2005	2010	2013	2013/1960
高收入国家	—	1210	4381	9376	14 406	19 276	23 113	24 890	20.57*
中等收入国家	45	66	228	326	567	866	1771	2292	50.93
低收入国家	—	64	97	96	102	119	210	259	4.05*
世界平均	—	386	1277	2390	3440	4559	5880	6523	16.90*
中国/世界	—	0.07	0.03	0.04	0.11	0.16	0.34	0.50	7.19*

注：*部分代表2013/1970年数据。

表3-12　1990～2011年中国人均知识型服务业增加值的国际比较　　单位：美元

区域	1990	1995	2000	2005	2010	2011	变化
中国	46	70	112	314	903	1106	24.2
美国	—	11 599	15 369	19 547	23 036	—	1.99
德国	5513	6903	6699	9878	11 730	—	2.13
法国	—	—	7027	11 093	13 389	14 308	2.04
韩国	1362	2837	2848	5058	6026	—	4.43
瑞典	—	7313	7815	11 880	14 241	—	1.95
斯洛文尼亚	—	1817	3470	5643	7126	—	3.92
中国/美国	—	0.0060	0.0073	0.0161	0.0392		

注：中国1990年为1991年数据。变化＝终点/起点。

其次，前沿比较，以2013年为例（表3-13）。2013年，人均服务业增加值和出口通关所需时间低于世界平均水平。

表3-13　2013年中国服务质量指标的国际比较

区域	人均服务业增加值/美元	创办企业所需时间/天	取得营业执照所需时间/天	物流绩效指数（2014年数据）	出口通关所需时间/天
中国	3280	34	27.5	3.53	21
美国	38 634	6	—	3.92	6
德国	28 454	15	—	4.12	9
法国	30 089	7	—	3.85	10
墨西哥	6153	6	—	3.13	12
巴西	7108	87	—	2.94	13
印度	705	26	17.8	3.08	17
高收入国家	24 890	19	—	3.48	13
中等收入国家	2292	27	14.4	2.68	23
低收入国家	259	29	—	2.40	36
世界平均	6523	25	—	2.89	22
中国/世界	0.50	1.36	—	1.22	0.95

2010年，中国人均劳务型服务业增加值、人均知识型服务业增加值、人均生产型服务业增加值、人均消费型服务业增加值、人均综合型服务业增加值和人均公共型服务业增加值6个指标均低于美国、奥地利、比利时、法国、德国、韩国等15个OECD国家（表3-14）。

表 3-14　2010 年中国与 OECD 国家服务质量的国际比较　　　　　　　单位：美元

国家	人均劳务型服务业增加值	人均知识型服务业增加值	人均生产型服务业增加值	人均消费型服务业增加值	人均综合型服务业增加值	人均公共型服务业增加值
中国	1014	903	610	184	744	378
美国	14 489	23 036	10 177	2950	14 116	10 282
奥地利	15 781	12 752	7415	6863	7572	6683
比利时	13 974	15 673	9668	5273	7151	7554
丹麦	20 171	17 220	11 085	8193	9420	8693
芬兰	14 615	11 873	5400	6008	8516	6563
捷克	5283	5204	3109	1830	3038	2510
法国	14 728	13 389	6689	5828	8740	6860
德国	13 429	11 730	6500	5319	7481	5859
匈牙利	3424	3639	1852	1193	2199	1819
意大利	75 716	83 989	86 790	60 423	195 252	75 452
韩国	4672	6026	3238	1002	3486	2972
荷兰	14 101	16 977	10 320	6823	6382	7554
挪威	21 617	20 196	11 423	9609	10 559	10 223
斯洛文尼亚	6339	7126	4064	2907	3146	3350
瑞典	16 531	14 241	10 050	7229	6677	6815

二、中国服务经济的时序分析

服务经济涉及许多方面。这里重点讨论服务经济的产业结构、就业结构和服务贸易。

1. 中国服务经济的产业结构的时序分析

（1）中国服务产业结构的变化趋势

首先，服务业增加值相对比例的变化。1960 年以来，中国服务业与工业增加值之比、服务业与农业增加值之比先下降后上升，分别提高 57% 和 2 倍多（表 3-15，图 3-4）。

表 3-15　1960～2014 年中国服务业与工农业增加值之比的变化

指标	1960	1970	1980	1990	2000	2010	2014	变化	趋势
服务业与工业增加值之比	0.72	0.60	0.46	0.79	0.88	0.96	1.13	1.57	转折
服务业与农业增加值之比	1.37	0.69	0.74	1.21	2.70	4.59	5.26	3.83	转折

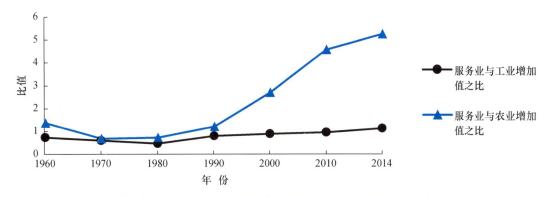

图 3-4　1960～2014 年中国服务业与工农业增加值之比的变化

其次，服务业的聚类结构的变化。1991~2012年，服务业的聚类结构变化很大（表3-16）。

表3-16　1991~2012年中国服务业的聚类结构变化　　　　　　　　　　　　　　　　单位：%

项目	1991	1995	2000	2005	2010	2012	变化	趋势
按知识含量分								
劳务型服务业增加值比重	61.0	60.4	60.4	54.4	52.9	52.6	0.86	下降
知识型服务业增加值比重	39.0	39.6	39.6	45.6	47.1	47.4	1.22	上升
劳务型生产服务业增加值比重	19.7	17.1	18.2	14.8	11.0	10.6	0.54	下降
劳务型消费服务业增加值比重	6.2	8.7	11.0	10.0	8.2	8.0	1.28	转折
劳务型综合服务业增加值比重	35.2	34.6	31.2	29.7	33.7	34.0	0.97	转折
知识传播型服务业增加值比重	6.3	6.3	8.1	14.2	12.1	11.8	1.85	转折
智力服务型服务业增加值比重	32.6	33.3	31.5	31.4	35.0	35.7	1.09	上升
按服务对象分								
生产型服务业增加值比重	40.0	39.6	39.1	31.3	31.8	32.3	0.81	转折
消费型服务业增加值比重	6.2	8.7	11.0	11.6	9.6	9.5	1.52	转折
综合型服务业增加值比重	35.2	34.6	31.2	36.2	38.8	38.7	1.10	转折
公共服务业增加值比重	18.6	17.1	18.8	21.0	19.7	19.6	1.05	波动
非公共服务业增加值比重	81.4	82.9	81.2	79.0	80.3	80.4	0.99	波动

上升变量：知识型服务业、智力服务型服务业增加值比重。

下降变量：劳务型服务业、劳务型生产服务业增加值比重。

转折变量：生产型服务业、劳务型消费服务业、劳务型综合服务业、知识传播型服务业、消费型服务业、消费型服务业增加值比重。

波动变量：公共服务业、非公共服务业增加值比重。

其三，服务业的部门结构的变化。1978~2012年，服务业的部门结构变化很大（表3-17）。

表3-17　1978~2013年中国服务业的部门结构变化　　　　　　　　　　　　　　　　单位：%

项目	1978	1980	1985	1990	1995	2000	2005	2010	2013
交通运输、仓储和邮政业	20.9	21.7	16.3	19.8	16.2	15.9	14.2	11.0	10.4
批发和零售业	27.8	19.7	31.0	21.5	23.9	21.1	18.6	20.6	21.2
住宿和餐饮业	5.1	4.8	5.3	5.1	6.0	5.5	5.6	4.6	4.4
房地产业	9.2	9.8	8.3	11.2	11.8	10.7	11.4	13.1	12.7
金融业	7.8	7.6	10.1	17.3	14.0	10.6	8.1	12.1	12.8
其他	29.3	36.3	28.9	25.0	28.0	36.2	42.0	38.5	38.5
总计	100.0	100.0	100.0	100.0	100.0	100.0	100.0	100.0	100.0

数据来源：中国统计年鉴2014。

上升变量：房地产业比重，科学研究和综合技术服务业比重。

下降变量：交通运输、仓储和邮政业比重。

转折变量：住宿和餐饮业比重。

其他变量：批发和零售业，金融业，公共管理和社会组织、卫生和社会保障、教育和文化产业、其他服务业比重。

在不同历史时期，服务业的部门结构变化具有一些不同特点。在1991~2003年（表3-18）和2004~

2012年(表3-19)期间服务业的门类结构变化,可以参考。

表3-18　1991～2003年中国服务业的部门结构的变化　　　　　　　　　　　　　　单位:%

指标	1991	1995	1998	2000	2001	2003	变化	趋势
地质勘查业水利管理业比重	1.1	1.4	1.2	1.1	1.0	0.9	0.84	下降
交通运输、仓储及邮电通信业比重	19.7	17.1	16.5	18.2	18.1	17.1	0.87	下降
批发和零售贸易餐饮业比重	29.1	27.7	26.3	24.7	24.1	23.8	0.82	下降
金融、保险业比重	18.0	19.5	18.7	17.6	17.0	16.6	0.93	转折
房地产业比重	5.1	5.9	5.8	5.6	5.7	6.1	1.19	上升
社会服务业比重	6.2	8.7	10.6	11.0	11.7	12.6	2.01	上升
卫生体育和社会福利业比重	3.0	2.7	2.8	3.0	3.0	3.0	0.99	波动
教育、文化艺术及广播电影电视业比重	6.3	6.3	7.3	8.1	8.4	8.8	1.39	上升
科学研究和综合技术服务业比重	1.4	1.6	1.9	2.1	2.1	2.3	1.67	上升
国家机关、政党机关和社会团体比重	9.2	8.1	7.9	7.9	7.9	8.1	0.87	转折
其他行业比重	0.9	1.0	1.0	0.9	0.9	0.8	0.89	转折

注:2004年之前中国服务产业分为11类行业。变化=终点/起点。

表3-19　2004～2012年中国服务业的部门结构的变化　　　　　　　　　　　　　　单位:%

指标	2004	2006	2008	2010	2012	变化	趋势
交通运输、仓储和邮政业比重	14.4	14.7	12.5	11.0	10.6	0.74	下降
信息传输、计算机服务和软件业比重	6.6	6.3	6.0	5.1	4.7	0.72	下降
批发和零售业比重	19.3	18.3	19.9	20.6	21.3	1.10	上升
住宿和餐饮业比重	5.7	5.7	5.0	4.6	4.5	0.79	下降
金融业比重	8.4	10.0	11.3	12.1	12.4	1.48	上升
房地产业比重	11.1	11.4	11.2	13.1	12.7	1.14	上升
租赁和商务服务业比重	4.1	3.9	4.3	4.5	4.7	1.15	上升
科学研究、技术服务和地质勘查业比重	2.7	2.8	3.0	3.2	3.6	1.30	上升
水利、环境和公共设施管理业比重	1.2	1.1	1.0	1.0	1.0	0.87	下降
居民服务和其他服务业比重	3.8	4.2	3.5	3.5	3.5	0.90	转折
教育比重	7.6	7.3	6.8	6.9	7.0	0.93	转折
卫生、社会保障和社会福利业比重	4.1	3.8	3.5	3.4	3.9	0.95	转折
文化、体育和娱乐业比重	1.6	1.6	1.5	1.4	1.5	0.92	转折
公共管理和社会组织比重	9.5	9.0	10.5	9.3	8.7	0.91	波动

注:2004年以来中国服务产业分为14类行业。变化=终点/起点。

(2) 中国服务产业结构变化的主要特点

首先,1952年以来服务业统计口径发生了变化。1978年至今,服务业的行业分类发生重要变化,2004年以前服务业分为11个行业(表3-18),2004年及以后服务业分为14个行业(表3-19)。这种变化与国际标准行业分类从3.1版到4.0版的变化趋势是一致的。

其次,1960年以来服务业相对比例经历下降和上升两个阶段。服务业与工业增加值之比经历了先降后升的过程,2014年服务业增加值为工业增加值的1.1倍;服务业与农业增加值之比也经历了先降后升的过程,1990年服务业增加值为农业增加值的1.2倍。

其三,1991年以来服务业的聚类结构变化的主要特点。

- 按知识含量聚类,知识型服务业增加值比重上升、劳务型服务业增加值比重下降,但劳务型服务业增加值比重高于知识型服务业增加值比重,两者之间的差距正在缩小(图3-5)。
- 在知识型服务业中,智力服务增加值比重上升,知识传播服务业增加值比重先升后降,智力服务增加值比重是知识传播服务业增加值比重的3倍左右(图3-6)。
- 在劳务型服务业中,劳务型生产服务业增加值比重下降,劳务型消费服务业增加值比重先升后降,劳务型综合服务业增加值比重先降后升(图3-7)。
- 按服务对象聚类,公共服务业增加值比重和非公共服务业增加值比重处于波动状态,但非公共服务业增加值比重是公共服务业增加值比重的4倍左右(图3-8)。
- 在非公共服务业中,生产型服务业增加值比重下降,消费型服务业增加值比重先升后降,综合型服务业增加值比重先降后升(图3-9)。

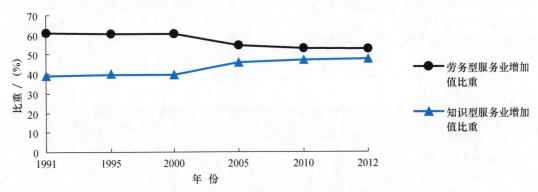

图3-5　1991～2012年中国劳务型服务业与知识型服务业增加值比重的变化

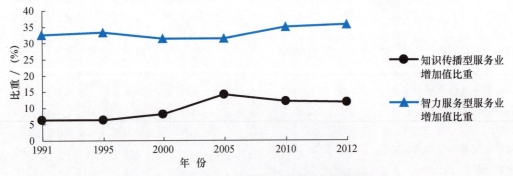

图3-6　1991～2012年中国知识型服务业结构的变化

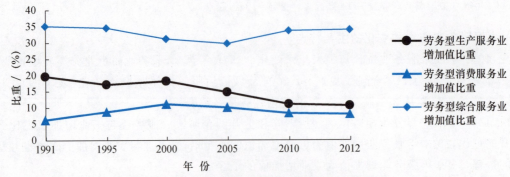

图3-7　1991～2012年中国劳务型服务业结构的变化

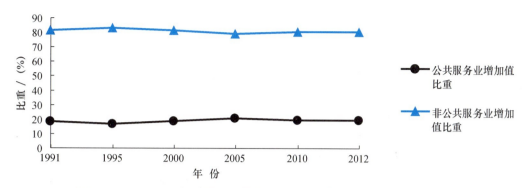

图 3-8　1991~2012 年中国公共服务业与非公共服务业增加值比重的变化

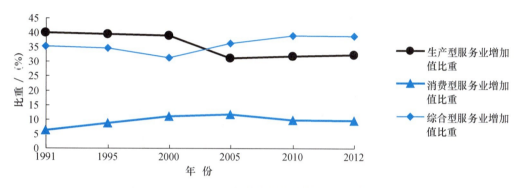

图 3-9　1991~2012 年中国非公共服务业结构的变化

其四,服务业的部门结构变化的特点。1991~2003 年和 2004~2012 年的部门分类不同,有些部门有连续数据,有些部门缺少连续数据,需要区别对待。

- 在知识型服务业中,科技服务业比重上升,金融业比重先降后升;公共管理和社会组织比重在波动;卫生社保和福利业比重、教育与文化产业比重在波动,并有上升趋势(图 3-10)。

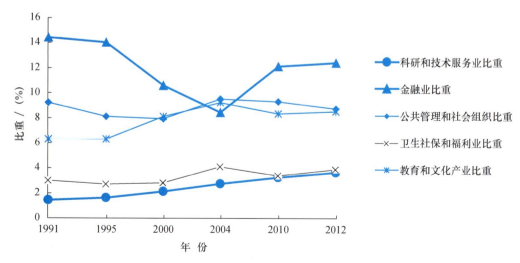

图 3-10　1991~2012 年中国知识型服务业的部门结构变化

- 在劳务型服务业中,房地产服务比重上升,交通运输、仓储和邮政业比重下降;批发和零售业比重、住宿和餐饮业比重在波动,并有下降趋势(图 3-11)。

- 2012年服务业的四大部门分别是：批发和零售业(21.3%)、房地产业(12.7%)、金融业(12.4%)和交通运输、仓储和邮政业(10.6%)，它们占服务业的57%。

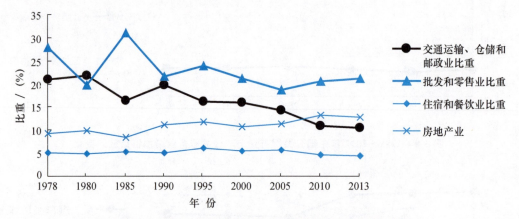

图 3-11　1978～2013年中国劳务型服务业的部门结构变化

(3) 中国服务业产业结构的国际比较

首先，过程比较，以服务业与工业增加值之比为例。1970年以来，中国服务业与工业增加值之比低于世界平均水平，约为世界平均水平的40%，2013年约为高收入国家的35.7%（表3-20）。

表 3-20　1960～2013年中国服务业与工业增加值之比的国际比较

区域	1960	1970	1980	1990	2000	2010	2013	2013/1960
中国	0.72	0.60	0.46	0.79	0.88	0.96	1.07	1.49
美国	—	1.74	1.90	2.51	3.26	3.86	3.81	2.19*
德国	—	1.00	1.38	1.64	2.22	2.31	2.23	2.23*
法国	—	1.84	2.12	2.59	3.18	4.01	3.98	2.16*
墨西哥	—	1.71	1.70	2.24	1.77	1.75	1.80	1.05*
巴西	1.14	1.29	1.03	1.38	2.57	2.48	2.87	2.52
印度	1.98	1.83	1.66	1.68	1.96	2.01	1.67	0.84
高收入国家	—	1.43	1.53	1.94	2.56	2.94	3.00	2.10*
中等收入国家	—	1.18	1.02	1.26	1.38	1.49	1.54	1.31*
低收入国家	—	1.54	1.50	1.76	1.84	1.84	2.21	1.44*
世界平均	—	1.39	1.46	1.84	2.30	2.61	2.67	1.92*
中国/世界	—	0.43	0.32	0.43	0.38	0.37	0.40	0.77*

注：* 为2013/1970年数据。

其次，前沿比较。2013年，中国服务业与工业增加值之比约为世界平均水平的40%，服务业与农业增加值之比约为世界平均水平的22%，与高收入国家差距更大（表3-21）。

2010年，中国劳务型服务业增加值比重高于美国、德国、法国、韩国等国家，而知识型服务业增加值比重则低于这些国家；中国智力服务型服务业增加值比重和公共型服务业增加值比重低于多数OECD国家（表3-22，表3-23）。

表 3-21　2013 年中国服务业产业结构的国际比较

区域	服务业与工业增加值之比	服务业与农业增加值之比
中国	1.07	4.99
美国	3.81	53.99
德国	2.23	79.80
法国	3.98	49.16
墨西哥	1.80	17.61
巴西	2.87	12.43
印度	1.67	2.86
高收入国家	3.00	46.87
中等收入国家	1.54	5.44
低收入国家	2.21	1.42
世界平均	2.67	22.86
中国/世界	0.40	0.22

表 3-22　2010 年中国服务业分类型的产业结构国际比较　　　　　　　　单位:%

区域	1	2	3	4	5	6
中国	52.9	47.1	11.0	8.2	33.7	12.1
美国	38.6	61.4	1.3	6.7	30.7	13.8
法国	52.4	47.6	8.9	17.9	25.6	10.0
德国	53.4	46.6	18.5	18.5	25.1	9.3
韩国	43.7	56.3	7.2	8.8	27.6	15.8
奥地利	55.3	44.7	11.5	21.4	22.4	10.2
比利时	47.1	52.9	12.5	15.5	19.1	11.8
丹麦	54.0	46.1	13.7	19.9	20.3	10.9
芬兰	55.2	44.8	8.5	20.5	26.3	11.1
捷克	50.4	49.6	13.1	16.0	21.3	10.7
匈牙利	48.5	51.5	14.7	14.7	23.2	11.4
意大利	54.5	45.5	9.0	18.9	26.6	9.1
荷兰	45.4	54.6	13.0	17.3	15.0	10.1
挪威	51.7	48.3	10.8	20.5	20.4	11.0
斯洛文尼亚	47.1	52.9	11.6	17.6	17.9	11.8
瑞典	53.7	46.3	16.8	21.4	15.5	10.8

注:1 代表劳务型服务业增加值比重,2 代表知识型服务业增加值比重,3 代表生产型劳务服务业增加值比重,4 代表消费型劳务服务业增加值比重,5 代表综合型劳务服务业增加值比重,6 代表知识传播型服务业增加值比重。

表 3-23　2010 年中国服务业分类型的产业结构国际比较　　　　　　　单位：%

区域	7	8	9	10	11	12
中国	35.0	31.8	9.6	38.8	19.7	80.3
美国	47.6	27.1	7.9	37.6	27.4	72.6
法国	37.6	23.8	20.7	31.1	24.4	75.6
德国	37.4	9.8	18.5	25.1	23.3	76.7
韩国	40.5	30.3	9.4	32.6	27.8	72.2
奥地利	34.5	26.0	24.1	26.5	23.4	76.6
比利时	41.1	32.6	17.8	24.1	25.5	74.5
丹麦	35.2	29.7	21.9	25.2	23.3	76.8
芬兰	33.7	20.4	22.7	32.2	24.8	75.2
捷克	38.9	29.7	17.5	29.0	23.9	76.1
匈牙利	40.1	10.6	14.7	23.2	25.8	74.2
意大利	36.4	9.0	18.9	26.6	22.5	77.5
荷兰	44.6	33.2	22.0	20.5	24.3	75.7
挪威	37.3	27.3	23.0	25.3	24.5	75.6
斯洛文尼亚	41.2	30.2	21.6	23.4	24.9	75.1
瑞典	35.5	32.7	23.5	21.7	22.2	77.9

注：7 代表智力服务型服务业增加值比重，8 代表生产型服务业增加值比重，9 代表消费型服务业增加值比重，10 代表混合型服务业增加值比重，11 代表公共型服务业增加值比重，12 代表非公共型服务业增加值比重。

2. 中国服务就业结构的时序分析

(1) 中国服务就业结构的变化趋势

首先，服务业就业相对比例的提升。服务业与工业劳动力之比为转折变量，服务业与农业劳动力之比为上升变量（表 3-24）。1962 年以来，服务业与工业劳动力之比经历了先下降后上升的过程，服务业与农业劳动力之比则一直呈现上升趋势（图 3-12）。

表 3-24　1962～2013 年中国服务业与工农业劳动力之比的变化

指标	1962	1970	1980	1990	2000	2010	2013	变化	趋势
服务业与工业劳动力之比	1.25	0.88	0.72	0.86	1.22	1.21	1.28	1.02	转折
服务业与农业劳动力之比	0.12	0.11	0.19	0.31	0.55	0.94	1.23	10.3	上升

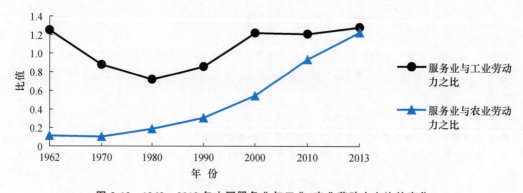

图 3-12　1962～2013 年中国服务业与工业、农业劳动力之比的变化

上升变量:服务业与农业劳动力之比。

转折变量:服务业与工业劳动力之比。

其次,服务业就业的聚类结构的变化。由于我国服务业分行业就业人员数据缺口比较大,无法计算出劳务型服务业、知识型服务业、生产型劳务服务业、消费型劳务服务业、混合型劳务服务业、知识传播型服务业、智力服务型服务业、生产型服务业、消费型服务业、混合型服务业、公共型服务业、非公共型服务业就业比重以及各行业的就业比重。

其三,服务业就业的部门结构的变化。由于我国服务业分行业就业人员数据缺口比较大,没有办法准确分析服务业就业的部门结构变化。

这里,我们简要讨论城镇单位服务业劳动力结构的变化(表3-25)。在2003～2012年期间,城镇单位服务业就业劳动力,9个部门比重上升(住宿和餐饮业,信息传输、软件和信息技术服务业,金融业,房地产业,租赁和商贸服务业,科学研究和技术服务业,水利、环境和公共设施管理业,卫生和社会工作,公共管理、社会保障和社会组织),5个部门比重下降(批发和零售业,交通运输、仓储和邮政业,居民服务、修理和其他服务业,教育,文化、体育和娱乐业)。

表3-25 2003～2012年中国城镇单位服务业就业劳动力比例的变化 单位:%

部门	2003	2005	2007	2009	2010	2011	2012	变化	趋势
批发和零售业	10.7	9.9	9.1	8.4	8.1	8.0	7.8	0.87	下降
交通运输、仓储和邮政业	10.8	10.6	10.2	10.0	10.0	9.8	9.5	0.81	下降
住宿和餐饮业	2.9	3.0	3.0	3.0	3.0	3.0	3.0	1.18	上升
信息传输、软件和信息技术服务业	2.0	2.1	2.2	2.3	2.4	2.5	2.6	1.47	上升
金融业	6.0	6.0	6.0	6.0	6.2	6.5	6.7	1.15	上升
房地产业	2.0	2.2	2.4	2.5	2.7	2.7	2.9	1.75	上升
租赁和商贸服务业	3.1	3.3	3.6	3.9	4.0	4.3	4.4	1.23	上升
科学研究和技术服务业	3.8	3.7	3.8	3.9	3.9	4.0	4.1	1.15	上升
水利、环境和公共设施管理业	2.9	3.0	3.0	3.1	3.1	3.1	3.1	1.09	上升
居民服务、修理和其他服务业	0.9	0.9	0.9	0.9	0.9	0.9	0.9	0.91	下降
教育	24.5	24.7	24.7	24.6	24.4	23.9	23.2	0.88	下降
卫生和社会工作	8.3	8.3	8.5	8.6	8.7	8.8	8.9	1.14	上升
文化、体育和娱乐业	2.2	2.1	2.0	2.0	2.0	2.0	1.9	0.83	下降
公共管理、社会保障和社会组织	19.9	20.2	20.6	20.7	20.7	20.8	20.9	1.01	上升

注:变化=终点/起点。2012年我国服务业劳动力总数为27 690万,城镇单位服务业就业劳动力为7649万,其他为20 041万。

(2) 中国服务就业结构变化的主要特点

首先,服务业与工业劳动力之比经历了先下降后上升的过程,2013年两者之比达1.3倍。

其次,服务业与农业劳动力之比则一直呈现上升趋势,由0.12上升为1.23,上升了9.3倍。

(3) 中国服务就业结构的国际比较

首先,过程比较,以服务业与工业劳动力之比为例。1980年以来,中国服务业劳动力与工业劳动力之比一直处于不断上升的趋势,美国、德国、法国的服务业劳动力与工业劳动力之比也一直不断提高。但中国服务业劳动力与工业劳动力之比低于世界平均水平,2000年为世界平均水平的66%,2010年约为世界平均水平的65%(表3-26)。

表 3-26 1980~2010 年中国服务业与工业劳动力之比的国际比较

区域	1980	1985	1990	1995	2000	2005	2010	2010/1980
中国	0.72	0.81	0.86	1.08	1.22	1.32	1.21	1.68
美国	2.13	2.42	2.68	3.00	3.20	3.78	4.86	2.28
德国	—	—	—	1.69	1.90	2.28	2.46	—
法国	1.58	1.94	2.19	2.53	2.65	3.05	3.35	2.12
墨西哥	—	—	1.66	2.52	2.06	2.31	2.38	—
巴西	—	2.23	2.40	2.77	—	2.71	—	—
印度	—	—	—	—	1.50	1.33	1.19	—
高收入国家	—	—	—	2.17	2.48	2.75	3.38	—
中等收入国家	—	—	—	—	1.54	1.65	1.47	—
世界平均	—	—	—	—	1.85	1.96	1.86	—
中国/世界	—	—	—	—	0.66	0.67	0.65	—

其次,前沿比较,以 2010 年为例(表 3-27)。2010 年,中国服务业与工业劳动力之比低于美国、德国、法国、墨西哥、巴西,高于印度,约为世界平均水平的 65%,服务业与农业劳动力之比为 0.94,说明我国的服务业的劳动力人口低于农业劳动力人口数量,美国、德国、法国服务业与农业劳动力就业人口之比已经达到 50.8、43.8 和 25.7,世界平均值也已经达到 1.48,说明我国劳动力仍集中于农业产业,服务业就业人口则显不足。

表 3-27 2010 年中国服务就业结构的国际比较

区域	服务业与工业劳动力之比	服务业与农业劳动力之比
中国	1.21	0.94
美国	4.86	50.8
德国	2.46	43.8
法国	3.35	25.7
墨西哥	2.38	4.63
巴西	2.86	4.10
印度	1.19	0.52
高收入国家	3.38	20.9
中等收入国家	1.47	0.96
世界平均	1.86	1.48
中国/世界	0.65	0.64

注:巴西为 2011 年数据。

3. 中国服务贸易结构的时序分析

(1) 中国服务贸易结构的变化趋势

2005 年以来,中国服务业贸易结构的变化趋势的指标差异比较大;其中,7 个指标为上升变量,4 个为下降变量,3 个指标为波动变量(表 3-28)。其中,保险与金融服务占服务出口比例、人均服务出口额、人均服务进口额、人均知识产权出口使用费、人均知识产权进口使用费都明显上升,服务出口占 GDP 比例、旅行服务占服务出口比例明显下降。

表 3-28　2005～2013 年中国服务业贸易结构的变化

指标	2005	2007	2009	2010	2011	2013	变化	趋势
服务贸易额占 GDP 比例/(%)	7.64	7.89	6.00	6.05	5.65	5.76	0.75	下降
服务出口占 GDP 比例/(%)	3.93	4.19	2.85	2.84	2.47	2.27	0.58	下降
服务进口占 GDP 比例/(%)	3.71	3.70	3.15	3.21	3.19	3.49	0.94	下降
信息和通信技术服务出口占服务出口比例/(%)	24.9	26.5	31.8	31.3	32.9	34.6	1.39	上升
保险与金融服务占服务出口比例/(%)	0.78	0.77	1.36	1.78	2.09	3.34	4.28	上升
保险与金融服务占服务进口比例/(%)	8.74	8.61	7.51	8.84	8.57	7.78	0.89	波动
交通服务占服务出口比例/(%)	17.3	21.2	16.4	20.0	19.3	17.5	1.01	波动
交通服务占服务进口比例/(%)	33.8	33.2	29.2	32.6	33.7	28.5	0.84	波动
旅行服务占服务出口比例/(%)	32.9	25.2	27.5	26.7	26.2	24.0	0.73	下降
旅行服务占服务进口比例/(%)	25.8	22.9	27.4	28.3	30.4	38.8	1.50	上升
人均服务出口额/(美元·人$^{-1}$)	68	112	108	128	137	158	2.32	上升
人均服务进口额/(美元·人$^{-1}$)	65	99	120	145	178	244	3.75	上升
人均知识产权出口使用费/(美元·人$^{-1}$)	0.1	0.3	0.3	0.6	0.6	0.7	7.00	上升
人均知识产权进口使用费/(美元·人$^{-1}$)	4.1	6.2	8.3	9.7	10.9	15.5	3.78	上升

注:变化=终点/起点。

上升变量:保险与金融服务占服务出口比例、信息和通信技术服务出口占服务出口比例、旅行服务占服务进口比例、人均服务出口额、人均服务进口额、人均知识产权出口使用费、人均知识产权进口使用费等。

下降变量:服务贸易额占 GDP 比例、服务出口占 GDP 比例、服务进口占 GDP 比例、旅行服务占服务出口比例。

波动变量:保险与金融服务占服务进口比例、交通服务占服务出口比例、交通服务占服务进口比例等。

(2) 中国服务贸易结构变化的主要特点

首先,2009 年以来,中国服务进口占 GDP 比例超过服务出口(图 3-13)。2005 年和 2007 年,服务出口占 GDP 比例超过服务进口,但 2009 年以来,服务进口占 GDP 比例超过服务出口。

其次,2005 年以来,保险与金融服务占服务进口比例高于出口(图 3-14)。保险与金融服务占服务进口比例远高于出口比例,但保险与金融服务占服务出口比例增长比较快。

其三,2005 年以来,交通服务占服务进口比例高于出口(图 3-15)。中国交通服务占服务出口比例在 20% 左右,交通服务占服务进口比例的 30% 左右。

其四,2005 年以来,旅行服务进口比例增长比较快,旅行服务进口比例逐步超过出口比例(图 3-16)。

其五,2009 年以来,人均服务进口额高于出口额(图 3-17)。2013 年,中国人均服务进口额为 244 美元,高于人均服务出口额 85 美元。

其六,2005 年以来,人均知识产权进口使用费高于出口使用费(图 3-18),人均知识产业出口增长比较快。2005 年,中国人均知识产权进口使用费为 4.1 美元,是人均知识产权出口使用费的 41 倍;2013 年,中国人均知识产权进口使用费为 15.5 美元,是人均知识产权出口使用费的 22 倍。

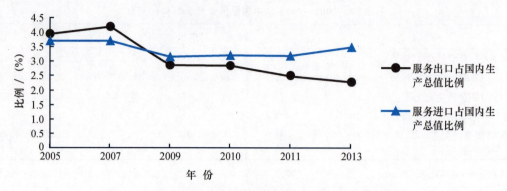

图 3-13　2005～2013 年中国服务进出口占 GDP 比例的变化

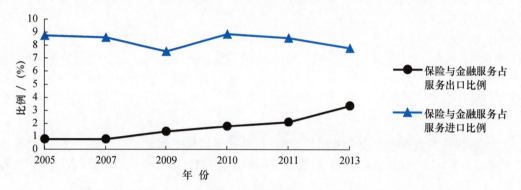

图 3-14　2005～2013 年中国保险与金融服务进出口占服务进出口比例的变化

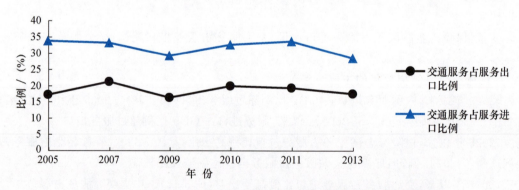

图 3-15　2005～2013 年中国交通服务进出口占服务进出口比例的变化

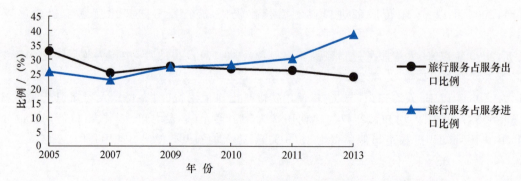

图 3-16　2005～2013 年中国旅行服务进出口占服务进出口比例的变化

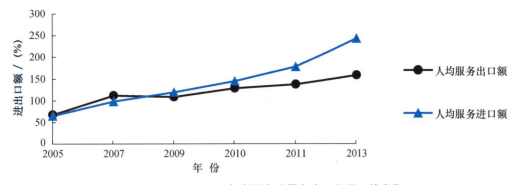

图 3-17 2005～2013 年中国人均服务出口和进口的变化

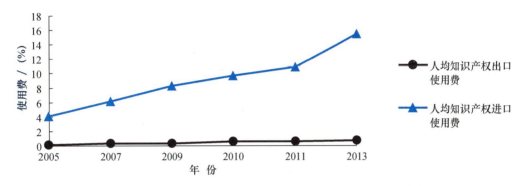

图 3-18 2005～2013 年中国人均知识产权使用费出口和进口的变化

(3) 中国服务贸易结构的国际比较

首先,过程比较,以服务贸易额占 GDP 的比例为例。2005 年以来,中国服务贸易额占 GDP 的比例低于世界平均水平(表 3-29)。

表 3-29　2005～2013 年中国服务贸易额占 GDP 的比例的国际比较　　　　　　　　单位:%

区域	2005	2006	2007	2008	2009	2010	2013	2013/2005
中国	7.64	7.87	7.89	7.13	6.00	6.05	5.76	0.75
美国	5.17	5.47	5.95	6.40	6.24	6.50	6.86	1.33
德国	12.9	13.6	13.7	14.1	13.8	14.4	15.9	1.23
法国	13.1	13.4	13.8	14.3	13.7	14.5	17.3	1.32
墨西哥	4.45	4.09	4.04	3.93	4.45	3.90	4.14	0.93
巴西	4.31	4.21	4.38	4.58	4.49	4.26	5.24	1.22
印度	11.9	13.5	12.7	15.8	12.7	13.6	14.8	1.24
高收入国家	11.1	11.7	12.5	13.1	12.5	12.7	13.9	1.25
中等收入国家	10.3	10.2	10.2	10.2	9.2	8.83	8.65	0.84
低收入国家	15.7	15.9	16.1	16.5	15.2	17.0	17.8*	1.13
世界平均	11.0	11.4	12.0	12.4	11.7	11.7	12.4	1.13
中国/世界	0.69	0.69	0.66	0.58	0.51	0.52	0.46	0.67

注:*为 2012 年数据。

其次,前沿比较,以 2013 年为例(表 3-30,表 3-31)。2013 年,除信息和计算机(ICT)服务出口比例、交通服务进口比例、旅行服务进口比例高于世界平均值外,其他指标如服务贸易比例、服务出口比例、保险与金融服务出口比例、保险与金融进口比例、交通服务出口比例等指标都低于世界平均值,与高收入国家平均值的差距更大。人均知识产权出口额更是大大低于世界平均水平,仅占世界平均水平的2%。

表 3-30 2013 年中国服务贸易结构国际比较 单位:%

区域	服务贸易比例	服务出口比例	服务出口比例	ICT服务出口比例	保险与金融服务出口比例	保险与金融服务进口比例	交通服务出口比例	交通服务进口比例
中国	5.8	2.3	3.5	34.6	3.3	7.8	17.5	28.5
美国	6.9	4.1	2.8	22.8	14.7	15.5	12.7	19.5
德国	15.9	7.2	8.7	38.4	12.2	5.6	22.5	23.4
法国	17.3	9.1	8.2	36.0	8.4	6.5	19.3	22.3
墨西哥	4.1	1.6	2.5	—	13.9	15.8	4.0	39.5
巴西	5.2	1.6	3.6	54.2	8.4	3.9	14.0	17.6
印度	14.8	8.0	6.8	66.7	5.7	9.4	11.4	45.3
高收入国家	13.9	7.6	6.7	30.9	12.6	8.5	19.6	21.8
中等收入国家	8.7	3.9	4.8	35.3	4.0	7.6	18.1	33.4
低收入国家	—	7.9	10.9	—	—	—	—	—
世界平均	12.4	6.4	6.2	31.7	10.9	8.3	19.3	24.6
中国/世界	0.47	0.36	0.56	1.09	0.30	0.94	0.91	1.16

表 3-31 2013 年中国服务业贸易结构国际比较

区域	旅行服务出口占比/(%)	旅行服务进口占比/(%)	人均服务出口额/美元	人均服务进口额/美元	人均知识产权出口额/美元	人均知识产权进口额/美元
中国	24.0	38.8	158	244	0.65	15.5
美国	25.1	22.5	2094	1465	404	123
德国	15.5	28.0	3242	4045	163	104
法国	22.2	18.6	3850	3500	175	154
墨西哥	69.3	28.4	164	263	—	12
巴西	17.1	29.0	187	430.3	2.98	18.3
印度	12.4	9.2	118	100.8	0.36	3.12
高收入国家	22.4	22.4	2804	2539	214	200
中等收入国家	33.9	26.1	177	219	1.07	9.03
低收入国家	—	—	45	67.1	0.16	0.18
世界平均	24.6	23.2	677	658	42.6	45.5
中国/世界	0.98	1.67	0.23	0.37	0.02	0.34

三、中国服务要素的时序分析

服务业要素涉及许多方面。这里重点讨论人力资源、服务设施、服务创新、服务环境。关于中国的服务制度和服务观念的时序分析,需要专题研究。

1. 中国服务业人力资源的时序分析

(1) 中国服务业人力资源的变化趋势

中国服务业人力资源总体变化趋势与世界一致(表3-32)。4个指标为上升变量。1970年以来,大学入学率提升幅度最大,2013年大学入学率与1970年大学入学率之比达到了226倍。

表 3-32 1970～2013 年中国服务业人力资源的变化 单位:%

指标	1970	1980	1990	2000	2010	2013	变化	趋势
接受过高等教育的劳动力比例	—	—	—	4.9	12	—	2.35	上升
接受过中学教育的劳动力比例	—	—	—	57.9	65.1	—	1.12	上升
中学入学率(毛入学率)	28.3	43.7	37.8	58.0	83.1	92.4	3.26	上升
大学入学率(毛入学率)	0.13	1.15	3.10	7.76	23.3	29.7	226	上升

注:劳动力受教育程度数据为 2000 年第五次人口普查和 2010 年第六次人口普查数据所得。变化=终点/起点。

上升变量:接受过高等教育的劳动力比例、接受过中学教育的劳动力比例、中学入学率和大学入学率。

(2) 中国服务业人力资源变化的主要特点

首先,从事服务业的劳动力素质不断提高。主要表现是接受过高等教育的劳动力比例、接受过中学教育的劳动力比例的增长。

其次,我国中学入学率已经超过 90%。2013 年,我国中学入学率已经达到 92.4%,义务教育成效显著。

其三,大学入学率大幅度提升。2013 年大学入学率比 1970 年大学入学率提高了 225 倍。

(3) 中国服务业人力资源的国际比较

首先,过程比较,以大学入学率为例。1975 年以来中国大学入学率不断攀升,但到 2013 年中国大学入学率仍然低于世界平均值,大大低于高收入国家(表 3-33)。

表 3-33 1975～2013 年大学入学率的国际比较 单位:%

区域	1975	1980	1990	2000	2005	2010	2013	2013/1975
中国	0.5	1.1	3.1	7.8	18.3	23.3	29.7	60.6
美国	51.0	53.5	70.8	67.8	81.3	93.3	89.1	1.7
德国	—	—	43.9	—	—	56.5	60.0	—
法国	23.7	25.2	28.7	36.3	49.3	56.1	59.5	2.5
墨西哥	8.7	12.7	14.8	19.3	23.3	26.7	29.9	3.4
印度	—	4.9	5.9	9.5	11.0	18.2	24.7	5.0*
高收入国家	31.3	34.1	42.6	55.0	65.8	73.0	73.8	2.4
中等收入国家	5.0	6.1	7.5	12.5	17.5	23.3	27.9	5.6
低收入国家	1.2	1.7	2.6	2.9	4.3	7.1	7.7	6.2
世界平均	11.1	12.3	13.6	19.0	24.1	29.3	32.9	3.0
中国/世界	0.04	0.1	0.2	0.4	0.8	0.8	0.9	20.5

注:* 为 2013/1980 年数据。

其次,前沿比较,以 2010 年为例(表 3-34)。2010 年,中国接受过高等教育的劳动力比例约为高收入国家的 35%,大学入学率约为世界平均水平的 79%。中学入学率高于世界平均值。

表 3-34　2010 年中国服务业人力资源的国际比较　　　　　　　　　　　　　　　　　　　单位:%

区域	接受高等教育的劳动力比例	接受中学教育的劳动力比例	中学入学率	大学入学率
中国	12.0	65.1	83.1	23.3
美国	35.7	51.5	93.2	93.3
德国	26.5	58.5	102	56.5
法国	31.7	44.2	110	56.1
墨西哥	23.3	45.0	83.7	26.7
巴西	17.2	36.4	51.2	10.8
印度	9.8	35.5	65.1	18.2
高收入国家	32.9	47.4	98.4	73.0
中等收入国家	—	—	70.5	23.3
低收入国家	—	—	37.3	7.1
世界平均	—	—	71.1	29.3
中国/世界	—	—	1.17	0.79

2. 中国服务设施的时序分析

(1) 中国服务设施的变化趋势

中国服务设施的变化趋势与世界服务业设施的变化趋势基本一致;8 个指标为上升变量(表 3-35)。1990 年以来,中国移动通信普及率和互联网宽带普及率有了质的飞跃,基本经历了从无到有的过程。卫生设施普及率和安全饮用水普及率有了较大幅度的提高,2011 年两个指标分别是 1990 年的 1.51 倍和 1.38 倍。1980 年以来,中国人均铁路里程也有明显提升,提升了约 40%。

表 3-35　1980~2011 年中国服务设施的变化

项目	1980	1990	2000	2005	2010	2011	变化	类型
人均铁路里程/米	0.05	0.05	0.05	0.06	0.07	0.07	1.4	上升
商业银行分支机构普及率/(个·10 万成年人$^{-1}$)	—	—	—	—	—	8*	—	—
自动取款机普及率/(台·10 万成年人$^{-1}$)	—	—	—	10	25	30	3.0	上升
安全饮水普及率/(%)	—	66.9	80.3	86.3	91.4	92.3	1.38	上升
卫生设施普及率/(%)	—	47.5	58.5	64.9	70.8	71.9	1.51	上升
电力普及率/(%)	—	94.2	98	—	99.7	100*	1.06	上升
互联网普及率/(用户·百人$^{-1}$)	—	—	0.002	2.83	9.29	12.72*	6360	上升
移动通信普及率/(部·百人$^{-1}$)	—	0.002	7	30	63	72	36 000	上升

注:* 2011 年数据为 2012 年数据。变化=终点/起点。

上升变量:人均铁路里程、自动取款机普及率、安全饮水普及率、卫生设施普及率、电力普及率、互联网宽带普及率、移动通信普及率。

(2) 中国服务设施的国际比较

首先,过程比较,以中国卫生设施普及率为例(表 3-36)。1990~2000 年,中国卫生设施普及率低于世界平均水平,2000 年中国卫生设施普及率与世界平均水平持平,至 2014 年,中国卫生设施普及率已达到世界平均水平的 1.13 倍,但仍低于美国、德国、法国等发达国家。

表 3-36　1990～2014 年中国卫生设施普及率的国际比较　　　　单位:%

区域	1990	1995	2000	2005	2010	2014	2014/1990
中国	47.5	53.2	58.8	64.9	70.8	75.4	1.59
美国	99.5	99.6	99.7	99.8	99.9	100	1.01
德国	99.2	99.2	99.2	99.2	99.2	99.2	1.00
法国	98.7	98.7	98.7	98.7	98.7	98.7	1.00
墨西哥	66.2	70.7	74.7	78.6	82.3	85.1	1.29
巴西	66.6	70.8	74.7	77.7	80.5	82.7	1.24
印度	16.8	20.8	25.6	30.6	35.5	39.5	2.35
高收入国家	94.7	95.0	95.1	95.6	96.1	96.3	1.02
中等收入国家	42.8	47.9	52.2	56.6	60.8	64.0	1.50
低收入国家	12.2	16.6	19.7	22.9	26.0	27.8	2.28
世界平均	52.9	55.7	58.8	61.9	64.8	67.0	1.27
中国/世界	0.90	0.96	1.00	1.05	1.09	1.13	1.25

其次,前沿比较,以 2013 年为例(表 3-37)。中国商业银行分支机构普及率和移动通信普及率低于世界平均水平;安全饮水普及率与世界平均水平相当;自动取款机普及率、卫生设施普及率、电力普及率、互联网宽带普及率高于世界平均水平,分别为世界平均水平的 1.38、1.12、1.18 和 1.36 倍;人均铁路里程仅高于印度,低于美国、德国、法国、墨西哥和巴西。

表 3-37　2013 年中国服务设施的国际比较

区域	人均铁路里程/(米·人$^{-1}$)	商业银行分支机构/(个·10万成年人$^{-1}$)	自动取款机/(台·10万成年人$^{-1}$)	销售点终端机/(台·10万成年人$^{-1}$)*	安全饮水普及率/(%)	卫生设施普及率/(%)	电力普及率/(%)*	互联网宽带普及率/(用户·百人$^{-1}$)	移动通信普及率/(部·百人$^{-1}$)
中国	0.08	8	47	—	94.0	74.2	100	13.6	89
美国	0.73	34	—	2156	99.2	100	100	30.0	97
德国	0.42	15	116	799	100	99.2	100	34.6	121
法国	0.46	39	109	2153	100	100	100	38.8	98
墨西哥	0.22	15	48	—	95.6	84.4	99.1	10.9	85
巴西	0.15	48	131	1471	97.8	82.1	99.5	10.7	135
印度	0.05	12	13	—	93.1	38.5	78.7	1.2	71
高收入国家	—	23	65	1925	99.0	96.3	100	27.3	122
中等收入国家	—	11	32	—	90.8	63.2	87	6.4	90
低收入国家	—	3	4	—	64.1	27.3	25	0.2	51
世界平均	—	12	34	473	90.1	66.5	85	10.0	93
中国/世界		0.67	1.38		1.04	1.12	1.18	1.36	0.96

注:* 为 2009 年数据。

3. 中国服务创新的时序分析

(1) 中国服务创新的变化趋势

中国服务创新能力增强(表 3-38)。人均研发支出、研发支出占 GDP 比例和专利拥有率 3 个指标均为上升变量。

表 3-38　1996～2012 年中国服务创新的变化

指标	1996	2000	2005	2010	2011	2012	变化	趋势
人均研发支出/美元	4.02	8.62	23.1	79.4	102	124	30.8	上升
研发支出占 GDP 比例/(%)	0.57	0.90	1.32	1.76	1.84	1.98	3.5	上升
专利拥有率/(件·万居民$^{-1}$)	0.1*	0.2	0.7	2.2	3.1	4.0	40.0	上升

注：* 1996 年数据为 1995 年数据。变化=终点/起点。

上升变量：人均研发支出、研发支出占 GDP 比例、专利拥有率等。

(2) 中国服务创新变化的特点

首先，人均研发支出快速增长。1996 年我国人均研发支出仅为 4.02 美元，2012 年人均研发支出达到 124 美元，提高了 30 倍。研发支出占 GDP 比例逐年提升。

其次，专利拥有率大幅提升。1996 年以来，中国开始注重知识产权和专利的保护，专利拥有率大幅度提升，2012 年专利拥有率为 1996 年的 40 倍。

(3) 中国服务创新的国际比较

首先，过程比较，以人均 R&D 支出为例。1996 年以来，中国人均 R&D 支出不断提高，但仍低于世界平均水平，2011 年仅为世界平均值的 46%，更低于高收入国家（表 3-39）。

表 3-39　1996～2011 年中国人均 R&D 支出的国际比较　　　　单位：美元

区域	1996	2000	2005	2010	2011	2011/1996
中国	4.0	8.6	23.1	79.4	102	25.5
美国	734	955	1110	1325	1375	1.87
德国	671	586	868	1170	1327	1.98
法国	613	483	735	914	986	1.61
墨西哥	10.6	20.8	31.7	40.4	41.7	3.94
巴西	—	38.1	46.0	129.1	157.8	4.14*
印度	2.6	3.4	5.9	11.1	11.9	4.63
高收入国家	460	510	653	835	904	1.97
中等收入国家	—	7.4	15.2	42.7	52.7	7.08*
世界平均	109	114	146	200	220	2.03
中国/世界	0.04	0.08	0.16	0.40	0.46	12.6

注：* 为 2011/2000 年数据。

其次，前沿比较，以 2012 年为例（表 3-40）。目前，中国专利拥有比例为世界平均水平的 2 倍，人均 R&D 经费支出约为世界平均值的一半，R&D 经费占 GDP 比例接近世界平均值。三项指标都低于高收入国家。

表 3-40　2012 年中国服务创新的国际比较

区域	人均 R&D 经费支出/(美元·人$^{-1}$)	R&D 经费占 GDP 比例/(%)	专利拥有比例/(件·万居民$^{-1}$)
中国	124	1.98	4.0
美国	1437	2.79	8.6
德国	1282	2.92	5.8
法国	924	2.26	2.2

(续表)

区域	人均R&D经费支出/(美元·人$^{-1}$)	R&D经费占GDP比例/(%)	专利拥有比例/(件·万居民$^{-1}$)
墨西哥	41.7*	0.43*	0.1
巴西	158*	1.21*	0.2
印度	11.9*	0.81*	0.1
高收入国家	866	2.32	6.2
中等收入国家	52.7*	1.27*	1.1
世界平均	220*	2.13*	2.0
中国/世界	0.56	0.93	2.0

注:* 为2011年数据。

4. 中国服务环境的时序分析

(1) 中国服务环境的变化趋势

中国服务环境的变化趋势因指标而异(表3-41)。其中,3个指标为上升变量,1个指标为下降变量,1个指标为波动变量。1960年以来,人均GDP上升幅度最大。

表3-41 1960~2012年中国服务环境的变化

指标	1960	1970	1980	1990	2000	2010	2012	变化	趋势
人均GDP	89	112	193	316	955	4515	6265	70.4	上升
婴儿死亡率	—	80.4	48.0	42.1	30.2	13.5	11.5	0.14	下降
城镇人口比例	16.2	17.4	19.4	26.4	35.9	49.2	51.9	3.20	上升
人均能源消费	—	—	610	767	920	1889	2143	3.51	上升
人均居住和服务的二氧化碳排放量	—	—	255	351	217	325	343*	1.35	波动

注:指标单位见附表1-2。* 为2011年数据。变化=终点/起点。

上升变量:人均GDP、城镇人口比例、人均能源消费。

下降变量:婴儿死亡率(逆指标)。

波动变量:人均居住和服务的二氧化碳排放量。

(2) 中国服务环境变化的特点

首先,经济水平不断提升。1960年以来,中国人均GDP由89美元上升到2012年的6265美元,上升了69倍。

其次,城镇化率持续提高。1960年以来,中国人口不断向城镇集聚,中国城镇人口比例由1960年的16.2%上升到2012年的51.9%。

其三,人均能源消费不断增加。1980年以来,中国人均能源消费有所增加,2012年人均能源消费是1980年人均能源消费的3.5倍。

(3) 中国服务环境的国际比较

首先,过程比较,以城镇人口比例为例。1960年以来,中国城镇化水平不断提升,但直到2014年才接近世界平均水平,与高收入国家相比,中国城镇化水平仍然较低(表3-42)。

表 3-42 1960～2014 年中国城镇人口比例的国际比较 单位：%

区域	1960	1970	1980	1990	2000	2010	2014	2014/1960
中国	16.20	17.40	19.36	26.44	35.88	49.23	54.41	3.36
美国	70.00	73.60	73.74	75.30	79.06	80.77	81.45	1.16
德国	71.38	72.27	72.84	73.12	73.07	74.29	75.09	1.05
法国	61.88	71.06	73.28	74.06	75.87	78.35	79.29	1.28
墨西哥	50.75	59.02	66.34	71.42	74.72	77.83	78.97	1.56
巴西	46.14	55.91	65.47	73.92	81.19	84.34	85.43	1.85
印度	17.92	19.76	23.10	25.55	27.67	30.93	32.37	1.81
高收入国家	62.68	68.34	72.10	74.81	76.92	79.78	80.64	1.29
中等收入国家	22.05	25.31	29.25	34.67	39.94	46.53	49.11	2.23
低收入国家	11.53	15.28	18.46	22.03	24.83	28.03	29.61	2.57
世界平均	33.54	36.52	39.27	42.92	46.55	51.55	53.47	1.59
中国/世界	0.48	0.48	0.49	0.62	0.77	0.95	1.02	2.11

其次，前沿比较，以 2012 年为例（表 3-43）。目前，中国人均 GDP 低于世界平均值，经济发展仍有待提升；婴儿死亡率约为世界平均值的 33%；人均能源消费高于世界平均值，人均居住和服务的二氧化碳排放量低于世界平均值。

表 3-43 2012 年中国服务环境的国际比较

区域	人均 GDP	婴儿死亡率	城镇人口比例	人均能源消费	人均居住和服务的二氧化碳排放量*
中国	6265	11.5	51.9	2143	343
美国	51 457	6.1	81.1	6815	1705
德国	43 932	3.3	74.7	3886	1555
法国	40 850	3.5	78.8	3844	1101
墨西哥	9721	13.1	78.4	1543	208
巴西	11 923	14.3	84.9	1392	107
印度	1450	42.6	31.6	624	91
高收入国家	37 313	6.3	80.2	4678	1167
中等收入国家	4329	34.6	47.8	1248	236
低收入国家	581	58.1	28.8	—	16
世界平均	10 444	34.9	52.5	1898	430
中国/世界	0.60	0.33	0.99	1.13	0.80

注：指标单位见附表 1-2。* 为 2011 年数据。

第二节 中国服务业现代化的截面分析

中国服务业现代化的截面分析，是对中国服务业现代化的关键截面数据和资料进行分析，试图去发现和归纳中国服务业现代化的事实和特征。分析变量涉及服务业生产、服务业经济和服务业要素三个方面，分析内容包括国际比较等，分析对象包括三个历史截面（表 3-44），并以 2013 年为重点。1700 年、1820 年和 1900 年截面数据少，需专题研究。

表 3-44　1980、2000 和 2013 年截面中国服务业指标的水平分布

项目		指标个数/个			指标比例/(%)		
		1980 年	2000 年	2013 年	1970 年	2000 年	2013 年
分析指标		18	50	73	—	—	—
水平相关指标		12	24	32	100	100	100
其中	发达水平	0	0	0	—	—	—
	中等发达水平	0	4	4	—	16.7	12.5
	初等发达水平	3	9	14	25.0	37.5	43.8
	欠发达水平	9	11	14	75.0	45.8	43.8

一、中国服务生产的截面分析

1. 中国服务生产的 2013 年截面分析

2013 年世界服务生产的截面分析包括 37 个变量；其中，约 11 个变量与国家经济水平相关。将中国指标与世界水平进行比较，可大致判断中国服务业生产的水平（表 3-45）。

表 3-45　2013 年截面中国服务业生产指标的相对水平

指标	经济欠发达			经济初等发达		经济中等发达		经济发达		合计
	1组	2组	3组	4组	5组	6组	7组	8组	9组	
服务规模	—	2	—	1	—	—	—	—	—	3
服务效率	—	—	—	1	—	—	—	—	—	1
服务质量	—	1	—	2	—	—	1	—	—	4
合计	—	3	—	4	—	—	1	—	—	8

注：人均服务业资源指标与国家经济水平没有显著关系。后同。

2013 年截面，中国服务业生产约有 1 个指标达到经济中等发达国家组的水平，约有 4 个指标达到经济初等发达国家组的水平，3 个指标为经济欠发达水平（表 3-45，表 3-46）。

表 3-46　2013 年截面中国服务业生产指标的国际比较

指标	中国数值	中国分组	国际对照（经济水平、国家分组、人均国民收入、指标特征值）								
			经济欠发达			经济初等发达		经济中等发达		经济发达	
			1	2	3	4	5	6	7	8	9
			517	862	1694	4369	7915	14 759	28 606	49 364	78 851
(1) 服务规模											
服务业增加值比例/(%)	46.9	2	45.9	45.9	52.2	54.4	57.0	64.5	67.8	71.3	68.9
服务业增加值占世界比重/(%)	9.58	—	0.01	0.04	0.18	0.12	0.97	0.56	1.95	3.66	1.17
服务业劳动力比例/(%)	34.6	2	—	—	39.1	53.5	57.5	62.9	68.1	74.3	75.9
旅游服务业增加值比例/(%)	1.08	—	—	—	—	—	—	4.30	3.53	3.38	3.15
服务密度/(万美元·平方千米$^{-1}$)	47	4	3.3	9.2	10.1	24.3	48.8	3.3	9.2	10.1	24.3
(2) 服务效率											
服务业劳动生产率/(美元·人$^{-1}$)	14 280	4	—	—	4900	11 321	15 029	29 711	59 780	90 206	123 946
(3) 服务质量											
人均服务业增加值/美元	3280	4	223	358	792	2206	4289	8524	17 398	32 158	49 423
人均劳务型服务业增加值/美元	1014	—	—	—	—	—	—	4551	28 909	16 110	19 074
人均知识型服务业增加值/美元	903	—	—	—	—	—	—	4653	32 381	16 087	17 218

(续表)

指标	中国数值	中国分组	国际对照(经济水平、国家分组、人均国民收入、指标特征值)								
			经济欠发达			经济初等发达		经济中等发达		经济发达	
			1	2	3	4	5	6	7	8	9
			517	862	1694	4369	7915	14 759	28 606	49 364	78 851
(3)服务质量											
人均生产型服务业增加值/美元	610	—	—	—	—	—	—	2648	31 364	8872	10 737
人均消费型服务业增加值/美元	184	—	—	—	—	—	—	1612	21 444	6286	8419
人均综合型服务业增加值/美元	744	—	—	—	—	—	—	2686	67 295	9162	8618
人均公共型服务业增加值/美元	378	—	—	—	—	—	—	2258	27 258	7877	8519
ISO 9001 认证企业比例/(%)	53.4	—	12.1	16.0	16.6	17.6	19.4	30.3	27.7	—	—
物流绩效指数:综合分数	3.53	7	2.40	2.46	2.58	2.74	2.86	3.13	3.50	3.82	3.89
创办企业所需的时间/天	34	2	22	42	32	25	22	29	11	10	11
取得营业执照所需时间/天	27.5	4	25.0	26.2	17.9	17.0	29.1	30.4	74.6	—	9.8

2. 中国服务生产的 2000 年截面分析

2000 年世界服务生产的截面分析包括 37 个变量;其中,约 8 个变量与国家经济水平相关。将中国指标与世界水平进行比较,可大致判断中国服务业生产的水平。

2000 年截面,中国服务业生产大约有 3 个指标达到经济初等发达国家组的水平,约有 3 个指标为经济欠发达国家组的水平(表 3-47)。

表 3-47 2000 年截面中国服务生产指标的相对水平

指标	经济欠发达			经济初等发达		经济中等发达		经济发达		合计
	1组	2组	3组	4组	5组	6组	7组	8组	9组	
服务规模	1	—	1	1	—	—	—	—	—	3
服务效率	—	—	—	1	—	—	—	—	—	1
服务质量	—	1	—	1	—	—	—	—	—	2
合计	1	1	1	3	—	—	—	—	—	6

3. 中国服务生产的 1980 年截面分析

1980 年世界服务业生产的截面分析包括 37 个变量;其中,约 2 个变量与国家经济水平相关。将中国指标与世界水平进行比较,可大致判断中国服务业生产的水平。

1980 年截面,中国服务业生产约有 3 个指标为经济欠发达国家组的水平(表 3-48)。

表 3-48 1980 年截面中国服务业生产指标的相对水平

指标	经济欠发达			经济初等发达		经济中等发达		经济发达		合计
	1组	2组	3组	4组	5组	6组	7组	8组	9组	
服务规模	2	—	—	—	—	—	—	—	—	2
服务效率	—	—	—	—	—	—	—	—	—	—
服务质量	—	1	—	—	—	—	—	—	—	1
合计	2	1	—	—	—	—	—	—	—	3

二、中国服务经济的截面分析

1. 中国服务经济的 2013 年截面分析

2013 年世界服务经济的截面分析包括 76 个变量;其中,约 17 个变量与国家经济水平显著相关。将中国指标与世界水平进行比较,可大致判断中国服务业经济的水平。

表 3-49　2013 年截面中国服务经济指标的相对水平

指标	经济欠发达			经济初等发达		经济中等发达		经济发达		合计
	1 组	2 组	3 组	4 组	5 组	6 组	7 组	8 组	9 组	
产业结构	—	—	1	—	—	—	—	—	—	1
就业结构	—	—	1	—	—	—	—	—	—	1
贸易结构	—	—	5	1	—	—	—	—	—	6
合计			7	1						8

2013 年截面,中国服务经济大约有 1 个指标达到经济初等发达国家组的水平,约有 7 个指标为经济欠发达国家组的水平(表 3-49,表 3-50)。

表 3-50　2013 年截面中国服务业经济指标的国际比较

指标	中国数值	中国分组	国际对照(经济水平、国家分组、人均国民收入、指标特征值)								
			经济欠发达			经济初等发达		经济中等发达		经济发达	
			1	2	3	4	5	6	7	8	9
			517	862	1694	4369	7915	14 759	28 606	49 364	78 851
(1) 产业结构											
服务业与工业增加值之比	1.07	—	45.9	45.9	52.2	54.4	57.0	64.5	67.8	71.3	68.9
服务业与农业增加值之比	4.99	3	1.4	2.0	3.3	5.9	12.0	14.7	31.2	240	55.1
劳务型服务业增加值比重/(%)*	52.6	—	—	—	—	—	—	49.3	48.4	50.4	52.7
知识型服务业增加值比重/(%)*	47.4	—	—	—	—	—	—	50.6	51.6	49.8	47.3
劳务型生产服务业增加值比重/(%)*	10.6	—	—	—	—	—	—	13.9	9.3	11.0	13.8
劳务型消费服务业增加值比重/(%)*	8.0	—	—	—	—	—	—	15.3	15.1	17.2	20.9
劳务型综合服务业增加值比重/(%)*	34.0	—	—	—	—	—	—	22.2	24.0	23.1	17.9
知识传播型服务业增加值比重/(%)*	11.8	—	—	—	—	—	—	11.1	12.2	10.9	10.9
智力服务型服务业增加值比重/(%)*	35.7	—	—	—	—	—	—	39.5	39.3	39.0	36.4
生产型服务业增加值比重/(%)*	32.3	—	—	—	—	—	—	27.9	28.4	27.3	30.0
消费型服务业增加值比重/(%)*	9.5	—	—	—	—	—	—	17.2	17.1	19.8	23.2
综合型服务业增加值比重/(%)*	38.5	—	—	—	—	—	—	30.1	29.5	28.4	23.5
公共型服务业增加值比重/(%)*	19.6	—	—	—	—	—	—	24.9	25.0	24.5	23.3
非公共型服务业增加值比重/(%)*	80.4	—	—	—	—	—	—	75.2	75.0	75.5	76.7
(2) 就业结构											
服务业与工业劳动力之比	1.28	—	—	—	2.1	2.9	2.7	2.4	2.9	3.5	3.8
服务业与农业劳动力之比	1.23	3	—	—	1.1	5.3	3.9	16.8	11.6	35.1	31.6
(3) 贸易结构											
服务贸易比例/(%)	5.76	—	18.7	14.2	16.9	19.6	15.3	18.4	16.1	32.0	20.2
服务出口比例/(%)	2.27	—	6.4	5.2	7.5	10.2	8	10.5	9.1	16.3	10.5
服务进口比例/(%)	3.49	—	12.4	9.0	9.1	9.4	7.2	8.3	6.9	16.4	9.7
信息和计算机服务出口比例/(%)	34.6	—	24.5	29	27.5	18.7	24.8	23.8	24.5	37.4	31.1
保险与金融服务出口比例/(%)	3.34	—	2.2	1.5	5.2	2.1	5.8	3.4	3.1	10.7	11.8

(续表)

指标	中国数值	中国分组	国际对照(经济水平、国家分组、人均国民收入、指标特征值)								
			经济欠发达			经济初等发达		经济中等发达		经济发达	
			1	2	3	4	5	6	7	8	9
			517	862	1694	4369	7915	14 759	28 606	49 364	78 851
(3) 贸易结构											
保险与金融服务进口比例/(%)	7.78	—	4.9	4.0	8.2	8.0	9.3	5.8	6.8	7.3	4.9
交通服务出口比例/(%)	17.5	—	17.1	18.2	17.2	22.1	20.3	30.9	25.4	21.0	20.6
交通服务进口比例/(%)	28.5	—	45.3	53.3	42.2	41.7	29.8	30.7	29.7	23.1	16.6
旅行服务出口比例/(%)	24.0	—	32.4	46.1	36.3	47.6	42.4	32.6	35.3	18.0	25.2
旅行服务进口比例/(%)	38.8	—	14.8	13.9	21.9	22.1	24.8	23.4	21.0	22.4	30.4
人均服务出口/美元	158	3	36	45	120	456	704	1549	2449	8337	8365
人均服务进口/美元	244	3	72	76	144	431	611	1234	1893	8375	7887
人均商业服务出口额/美元	158	3	32	41	128	447	717	1519	2443	8142	8293
人均商业服务进口额/美元	243	3	61	68	141	397	622	1194	1827	8111	7844
人均知识产权出口/美元	0.7	3	0.4	0.4	0.6	1	3	22	82	482	996
人均知识产权进口/美元	15.5	4	0.7	0.1	2	11	17	51	99	1434	524

注:* 为 2012 年数据。

2. 中国服务经济的 2000 年截面分析

2000 年世界服务经济的截面分析包括 60 个变量;其中,约 3 个变量与国家经济水平相关。将中国指标与世界水平进行比较,可大致判断中国服务业经济的水平。

2000 年截面,中国服务业经济大约有 2 个指标达到经济初等发达国家组的水平,约有 1 个指标为经济欠发达国家组的水平(表 3-51)。

表 3-51 2000 年截面中国服务业经济指标的相对水平

指标	经济欠发达			经济初等发达		经济中等发达		经济发达		合计
	1组	2组	3组	4组	5组	6组	7组	8组	9组	
产业结构	—	—	—	1	1	—	—	—	—	2
就业结构	—	—	1	—	—	—	—	—	—	1
贸易结构	—	—	—	—	—	—	—	—	—	0
合计	—	—	1	1	1	—	—	—	—	3

3. 中国服务经济的 1980 年截面分析

1980 年世界服务业经济的截面分析包括 60 个变量;其中,约 2 个变量与国家经济水平相关。将中国指标与世界水平进行比较,可大致判断中国服务业经济的水平。

1980 年截面,中国服务业经济大约有 2 个指标达到欠发达国家组的水平(表 3-52)。

表 3-52 1980 年截面中国服务业经济指标的相对水平

指标	经济欠发达			经济初等发达		经济中等发达		经济发达		合计
	1组	2组	3组	4组	5组	6组	7组	8组	9组	
产业结构	—	1	—	—	—	—	—	—	—	1
就业结构	1	—	—	—	—	—	—	—	—	1
贸易结构	—	—	—	—	—	—	—	—	—	0
合计	1	1	—	—	—	—	—	—	—	2

三、中国服务要素的截面分析

1. 中国服务要素的 2013 年截面分析

2013 年世界服务业要素定量指标的截面分析包括 27 个变量;其中,约 15 个变量与国家经济水平显著相关。将中国指标与世界水平进行比较,可大致判断中国服务业要素的水平。

2013 年截面,中国服务业要素定量指标大约有 3 个指标达到经济中等发达国家组的水平,约有 9 个指标达到经济初等发达国家组的水平,约有 4 个指标为经济欠发达国家组的水平(表 3-53,表 3-54)。

表 3-53　2013 年截面中国服务要素定量指标的相对水平

指标	经济欠发达			经济初等发达		经济中等发达		经济发达		合计
	1组	2组	3组	4组	5组	6组	7组	8组	9组	
人力资源	—	—	2	1	—	—	—	—	—	3
服务设施	—	—	2	2	2	—	1	—	—	7
服务创新	—	—	—	—	1	—	1	—	—	2
服务环境	—	—	—	2	1	1	—	—	—	4
合计	—	—	4	5	4	1	2	—	—	16

表 3-54　2013 年截面中国服务业要素定量指标的国际比较

指标	中国数值	中国分组	国际对照(经济水平、国家分组、人均国民输入、指标特征值)								
			经济欠发达			经济初等发达		经济中等发达		经济发达	
			1	2	3	4	5	6	7	8	9
			517	862	1694	4369	7915	14 759	28 606	49 364	78 851
(1) 人力资源											
接受过高等教育的劳动力比例	12*	3	—	—	11.7	17.6	20.2	25.7	26.1	33.3	35.2
接受过中学教育的劳动力比例	65.1*	—	—	—	37.5	25.2	63.6	56.8	38.6	46.5	47.0
中学入学率	92.4	4	37.7	40.0	61.1	86.0	96.9	99.8	114	122	126
大学入学率	29.7	3	10.9	4.8	21.7	38.0	49.5	67.3	76.5	70.3	71.9
(2) 服务设施											
人均铁路里程	0.07	3	0.09	0.01	0.07	0.15	0.32	0.52	0.23	0.58	0.60
商业银行分支机构拥有量	8	—	4	4	8	17	39	21	38	24	27
自动取款机拥有量	47	4	4	4	13	38	51	68	109	90	105
安全饮水普及率	94.0	5	67.9	68.3	78.4	89.4	94.2	95.3	99.6	99.7	100.0
卫生设施普及率	74.2	4	31.6	25.1	54.8	77.2	81.2	91.6	99.7	98.6	99.3
电力普及率	100	7	28.1	28.2	64.1	89.1	94.2	97.6	99.7	99.8	100.0
互联网宽带普及率	13.6	4	0.3	0.4	2.0	4.8	10.8	17.1	25.3	33.1	34.8
移动通信普及率	89	3	48	70	87	116	113	134	127	123	121
(3) 服务创新											
人均 R&D 经费支出	124**	5					56	183	531	1173	1813
R&D 经费占 GDP 比例	1.98**	7					0.8	1.2	1.9	2.4	2.5
发明专利拥有率	4.0					0.1	0.6	0.5	6.5	2.7	2.0
(4) 服务环境											
人均 GDP	6992	4	517	862	1694	4369	7915	14 759	28 606	49 364	78 851
婴儿死亡率	10.6	6	51.4	61.0	42.4	22.3	18.3	11.8	4.2	3.9	2.9
城镇人口比例	53.2	4	28.5	35.6	40.1	57.6	67.4	70.9	76.3	83.6	82.1
人均能源消费	2143***	5	412	422	588	998	1941	2875	3049	4535	5095
人均居住和服务的二氧化碳排放量	343	—	49	54	143	217	574	629	723	1097	656

注:指标单位见附表 1-2。* 为 2010 年数据,** 为 2012 年数据,*** 为 2011 年数据。

2. 中国服务要素的 2000 年截面

2000 年世界服务业要素定量指标的截面分析包括 27 个变量；其中，约 14 个变量与国家经济水平显著相关。将中国指标与世界水平进行比较，可大致判断中国服务业要素的水平。

2000 年截面，中国服务业要素定量指标大约有 4 个指标达到经济初等发达国家组的水平，约有 4 个指标达到经济中等发达国家组的水平，约有 7 个指标为经济欠发达国家组的水平（表 3-55）。

表 3-55　2000 年截面中国服务业要素定量指标的相对水平

指标	经济欠发达			经济初等发达		经济中等发达		经济发达		合计
	1组	2组	3组	4组	5组	6组	7组	8组	9组	
人力资源	—	2	1	—	—	—	—	—	—	3
服务设施	—	—	1	1	1	1	1	—	—	5
服务创新	—	—	—	—	1	1	1	—	—	3
服务环境	—	—	3	—	1	—	—	—	—	4
合计	—	2	5	1	3	2	2	—	—	15

3. 中国服务要素的 1980 年截面

1980 年世界服务业要素定量指标的截面分析包括 8 个变量；其中，约 7 个变量与国家经济水平显著相关。将中国指标与世界水平进行比较，可大致判断中国服务业要素的水平。

1980 年截面，中国服务业要素定量指标大约有 3 个指标为经济欠发达国家组的水平，约有 3 个指标为经济初等发达国家组的水平（表 3-56）。

表 3-56　1980 年截面中国服务业要素定量指标的相对水平

指标	经济欠发达			经济初等发达		经济中等发达		经济发达		合计
	1组	2组	3组	4组	5组	6组	7组	8组	9组	
人力资源	—	1	1	—	—	—	—	—	—	2
服务设施	—	—	—	—	—	—	—	—	—	—
服务创新	—	—	—	—	—	—	—	—	—	—
服务环境	—	1	—	2	1	—	—	—	—	4
合计	—	2	1	2	1	—	—	—	—	6

第三节　中国服务业现代化的过程分析

中国服务业现代化包括中国整体的服务业现代化、中国服务业三大方面的现代化、中国各地区的服务业现代化（图 3-19）等。中国服务业现代化的过程分析的分析对象可以分为三类：历史进程（1860~2010 年）、客观现实（2013 年）和未来前景（2015~2100 年）。

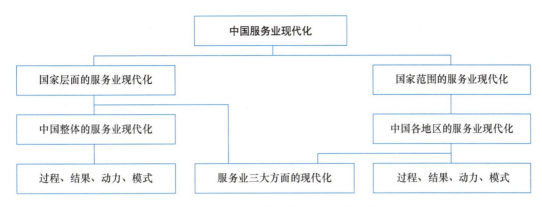

图 3-19 中国服务业现代化的过程分析

注:服务业三大方面指服务生产(服务规模、服务效率、服务质量和服务设施)、服务经济(产业结构、就业结构和贸易结构)和服务要素(人力资源、服务设施、服务创新、服务环境、服务制度和服务观念)。国家层面的服务业现代化和地区的服务业现代化,都涉及服务业三大方面的现代化。

一、中国服务业现代化的历史进程

中国服务业现代化的历史进程,指从它的起步到目前的历史过程。中国服务业现代化的进程研究,时间跨度约为 150 年。关于中国服务业三大方面现代化,前面已有专门分析。关于中国的地区服务业现代化,需要专题研究。这里重点讨论中国整体的服务业现代化。

中国整体的服务业现代化是一个多维度的历史过程,需要从多个角度进行分析,分析内容可以根据需要进行选择。下面简要讨论它的阶段、内容、特点、结果、动力和模式。

1. 中国服务业现代化的主要阶段

中国服务业现代化是中国经济现代化的组成部分。中国服务业现代化的阶段划分,应该与中国经济现代化的阶段划分相协调。当然,它们并非完全同步。

(1) 中国经济现代化的发展阶段

中国经济现代化的阶段与中国现代化的阶段有紧密关系。目前,我国学术界比较普遍的看法是,中国现代化可以分为三个阶段,它们是 1840/60~1911 年、1912~1949 年、1949 年至今。第一个阶段是清朝末年的现代化起步,第二个阶段是民国时期的局部现代化,第三个阶段是新中国的全面现代化。("新中国"指中华人民共和国。)

《中国现代化报告 2005》认为,中国经济现代化的历史过程,同样分为三个阶段:清朝末年、民国时期和新中国时期;而且每一个阶段又可分为三个时期(表 3-57)。

表 3-57 中国经济现代化的发展阶段

阶段	时期	大致时间	历史阶段	经济发展的新特点	经济转型	经济地位
工业化起步 (清朝末年)	准备	1840~1860	鸦片战争	外资造船业和银行	无	下降
	起步	1860~1894	洋务运动	外资和官办工业	起步	下降
	调整	1895~1911	维新新政	民办轻工业	比较慢	下降
局部工业化 (民国时期)	探索	1912~1927	北洋政府时期	民办工业化	比较慢	下降
	探索	1928~1936	国民政府早期	官办工业化	比较快	下降
	调整	1937~1949	战争时期	战时工业化	慢	下降

(续表)

阶段	时期	大致时间	历史阶段	经济发展的新特点	经济转型	经济地位
全面工业化（新中国）	探索	1949～1977	计划时期	工业化和计划经济	比较慢	下降
	市场化	1978～2001	改革时期	工业化和市场化	比较快	相对上升
	全球化	2002～至今	追赶时期	新工业化和全球化	比较快	相对上升

参考资料：罗荣渠，1993；许纪霖，陈达凯，1995；周积明，1996；虞和平，2002；赵德馨，2003。
资料来源：中国现代化战略研究课题组等，2005。

(2) 中国服务业现代化的起步

关于中国服务业现代化的起点没有统一认识。中国现代报纸可以追溯到1857年，现代电信可以追溯到1877年；现代教育可以追溯到1878年，现代金融可以追溯到1865年，现代铁路1881年，发电照明1888年（表3-58）。中国服务业现代化的发端，可以追溯到19世纪中后期，大致可以以1860年为起点。

表3-58 中国服务业现代化的起步

方面	典型事件	发生时间、地点或人物
报纸和电信	第一份自办报刊——《香港船头货价报》	1857，香港，黄胜
	第一条电报线——高雄至台湾	1877，台湾，丁日昌
	第一家电信企业——电报总局	1880，天津，李鸿章
现代教育	第一所普通小学——正蒙书院	1878，张焕伦
	第一所医学院——医学馆	1881，天津，李鸿章
	第一所中学——天津北洋西学学堂二等学堂	1895，天津，盛宣怀
	第一所大学——天津北洋西学学堂	1895，天津，盛宣怀
现代服务业	第一家保险公司——义和公司保险行	1865，上海
	第一条铁路——唐胥铁路	1881，唐山
	第一次发电照明——台北兴市公司	1888，台湾，刘铭传
	第一个银行——中国通商银行	1897，上海，盛宣怀等

资料来源：汪林茂，1998。

(3) 中国服务业现代化的发展阶段

参照中国经济现代化的阶段划分，19世纪后期以来，中国服务业现代化的前沿过程大致分为三个阶段：清朝末年的服务业现代化起步、民国时期的局部服务业现代化、新中国的全面服务业现代化（表3-59）。

表3-59 中国服务业现代化的发展阶段

阶段	大致时间	历史阶段	服务业现代化的主要内容和特点（举例）
服务业现代化起步（清朝末年）	1840～1860	鸦片战争	—
	1860～1894	洋务运动	现代电信、现代教育、现代交通、现代金融等
	1895～1911	维新新政	
局部服务业现代化（民国时期）	1912～1927	北洋政府时期	服务业的机械化、专业化、规模化等
	1928～1936	国民政府早期	
	1937～1949	战争时期	
全面服务业现代化（新中国）	1949～1977	计划时期	服务业的机械化、电气化、规模化、专业化等
	1978～2001	改革时期	服务业的市场化、机械化、电气化、标准化等
	2002～至今	全球化时期	服务业的信息化、网络化、国际化、智能化等

注：本表内容只是一个提纲，不是全面阐述。2001年中国成为WTO正式成员，参与经济全球化。

2. 中国服务业现代化的主要内容

中国服务业现代化的主要内容,与世界服务业现代化的主要内容是基本一致的。在不同阶段,中国服务业现代化的内涵和特点有所不同。

(1) 清朝末年的服务业现代化起步

清朝末年的服务业现代化,可以从思想和实践两个方面来认识。

首先,现代服务业的知识传播。在 19 世纪后期,现代服务业受到关注。洋务运动期间,主张学习西方先进科学技术和现代企业,在教育上采取了多项改革等。

其次,现代服务业的实践。在 19 世纪中后期,现代媒体、现代电信、现代教育、现代交通、现代金融都有所发展(表 3-58)。

清朝末年,服务业现代化主要是技术和知识层面,服务业制度变化比较少。

(2) 民国时期的局部服务业现代化

首先,服务业现代化的探索。在 20 世纪 30 年代,中国学术界就中国现代化道路进行了思考和辩论。1933 年上海《申报月刊》推出了"中国现代化问题号"特刊。1912 年《壬子癸丑学制》中提出对教育开始一系列改革,推进教育现代化进程,构成了服务业现代化的重要组成部分。

其次,服务业现代化的实践。主要内容包括服务业的机械化、电气化、专业化、市场化、标准化和规模化,但服务业增加值比例没有增加(表 3-60)。

表 3-60 1890～2013 年中国经济结构和就业结构

项目		1890	1913	1936	1950	1960	1970	1980	1990	2000	2010	2013
增加值比例/(%)	农业	69	67	63	59	23	34	30	27	16	10	10
	工业	10	10	19	21	45	38	49	42	51	47	44
	服务业	22	23	18	20	32	28	21	31	33	43	46
劳动力比例/(%)	农业	—	90	—	84	82	80	69	54	50	37	31
	工业	—	3	—	7	9	10	18	19	23	29	30
	服务业	—	7	—	9	9	9	12	10	27	34	39

注:1913 年劳动力比例数据为 20 世纪初华北 18 个县的调查数据;1936 年数据为 1931～1936 年期间的估计值(罗兹曼,1995,第 198 页,第 413 页)。

(3) 新中国的全面服务业现代化

1949 年新中国成立后,服务业现代化的发展可以分为三个小阶段(表 3-59)。1980 年以来,中国服务业现代化水平有较大提高。在 1980～2013 年期间,中国服务业现代化指数提高了 24 个百分点(表 3-61)。

表 3-61 1980～2013 年中国服务业现代化水平的变化

项目	1980	1990	2000	2010	2013
服务业现代化指数	11	13	21	31	35
服务业现代化指数的排名	88	115	81	67	60
服务业现代化指数的水平分组	欠发达	欠发达	欠发达	初等发达	初等发达
国家样本数	92	131	131	131	131

首先,计划时期的服务业现代化。在 20 世纪 60 年代,中国政府提出"农业现代化、工业现代化、国防现代化和科技现代化"的奋斗目标。这个时期受计划经济的束缚,"重商品、轻服务"的理念比较流行,政府不重视服务业的发展,服务业不太活跃。

其次,改革时期的服务业现代化。20 世纪 70 年代末以来,中国实行改革开放政策,服务业现代化的观念发生了改变。主要内容包括:服务生产现代化,包括机械化、电气化、自动化和信息化等;服务经济现代化,包括市场化、国际化和现代服务企业发展等。

其三,全球化时期的服务业现代化。2001 年中国成为世界贸易组织(WTO)正式成员,全面参与经济全球化进程。中国服务业现代化进入全面推进时期。主要内容包括:服务生产现代化,包括信息化、自动化、专业化、标准化等;服务经济现代化,包括市场化、国际化、绿色化、网络化等;服务要素现代化,包括服务业人力资源的提升、服务业的不断创新、服务业政策环境、服务业制度和服务业观念的变化等。

2013 年,中国服务业增加值占 GDP 比例首次超过工业增加值比例,这是中国服务业现代化的一个里程碑。

3. 中国服务业现代化的主要特点

关于中国服务业现代化的特点,不同学者有不同认识,可以从不同角度进行分析。一般而言,世界服务业现代化的主要特点在中国都有不同程度的反映,同时中国有自己的特色。

(1) 中国服务业现代化是一种后发追赶型服务业现代化

中国服务业现代化起步比较晚。中国服务业现代化起步大约是 19 世纪 60 年代,比世界服务业现代化的起步要晚约 100 年。

(2) 中国服务业现代化是一种知识型服务业追赶劳务型服务业的现代化

1991 年以来,中国知识型服务业增加值比重持续上升,劳务型服务业增加值比重不断下降,但直到 2012 年,中国劳务型服务业增加值比重仍高于知识型服务业增加值比重(表 3-62),两者之间的差距正在缩小,是一种典型的知识型服务业追赶劳务型服务业的现代化模式。

表 3-62　1991～2012 年中国劳务型服务业与知识型服务业增加值比重　　　　单位:%

项目	1991	1995	2000	2005	2010	2012
劳务型服务业增加值比重/(%)	61.0	60.4	60.4	54.4	52.9	52.6
知识型服务业增加值比重/(%)	39.0	39.6	39.6	45.6	47.1	47.4
劳务型－知识型	22	20.8	20.8	8.8	5.8	5.2

(3) 中国服务业现代化是一种不平衡的服务业现代化

1960 年以来,中国现代化实际上采取了物质产业优先发展的非平衡产业发展战略,中国工业化快于中国服务业现代化,中国工业与服务业的差距在扩大。例如,中国工业劳动生产率和服务业劳动生产率的绝对差距,从 541 多美元扩大到 3113 美元,相对差距从 0.58 倍扩大到 0.82 倍(表 3-63)。2013 年中国服务业劳动力占总劳动力的 38.5%,这意味着中国 38.5% 的服务业劳动力的劳动生产率是比较低的。工业和服务业劳动生产率的差距,影响中国的劳动生产率的整体水平。

表 3-63　1960～2013 年中国服务业效率的差距　　　　单位:美元

指标	1960	1970	1980	1990	2000	2005	2010	2013	变化
服务业劳动生产率	738	716	1185	1028	2505	4090	10312	14280	19.4
工业劳动生产率	1279	1053	1898	1164	3393	6017	12672	17393	13.6
工业－服务业	541	337	713	136	888	1927	2360	3113	5.75
服务业÷工业	0.58	0.68	0.62	0.88	0.74	0.68	0.81	0.82	1.43

注:变化=终点/起点。

(4) 中国服务业现代化的产业与就业协调性逐步提高

服务业转型包括服务业产业结构和就业结构转型,主要表现是服务业增加值比例和服务业劳动力比例增加。1952年到1970年,中国服务业劳动力比例在波动,1980年以后,中国服务业劳动力比例持续增加;1952年到1980年,中国服务业增加值在波动,1990年以后,中国服务业增加值比例持续增加,但总体来看,服务业协调性在提高(表3-64)。

表3-64 1952～2013年中国服务业转型的协调性

项目	1952	1962	1970	1980	1990	2000	2005	2010	2013
服务业增加值比例/(%)	28.6	29.3	24.3	21.6	31.5	39.0	40.5	43.2	46.1
服务业劳动力比例/(%)	9.1	9.9	9.0	13.1	18.5	27.5	31.4	34.6	38.5
服务业协调指数	3.14	2.96	2.70	1.65	1.70	1.42	1.29	1.25	1.20

(5) 中国服务业现代化的国际竞争力需要提高

2005年和2007年,我国服务出口比例高于服务进口比例;2009年以来,中国服务进口比例超过服务出口比例,服务业国际竞争力需要提高(表3-65)。

表3-65 2005～2013年中国服务进口与出口比例

指标	2005	2007	2009	2010	2011	2013
服务出口占GDP比例(%)	3.93	4.19	2.85	2.84	2.47	2.27
服务进口占GDP比例(%)	3.71	3.70	3.15	3.21	3.19	3.49

(6) 中国服务业现代化是以非公共型服务为主的现代化

中国公共型服务业增加值比重与非公共服务业增加值比重基本处于平稳状态,但中国服务业现代化是以非公共型服务为主的现代化,非公共服务业增加值比重大约为公共型服务业增加值比重的4倍左右(表3-66)。

表3-66 1991～2012年中国公共型与非公共型服务业增加值的比例

项目	1991	1995	2000	2005	2010	2012	变化
公共型服务业增加值比重/(%)	18.6	17.1	18.8	21.0	19.7	19.6	1.05
非公共服务业增加值比重/(%)	81.4	82.9	81.2	79.0	80.3	80.4	0.99
非公共型/公共型服务业	4.38	4.85	4.32	3.76	4.08	4.10	0.94

(7) 中国服务业现代化的政策波动较大

新中国成立以来,中国服务业现代化的政策波动较大。在1949～1977年期间,中国服务业发展受到抑制,属于计划经济时代的服务业现代化。在1978～2006年以后,中国实行改革开放政策,市场经济开始活跃起来,一些新的服务业开始出现,比如信息产业等,服务业市场化程度提高。

2007年国家开始重视服务业的发展,国务院出台了《关于加快发展服务业的若干意见》。2013年我国服务业增加值比例首次超过工业增加值比例。2014年国务院出台了《国务院关于加快发展生产性服务业促进产业结构调整升级的指导意见》,促进我国产业逐步由制造型向服务型转变。服务业政策演变具有明显的阶段性。

(8) 中国服务业现代化具有地区多样性和不平衡性

中国服务业现代化的地区差异是非常明显的。首先,自然地理的差异,例如,北方与南方的地理差别、东部与西部的地理差别等。其次,服务业区位的差异,例如,不同地区的服务业区划和服务业定位的差别。其三,服务业发展水平的地区差异等。

4. 中国服务业现代化的主要结果

(1) 中国服务业现代化的一般结果

中国服务业现代化是世界服务业现代化的组成部分,中国服务业现代化的一般结果与世界服务业现代化的一般结果是基本一致的,包括服务业现代性、多样性和副作用的形成,包括中国服务业状态和国际地位的变化等。2013 年,中国服务业现代化水平低于世界平均水平,约为服务业发达国家的 35%。

从理论角度看,中国服务业现代化的结果包括服务业技术进步和服务业效率提高、服务业增加值比例和劳动力比例的上升、知识型服务业增加值比例提高、服务制度和服务观念的发展等;从政策角度看,中国服务业现代化的结果包括服务生产、服务经济、服务要素的深刻变化,包括从传统服务业向现代服务业知识型服务业的转变等。

(2) 中国服务业现代化的国际地位变化

在 1980~2013 年期间,中国已经从服务业欠发达国家升级为服务业初等发达国家,2013 年服务业现代化指数世界排名为第 60 位左右,中国国际地位有较大提高(表 3-61)。

(3) 中国服务业现代化的国际差距变化

首先,中国服务业现代化水平的国际差距。1980 年以来,中国服务业现代化指数的国际差距逐步缩小,1980 年与世界平均值相差 28,2013 年与世界平均值相差 13(表 3-67)。

表 3-67　1980~2013 年中国服务业现代化水平的国际差距

项目	1980	1990	2000	2010	2013
服务业现代化指数:中国值	11	13	21	31	35
服务业现代化指数:高收入国家平均值	100	104	100	100	100
服务业现代化指数:世界平均值	39	49	48	47	48
高收入国家平均值-中国值	89	91	79	69	65
世界平均值-中国值	28	36	27	16	13

其次,中国服务业现代化指标的国际差距(表 3-68)。1970 年以来,中国服务业指标的国际差距的变化因指标而异。有些指标的国际差距扩大,如服务业劳动生产率、人均服务业增加值等;有些指标的国际差距缩小,如服务业增加值占 GDP 比例等。

表 3-68　1970~2013 年中国服务业指标的国际差距(举例)

项目	1970	1980	1990	2000	2005	2010	2013
服务业劳动生产率:中国值	716	1185	1028	2505	4090	10 312	14 280
服务业劳动生产率:高收入国家平均值	—	—	—	48 627	61 001	69 193	77 435
服务业劳动生产率:世界平均值	—	—	—	20 256	24 340	26 546	29 222
高收入国家平均值-中国值	—	—	—	46 122	56 911	58 881	63 155
世界平均值-中国值	—	—	—	17 751	20 250	16 234	14 942
服务业增加值比例:中国值	24.3	22.2	32.4	39.8	41.4	44.2	46.9
服务业增加值比例:高收入国家均值	51.8	54.5	59.9	70.5	72.1	73.5	73.8
服务业增加值比例:世界平均值	49.1	51.4	57.4	66.9	68.4	70.1	70.5
高收入国家平均值-中国值	27.5	32.3	27.5	30.7	30.7	29.3	26.9
世界平均值-中国值	24.8	29.2	25	27.1	27	25.9	23.6

(续表)

项目	1970	1980	1990	2000	2005	2010	2013
服务业劳动力比例:中国值	9.0	13.1	18.5	27.5	31.4	34.6	38.5
服务业劳动力比例:高收入国家均值	—	57.3	60.1	66.9	69.7	74.0	70.6
服务业劳动力比例:世界平均值	—	19.4	32.3	39.9	42.9	45.1	50.9
高收入国家平均值−中国值	—	44.2	41.6	39.4	38.3	39.4	32.1
世界平均值−中国值	—	6.3	13.8	12.4	11.5	10.5	12.4
人均服务业增加值:中国值	27	43	102	380	720	1996	3280
人均服务业增加值:高收入国家平均值	1210	4381	9376	14 406	19 276	23 113	24 890
人均服务业增加值:世界平均值	386	1277	2390	3440	4559	5880	6523
高收入国家平均值−中国值	1183	4338	9274	14 026	18 556	21 117	21 610
世界平均值−中国值	359	1234	2288	3060	3839	3884	3243

注:服务业劳动生产率单位:当年价格美元。

5. 中国服务业现代化的主要动力

中国服务业现代化的动力分析,可以参考服务业现代化理论的动力分析。

6. 中国服务业现代化的路径和模式

在1860~1980年期间,中国服务业现代化的基本路径是第一次服务业现代化路径,包括服务业的机械化、电气化、专业化、市场化、标准化和规模化等联合推进,采用计划经济和集体经济模式。

20世纪80年代以来,中国服务业现代化的基本路径仍然是第一次服务业现代化路径,但有两个明显转变。其一是从计划经济向市场经济、从集体经济向个体经济转变,采用"私人承包制",促进服务业的商品化和市场化。其二是从传统服务业向现代服务业、从现代服务业向知识型服务业转变,服务业的知识化、网络化、绿色化、智能化受到普遍重视。

二、中国服务业现代化的客观现实

在本《报告》里,中国服务业现代化的现实分析以2013年截面为分析对象,分析内容包括中国服务业现代化的整体水平、服务业三大方面的现代化水平、中国服务业现代化的地区水平。这里重点讨论前两者。

1. 中国服务业现代化的整体水平

(1) 2013年中国服务业现代化的整体阶段

2013年中国服务业现代化大致处于第一次服务业现代化的成熟期,在部分地区第二次服务业现代化的要素已经得到较好发展。

(2) 2013年中国服务业现代化的整体水平

2013年中国服务业现代化水平属于服务业初等发达水平,低于中国现代化水平。

2013年中国服务业现代化指数为35,排名世界第60位。2013年中国第一次现代化指数为98,排名第52位;中国第二次现代化指数为41,排名57位;综合服务业现代化指数为40,排名67位。

(3) 2000~2013年中国服务业现代化的发展速度

在2000~2013年期间,中国服务业现代化指数年增长率约为5.9%,高于世界平均值,高于高收入国家、中等收入国家和低收入国家平均值(图3-20)。

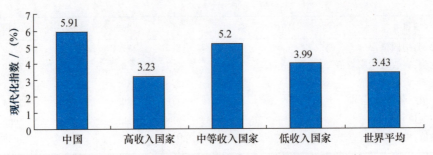

图 3-20　2000～2013 年中国服务业现代化速度的国际比较

2. 中国服务业三大方面的现代化水平

(1) 2013 年中国服务业三大方面的指标水平

2013 年中国服务业三大方面指标的现代化水平大致是：12% 的指标为中等发达水平，44% 的指标为初等发达水平，44% 指标为欠发达水平(表 3-69)。

表 3-69　2013 年中国服务业三大方面的现代化水平

项目	服务生产指标	服务经济指标	服务要素指标	合计	比例/(%)
发达水平	—	—	—	—	—
中等发达水平	1	—	3	4	12
初等发达水平	4	1	9	14	44
欠发达水平	3	7	4	14	44
合计	8	8	16	32	100

2013 年，中国达到中等发达水平的服务业指标包括电力普及率、R&D 经费占 GDP 比例、婴儿死亡率等；达到初等发达水平的指标包括人均服务业增加值等 14 个指标；处于欠发达水平的指标包括服务业增加值比例等 14 个指标(表 3-70)。

表 3-70　2013 年中国服务业指标的现代化水平

项目	表现很好的指标 (发达水平)	表现较好的指标 (中等发达水平)	表现一般的指标 (初等发达水平)	表现不佳的指标 (欠发达水平)
指标个数	—	4	14	14
指标举例		电力普及率 R&D 经费占 GDP 比例 婴儿死亡率等	人均服务业增加值 服务业劳动生产率 人均知识产权进口 互联网宽带普及率 人均 R&D 经费 人均能源消费 自动取款机拥有量	服务业增加值比例 服务业劳动力比例 创办企业所需时间 人均服务出口 人均服务进口 人均知识产权出口 受过高等教育劳动力比例

2013 年，中国不同服务业指标的世界排名有很大差别。例如，专利拥有率排名世界第 5 位，R&D 经费占 GDP 比排第 18 位，服务业增加值比例排第 91 位(表 3-71)。

表 3-71　2013 年中国服务业指标的世界排名和国际差距(举例)

项目	专利拥有率	物流绩效指数得分	R&D 经费占 GDP 比*	人均服务业增加值	服务业劳动生产率*	人均能源消费*	服务业增加值比例
中国值	5.2	3.53	1.98	3280	13 269	2143	46.9
中国排名	5	24	18	52	51	44	91
国家数	65	126	97	115	75	115	114
世界最大值	31.9	4.12	3.93	60 250	146 314	10 121	82.4
世界最大值÷中国值	6.13	1.17	1.98	18.37	11.03	4.72	1.76

注:指标单位见附表 1-2。* 为 2012 年数据(或最近年数据)。

(2) 2013 年中国服务业三大方面的国际差距

首先,服务生产指标的国际差距(表 3-72)。中国与高收入国家的相对差超过 5 倍的指标有 1 个,超过 2 倍的指标有 1 个。

表 3-72　2013 年中国服务业生产指标的国际差距

指标和单位	中国	高收入国家	绝对差	相对差	世界平均	绝对差	相对差
服务业增加值比例	46.9	73.8	26.9	1.57	70.5	23.6	1.50
服务业劳动力比例	38.5	74*	35.5	1.92	45.1*	6.6	1.17
服务密度	47	60	13	1.28	35	−12	0.74
服务劳动生产率	14 280	77 435	63 155	5.42	29 222	14 942	2.05
人均服务业增加值	3280	24 890	21 610	7.59	6523	3243	1.99
物流绩效指数:综合分数**	3.53	3.48	−0.05	0.99	2.89	−0.64	0.82
创办企业所需的时间	34	19	−15	0.56	25	−9	0.74
出口通关所需时间	21	13	−8	0.62	22	1	1.05

注:指标单位见附表 1-2。绝对差=高收入国家值(世界平均值)−中国值。相对差=高收入国家值(世界平均值)÷中国值。* 为 2010 年数据,** 为 2014 年数据。

其次,服务经济指标的国际差距(表 3-73)。中国与高收入国家的相对差距超过 10 倍的指标有 4 个,超过 5 倍的指标有 3 个,超过 2 倍的指标有 2 个,超过 1 倍的指标有 3 个。

表 3-73　2013 年中国服务业经济指标的国际差距

指标和单位	中国	高收入国家	绝对差	相对差	世界平均	绝对差	相对差
服务业与工业增加值之比	1.07	3	1.93	2.80	2.67	1.6	2.50
服务业与农业增加值之比	4.99	46.9	41.9	9.39	22.9	17.9	4.58
服务业与工业劳动力之比	1.28	3.38*	2.10	2.64	1.86*	0.58	1.45
服务业与农业劳动力之比	1.23	20.9*	19.7	17.0	1.48*	0.25	1.20
服务贸易比例/(%)	5.8	13.9	8.1	2.40	12.4	6.6	2.14
服务出口比例/(%)	2.3	7.6	5.3	3.30	6.4	4.1	2.78
服务进口比例/(%)	3.5	6.7	3.2	1.91	6.2	2.7	1.77
ICT 服务出口比例/(%)	34.6	30.9	−3.7	0.89	31.7	−2.9	0.92
保险和金融服务出口比例/(%)	3.3	12.6	9.3	3.82	10.9	7.6	3.30
保险和金融服务进口比例/(%)	7.8	8.5	0.7	1.09	8.3	0.5	1.06

(续表)

指标和单位	中国	高收入国家	绝对差	相对差	世界平均	绝对差	相对差
交通服务出口比例	17.5	19.6	2.1	1.12	19.3	1.8	1.10
交通服务进口比例	28.5	21.8	−6.7	0.76	24.6	−3.9	0.86
旅行服务出口占比	24	22.4	−1.6	0.93	24.6	0.6	1.03
旅行服务进口占比	38.8	22.4	−16.4	0.58	23.2	−15.6	0.60
人均服务出口额	158	2804	2646	17.8	677	519	4.28
人均服务进口额	244	2539	2295	10.41	658	414	2.70
人均商业服务进口额	243	2481	2238	10.21	642	399	2.64
人均知识产权出口额	0.65	214	213	329	42.6	42.0	65.5
人均知识产权进口额	15.5	200	184.5	12.9	45.5	30.0	2.94

注：指标单位见附表1-2。绝对差＝高收入国家值（世界平均值）−中国值。相对差＝高收入国家值（世界平均值）÷中国值。* 为2010年数据。

其三，服务要素定量指标的国际差距（表3-74）。中国与高收入国家的相对差距超过5倍的指标有1个，超过2倍的指标有2个，超过1倍的指标有5个。

表3-74 2013年中国服务业要素定量指标的国际差距

指标和单位	中国	高收入国家	绝对差	相对差	世界平均	绝对差	相对差
接受高等教育的劳动力比例*	12	32.9	20.9	2.74	—	—	—
接受中学教育的劳动力比例*	65.1	47.4	−17.7	0.73	—	—	—
中学入学率	92.4	104	11.6	1.13	75.2	−17.2	0.81
大学入学率	29.7	73.8	44.1	2.48	32.9	3.2	1.11
商业银行分支机构	8.0	23	15	2.88	12	4	1.50
自动取款机	47	65	18	1.38	34	−13	0.72
安全饮水普及率	94	99	5	1.05	90.1	−3.9	0.96
卫生设施普及率	74.2	96.3	22.1	1.30	66.5	−7.7	0.90
电力普及率	100	100	0	1.00	85	−15	0.85
互联网宽带普及率	13.6	27.3	13.7	2.01	10	−3.6	0.74
移动通信普及率	89	122	33	1.37	93	4	1.04
人均R&D经费支出**	124	866	742	6.98	220	96	1.77
R&D经费占GDP比例**	1.98	2.32	0.34	1.17	2.13	0.15	1.08
专利拥有比例	5.2	6.3	1.1	1.21	2.3	−2.9	0.44
人均GDP	6992	37 569	30 577	5.37	10 610	3618	1.52
婴儿死亡率	10.6	6.1	−4.5	0.58	33.7	23.1	3.18
城镇人口比例	53.2	80.4	27.2	1.51	53.0	−0.2	1.00
人均能源消费**	2143	4678	2535	2.18	1898	−245	0.89
人均居住和服务的二氧化碳排放量	343	1167	824	3.40	430	87	1.25

注：指标单位见附表1-2。绝对差＝高收入国家值（世界平均值）−中国值。相对差＝高收入国家值（世界平均值）÷中国值。* 为2010年数据，** 为2012年数据。

3. 中国服务业现代化与典型国家的比较

(1) 中国服务业生产指标的国际比较

我们选择服务业劳动生产率、服务业劳动力比例、服务业增加值比例、人均服务业增加值、服务密度指标进行分析（表3-75）。很显然，不同指标的国别差异是不同的。

表 3-75　2013 年中国服务生产指标的国际比较

国家	服务业劳动生产率/(美元·人$^{-1}$)		服务业劳动力比例/(%)		服务业增加值比例/(%)		人均服务业增加值/美元		人均知识型服务业增加值/美元*	
	数值	指数	数值	指数	数值	指数	数值	指数	数值	指数
中国	14 280	100	38.5	100	46.9	100	3280	100	903	100
美国	101 731	712	81.2	211	78.1	167	38 634	1178	23 036	2551
日本	81 474	571	70.7	184	72.6	155	27 826	848	—	
德国	82 569	578	79.3	206	68.4	146	28 454	868	13 777	1526
英国	78 517	550	74.9	195	79.2	169	29 459	898	—	
法国	98 417	689	69.1	179	78.7	168	30 089	917	13 389	1483
澳大利亚	128 566	900	69.5	181	70.7	151	44 666	1362	—	
意大利	91 629	642	69.4	180	74.2	158	23 708	723	83 989	9301
加拿大	75 997	532	78	203	—		—		—	
俄罗斯	22 610	158	65.3	170	59.8	128	7521	229	—	
墨西哥	23 278	163	62.4	162	62.1	132	6153	188	—	
巴西	22 342	156	62.9	163	70	149	7108	217	—	
印度尼西亚	7381	52	44.8	116	42.6	91	1514	46	—	
印度	6479	45	28.7	75	51.3	109	705	21	—	
尼日利亚	12 705	89	42.9	111	57	122	1672	51	—	
世界平均	29 222	205	50.9	132	70.5	150	6523	199	—	

注：* 为 2010 年的估计值。

2013 年中国服务生产指标的国际差距如下：

- 服务业劳动生产率，澳大利亚是中国的 9 倍，美国约是中国的 7 倍，法国、意大利是中国的 6 倍多，日本、德国、英国、加拿大是中国的 5 倍多。
- 服务密度，日本是中国的 20 倍，英国、德国、意大利是中国的 10 多倍，法国是中国的 7 倍多，美国是中国的 2 倍多，澳大利亚、俄罗斯等国低于中国。
- 服务业增加值比例，除印度尼西亚低于中国外，美国、日本、德国、英国、法国等都高于中国。
- 人均服务业增加值，澳大利亚是中国的 13 倍，美国是中国的 11 倍，日本、德国、英国、法国、意大利是中国的 7 倍以上。
- 2010 年人均知识型服务业增加值，美国是中国的 25 倍，德国是中国的 15 倍。

(2) 中国服务经济指标的国际比较

我们选择服务业与农业增加值之比、服务业与农业劳动力之比、服务贸易比例、服务出口比例、知识型服务业增加值比例指标进行分析(表 3-76)。

表 3-76 2013 年中国服务经济指标的国际比较

国家	服务业与农业增加值之比		服务业与农业劳动力之比*		服务贸易比例/(%)		服务出口比例/(%)		知识型服务业增加值比例/(%)*	
	数值	指数	数值	指数	数值	指数	数值	指数	数值	指数
中国	5.0	100	0.94	100	5.8	100	2.27	100	47.1	100
美国	54.0	1084	50.7	5399	6.9	119	4.1	181	61.4	130
日本	60.1	1207	18.8	2004	6.2	107	2.75	121	—	
德国	79.8	1602	43.7	4654	15.9	274	7.16	315	54.8	116
英国	120.4	2417	65.7	6995	19.8	341	12.21	538	—	
法国	49.2	987	25.7	2729	17.3	298	9.07	400	56.6	120
澳大利亚	28.9	580	20.9	2219	7.7	133	3.43	151	—	
意大利	31.9	640	17.8	1890	10.5	181	5.27	232	45.5	97
加拿大			27.9	2967	11	190	4.89	215	—	—
俄罗斯	15.1	304	5.9	626	9.5	164	3.37	148		
墨西哥	17.6	354	4.6	492	4.1	71	1.59	70		
巴西	12.4	250	2.8	300	5.2	90	1.64	72		
印度尼西亚	3.1	62	1.1	117	6.4	110	2.52	111		
印度	2.9	57	0.5	55	14.8	255	7.98	352		
尼日利亚	2.7	55	—	—	5.7	98	0.52	23		
世界平均	22.9	459	1.5	157	12.4	214	6.43	283	—	—

注：* 为 2010 年的估计数据。

2013 年中国服务经济指标的国际差距如下：

- 服务业与农业增加值之比，英国是中国的 24 倍，德国、日本、美国等是中国的 10 多倍，法国、意大利和澳大利亚是中国的 5 倍多，世界平均值是中国的 4.6 倍。
- 服务业与农业劳动力之比，美国和英国是中国的 50 多倍，德国、日本、法国、澳大利亚和加拿大是中国的 20 多倍，意大利中国的 18 倍多，世界平均值是中国的 1.6 倍。
- 服务贸易比例，英国是中国的 3 倍多，法国和德国是中国的 2 倍多。
- 服务出口比例，英国是中国的 5 倍多，法国是中国的 4 倍，德国是中国的 3 倍多，意大利和加拿大是中国的 2 倍多。
- 知识型服务业增加值比例，美国是中国的 1.3 倍，法国和德国约是中国的 1.2 倍。

(3) 中国服务经济的国别年代差

如果按服务业劳动生产率、服务业增加值比例和服务业劳动力比例指标的年代差的平均值计算，2013 年中国服务经济的发展水平，比英国落后约 100 年，比美国落后约 90 年，比荷兰和丹麦落后约 70 年，比德国等 8 国约落后 50 多年，比韩国落后约 30 年（表 3-77）。

表 3-77　2013 年中国服务经济的年代差

国家	服务业增加值比例/(%)			服务业劳动力比例/(%)			服务业劳动生产率/现价美元			平均年差
	数值	年代	年差	数值	年代	年差	数值	年代	年差	
中国	46.9	2013		38.5	2013		14 280	2013		
英国	45	1870	143	38	1870	143	13 818	1960	53	113
美国	57	1900	113	32	1900	113	12 416	1950	63	96
丹麦	43	1900	113	42	1950	63	15 231	1960	53	76
荷兰	45	1960	53	38	1900	113	13 013	1960	53	73
意大利	46	1960	53	37	1970	43	13 473	1930	83	60
瑞典	53	1960	53	41	1960	53	12 378	1940	73	60
日本	51	1970	43	37	1960	53	13 874	1930	83	60
法国	51	1960	53	38	1950	63	15 238	1950	63	60
挪威	42	1960	53	38	1950	63	14 460	1960	53	56
德国	48	1970	43	38	1960	53	15 367	1940	73	56
墨西哥	53	1900	113	41	1980	33	13 255	1992	21	56
奥地利	48	1970	43	42	1970	43	13 194	1940	73	53
西班牙	56	1980	33	36	1970	43	14 618	1950	63	46
韩国	47	1980	33	37	1980	33	12 557	1980	33	33
巴西	45	1980	33	39	1970	43	14 995	2008	5	27

注：1900～1980 年期间的服务业劳动生产率按 1991～2010 年年均增长率测算。年差＝2013－对比国年代。

三、中国服务业现代化的前景分析

关于中国服务业现代化的前景分析，属于一种预测研究。在本《报告》中，中国服务业现代化的前景分析，时间跨度为 2015～2100 年（约 85 年），分析对象包括中国服务业现代化的整体前景和三大方面的前景等。这种前景分析，只是提出一种可能性，而不是精确预见。

1. 中国服务业现代化的整体前景

(1) 21 世纪中国服务业现代化的路径分析

《中国现代化报告 2003》建议，21 世纪中国现代化路径将是综合现代化路径，不同地区可以选择合适的路径：比较发达的地区选择第二次现代化路径，其他地区选择第一次现代化路径或综合现代化路径，全国将是两次现代化的协调发展，并持续向第二次现代化转型。《中国现代化报告 2005》建议，21 世纪中国经济现代化可以选择综合经济现代化路径。

21 世纪中国服务业现代化的路径，将是中国现代化路径和中国经济现代化路径在服务业领域的体现，将是综合服务业现代化路径，将是两次服务业现代化的协调发展，并持续向第二次服务业现代化转型。服务业发达地区可以采用第二次服务业现代化路径，其他服务业地区可以分别采用第一次服务业现代化路径或综合服务业现代化路径等。

(2) 21 世纪中国服务业现代化的预期水平

假设：21 世纪科技突破的频率、创新扩散的速率和国际竞争的合理程度不低于 20 世纪后 50 年，21 世纪不发生改变人类命运的重大危机（如核危机，能源、粮食和宇宙危机等）。那么，可以根据 20 世纪后期世界和中国服务业现代化水平和速度，外推 21 世纪世界和中国服务业现代化水平。21 世纪有很多不确定因素，基于外推分析的预测只是提供一种可能性。

大体而言，中国有可能在 2040 年前后服务业现代化指数超过世界平均水平（表 3-78）。

表 3-78 中国服务业现代化指数的一种国际比较

国家	增长率*	预测增长率	2013	2020	2030	2040	2050
中国	5.91	5.09	35	49	81	134	220
美国	1.91	1.91	110	125	151	182	220
日本	1.55	1.55	91	101	118	137	160
德国	3.36	3.36	105	133	185	258	359
英国	3.06	3.06	105	130	176	238	322
法国	3.65	3.65	108	139	199	285	409
澳大利亚	3.50	3.50	105	134	189	267	377
意大利	3.17	3.17	78	97	133	181	247
加拿大	3.84	3.84	101	132	192	280	408
俄罗斯	4.82	4.82	51	71	114	182	291
墨西哥	1.58	1.58	42	47	55	65	76
巴西	2.65	2.65	44	52	68	88	115
印度尼西亚	2.14	2.14	21	24	30	37	46
印度	2.19	2.19	23	26	33	41	50
尼日利亚	6.89	5.19	26	37	61	102	169
高收入国家	3.23	3.23	100	125	172	236	325
中等收入国家	5.20	5.02	31	44	72	117	190
低收入国家	3.99	3.99	14	18	27	40	59
世界平均	3.43	3.43	48	60	85	119	166

注：* 为 2000～2013 年服务业现代化指数年均增长率。

2. 中国服务业三大方面的前景分析

中国服务业三大方面的前景分析，主要选择与国家经济水平有显著相关性的指标进行分析，采用线性外推分析方法。分别参考 1980～2013 年和 1990～2013 年的年均增长率，预测未来的发展水平。未来水平的预测值，与所采用的年均增长率紧密相关。这种分析只供参考。

（1）中国服务生产指标的前景分析

中国服务生产现代化的前景分析，选择 10 个指标（表 3-79）。

表 3-79 中国服务生产指标的情景分析

项目	增长率/(%)		2013	2020	2030	2040	2050
参考 1980～2013 年增长率估算	实际值	预测值					
服务业增加值比例/(%)	2.3	2.3	46.9	55	69	80	—
服务业劳动生产率/(万美元·人$^{-1}$)	7.8	8	1.43	2	5	11	25
服务业劳动力比例/(%)	3.3	3.3	38.5	48	67	80	—
人均服务业增加值/美元	6.4	6.4	3280	5064	9416	17 510	32 562
人均劳务型服务业增加值/美元	8.6*	8.6	1430	2548	5814	13 266	30 272
人均知识型服务业增加值/美元	10.4*	10.4	1290	2579	6935	18 653	50 170
人均生产型服务业增加值/美元	8.2*	8.2	878	1524	3352	7373	16 214
人均消费型服务业增加值/美元	11.5*	10	257	501	1299	3369	8739
人均综合型服务业增加值/美元	9.9*	9.9	1052	2037	5236	13 457	34 588
人均公共型服务业的增加值/美元	9.6*	9.6	532	1011	2527	6321	15 809

（续表）

项目	增长率/(%)		2013	2020	2030	2040	2050
参考1990～2013年增长率估算	实际值	预测值					
服务业增加值比例/(%)	1.62	1.62	46.9	52	62	72	80
服务业劳动生产率/(万美元·人$^{-1}$)	12.1	10	1.43	3	7	19	49
服务业劳动力比例/(%)	3.2	3.2	38.5	48	66	80	—
人均服务业增加值/美元	10.8	8	3280	5621	12 136	26 201	56 566
人均劳务型服务业增加值/美元	19.3**	10	1430	2787	7228	18 747	48 626
人均知识型服务业增加值/美元	22.6**	12	1290	2852	8857	27 509	85 439
人均生产型服务业增加值/美元	18.8**	12	878	1941	6028	18 723	58 152
人均消费型服务业增加值/美元	19.3**	12	257	568	1765	5480	17 022
人均综合型服务业增加值/美元	22.9**	11	1052	2184	6202	17 609	50 000
人均公共型服务业的增加值/美元	21.1**	12	532	1176	3653	11 345	35 235

注：* 为1991～2012年的增速；** 为2000～2012年的增速。

(2) 中国服务经济指标的前景分析

中国服务经济现代化的前景分析，选择6个指标（表3-80）。

表3-80　中国服务业经济指标的情景分析

项目	增长率/(%)		2013	2020	2030	2040	2050
参考1980～2013年增长率估算	实际值	预测值					
知识型服务业比重/(%)	0.9*	0.9	47.4	50	55	60	66
劳务型服务业比重/(%)	0.7*	−0.9	53	50	45	42	38
人均服务出口/美元	11.1**	11.1	158	330	946	2710	7764
人均服务进口/美元	18.0**	12	244	539	1675	5203	16 161
人均知识产权收入/美元	18.1**	12	15.5	34	106	331	1027
人均知识产权支出/美元	27.5**	14	0.7	2	6	24	89
参考1990～2013年增长率估算							
知识型服务业比重/(%)	1.5***	1.0	47.4	51	56	62	68
劳务型服务业比重/(%)	1.2***	−1.0	53	49	45	40	37

注：* 为1991～2012年的增速；** 为2005～2013年的增速；*** 为2000～2012年的增速。

(3) 中国服务要素指标的前景分析

中国服务要素现代化的前景分析，简要讨论9个定量指标的前景（表3-81）。

表 3-81 中国服务要素指标的情景分析

项目	增长率/(%)		2013	2020	2030	2040	2050
参考 1980～2013 年增长率估算	实际值	预测值					
中学入学率	2.3	2	92.4	100	—	—	—
大学入学率	10.4	8	29.7	51	100	—	—
互联网宽带普及率	97.2	10	13.6	27	69	100	—
移动通信普及率	59.3	5	89	125	204	—	—
安全饮水普及率	1.5	1	94	100	100	100	100
人均 R&D 经费支出	23.9	10	124	242	627	1626	4216
专利拥有率	26.0	6	4	6	11	19	35
人均 GDP	11.3	7	6629	10 645	20 940	41 192	81 030
人均能源消费	4.0	2	2143	2462	3001	3658	4459
参考 1990～2013 年增长率估算	实际值	预测值					
中学入学率	4.0	1	99.8	100	100	—	—
大学入学率	10.3	6	29.7	45	80	100	—
移动通信普及率	21.6	10	89	173			
安全饮水普及率	0.7	0.7	94	99	100	100	100
人均 GDP	14.1	8	6629	11 361	24 527	52 953	114 321
人均能源消费	4.7	4	2143	2820	4174	6179	9147

注：* 互联网宽带普及率的年均增长率取 2000～2013 年的值；人均 R&D 支出与专利拥有率为 1996～2012 年的值；移动通信普及率的年均增长率为 1990～2013 年的值。

3. 中国服务业现代化的机遇和挑战

中国是世界上人口最多的服务业国家，中国服务业影响世界服务业格局。

在 21 世纪前 50 年，中国服务业现代化将面临什么样的机遇和挑战呢？我们认为，中国服务业现代化的机遇和挑战，不仅来源于内部，也来源于世界服务业现代化本身和国际环境。

其一，大力提升知识型服务业比重。2010 年劳务型服务业增加值比重高于知识型服务业增加值比重大约 5.8 个百分点，知识型服务业将是提升服务业质量的关键。

其二，进一步提升公共型服务业比重。2010 年我国公共型服务业比重为 19.7%，均低于美国、法国、德国等 15 个 OECD 国家公共型服务业比重，未来应针对性地提高教育、医疗、科技等公共服务业支出。

其三，推动劳动力向服务业转移。2013 年，中国服务业劳动力比例约为 39%，高收入国家平均约为 74%。如果中国在 2050 年服务业劳动力比例上升到 70% 左右，需要把 31% 的劳动力转变为服务业劳动力；按 2013 年劳动力总数计算，大约是 2.4 亿劳动力需要转移。

其四，提高服务业生产率。中国服务业劳动生产率存在两大差距。一是与世界最高水平的相对差距超过 9 倍，一是约为中国工业劳动生产率 80%。提高服务业劳动生产率，将成为中国服务业现代化的根本任务和重中之重。

其五，提高服务业劳动力人口素质。2010 年，世界高收入国家的大学入学率达到 73.0%，是中国大学入学率 3.1 倍，继续提升我国大学入学率，提升服务业劳动力的人口素质，是服务业现代化的基础。

其六，大力提升服务国际竞争力。2013年我国服务出口占GDP比例仅为2.3%，世界高收入国家则达到7.6%，服务出口比例低已成为制约我国服务业现代化的重要因素。

其七，人均知识产权出口额过低。2013年，我国人均知识产权出口额低于世界高收入国家300多倍。注重知识产权的保护与使用，对提升服务业现代化意义重大。

其八，大力改善服务基础设施。我国服务基础设施，比如商业银行分支机构普及率、自动取款机普及率、卫生设施普及率、互联网宽带普及率等都大大低于高收入国家，大力提升服务基础设施水平将是中国服务业现代化的重要工程。

第四节　中国服务业现代化的战略分析

2013年我国服务业增加值比例首次超过工业和农业，成为国民经济的第一产业，服务业现代化的重要性日益显现。2007年以来，国务院颁布了促进服务业发展的一系列文件，为我国服务业发展提供了政策指引（专栏3-1，表3-84）。根据"国际标准行业（建议版）"（表2-19），劳务型和知识型服务业包括18个部门；不同部门的现代化，需要专题研究。下面根据现代化科学和服务业现代化原理，谈谈对中国服务业现代化的目标、路径和重点的认识。

专栏3-1　国务院关于服务业的有关政策

我国生产性服务业的主要任务（2014年）
- 12个方面：研发设计、第三方物流、融资租赁、信息技术服务、节能环保服务、检验检测认证、电子商务、商务咨询、服务外包、售后服务、人力资源服务和品牌建设。

我国生活性服务业的主要任务（2015年）
- 10个方面：居民和家庭服务、健康服务、养老服务、旅游服务、体育服务、文化服务、法律服务、批发零售服务、住宿餐饮服务、教育培训服务。

我国科技服务业的重点任务（2014年）
- 9个方面：研究开发、技术转移、检验检测认证、创业孵化、知识产权、科技咨询、科技金融、科学技术普及等专业科技服务和综合科技服务，提升对科技创新和产业发展的支撑能力。

我国基本公共服务范围（2012年）
- 7个方面：教育、就业、社会保障、医疗卫生、计划生育、住房保障、文化体育等领域的公共服务；广义包括7个方面：交通、通信、公用设施、环境保护等领域的公共服务，以及保障安全需要的公共安全、消费安全和国防安全等领域的公共服务。

我国服务质量的发展目标（2012年）
- 到2020年，全面实现服务质量的标准化、规范化和品牌化，服务业质量水平显著提升，建成一批国家级综合服务业标准化试点，骨干服务企业和重点服务项目的服务质量达到或接近国际先进水平，服务业品牌价值和效益大幅提升，推动实现服务业大发展。

表 3-82　我国服务业有关文件举要（近年）

时间	文件名称	发文单位
2007	国务院关于加快发展服务业的若干意见	国务院
2012	国家基本公共服务体系"十二五"规划	国务院
2012	质量发展纲要（2011—2020 年）	国务院
2013	国务院关于促进健康服务业发展的若干意见	国务院
2013	国务院关于加快发展养老服务业的若干意见	国务院
2014	国务院关于加快发展生产性服务业　促进产业结构调整升级的指导意见	国务院
2014	国务院关于加快科技服务业发展的若干意见	国务院
2014	国务院关于加快发展现代保险服务业的若干意见	国务院
2015	国务院关于加快发展服务贸易的若干意见	国务院
2015	关于加快构建现代公共文化服务体系的意见	中共中央办公厅 国务院办公厅
2015	国务院办公厅关于加快发展生活性服务业　促进消费结构升级的指导意见	国务院办公厅
2015	国务院办公厅关于运用大数据　加强对市场主体服务和监管的若干意见	国务院办公厅
2015	国务院办公厅关于简化优化公共服务流程方便基层群众办事创业的通知	国务院办公厅
2015	国务院办公厅关于加快高速宽带网络建设推进网络提速降费的指导意见	国务院办公厅
2015	关于在公共服务领域推广政府和社会资本合作模式指导意见的通知	国务院办公厅转发
2016	国务院关于深入推进新型城镇化建设的若干意见	国务院

讨论中国服务业现代化的发展战略，还需要简要回顾和明确一些基本概念（专栏 3-2）。其中，知识服务、知识产业和知识经济等概念，没有统一定义，容易引起混淆。为了便于理解和讨论，需要给出它们的操作性定义。本《报告》主题是服务业现代化研究。从服务业现代化角度，我们更多采用知识服务（狭义）、知识型服务、知识经济（狭义）等概念。

专栏 3-2　服务业现代化的几个基本概念

什么是服务业现代化：从政策角度解读（本《报告》）：
- 服务业现代化是服务业发展的世界前沿，以及达到和保持世界前沿水平的行为和过程。
- 服务业现代化的政策目标，发达国家是保持世界前沿，发展中国家是追赶和达到世界前沿。

什么是服务业：第三产业的简称。
- 服务业是生产或提供各种服务的经济部门或企业的集合（ISO/IEC 76 号指南，2008）。
- "国际标准行业分类（4.0 版）"把服务业分为 15 个部门。

什么是三大产业：按人类需求的产业分类（本《报告》）：
- 物质产业是物质商品的生产部门，包括农业和工业。
- 服务产业是劳务服务的生产部门，是劳务型服务业的简称，包括流通服务和其他劳务服务。
- 知识产业是知识和知识服务的生产部门，是知识型服务业的简称，包括人类服务和基本服务。人类服务是促进人类发展的知识服务，基本服务是维持经济和社会运行的知识服务。
- "国际标准行业分类（4.0 版）"中的服务业，可以根据其知识含量的大小分为两类；其中，劳务型服务业是以体力和低技术为基础的、劳务密集和知识含量较低的服务部门，知识型服务业是以知识和信息为基础的、知识含量较高的服务部门。

> 什么是知识服务：两种理解（本《报告》）：
> - 狭义知识服务，指以知识为基础的服务，如健康服务等。
> - 广义知识服务，是知识型服务的简称，包括服务业中的知识生产、知识传播和狭义知识服务。
> - 直接的知识服务，包括知识传播服务（如教育服务）和狭义知识服务（如咨询服务）。
> - 间接的知识服务，指知识生产者提供的"服务"，不直接面对服务接受者，如科学研发。
>
> 什么是知识产业：三种解释：
> - 知识产业指生产知识和信息产品或提供信息服务的企业、组织和机构（马克卢普，1962）。
> - 知识产业是知识供给部门，包括知识生产业、知识传播业和知识服务业，满足人们的精神和知识需要（何传启，1999）。
> - 知识产业是知识和知识服务的生产部门，是知识型服务业的简称，包括服务业中的知识生产、知识传播和知识服务部门（本《报告》）。
>
> 什么是知识经济：三种理解
> - 广义理解，知识经济是以知识为基础的经济，是建立在知识的生产、传播和应用的基础之上的经济（OECD，1996）。知识经济包括知识生产、知识传播和知识应用，涉及农业、工业和服务业中知识密集的部分。
> - 一般理解，知识经济是以知识产业为基础的经济，包括知识生产、知识传播和知识服务业。
> - 狭义理解，知识经济是以知识型服务业为基础的经济，不包括高技术产业部分（本《报告》）。

一、中国服务业现代化的目标分析

中国服务业现代化的目标分析，可以从理论和政策两个角度展开。服务业现代化目标的制定，需要遵循规律、重视多样性、符合中国的基本国情和国际环境。

根据邓小平同志"三步走"发展战略，我国现代化的国家目标是在 2050 年前后，达到世界中等发达水平，基本实现现代化。预计 21 世纪末，中国将达到世界发达水平，全面实现现代化。中国服务业现代化的国家目标，要与中国现代化的国家目标相协调（专栏 3-3）。据此推论，中国服务业现代化的目标包括：在 2050 年前后达到世界服务业中等发达水平，基本实现服务业现代化；在 21 世纪末达到世界服务业发达水平，全面实现服务业现代化。

> **专栏 3-3　中国现代化和服务业现代化的基本目标**
>
> 中国现代化的基本目标
> - 在 2050 年前后，达到世界中等发达水平，基本实现现代化；
> - 在 21 世纪末，达到世界发达水平，全面实现现代化。
>
> 中国服务业现代化的基本目标
> - 在 2050 年前后，达到世界服务业中等发达水平，基本实现服务业现代化；
> - 在 21 世纪末，达到世界服务业发达水平，全面实现服务业现代化。

1. 中国服务业现代化的理论目标

根据广义服务业现代化理论，在 21 世纪，中国服务业现代化的理论目标有三个。第一个目标是固定目标,第二个和第三个目标是动态目标。

- **第一个目标**:完成第一次服务业现代化,实现从传统服务业向现代服务业的转型,服务业现代化的主要指标达到 1980 年服务业发达国家的平均水平。
- **第二个目标**:完成第二次服务业现代化,实现从现代服务业向知识服务业的转型。
- **第三个目标**:迎头赶上世界服务业先进水平,成为服务业发达国家和服务业现代化国家,可用服务业现代化指数衡量。

2013 年,中国尚未完成第一次服务业现代化(表 3-83)。服务业增加值比例、服务业劳动力比例和服务业现代化指数等指标,均没有达到第一次服务业现代化的标准。

表 3-83　2013 年中国第一次服务业现代化指标的国际差距

评价指标和单位	标准值	中国值	达标程度	绝对差距
服务业增加值比例/(%)	58.5	46.9	80.2	11.6
服务业劳动力比例/(%)	57.7	38.5	66.7	19.2
服务业现代化指数	60	35	58.3	25.0

注:服务业比例的标准值为 1980 年发达国家的平均值。绝对差距=标准值-中国值。

2013 年,中国服务业现代化指标与发达国家的差距比较大(表 3-84)。

表 3-84　2013 年中国服务业现代化指标的国际差距

评价指标	评价指标和单位	发达国家	中国	相对水平/(%)	绝对差距
服务内容	服务业增加值比例/(%)	73.9	46.9	63.5	27
	服务业劳动力比例/(%)	70.6	38.5	54.5	32
	人均知识型服务业/美元*	17 538	903	5.1	16 635
	人均航空货运量/(吨·千米)	101	12	11.9	89
服务质量	服务业劳动生产率/美元	77 435	14 280	18.4	63 155
	人均服务业增加值/美元	24 874	3280	13.2	21 594
	人均服务业贸易额/美元	5343	402	7.5	4941
	人均国际旅游收入/美元	628	38	6.1	590
服务要素	接受过高等教育劳动力比例/(%)*	34.0	14.2	41.8	20
	互联网宽带普及率/(%)	27.3	13.6	49.8	14
	出口贸易通关时间/天(逆指标)	12.7	21	60.5	−8
	R&D 经费占 GDP 比例/(%)	2.4	2.0	83.3	0.4

注:相对水平=中国÷发达国家,绝对差距=发达国家值-中国值。* 为 2010 年数据。

2. 中国服务业现代化的政策目标

一般而言,服务业现代化的政策目标包含三类目标:共性目标、个性目标和减少副作用。共性目标可以作为服务业现代化的评价指标,个性目标和减少副作用作为监测指标;有些指标很重要但缺少系统统计数据,可以作为观察指标。

- **共性目标**:完成两次服务业现代化,追赶、达到或保持世界服务业先进水平;同时服务内容、服务质量和服务效率追赶、达到或保持世界先进水平。
- **个性目标**:形成、保持和扩展自己的特色,强化竞争优势等。
- **减少副作用**:减少环境污染、技术风险、国际风险等。

中国服务业现代化的政策目标,可以分为两大阶段目标(表 3-85):

- 第一阶段目标:在 21 世纪前 50 年,在 2050 年左右达到服务业现代化的世界中等发达水平,全面完成第一次服务业现代化,第二次服务业现代化超过世界平均水平;
- 第二阶段目标:在 21 世纪后 50 年,在 2100 年前达到服务业现代化的世界先进水平,全面完成第二次服务业现代化。

表 3-85　中国服务业现代化的政策目标的时间分解(一种可选的方案)

两大阶段	时间分期	共性目标	个性目标	减少副作用
第一大阶段 (2010~2050)	2010~2030 2030~2040 2040~2050	完成第一次服务业现代化。服务业现代化指数超过当年世界平均值,达到 2010 年世界服务业先进水平	知识经济强国,流通服务强国,服务质量超过 2050 年世界平均水平	降低单位服务业增加值的能源消费、废物排放等
第二大阶段 (2050~2100)	2050~2060 2060~2080 2080~2100	完成第二次服务业现代化,服务业现代化指数达到当年世界服务业先进水平	知识经济发达国家,服务业国际竞争力达到世界先进水平	减少服务业技术风险、国际贸易风险等

3. 21 世纪前 50 年中国服务业现代化的政策目标

(1) 21 世纪前 50 年中国服务业现代化的共性目标

21 世纪前 50 年中国服务业现代化的共性目标,涉及第一次服务业现代化和服务业现代化指数等方面。重点是扩大服务业规模,提高服务业水平,改进服务文化。

首先,在 2030 年前后完成第一次服务业现代化。服务业增加值比例年均增长率要达到 1.5%,服务业劳动力比例年均增长率达到 2.7%(表 3-86)。

表 3-86　中国第一次服务业现代化的共性目标

评价指标和单位	标准值	2010	2020	2030	年均增长率/(%)
服务业增加值比例/(%)	58.5	44.2	51.3	59.5	1.5
服务业劳动力比例/(%)	57.7	34.6	45.2	59.0	2.7
第一次服务业现代化指数	60	30.7	43.3	61.1	3.5

注:年均增长率为达标所需要的增长率,参考 2000~2010 年期间的年均增长率。

其次,在 2050 年前后达到世界服务业中等发达水平。它要求 2050 年中国服务业现代化指数都超过当年的世界平均水平,达到世界中等发达水平,大约相当于 2010 年世界服务业的发达水平。服务业现代化评价涉及 12 个指标,不同指标达到中等发达水平的难度大小因指标而异(表 3-87)。

表 3-87　2050 年中国服务业现代化的共性目标

评价指标和单位	目标值	2010	2020	2030	2040	2050	年均增长率/(%)
服务业增加值比例/(%)	73.6	44.2	50.3	57.2	65.1	74.1	1.3
服务业劳动力比例/(%)	72.4	34.6	41.8	50.4	60.9	73.5	1.9
人均知识型服务业/美元	17 538	903	1914	4056	8595	18 215	7.8
人均航空货运量/(吨·千米)	108	13	22.2	37.9	64.8	110.7	5.5
服务业劳动生产率/美元	70 705	10 138	16 514	26 899	43 816	71 371	5
人均服务业增加值/美元	23 097	1996	3747	7033	13 202	24 782	6.5
人均服务业贸易额/美元	4532	273	552	1117	2260	4572	7.3
人均国际旅游收入/美元	515	34	68	134	266	529	7.1

评价指标和单位	目标值	2010	2020	2030	2040	2050	年均增长率/(%)
接受过高等教育劳动力比例/(%)	32.7	12	15.5	20.1	25.9	33.5	2.6
互联网宽带普及率/(%)	23.8	9.3	11.8	14.9	18.9	24.0	2.4
出口贸易通关时间/天	13.4	21	17.2	14.0	11.5	9.4	−2
R&D经费占GDP比例/(%)	2.4	1.7	1.9	2.1	2.3	2.5	1

注：年均增长率为达标所需要的增长率，参考2000~2010年期间的年均增长率。

(2) 21世纪前50年中国服务业现代化的个性目标

中国服务业现代化的个性目标与中国国情紧密相关，不同人可以有不同认识。

中国服务业现代化的个性目标，应该是成为一个知识产业强国（知识型服务业强国），达到和保持知识产业的世界先进水平。目前，中国知识产业水平距离世界先进水平的差距较大（表3-88）。

表3-88 2010年中国知识产业的国际比较

项目	中国	美国	德国	法国	韩国
知识型服务业占服务业比重/(%)	47.1	59.7	54.7	56.6	56.3
人均知识型服务业增加值/美元	903	23 036	11 730	13 389	6026
知识型服务业劳动生产率/美元	10 285	94 598	69 633	85 391	—
专业和科技服务占服务业增加值比重/(%)	3.2	10.1	8.4	8.0	5.6
信息和交流服务占服务业增加值比重/(%)	5.1	7.0	5.8	6.3	6.9
健康服务占服务业增加值比重/(%)	3.4	9.6	10.6	11.4	7.7
教育服务占服务业增加值比重/(%)	6.9	6.9	6.5	7.2	10.6
文化产业占服务业增加值比重/(%)	1.4	1.2	2.1	1.8	2.3
旅游产业占GDP比例/(%)	0.9	2.8	—	—	1.9

注：根据OECD(2015)产业结构和《中国统计年鉴2014》的估计数。中国知识型服务业劳动生产率是根据中国和美国服务业劳动生产率和知识型服务劳动生产率的估计。

参考美国2000~2010年的年均增长率，估算2050年发达国家的知识产业发展水平的底线，作为中国知识产业2050年的参考目标；参考中国2000~2010年的年均增长率设置预期年均增长率，估算2050年中国知识产业的发展水平，保证中国知识产业的关键指标在2050年接近当年世界先进水平底线，成为一个知识产业强国（表3-89）。

表3-89 2050年中国服务业现代化的个性目标：知识产业强国

指标	预期增长率/(%)	2010年	2020年	2030年	2040年	2050年	2050年发达国家水平的底线
知识型服务业占服务业比重/(%)	0.5	47.1	49.5	52.0	54.7	57.5	51.0
人均知识型服务业增加值/美元	10.0	903	2342	6075	15 757	40 869	40 692
知识型服务业劳动生产率/美元	7.2	10 285	20 614	41 314	82 803	165 957	167 100
专业和科技服务占服务业增加值比重/(%)	3.3	3.2	4.4	6.1	8.5	11.7	10.9
信息和交流服务占服务业增加值比重/(%)	1.5	5.1	5.9	6.9	8.0	9.3	8.3
健康服务占服务业增加值比重/(%)	4.0	3.4	5.0	7.4	11.0	16.3	16.9
教育服务占服务业增加值比重/(%)	0.5	6.9	7.3	7.6	8.0	8.4	7.7
文化产业占服务业增加值比重/(%)	2.0	1.4	1.7	2.1	2.5	3.1	3.1
旅游产业占GDP比例/(%)	3.2	0.9	1.2	1.7	2.3	3.2	3.3

注：发达国家为美国数据，发达国家底线为发达国家的80%。

(3) 21世纪前50年中国服务业现代化的副作用

服务业现代化的副作用，包括能源消耗、服务业"三废"排放和环境污染等。减少资源消耗和服务业污染,降低服务业现代化的副作用,也是服务业现代化主要目标(表 3-90)。

表 3-90　2010 年中国服务业生态环境指标的国际比较

项目	中国	美国	德国	英国	法国	日本	发达国家	世界平均
PM2.5 平均浓度/(微克·立方米$^{-1}$)	54	12	16	11	15	17	16	31
PM10 平均浓度/(微克·立方米$^{-1}$)	59	18	16	13	12	24	22	41

注:发达国家为高收入国家。

二、中国服务业现代化的路线图

中国服务业现代化路线图是服务业现代化的战略目标和基本路径的一种系统集成。

它的基本思路是:根据综合服务业现代化原理,采纳两次服务业现代化的精华,避免两次服务业现代化的误区,迎头赶上发达国家服务业现代化的先进水平;在 2050 年前,服务质量、服务内容和服务能力达到世界中等发达水平,建成流通服务强国和知识经济强国(专栏 3-4),基本实现服务业现代化;在 21 世纪末,服务质量、服务内容、服务能力、服务文化和知识经济达到世界先进水平,全面实现服务业现代化。

专栏 3-4　中国服务业现代化路线图的几个简称

- "流通服务强国"是"流通服务业强国"的简称,"流通强国"是"流通服务强国"的简称;
- "知识经济强国"是"知识型服务业强国"的简称,"知识强国"是"知识经济强国"的简称;
- "知识经济"是"以知识型服务业为基础的经济"的简称,是狭义的知识经济,不含高技术。

中国服务业现代化路线图包括八个部分内容:战略目标、基本任务、运河路径、监测指标、服务内容监测、服务质量监测、服务要素监测和战略要点。战略要点将在后面讨论。

1. 中国服务业现代化路线图之一:战略目标

前面已经分析了中国服务业现代化的理论目标和政策目标。政策目标包括共性目标、个性目标和减少副作用等。由于篇幅有限,下面讨论共性目标以及相关的基本任务。

中国服务业现代化的战略目标是:全面提升服务质量和服务内容,建设流通服务和知识经济强国,逐步达到服务业的世界先进水平,分步实现服务业现代化(表 3-91,表 3-92)。

- 第一步,在 2030 年前后完成第一次服务业现代化,建设流通服务强国;
- 第二步,在 2050 年前后基本实现服务业现代化,建设知识型服务强国;
- 第三步,在 21 世纪末全面实现服务业现代化,建设知识经济发达国家。

表 3-91　中国服务业现代化路线图的战略目标

项目	2010	2030	2050	2080	2100
服务业现代化指数	31	82	223	996	2701
服务业现代化指数排名	67	51	44	22	18
服务业现代化水平	世界服务业初等发达水平,世界前 70 名	完成第一次服务业现代化,接近中等发达水平,达到世界前 50 名左右	达到世界服务业中等发达水平,达到世界前 40 名左右	接近世界服务业发达水平,达到世界前 20 名左右	完成第二次服务业现代化,达到世界服务业发达水平,达到世界前 10 名左右

注:根据 131 个国家 2000~2013 年服务业现代化指数的年均增长率进行估算和排名。

表 3-92 中国服务业现代化路线图的时间阶段

两大阶段	时间	阶段目标
2010~2050	2010~2020	中国服务业现代化水平:世界初等发达水平,世界前 60 名左右
	2020~2030	中国服务业现代化水平:世界初等发达水平,世界前 50 名左右
	2030~2050	中国服务业现代化水平:世界中等发达水平,世界前 40 名左右
2050~2100	2050~2060	中国服务业现代化水平:世界中等发达水平,世界前 30 名左右
	2060~2080	中国服务业现代化水平:接近世界发达水平,世界前 20 名左右
	2080~2100	中国服务业现代化水平:世界发达水平,世界前 10 名左右

注:根据 131 个国家 2000~2013 年服务业现代化指数的年均增长率进行估算和排名。

2. 中国服务业现代化路线图之二:基本任务

(1) 两大基本任务

第一项基本任务:中国服务业现代化要上三个台阶。第一个台阶:完成第一次服务业现代化,达到 1980 年服务业发达国家的平均水平。第二个台阶:从初等发达水平升级为中等发达水平。第三个台阶:从中等发达水平升级为发达水平。

第二项基本任务:中国服务业现代化水平的世界排名提高 40 位左右,中国服务业与主要发达国家的综合年代差要逐步缩小并最终消失。中国服务业与主要发达国家的年代差,在 2030 年缩小到 60 年左右,在 2050 年缩小到 40 年左右,在 21 世纪末缩小到 10 年左右。

(2) 基本任务的时间分解

中国服务业现代化的基本任务与战略目标相对应,可以分解成两大阶段的任务。其中,21 世纪前 50 年的基本任务比较明确,后 50 年需要专题研究(表 3-93)。中国服务业现代化的基本任务可以分解到服务效率、服务质量、服务结构和服务环境四个方面。

表 3-93 中国服务业现代化路线图的基本任务

项目	2010~2030	2030~2050	2050~2080	2080~2100
基本任务	完成第一次服务业现代化,服务业现代化指数翻一番,世界排名约上升 10 位等	升级为中等发达水平,服务业现代化指数翻一番,世界排名约上升 10 位等	接近发达水平,服务业现代化指数翻两番,世界排名约上升 20 位等	升级到发达水平,服务业现代化指数翻一番,世界排名约上升 10 位等
服务效率	服务业劳动生产率提高 1.7 倍,人均服务业增加值提高 2.5 倍	服务业劳动生产率提高 1.7 倍,人均服务业增加值提高 2.5 倍	待专题研究	待专题研究
服务质量	人均知识型服务业增加值提高 3 倍多,人均生产型服务业增加值提高 3 倍多,人均公共服务提高 5 倍	人均知识型服务业增加值提高 3 倍多,人均生产型服务业增加值提高 3 倍多,人均公共服务提高 5 倍	待专题研究	待专题研究
服务结构	服务业增加值比例提高到 60%,知识型服务业比重提高到 51%	服务业增加值比例提高到 75%,知识型服务业比重提高到 55%	待专题研究	待专题研究
服务环境	受过高等教育劳动力比例提高到 22%,互联网宽带普及率提高到 17%	受过高等教育劳动力比例提高到 40%,互联网宽带普及率提高到 60%	待专题研究	待专题研究

3. 中国服务业现代化路线图之三：运河路径

根据广义服务业现代化理论（表 2-25），21 世纪服务业现代化有三条基本路径：第一次服务业现代化路径、第二次服务业现代化路径和综合服务业现代化路径。2010 年中国服务业实际上已经是两次服务业现代化并存，地区差异比较大。从理论和实际角度考虑，综合服务业现代化路径是中国的合理选择，这种路径简称为服务业现代化的运河路径（图 3-1）。

中国服务业现代化的运河路径是：瞄准世界服务业的未来前沿，两次服务业现代化协调发展，加速从传统服务业向现代服务业和知识型服务业的转型，迎头赶上服务业的世界前沿；在 2050 年达到服务业现代化的世界中等发达水平，建成知识经济强国；在 21 世纪末达到服务业现代化的世界先进水平，服务质量、服务内容、服务能力、服务设施、知识经济和生活质量等达到当时世界先进水平，全面实现服务业现代化（图 3-21）。

运河路径要求：坚持"质量第一、内容至上、诚信为本"的基本原则，大力推进服务业的规模化、标准化、自动化、知识化、网络化、智能化、便利化、人性化和国际化，全面推进服务质量、服务内容和服务能力的现代化，大幅提高服务业国际竞争力和国际地位等。

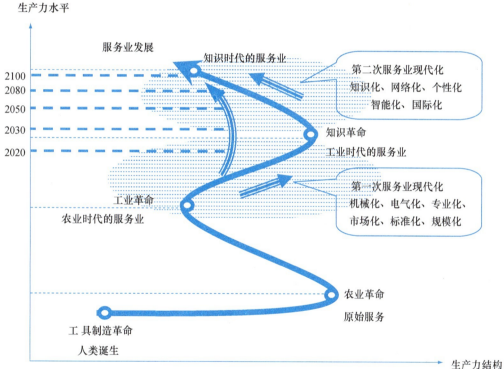

图 3-21　中国服务业现代化的路线图——运河路径

4. 中国服务业现代化路线图之四：监测指标

中国服务业现代化的监测指标体系，可以以服务内容、服务质量和服务要素指标为基础，包括 12 个评价指标和 16 个监测指标（表 3-94）。知识产业强国的指标（表 3-89），也应作为监测指标。中国服务业现代化的监测指标包括四大类 30 个指标（扣除重复）。

表 3-94 中国服务业现代化路线图的监测指标体系

指标体系	监测指标及解释	指标单位
服务内容	服务业增加值比例:服务业增加值占 GDP 比例	%
	服务业劳动力比例:服务业劳动力占就业劳动力比例	%
	旅游服务占 GDP 比例*:旅游服务增加值占 GDP 比例	%
	知识型服务业增加值比重*:知识型服务业占服务业比重	%
	人均知识型服务业增加值:知识型服务业增加值/人口	美元
	人均航空货运量:航空货运量/人口	吨·千米/人
	人均服务出口*:服务出口增加值/人口	美元
	人均服务进口*:服务进口增加值/人口	美元
	人均知识产权收入*:知识产权收入费用/人口	美元
	人均知识产权支出*:知识产权支出费用/人口	美元
服务质量	服务业劳动生产率:服务业增加值/服务业劳动力	美元/人
	人均服务业增加值:服务业增加值/人口	美元
	人均服务贸易额:服务进出口额之和/人口	美元
	人均国际旅游收入:国际旅游总收入/人口	美元
	人均劳务型服务业增加值*:劳务型服务业增加值/人口	美元
	人均公共型服务业增加值*:公共型服务业增加值/人口	美元
	人均生产型服务业增加值*:生产型服务业增加值/人口	美元
	人均消费型服务业增加值*:消费型服务业增加值/人口	美元
服务要素	接受过高等教育劳动力比例:受过高等教育劳动力/总就业人口	%
	R&D 经费占 GDP 比例:科技研发经费/GDP	%
	专利拥有率*:发明专利申请数/万居民	项/万人
	互联网宽带普及率:使用宽带上网的用户总量/人口	%
	移动通信普及率*	%
	出口贸易通关时间	天
知识产业**	知识型服务业占服务业比重:	%
	人均知识型服务业增加值	美元
	知识型服务业劳动生产率	美元/人
	专业和科技服务业增加值比重:占服务业增加值比重	%
	信息和交流服务业增加值比重:占服务业增加值比重	%
	健康服务业增加值比重:占服务业增加值比重	%
	教育服务业增加值比重:占服务业增加值比重	%
	文化产业增加值比重:占服务业增加值比重	%
	旅游产业占 GDP 比例	%

注:* 为监测指标。** 个性指标(表 3-90),3 个指标与服务内容指标是重复的。

5. 中国服务业现代化路线图之五:服务内容监测

服务内容监测可以分为两组:服务结构监测和人均服务监测(表 3-95)。

表 3-95　中国服务业现代化的服务内容监测

项目	增长率/(%)	2010	2020	2030	2040	2050	A	B	对照
服务结构									
服务业增加值比例	1.40	43	50	57	66	75	1.3	1.3	73.6
服务业劳动力比例	1.90	35	42	50	61	73	1.5	1.5	72.4
旅游服务增加值比例	3.20	0.9	1.2	1.7	2.3	3.2	1.9	1.9	4.1
知识型服务业增加值比重	0.40	47.1	49	51	53	55	1.1	1.1	50
人均服务									
人均知识型服务业增加值	7.80	903	1914	4056	8595	18 215	4.5	4.5	17 539
人均航空货运量	6.00	13	23	41	74	132	3.2	3.2	108
人均服务出口	7.50	128	264	544	1121	2310	4.2	4.2	2353
人均服务进口	7.00	145	285	561	1104	2171	3.9	3.9	2187
人均知识产权收入	15.00	0.62	3	10	41	166	16.4	16.4	179
人均知识产权支出	8.00	9.75	21	45	98	212	4.7	4.7	170

注：指标单位见表 3-94。A＝2030 年值/2010 年值。B＝2050 年值/2030 年值。对照为发达国家 2010 年值。

未来 35 年服务结构现代化，包括如下目标和任务：

- 服务业增加值比例提高到 75%，服务业劳动力比例提高到 73%，旅游服务增加值比例提高到 3% 以上，知识型服务业增加值比重提高到 55%。
- 服务业增加值比例年均增长率为 1.4%，服务业劳动力比例年均增长率为 1.9%，旅游服务增加值比例的年均增长率为 3.2%，知识型服务业增加值比重年均增长率为 0.4%。

未来 35 年人均服务现代化，包括如下目标和任务：

- 人均知识型服务业增加值提高 19 倍，人均航空货运量提高 9 倍，人均服务出口提高 17 倍，人均知识产权收入提高 200 多倍。
- 人均知识型服务业增加值的年均增长率约 8%，人均航空货运量年均增长率为 6%，人均服务出口年均增长率约 8.0%，人均知识产权收入年均增长率为 15%。

6. 中国服务业现代化路线图之六：服务质量监测

服务质量监测可以分为两组：宏观质量和微观质量监测（表 3-96）。

表 3-96　中国服务业现代化的服务质量监测

项目	增长率/(%)	2010	2020	2030	2040	2050	A	B	对照
宏观质量									
服务业劳动生产率	5.00	10 312	16 797	27 360	44 567	72 594	2.7	2.7	70 705
人均服务业增加值	6.50	1996	3746	7032	13 200	24 779	3.5	3.5	23 097
人均服务业贸易额	7.50	273	562.7	1159.7	2390.1	4926.1	4.2	4.2	4532
人均国际旅游收入	7.00	34	67	133	261	513	3.9	3.9	515
微观质量									
人均劳务型服务业增加值	7.20	1014	2032	4073	8164	16 362	4.0	4.0	16 991
人均公共型服务业增加值	9.00	378	895	2118	5015	11 873	5.6	5.6	10 879
人均生产型服务业增加值	7.80	610	1294	2742	5811	12 315	4.5	4.5	12 519
人均消费型服务业增加值	10.00	184	477	1238	3211	8329	6.7	6.7	8763

注：指标单位见表 3-94。A＝2030 年值/2010 年值。B＝2050 年值/2030 年值。对照为发达国家 2010 年值。

未来35年中国服务经济宏观质量现代化,包括如下目标和任务:

- 服务业劳动生产率提高6倍,人均服务业增加值提高11倍,人均服务贸易额提高17倍,人均国际旅游收入提高14倍。
- 服务业劳动生产率年均增长率为5.0%,人均服务业增加值的年均增长率为6.5%,人均服务贸易额的年均增长率7.5%,人均国际旅游收入年均增长率为7.0%。

未来35年中国服务经济微观质量现代化,包括如下目标和任务:

- 人均劳务型服务业增加值提高15倍,人均公共型服务业增加值提高30倍,人均生产型服务业增加值提高19倍,人均消费型服务业增加值比重提高44倍。
- 人均劳务型服务业增加值年均增长率约为7%,人均公共型服务业增加值年均增长率约为9%,人均生产型服务业增加值年均增长率约为8%,人均消费型服务业增加值比重年均增长率约为10%。

7. 中国服务业现代化路线图之七:服务要素监测

服务要素监测可以分为两组:服务创新和服务环境(表3-97)。

表3-97 中国服务业现代化的服务要素监测

项目	增长率/(%)	2010	2020	2030	2040	2050	A	B	对照
服务创新									
接受过高等教育劳动力比例	3.00	12	16	22	29	39	1.8	1.8	32.7
R&D经费占GDP比例	1.00	1.8	1.9	2.1	2.4	2.6	1.2	1.2	2.4
专利拥有率	2.60	2.2	2.8	3.7	4.8	6.1	1.7	1.7	6.0
服务环境									
互联网宽带普及率	5.50	9.3	15.9	27.1	46.3	79.1	2.9	2.9	23.8
移动通信普及率	2.00	63	76.8	93.6	114.1	139.1	1.5	1.5	115
出口贸易通关时间	−2.00	21	17.2	14.0	11.5	9.4	0.7	0.7	13.4

注:指标单位见表3-94。A=2030年值/2010年值。B=2050年值/2030年值。对照为发达国家2010年值。

未来35年中国服务创新现代化,包括如下目标和任务:

- 受过高等教育劳动力比例提高2倍多,R&D经费占GDP比例提高40%,专利拥有率提高1.8倍。
- 接受过高等教育劳动力比例年均增长率为3%,R&D经费占GDP比例年均增长率为1.0%,专利拥有率年均增长率为2.6%。

未来35年中国服务环境现代化,包括如下目标和任务:

- 互联网宽带普及率提高8倍多,移动通信普及率提高1倍多,出口贸易通关时间下降45%。
- 互联网宽带普及率年均增长率为5.5%,出口贸易通关时间年均下降2%等。

三、中国服务业现代化的战略要点

在21世纪前50年,服务业现代化将是中国经济现代化的一个关键领域。关于中国服务业现代化的战略要点,专家学者必然见仁见智。我们认为:服务业现代化的实质是服务内容和服务质量的现代化,但不同服务部门的现代化的重点有所差别;一般而言,劳务型服务业现代化的关键是服务质量现代化,知识型服务业现代化的关键是服务内容现代化。未来30年,中国服务业现代化需要全面发展,需要坚持"质量第一、内容至上、诚信为本"的三个原则,大力推进服务质量、服务内容和服务能力的现代化(图3-22)。

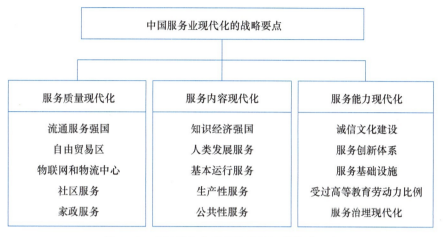

图 3-22　中国服务业现代化路线图的战略要点

注：服务内容、服务质量和服务能力是紧密相关的,它们有一定的交叉。

目前,中国是一个服务业发展中国家,与发达国家的差距比较明显(表3-98,表3-99),主要差距体现在三个方面:规模较小、质量较低和结构差距(专栏3-5)。从版面数据看(表3-99),中国发展潜力较大的服务部门有9个(专栏3-5)。同时,服务文化和服务观念的国际差距,特别是诚信问题,更是受到社会的普遍关注。

表 3-98　2010 年中国服务业指标的国际比较

方面	指标	中国	美国	德国	高收入国家	世界	美国/中国
规模	服务业增加值比例	43.2	79.9	69.1	73.5	70.1	1.82
	服务业劳动力比例	34.6	81.2	69.9	74.0	45.1	2.35
	人均服务业增加值	1996	35 436	25 997	23 113	5880	17.76
质量	服务业劳动生产率	10 312	94 842	77 954	69 193	29 851	9.20
	知识型服务业劳动生产率	10 285	94 598	69 633	76 830	—	9.20
	劳务型服务业劳动生产率	10 216	93 964	67 886	72 954	—	9.20
	人均知识型服务业增加值	903	23 036	13 777	17 538	—	25.51
	人均劳务型服务业增加值	1014	14 489	11 384	16 991	—	14.29
	人均公共型服务业增加值	378	10 282	5859	10 879	—	27.20
	人均服务出口	128	1821	2776	2353	576	14.20
	人均国际旅游收入	34	443	423	515	140	12.93
结构	知识型服务业占服务业比重	47.1	59.7	54.7	49.9	—	1.27
	劳务型服务业占服务业比重	52.9	40.4	45.2	50.1	—	0.76
	公共型服务业占服务业比重	19.7	27.4	23.3	24.5	—	1.39

注：指标单位见表3-94,根据OECD(2015)产业结构和《中国统计年鉴2014》的估计数。

表 3-99 2010 年中国服务业结构的国际比较

指标	占服务业比例/(%)				占 GDP 比例/(%)			
	中国	美国	德国	美国-中国	中国	美国	德国	美国-中国
服务业	100	100	100		43.2	79.9	69.1	35.3
批发和零售	20.6	14.5	14.6	−6.1	8.9	11.6	10.1	2.7
交通和运输	11.0	4.0	5.6	−7.0	4.8	3.2	3.9	−1.6
食宿服务	4.6	3.6	2.6	−1.1	2.0	2.9	1.8	0.9
房地产	13.1	13.5	16.9	0.4	5.7	10.8	11.7	5.1
专业和科技	3.2	10.1	8.4	6.9	1.4	8.1	5.8	6.7
教育	6.9	6.9	6.5	−0.1	3.0	5.5	4.5	2.5
信息和交流	5.1	7.0	5.8	1.8	2.2	5.6	4.0	3.3
文体和娱乐	1.4	1.2	2.0	−0.2	0.6	1.0	1.4	0.3
健康与社会帮助	3.4	9.6	10.6	6.1	1.5	7.6	7.3	6.1
金融和保险	12.1	10.7	6.5	−1.4	5.2	8.5	4.5	3.3
公共管理	9.3	11.0	9.0	1.6	4.0	8.8	6.2	4.7
其他服务	9.0	8.0	11.3	−1.0	3.9	5.0	7.8	1.1

数据来源:OECD,2015;中国国家统计局,2015。

> **专栏 3-5 2010 年服务业指标的中美比较**
>
> - 服务业规模比较小。中国服务业增加值比例和劳动力比例,低于美国、发达国家和世界平均;人均服务业增加值不到美国的 6%。
> - 服务业质量比较低。美国服务业劳动生产率是中国的 9 倍,人均知识型服务业增加值、人均劳务型服务业、人均公共型服务业、人均服务出口和人均国际旅游收入分别是中国的 24、13、26、13 和 12 倍。
> - 服务业结构差距明显。中国知识型服务业比例比较低,劳务型服务业比例比较高,公共型服务业比例比较低(表 3-98)。中国批发和零售、交通和运输、金融和保险比例比较高,专业和科技、健康与社会帮助比例比较低(表 3-99)。
> - 中国发展潜力比较大的服务部门。劳务型服务业:房地产、批发和零售、其他服务等。知识型服务业:专业和科技、健康与社会帮助、信息和交流、金融和保险、教育、公共管理等。

1991 年以来,中国知识型服务业占服务业比例上升,劳务型服务业占服务业比例下降(表 3-16),与发达国家的发展趋势一致;中国知识型服务业占 GDP 比例上升,劳务型服务业占 GDP 比例出现波动(图 3-23)。未来 35 年,中国既要发展劳务型服务业,也要发展知识型服务业,知识型服务业是主攻方向。

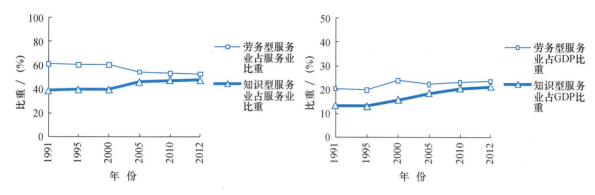

图 3-23　1991~2012 年中国服务业结构变化
（劳务型服务业和知识型服务业比例的变化）

基于上述认识和我国国情，以及服务业现代化的原理和经验，提出如下建议。

1. 我国服务业现代化的三个重点

质量是服务业的生命，推动服务质量现代化是重中之重。内容是服务业的灵魂，推动服务内容现代化是主攻方向。诚信是服务业的准则，推动服务能力现代化是长期任务。

服务质量、服务内容和服务能力的现代化，是所有服务部门的共同任务。考虑到部门差异和中国国情，劳务型服务业可以把服务质量现代化作为第一优先，知识型服务业可以把服务内容现代化作为第一要务，服务能力现代化可以把服务文化现代化作为第一方向。

(1) 继续发展劳务型服务业，推动服务质量现代化，建设流通服务强国

劳务型服务业是劳务服务的提供部门，包括流通服务和其他劳务服务（表 2-19）。主要涉及六个要素：商品、服务技能、服务过程、服务设施、服务提供者和接受者，服务提供者和接受者是互动的（图 3-24）。劳务型服务，质量是关键，诚信是基础。服务质量与商品质量、服务技能、服务设施、服务过程和服务文化紧密相关（表 3-100）。商品质量是由物质生产部门决定的，从这个意义上说，物质产业现代化是服务业现代化的一个前提条件。

图 3-24　劳务型服务业的过程模型

表 3-100　劳务型服务业的服务质量的影响因素

编号	影响因素	主要内容	注
1	商品	商品质量影响服务质量。物质部门（农业和工业）的现代化	基础性的
2	服务技能	服务劳动者的服务技能，影响服务质量	关键因素
3	服务设施	服务设施，影响服务过程，影响服务效率和服务质量	基础性的
4	服务过程	服务过程是交互过程，需要进行规范和标准化	部门差异
5	服务文化	服务提供者的服务态度，服务接受者的理性和合作，影响大	关键因素

首先，关于发展劳务型服务业的五条建议。

根据"国际行业分类(建议版)",劳务型服务业包括两个产业集群和六个产业(表 2-19)。其中,流通服务包括四个产业,是主体部分,占劳务型服务业的 90% 以上(表 2-20)。

关于我国劳务型服务业现代化,提出五条建议供讨论(表 3-101)。其中,服务质量强国和流通服务强国建设是主体部分;流通服务强国建设将在后面专题讨论。

表 3-101 发展劳务型服务业的政策建议

编号	政策建议	主要内容	注
1	服务质量强国	把服务业质量建设,纳入"中国质量十年议程"	战略性
2	发展流通服务业	大力发展现代流通服务业,建设流通服务强国	主体性
3	发展社区服务	转变社区职能,大力发展社区服务业	辅助性
4	发展家政服务	加强农村富余劳动力的职业培训	辅助性
5	提高商品质量	继续推进农业和工业现代化	基础性

其次,全面提升服务质量,建设服务质量强国。

我国劳务型服务业现代化,应该坚持"质量第一"的基本原则,把服务业质量现代化作为第一优先。国务院颁布的《质量发展纲要(2011—2020 年)》提出了我国服务质量的发展目标(专栏 3-1)。《中国现代化报告 2014~2015》提出了"中国质量十年议程"。服务业质量现代化,应该纳入"中国质量十年议程",建设服务质量强国。

一般而言,质量可以分为微观质量和宏观质量(图 3-25)。微观质量是某件物品、某项工程或服务的质量,如产品质量、项目质量和服务质量等。宏观质量是某个系统的质量,如国民经济的质量、工业经济的质量、服务业的质量等。

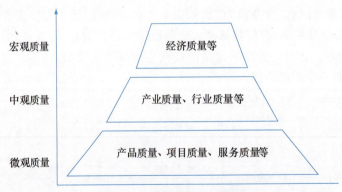

图 3-25 经济质量的层次模型

在本《报告》里,服务质量是服务业质量的简称,包括微观、中观和宏观服务质量。

微观服务质量是服务活动的质量,涉及服务的内容、商品、过程和设施的质量等。

中观服务质量是服务企业和服务部门的质量,涉及服务企业的管理和品牌等。

宏观服务质量是服务经济的质量,涉及服务业的劳动生产率、经济结构和技术水平等。

(2) 优先发展知识型服务业,推进服务内容现代化,建设知识经济强国

知识型服务业是知识和知识服务的提供部门,包括人类服务和基本服务(表 2-19)。人类服务是促进人类发展的服务部门,基本服务是维持经济和社会运行的服务部门。主要涉及六个要素:知识、商品、服务过程、服务设施、服务提供者和接受者,服务提供者和接受者是互动的(图 3-26)。知识型服务,内容是关键,质量是基础,诚信是准则。一般而言,服务内容涉及服务的知识和商品等,服务质量涉及内容质量、过程质量和设施质量等,诚信与服务双方都有关。发展知识型服务业需要关注六个要点(表 3-102)。

图 3-26　知识型服务业的过程模型(直接知识服务)

表 3-102　知识型服务业的影响因素

编号	影响因素	主要内容	注
1	知识	知识的先进性,是知识型服务的决定性因素	关键因素
2	商品	商品质量影响服务质量,例如健康服务中的药品质量	基础性的
3	业务素质	服务提供者的业务素质很关键,需要专业培训	关键因素
4	服务设施	影响服务过程,影响服务质量和服务效益	基础性的
5	服务过程	服务过程是交互过程,需要进行规范和标准化	部门差异
6	服务文化	服务提供者的服务态度,服务接受者的理性和合作,影响大	关键因素

根据"国际行业分类(建议版)",知识型服务业包括两个产业集群和十二个产业(表 2-19)。其中,人类发展服务包括六个产业,代表人类发展的方向;基本运行服务包括六个产业,维持经济和社会的正常运行;目前两个产业集群规模大致相当(表 2-20)。

关于我国知识型服务业的发展,提出五条建议供讨论(表 3-103)。其中,知识强国战略是一项战略举措(见后);人类发展、生产性和公共性服务是主体部分,需要专题研究。

表 3-103　发展知识型服务业的政策建议

编号	政策建议	主要内容	注
1	知识强国战略	实施"知识强国战略",建设知识服务和知识经济强国	战略性
2	人类发展服务	坚持"创新驱动"原则,大力发展人类服务业	主体性
3	生产性服务	坚持"诚信为本"原则,大力发展生产性服务业	主体性
4	公共性服务	坚持"共建共享"原则,大力发展公共性服务业(与人类服务交叉)	主体性
5	服务贸易	坚持"互惠互利"原则,大力发展服务贸易	辅助性

(3) 加快诚信文化建设,推进服务能力现代化,建设高质量的诚信社会

服务能力现代化,服务文化是关键,服务要素是基础。诚信是服务业的基本准则,是先进服务文化的核心价值。服务要素包括人力资源、服务创新、服务设施、服务环境、服务制度、服务观念和服务治理等。坚持"诚信为本",推动服务能力现代化,是一项长期任务。

这里提出六条建议(表 3-104)供大家讨论。其中,诚信文化建设是一项战略性举措(见后);服务创新体系建设和服务设施现代化是主体部分,需要专题研究。

表 3-104　提升服务能力的政策建议

编号	政策建议	主要内容	注
1	诚信文化建设	坚持"诚信为本"原则,建设先进服务文化和诚信社会	战略性
2	加快服务创新	建设服务创新体系,全面推进服务创新	主体性
3	完善服务设施	加快服务设施现代化,推动服务便利化和人性化	主体性

(续表)

编号	政策建议	主要内容	注
4	提升人力资本	继续实施人才强国战略,推进高素质人才队伍建设	辅助性
5	优化服务环境	走绿色发展道路,实现服务业与环境双赢	辅助性
6	推进服务治理	推进服务治理现代化,改善服务业的社会环境	辅助性

当然,不同服务部门和不同地区的服务业各有特点,它们的现代化需专题研究。

2. 推进我国服务业现代化的三个建议

中国服务业现代化路线图包括三个重要建议,即知识强国战略、流通服务强国和诚信文化建设。知识强国战略是主体,流通服务强国和诚信文化建设是辅助,它们相互作用。

(1) 实施"知识强国战略",建设知识经济强国

目前,工业和服务业是中国经济的两大部门,2013年它们合占GDP的90%。在工业现代化方面,国家工业和信息化部制定了《中国制造2025》,提出了"制造强国战略";《中国现代化报告2014~2015》提出了工业现代化路线图,包括三个原则和三个行动议程。

在服务业现代化方面,我们提出服务业现代化路线图,建议实施"知识强国战略",组建"知识经济部",建设知识经济强国(专栏3-6)。如果能够被采纳,那么,中国经济现代化领域,"制造强国战略"和"知识强国战略"将成为两大支柱,助推中国经济腾飞。

根据"国际行业分类(建议版)",知识型服务业包括人类服务和基本服务两个集群和12个部门(表2-19);其中,中国有9个部门发展潜力比较大(专栏3-5)。2010年中国知识型服务业与美国相比,存在比较大的差距(表3-105)。

表3-105 2010年中国和美国知识型服务业指标的比较

指标	中国知识型服务业		美国知识型服务业			
	增加值占GDP比例/(%)	人均增加值/美元	增加值占GDP比例/(%)	人均增加值/美元	劳动力占总就业比例/(%)	劳动生产率/美元
科学研发	0.7	31	1.6	760	1.2	131 422
教育	3.0	133	5.5	2577	9.4	58 118
信息和交流	2.2	98	5.6	2611	3.1	181 232
文体和娱乐	0.6	28	1.0	450	1.6	59 859
健康与社会帮助	1.5	66	7.6	3586	11.9	63 656
金融和保险	5.2	232	8.5	4015	4.1	208 345
专业和技术	2.3	100	6.5	3039	4.9	131 422
行政和辅助	0.4	19	2.6	1229	5.5	47 241
公共管理和安全	4.0	179	8.8	4120	9.5	91 644
人类服务	8.0	356	21.3	9983	27.2	77 769
基本服务	12.0	530	26.4	12 402	24.0	109 409
知识型服务	20.0	886	47.7	22 386	51.2	92 606
服务业	43.2	1996	79.9	37 525	81.2	94 352
全部产业	100.0	4515	100.0	46 959	100.0	99 482

注:根据OECD(2015)产业数据和《中国统计年鉴2014》数据的估算。

专栏 3-6 "知识强国战略"建议书

21世纪既是服务经济的世纪,也是知识经济的世纪。2012年服务经济占世界经济的比例超过70%,发达国家知识型服务业占GDP比例达到40%左右。在知识经济时代,知识和信息的生产、传播和服务,不仅决定国际经济竞争的成败,而且影响民族的前途和命运。优先发展知识型服务业,全面提升知识型服务业的服务内容、服务质量和服务能力,建设知识型服务强国和知识经济强国,具有战略意义。

2012年以来,国务院颁布了促进服务业发展的一系列重要文件,为我国服务业发展提供了政策指引。为加快我国服务业现代化进程,建议制定和实施"知识强国战略"。

(一) 基本思路

以人类发展服务为引领,以高效经济和社会运行服务为基础,以便捷流通服务为支撑,坚持"质量第一、内容至上、诚信为本"的基本原则,全面提升知识型服务业的内容和质量,不断满足人民日益增长的精神生活需要和健康需求,建设知识创新强国、知识传播强国和知识经济强国(图3-27)。

图 3-27 知识强国战略的结构图

在一定程度上,如果说人类发展服务代表了中国的发展方向和未来前途,那么基本运行服务提供了中国平稳运行的经济和社会支撑,流通服务则是中国发展的"血液系统"。大体而言,人类发展服务的水平,代表了中国的未来;基本运行服务的水平,反映了中国的现状;流通服务的水平,体现了中国的活力。

形象地说,让人类发展服务走到世界前沿,让基本运行服务达到世界水平,让流通服务畅通高效,让诚信成为中国文化。这就是知识强国战略要实现的"中国服务梦"和"中国知识梦"。

(二) 总体目标

力争用35年时间(2015~2050),知识型服务业的劳动生产率和国际竞争力超过世界平均水平,知识型服务的服务内容和服务质量接近发达国家水平,知识创新、知识传播和知识服务能力达到世界先进水平,建成知识创新强国、知识传播强国和知识经济强国(表3-106,表3-89)。

表 3-106 知识强国战略的核心目标(2050年定量指标)

项目	知识创新强国	知识传播强国	知识经济强国
服务质量	知识型服务业劳动生产率超过9万美元,人均发展服务和基本服务各超过1万美元,平均预期寿命超过80岁		
服务内容	诺贝尔奖获奖人数达到10名左右 知识产权出口占GDP比例超过0.5%	大学普及率超过80% 人均知识产权贸易超过500美元	人均知识型服务业超过2万美元 知识型服务业占GDP比例超过40%
服务能力	人均R&D经费投入超过1000美元	互联网宽带普及率超过80%	家用服务机器人普及率超过50%

(1) 服务质量的目标(表3-96)
- 服务现代化指数进入世界前40名;
- 服务业劳动生产率和人均服务业增加值进入世界前40名;
- 人均国际旅游收入和国际服务贸易额进入世界前40名;
- 人均人类服务增加值超过1万美元;
- 人均基本服务增加值超过1万美元;
- 人均公共服务增加值超过1万美元;
- 平均预期寿命超过80岁;
- 知识型服务业和人类发展服务业达到世界先进水平;
- 生产性服务业和公共性服务业达到世界先进水平。

(2) 服务内容的目标(表3-95)
- 服务业增加值比例和劳动力比例都超过70%;
- 知识型服务增加值比例和劳动力比例都超过40%;
- 诺贝尔奖获奖人数达到10人左右;
- 大学普及率超过80%;
- 人均知识型服务业增加值超过2万美元;
- 人均知识产权贸易超过500美元。

(3) 服务能力的目标(表3-97)
- 受过高等教育劳动力比例达到40%;
- R&D经费占GDP比例达到2.5%;
- 家用服务机器人普及率超过50%;
- 互联网宽带普及率超过80%;
- 知识创新和知识传播能力达到世界先进水平;
- 服务基础设施普及率达到世界先进水平;
- 服务治理和服务文化达到世界先进水平。

(三) 主要措施

(1) 人类发展服务的措施

人类发展服务包括六个部分,即科学研发、教育服务、信息和交流、文化服务、旅游服务、健康和社会帮助,涉及知识生产、知识传播和知识服务的全过程,直接影响人类精神生活和身体健康,影响人类发展方向和国家前途。人类发展服务,应该成为我国服务现代化的前沿阵地。

- 启动国家知识创新工程,抢占第六次科技革命的制高点(表3-107);
- 继续实施人才强国战略,全面推进教育现代化;
- 继续发展信息服务业,大力推进"互联网+"行动;
- 继续发展文化服务业,建设一批文化服务示范区;
- 大力发展旅游服务业,建设一批旅游服务示范区;
- 继续推进健康中国建设和社保体系改革,建立"从胎儿到墓地"的终生社会保障制度。

表 3-107　16 世纪以来的科技革命

大致时间	科技革命	主要标志	主体部分（或代表性人物或事物）
16～17 世纪	第一次科学革命	近代物理学诞生	哥白尼、伽利略、牛顿力学
18 世纪	第一次技术革命	蒸汽机和机械	纺织机、蒸汽机、工作母机
19 世纪	第二次技术革命	电力和内燃机	发电机、内燃机、电讯技术
20 世纪上半叶	第二次科学革命	相对论和量子论	相对论、量子论、射线和电子
20 世纪下半叶	第三次技术革命（上） 第三次技术革命（下）	电子和计算机 信息和互联网	电子技术、计算机、控制技术 微电脑、信息技术、数据库
21 世纪上半叶	第六次科技革命	新生物学和再生革命	信息转换、仿生、创生和再生
21 世纪下半叶	第七次科技革命	新物理学和时空革命	新时空、新能源、新运输

注：科技革命是科学革命和技术革命的统称，第六和第七次科技革命属于预测性质。第六次科技革命有可能主要发生在生命科技、信息科技和纳米科技的交叉结合部，将是科学革命（新生物学革命）、技术革命（创生和再生革命）和产业革命（仿生再生革命和生物经济革命）的交叉融合，届时人类将获得四种生存形态：自然人、网络人、仿生人和再生人，人类文明将进入再生时代。

资料来源：何传启，2011，2012。

(2) 基本运行服务的措施

基本运行服务包括六个部分。其中，经济运行服务包括三个产业：金融和保险、专业和技术服务、行政和辅助服务；社会运行服务包括三个部门：公共管理和安全、成员组织（非营利组织）、国际组织等。经济运行服务是商业服务，遵循市场导向原则。社会运行服务是公共服务，遵循公平共享原则。

- 坚持"诚信为本"原则，大力发展生产性服务业和科技服务业；
- 坚持"共建共享"原则，大力发展基本公共服务业；
- 继续推进国家治理现代化，建设服务型政府；
- 大力支持非营利社会组织的健康发展；
- 支持国际组织的理性发展等。

(3) 流通服务强国和诚信文化建设的措施（见后）

(四) 重大行动

- 启动国家知识创新工程，建设知识创新强国。瞄准第六次科技革命的前沿，全力打造三个新型国家创新中心。分别是：国家高等科学研究院、国家先进技术研究院、国家现代化研究院。
- 启动流通服务强国工程，建设"流通强国"，提高中国社会的运行效率（见后）。
- 启动诚信文化建设工程，建设"诚信社会"，降低中国社会的运行成本（见后）。
- 制定和实施文化服务行动计划，建设一批国家文化服务示范区：北方文化服务示范区（北京、哈尔滨）、南方文化服务示范区（长沙、南京）、西部文化服务示范区（西安、昆明）。
- 制定和实施旅游服务行动计划，建设一批国家旅游服务示范区：北方旅游服务示范区（大连、青岛）、南方旅游服务示范区（杭州、厦门、桂林、三亚）、西部旅游服务示范区（成都、兰州）。
- 制定和实施生产服务行动计划，建设一批国家生产性服务试验区：北方试验区（沈阳、天津、郑州）、南方试验区（深圳、苏州、武汉）、西部试验区（重庆、乌鲁木齐）。

- 制定和实施公共服务行动计划,建设一批城市基本公共服务业试验区,重点推进教育和健康领域的公共服务;大力推进服务型政府建设,提高地方政府的服务能力、服务效率和服务质量。
- 组建"国家知识经济部",促进知识型服务业和知识经济的发展,协调人类发展服务和基本运行服务部门的经济性工作。原来相关的政府部门,继续负责相关部门的社会性工作。

(五)预期效果

实现五个目标:知识创新强国、知识传播强国、知识经济强国、流通服务强国和诚信社会;完成经济发展模式从物质经济向知识经济、从效率优先向质量第一、从生产驱动向服务引领的转型和升级。

(2)大力发展现代流通服务业,建设"流通服务强国"

根据"国际行业分类(建议版)",流通服务业包括四个部门,即批发和零售、运输和储存、食宿、房地产和租赁(表 2-19);其中,中国的批发和零售、房地产和租赁部门的发展潜力比较大(专栏 3-5)。2010 年中国流通服务与美国流通服务的差距比较大(表 3-108)。

大力发展现代流通服务业,重点提升流通服务业的质量和比重,建设流通服务业强国,简称"流通强国"(专栏 3-7),是一项利国利民的战略举措。

表 3-108 2010 年中国和美国流通服务指标的比较

指标	中国流通服务业		美国流通服务业			
	增加值占GDP 比例/(%)	人均增加值/美元	增加值占GDP 比例/(%)	人均增加值/美元	劳动力占总就业比例/(%)	劳动生产率/美元
批发和零售	8.9	395	11.6	5438	14.5	79 242
运输和储存	4.8	211	3.2	1495	3.7	86 469
食宿服务	2.0	89	2.9	1347	7.9	36 263
房地产	5.7	98	10.8	5055	1.3	840 803
流通服务	21.4	793	28.4	13 336	27.3	103 317
服务业	43.2	1996	79.9	37 525	81.2	94 352
全部产业	100.0	4515	100.0	46 959	100.0	99 482

注:根据 OECD(2015)产业数据和《中国统计年鉴 2014》数据的估算。流通服务还包括租赁服务。

专栏 3-7 "流通强国"建议书

从系统论角度看,人类社会是一个开放系统,可以看成是人体系统的一种"放大"。人类社会的流通系统,大致相当于人体的血液系统。血液流动把生命所需的养分输送到人体的各个部分,以支持人体的生命活动。一旦血液系统出问题,人体就会生病。人类社会的流通系统,把人类生产和生活所需要的物品,输送到人类社会的各个角落,以支持人类的生产和生活。如果流通系统出问题,人类社会将有大麻烦。

启动流通强国工程,建设流通服务强国(简称流通强国),可以极大地提高中国社会的运行效率。

(一) 总体目标

力争用 15 年时间(2015~2030),流通服务业的劳动生产率和人均流通服务增加值超过世界平均水平,流通服务业的相对规模和服务质量接近世界先进水平,建成流通服务业的世界强国。

(1) 服务质量的目标
- 流通服务业的劳动生产率和人均流通服务增加值进入世界前 40 名;
- 人均国际旅游收入和国际服务贸易额进入世界前 40 名;
- 流通服务业的服务质量达到世界先进水平;
- 交通服务的能耗密度接近世界先进水平。

(2) 服务内容的目标
- 流通服务增加值比例和劳动力比例接近 30%;
- 人均流通服务增加值超过 1 万美元;
- 人均服务进出口超过 5000 美元。

(3) 服务能力的目标
- 流通基础设施接近世界先进水平;
- 人均航空货运量提高到 50 吨·千米;
- 出口贸易通关时间降到 10 天左右。

(二) 主要措施

(1) 批发和零售服务的措施
- 继续实施自由贸易区战略,推进自由贸易和自由贸易区建设;
- 大力发展物联网,继续推进电子商务;
- 有选择地推进制造企业的服务化;
- 促进零售企业的规模化和标准化;
- 促进城市郊区和农村地区的销售服务;
- 建设一批专业化的大宗商品的销售中心;
- 推进销售服务的自动化和智能化。

(2) 运输和储存服务的措施
- 大力发展现代物流服务业,建设一批物流服务中心;
- 继续推进"一路一带"运输基础设施建设;
- 继续推进智能交通和智慧城市建设;
- 大力发展航空运输;
- 继续发展铁路运输。

(3) 食宿服务的措施
- 促进酒店业的标准化和网络化;
- 促进餐饮业的规模化和多样化。

(4) 房地产和租赁服务的措施
- 促进房地产服务的规模化和标准化;
- 促进租赁服务的标准化和便利化等。

（三）重大行动

- 继续推进自由贸易区建设。重点建设：上海浦东自由贸易区、福建厦门自由贸易区、天津自由贸易区、广东自由贸易区、海南岛自由贸易区等；
- 建设一批国家物流服务中心。重点建设：北方物流服务中心（沈阳、石家庄、郑州）、南方物流服务中心（广州、武汉）、西部物流服务中心（西安、成都）等。

(3) 大力发展诚信文化，全面建设先进服务文化和诚信社会

2003年国务院提出5年内建成社会信用体系。随后，我国信用体系建设得到较大发展。例如，"中国信用信息服务网""全国企业信用信息公示系统""中国个人信用档案"和"中国人民银行征信中心"等信用机构，在社会信用建设中发挥了积极作用。

《中国现代化报告2009：文化现代化研究》提出"实施职业文化塑造工程，建设知识时代的职业信誉"（专栏3-8）。每一种职业都有自己的职业文化。在服务行业，诚信是职业文化的一个核心价值。全面推进诚信文化建设，建设服务业的先进服务文化，建成一个自信、互信和可信的诚信社会，是全面提升服务能力的一项战略举措（专栏3-9）。

专栏3-8 中国职业文化塑造工程

职业文化，关系企业成败，关系机构兴衰，关系社会风尚，关系国家形象。在计划经济时代，中国曾有自己的职业规范。进入市场经济时代，中国需要有新的职业规范。在知识时代，职业信誉是一种无形资产。实施职业文化塑造工程，提升职业素质，建设职业信誉，是中国现代化的时代呼唤和战略需要。

职业文化现代化，既是国民文化素质现代化的一种表现形式，也是文化现代化的一个重要目标。职业文化现代化，不仅可以塑造21世纪的中国公民新形象，而且会涉及许多部门和行业文化的现代化。

中国职业文化塑造工程是一个系统工程，可以分行业分地区逐步实施。政府倡导，社会支持，行业实施。一般而言，职业文化塑造工程大致包括六个方面内容：职业观念现代化、职业道德现代化、职业规范现代化、职业制度现代化、职业标准现代化和职业知识现代化等。

——《中国现代化报告2009：文化现代化研究》

专栏3-9 "诚信社会"建议书

从社会关系角度看，传统社会是一种血缘社会，现代社会是一种契约社会；诚信是契约社会的基石。有了诚信，你可以自由地与人交流和交易，社会运行具有低成本和高效率的特点。没有诚信，没有相互信任，与人交流和交易就缺少基本保障，社会运行带有高成本和低效率的性质。服务业是一种特殊行业，服务生产和服务消费往往同时发生，服务过程是一个互动过程。如果服务的提供者和消费者彼此缺少诚信，那么，服务过程就会不顺利，服务质量就会不太好，服务的交易成本就会很高。

启动诚信文化建设工程，全面建设先进服务文化和诚信社会，可以极大降低中国社会的运行成本。

(一) 基本目标

力争用 15 年时间 (2015～2030),全面建设诚信文化,诚信意识全面确立,诚信法规健全完善;诚实守信成为自觉行为,弄虚作假则无立锥之地;违背诚信引发的社会冲突和法律案例的数量和比例持续下降,服务部门的诚信水平和服务能力接近发达国家水平,建成高质量的诚信社会。

(二) 主要措施

发展诚信文化,建设诚信社会,需要全社会的支持和参与,需要政府和企业的通力合作。

(1) 宏观层次的措施
- 继续优化和完善社会信用体系,健全诚信信息收集与发布制度;
- 完善诚信相关法规,适度提高"失信行为"的机会成本;
- 继续加强商务诚信建设,依法打击制假和售假的犯罪行为;
- 继续推进政务诚信和电子政务,提高政府和法规的公信力;
- 继续完善服务投诉和消费维权机制,降低维权的社会成本;
- 继续鼓励信用服务机构的健康发展,完善诚信和信用奖励制度。

(2) 微观层次的措施
- 鼓励服务企业和单位制定诚信服务的行为准则;
- 鼓励服务企业和单位制定"诚信服务承诺书"或"诚信公约";
- 鼓励服务企业和单位建立诚信服务的国际品牌;
- 鼓励服务企业和单位继续推进全面质量管理;
- 提高诚信意识,奖励诚信公民和诚信行为。

(三) 重大行动

- 发布《诚信宣言》。诚信社会,从我做起。不说假话,不做假事,言行一致,诚实守信。"假事"指弄虚作假的事情。
- 建立企业"信用资产负债表"预警制度,降低企业违约失信的风险;
- 建设一批非营利性的诚信服务中心和诚信服务平台。

本 章 小 结

中国服务业现代化是一种后发追赶型服务业现代化。本章关于中国服务业现代化的时序分析、截面分析和过程分析,加深了对中国服务业现代化的理性认识。关于中国服务业现代化的战略分析,可以为制定中国服务业现代化政策提供参考。

1. 中国服务业生产的事实和前景

首先,服务规模。在 1900～1960 年期间,服务业增加值比例上升;在 1960～1982 年期间,服务业增加值比例下降;1983 年以来服务业增加值比例上升;2013 年服务业增加值比例首次超过工业增加值比例成为国民经济的第一大产业。服务业劳动力比例同样经历三个阶段,大致时间是 1900～1960 年、1960～1975 年和 1975 年以来。

其次,服务效率。在 1960～2013 年期间,服务业劳动生产率提高了 30 多倍,从 400 美元提高到 14 280 美元;服务业劳动生产率低于工业劳动生产率,但高于农业劳动生产率。2013 年城镇单位服务业职工平均工资,金融业、信息业和科技服务业排前三位,住宿和餐饮业、水利环保和公共设施管理、居民服务和其他服务排后三位。

其三,服务质量。在1960~2013年期间,人均服务业增加值提高了100多倍,从29美元提高到3280美元,2013年人均服务业增加值为世界平均的50%。1991年以来,人均知识型服务业增加值提升了30多倍,人均劳务型服务业增加值提高了20多倍,人均公共型服务业增加值提高了20多倍,人均劳务型服务业增加值高于人均知识型服务业增加值。2000年以来,创办企业所需的时间和商品出口通关所需时间有所下降,公共服务质量有所提升。

其四,服务生产的前景分析。未来30年,服务业增加值比例和劳动力比例继续上升,人均服务业增加值、人均劳务型服务业和人均知识型服务业增加值继续上升,服务效率和服务质量继续提升,但部门差距和地区差距仍然存在。

2. 中国服务业经济的事实和前景

首先,产业结构。1991年以来,在服务业增加值中,劳务型服务业比重下降,知识型服务业比重上升,劳务型服务业比重超过知识型服务业比重;公共型和非公共型服务业增加值比重波动,非公共服务业是公共服务业的4倍左右。2012年中国服务业的四大部门依次是:批发零售、房地产、金融、交通运输等,它们占服务业增加值的57%。

其次,就业结构。1990年以来,中国服务业劳动力统计数据不完整,难以完整分析服务业就业结构变化。在2003~2012年期间,城镇单位服务业就业比重,信息产业和房地产业等9个部门比重上升,交通运输和文体娱乐等5个部门比重下降。

其三,服务贸易。在2005~2013年期间,中国人均服务贸易额增加,但服务贸易占GDP比例下降,2009年以来中国成为服务贸易净进口国。在服务出口中,保险和金融、信息和通信服务出口比重上升,信息服务和旅行服务出口比重较大;在服务进口中,旅行服务进口比重和人均知识产权进口上升,旅行服务和交通服务进口比重较大。

其四,服务经济的前景分析。未来30年,劳务型服务业比重继续下降,知识型服务业比重继续上升;公共型和非公共型服务业比重继续波动;人均服务贸易额继续增长,但服务贸易结构将发生很大变化等。

3. 中国服务业要素的事实和前景

首先,人力资源。1980年以来,中学普及率和大学普及率快速提升,受过中等教育和高等教育的劳动力比例不断上升,但大学普及率仍低于世界平均水平。

其次,服务设施。中国服务设施的发展趋势与世界基本一致。2013年中国电力普及率、自动取款机普及率、互联网宽带普及率等高于世界平均水平。

其三,服务创新。在1996~2012年期间,R&D经费占GDP比例和人均R&D经费实现双增长,人均研发经费提高了近30倍,专利拥有率提高了近40倍。

其四,服务环境。社会环境大幅改善,人均国民收入和城市人口比例等不断增长。生态环境方面,人均能源消费上升,人均居住和服务的二氧化碳排放量在波动等。

4. 中国服务业现代化的基本事实

首先,中国服务业现代化的历史进程。中国服务业现代化起步比发达国家晚了约百年。中国服务业现代化的发端,可以追溯到19世纪中后期,大致可以以1860年为起点。

19世纪以来,中国服务业现代化大致分为3个阶段:清朝后期的服务业现代化起步、民国时期的局部服务业现代化、新中国的全面服务业现代化。

在1990~2013年期间,中国服务业现代化指数从13上升到35,指数排名从世界第117位提高到第59位,服务业现代化水平从欠发达水平提高到初等发达水平。

其次,中国服务业现代化的现实水平。2013年,中国属于一个服务业发展中国家,具有初等发达国家水平(发展中国家的中间水平);处于第一次服务业现代化的成熟期,但已具有第二次服务业现代化的许多要素;服务指标发展不平衡,中国32个服务指标水平大致是:12%的指标为中等发达水平,44%的指标为初等发达水平,44%指标为欠发达水平。

其三,中国服务业现代化的国际差距。

指标差距。2013年服务生产指标,中国与高收入国家的相对差距超过5倍的指标有1个,超过2倍的指标有1个。服务经济指标,中国与高收入国家相对差距超过10倍的指标有4个,超过5倍的指标有3个,超过2倍的指标有2个。

关键指标。2013年,服务业劳动生产率,美国是中国的7倍,法国是中国的6倍,日本、德国、英国是中国的5倍多;人均服务业增加值,美国是中国的11倍,日本、德国、英国、法国是中国的7倍以上(图J)。2010年人均知识型服务业增加值,美国是中国的20多倍,法国和德国是中国的10多倍(图K)。

综合差距。2013年中国服务业现代化指数为35,高收入国家平均值为100,世界平均值为48,美国为110,德国为106,英国为105;中国与世界平均水平的差距比较小,与发达国家水平的差距比较大,中国水平约为发达国家平均水平的35%。

5. 中国服务业现代化的主要特点

其一,一种后发追赶型服务业现代化。其二,一种知识型服务业追赶劳务型服务业的现代化。其三,一种不平衡的服务业现代化。其四,产业与就业协调性逐步提高。其五,国际竞争力需要提高。其六,以非公共型服务为主的现代化。其七,政策起伏比较大。其八,具有地区多样性和不平衡性等。

6. 中国服务业现代化的前景分析

其一,路径选择。21世纪前50年,可以选择综合服务业现代化路径,持续向现代服务业和知识型服务业转型。服务业发达地区可以采用第二次服务业现代化路径,其他地区可以分别采用第一次服务业现代化路径或综合服务业现代化路径等。

其二,水平估计。在2030年前完成第一次服务业现代化,达到1970年服务业发达国家的平均水平;在2040年前,达到世界服务业中等发达水平,基本实现服务业现代化。

其三,巨大挑战。2013年中国服务业为初等发达水平。根据世界经验估算,在30年里,服务业初等发达水平升级为中等发达水平的概率约为30%;在60年里,服务业初等发达水平升级为发达水平的概率约为6%。中国服务业现代化不能简单依靠国际经验。

7. 中国服务业现代化的路线图

中国服务业现代化路线图是服务业现代化的战略目标和基本路径的一种系统集成。

首先,战略目标。根据综合服务业现代化原理,采纳两次服务业现代化的精华,避免两次服务业现代化的误区,迎头赶上服务业现代化的世界先进水平,逐步建成流通服务强国、知识型服务强国和知识经济发达国家。

- 在2030年前后完成第一次服务业现代化,建设流通服务强国;
- 在2050年前后基本实现服务业现代化,建设知识经济强国;
- 在21世纪末全面实现服务业现代化,建设知识经济发达国家。
- "流通服务强国"是流通服务业强国的简称,"流通强国"是"流通服务强国"的简称。
- "知识经济强国"是知识型服务业强国的简称,"知识强国"是"知识经济强国"的简称。
- 这里"知识经济"特指"以知识型服务业为基础的经济",是狭义知识经济,不含高技术产业。

其次,运河路径。瞄准世界服务业的未来前沿,两次服务业现代化协调发展,加速从传统服务业向现代服务业和知识型服务业的转型;坚持"质量第一、内容至上、诚信为本"的三个原则,大力推进服务业的规模化、标准化、智能化、便利化、个性化和国际化,迎头赶上服务业的世界前沿;在2050年达到世界中等发达水平,建成流通服务强国和知识经济强国;在21世纪末达到世界先进水平,服务质量、服务内容、服务能力、知识经济和生活质量等达到当时的发达国家水平,全面实现服务业现代化。

其三,三个重点。① 继续发展劳务型服务业,推动服务质量现代化,建设流通服务强国。② 优先发展知识型服务业,推进服务内容现代化,建设知识经济强国。③ 加快诚信文化建设,推进服务能力现代化,建设高质量的诚信社会。

不同服务部门和不同地区有不同特点,它们的服务现代化需专题研究。

其四,三个建议。知识强国战略是主体,流通服务强国和诚信文化建设是辅助。

① 实施"知识强国战略",建设知识经济强国。

- 基本思路。以人类发展服务为引领,以高效经济和社会运行服务为基础,以便捷流通服务为支撑,全面提升知识型服务业的服务内容、服务质量和服务能力,不断满足人民日益增长的精神生活需要和健康需求,建设知识型服务和知识经济发达国家。
- 总体目标。力争用35年时间(2015~2050),知识型服务业的劳动生产率和国际竞争力超过世界平均水平,服务内容和服务质量接近发达国家水平,知识创新、知识传播和知识服务能力达到世界先进水平,建成知识创新强国、知识传播强国和知识经济强国。
- 重要措施。启动三个工程:国家知识创新工程、流通强国工程、诚信文化建设工程。制定和实施四个行动计划。实施文化服务行动计划,重点建设6个国家文化服务示范区:北方(北京、哈尔滨)、南方(长沙、南京)、西部(西安、昆明)。实施旅游服务行动计划,重点建设8个国家旅游服务示范区:北方(大连、青岛)、南方(杭州、厦门、桂林、三亚)、西部(成都、兰州)。实施生产服务行动计划,重点建设8个国家生产性服务试验区:北方(沈阳、天津、郑州),南方(深圳、苏州、武汉)、西部(重庆、乌鲁木齐)。实施公共服务行动计划,建设一批城市基本公共服务试验区,重点提升教育服务、健康服务和政府服务的服务能力和服务质量,建设廉洁高效的服务型政府。组建"国家知识经济部",促进知识型服务业和知识经济的发展等。

② 发展现代流通服务业,建设流通服务强国。

- 总体目标。力争用15年时间(2015~2030),流通服务的劳动生产率和人均流通服务超过世界平均水平,流通服务的相对规模和服务质量接近世界先进水平,建成流通服务的世界强国。
- 重要措施。实施自由贸易区战略,继续推进自由贸易区建设,重点建设:上海浦东自由贸易区、福建厦门自由贸易区、天津自由贸易区、广东自由贸易区、海南岛自由贸易区等。大力发展现代物流服务业,重点建设7个国家物流服务中心:北方物流服务中心(沈阳、石家庄、郑州)、南方物流服务中心(广州、武汉)、西部物流服务中心(西安、成都)等。

③ 发展诚信文化,建设诚信社会。

- 基本目标。力争用15年时间(2015~2030),全面确立诚信意识,健全完善诚信法制;诚实守信成为自觉行为,弄虚作假则无立锥之地;违背诚信引发的社会冲突和法律案例的数量和比例持续下降,服务部门的诚信水平和服务能力接近发达国家水平,建成高质量的诚信社会。
- 重要措施。发布《诚信宣言》。诚信社会,从我做起。不说假话,不做假事,言行一致,诚实守信。"假事"指弄虚作假的事情。完善社会信用体系,适度提高"失信行为"的机会成本。建立企业"信用资产负债表"预警制度。建设一批非营利性的诚信服务中心和诚信服务平台

《中国现代化报告2012》提出农业现代化路线图,《中国现代化报告2014~2015》提出工业现代化路线图,《中国现代化报告2016》提出服务业现代化路线图(表3-109)。通过实施三个现代化路线图,

以及"制造强国战略"和"知识强国战略"两个战略,通过农业部、工业和信息化部、知识经济部(待建)三个部的协同推进,中国经济腾飞是可以期待的。

表 3-109　中国经济部门现代化的三个路线图

项目	农业	工业	服务业
路线图	农业现代化路线图	工业现代化路线图	服务业现代化路线图
目标	2050年基本实现农业现代化、21世纪末全面实现农业现代化	工业质量强国、工业创新强国、世界领先工业强国	流通服务强国、知识型服务强国、知识经济发达国家
原则	后发效应、木桶原理、竞争优势	质量优先、创新驱动、环境友好	质量第一、内容至上、诚信为本
重点	农业效率、农业结构、农民生活	工业质量、工业结构、工业环境	服务质量、服务内容、服务能力
建议	农业创新体系、优质粮食工程、现代畜牧工程、农村小康工程等	中国质量十年议程、工业创新议程、绿色工业议程	劳务型服务业、知识型服务业、服务能力和服务文化
措施	三维农业区划、农民全员培训、中国人营养指南	制造强国战略、三个行动议程、中小企业服务局	知识强国战略、流通强国、诚信社会
政府部门（深化改革）	农业部	工信部、建设部、环境保护部	商务部、交通运输部、教育部、文化部、卫计委、知识经济部等
资料来源	中国现代化报告 2012	中国现代化报告 2014~2015	中国现代化报告 2016

注:知识型服务业包括公共性服务和市场性服务。公共性服务(如基础教育、大众文化和公共卫生等)仍由原来的相关部门管理(如教育部、文化部和卫生部等),市场性知识服务由知识经济部负责协调。

下篇

世界和中国现代化评价

"人不能两次踏入同一条河"。变化是永恒的存在。通过对世界现代化进程的客观评价,可以动态监测世界和中国现代化进程。在《中国现代化报告》中,我们提出了国家、地区、经济、社会、文化、生态和国际现代化的评价方法,建立了世界现代化指数(图二)。

图二 现代化评价的结构

注释:现代化水平评价主要反映国家现代化的实际进展和国际相对水平,现代化监测评价主要反映国家现代化的政策目标的实际进展,现代化诊断评价反映国家现代化过程中的优劣和得失;第一次现代化指数主要反映工业化和城市化的实际水平,第二次现代化指数主要反映知识化和信息化的实际水平,综合现代化水平指数主要反映现代化水平的国际相对差距;各领域的现代化评价,反映该领域现代化的实际进展和国际相对水平;本《报告》不包含政治和国防等的现代化,这些内容需要专门研究。

世界现代化指数主要反映世界现代化在经济、社会、知识和环境等领域的综合成就和相对水平。事实上,现代化不仅包括经济、社会、知识和环境领域的变化,也包括政治等各个领域的变化。所以,世界现代化指数,只是反映了现代化的部分内容,而不是全部内容。此外,统计机构有时会对历史数据进行调整,有些指标的数据不全,这些对评价结果产生一些影响。

本《报告》采用何传启提出的第一次现代化评价模型、第二次现代化评价模型第二版(新版)、综合现代化评价模型第二版(新版),对 2010、2011、2012 和 2013 年的世界 131 个国家和中国 34 个地区进行评价。本《报告》主要反映 2013 年的评价结果,其他见附录。

第四章 服务业现代化30年

一般而言,服务业现代化指18世纪以来服务业和服务经济的一种深刻变化,它包括从传统服务向机械化和电气化服务,从机械化和电气化服务向知识化和绿色化服务的两次转变,服务业在国民经济中的比例持续上升,服务方式和观念的变化,服务技术水平、服务劳动者素质和服务业国际竞争力的提高,服务经济结构的变化以及国际地位的变化等;它既是一个历史过程,从18世纪到21世纪末的服务业现代化包括第一次服务业现代化和第二次服务业现代化两大阶段;又是一场国际竞赛,包括追赶、达到和保持服务业世界先进水平的国际竞赛,以及国内服务内容、服务质量、服务业结构、服务业制度和服务观念的变化。

本《报告》第一章分析了过去300年服务业现代化的特点,它是以单指标分析为基础的。服务业现代化研究不能只见树木不见森林。为了把握服务业现代化的整体趋势和现实水平,需要对服务业现代化进行评价。服务业现代化早期的数据非常有限和不完整,无法进行评价。本章重点对过去30年(1980~2013年)的服务业现代化进程进行评价。"服务业现代化指数"可以作为世界现代化指数的一个分指数。

第一节 世界服务业现代化30年

服务业现代化的水平评价是通过服务业现代化指数进行评价(表4-1),反映服务业现代化的实际进展以及不同国家与世界先进水平的相对差距。服务业现代化进程的信号指标,可以判断服务业现代化的发展阶段(表4-2),发展水平与发展阶段之间不能简单对应。本节先介绍世界服务业现代化的2013年评价结果,后讨论世界服务业现代化的30年进程。

表4-1 服务业现代化指数的评价结构

项目	服务业现代化评价	评价指标	时间
评价目的	服务业现代化进展		
评价尺度	服务业现代化指数		
服务内容 (规模、结构)	服务业增加值比例 服务业劳动力比例 人均知识型服务业* 人均生产型服务业*	服务业增加值比例 服务业劳动力比例 人均科技、教育和卫生经费 人均航空货运量	1965~2014 1980~2013 1980~2013 1980~2013
服务质量 (效率、质量)	服务业劳动生产率 人均服务业增加值 人均服务贸易额 人均国际旅游收入	服务业劳动生产率 人均服务业增加值 人均服务贸易进出口额 人均国际旅游收入	1980~2013 1965~2014 1980~2014 1990~2014
服务治理 (资源、能力、创新)	劳动力文化素质 服务基础设施 政府治理能力 服务创新能力	受过高等教育的劳动力比例** 互联网宽带普及率*** 出口贸易通关时间 R&D经费占GDP比例	1990~2012 1990~2013 2005~2014 1980~2013

注:* 由于统计数据获取不足,人均知识型服务业用人均科技、教育和卫生经费代替,人均生产型服务业用人均航空货运量代表。** 1980年受过高等教育的劳动力比例用1990年的数据代替。*** 1980年的互联网宽带普及率用电话普及率代替。服务业现代化指数等于服务内容、服务质量和服务治理指数的算术平均值,具体评价方法见附录一。

表 4-2　世界服务业现代化进程的信号指标和判断标准

信号指标		服务业增加值比例	服务业劳动力比例	服务业与农业增加值之比	服务业与农业劳动力之比	服务业现代化指数
第二次	成熟期	≥80%	≥80%	≥80	≥80	
	发展期	≥70%,<80%	≥70%,<80%	≥35,<80	≥35,<80	
	起步期	≥60%,<70%	≥60%,<70%	≥15,<35	≥15,<35	≥60
第一次	过渡期	≥50%,<60%	≥50%,<60%	≥10,<15	≥5,<15	≥50
	成熟期	≥40%,<50%	≥40%,<50%	≥5,<10	≥3,<5	≥40
	发展期	≥30%,<40%	≥30%,<40%	≥2,<5	≥1,<3	≥20
	起步期	≥20%,<30%	≥20%,<30%	≥1,<2	≥0.5,<1	
传统服务业		<20%	<20%	<1	<0.5	

注：① 根据 4 个信号指标判断处于第一次或第二次服务业现代化的阶段，此阶段划分和世界现代化的阶段划分接轨。② 判断第二次服务业现代化是否启动的标准为：服务业增加值比例≥60%，服务业劳动力比例≥60%，其他指标作为修正指标。③ 服务业现代化指数作为阶段划分的修正指标，第二次服务业现代化起步期：服务业现代化指数≥60；第一次服务业现代化过渡期：服务业现代化指数≥50；第一次服务业现代化成熟期：服务业现代化指数≥40；第一次服务业现代化发展期：服务业现代化指数≥20。④ 完成第一次服务业现代化的标准为：服务业增加值比例≥50%，服务业劳动力比例≥50%，服务业现代化指数≥60。

在 1980～2013 年期间，根据信号指标判断世界服务业现代化进程，参加评价国家 131 个，整体评价结果如表 4-3 所示。

表 4-3　1980～2013 年世界服务业现代化评价

项目	1980	1990	2000	2010	2013
进入第二次服务业现代化的国家	4	11	17	25	23
处于第一次服务业现代化的国家	100	103	107	102	102
处于传统服务业的国家	17	17	7	4	4
国家有效样本	121*	131	131	131	129**

注：* 由于数据获取率较低，1980 年实际评价的国家样本数较少；** 因缺乏数据，2013 年 2 个国家不参加阶段评价。

一、2013 年世界服务业现代化指数

1. 2013 年世界服务业现代化的总体水平

2013 年，进入第二次服务业现代化国家有 23 个，约占国家样本的 18%；处于第一次服务业现代化的国家有 102 个，约占国家样本的 79%（图 4-1）。2013 年完成第一次服务业现代化的国家有 31 个，约占国家样本数的 24%。2013 年大约有 4 个国家属于传统服务业，约占国家样本的 3%（表 4-3）。

根据服务业现代化指数分组，比利时、瑞士等 21 个国家属于服务业发达国家，爱沙尼亚、意大利等 23 个国家属于服务业中等发达国家，阿根廷、中国等 29 个国家属于服务业初等发达国家，纳米比亚等 58 个国家属于服务业欠发达国家（表 4-4）。

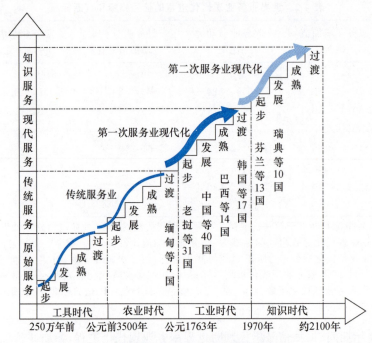

图 4-1 2013 年世界服务业现代化的坐标

表 4-4 2013 年世界服务业现代化指数

分组	国家	服务业现代化指数	国家	服务业现代化指数
服务业发达国家 21 个	比利时	115	澳大利亚	105
	瑞士	115	英国	105
	芬兰	115	挪威	104
	荷兰	112	奥地利	102
	美国	110	爱尔兰	102
	法国	108	加拿大	101
	丹麦	108	新西兰	101
	瑞典	108	日本	91
	以色列	106	韩国	87
	新加坡	106	西班牙	86
	德国	105		
中等发达国家 23 个	爱沙尼亚	79	科威特	56
	斯洛文尼亚	78	拉脱维亚	55
	意大利	78	乌拉圭	54
	希腊	75	波兰	53
	葡萄牙	73	约旦	52
	立陶宛	68	哥斯达黎加	51
	捷克	66	俄罗斯	51
	巴拿马	62	沙特阿拉伯	50
	匈牙利	61	保加利亚	50
	马来西亚	61	土耳其	49
	克罗地亚	60	黎巴嫩	48
	斯洛伐克	57		

（续表）

分组	国家	服务业现代化指数	国家	服务业现代化指数
初等发达国家 29个	阿根廷	47	委内瑞拉	35
	多米尼加	47	秘鲁	35
	智利	44	亚美尼亚	34
	白俄罗斯	44	摩尔多瓦	33
	巴西	44	菲律宾	33
	泰国	43	伊朗	33
	格鲁吉亚	43	阿尔巴尼亚	32
	墨西哥	42	摩洛哥	32
	牙买加	42	阿塞拜疆	32
	罗马尼亚	41	萨尔瓦多	31
	马其顿	41	埃及	31
	南非	40	厄瓜多尔	31
	哥伦比亚	38	乌克兰	31
	突尼斯	37	哈萨克斯坦	30
	中国	35		
欠发达国家 58个	厄立特里亚	28	莫桑比克	18
	纳米比亚	28	喀麦隆	18
	斯里兰卡	28	多哥	18
	洪都拉斯	26	卢旺达	17
	蒙古	26	柬埔寨	17
	阿尔及利亚	26	乌兹别克斯坦	17
	叙利亚	26	赞比亚	17
	塞内加尔	26	乌干达	16
	尼日利亚	26	老挝	16
	博茨瓦纳	26	马达加斯加	16
	危地马拉	25	马拉维	16
	巴拉圭	25	尼泊尔	15
	也门共和国	24	几内亚	15
	尼加拉瓜	24	马里	15
	印度	23	津巴布韦	15
	玻利维亚	22	布隆迪	15
	加纳	22	埃塞俄比亚	15
	中非	21	毛里塔尼亚	14
	印度尼西亚	21	刚果共和国	14
	越南	21	安哥拉	14
	贝宁	20	巴布亚新几内亚	14
	肯尼亚	20	塔吉克斯坦	13
	巴基斯坦	20	尼日尔	13
	孟加拉国	19	布基纳法索	13
	坦桑尼亚	19	缅甸	13

(续表)

分组	国家	服务业现代化指数	国家	服务业现代化指数
欠发达国家 58个	土库曼斯坦	19	乍得	12
	莱索托	18	刚果民主共和国	10
	吉尔吉斯斯坦	18	塞拉利昂	7
	科特迪瓦	18	海地	3

注：① 根据服务业现代化指数分组：服务业发达国家：≥80；中等发达国家：48～80；初等发达国家：30～48；欠发达国家：<30。

2. 2013年世界服务业现代化的前沿水平

2013年服务业现代化指数世界排名前10位的国家：比利时、瑞士、芬兰、荷兰、美国、法国、丹麦、瑞典、以色列、新加坡。德国排第11位，英国排第13位，日本排第19位。服务业发达国家特点如表4-5。

表 4-5 2013年世界服务业现代化的前沿

	指标和单位	瑞士	美国	法国	新加坡	英国	加拿大	日本
服务内容	服务业增加值比例/(%)	73	78	79	75	78	71	73
	服务业劳动力比例/(%)	73	81	75	80	79	78	69
	人均知识型服务业/美元	16 504	13 313	8275	5312	6891	9288	6796
	人均航空货运量/(吨·千米$^{-1}$)	179	117	66	1173	94	55	61
服务质量	服务业劳动生产率/美元	147 565	101 731	98 417	87 885	78 517	75 997	81 474
	人均服务业增加值/美元	59 928	38 634	30 087	38 863	29 433	30 571	27 826
	人均服务贸易/美元	25 108	3560	7350	51 606	8214	5708	2385
	人均旅游国际收入/美元	2085	546	858	3575	640	502	119
服务治理	受过高等教育的劳动力比例/(%)	34	41	34	29	38	46	41
	互联网宽带普及率/(%)	43	30	39	28	36	34	29
	出口通关时间/天	8	6	10	6	8	8	11
	R&D经费占比/(%)	3.0	2.8	2.2	2.0	1.6	1.6	3.5

3. 2013年世界服务业现代化的末尾水平

2013年服务业现代化指数排世界后10位的国家：安哥拉、巴布亚新几内亚、塔吉克斯坦、尼日尔、布基纳法索、缅甸、乍得、刚果民主共和国、塞拉利昂、海地。

2013年仍处于传统服务业的国家：缅甸、巴布亚新几内亚、塞拉利昂、中非。

4. 2013年世界服务业现代化的国际差距

2013年世界服务业现代化的国际差距体现在三个方面。首先是服务业指标的水平差距，请参考第一章的服务业截面分析。其次是服务业现代化的阶段差距，2013年世界服务业前沿已经进入第二次服务业现代化，同时有4个国家仍然处于传统服务业阶段。其三是服务业现代化的水平差距，国家服务业现代化水平相差33倍（表4-6）。

表 4-6 2013年世界服务业现代化水平的国家差距

	服务业现代化指数
最大值	115
最小值	3
平均值	48

(续表)

	服务业现代化指数
极差（最大值－最小值）	112
标准差	31
相对差（最大值÷最小值）	34
变异系数（标准差÷平均值）	0.71

5. 2013年世界服务业现代化的国际追赶

首先，根据服务业现代化指数的变化，分析国际追赶。

在1980～2013年期间，根据服务业现代化指数的变化，有51个国家相对水平提高。2013年与1990年相比，有91个国家现代化指数上升，有27个国家服务业现代化指数下降，有13个国家服务业现代化指数没有显著变化。2013年与2000年相比，有95个国家服务业现代化指数上升，表明95个国家与世界先进水平的差距缩小；有20个国家服务业现代化指数下降，表明20个国家服务业现代化相对水平下降，与世界先进水平的差距扩大；有16个国家服务业现代化指数没有显著变化，表明16个国家的服务业现代化的相对水平没有变化。

其次，根据服务业现代化水平分组的变化（表4-7），分析国际追赶。

表4-7 世界服务业现代化的国家地位的转移概率（马尔可夫链分析）

分组	国家数	发达	中等	初等	欠发达	国家数	发达	中等	初等	欠发达
	1980	1980～2013年转移概率/(%)				1990	1990～2013年转移概率/(%)			
发达	19	84	16	0	0	20	95	5	0	0
中等	13	23	46	31	0	11	18	73	9	0
初等	15	0	27	40	33	25	0	56	32	12
欠发达	45	0	2	18	80	75	0	0	27	73
	2000	2000～2013年转移概率/(%)				2010	2010～2013年转移概率/(%)			
发达	19	100	0	0	0	22	95	5	0	0
中等	17	12	76	12	0	23	0	87	13	0
初等	23	0	43	43	13	23	0	4	91	4
欠发达	72	0	0	24	76	63	0	0	10	90

注：以服务业现代化指数进行国家分组：发达国家：≥80；中等发达国家：世界平均值～80；初等发达国家：30～世界平均值；欠发达国家：＜30。1980年的国家数为92，其他年份都为131。受数据获取率的影响，统计结果具有一定的系统误差；部分发展中国家的数据从数值上看偏高，也会带来一定的误差。

在1980～2013年期间，

- 服务业发达国家降级概率：16%降级中等发达国家；
- 服务业中等发达国家升级概率：23%升级发达国家；
- 服务业初等发达国家升级概率：27%升级中等发达国家；
- 服务业欠发达国家升级概率：18%升级初等发达国家，2%升级为中等发达国家。

在1990～2013年期间，

- 服务业发达国家降级概率：5%降级中等发达国家；
- 服务业中等发达国家升级概率：18%升级发达国家；
- 服务业初等发达国家升级概率：56%升级中等发达国家；

- 服务业欠发达国家升级概率:27%升级初等发达国家。

在2000~2013年期间,

- 服务业中等发达国家升级概率:12%升级发达国家;
- 服务业初等发达国家升级概率:43%升级中等发达国家;
- 服务业欠发达国家升级概率:24%升级初等发达国家。

在过去30年里,世界范围内的服务业现代化产生了很大的进步。在1980~2013年期间,23%的中等发达国家升级为发达国家,27%的初等发达国家升级为中等发达国家,18%的欠发达国家升级为初等发达国家,2%的欠发达国家升级为中等发达国家。

如果说,发达国家是相对现代化的国家,那么,其他国家(中等发达、初等发达和欠发达国家)就是相对非现代化的国家。在过去30年里,相对现代化国家降级为非现代化国家的概率为5%~16%,相对非现代化的国家升级为现代化国家的概率为2%~4%。

6. 2013年世界服务业现代化的不平衡性

世界服务业现代化的不平衡性非常显著,集中反映在五个方面。

- 服务业指标发展的不平衡,各项指标之间的差别很明显。
- 服务业现代化进程的不平衡(表4-3,表4-8)。
- 服务业现代化水平不平衡,国家服务业现代化水平的相对差距为33倍。
- 服务业现代化速度不平衡,有些国家快速增长,有些国家负增长。
- 服务业现代化的地理不平衡,非洲仍然是最落后的地区。这与世界现代化的不平衡性是一致的。

表4-8 2013年世界服务业现代化的国家分布和不平衡性

		过渡期	
			成熟期
第二次服务业现代化的阶段		发展期	瑞典、美国、瑞士、德国、荷兰、加拿大、新加坡、英国、比利时、以色列
		起步期	芬兰、澳大利亚、挪威、日本、丹麦、法国、奥地利、意大利、爱尔兰、西班牙、希腊、葡萄牙、巴拿马
第一次服务业现代化的阶段	过渡期		新西兰、韩国、爱沙尼亚、斯洛文尼亚、乌拉圭、俄罗斯、斯洛伐克、匈牙利、捷克、拉脱维亚、立陶宛、波兰、克罗地亚、沙特阿拉伯、科威特、哥斯达黎加、约旦
	成熟期		白俄罗斯、保加利亚、黎巴嫩、阿根廷、智利、马其顿、罗马尼亚、多米尼加、巴西、墨西哥、牙买加、南非、土耳其、马来西亚
	发展期		格鲁吉亚、乌克兰、哈萨克斯坦、哥伦比亚、阿塞拜疆、摩尔多瓦、委内瑞拉、亚美尼亚、巴拉圭、博茨瓦纳、秘鲁、厄瓜多尔、伊朗、蒙古、摩洛哥、萨尔瓦多、埃及、中国、阿尔及利亚、突尼斯、阿尔巴尼亚、玻利维亚、菲律宾、泰国、纳米比亚、洪都拉斯、尼加拉瓜、越南、肯尼亚、斯里兰卡、印度尼西亚、危地马拉、印度、厄立特里亚、叙利亚、加纳、也门共和国、塞内加尔、尼日利亚、贝宁
	起步期		乌兹别克斯坦、土库曼斯坦、吉尔吉斯斯坦、塔吉克斯坦、津巴布韦、刚果共和国、赞比亚、毛里塔尼亚、科特迪瓦、巴基斯坦、莱索托、柬埔寨、喀麦隆、乍得、莫桑比克、几内亚、尼泊尔、刚果民主共和国、老挝、马拉维、多哥、马达加斯加、马里、孟加拉国、坦桑尼亚、尼日尔、乌干达、布基纳法索、埃塞俄比亚、布隆迪、卢旺达
传统服务业	缅甸、巴布亚新几内亚、塞拉利昂、中非		

二、1980～2013年世界服务业现代化进程

20世纪后30年是世界服务业现代化的重要时期。在此期间,部分国家完成了第一次服务业现代化并先后进入第二次服务业现代化;部分国家没有完成第一次服务业现代化,但已经引进了第二次服务业现代化的要素;同时有些国家服务业现代化出现负增长和倒退,有些国家仍然是传统服务业。我们对过去30年的服务业现代化进行了评价。

1. 过去30年世界服务业现代化的主要特点

(1) 过去30年世界服务业现代化的方向发生变化

20世纪后30年是世界服务业现代化的转折时期,具体表现包括:

- 发达国家服务业的发展模式从机械化和电气化向信息化和知识化转型;
- 世界范围的绿色服务和绿色消费快速发展;
- 发达国家劳务型服务业比重下降,知识型服务业比重上升等。

(2) 过去30年世界服务业现代化取得巨大成就

在过去30年里,世界服务业现代化取得巨大进展。全面完成第一次服务业现代化的国家从17个上升到31,进入第二次服务业现代化的国家从4个上升到23个(图4-2)。

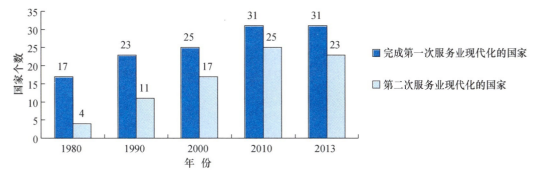

图4-2　1980～2013年世界服务业现代化进程

(3) 过去30年世界服务业现代化具有阶段性和不平衡性

在过去30年里,不同国家的服务业现代化进程都具有阶段性,比较落后的国家从传统服务业到第一次服务业现代化;比较发达的国家先后进入第二次服务业现代化(表4-9)。

表4-9　1980～2013年世界服务业现代化的阶段(处于不同阶段的国家个数)

服务业现代化的阶段		1980年	1990年	2000年	2010年	2013年
第二次服务业现代化	过渡期					
	成熟期					
	发展期	0	1	3	7	10
	起步期	4	10	14	18	13
第一次服务业现代化	过渡期	17	13	12	11	17
	成熟期	10	12	13	14	14
	发展期	30	38	35	44	40
	起步期	43	40	47	33	31
传统服务业		17	17	7	4	4
国家样本数/(个)		121	131	131	131	129

从1980年到2013年,世界服务业现代化的发展都是不平衡的。在1980～1990年,走在世界现代化前列的国家已经进入第二次现代化,最不发达国家仍然处于传统服务业。在1990～2013年,走在世界现代化前列的国家已经达到2013年第二次服务业现代化的发达水平,最不发达国家仍然处于传统服务业。

(4) 过去30年世界服务业现代化的国际差距在波动

在1980～2013年期间,沙特阿拉伯等30个国家服务业现代化指数下降,在过去30年里,服务业现代化指数的国际差距扩大了(表4-10)。

表4-10　1980～2013年世界服务业现代化指数的国际差距

项目	1980	1990	2000	2010	2013
最大值	114	117	115	114	115
最小值	6	2	2	3	3
平均值	42	38	38	43	44
极差	108	115	113	111	112
标准差	32	30	30	32	31
相对差	20	61	58	36	34
变异系数	0.77	0.80	0.78	0.74	0.71

(5) 过去30年不同国家服务业现代化的表现差别非常大

在过去30年里,不同国家服务业现代化的表现相差很大。这种差别既反映在每年服务业现代化指数的变化上,更体现在国家服务业现代化水平的级别变化上。有些国家从服务业发达国家降级为中等发达国家,有些国家从欠发达国家升级为初等发达国家,有些国家从初等发达国家升级为中等发达国家,有些国家从中等发达国家升级为服务业发达国家。

在1980～2013年期间,国家服务业地位变化发生了82次,其中,升级51次,降级31次;每个阶段地位变化不同(表4-11)。

表4-11　1980～2013年服务业现代化分组升级和降级的国家

年份	发达组	中等发达组	初等发达组	欠发达组
1980～1990	降级:科威特、沙特阿拉伯、约旦	升级:爱尔兰 降级:乌拉圭、哥斯达黎加、委内瑞拉、巴拿马、智利、阿根廷、南非	升级:无 降级:伊朗、厄瓜多尔、巴拉圭、蒙古、刚果共和国、科特迪瓦、叙利亚	升级:土耳其、玻利维亚、博茨瓦纳、纳米比亚、多米尼加
1990～2000	降级:斯洛文尼亚	升级:无 降级:约旦、牙买加	升级:多米尼加、匈牙利、马来西亚、巴拿马、阿根廷、爱沙尼亚、捷克 降级:玻利维亚、委内瑞拉	升级:摩洛哥、突尼斯、洪都拉斯、南非
2000～2010	降级:无	升级:韩国、西班牙 降级:黎巴嫩	升级:约旦、土耳其、保加利亚、乌拉圭、哥斯达黎加、智利、斯洛伐克、拉脱维亚、立陶宛 降级:博茨瓦纳、纳米比亚、洪都拉斯	升级:委内瑞拉、埃及、中国、泰国、厄瓜多尔、叙利亚、白俄罗斯、格鲁吉亚、摩尔多瓦、罗马尼亚、亚美尼亚、阿尔巴尼亚
2010～2013	降级:意大利	升级:无 降级:多米尼亚、阿根廷、智利	升级:黎巴嫩、俄罗斯 降级:叙利亚	升级:萨尔瓦多、菲律宾、伊朗、乌克兰、哈萨克斯坦、阿塞拜疆

注释:根据服务业现代化指数分组:发达组:≥80;中等发达组:世界平均值～80;初等发达组:世界平均值～30;欠发达组<30。

在 1980～2013 年期间，服务业现代化地位升级国家 16 个，降级国家 12 个(表 4-12)。

表 4-12 1980～2013 年服务业现代化的世界地位发生升降的国家

升级的国家			降级的国家		
国家	1980 年分组	2013 年分组	国家	1980 年分组	2013 年分组
爱尔兰	中等发达	发达	科威特	发达	中等发达
西班牙	中等发达	发达	沙特阿拉伯	发达	中等发达
韩国	中等发达	发达	约旦	发达	中等发达
匈牙利	初等发达	中等发达	阿根廷	中等发达	初等发达
保加利亚	初等发达	中等发达	智利	中等发达	初等发达
波兰	初等发达	中等发达	委内瑞拉	中等发达	初等发达
马来西亚	初等发达	中等发达	南非	中等发达	初等发达
土耳其	欠发达	中等发达	巴拉圭	初等发达	欠发达
多米尼亚	欠发达	初等发达	蒙古	初等发达	欠发达
摩洛哥	欠发达	初等发达	刚果共和国	初等发达	欠发达
萨尔瓦多	欠发达	初等发达	科特迪瓦	初等发达	欠发达
埃及	欠发达	初等发达	叙利亚	初等发达	欠发达
中国	欠发达	初等发达			
突尼斯	欠发达	初等发达			
菲律宾	欠发达	初等发达			
泰国	欠发达	初等发达			

(6) 过去 30 年世界服务业现代化的国际格局发生一定变化

在过去 30 年里，世界服务业现代化的基本格局发生了一定变化(表 4-13)。

表 4-13 1980～2013 年世界服务业现代化水平的结构

项目	1980	1990	2000	2010	2013	1980	1990	2000	2010	2013
分组	国家个数					占总数的比例/(%)				
发达组	19	20	19	22	21	20.7	15.3	14.5	16.8	16.0
中等发达组	13	11	17	23	23	14.1	8.4	13.0	17.6	17.6
初等发达组	15	25	23	23	29	16.3	19.1	17.6	17.6	22.1
欠发达组	45	75	72	63	58	48.9	57.3	55.0	48.1	44.3
合计	92	131	131	131	131	100	100	100	100	100

注：1980 欠发达国家和初等发达的有效样本数量偏少，对统计结果有一定的系统误差。

例如，1980 年的 19 个服务业发达国家，到 2013 年有 16 个国家仍然是发达国家，有 3 个国家下降(沙特阿拉伯、科威特和约旦下降为中等发达国家)；1980 年的 45 个服务业欠发达国家，到 2013 年有 36 个仍然是欠发达国家，只有 9 个国家升级(多米尼加、摩洛哥、萨尔多瓦、埃及、中国、突尼斯、菲律宾、泰国等 8 国升级为初等发达国家，土耳其升级为中等发达国家)。

(7) 不同国家预期进入第二次服务业现代化的时间差别很大

在过去 30 年里，不同国家服务业现代化的增长率差别很大，发展中国家预期进入第二次服务业现代化的时间相差很大。在 2000～2013 年期间，只有 1 个国家的服务业现代化指数是负增长，目前无法预测它进入第二次服务业现代化的时间。根据 2000～2013 年服务业现代化指数年均增长率进行测算，可以大致推算到 2100 年世界范围内的国家服务业现代化进程(表 4-14)。

表 4-14 世界范围的国家服务业现代化进程的一种估计

项目	2013	2020	2030	2040	2050	2060	2070	2080	2090	2100
进入第二次服务业现代化	23	37	58	74	97	108	114	117	119	119
处于第一次服务业现代化	102	94	73	57	34	23	17	14	12	12

注:分析的国家样本为131个。进入第二次服务业现代化国家的数量的预测方法:以2013年发达国家服务业现代化指数100为参照,根据2000~2013年服务业现代化指数的年均增长率测算,国家服务业现代化指数达到或超过70,表示进入第二次服务业现代化。未来有很大的不确定性,本表数据只有参考意义。

(8) 过去30年世界服务业现代化与现代化显著正相关

在过去30年里,服务业现代化指数与第一次现代化实现程度、第二次现代化指数、综合现代化水平指数都显著正相关(表4-15),尤其是与第二次现代化指数、综合现代化水平指数相关性非常显著。显示世界服务业现代化与世界现代化是显著正相关的。

表 4-15 世界服务业现代化与世界现代化的相关系数

	1980	1990	2000	2010	2013
服务业现代化指数与第一次现代化实现程度	0.7740	0.8000	0.7119	0.6928	0.6854
服务业现代化指数与第二次现代化指数	0.8783	0.9410	0.9416	0.9568	0.9785
服务业现代化指数与综合现代化水平指数	0.9074	0.9212	0.9487	0.9456	0.9652

注释:经 t 检验,它们的相关性都非常显著。

当然,不同国家的情况有很大差别。以服务业现代化指数和综合现代化水平指数为例,2013年有42个国家服务业现代化指数分别高于现代化指数1~19,79个国家服务业现代化指数分别低于现代化指数1~25;其中,39个国家现代化指数与服务业现代化指数的差值在10以上。

2. 1980~2010年世界服务业现代化的历史进程

(1) 1980年世界服务业现代化水平

20世纪70年代是世界服务业现代化进程的转折点。第二次服务业现代化在已经完成第一次服务业现代化的国家率先启动,北美和欧洲发生的信息和知识革命是它的源头,就像工业革命是第一次工业现代化的源头一样。由于世界服务业的不平衡性,在部分国家进入第二次服务业现代化的时候,其他国家尚没有完成第一次服务业现代化。

首先,1980年世界服务业现代化的总体水平(表4-3)。121个国家参加评价,瑞典等17个国家完成第一次服务业现代化,约占国家有效样本的14%,其中,美国等4个国家进入了第二次服务业现代化,约占国家有效样本的3%;海地等17个国家处于传统服务业,约占参加评价国家的14%。

其次,1980年世界服务业现代化的前沿水平。美国、比利时、新加坡和科威特等4个国家进入第二次服务业现代化;它们的服务业现代化水平代表了当年世界先进水平。

其三,1980年国家服务业现代化水平。瑞士等11个国家服务业现代化指数超过100;服务业现代化指数最低的10个国家是:危地马拉、印度尼西亚、印度、莱索托、马拉维、中国、莫桑比克、尼泊尔、加纳、乌干达。

其四,1980年世界服务业现代化的国际差距(表4-10)。国家服务业现代化指数的最大差距为108,相对差距为19倍。

其五,1980年世界服务业现代化的不平衡性。4个国家进入第二次服务业现代化,100个国家处于第一次服务业现代化,17个国家是传统服务业(附表1-3-5)。

(2) 1990年世界服务业现代化水平

20世纪90年代是信息化和知识经济的年代,信息高速公路和电子商务成为人类服务业的新亮点,第二次服务业现代化开始塑造世界服务业的新格局。

首先,世界服务业现代化的总体水平(表4-3)。1990年,在131个国家中,瑞士等23个国家完成第一次服务业现代化,约占国家有效样本的19%,其中,新加坡等11个国家进入第二次服务业现代化,约占国家样本总数的8%;芬兰等103个国家处于第一次服务业现代化,约占国家样本总数的79%;乌克兰等17个国家处于传统服务业,约占国家样本的13%。

其次,世界服务业现代化的前沿水平。1990年,新加坡、美国等11个国家已经进入第二次服务业现代化,其中,新加坡处于第二次服务业现代化的发展期,瑞典、美国等10个国家处于第二次服务业现代化的起步期;它们的服务业现代化水平代表当年世界服务业先进水平。

其三,国家服务业现代化水平。1990年,瑞士、美国等9个国家服务业现代化指数超过100;服务业现代化水平排在前10位的国家是:瑞士、加拿大、美国、瑞典、挪威、荷兰、芬兰、澳大利亚、德国、法国。服务业现代化指数最低的10个国家是:坦桑尼亚、塞拉利昂、乌干达、布隆迪、埃塞俄比亚、老挝、马拉维、阿尔巴尼亚、尼日利亚、海地。

其四,世界服务业现代化的国际差距。国家服务业现代化指数的最大差距为115,相对差距为60倍。

其五,世界服务业现代化的不平衡性。1990年,11个国家已经进入第二次服务业现代化;103个国家还处于第一次服务业现代化,17个国家仍然是传统服务业(附表1-3-5)。

(3) 2000年世界服务业现代化水平

2000年的世界服务业现代化水平,既是世界300年服务业现代化的历史总结,又是未来100年的历史起点。第二次服务业现代化已经获得全球影响力。

首先,世界服务业现代化的总体水平(表4-3)。2000年,美国等25个国家完成第一次服务业现代化,约占国家有效样本的22%,其中,英国等17个国家进入第二次服务业现代化,约占国家样本的13%;芬兰等107个国家处于第一次服务业现代化,约占国家样本的82%;缅甸等7个国家处于传统服务业,约占国家样本的5%。

其次,世界服务业现代化的前沿水平。2000年,英国等17个国家已经进入第二次服务业现代化时期,其中,新加坡、英国和比利时处于第二次服务业现代化的发展期;瑞典等14个国家处于第二次服务业现代化的起步期。美国等9个国家的服务业现代化指数超过100;它们的服务业现代化水平代表当年世界服务业先进水平。

其三,国家服务业现代化水平。2000年,服务业现代化指数排前10位的国家是:美国、瑞典、瑞士、比利时、荷兰、以色列、加拿大、丹麦、新加坡、奥地利;现代化指数最低的10个国家分别是:布隆迪、埃塞俄比亚、海地、尼泊尔、缅甸、老挝、塔吉克斯坦、安哥拉、刚果共和国、塞拉利昂。

其四,世界服务业现代化的国际差距。国家服务业现代化指数的最大差距为113,相对差距为57倍。

其五,世界服务业现代化的不平衡性。2000年,17个国家已经进入第二次服务业现代化;107个国家处于第一次服务业现代化,7个国家仍然是传统服务业(附表1-3-5)。

(4) 2010年世界服务业现代化水平

2010年的世界服务业现代化水平,与2000年相比有所提高。

首先,世界服务业现代化的总体水平(表4-3)。2010年,瑞士等31个国家完成第一次服务业现代化,约占国家有效样本的28%,其中,比利时等7个国家进入第二次服务业现代化的发展期,约占国家样本总数的 6%;瑞典等 18 个国家处于第二次服务业现代化的起步期,约占国家样本总数的 14%;几内亚等 4 个国家处于传统服务业,约占国家样本的 3%。

其次,世界服务业现代化的前沿水平。2010 年,英国等 25 个国家已经进入第二次服务业现代化,瑞士等 17 个国家的服务业现代化指数超过 100;它们的服务业现代化水平代表当年世界先进水平。

其三,国家服务业现代化水平。2010 年,服务业现代化指数排前 10 位的国家是:瑞士、芬兰、比利时、荷兰、澳大利亚、美国、法国、丹麦、瑞典、英国;现代化指数最低的 10 个国家分别是:毛里塔尼亚、老挝、布基纳法索、塔吉克斯坦、乍得、安哥拉、刚果民主共和国、塞拉利昂、缅甸、海地。

其四,世界服务业现代化的国际差距。国家服务业现代化指数的最大差距为 111,相对差距为 35 倍。

其五,世界服务业现代化的不平衡性。2010 年,25 个国家已经进入第二次服务业现代化;102 个国家处于第一次服务业现代化,4 个国家仍然是传统服务业(附表 1-3-5)。

关于 2013 年世界服务业现代化水平,在前面已有分析,这里就不再赘述。

第二节 中国服务业现代化 30 年

目前,中国是一个发展中国家,尚未完成第一次服务业现代化,也没有进入第二次服务业现代化。在过去 30 年里,中国服务业现代化水平有较大提高,其中,中国服务业现代化指数从 11 提高到 35,提高了 24。这个数字从一个角度说明,我国服务业现代化建设取得了很大成就;但目前与世界先进水平的差距仍然十分明显。

表 4-16 1980～2013 年中国服务业现代化指数

年份	服务业现代化指数	排名	国家样本数
2013	35	59	131
2010	31	67	131
2000	20	81	131
1990	13	117	131
1980	11	88	92

一、2013 年中国服务业现代化水平

1. 2013 年中国服务业现代化的总体水平

2013 年中国属于服务业初等发达国家,处于服务业发展中国家的中间水平;服务业现代化水平距离世界先进水平的差距比较大。

2013 年中国服务业现代化指数为 35,排世界 131 个国家的第 59 位。2013 年中国尚没有完成第一次服务业现代化,也没有进入第二次服务业现代化,所以,中国的服务业现代化属于综合服务业现代化。

2. 2013 年中国服务业现代化水平的国际差距

2013 年中国服务业现代化的整体水平和多数指标水平,都有明显的国际差距(表 4-17)。

(1) 服务业现代化指数的国际差距

2013 年,中国服务业现代化指数与高收入国家平均值相比,绝对差距为 65,相对差距约为 1.9 倍。其中,中国服务质量的国际差距最大,比高收入国家差 7.3 倍。

(2) 服务内容指标的国际差距

2013年,中国与高收入国家相比,差距最大的是人均知识型服务业,差8倍;差距最小的是服务业增加值比例,差0.6倍。

(3) 服务业质量指标的国际差距

2013年,中国与高收入国家相比,人均旅游国际收入差15.5倍,人均服务贸易差12.3倍,人均服务业增加值差6.6倍,服务业劳动生产率差4.2倍。

(4) 服务治理指标的国际差距

2013年,中国与高收入国家相比,劳动力素质(受过高等教育的劳动力比例)差1.4倍,服务设施(互联网宽带普及率)差1倍,政府治理能力(出口通关时间)差70%,服务创新能力(R&D经费占比)差20%。

表 4-17 2013年中国服务业现代化水平的国际差距

	指标	单位	性质	高收入国家	中国	绝对差距	相对差距
服务业现代化指数	服务业现代化指数	分	正指标	100	35	65	2.9
	服务业效率指数	分	正指标	100	35	65	2.8
	服务业质量指数	分	正指标	100	12	88	8.3
	服务业环境指数	分	正指标	100	59	41	1.7
服务内容	服务业增加值比例	%	正指标	74	47	27	1.6
	服务业劳动力比例	%	正指标	71	39	32	1.8
	人均知识型服务业	美元	正指标	7455	831	6625	9.0
	人均生产型服务业	吨·千米	正指标	101	12	89	8.5
服务质量	服务业劳动生产率	美元	正指标	77 435	15 025	62 410	5.2
	人均服务业增加值	美元	正指标	24 874	3280	21 593	7.6
	人均服务贸易	美元	正指标	5343	402	4941	13.3
	人均旅游国际收入	美元	正指标	628	38	590	16.5
服务治理	受过高等教育的劳动力比例	%	正指标	35	14	20	2.4
	互联网宽带普及率	%	正指标	27	14	14	2.0
	出口通关时间	天	逆指标	13	21	8	1.7
	R&D经费占比	%	正指标	2	2	0	1.2

注:正指标:绝对差距=高收入国家值-中国值,相对差距=高收入国家值÷中国值。逆指标:绝对差距=中国值-高收入国家值,相对差距=中国值÷高收入国家值。

3. 2013年中国服务业现代化的国际追赶

2013年中国服务业现代化水平处于上升趋势。2013年与2000年相比,中国服务业现代化指数从20上升到35,提高了15,世界排名从第81名上升到第59名。从1990年到2013年,中国服务业现代化指数从13提高到35,世界排名从第117上升到第59名,1980年与2013年相比,中国的服务业现代化指数进步更为明显,从11提高到35,排名从92个国家中排名第88位,上升到131个国家中排名第59位。

4. 中国有可能在2030年前后完成第一次服务业现代化

如果按照2000~2013年服务业现代化指数的年均增长率进行测算,中国有可能在2030年前后,服务业现代化指数超过70,完成第一次服务业现代化。

二、1980~2013年中国服务业现代化进程

1. 过去30年中国服务业现代化取得显著成绩

在1980~2013年期间,中国服务业现代化指数从11上升到35,提高了24(图4-3)。世界排名从

1990年的第117位上升到2013年的第59位,提高了58位(表4-18)。目前中国的服务业现代化,属于两次服务业现代化的并存。

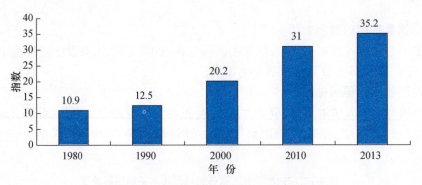

图4-3　1980～2013年中国服务业现代化指数

表4-18　1980～2013年中国服务业现代化进程

项目	1980	1990	2000	2010	2013
中国服务业现代化指数	11	12	20	31	35
世界指数最大值	114	117	114	114	115
世界指数最小值	6	2	2	3	3
世界指数平均值	42	38	38	43	44
中国与最大值的绝对差距	103	105	94	83	80
中国与最大值的相对差距	10.5	9.4	5.7	3.7	3.3
中国与平均值的绝对差距	31	26	18	12	9
中国与平均值的相对差距	3.9	3.0	1.9	1.4	1.2
中国排名	88	117	81	67	59
国家样本数	92	131	131	131	131

2. 1980年以来中国服务业现代化水平与世界先进水平的相对差距在缩小

在1980～2013年期间,中国服务业现代化与世界先进水平的绝对差距和相对差距都在缩小;中国服务业现代化与世界平均水平的绝对差距和相对差距也都在缩小(表4-18)。

3. 1980年以来中国服务业现代化水平略低于国家现代化水平

在1980～2013年期间,整体而言,中国服务业现代化指数都低于中国现代化指数;中国服务业现代化指数的世界排名,也略低于中国第一次现代化指数和第二次现代化指数的世界排名,但略高于中国综合现代化指数的世界排名(表4-19)。

表4-19　1980～2013年中国现代化的协调性

项目	2013	2010	2000	1990	1980
服务业现代化指数	35	31	20	12	11
排名	59	67	81	117	88
第一次现代化指数	98	92	76	63	54
排名	52	62	80	67	69
第二次现代化指数	41	33	31	26	25
排名	57	64	78	73	66
综合现代化指数	40	34	31	28	21
排名	67	76	79	103	103

注:第一次现代化指数的标准为1960年服务业化国家平均值。

中国服务业现代化与中国现代化的比较特点：

- 中国服务业现代化指数，低于中国现代化指数。说明中国服务业现代化与发达国家相比的国际差距，大于中国现代化与发达国家相比的国际差距。
- 中国服务业现代化指数的排名，低于第一次现代化指数和第二次现代化指数的排名；但高于中国综合现代化指数的排名。说明中国服务业现代化水平在发展中国家中的地位，要高于中国现代化水平在发展中国家中的地位；也就是说，在发展中国家中，中国服务业现代化水平是比较高的；或者说，发展中国家服务业现代化水平是比较低的。

4. 过去40年中国服务业现代化单项指标的表现有差异

服务内容指标。表现较好的指标是服务业增加值比例和服务业劳动力比例，表现较差的指标是人均知识型服务业和人均生产型服务业等（表4-20）。

服务质量指标。服务业劳动生产率等指标表现稍好，人均旅游国际收入等指标表现较差；人均服务业增加值等指标从1980到2013年增长较快（表4-20）。

服务治理指标。出口贸易通关时间和R&D经费占GDP的比例等指标，表现较好；互联网宽带普及率和接受过高等教育的劳动力比例等指标，表现稍差（表4-20）。

表4-20　1980～2013年中国服务业现代化评价指标的表现

	指标	单位	性质	1980	1990	2000	2010	2013	2013年参考值
服务内容	服务业增加值比例	%	正指标	22	32	40	44	47	74
	服务业劳动力比例	%	正指标	13	19	28	35	39	71
	人均知识型服务业	美元	正指标	3.7	21	77	467	831	7455
	人均生产型服务业	吨·千米	正指标	0.1	0.7	3.1	12.9	11.8	101
服务质量	服务业劳动生产率	美元	正指标	703	970	2421	10 138	15 025	77 435
	人均服务业增加值	美元	正指标	43	102	380	1996	3280	24 874
	人均服务贸易	美元	正指标	4.6	9.0	53	273	402	5343
	人均旅游国际收入	美元	正指标	1.8	2.0	13	34	38	628
服务治理	受高等教育的劳动力比例	%	正指标	4.7	4.7	6.4	11.5	14.2	35
	互联网宽带普及率	%	正指标	0.2	0.005	0.002	9.3	13.6	27
	出口贸易通关时间	天	逆指标	—	—	23	21	21	13
	R&D经费占比	%	正指标	0.6	0.5	0.9	1.7	2.0	2.4

注：① 各年的参考值均为当年高收入国家平均值；② 1980年的互联网宽带普及率用电话普及率代替，1980年接受过高等教育的劳动力比例用1990年的数据代替，所有国家统一替代。

总而言之，过去30年是中国服务业现代化建设取得很大成绩的30年，中国服务业现代化的绝对水平在持续提高，相对水平也在提高。虽然成绩是明显的，但我们与世界先进水平的差距也是客观存在的。

第三节　中国地区服务业现代化进程

服务业现代化评价面临许多问题，其中的一个突出问题是服务业指标的统计数据缺乏。中国地区服务业现代化评价，同样面临着这些问题。根据国家统计局的有关统计资料，服务业现代化评价的12个评价指标中，在2000～2013年期间有7～9个指标具有统计数据（表4-21）。显然，统计数据的不足，将影响评价结果。为了大致了解中国地区服务业现代化水平，利用有限的评价指标，分别评价了2000年、2010年和2013年的地区服务业现代化指数（表4-22）。下面简要介绍评价结果。由于指标较少,评价结果仅供参考。

表 4-21　中国地区服务业现代化的统计数据

指标		单位	性质	2000	2010	2013
服务内容指标	服务业增加值比例	%	正指标	有	有	有
	服务业劳动力比例*	%	正指标	有	有	无
	人均知识型服务业**	美元	正指标	有	有	有
	人均生产型服务业***	吨/千米	正指标	无	无	无
服务质量指标	服务业劳动生产率*	美元	正指标	有	有	无
	人均服务业增加值	美元	正指标	有	有	有
	人均服务贸易***	美元	正指标	无	无	无
	人均旅游国际收入	美元	正指标	有	有	有
服务治理指标	受高等教育的劳动力比例	%	正指标	有	有	有
	互联网宽带普及率**	%	正指标	有	无	无
	出口贸易通关时间****	天	逆指标	无	无	无
	R&D 经费占比	%	正指标	有	有	有
有数据指标的合计/个			12	8	9	7

注：* 2013 年各地区服务业劳动力缺乏数据,2013 年服务业劳动力比例用 2010 年数据代替。2013 年服务业劳动生产率的数据根据其 2000~2010 年的年均增长率计算得到估计值。** 部分数据采用插值法补充,包括 2000 年各地区人均卫生费用,2000 年互联网宽带普及率等。*** 各地区航空货运量根据各地区货运量换算;各地区服务贸易值根据货物贸易比例换算。**** 出口贸易通关时间,各地区数据都用全国数据统一替代。

表 4-22　2000~2013 年中国内地地区服务业现代化水平

地区	2013		2010		2000	
	服务业现代化指数	排名	服务业现代化指数	排名	服务业现代化指数	排名
北京	69	1	67	1	62	1
天津	54	3	49	3	29	3
河北	31	21	26	23	17	26
山西	34	14	29	14	20	10
内蒙古	35	12	30	13	18	21
辽宁	43	7	36	7	23	6
吉林	32	18	29	15	21	7
黑龙江	33	17	30	12	19	15
上海	63	2	63	2	35	2
江苏	45	5	39	4	20	9
浙江	46	4	37	6	19	13
安徽	32	19	26	21	17	25
福建	38	8	32	9	19	12
江西	28	26	24	25	18	22
山东	38	9	32	10	18	23
河南	27	28	22	30	15	30
湖北	34	13	30	11	20	8
湖南	30	23	26	22	17	24
广东	45	6	38	5	23	5
广西	28	27	23	28	17	27

(续表)

地区	2013 服务业现代化指数	排名	2010 服务业现代化指数	排名	2000 服务业现代化指数	排名
海南	31	22	28	17	18	20
重庆	35	11	29	16	18	17
四川	32	20	26	20	19	14
贵州	27	29	23	29	15	29
云南	26	30	22	31	15	31
西藏	25	31	23	27	16	28
陕西	37	10	33	8	27	4
甘肃	28	25	24	26	18	18
青海	29	24	25	24	18	19
宁夏	33	15	28	19	18	16
新疆	33	16	28	18	19	11
中国	35		31		20	
高收入	100		100		100	
中等收入	31		29		19	
低收入	12		14		11	
世界平均	48		47		42	

注：中国地区数据来自《中国统计年鉴》，国家（包括中国、高收入、中等收入和低收入国家）数据来自世界银行数据库：http://data.worldbank.org。

一、2013年中国地区服务业现代化指数

1. 2013年中国内地地区服务业现代化的总体水平

2013年，北京等11个地区服务业现代化指数超过全国平均值，内蒙古等20个地区服务业现代化指数低于全国平均水平。

如果按服务业现代化指数分组，北京、上海和天津3个地区达到世界服务业中等发达水平，浙江等20个地区属于世界服务业初等发达水平，青海等8个地区仍处于世界服务业欠发达水平。

2. 2013年中国内地地区服务业现代化的前沿

2013年，中国地区服务业现代化指数排前10名的地区分别是：北京、上海、天津、浙江、江苏、广东、辽宁、福建、山东和陕西。其中，北京、上海和天津3个地区都高于世界平均值，表明中国服务业最发达地区的现代化水平已经超过世界平均值。

3. 2013年中国内地地区服务业现代化的差距

首先，中国地区服务业现代化的国内差距（表4-23）。2013年中国内地31个地区的地区差距：服务业现代化指数的最大差距为44，相对差距约为1.8倍。

其次，中国地区服务业现代化的国际差距（表4-23）。2013年中国内地31个地区与世界先进水平的差距：中国内地最小值与高收入国家服务业现代化指数的差距为75，相对差距约为3倍；中国内地31个地区平均值与高收入国家的差距：服务业现代化指数的差距为64，相对差距约为1.8倍。与2000年相比，2013年中国内地地区服务业现代化水平与世界先进水平、世界平均水平的差距都在缩小（表4-23）。

表 4-23 2000～2013 年中国内地地区服务业现代化的国内差距和国际差距

项目	内地 31 个省级地区		
年份	2000	2010	2013
中国地区最大值	62	67	69
中国地区最小值	15	22	25
中国地区平均值	21	32	36
高收入国家平均值	100	100	100
世界平均值	42	47	48
中国地区的内部差距			
绝对差距（最大值－最小值）	47	45	44
标准差	9	11	10
相对差（最大值÷最小值）	4.1	3.1	2.8
变异系数（标准差÷平均值）	0.42	0.34	0.29
中国地区与世界先进水平的差距			
最大差距（高收入国家－中国最小值）	85	78	75
平均差距（高收入国家－中国平均值）	79	68	64
最大相对差（高收入国家÷中国最小值）	6.7	4.6	4.0
平均相对差（高收入国家÷中国平均值）	4.8	3.2	2.8
中国地区与世界平均水平的差距			
最大差距（世界平均值－中国最小值）	27	25	23
平均差距（世界平均值－中国平均值）	21	15	12
最大相对差（世界平均值÷中国最小值）	2.8	2.2	1.9
平均相对差（世界平均值÷中国平均值）	2.0	1.5	1.3

4. 2013 年中国内地地区服务业现代化的追赶

服务业现代化指数和排名的变化，反映了地区服务业现代化水平的相对变化。从 2000 年到 2013 年，服务业现代化指数都呈现上升趋势，服务业现代化指数排名上升的地区有 12 个，这些地区的服务业现代化水平相对提高（表 4-24）。

表 4-24 中国内地地区服务业现代化的追赶

项目	服务业现代化指数的变化	服务业现代化指数的排名的变化
上升的地区/个	31	12
不变的地区/个	0	5
下降的地区/个	0	14

5. 2013 年中国内地地区服务业现代化的不平衡性

2013 年，中国内地地区服务业现代化的不平衡性非常明显，各个地区的服务业现代化水平不同，服务业现代化指数的最大差距达到 44（表 4-23）。如果按照"三大片八大区"划分，北方片的服务业现代化指数都为 39，南方片为 38，西部片为 30；黄河中游、长江中游、西北地区和西南地区的服务业现代化指数都低于全国平均值，华南沿海的服务业现代化指数比全国平均水平略低或持平，华东沿海和华北沿海的服务业现代化指数高于全国平均水平（表 4-25）。长江中游、西北地区和西南地区，是我国服务业现代化需要重点关注的地区。

表4-25　2013年中国内地地区服务业现代化的不平衡性

三大片	服务业现代化指数	八大区	服务现代化指数
北方片	39	东北地区(黑龙江、吉林、辽宁)	36
		华北沿海(北京、天津、河北、山东)	48
		黄河中游(河南、山西、陕西、内蒙古)	33
南方片	38	华东沿海(江苏、上海、浙江)	51
		华南沿海(福建、广东、广西、海南)	35
		长江中游(安徽、江西、湖北、湖南)	31
西部片	30	西南地区(重庆、四川、贵州、云南、西藏)	29
		西北地区(甘肃、宁夏、青海、新疆)	31

注：香港、澳门和台湾，属于华南沿海地区；由于服务业数据有限，没有评价其服务业现代化指数。

二、2010年中国地区服务业现代化指数

1. 2010年中国内地地区服务业现代化的总体水平

2010年，北京等10个地区服务业现代化指数超过全国平均值，云南等21个地区服务业现代化指数低于全国平均水平。

如果按服务业现代化指数分组，北京、上海和天津3个地区达到世界服务业中等发达水平，江苏等7个地区属于服务业初等发达水平，云南等21个地区仍处于世界服务业欠发达水平。

2. 2010年中国内地地区服务业现代化的前沿

2010年，中国内地地区服务业现代化指数排前10名的地区分别是：北京、上海、天津、江苏、广东、浙江、辽宁、陕西、福建和山东。其中，北京、上海和天津3个地区都高于世界平均值。

三、2000年中国地区服务业现代化指数

1. 2000年中国内地地区服务业现代化的总体水平

2000年，北京等9个地区服务业现代化指数超过全国平均值，云南等22个地区服务业现代化指数低于全国平均水平。

如果按服务业现代化指数分组，北京1个地区达到世界服务业中等发达水平，上海1个地区属于世界服务业初等发达水平，云南等29个地区仍处于世界服务业欠发达水平。

2. 2000年中国内地地区服务业现代化的前沿

2000年，中国内地地区服务业现代化指数排前10名的地区分别是：北京、上海、天津、陕西、广东、辽宁、吉林、湖北、江苏和山西。其中，仅北京1个地区高于世界平均值。

本 章 小 结

本章完成了1980～2013年世界131个国家和中国31个地区的服务业现代化评价。

1. 1980～2013年世界服务业现代化评价

2013年，进入第二次服务业现代化国家有23个，完成第一次服务业现代化的国家有31个，没有完成第一次服务业现代化的国家有100个，大约有4个国家属于传统服务业。

2013年服务业现代化指数世界排名前10位的国家：比利时、瑞士、芬兰、荷兰、美国、法国、丹麦、瑞典、以色列、新加坡。德国排第11位，英国排第13位，日本排第19位。

在1980~2013年期间,世界范围内的服务业现代化产生了很大的进步。全面完成第一次服务业现代化的国家从17个上升到31个,进入第二次服务业现代化的国家从4个上升到23个。在过去30年里,服务业现代化指数的国际差距有所扩大。服务业现代化地位升级国家16个,降级国家12个。

2. 1980~2013年中国服务业现代化评价

2013年中国属于服务业发展中国家,服务业现代化指数为35,排世界131个国家的第59位。2013年中国的服务业现代化属于两次服务业现代化并存。

2013年,中国服务业现代化指数与高收入国家平均值相比,绝对差距为65,相对差距约为1.9倍。中国服务业现代化的整体水平和多数指标水平,都有明显的国际差距。

1980~2013年期间,中国服务业现代化指数从11上升到35,提高了24。世界排名从1990年的第117位上升到2013年的第59位,提高了58位。

如果按照2000~2013年服务业现代化指数的年均增长率进行测算,中国服务业现代化有可能在2030年前后,完成第一次服务业现代化。

3. 2000~2013年中国地区服务业现代化评价

2013年,中国内地服务业现代化指数排前10名的地区分别是:北京、上海、天津、浙江、江苏、广东、辽宁、福建、山东和陕西。

2010年,中国地区服务业现代化指数排前10名的地区分别是:北京、上海、天津、江苏、广东、浙江、辽宁、陕西、福建和山东。

2000年,中国地区服务业现代化指数排前10名的地区分别是:北京、上海、天津、陕西、广东、辽宁、吉林、湖北、江苏和山西。

第五章 2013年世界和中国现代化指数

2013年,美国等27个国家已经进入第二次现代化,中国等100个国家处于第一次现代化,乍得等4个国家仍然处于传统农业社会,有些原住民族仍然生活在原始社会(图5-1)。根据第二次现代化指数的国家分组,2013年美国等20个国家为发达国家,俄罗斯等25个国家为中等发达国家,中国等34个国家为初等发达国家,肯尼亚等52个国家为欠发达国家。

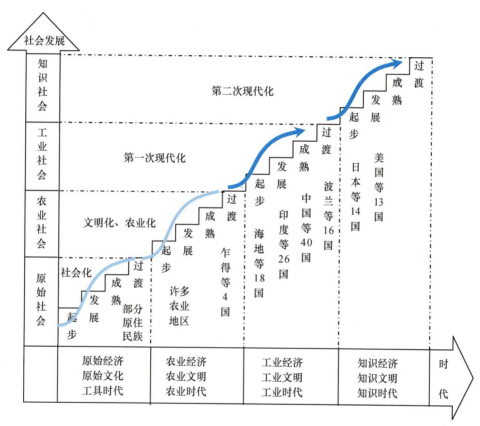

图 5-1　2013年世界现代化进程的坐标图

2013年中国是一个发展中国家,具有初等发达国家水平,处于发展中国家的中间水平,与发达国家的差距仍然较大。2013年中国第一次现代化指数达到98,排名世界131个国家的第52位;第二次现代化指数和综合现代化指数分别为41和40,分别排名第57位和第67位。

第一节　2013年世界现代化指数

世界现代化指数反映世界131个国家、不同组国家和世界平均的现代化水平,包括世界第一次现代化指数(实现程度)、第二次现代化指数和综合现代化指数(表5-1)。它体现世界现代化在经济、社会、知识和环境等领域的综合水平,它没有包括政治等领域的现代化水平。关于现代化指数的评价方法,请阅读技术注释。关于现代化指数的评价数据,请阅读附录二。

表 5-1 世界现代化指数的组成

项目	第一次现代化指数	第二次现代化指数	综合现代化指数
用途	反映不同国家和地区完成第一次现代化的进展(第一次现代化是以工业化、城市化和民主化为典型特征的经典现代化)	反映不同国家和地区第二次现代化的进展(第二次现代化是以知识化、信息化和绿色化为典型特征的新现代化)	反映不同国家和地区现代化水平与世界先进水平的相对差距(综合现代化是以两次现代化协调发展为主要特征的新型现代化)
特点	① 比较好地表征发展中国家的实际水平 ② 不能完全反映发达国家的实际水平 ③ 随着越来越多国家完成第一次现代化,其适用对象减少 ④ 指标和标准值是固定的	① 比较好地表征发达国家的实际水平 ② 不能完全反映发展中国家的实际水平 ③ 随着越来越多国家进入第二次现代化,其适用对象增多 ④ 指标和基准值是可变的	① 同时表征发达国家和发展中国家的相对水平 ② 适用范围比较广 ③ 与前两者有一些重复 ④ 与前两者有所衔接 ⑤ 指标和参考值是可变的 ⑥ 可称为相对现代化指数
性质	主要反映"绝对水平"	主要反映"绝对水平"	主要反映"相对水平"

一、2013年世界现代化的总体水平

2013年参加评价的131个国家中(表5-2),进入第二次现代化的国家有27个,约占国家样本数的21%;第一次现代化指数达到100的国家有46个,第一次现代化指数大于90小于100的国家有27个,已经完成和基本实现第一次现代化的国家有73个,约占国家样本数的56%。

表 5-2 2000~2013年的世界现代化进程   单位:个

项目	2000	2010	2011	2012	2013
已经完成第一次现代化的国家	27	42	47	47	46
其中:进入第二次现代化的国家	24	27	28	27	27
没有完成第一次现代化的国家	104	89	84	84	85
其中:基本实现第一次现代化的国家	31	27	26	29	27
处于传统农业社会的国家	13	6	4	4	4

注:参加评价的国家为2000年人口超过130万的131个国家。第一次现代化指数达到100,表示达到1960年工业化国家平均水平,完成第一次现代化。第一次现代化指数超过90但低于100,表示基本实现第一次现代化。2010~2012年的现代化评价,是根据评价模型第二版的评价结果,评价模型第二版见技术注释。后同。

2013年根据第二次现代化指数分组,发达国家、中等发达国家、初等发达和欠发达国家分别占国家样本数的15%、19%、26%和40%(表5-3)。

表 5-3 2000~2013年根据第二次现代化水平的国家分组

项目	2000	2010	2011	2012	2013
发达国家/个	17	20	21	21	20
中等发达国家/个	30	23	21	20	25
初等发达国家/个	33	34	34	43	34
欠发达国家/个	51	54	55	47	52
发达国家/(%)	13	15	16	16	15
中等发达国家/(%)	23	18	16	15	19
初等发达国家/(%)	25	26	26	33	26
欠发达国家/(%)	39	41	42	36	40

2013年,发达国家全部进入第二次现代化,8个国家处于起步期,12个处于发展期;中等发达国家有7个进入第二次现代化,18个处于第一次现代化;初等发达国家全部处于第一次现代化;欠发达国家有48个处于第一次现代化,有4个处于传统农业社会(表5-4)。

表5-4 2013年国家现代化的水平与阶段的关系

国家现代化水平	国家现代化阶段							合计
	传统社会	F起步期	F发展期	F成熟期	F过渡期	S起步期	S发展期	
发达国家/个	—	—	—	—	—	8	12	20
中等发达国家/个	—	—	—	6	12	6	1	25
初等发达国家/个	—	—	6	24	4	—	—	34
欠发达国家/个	4	18	20	10	—	—	—	52
第一次现代化指数	41~43	40~67	53~93	65~100	93~100	100	100	
第二次现代化指数	13~18	11~23	17~37	22~69	39~63	66~101	75~106	
综合现代化指数	11~14	9~23	15~44	27~70	40~68	66~95	78~100	

注:国家现代化的阶段是根据产业结构和就业结构的划分。其中,传统社会指传统农业社会,F代表第一次现代化,S代表第二次现代化。国家水平分组方法:第二次现代化指数:发达国家超过80,中等发达国家低于80但高于世界平均值,初等发达国家低于世界平均值但高于欠发达国家,欠发达国家低于30。

2013年处于相同现代化阶段的国家,它们的现代化水平有一定的变化幅度:

- 进入第二次现代化的国家,第一次现代化指数为100,第二次现代化指数为66~106,综合现代化指数为66~100。
- 处于第一次现代化的国家,第一次现代化指数为40~100,第二次现代化指数为11~69,综合现代化指数为9~70。
- 处于传统农业社会的国家,第一次现代化指数为41~43,第二次现代化指数为13~18,综合现代化指数为11~14。

根据国家的现代化阶段和现代化水平,可以构建世界现代化的国家定位图;横坐标为国家现代化的阶段,纵坐标为国家现代化的水平(现代化指数和国家分组)。

- 基于现代化阶段和第二次现代化水平的国家定位图(图5-2)。
- 基于现代化阶段和综合现代化水平的国家定位图(图5-3)。

1. 2013年发达国家水平

根据第二次现代化水平分组,2013年美国等20个发达国家的第二次现代化指数在83至106之间,其中,11个国家排名顺序与2012年不同;它们均已完成第一次现代化。2013年它们的综合现代化指数在83至100之间,其中16个国家排名顺序与2012年不同(表5-5)。

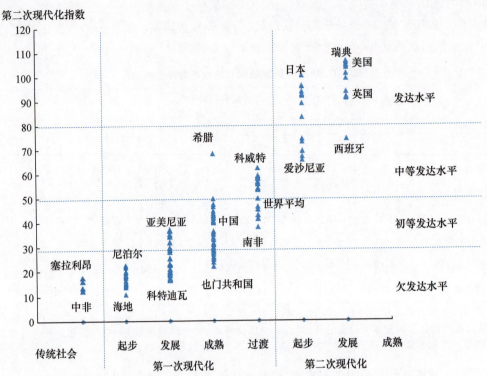

图 5-2　2013 年世界现代化的定位图（基于现代化阶段和第二次现代化水平）

注：图中 131 个点代表不同国家的定位，显示国家的现代化阶段、第二次现代化指数和国家分组。

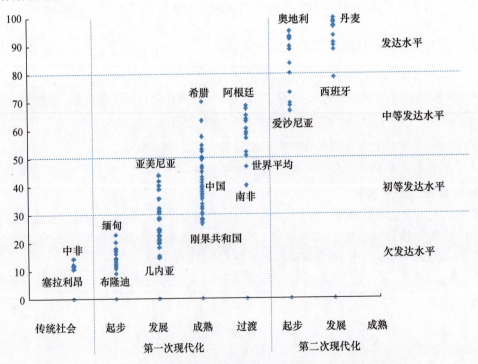

图 5-3　2013 年世界现代化的定位图（基于现代化阶段和综合现代化水平）

注：图中 131 个点代表不同国家的定位，显示国家的现代化阶段、综合现代化指数和国家分组。

表 5-5 20 个发达国家的现代化指数

国家	第一次现代化指数	2013年排名	2012年排名	第二次现代化指数	2013年排名	2012年排名	综合现代化指数	2013年排名	2012年排名
瑞典	100.0	1	1	106.3	1	1	98.5	4	1
新加坡	100.0	1	1	105.7	2	4	97.2	7	7
丹麦	100.0	1	1	104.8	3	5	100.0	1	3
芬兰	100.0	1	1	104.8	4	2	98.3	5	2
美国	100.0	1	1	104.5	5	3	97.3	6	4
荷兰	100.0	1	1	103.9	6	6	98.8	3	5
瑞士	100.0	1	1	101.5	7	8	97.0	8	6
日本	100.0	1	1	100.6	8	7	93.4	11	9
比利时	100.0	1	1	99.1	9	9	99.2	2	8
奥地利	100.0	1	1	96.2	10	10	95.3	9	15
挪威	100.0	1	1	96.0	11	11	93.2	12	11
德国	100.0	1	1	94.0	12	15	93.0	13	13
爱尔兰	100.0	1	1	93.9	13	13	93.8	10	14
澳大利亚	100.0	1	1	92.9	14	12	92.6	14	10
韩国	100.0	1	1	92.4	15	17	83.0	20	20
法国	100.0	1	1	92.0	16	16	91.0	15	17
英国	100.0	1	1	91.7	17	18	90.0	16	16
加拿大	100.0	1	1	91.4	18	14	88.9	19	12
以色列	100.0	1	1	89.2	19	19	87.9	17	18
新西兰	100.0	1	1	83.4	20	20	88.0	18	19

注：第一次现代化指数达到100时，排名都为1，不分先后。后同。表5-5~5-8的排名都是131个国家的排名。2001~2008年的《中国现代化报告》中的排名为108个国家的排名。

2. 2013年中等发达国家水平

2013年西班牙等25个中等发达国家的第二次现代化指数在47至75之间(第二次现代化指数世界平均值为47)，14个国家2013年排名顺序与2012年不同；它们中有21个国家完成了第一次现代化，4个国家基本实现了第一次现代化。2013年它们的综合现代化指数在50至80之间，其中21个国家2013年排名顺序与2012年不同(表5-6)。

表 5-6 25 个中等发达国家的现代化指数

国家	第一次现代化指数	2013年排名	2012年排名	第二次现代化指数	2013年排名	2012年排名	综合现代化指数	2013年排名	2012年排名
斯洛文尼亚	100.0	1	1	74.7	21	21	72.6	23	23
西班牙	100.0	1	1	74.5	22	22	78.0	22	21
意大利	100.0	1	1	73.5	23	23	79.4	21	22
葡萄牙	100.0	1	1	69.5	24	24	69.2	26	24
希腊	100.0	1	1	68.7	25	25	69.6	24	26
匈牙利	100.0	1	1	67.4	26	27	68.3	27	27
捷克	100.0	1	1	67.3	27	28	69.3	25	25
爱沙尼亚	100.0	1	1	66.0	28	29	66.3	30	31
科威特	97.1	55	48	62.7	29	26	67.7	29	42
立陶宛	100.0	1	1	59.5	30	30	63.5	33	32

(续表)

国家	第一次现代化指数	2013年排名	2012年排名	第二次现代化指数	2013年排名	2012年排名	综合现代化指数	2013年排名	2012年排名
俄罗斯	100.0	1	1	58.8	31	31	60.3	36	37
沙特阿拉伯	98.5	50	52	58.7	32	36	64.7	31	43
斯洛伐克	100.0	1	1	58.2	33	35	63.5	32	35
波兰	100.0	1	1	56.9	34	33	58.2	40	39
克罗地亚	100.0	1	1	56.5	35	32	60.2	37	34
拉脱维亚	100.0	1	1	56.1	36	34	62.8	35	33
阿根廷	100.0	1	1	54.5	37	37	68.2	28	28
智利	100.0	1	1	53.9	38	38	58.9	38	41
白俄罗斯	97.8	51	51	50.1	39	39	52.1	48	45
黎巴嫩	100.0	1	1	50.1	40	48	57.3	41	38
乌拉圭	100.0	1	1	50.0	41	41	63.2	34	36
哥斯达黎加	100.0	1	1	48.0	42	40	52.4	45	47
土耳其	100.0	1	1	47.7	43	44	54.3	43	40
马来西亚	100.0	1	1	47.0	44	42	50.1	51	54
保加利亚	98.9	49	50	47.0	45	43	56.9	42	30

3. 2013年初等发达国家水平

2013年中国等34个初等发达国家,第二次现代化指数在30至46之间,30个国家排名顺序与2012年不同;其中有5个国家完成了第一次现代化,有21国家基本实现了第一次现代化。2013年它们的综合现代化指数在29至59之间,27个国家排名顺序与2012年不同(表5-7)。

表5-7 34个初等发达国家的现代化指数

国家	第一次现代化指数	2013年排名	2012年排名	第二次现代化指数	2013年排名	2012年排名	综合现代化指数	2013年排名	2012年排名
委内瑞拉	99.3	47	1	45.6	46	45	58.4	29	32
哈萨克斯坦	100.0	1	1	45.0	47	47	49.6	50	54
罗马尼亚	100.0	1	1	44.0	48	50	49.4	55	55
巴拿马	100.0	1	1	44.0	49	46	52.2	49	51
约旦	95.9	59	60	43.4	50	49	52.3	48	46
伊朗	97.3	54	54	43.3	51	51	42.2	72	59
乌克兰	94.5	63	63	43.1	52	52	46.6	56	50
哥伦比亚	99.2	48	49	42.1	53	53	50.4	51	52
墨西哥	100.0	1	1	41.7	54	58	50.6	53	53
马其顿	95.9	58	59	41.3	55	57	45.2	57	56
秘鲁	97.4	53	53	40.8	56	54	47.2	52	58
中国	97.5	52	58	40.7	57	59	40.1	73	62
巴西	100.0	1	1	40.4	58	56	53.1	46	43
南非	93.1	67	66	38.5	59	55	40.3	68	72
亚美尼亚	90.2	73	77	37.4	60	70	43.8	59	61

(续表)

国家	第一次现代化指数	2013年排名	2012年排名	第二次现代化指数	2013年排名	2012年排名	综合现代化指数	2013年排名	2012年排名
泰国	87.6	77	79	37.3	61	62	35.5	78	79
牙买加	95.8	60	57	37.0	62	68	43.2	60	63
突尼斯	95.0	61	61	36.7	63	69	39.6	69	64
多米尼加	96.9	56	56	36.1	64	66	49.8	44	42
厄瓜多尔	96.9	57	55	35.7	65	67	42.4	58	60
斯里兰卡	83.7	85	87	35.6	66	63	30.1	87	88
阿尔巴尼亚	87.1	78	75	35.6	67	65	38.9	70	67
格鲁吉亚	89.8	74	76	34.8	68	76	40.2	61	69
摩尔多瓦	91.7	70	72	34.4	69	64	40.0	63	66
阿塞拜疆	94.0	65	67	33.8	70	71	41.2	62	73
萨尔瓦多	94.6	62	64	33.3	71	72	39.0	71	74
蒙古	93.3	66	69	32.5	72	77	41.7	65	70
阿尔及利亚	94.4	64	62	32.0	73	81	39.5	77	75
巴拉圭	91.9	68	70	31.8	74	60	37.4	66	65
埃及	91.5	71	71	31.7	75	74	36.4	64	68
菲律宾	91.4	72	73	31.6	76	79	37.1	75	76
博茨瓦纳	89.5	75	86	31.5	77	86	35.6	85	84
摩洛哥	85.9	81	81	30.7	78	73	33.9	79	78
越南	82.7	87	88	30.2	79	83	28.9	81	82

4. 2013年欠发达国家水平

2013年印度等52个欠发达国家的第二次现代化指数在11至30之间,51个国家排名顺序与2012年不同;它们中有1个国家基本实现第一次现代化。2013年它们的综合现代化指数在9至41之间,50个国家排名顺序与2012年不同(表5-8)。

表5-8 52个欠发达国家的现代化指数

国家	第一次现代化指数	2013年排名	2012年排名	第二次现代化指数	2013年排名	2012年排名	综合现代化指数	2013年排名	2012年排名
安哥拉	64.6	103	99	29.8	80	84	38.3	73	74
乌兹别克斯坦	80.0	89	89	29.4	81	88	30.7	84	82
土库曼斯坦	83.6	86	78	29.3	82	96	30.3	85	86
玻利维亚	84.5	83	83	29.1	83	75	31.8	82	88
叙利亚	89.4	76	65	28.7	84	61	40.4	64	67
吉尔吉斯斯坦	86.8	79	82	28.3	85	90	31.2	83	84
纳米比亚	81.6	88	85	28.2	86	87	32.1	81	80
印度尼西亚	84.1	84	84	28.0	87	78	28.6	88	91
危地马拉	91.9	69	68	27.3	88	82	32.6	80	76
洪都拉斯	84.8	82	74	26.5	89	85	28.0	91	83

(续表)

国家	第一次现代化指数	2013年排名	2012年排名	第二次现代化指数	2013年排名	2012年排名	综合现代化指数	2013年排名	2012年排名
尼加拉瓜	86.7	80	80	25.7	90	101	28.3	89	90
莱索托	69.5	97	98	25.5	91	109	27.2	92	111
刚果共和国	71.3	94	94	24.2	92	89	26.8	93	99
加纳	70.0	96	100	23.8	93	92	24.7	95	101
印度	75.0	91	91	23.4	94	91	22.5	99	98
塔吉克斯坦	76.9	90	90	23.1	95	93	23.9	97	95
尼泊尔	66.7	100	101	22.9	96	95	18.0	111	113
老挝	63.8	105	107	22.8	97	98	20.7	103	106
肯尼亚	56.9	115	115	22.8	98	94	20.2	106	107
也门共和国	71.8	93	95	22.4	99	97	28.3	90	94
缅甸	64.4	104	92	22.1	100	99	22.8	98	96
孟加拉国	72.1	92	93	21.5	101	100	22.3	101	105
尼日利亚	65.2	101	104	21.3	102	105	24.3	96	92
马达加斯加	57.3	114	116	20.4	103	104	17.7	112	110
塞内加尔	63.4	106	103	20.4	104	106	20.1	107	104
巴布亚新几内亚	46.9	123	123	20.2	105	102	12.8	124	131
津巴布韦	60.9	109	97	20.0	106	103	19.7	109	102
刚果民主共和国	62.1	108	109	19.6	107	124	15.3	115	114
巴基斯坦	67.8	99	102	19.4	108	107	22.4	100	103
柬埔寨	64.9	102	106	19.3	109	122	17.2	113	118
喀麦隆	70.4	95	96	19.0	110	110	25.0	94	100
贝宁	59.6	110	111	18.9	111	120	20.7	104	89
卢旺达	56.7	116	117	18.8	112	108	14.5	116	117
乌干达	51.8	120	114	18.4	113	111	13.4	123	119
塞拉利昂	42.5	128	128	17.9	114	119	10.5	130	126
马拉维	46.2	124	124	17.9	115	112	12.2	126	120
赞比亚	68.1	98	113	17.8	116	118	21.2	102	97
几内亚	52.6	119	120	17.2	117	115	14.5	117	123
毛里塔尼亚	57.6	112	110	17.2	118	114	18.2	110	109
厄立特里亚	58.3	111	105	16.8	119	80	20.3	105	93
科特迪瓦	57.6	113	119	16.6	120	130	19.8	108	108
布基纳法索	43.2	125	129	16.5	121	117	12.2	125	127
坦桑尼亚	55.3	118	118	16.1	122	116	14.3	119	124
马里	47.6	122	125	16.0	123	127	16.1	114	116
尼日尔	40.0	131	131	15.9	124	121	11.8	127	129
多哥	56.7	117	112	15.8	125	126	14.0	121	115
埃塞俄比亚	42.9	127	126	15.1	126	113	10.9	129	112
布隆迪	43.2	126	122	14.9	127	125	9.0	131	130
莫桑比克	50.0	121	121	14.1	128	129	14.4	118	125
乍得	40.8	130	130	13.8	129	128	11.7	128	128
中非	42.2	129	127	12.6	130	131	14.3	120	122
海地	62.3	107	108	10.9	131	123	13.3	122	121

二、2013 年世界现代化的国际差距

1. 2013 年世界现代化的前沿水平

世界现代化的前沿水平可以从两个方面来反映,一是现代化阶段,一是现代化指数。

2013 年世界现代化前沿已经到达第二次现代化的发展期。2013 年处于第二次现代化发展期的国家大约有 13 个,它们的现代化水平是世界前沿水平的一种反映(表 5-9)。

表 5-9　2013 年处于第二次现代化发展期的国家

国家	知识创新指数	知识传播指数	生活质量指数	经济质量指数	第二次现代化指数	排名
瑞典	97.7	105.4	109.3	112.9	106.3	1
新加坡	92.1	104.8	110.7	115.1	105.7	2
丹麦	93.7	111.1	98.5	116.0	104.8	3
芬兰	99.3	113.1	108.9	98.0	104.8	4
美国	113.5	92.2	102.6	109.8	104.5	5
荷兰	84.2	109.3	108.0	114.3	103.9	6
瑞士	93.8	99.1	103.2	110.1	101.5	7
比利时	76.1	103.9	106.6	109.6	99.1	9
爱尔兰	71.7	102.4	94.5	106.9	93.9	13
法国	70.4	86.7	98.4	112.6	92.0	16
英国	72.8	90.3	91.3	112.4	91.7	17
加拿大	59.9	100.7	103.8	101.3	91.4	18
西班牙	29.5	80.2	87.2	101.0	74.5	22

2013 年,第二次现代化指数和综合现代化指数排世界前 10 名的国家水平,可以反映世界现代化的先进水平(表 5-10)。

表 5-10　2013 年世界现代化的前沿国家

项目	处于第二次现代化的发展期	第二次现代化指数的前 10 名	综合现代化指数的前 10 名
国家	瑞典、新加坡、丹麦、芬兰、美国、荷兰、瑞士、比利时、爱尔兰、法国、英国、加拿大、西班牙	瑞典、新加坡、丹麦、芬兰、美国、荷兰、瑞士、日本、比利时、奥地利	丹麦、比利时、荷兰、瑞典、芬兰、美国、新加坡、瑞士、奥地利、爱尔兰

2. 2013 年世界现代化的末尾水平

世界现代化的末尾水平可以从两个方面来反映,一是现代化阶段,一是现代化指数。

2013 年第一次现代化指数、第二次现代化指数和综合现代化指数排世界后 10 名的国家,它们的水平反映了世界现代化的最低水平(表 5-11)。2013 年有 4 个国家仍然是传统农业社会,没有进入现代化行列。

表 5-11　2013 年世界现代化的后进国家

项目	传统农业社会	第一次现代化指数的后 10 名	第二次现代化指数的后 10 名	综合现代化指数的后 10 名
国家	乍得、中非、布基纳法索、塞拉利昂	马里、巴布亚新几内亚、马拉维、布基纳法索、布隆迪、埃塞俄比亚、塞拉利昂、中非、乍得、尼日尔	坦桑尼亚、马里、尼日尔、多哥、埃塞俄比亚、布隆迪、莫桑比克、乍得、中非、海地	乌干达、海地、巴布亚新几内亚、马拉维、布基纳法索、尼日尔、乍得、埃塞俄比亚、塞拉利昂、布隆迪

3. 2013 年世界现代化的国际差距

2013 年国际差距与 2000 年相比，不同指标的表现有所差别（表 5-12）。

表 5-12　世界现代化水平的国际差距

项目	第一次现代化指数			第二次现代化指数			综合现代化指数		
	2013	2000	1990	2013	2000	1990	2013	2000	1990
最大值	100	100	100	106	109	98	100	98	98
最小值	40	31	32	11	9	16	9	14	20
平均值	84	77	72	44	42	42	46	44	48
绝对差距	60	69	68	95	100	82	91	84	78
标准差	19	22	23	27	26	23	27	23	22
相对差距	3	3	3	10	12	6	11	7	5
变异系数	0.23	0.29	0.32	0.62	0.62	0.55	0.58	0.53	0.46

- 第一次现代化指数，2013 年绝对差距比 2000 年有所减小，相对差距没有变化。
- 第二次现代化指数，2013 年绝对差距和相对差距比 2000 年有所减小。
- 综合现代化指数，2013 年绝对差距和相对差距比 2000 年有所增加。

4. 2013 年世界现代化的地理分布

2013 年世界现代化的地理分布不平衡，世界五大洲的平均现代化水平是不同的。

相对而言，欧洲和北美水平比较高，南美和亚洲相当，非洲比较落后。

三、2013 年世界现代化的国际追赶

1. 2013 年世界现代化的国际体系变化

在 2000~2013 年期间，根据第二次现代化指数分组，在 131 个参加评价的国家中，有 18 个国家的分组发生了变化，其中，组别上升国家有 9 个，组别下降国家有 9 个（表 5-13）。

表 5-13　2000~2013 年世界现代化的国际地位发生变化的国家

升级的国家			降级的国家		
国家	2000 年分组	2013 年分组	国家	2000 年分组	2013 年分组
新加坡	2	1	格鲁吉亚	2	3
新西兰	2	1	乌克兰	2	3
爱尔兰	2	1	巴拿马	2	3
哥斯达黎加	3	2	哥伦比亚	2	3
土耳其	3	2	牙买加	2	3

(续表)

升级的国家			降级的国家		
国家	2000年分组	2013年分组	国家	2000年分组	2013年分组
马来西亚	3	2	乌兹别克斯坦	3	4
阿尔巴尼亚	4	3	土库曼斯坦	3	4
越南	4	3	吉尔吉斯斯坦	3	4
斯里兰卡	4	3	塔吉克斯坦	3	4

注:1代表发达国家,2代表中等发达国家,3代表初等发达国家,4代表欠发达国家。

在1960~2012年期间,有29个国家的分组发生了变化(5-14)。其中,地位上升的国家有14个,地位下降的国家有15个。

表5-14　1960~2013年世界现代化的国际地位发生变化的国家

升级的国家			降级的国家		
国家	1960年分组	2013年分组	国家	1960年分组	2013年分组
新加坡	2	1	俄罗斯	1	2
爱尔兰	2	1	巴拿马	2	3
芬兰	2	1	牙买加	2	3
日本	2	1	罗马尼亚	2	3
奥地利	2	1	委内瑞拉	2	3
韩国	3	1	墨西哥	2	3
哥斯达黎加	3	2	南非	2	3
土耳其	3	2	蒙古	2	3
马来西亚	3	2	玻利维亚	3	4
葡萄牙	3	2	津巴布韦	3	4
沙特阿拉伯	4	2	尼加拉瓜	3	4
越南	4	3	刚果共和国	3	4
博茨瓦纳	4	3	赞比亚	3	4
中国	4	3	危地马拉	3	4
			叙利亚	3	4

注:1代表发达国家,2代表中等发达国家,3代表初等发达国家,4代表欠发达国家。1960年根据第一次现代化指数分组,2009年根据第二次现代化指数分组。

2. 2013年世界现代化的世界排名变化

根据综合现代化指数的排名变化,从2000年到2013年,在参加评价的131个国家中,综合现代化水平上升的国家有43个(指数排名上升在5以上的),下降的国家有44个(排名下降在5以上的),变化不大的国家约有44个(排名变化在±5之内的)。

3. 2013年世界现代化的国际转移概率

在1960~2013年期间,不同水平国家之间的转移概率如表5-15。

表 5-15 世界现代化的国家地位的转移概率(马尔科夫链分析)

分组	国家数	发达	中等	初等	欠发达	国家数	发达	中等	初等	欠发达
	1960	1960~2013年转移概率/(%)				1970	1970~2013年转移概率/(%)			
发达	15	93	7	0	0	15	80	20	0	0
中等	23	22	48	30	0	16	44	38	19	0
初等	29	3	14	59	24	26	4	23	54	19
欠发达	40	0	3	8	90	47	0	2	15	83
	1980	1980~2013年转移概率/(%)				1990	1990~2013年转移概率/(%)			
发达	17	88	12	0	0	16	94	6	0	0
中等	13	23	62	15	0	18	28	56	17	0
初等	41	5	17	51	27	37	0	14	54	32
欠发达	39	0	0	10	90	35	0	0	6	94

注:发达代表发达国家,中等代表中等发达国家,初等代表初等发达国家,欠发达代表欠发达国家。1960年根据第一次现代化指数分组的标准:发达国家>90%,中等发达60%~90%,初等发达40%~60%,欠发达<40%。1970~2012年根据第二次现代化指数分组的标准:发达国家的指数大于高收入平均值的80%,中等发达国家的指数高于世界平均值但低于发达国家,初等发达的指数低于世界平均值但高于欠发达国家,欠发达国家的指数低于高收入国家平均值的30%;高收入国家平均值为100。数值差异是因为四舍五入的原因。

- 发达国家保持为发达国家的概率:80%~94%;降级发展中国家的概率:6%~20%。
- 发展中国家保持为发展中国家的概率:91%~95%;升级发达国家的概率:5%~9%。其中,1960~2013年期间升级概率约6.5%,1970~2013年期间升级概率约9%,1980~2013年期间升级概率约5.4%,1990~2013年期间升级概率约5.6%。
- 发展中国家包括中等发达国家、初等发达国家和欠发达国家。
- 中等发达国家升级为发达国家的概率:22%~44%,降级概率:15%~30%。
- 初等发达国家升级中等发达国家的概率:14%~23%,降级概率:19%~32%;
- 初等发达国家直接升级为发达国家的概率为0~5%。
- 欠发达国家升级初等发达国家的概率:6%~15%;
- 欠发达国家直接升级为中等发达国家的概率:0~3%;
- 欠发达国家直接升级为发达国家的概率:0。

第二节　2013年中国现代化指数

中国现代化指数包括中国第一次现代化指数、第二次现代化指数和综合现代化指数,反映中国现代化在经济、社会、文化和环境等领域的综合水平。关于中国政治等领域的现代化水平,需要专门研究。中国现代化指数的评价方法和评价数据来源,与世界现代化指数相同。

一、2013年中国现代化的总体水平

2013年中国是一个发展中国家,处于初等发达国家行列,大约处于发展中国家的中间水平;中国现代化水平与世界中等发达国家的差距比较小,但与发达国家的差距比较大。

2013年,中国第一次现代化指数约为98,在世界131个国家中排第52位,比2012年提高6位;中国第二次现代化指数为41,世界排名第57位,比2012年提高2位;综合现代化指数为40,世界排名第

67 位,比 2012 年提高 6 位(表 5-16)。

表 5-16　1950～2013 年中国现代化指数

年份	第一次现代化指数	排名	第二次现代化指数	排名	综合现代化指数	排名
2013	98	52	41	57	40	67
2012	96	58	38	59	38	73
2011	94	61	36	63	36	74
2010	92	62	33	64	34	76
2000	76	80	31	78	31	79
1990	63	67	26	73	28	103
1980	54	69	25	66	21	103
1970	40	72	21	60	—	
1960	37	72	—			
1950	26	—				

注:2010～2013 年根据评价模型第二版(新版)进行评价,1950～2000 年根据评价模型第一版进行评价。

1. 2013 年中国第一次现代化指数

2013 年中国进入第一次现代化的成熟期,第一次现代化指数为 98,比 2012 年提高 2 点。

2013 年中国第一次现代化 10 个指标发展不平衡。8 个指标已经达标,分别是城市人口比例、医生比例、平均预期寿命、婴儿死亡率、成人识字率、大学普及率、农业增加值比例和服务业增加值比例。2 个指标没有达到标准,分别是人均国民收入和农业劳动力比例(图 5-4)。

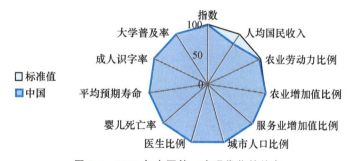

图 5-4　2013 年中国第一次现代化的特点

中国第一次现代化指数达到 100 所需要的时间,与第一次现代化指数的年均增长率正相关。如果按照 1960～2000 年速度估算,中国第一次现代化指数达到 100 约需 15 年(从 2000 年算起)。如果按 2000～2013 年速度估算,中国第一次现代化指数达到 100 约需 1 年(从 2013 年算起)。从版面数据看,中国有可能在 2015 年前后完成第一次现代化,达到 1960 年的发达国家水平。

2. 2013 年中国第二次现代化指数

2013 年中国尚没有完成第一次现代化,也没有进入第二次现代化。由于中国参与全球化进程,第二次现代化的许多要素已经传入中国。如果按第二次现代化评价模型进行评价,可以大概了解中国第二次现代化的进展。这种评价,仅有参考意义。

2013 年中国第二次现代化指数为 41,在 131 个国家中排第 57 位。中国第二次现代化四类指标发展不平衡,生活质量指数和知识传播达到世界平均水平(图 5-5)。

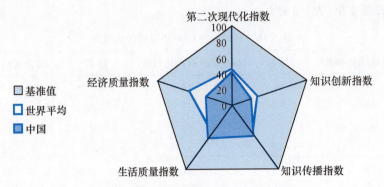

图 5-5 2013 年中国第二次现代化的特点

以 2013 年高收入 OECD 国家平均值 100 为对照，2013 年中国知识创新指数为 27（世界平均 36），知识传播指数为 49（世界平均 46），生活质量指数为 52（世界平均 44），经济质量指数为 35（世界平均 57）。2013 年中国经济质量与发达国家的差距最大。

在 2000～2013 年期间，中国第二次现代化指数提高了 10，知识创新指数提高了 6，知识传播指数提高了 17，生活质量指数提高了 6，经济质量指数提高了 8（表 5-17）。

表 5-17 1970～2013 年中国第二次现代化指数

年份	知识创新指数	知识传播指数	生活质量指数	经济质量指数	第二次现代化指数
2013	26.8	48.6	52.1	35.3	40.7
2012	22.2	45.5	50.8	33.9	38.1
2011	18.5	42.6	48.8	32.6	35.6
2010	14.8	40.0	46.7	31.2	33.2
2000	21	32	46	27	31
1990	11	24	42	27	26
1980	—	17	33	25	25
1970	—	13	24	26	21

注：2010～2013 年的现代化评价，是根据第二版评价模型（新版）的评价结果，评价模型见技术注释。1970～2000 年的现代化评价，是根据第一版评价模型的评价结果。

3. 2013 年中国综合现代化指数

综合现代化指数反映国家水平与世界先进水平的相对差距。2013 年中国综合现代化指数为 40，在 131 个国家中排第 67 位。中国综合现代化三类指标发展不平衡（图 5-6）。

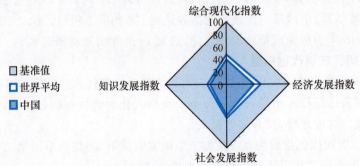

图 5-6 2013 年中国综合现代化的特点

以 2013 年高收入 OECD 国家平均值 100 为对照,2013 年中国经济发展指数为 44(世界平均 55),社会发展指数为 48(世界平均 53),知识发展指数为 28(世界平均 32)。2013 年中国经济发展指数和社会发展指数与发达国家的差距最大。

在 2000~2013 年期间,中国综合现代化指数提高了 9,排名提高了 12 位。在 1990~2013 年期间,中国综合现代化指数提高了 12,排名提高了 36 位(表 5-18)。

表 5-18　1980~2013 年中国综合现代化指数

项目	1980[a]	1990[a]	2000[a]	2010[b]	2011[b]	2012[b]	2013[b]
中国指数	21	28	31	34	36	38	40
中国排名	103	103	79	76	74	73	67
高收入国家－中国	79	72	69	66	64	62	60
世界平均－中国	39	25	19	10	9	9	7
高收入国家 c	100	100	100	100	100	100	100
中收入国家	52	44	42	32	33	31	34
低收入国家	28	32	24	14	14	14	14
世界平均	60	53	50	44	46	46	47

注:a. 采用综合现代化评价模型第一版的评价结果,以当年高收入国家平均值为参考值的评价。b. 采用综合现代化评价模型第二版的评价结果,以高收入 OECD 国家平均值为参考值。c. 1980~2000 年数据为高收入国家的平均值,2010~2013 年数据为高收入 OECD 国家的平均值。

二、2013 年中国现代化的国际差距

2013 年中国现代化的国际差距(表 5-19),第一次现代化指数与完成第一次现代化的国家相差 2 点,与世界平均差 1 点;第二次现代化指数与高收入 OECD 国家相差 59 点,与世界平均相差 7 点;综合现代化指数与高收入 OECD 国家相差 60 点,与世界平均相差 7 点。

表 5-19　2013 年中国现代化指数的国际比较

项目	中国	高收入国家	中收入国家	低收入国家	世界	高收入国家－中国	世界平均－中国
第一次现代化指数	97.5	100.0	94.0	53.5	98.9	2.5	1.4
第二次现代化指数	40.7	100.0	31.2	15.6	45.8	59.3	5.1
综合现代化指数	40.1	100.0	34.2	13.8	47.1	59.9	7.0

1. 中国第一次现代化评价指标的国际差距

2013 年中国第一次现代化评价指标中,人均国民收入和农业劳动力比例两个指标没有达标,人均国民收入和农业劳动力比例的差距比较大(表 5-20)。

表 5-20　2013 年中国第一次现代化评价指标的差距

指标	中国	标准值	世界	标准值－中国	世界－中国	注
人均国民收入/美元	6710	8436	10 720	1726	4010	正指标
农业劳动力比例/(%)	31.4	30.0	19.8	－1.4	－11.6	逆指标

2. 中国第二次现代化评价指标的国际差距

2013 年的统计数据比较齐全。2013 年中国第二次现代化评价指标中,知识产权出口比例、人均知识产权进口、人均知识创新经费、人均国民收入、人均购买力、大学普及率、婴儿死亡率、单位 GDP

的能源消耗等指标,国际差距很大(表 5-21)。

表 5-21 2013 年中国第二次现代化评价指标的国际比较

指标	中国	美国	英国	德国	高收入国家	世界	高收入国家÷中国	世界÷中国
人均知识创新经费*	141	1487	688	1325	1102	231	7.8	1.6
知识创新人员比例*	11	40	41	45	40	13	3.7	1.2
发明专利申请比例*	5.2	9.1	2.3	5.9	7.9	2.3	1.5	0.4
知识产权出口比例/(%)	0.01	0.76	0.63	0.35	0.64	0.40	68.2	42.6
中学普及率/(%)	92	94	129	101	105	75	1.1	0.8
大学普及率/(%)	30	89	60	60	76	33	2.6	1.1
人均知识产权进口/美元	15	123	164	104	227	45	14.6	2.9
互联网宽带普及率/(%)	45.8	84.2	89.8	84.2	81.5	38.0	1.8	0.8
平均预期寿命/岁	75.4	78.8	81.0	81.0	80.7	71.2	1.1	0.9
人均购买力/国际美元 PPP	12 100	54 000	38 370	45 020	42 100	14 373	3.5	1.2
婴儿死亡率/(‰)	10.6	5.9	3.9	3.3	4.3	33.7	0.4	3.2
人均能源消费/千克石油	2143	6909	2967	3874	4673	1898	2.2	0.9
人均国民收入/美元	6710	53 720	42 050	47 240	44 314	10 720	6.6	1.6
单位 GDP 的能源消耗**	0.34	0.13	0.07	0.08	0.11	0.18	0.3	0.5
物质产业增加值比例/(%)	53.1	21.9	22.0	31.1	25.2	29.5	0.5	0.6
物质产业劳动力比例/(%)***	61.5	18.8	20.7	29.3	28.6	49.1	0.5	0.8

注:* 人均知识创新经费:人均 R&D 经费(美元);知识创新人员比例:"研究与开发"研究人员/万人;发明专利申请比例:发明专利申请/万人;知识产权出口比例:知识产权出口收入占 GDP 比例。** 单位 GDP 的能源消耗:千克石油当量/美元。人均购买力指按购买力平价计算的人均国民收入。*** 物质产业指农业和工业的加总。

3. 中国综合现代化评价指标的国际差距

2013 年中国综合现代化评价指标中,人均知识产权贸易、人均知识创新经费、人均国民收入、人均购买力、能源使用效率、大学普及率、人均制造业等指标,国际差距比较大(表 5-22)。

表 5-22 2013 年中国综合现代化评价指标的国际比较

指标	中国	美国	英国	德国	高收入国家	世界	高收入国家÷中国	世界÷中国
人均国民收入/美元	6710	53 720	42 050	47 240	44 314	10 720	6.6	1.6
人均制造业增加值/美元	2583	6142	4057	9427	5795	1753	2.2	0.7
服务业增加值比例/(%)	46.9	78.1	78.0	68.9	74.8	70.5	1.6	1.5
服务业劳动力比例/(%)	38.5	81.2	79.3	70.7	71.4	50.9	1.9	1.3
城镇人口比例/(%)	53.2	81.3	82.1	74.9	80.5	52.9	1.5	1.0
医生比例/每千人	1.9	2.5	2.8	3.9	2.9	1.5	1.5	0.8
人均购买力/国际美元	12 100	54 000	38 370	45 020	42 100	14 373	3.5	1.2
能源使用效率*	2.92	7.67	14.26	11.99	9.2	5.51	3.2	1.9
人均知识创新经费/美元	141	1487	688	1325	1102	231	7.8	1.6
人均知识产权贸易/美元	16	527	431	267	502	87	31.1	5.4
大学普及率/(%)	29.7	89.1	59.8	60.0	76.0	32.9	2.6	1.1
互联网宽带普及率/(%)	45.8	84.2	89.8	84.2	81.5	38.0	1.8	0.8

注:* 能源使用效率:美元/千克石油当量。人均知识产权贸易指人均知识产权进口和出口总值。

4. 中国现代化进程的不平衡性

中国现代化的不平衡表现在多个方面,如地区不平衡和指标不平衡等。例如,2013 年中国第一次现代化有 8 个指标已经达到标准,表现最差的指标(人均国民收入)达标程度仅为 80%。第二次现代化的四大类指标和综合现代化的三类指标也不平衡。

三、2013年中国现代化的国际追赶

1. 中国现代化指数的国际追赶

在2000～2013年期间，中国现代化水平有较大提高（表5-16）。

2013年与2000年相比，中国现代化水平的变化如下：

- 第一次现代化指数：提高了22点；世界排名提高32位；
- 第二次现代化指数：提高了10点；世界排名提高21位；
- 综合现代化指数：提高了9点；世界排名提高12位。

在1950～2013年期间，中国第一次现代化指数提高了72个百分点；在1970～2013年期间，第二次现代化指数提高了20点；在1980～2013年期间，综合现代化指数提高了19点（图5-7）。

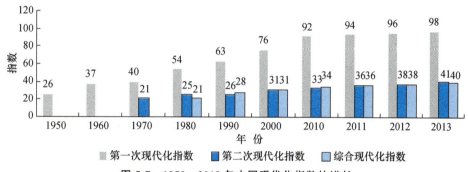

图 5-7　1950～2013年中国现代化指数的增长

在1970～2013年期间，中国从第一次现代化的起步期、发展期到达成熟期，国家现代化水平从欠发达水平上升为初等发达水平，中国与中等发达水平的差距缩小（图5-8）。

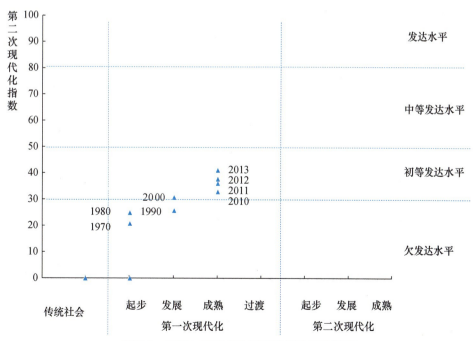

图 5-8　1970～2013年中国现代化水平的提高

2. 中国现代化前景的情景分析

(1) 按照"线性外推法"估算中国第二次现代化指数的世界排名

2013年在131个国家中,中国第二次现代化指数排名第57位。在未来90年里,131个国家如果能够按照它们的1990～2013年或2000～2013年第二次现代化指数的年均增长率估算它们的现代化水平,那么,中国有可能在2040年前后成为中等发达国家,在2080年前后成为发达国家,在21世纪末进入世界前列(表5-23)。

表5-23 21世纪中国第二次现代化指数的世界排名的估算

时间	按1990～2013年年均增值率估算 (中国估算年均增长率为4.04%)	按2000～2013年年均增值率估算 (中国估算年均增长率为4.20%)
2020年	进入131个国家的前50名左右	进入131个国家的前50名左右
2030年	进入131个国家的前40名左右	进入131个国家的前50名左右
2040年	进入131个国家的前40名左右	进入131个国家的前40名左右
2050年	进入131个国家的前30名左右	进入131个国家的前40名左右
2080年	进入131个国家的前20名左右	进入131个国家的前20名左右
2100年	进入131个国家的前10名左右	进入131个国家的前10名左右

(2) 按照"经验外推法"估算中国现代化的水平

2013年,中国为初等发达国家。根据1960～2013年的世界经验(表5-15),在50年里,初等发达国家升级中等发达国家的概率为14%～23%,中等发达国家升级为发达国家的概率为22%～44%。

如果沿用世界历史经验,那么,2050年中国成为中等发达国家的概率为20%左右;如果2050年中国成为中等发达国家,那么,2100年中国成为发达国家的概率为30%左右;如果直接推算,中国2013年是一个初等发达国家,2100年成为发达国家的总概率约为6%(表5-24)。

表5-24 21世纪中国现代化水平的推算

项目	世界历史经验	中国现代化水平的推算	
2013年,一个初等发达国家		2013年,初等发达国家	
50年,初等发达升级中等发达的概率	14%～23%	50年,成为中等发达国家概率	20%
50年,中等发达升级发达国家的概率	22%～44%		30%
100年,初等发达升级发达国家的概率	3.1%～10.1%	100年,成为发达国家的概率	6%
2100年,成为一个发达国家的概率	6.5%	2100年,成为发达国家的概率	6%

第一种情景分析,根据世界和中国第二次现代化指数的年均增长率进行估算,中国现代化的前景比较乐观;第二种情景分析,根据世界现代化的历史经验进行估算,中国现代化的前景不太乐观。如果考虑到中国人口、世界资源和国际冲突等因素,21世纪中国现代化的前景具有很大不确定性。中国现代化的全面实现,不是容易的事情,需要全国人民的共同努力。

第三节 2013年中国地区现代化指数

中国地区现代化指数包括中国34个省级行政地区的第一次现代化指数、第二次现代化指数和综合现代化指数,反映34个省级地区现代化在经济、社会、文化和环境等领域的综合水平。

2013年,北京等5个地区进入第二次现代化,天津等29个地区处于第一次现代化,局部地区属于传统农业社会,局部地区还有原始社会的痕迹,如"刀耕火种"和"母系社会"(图 5-9)。根据第二次现代化指数分组,2013 年北京等 13 个地区为发达地区或中等发达地区,陕西等 19 个地区为初等发达地区,云南和贵州现代化水平比较低。

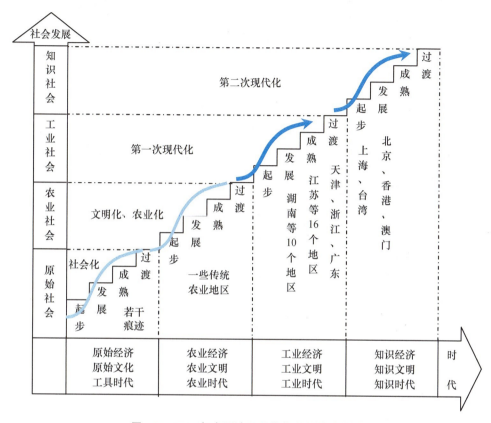

图 5-9　2013 年中国地区现代化进程的坐标图

注:2013 年中国地区现代化的就业结构指标为 2012 年数据,对评价结果有一定影响。

一、2013 年中国地区现代化的总体水平

2013 年,中国属于发展中国家,处于发展中国家的中间位置。根据第二次现代化指数分组,2013 年中国多数地区属于发展中地区;北京、上海、香港和澳门 4 个地区具有发达国家水平的部分特征,天津、台湾、江苏、浙江、广东、辽宁、重庆、山东和福建 9 个地区具有中等发达国家水平的部分特征,陕西等 19 个地区具有初等发达水平的特征,贵州和云南具有欠发达国家水平的部分特征(表 5-25)。

表 5-25　2013 年中国地区现代化指数

地区和分组	第一次现代化指数	2013 年排名	2012 年排名	第二次现代化指数	2013 年排名	2012 年排名	综合现代化指数	2013 年排名	2012 年排名
发达									
北京	100.0	1	1	85.8	1	1	76.0	1	1
上海	100.0	1	1	84.0	2	2	71.1	2	2

(续表)

地区和分组	第一次现代化指数	2013年排名	2012年排名	第二次现代化指数	2013年排名	2012年排名	综合现代化指数	2013年排名	2012年排名
中等发达									
天津	100.0	1	1	76.5	3	3	70.3	3	3
江苏	99.9	1	1	64.9	4	4	52.4	5	4
浙江	100.0	1	1	61.3	5	5	52.8	4	5
广东	100.0	1	1	58.3	6	7	49.9	6	7
辽宁	98.6	8	8	54.6	7	6	49.4	7	6
重庆	95.7	10	11	53.6	8	8	42.6	11	10
山东	98.2	9	9	51.8	9	9	44.2	9	11
福建	98.7	7	7	48.5	10	10	46.1	8	8
初等发达									
陕西	93.7	14	18	45.0	11	15	38.0	16	15
湖北	93.4	15	10	44.6	12	14	39.5	14	13
海南	89.3	25	24	44.2	13	19	40.1	13	17
黑龙江	91.7	20	16	44.2	14	12	38.2	15	14
吉林	94.2	12	14	43.2	15	16	42.2	12	12
内蒙古	94.8	11	12	42.9	16	13	44.0	10	9
宁夏	93.1	16	13	41.6	17	11	35.1	20	19
安徽	91.2	21	21	40.6	18	20	33.5	24	24
山西	93.9	13	15	40.5	19	17	37.1	17	16
河北	92.2	19	17	39.0	20	18	36.2	18	18
四川	90.2	23	22	38.1	21	22	33.4	25	25
湖南	92.8	17	19	37.6	22	21	36.0	19	20
新疆	89.0	26	26	37.4	23	23	34.3	21	21
河南	89.6	24	25	36.6	24	25	32.3	26	26
广西	87.6	27	29	35.4	25	26	31.4	27	27
青海	90.4	22	23	35.1	26	24	34.0	22	22
江西	92.8	18	20	32.9	27	27	34.0	23	23
甘肃	86.8	28	28	32.6	28	28	28.2	30	29
西藏	83.4	31	31	30.2	29	29	28.9	28	28
欠发达									
贵州	86.6	30	27	29.0	30	30	26.2	31	31
云南	86.7	29	30	28.4	31	31	28.7	29	30
港澳台									
香港	100.0			86.3			78.0		
澳门	100.0			84.5			78.5		
台湾	100.0			74.0			73.7		
对照									
中国	97.5			40.7			40.1	98	
高收入国家	100.0			100.0			100.0	100	
中等收入国家	94.0			31.2			34.1	94	
低收入国家	53.5			15.6			13.7	54	
世界平均	98.9			45.8			46.8	99	

注：2013年和2012年中国地区现代化评价的部分指标为估算数据，对评价结果有一定影响。

2019年,中国有9个地区完成第一次现代化,其中,4个地区进入第二次现代化;25个地区处于第一次现代化,其中,17个地区基本实现第一次现代化(表5-26)。

表 5-26　1990～2013 年的中国现代化进程　　　　　　　　　　　　　　　　单位:个

项目	1990	2000	2010	2011	2012	2013
已经完成第一次现代化的地区	3	3	6	8	9	9
其中:进入第二次现代化的地区	1	2	4	4	5	5
没有完成第一次现代化的地区	31	31	28	26	25	25
其中:基本实现第一次现代化的地区	1	3	16	18	20	17

根据地区的现代化阶段和现代化水平,可以构建中国现代化的地区定位图;横坐标为地区现代化的阶段,纵坐标为地区现代化的水平(现代化指数和地区分组)。

- 基于现代化阶段和第二次现代化水平的地区定位图(图 5-10),
- 基于现代化阶段和综合现代化水平的地区定位图(图 5-11)。

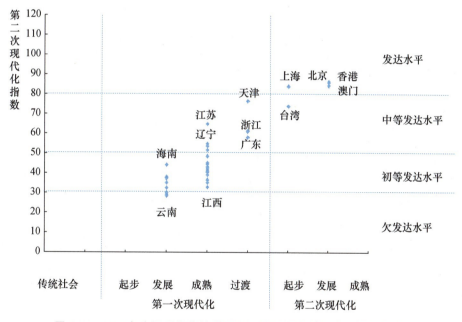

图 5-10　2013 年中国现代化的地区定位图(第二次现代化水平的定位)
注:图中 34 个点代表不同地区的定位,显示地区的现代化阶段、第二次现代化指数和地区分组。

1. 2013 年中国内地地区第一次现代化指数

2013 年中国内地 31 个地区中,6 个地区已经完成第一次现代化,它们是北京、上海、天津、浙江、广东和江苏;17 个地区基本实现第一次现代化,它们是福建、辽宁、山东、重庆、内蒙古、吉林、山西、陕西、湖北、宁夏、湖南、江西、河北、黑龙江、安徽、青海和四川(图 5-12)。

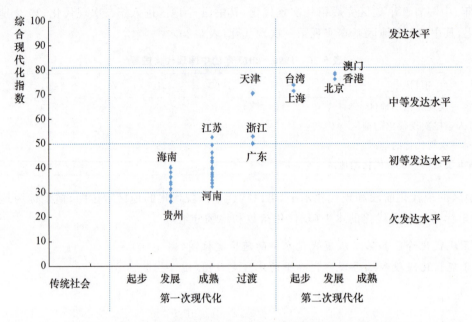

图 5-11 2013 年中国现代化的地区定位图（综合现代化水平的定位）

注：图中 34 个点代表不同地区的定位，显示地区的现代化阶段、综合现代化指数和地区分组。

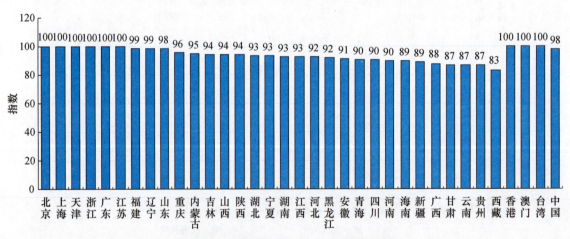

图 5-12 2013 年中国地区第一次现代化指数

如果按照 1990~2013 年年均增长率估算，全国多数地区有可能在 2020 年前完成第一次现代化（附表 3-2-4）。完成第一次现代化，表示大约达到 1960 年工业化国家的平均水平。

2. 2013 年中国内地地区第二次现代化指数

根据第二次现代化指数分组，2013 年，北京和上海第二次现代化指数的数值已经达到发达国家组的水平，天津、江苏、浙江、广东、辽宁、重庆、山东和福建 8 个地区已经达到中等发达国家组的水平，陕西等 19 个地区达到初等发达国家组的水平（图 5-13）。

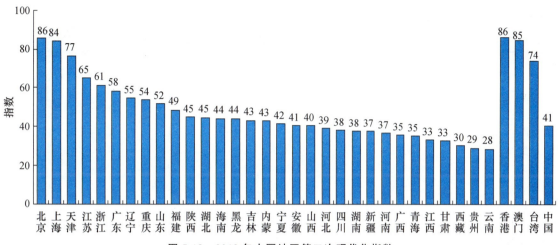

图 5-13　2013 年中国地区第二次现代化指数

3. 2013 中国内地地区综合现代化指数

根据综合现代化指数分组,2013 年,北京、上海、天津、浙江、江苏、广东和辽宁 7 个地区达到中等发达国家组的水平,福建等 20 个地区达到初等发达国家组的水平(图 5-14)。

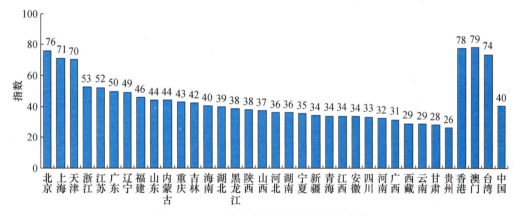

图 5-14　2013 年中国地区综合现代化指数

4. 中国内地不同区域的现代化水平

关于中国区域划分有多种方案。这里采用"三带、三片和八区"的划分(表 5-27)。

表 5-27　2013 年中国不同区域的现代化水平的比较

地区	第一次现代化指数	第二次现代化指数	综合现代化指数	人均 GDP
东部	97.1	58.7	51.7	10 299
中部	92.7	40.3	37.4	6534
西部	89.6	37.1	32.8	5246
北方片	95.2	50.9	46.2	9009
南方片	95.1	50.2	44.2	8199
西部片	89.1	36.2	32.4	5147

(续表)

地区	第一次现代化指数	第二次现代化指数	综合现代化指数	人均GDP
东北地区	94.8	47.3	43.2	7883
华北沿海	97.6	63.3	56.7	11 626
黄河中游	93.0	41.2	37.9	7237
华东沿海	100.0	70.1	58.8	12 556
华南沿海	93.9	46.6	41.9	7363
长江中游	92.5	38.9	35.8	5769
西南地区	88.5	35.8	32.0	4825
西北地区	89.8	36.7	32.9	5550
中国	97.5	40.7	40.1	6710
高收入OECD国家	100.0	100.0	100.0	44 314
中等收入国家	94.0	31.2	34.1	4495
低收入国家	53.5	15.6	13.7	600
世界平均	98.9	45.8	46.8	10 720

注：三大带、三大片和八大区的数值为该区有关地区数值的简单算术平均值。人均GDP单位为美元。

2013年，从中国统计年鉴的版面数据的评价结果看：

首先，三大带不平衡，东部现代化水平高于中部，中部现代化水平高于西部。

其次，三大片不平衡，北方片和南方片现代化水平大体相当，都高于西部片。2013年北方片第一次现代化指数平均值为95，南方片平均为95，西部片平均为89。如果把港澳台计算在南方片内，2013年南方片第一次现代化指数平均为96。

其三，八大地区不平衡，华东沿海和华北沿海是现代化水平较高的地区，东北地区、华南沿海、长江中游、黄河中游是现代化水平的第二集团，西北地区和西南地区是现代化水平较低的地区。华东和华北地区高于全国平均水平，东北、华南和黄河中游地区部分指标高于全国平均水平，长江中游、西北和西南地区低于全国平均水平。

其四，华东地区现代化水平超过世界平均水平；华北地区第一次现代化指数低于世界平均，其他指数高于世界平均值；它们是中国内地现代化水平最高的地区。

5. 中国港澳台地区的现代化水平

中国香港、澳门和台湾地区的现代化水平处于中国地区水平的前列。

2013年中国香港、澳门和台湾都已经进入第二次现代化，其中，香港和澳门进入第二次现代化的发展期，台湾进入第二次现代化的起步期。2013年，香港和澳门的第二次现代化指数超过80，台湾第二次现代化指数接近80。

中国香港、澳门和台湾的第一次现代化指数都早已达到100。

二、2013年中国地区现代化的国际差距

1. 2013年中国内地地区现代化的前沿水平

2013年，中国内地地区现代化的前沿已经进入第二次现代化的发展期，地区现代化的前沿水平接近发达国家的底线，部分指标达到发达国家的底线。例如，2013年北京处于第二次现代化的发展期，北京和上海的部分指标接近或达到意大利和西班牙的水平（表5-28）。

表 5-28　2013 年中国内地地区现代化的前沿水平和国际比较

指标	北京	上海	天津	浙江	江苏	广东	西班牙	意大利	希腊	葡萄牙	俄罗斯
第一次现代化指数	100	100	100	100	100	100	100	100	100	100	100
第二次现代化指数	86	84	77	61	65	58	74	74	69	70	59
综合现代化指数	76	71	70	53	52	50	78	79	70	69	60
人均 GDP(人均 GNI*)	15 059	14 554	16 092	11 060	12 053	9457	29 540	35 370	22 680	21 340	13 810
人均 GDP(PPP)	26 481	25 594	28 297	19 449	21 195	16 631	32 380	34 930	25 660	27 280	24 070
城市人口比例	86	90	82	64	64	68	79	69	77	62	74
大学普及率	70	56	76	33	37	21	86	62	117	66	76
互联网宽带普及率	75	71	61	61	52	66	72	58	60	62	68

注：*，意大利等 5 个国家人均 GDP(PPP)的数据为人均 GNI(PPP)的数值。

2. 2013 年中国内地地区现代化的地区差距

2013 年中国内地 31 个省级地区之间，第一次现代化指数的绝对差距约为 17 点，相对差距约为 1.2；第二次现代化指数的绝对差距是 46 点，相对差距是 2.0；综合现代化指数的绝对差距是 50，相对差距是 2.9；第二次现代化指数的地区差距最大（表 5-29）。

表 5-29　1990~2013 年中国内地地区现代化的地区差距

项目	第一次现代化指数			第二次现代化指数			综合现代化指数		
	2013	2000	1990	2013	2000	1990	2013	2000	1990
最大值	100	97	91	86	74	55	76	65	52
最小值	83	59	44	28	22	19	26	24	23
平均值	93	75	64	46	33	28	41	33	31
绝对差距	17	37	46	57	53	36	50	42	29
标准差	5	9	10	15	12	8	12	9	7
相对差距	1.2	1.6	2.0	3.0	3.4	2.9	2.9	2.8	2.3
变异系数	0.05	0.12	0.16	0.32	0.35	0.29	0.30	0.28	0.21

注：绝对差距＝最大值－最小值。相对差距＝最大值÷最小值。数值差异是因为四舍五入的原因。

在 2000~2013 年期间，中国内地地区现代化的地区差距有所扩大。其中，第二次现代化指数的绝对差距扩大，相对差距缩小；综合现代化指数的绝对差距扩大，相对差距扩大；但是，第一次现代化指数的地区差距缩小，因为完成第一次现代化的地区增加了（表 5-29）。

3. 2013 年中国内地地区现代化的国际差距

2013 年中国内地省级 31 个地区中，地区第一次现代化水平与已经完成第一次现代化的国家的最大差距约为 17，平均差距为 7；地区第二次现代化水平与世界先进水平的最大差距是 72，最小差距是 14，平均差距是 54；地区综合现代化水平与世界先进水平的最大差距是 74，最小差距 24，平均差距 59（表 5-30）。

表 5-30 1990～2013 年中国内地地区现代化的国际差距

项目		第一次现代化			第二次现代化			综合现代化		
		2013	2000	1990	2013	2000	1990	2013	2000	1990
与发达国家的差距	最小差距	0	6	10	14	26	34	24	35	48
	最大差距	17	41	56	72	78	70	74	76	77
	平均差距	7	24	40	54	69	63	59	68	72
与世界平均值的差距	最小差距	—	—	—	—	—	—	—	—	—
	最大差距	11	30	37	21	24	28	28	26	30
	平均差距	1	23	21	3	15	21	12	18	25

在 2000～2013 年期间,中国内地地区现代化的国际差距有所缩小。其中,第一次现代化指数的平均差距从 24 减少到 7,减少 17 点;第二次现代化指数的平均差距从 69 减少到 54,减少 15 点;综合现代化指数的平均差距从 68 减少到 59,减少 8 点(表 5-30)。

4. 中国地区现代化的不平衡性

中国地区现代化的不平衡性是非常突出的,包括地区现代化进程的不同步(图 5-9)、地区现代化速度有快有慢、地区现代化水平差距比较大、地区现代化指标的表现差别比较大、地区现代化水平的地理分布不均衡等。

三、2013 年中国地区现代化的国际追赶

根据第二次现代化指数分组,2013 年与 2000 年相比,中国内地 24 个地区分组发生变化,9 个地区(天津、山西、吉林、黑龙江、湖北、四川、陕西、贵州、云南)的分组没有变化。其中,2 个地区从中等发达水平上升为发达水平,6 个地区从初等发达水平上升为中等发达水平,13 个地区从欠发达水平上升为初等发达水平,重庆从欠发达水平上升为中等发达水平(表 5-31)。

表 5-31 2000～2012 年中国内地地区第二次现代化指数的地区分组变化

2000 年分组	2013 年分组	地区	地区个数
2	1	北京、上海	2
3	2	辽宁、江苏、浙江、福建、山东、广东	6
4	3	河北、内蒙古、安徽、江西、河南、湖南、广西、海南、西藏、甘肃、青海、宁夏、新疆	13
4	2	重庆	1

注:1 代表发达水平,2 代表中等发达水平,3 代表初等发达水平,4 代表欠发达水平。

根据综合现代化指数分组,2013 年与 2000 年相比,中国内地 14 个地区分组发生变化,17 个地区的分组没有变化。其中,5 个地区从初等发达水平上升为中等发达水平,9 个地区从欠发达水平上升为初等发达水平(表 5-32)。

表 5-32 2000～2012 年中国内地地区综合现代化指数的分组变化

2000 年分组	2013 年分组	地区	地区个数
3	2	天津、江苏、浙江、广东、辽宁	5
4	3	河南、安徽、广西、河北、宁夏、青海、江西、湖南、四川	9

注:1 代表发达水平,2 代表中等发达水平,3 代表初等发达水平,4 代表欠发达水平。

本 章 小 结

本《报告》采用何传启提出的第一次现代化评价模型、第二次现代化评价模型第二版和综合现代化评价模型第二版(新版),对 2010~2013 年的世界 131 个国家和中国 34 个地区进行评价。同时构建了世界现代化的国家定位图和中国现代化的地区定位图。

1. 2013 年世界现代化水平

2013 年,美国等 27 个国家已经进入第二次现代化,中国等 100 个国家处于第一次现代化,乍得等 4 个国家仍然处于传统农业社会,有些原住民族仍然生活在原始社会。

根据第二次现代化指数的国家分组,2013 年美国等 20 个国家为发达国家,俄罗斯等 25 个国家为中等发达国家,中国等 34 个国家为初等发达国家,肯尼亚等 52 个国家为欠发达国家;发达国家、中等发达国家、初等发达和欠发达国家分别占国家样本数的 15%、19%、26% 和 40%。

2013 年第二次现代化指数排世界前 10 名的国家是:瑞典、新加坡、丹麦、芬兰、美国、荷兰、瑞士、日本、比利时、奥地利。

2013 年参加评价的 131 个国家中,进入第二次现代化的国家有 27 个,约占国家样本数的 21%;第一次现代化指数达到 100 的国家有 46 个,第一次现代化指数大于 90 小于 100 的国家有 27 个,已经完成和基本实现第一次现代化的国家有 73 个,约占国家样本数的 56%。

在 2000~2013 年期间,根据第二次现代化水平分组,在 131 个参加评价的国家中,有 18 个国家的分组发生了变化,其中,组别上升国家有 9 个,组别下降国家有 9 个。

2. 2013 年中国现代化水平

2013 年中国是一个发展中国家,具有初等发达国家水平,处于发展中国家的中间水平。中国与世界中等发达国家的差距比较小,但与世界发达国家的差距仍然较大。

2013 年中国第一次现代化指数为 98,排名世界 131 个国家的第 52 位;第二次现代化指数和综合现代化指数分别为 41 和 40,排名第 57 位和第 67 位。2013 年与 2012 年相比,中国第一次现代化指数、第二次现代化指数和综合现代化指数的排名分别提高了 6 位、2 位和 6 位。

2013 年中国第一次现代化评价的 8 个指标已经达标,2 个指标(人均国民收入和农业劳动力比例)没有达到标准。按 2000~2013 年年均增长率计算,中国有可能在 2015 年前后完成第一次现代化,达到 1960 年的发达国家平均水平。

2013 年中国第二次现代化指数的发展不平衡。知识传播指数和生活质量指数超过世界平均水平,知识创新指数和经济质量指数低于世界平均水平;经济质量与发达国家的差距最大。

3. 2013 年中国地区现代化水平

2013 年,北京等 5 个地区进入第二次现代化,天津等 29 个地区处于第一次现代化,局部地区属于传统农业社会,局部地区还有原始社会的痕迹,如"刀耕火种"和"母系社会"。

根据《中国统计年鉴》的版面数据和第二次现代化指数分组,2013 年中国多数地区属于发展中地区;北京、上海、香港和澳门 4 个地区具有发达国家水平的部分特征,天津、台湾、江苏、浙江、广东、辽宁、重庆、山东和福建 9 个地区具有中等发达国家水平的部分特征,陕西等 19 个地区具有初等发达国家水平的特征,贵州和云南具有欠发达国家水平的部分特征。

如果北京、天津、上海、香港、澳门和台湾不参加排名,2013 年中国地区现代化排名如下:

- 第二次现代化指数排名前 10 位的地区为:江苏、浙江、广东、辽宁、重庆、山东、福建、陕西、湖北、海南。
- 综合现代化指数排前 10 位的地区为:浙江、江苏、广东、辽宁、福建、山东、内蒙古、重庆、吉林、海南。

技 术 注 释

《中国现代化报告 2016》采用国际机构、有关国家官方统计机构公布的数据,它包括世界 131 个国家和中国 34 个地区 2013 年的发展数据和评价数据等。由于世界不同国家的统计方法不完全相同,统计方法在不断发展,统计数据的可比性和一致性问题需要特别关注。

一、资料来源

世界现代化的 300 年的历史数据主要来自米切尔的《帕尔格雷夫世界历史统计》、麦迪森的《世界经济千年史》、库兹涅茨的《各国的经济增长》、世界银行的《世界发展指标》、联合国统计年鉴、联合国贸易与发展会议(UNCTAD)统计数据、世界贸易组织(WTO)、经济合作与发展组织(OECD)、美国经济分析局(BEA)的数据等。

现代化进程评价所用数据,除少数年份的几个指标的中国数据(世界银行数据集中缺少的数据)来自《中国统计年鉴》外,其他全部采用世界银行《世界发展指标》2015 年 12 月网络版数据、联合国出版的《统计年鉴》、经济合作与发展组织(OECD)的网络数据库等。中国地区现代化评价所用数据,主要来自《中国统计年鉴 2014》。

二、数据一致性和可靠性

世界现代化进程评价,以世界银行出版的《世界发展指标》的系列数据为基本数据来源;部分年份的数据来自联合国贸易与发展会议的《世界投资报告》、世界贸易组织的《国际贸易统计》、联合国《统计年鉴》、联合国教科文组织《统计年鉴》、国际劳工组织《劳动力统计年鉴》、OECD 出版物;少数几个中国数据来自《中国统计年鉴》。

许多发展中国家的统计制度还很薄弱,统计方法在不断发展,统计指标的概念存在差异,统计方法在国与国之间差别较大,它们会影响数据的一致性和可靠性。许多国家的统计机构常常修改其历史统计数据。世界银行在历年《世界发展指标》中对数据来源、数据一致性和可靠性进行了说明。世界银行有时根据一些国家提供的新数据,对过去年份的数据进行调整。在不同年份出版的《世界发展指标》中,关于某年的数据不完全一致。如果出现这种情况,一般采用最近年份《世界发展指标》中公布的数据。2013 年世界现代化评价统一采用《世界发展指标》2015 年网络版数据。数据汇总方法在《世界发展指标》中有专门说明。

中国地区现代化进程评价,以《中国统计年鉴 2014》的系列数据为基本数据来源;《中国统计年鉴》中没有的数据,采用《中国科技统计年鉴》《中国能源统计年鉴》和中国 31 个省级行政地区统计机构出版的地方《统计年鉴》的数据等。

在世界银行和联合国有关机构出版的统计资料中,中国数据的数值一般为中国内地 31 个省级行政地区统计数据的加总;在《中国统计年鉴》中,香港特区、澳门特区和台湾地区的统计数据单列,全国的加总数在数值上为内地 31 个省级行政地区统计数据的加和。

苏联和东欧国家（捷克斯洛伐克等），1990 年前后发生变化。1990 年前采用原国家数据。1990 年后，分别为俄罗斯、捷克和斯洛伐克的数据。1990 年前德国数据采用联邦德国的值。

三、国家分组

关于国家分组的方法有很多。《中国现代化报告 2003》对此进行了专门分析。例如，世界银行根据人均收入大小分组、联合国开发计划署根据人类发展指数分组、联合国工作分组、联合国地区分组、《中国现代化报告》根据第二次现代化指数分组等。一般而言，国家分组是相对的，更多是为了分析和操作的方便。本《报告》沿用《中国现代化报告 2003》国家分组方法。

《中国现代化报告 2003》采用四种国家分组方法，① 工业化国家和发展中国家，② 发达国家和发展中国家，③ 高收入国家、中等收入国家和低收入国家，④ 发达国家、中等发达国家、初等发达国家和欠发达国家。四种方法具有一定可比性（表 a）。

表 a 《中国现代化报告 2003》的国家分组

国家分组	类别	分组方法或标准
按地区分组	发达国家* OECD 国家 比较发达国家 比较不发达国家（发展中国家） 最不发达国家（发展中国家）	高收入国家（不含石油输出国） OECD 国家 按联合国统计署的划分 按联合国统计署的划分 按联合国统计署的划分
按人均国民收入分组（2000 年）	高收入国家 中等收入国家（中高、中低收入国家） 低收入国家	人均 GNI 大于 9266 美元 人均 GNI 为 756～9265 美元 人均 GNI 小于 755 美元
按第一次现代化实现程度分组（2000 年）	工业化国家 发展中国家	完成第一次现代化的国家 没有完成第一次现代化的国家
按第二次现代化指数分组（2000 年）	发达国家[a]（高现代化水平） 中等发达国家（中等现代化水平） 初等发达国家（初等现代化水平） 欠发达国家（低现代化水平）	第二次现代化指数大于 80 第二次现代化指数 46～79.9 第二次现代化指数 30～45.9 第二次现代化指数小于 30

注：a. "发达国家"有两种划分方法：按第二次现代化指数划分的发达国家、按人均收入划分（习惯分法）的发达国家（一般指不包含石油输出国家的高收入国家），它们（划分的结果）是基本一致的。

四、第一次现代化指数的评价方法和评价指标

第一次现代化进展评价方法主要有三种：定性评价、定量评价和综合评价（定性和定量相结合）。本《报告》主要进行经济和社会第一次现代化的实现程度的定量评价。

1. 评价指标

20 世纪 80 年代，美国学者英克尔斯教授访问中国，并提出经典现代化的 11 个评价指标（孙立平，1988）。何传启选择其中的 10 个指标作为第一次现代化的评价指标（表 b）。

表 b　第一次现代化的评价指标和评价标准（1960年工业化国家指标平均值）

项目	指标、单位和指标编号	标准	备注[b]
经济指标	1. 人均国民收入（人均GNI），美元	逐年计算[a]	正指标
	2. 农业劳动力比例（农业劳动力占总就业劳动力比例），%	30%以下	逆指标
	3. 农业增加值比例（农业增加值占GDP比例），%	15%以下	逆指标
	4. 服务业增加值比例（服务业增加值占GDP比例），%	45%以上	正指标
社会指标	5. 城市人口比例（城市人口占总人口比例），%	50%以上	正指标
	6. 医生比例（每千人口中的医生人数），‰	1‰以上	正指标
	7. 婴儿死亡率，‰	30‰以下	逆指标
	8. 平均预期寿命（出生时平均预期寿命），岁	70岁以上	正指标
知识指标	9. 成人识字率，%	80%以上	正指标
	10. 大学普及率（在校大学生占20～24岁人口比例），%	15%以上	正指标

注：参考英克尔斯教授的评价指标（孙立平，1988）。a. 以1960年19个市场化工业国家人均国民收入平均值1280美元为基准值，以后逐年根据美元通货膨胀率（或GDP物价折算系数）计算标准值。例如，1960年标准值为1280美元，1970年为1702美元，1980年为3411美元，1990年为5147美元，2000年为6399美元，2009年为7870美元，2010年为8000美元，2011年为8165美元，2012年为8312美元，2013年为8436美元。b. 正指标，评价对象数值等于或大于标准值时，表示它达到或超过经典现代化标准；逆指标，评价对象数值等于或小于标准值时，表示它达到或超过经典现代化标准。

2. 评价模型

2001年何传启设计"第一次现代化评价模型"，包括10个经济、社会和知识指标，以及评价方法和发展阶段评价。评价标准参考1960年19个工业化国家发展指标的平均值。

$$\begin{cases} FMI = \sum S_i/n \quad (i=1,2,\cdots,n) \\ S_i = 100 \times i_{实际值}/i_{标准值} \quad （正指标，S_i \leqslant 100） \\ S_i = 100 \times i_{标准值}/i_{实际值} \quad （逆指标，S_i \leqslant 100） \end{cases}$$

其中，FMI为第一次现代化指数，n为参加评价的指标总个数，S_i为第i项指标的达标程度（$S_i \leqslant 100$）；i为评价指标的编号；$i_{实际值}$为i号指标的实际值，$i_{标准值}$为i号指标的标准值（具体数值见表b）。

3. 评价方法

首先，检验评价指标的相关性。在地区现代化评价时，可以调整部分评价指标。

其次，计算人均GNI的标准值。

其三，采用"比值法"计算单个指标达标程度。单个指标达标程度最大值为100%（如果超过100%，取值100%），达到100%表明该指标已经达到第一次现代化水平。

其四，采用"简单算术平均值"法，计算第一次现代化指数。

其五，评价的有效性。如果参加评价国家，有效指标个数占指标总数的比例低于60%（即指标个数少于6个），则视为无效样本，不进行评价。

其六，计算方法。所有评价由计算机自动完成。计算机计算数据时，计算机内部保留小数点后12位小数；显示数据结果时，一般保留整数或1～2位小数。

其七，评价的精确性。在阅读和利用评价数据和结果时，需要特别注意小数"四舍五入"带来的影响。第二次现代化和综合现代化评价，也是如此。

其八，评价误差。有些国家样本，统计数据不全，对评价结果有比较大的影响。水平高的指标的数据缺失，可能拉低评价结果。水平低的指标的数据缺失，可能抬高评价结果。一般而言，指标缺少的越多，影响越大。

4. 第一次现代化的阶段评价

$$\begin{cases} P_{\text{FM}} = (P_{\text{农业增加值比例}} + P_{\text{农业/工业增加值}} + P_{\text{农业劳动力比例}} + P_{\text{农业/工业劳动力}})/4 \\ P_{\text{农业增加值比例}} = (4,3,2,1,0), \text{根据实际值与标准值的比较判断阶段并赋值} \\ P_{\text{农业/工业增加值}} = (4,3,2,1,0), \text{根据实际值与标准值的比较判断阶段并赋值} \\ P_{\text{农业劳动力比例}} = (4,3,2,1,0), \text{根据实际值与标准值的比较判断阶段并赋值} \\ P_{\text{农业/工业劳动力}} = (4,3,2,1,0), \text{根据实际值与标准值的比较判断阶段并赋值} \end{cases}$$

其中,P_{FM}代表第一次现代化的阶段,$P_{\text{农业增加值比例}}$代表根据农业增加值占GDP比例判断的阶段和赋值,$P_{\text{农业/工业增加值}}$代表根据农业增加值比例与工业增加值比例的比值判断的阶段和赋值,$P_{\text{农业劳动力比例}}$代表根据农业劳动力占全部就业劳动力比例判断的阶段和赋值,$P_{\text{农业/工业劳动力}}$代表根据农业劳动力比例与工业劳动力比例的比值判断的阶段和赋值。

首先,根据信号指标实际值与标准值的比较判断阶段并赋值。其次,计算赋值的平均值。其三,综合判断第一次现代化的阶段。第一次现代化阶段评价的4个信号指标的标准值和赋值见表c。第一次现代化阶段评价的信号指标的变化如图a所示。

表c 第一次现代化信号指标的划分标准和赋值

	农业增加值占GDP比例/(%)	农业增加值/工业增加值	赋值	说明
过渡期	<5	<0.2	4	农业增加值占GDP比例低于15%为完成第一次现代化的标准,结合工业化国家200年经济史制定
成熟期	5~15,<15	0.2~0.8,<0.8	3	
发展期	15~30,<30	0.8~2.0,<2.0	2	
起步期	30~50,<50	2.0~5.0,<5.0	1	
传统社会	≥50	≥5.0	0	
	农业劳动力占总劳动力比例/(%)	农业劳动力/工业劳动力	赋值	
过渡期	<10	<0.2	4	农业劳动力占总劳动力比例低于30%为完成第一次现代化的标准,结合工业化国家200年经济史制定
成熟期	10~30,<30	0.2~0.8,<0.8	3	
发展期	30~50,<50	0.8~2.0,<2.0	2	
起步期	50~80,<80	2.0~5.0,<5.0	1	
传统社会	≥80	≥5.0	0	

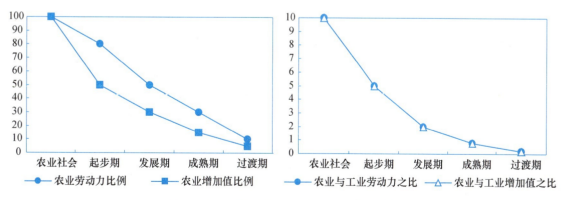

图a 第一次现代化阶段评价的信号指标变化

有些时候,可能是统计数据或者国家差异的原因,产业结构和就业结构的分析结果与现代化总体水平不协调,需要根据第一次现代化实现程度对发展阶段进行调整。

发达国家在20世纪60年代前后完成第一次现代化,在70年代前后进入第二次现代化。第一次现代化评价比较适合于发展中国家,第二次现代化评价比较适合于发达国家。

五、第二次现代化指数的评价方法和评价指标

第二次现代化进展评价同样有定性评价、定量评价和综合评价等三种方法。第二次现代化启动已经超过40多年。随着第二次现代化的发展,第二次现代化的评价指标和评价方法应该作相应的调整。何传启2001年提出第二次现代化评价模型第一版,2012年提出第二次现代化评价模型第二版,包括评价指标、评价方法和发展阶段评价等。

1. 评价指标

第二次现代化理论认为,知识的创新、传播和应用是第二次现代化的动力,知识创新、知识传播和知识应用的水平反映了第二次现代化的水平。

第二次现代化评价包括知识创新、知识传播、知识应用Ⅰ和Ⅱ(生活质量和经济质量)四大类指标和16个具体指标(表d)。其中,知识创新指在世界上首次发现、发明、创造或应用某种新知识,包括科学发现、技术发明、知识创造和新知识首次应用;知识应用Ⅰ为改进生活质量,知识应用Ⅱ为改进经济质量;物质产业包括农业和工业。

表d 第二次现代化评价指标

二级指标	第二次现代化评价模型第一版(2001年版)		第二次现代化评价模型第二版(2012年新版)	
	三级指标和编号	指标解释和单位	三级指标和编号	指标解释和单位
知识创新	1. 知识创新经费投入	研究与发展经费占GDP的比例(R&D经费/GDP),%	1. 知识创新经费投入	人均研究与发展经费投入,美元
	2. 知识创新人员投入	从事研究与发展活动的研究人员比例,人/万人	2. 知识创新人员投入	从事研究与发展活动的研究人员比例,人/万人
	3. 知识创新专利产出	居民申请发明专利比例,项/万人	3. 知识创新专利产出	居民申请发明专利比例,项/万人
			4. 知识产权出口比例	知识产权出口收入占GDP比例,%
知识传播	4. 中学普及率	在校中学生人数占适龄人口(一般12~17岁)比例,%	5. 中学普及率	在校中学生人数占适龄人口(一般12~17岁)比例,%
	5. 大学普及率	在校大学生人数占适龄人口(一般20~24岁)比例,%	6. 大学普及率	在校大学生人数占适龄人口(一般20~24岁)比例,%
	6. 电视普及率	电视用户/百人,%	7. 人均知识产权进口	人均知识产权进口费用,美元
	7. 互联网宽带普及率	互联网用户/百人,%	8. 互联网宽带普及率	互联网用户/百人,%
生活质量	8. 城镇人口比例	城镇人口占总人口比例,%	9. 平均预期寿命	新生儿平均预期寿命,岁
	9. 医生比例	每千人中的医生数,‰	10. 人均购买力	按购买力平价PPP计算的人均国民收入,国际美元
	10. 婴儿死亡率	每千例活产婴儿在1岁内的死亡率,‰	11. 婴儿死亡率	每千例活产婴儿在1岁内的死亡率,‰
	11. 平均预期寿命	新生儿平均预期寿命,岁	12. 人均能源消费	人均商业能源消费,千克石油当量
	12. 人均能源消费	人均商业能源消费,千克石油当量		

(续表)

二级指标	第二次现代化评价模型第一版(2001年版)		第二次现代化评价模型第二版(2012年新版)	
	三级指标和编号	指标解释和单位	三级指标和编号	指标解释和单位
经济质量	13. 人均国民收入	人均国民收入,美元	13. 人均国民收入	人均国民收入,美元
	14. 人均购买力	按购买力平价 PPP 计算的人均国民收入,国际美元	14. 单位 GDP 的能源消耗	单位 GDP 的能源消耗,千克石油当量/美元
	15. 物质产业增加值比例	农业和工业增加值占 GDP 的比例,%	15. 物质产业增加值比例	农业和工业增加值占 GDP 的比例,%
	16. 物质产业劳动力比例	农业和工业劳动力占总就业劳动力比例,%	16. 物质产业劳动力比例	农业和工业劳动力占总就业劳动力比例,%
基准值	高收入的国家和地区的平均值 2012年为75个高收入的国家和地区的平均值		高收入的 OECD 国家的平均值 2013年为32个高收入的 OECD 国家的平均值	

注:中国地区大学普及率为大学在校学生人数占 18～21 岁人口比例。

第二次现代化评价模型第二版与第一版相比,既有继承也有变化;主要特点是:增加知识产权和环境指标,减少重复性指标,关注知识创新和传播的质量,提高评价基准值。

(1) 不变部分(继承)

评价原理不变,二级指标不变,三级指标总数不变,13 个三级指标保留不变等。

(2) 变化部分

增加 3 个指标,包括 2 个知识产权指标和 1 个环境指标;减少 3 个指标,包括 2 个重复性指标(在第一次现代化评价和综合现代化评价中已经采用的指标)和 1 个数据不可获指标(电视普及率已经饱和,世界银行的世界发展指标已经不包括这个指标);调整 1 个指标,人均购买力指标从经济质量部分调到生活质量部分;提高评价标准,评价基准值从高收入国家和地区平均值提高到高收入 OECD 国家的平均值。

2. 评价模型

第二次现代化评价包括第二次现代化指数、知识创新指数、知识传播指数、生活质量指数、经济质量数和 16 个指标的评价,指标评价采用"比值法",指数评价采用算术平均值法,指标和指数采用等权重法。

$$\begin{cases} SMI = (KII + KTI + LQI + EQI)/4 \\ KII = \sum D_i/4 \quad (i = 1, 2, 3, 4) \\ KTI = \sum D_i/4 \quad (i = 5, 6, 7, 8) \\ LQI = \sum D_i/4 \quad (i = 9, 10, 11, 12) \\ EQI = \sum D_i/4 \quad (i = 13, 14, 15, 16) \\ D_i = 100 \times i_{实际值}/i_{基准值} \quad (正指标, D_i \leqslant 120) \\ D_i = 100 \times i_{基准值}/i_{实际值} \quad (逆指标, D_i \leqslant 120) \\ (i = 1, 2, 3, 4, 5, 6, 7, 8, 9, 10, 11, 12, 13, 14, 15, 16) \end{cases}$$

其中,SMI 是第二次现代化指数,KII 是知识创新指数,KTI 是知识传播指数,LQI 是生活质量指数,EQI 是经济质量指数,D_i 是第 i 号评价指标的发展指数($D_i \leqslant 120$,避免单个指标数值过高影响总评价结果);i 为 16 个评价指标的编号,从 1 到 16;$i_{实际值}$ 为 i 号指标的实际值,$i_{基准值}$ 为 i 号指标的基准值。16 个评价指标的基准值为最新年高收入 OECD 国家指标的平均值。

3. 评价方法

首先,检验评价指标的相关性。在地区现代化评价时,可以调整部分评价指标。

其次,确定评价的基准值,为最新年高收入 OECD 国家的平均值(发达国家平均值)。

其三,采用"比值法"计算单个指标的发展指数。单个指标的发展指数的最高值为 120 点(如果超过 120 点,取值 120 点),避免单个指标过高造成评价"失真"。

其四,采用"简单算术平均值"法,分别计算知识创新指数、知识传播指数、生活质量指数和经济质量指数。

其五,采用"简单算术平均值"法计算第二次现代化指数。

其六,评价的有效性。如果参加评估的有效指标个数占指标总数的比例低于 60%,则视为无效样本,不进行评价。

其七,评价的可比性。由于评价基准值不同,《中国现代化报告 2014~2015》和《中国现代化报告 2016》与前面的 13 本《报告》关于第二次现代化进程的评价结果,只具有相对可比性。

其八,评价误差。有些国家样本,统计数据不全,对评价结果有比较大的影响。

4. 第二次现代化的阶段评价

$$P_{SM} = (P_{物质产业增加值比例} + P_{物质产业劳动力比例})/2$$

$P_{物质产业增加值比例} = (3,2,1)$,根据实际值与标准值的比较判断阶段并赋值

$P_{物质产业劳动力比例} = (3,2,1)$,根据实际值与标准值的比较判断阶段并赋值

其中,P_{SM} 代表第二次现代化的阶段,$P_{物质产业增加值比例}$ 代表根据物质产业增加值比例判断的阶段的赋值,$P_{物质产业劳动力比例}$ 代表根据物质产业劳动力比例判断的阶段的赋值。

首先,筛选出处于第一次现代化过渡期和第二次现代化指数超过 60 的国家。

其次,根据这些国家信号指标实际值与标准值的比较,判断这些国家的阶段并赋值。

其三,计算赋值的平均值,判断第二次现代化的阶段。

第二次现代化阶段的信号指标的标准值和赋值见表 e。

表 e 第二次现代化信号指标的标准和赋值

阶段	物质产业增加值比例/(%)	物质产业劳动力比例/(%)	赋值	备注(前提条件)
成熟期	<20	<20%	3	
发展期	20~30,<30	20~30,<30	2	处于第一次现代化过渡期
起步期	30~40,<40	30~40,<40	1	第二次现代化指数高于 60
准备阶段	40~50,<50	40~50,<50	0	

注:进入第一次现代化过渡期和第二次现代化指数高于 60 的国家,才进一步判断第二次现代化阶段。

有些时候,可能是统计数据或者国家差异的原因,产业结构和就业结构的分析结果与现代化总体水平不协调,需要根据第二次现代化指数对发展阶段进行调整。

六、综合现代化指数的评价方法和评价指标

综合现代化指数,主要反映被评价对象的现代化水平与世界先进水平的相对差距。世界第一次现代化是经典的,第二次现代化是新的。随着第二次现代化的发展,综合现代化水平的评价指标和评价方法应该作相应的调整。何传启 2004 年提出综合现代化评价模型第一版,2012 年提出综合现代化评价模型第二版,包括评价指标和评价方法等。

1. 评价指标

综合现代化是两次现代化的协调发展。综合现代化评价,选择第一次现代化和第二次现代化的

共性指标,同时适用于发达国家和发展中国家,可以反映发达国家和发展中国家的相对水平。综合现代化水平评价包括经济、社会和知识三大类指标和12个具体指标(表f)。

表 f 综合现代化评价指标

二级指标	综合现代化评价模型第一版(2004年版)		综合现代化评价模型第二版(2012年新版)	
	三级指标和编号	指标解释和单位	三级指标和编号	指标解释和单位
经济发展	1. 人均国民收入	人均国民收入,美元	1. 人均国民收入	人均国民收入,美元
	2. 人均购买力	按购买力平价PPP计算的人均国民收入,国际美元	2. 人均制造业增加值	人均制造业增加值,美元
	3. 服务业增加值比例	服务业增加值占GDP比例,%	3. 服务业增加值比例	服务业增加值占GDP比例,%
	4. 服务业劳动力比例	服务业劳动力占总就业劳动力比例,%	4. 服务业劳动力比例	服务业劳动力占总就业劳动力比例,%
社会发展	5. 城镇人口比例	城镇人口占总人口比例,%	5. 城镇人口比例	城镇人口占总人口比例,%
	6. 医生比例	每千人口中的医生数,‰	6. 医生比例	每千人口中的医生数,‰
	7. 平均预期寿命	新生儿平均预期寿命,岁	7. 生活水平	按购买力平价PPP计算的人均国民收入,国际美元
	8. 生态效益(能源使用效率)	人均GDP/人均能源消费,美元/千克标准油	8. 能源使用效率	人均GDP/人均能源消费,美元/千克标准油
知识发展	9. 知识创新经费投入	研究与发展经费占GDP的比例(R&D经费/GDP),%	9. 知识创新经费投入	人均研究与发展经费投入,美元
	10. 知识创新专利产出	居民申请发明专利数/万人,项/万人	10. 人均知识产权费用	人均知识产权贸易(人均知识产权进口和出口总值),美元
	11. 大学普及率	在校大学生人数占适龄人口(一般为20~24岁)比例,%	11. 大学普及率	在校大学生人数占适龄人口(一般为20~24岁)比例,%
	12. 互联网宽带普及率	互联网用户/百人,%	12. 互联网宽带普及率	互联网用户/百人,%
参考值	高收入的国家和地区的平均值 2012年为75个高收入的国家和地区的平均值		高收入的OECD国家的平均值 2012年为32个高收入的OECD国家的平均值	

注:中国地区大学普及率为大学在校学生人数占18~21岁人口比例。

综合现代化评价模型第二版与第一版相比,既有变化,也有不变;主要特点是:增加知识产权和制造业指标,减少重复性指标,关注社会和知识发展的质量,提高评价的参考值。

(1) 不变部分(继承)

评价原理不变,二级指标不变,三级指标总数不变,9个三级指标保留不变等。

(2) 变化部分

增加3个指标,包括1个知识产权指标、1个社会指标和1个环境指标;减少3个重复性指标(在第一次现代化评价或第二次现代化评价中已经采用的指标);提高评价标准,评价参考值从高收入国家和地区平均值提高到高收入OECD国家的平均值。

2. 评价模型

综合现代化指数评价,要选择两次现代化的典型特征指标和两次现代化都适用的指标作为评价指标。综合现代化评价包括经济、社会和知识等三大类指标和12个具体指标。

$$\begin{cases} \text{IMI} = (\text{EI} + \text{SI} + \text{KI})/3 \\ \text{EI} = \sum D_i/4 \quad (i = 1,2,3,4) \\ \text{SI} = \sum D_i/4 \quad (i = 5,6,7,8) \\ \text{KI} = \sum D_i/4 \quad (i = 9,10,11,12) \\ D_i = 100 \times i_{\text{实际值}}/i_{\text{参考值}} \quad (\text{正指标}, D_i \leqslant 100) \\ D_i = 100 \times i_{\text{参考值}}/i_{\text{实际值}} \quad (\text{逆指标}, D_i \leqslant 100) \\ (i = 1,2,3,4,5,6,7,8,9,10,11,12) \end{cases}$$

其中,IMI 是综合现代化指数,EI 是经济发展指数,SI 是社会发展指数,KI 是知识发展指数,D_i 是第 i 号评价指标的相对发展水平($D_i \leqslant 100$);i 为 12 个评价指标的编号,从 1 到 12;$i_{\text{实际值}}$ 为 i 号指标的实际值,$i_{\text{参考值}}$ 为 i 号指标的参考值。12 个评价指标的参考值为当年高收入 OECD 国家(发达国家)指标的平均值。

3. 评价方法

首先,检验评价指标的相关性。在地区现代化评价时,可以调整部分评价指标。

其次,确定评价的参考值,为当年高收入 OECD 国家(发达国家)的平均值。

其三,采用"比值法"计算单个指标的发展水平。单个指标的发展水平的最高值为 100 点(如果超过 100 点,取值 100 点),达到 100 点表明该指标已经达到世界前沿水平。

其四,采用"简单算术平均值"法,分别计算经济发展、社会发展和知识发展指数。

其五,采用"简单算术平均值"法计算综合现代化水平。

其六,评价的有效性。如果参加评估国家,有效指标个数占指标总数的比例低于 60%,则视为无效样本,不进行评价。有效指标的多少,对评价结果有比较大影响。

七、服务业现代化指数的评价方法和评价指标

服务业现代化水平评价的原理是:根据广义服务业现代化理论,选择代表服务业现代化典型特征的关键指标,建立服务业现代化的评价模型。

服务业现代化水平评价包括服务内容、服务质量和服务治理评价(图 b)。

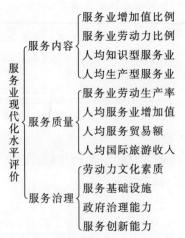

图 b 服务业现代化水平评价的内容

1. 服务业现代化水平评价的模型

服务业现代化水平评价的基本模型为:服务业现代化水平等于服务内容、服务质量和服务治理的

相对水平的算术平均值；服务业现代化指数等于服务内容指数、服务质量指数和服务治理指数的算术平均值；它的数学模型如下：

$$\begin{cases} \text{SMLI} = (I_\text{C} \times I_\text{Q} \times I_\text{M})/3 \\ I_\text{C} = (\sum C_i)/N_\text{C} \quad (i=1,2,\cdots,N_\text{C}) \\ I_\text{Q} = (\sum Q_k)/N_\text{Q} \quad (k=1,2,\cdots,N_\text{Q}) \\ I_\text{M} = (\sum M_j)/N_\text{M} \quad (j=1,2,\cdots,N_\text{M}) \\ C_i = 100 \times i_{\text{实际值}} \div i_{\text{标准值}} \quad (\text{正指标}, C_i \leqslant 120) \\ C_i = 100 \times i_{\text{标准值}} \div i_{\text{实际值}} \quad (\text{逆指标}, C_i \leqslant 120) \\ Q_k = 100 \times k_{\text{实际值}} \div k_{\text{标准值}} \quad (\text{正指标}, Q_k \leqslant 120) \\ Q_k = 100 \times k_{\text{标准值}} \div k_{\text{实际值}} \quad (\text{逆指标}, Q_k \leqslant 120) \\ M_j = 100 \times j_{\text{实际值}} \div j_{\text{标准值}} \quad (\text{正指标}, M_j \leqslant 120) \\ M_i = 100 \times j_{\text{标准值}} \div j_{\text{实际值}} \quad (\text{逆指标}, M_i \leqslant 120) \end{cases}$$

其中，SMLI为服务业现代化指数；I_C 为服务内容指数，I_Q 为服务质量指数，I_M 为服务治理指数；C_i 为服务内容第 i 项指标的指数，i 为服务内容评价指标的编号，N_C 为服务内容评价指标的总个数；Q_k 为服务质量第 k 项指标的指数，k 为服务质量评价指标的编号，N_Q 为服务质量评价指标的总个数；M_j 为服务治理第 j 项指标的指数，j 为服务治理评价指标的编号，N_M 为服务治理评价指标的总个数。

各项指数的取值小于或等于120，各个指标实际值为它的实际值，标准值为当年高收入国家该项指标的平均值。

2. 服务业现代化阶段评价的模型

第一次服务业现代化的阶段评价。第一次服务业现代化过程是服务业机械化、电气化和自动化过程，可用服务业增加值比例、服务业劳动力比例、服务业与农业增加值之比、服务业与农业劳动力之比和服务业现代化指数作为第一次服务业现代化的信号指标。

第一次服务业现代化发展阶段的评价模型和信号指标的分段标准（表4-2）。

$$\begin{cases} P_\text{fsm} = \sum(P_{\text{服务业增加值比例}}, P_{\text{服务业劳动力比例}}, P_{\text{服农业增加值之比}}, P_{\text{服农业劳动力之比}}, \text{SMLI}) \\ P_{\text{服务业增加值比例}} = (4,3,2,1,0)，根据实际值与标准值的比较判断发展阶段并赋值 \\ P_{\text{服务业劳动力比例}} = (4,3,2,1,0)，根据实际值与标准值的比较判断发展阶段并赋值 \\ P_{\text{服农业增加值之比}} = (4,3,2,1,0)，根据实际值与标准值的比较判断发展阶段并赋值 \\ P_{\text{服农业劳动力之比}} = (4,3,2,1,0)，根据实际值与标准值的比较判断发展阶段并赋值 \\ \text{SMLI} = (4,3,2)，根据实际值与标准值的比较判断发展阶段并赋值 \end{cases}$$

其中，P_fsm 代表第一次服务业现代化发展阶段，$P_{\text{服务业增加值比例}}$ 代表根据服务业增加值比例判断的发展阶段，$P_{\text{服务业劳动力比例}}$ 代表根据服务业劳动力比例判断的发展阶段，$P_{\text{服农业增加值之比}}$ 代表根据服务业与农业增加值之比判断的发展阶段，$P_{\text{服农业劳动力之比}}$ 代表根据服务业与农业劳动力之比判断的发展阶段，SMLI代表根据服务业现代化指数判断的发展阶段。

第二次服务业现代化发展阶段的评价模型：

$$\begin{cases} P_{\text{ssm}} = \sum(P_{\text{服务业增加值比例}}, P_{\text{服务业劳动力比例}}, P_{\text{服农业增加值之比}}, P_{\text{服农业劳动力之比}}, \text{SMLI}) \\ P_{\text{服务业增加值比例}} = (7,6,5), 根据实际值与标准值的比较判断发展阶段并赋值 \\ P_{\text{服务业劳动力比例}} = (7,6,5), 根据实际值与标准值的比较判断发展阶段并赋值 \\ P_{\text{服农业增加值之比}} = (7,6,5), 根据实际值与标准值的比较判断发展阶段并赋值 \\ P_{\text{服农业劳动力之比}} = (7,6,5), 根据实际值与标准值的比较判断发展阶段并赋值 \\ \text{SMLI} = (7,6,5), 根据实际值与标准值的比较判断发展阶段并赋值 \end{cases}$$

其中,P_{ssm}代表第二次服务业现代化发展阶段,$P_{\text{服务业增加值比例}}$代表根据服务业增加值比例判断的发展阶段,$P_{\text{服务业劳动力比例}}$代表根据服务业劳动力比例判断的发展阶段,$P_{\text{服农业增加值之比}}$代表根据服务业与农业增加值之比判断的发展阶段,$P_{\text{服农业劳动力之比}}$代表根据服务业与农业劳动力之比判断的发展阶段,SMLI代表根据服务业现代化指数判断的发展阶段。

3. 服务业现代化水平评价的标准

服务业现代化评价以当年高收入国家指标平均值为基准值(表 g)。

表 g 服务业现代化水平评价指标的标准值

	指标和单位	1980	1990	2000	2010	2013
服务内容	服务业增加值比例/(%)	58.1	69.3	70.5	73.6	73.9
	服务业劳动力比例/(%)	58.2	60.1	66.8	72.4	70.6
	人均知识型服务业/美元*	612	2795	3818	6892	7455
	人均生产型服务业/(吨·千米)**	20.5	40	79.8	108	101
服务质量	服务业劳动生产率/美元	23 943	42 716	48 686	70 705	77 435
	人均服务业增加值/美元	5635	13 385	14 388	23 097	24 874
	人均服务贸易/美元	586	1234	1973	4532	5343
	人均国际旅游收入/美元	—	179	268	515	628
服务治理	受过高等教育的劳动力比例/(%)	24.6	24.6	28.1	32.7	34.5
	互联网宽带普及率/(%)	25.1	0.23	1.6	23.8	27.3
	商品出口通关时间/天	—	—	14.1	13.4	12.7
	R&D经费占GDP比例/(%)	1.6	2.0	2.3	2.4	2.4

注:* 人均知识型服务业用人均科技、教育和卫生经费代替,** 人均生产型服务业用人均航空货运量代表。数值为当年高收入国家或前20个服务业发达国家的平均值。1980年的互联网宽带普及率用电话普及率代替,1980年接受过高等教育的劳动力比例用1990年的数据代替。

4. 中国地区服务业现代化评价结构模型

由于中国地区服务业统计数据有限,中国地区服务业现代化评价采用简化模型(表 h)。

表 h 中国地区服务业现代化的评价结构

	指标和单位	单位	性质
服务内容	服务业增加值比例	%	正指标
	服务业劳动力比例	%	正指标
	人均知识型服务业*	美元	正指标
	人均生产型服务业**	吨·千米	正指标
服务质量	服务业劳动生产率	美元	正指标
	人均服务业增加值	美元	正指标
	人均服务贸易	美元	正指标
	人均国际旅游收入	美元	正指标
服务治理	受过高等教育的劳动力比例	%	正指标
	互联网宽带普及率	%	正指标
	商品出口通关时间***	天	逆指标
	R&D 经费占 GDP 比例	%	正指标

注:* 人均知识型服务业用人均科技、教育和卫生经费代替,** 人均生产型服务业用人均航空货运量代表。*** 商品出口贸易通关时间,各地区数据都用全国数据统一替代。

参 考 文 献

阿哈罗尼,纳查姆. 2013. 服务业全球化:理论与实践启示. 康昕昱,译. 上海:格致出版社.
贝尔. 1997. 后工业社会的来临——对社会预测的一项探索. 高銛,王宏周,魏章玲,译. 北京:新华出版社.
边疆. 2001. 美国服务业现状和发展趋势. 全球科技经济瞭望,9:45—48.
布莱克. 1989[1966]. 现代化的动力:一个比较史的研究. 景跃进,张静,译. 杭州:浙江人民出版社.
陈凯. 2009. 服务业内部结构高级化研究. 北京:经济科学出版社.
陈伟达. 2013. 现代服务业区域协调发展研究. 北京:科学出版社.
陈宪,殷凤,程大中. 2012. 中国经济发展报告 2012. 上海:上海交通大学出版社.
陈宪. 2010. 服务的微观经济分析. 北京:经济管理出版社.
陈禹,谢康. 1998. 知识经济的测度理论与方法. 北京:中国人民大学出版社.
程大中. 2010. 中国服务业与经济增长:一般均衡模型及其经验研究. 世界经济. 10:25—41.
程德荣. 1990. 美国服务业战后发展本质问题新探. 复旦学报(社会科学版),5:81—85.
代文. 2009. 现代服务业集群的形成与发展研究. 北京:光明日报出版社.
德劳内,盖雷. 2011[1987]. 服务经济思想史:三个世纪的争论. 江小涓,译. 上海:格致出版社,上海人民出版社.
邓于君. 2010. 服务业结构演进:内在机理与实证分析. 北京:科学出版社.
段杰. 2014. 生产性服务业发展与区域经济增长研究. 北京:清华大学出版社.
费利,罗萨蒂,特里亚. 2012. 服务业生产率与增长. 李蕊 译. 上海:格致出版社,上海人民出版社.
费希尔. 2011[1935]. 安全与进步的冲突.
冯华,孙蔚然. 2010. 服务业发展评价指标体系与中国各省区发展水平研究. 东岳论丛,31(12):5—9.
富克斯. 1987. 服务经济学. 许微云,等,译. 北京:商务印书馆.
盖雷,加卢. 2012. 服务业的生产率、创新与知识——新经济与社会经济方法. 李辉,王朝阳,姜爱华,译. 上海:格致出版社.
高涤陈,白景明. 1990. 服务经济学. 郑州:河南人民出版社.
高新民,安筱鹏. 2010. 现代服务业:特征、趋势和策略. 杭州:浙江大学出版社.
葛坚松. 2007. 美国服务业发展经验及其启示. 江南论坛,3:37—39.
顾乃华,毕斗斗,任旺兵. 2006. 生产性服务业与制造业互动发展:文献综述. 经济学家. 6:33—40.
关权. 2014. 发展经济学. 北京:清华大学出版社.
国家统计局服务业调查中心课题组. 2009. 服务业发展水平的综合评价. 中国统计,(6):9—10.
哈特利. 2007. 创意产业读本. 曹书乐,包建女,李慧,译. 北京:清华大学出版社.
何传启. 1999. 第二次现代化——人类文明进程的启示. 北京:高等教育出版社.
何传启. 2003. 东方复兴:现代化的三条道路. 北京:商务印书馆.
何传启. 2010. 现代化科学:国家发达的科学原理. 北京:科学出版社.
何传启. 2011. 第六次科技革命的战略机遇. 北京:科学出版社.
何传启. 2012. 第六次科技革命的战略机遇. 2 版. 北京:科学出版社.
何传启. 2012. 中国现代化报告 2012:农业现代化研究. 北京:北京大学出版社.
何传启. 2013. 第二次现代化理论:人类发展的世界前沿和科学逻辑. 北京:科学出版社.
何传启. 2015. 中国现代化报告 2014~2015:工业现代化研究. 北京:北京大学出版社.
何德旭,夏杰长. 2009. 服务经济学. 北京:中国社会科学出版社.
赫斯蒙德夫. 2007. 文化产业. 张菲娜,译. 北京:中国人民大学出版社.

胡福明. 1994. 中国现代化的历史进程. 合肥:安徽人民出版社.
胡宗彪. 2014. 企业异质性、贸易成本与服务业生产率. 数量经济技术经济研究,7:68—84.
黄国胜. 2003. 美国服务业的发展及其启示. 现代经济探讨,2:67—70.
黄少军. 2000. 服务业与经济增长. 北京:经济科学出版社.
江小涓,李辉. 2004. 服务业与中国经济:相关性和加快增长的潜力. 经济研究,1:1—15.
江小涓,薛澜. 2011. 服务经济译丛. 上海:上海人民出版社,格致出版社.
江小涓. 2014. 服务经济:理论演进与产业分析. 北京:人民出版社.
金璟东,张德明. 2005. 现代化和现代性——韩国现代化的另一种观点. 世界历史,5:93—101.
金梅,张冀民,杨琪. 2012. 基于集群视角的甘肃现代服务业发展研究. 北京:科学出版社.
库恩. 2004[1962]. 科学革命的结构. 金吾伦,胡新,译. 北京:北京大学出版社.
库兹涅茨. 1999. 各国经济的增长. 常勋,等,译. 北京:商务印书馆.
劳理·杨. 2009. 从产品到服务:企业向服务经济转型指南. 北京:机械工业出版社.
雷小清. 2014. 服务业信息化研究. 北京:科学出版社.
李江帆,黄少军. 2001. 世界第三产业与产业结构演变规律的分析. 经济理论与经济管理,2:29—34.
李强. 2014. 中国服务业统计与服务业发展. 北京:中国统计出版社.
李文秀,谭力文. 2008. 服务业集聚的二维评价模型及实证研究——以美国服务业为例. 中国工业经济,(4):55—63.
李鲜朝,李宝仁. 2007. 现代服务业评价指标体系与方法研究. 北京:中国经济出版社.
李艳华,柳卸林,刘建兵. 2009. 现代服务业创新能力评价指标体系的构建及应用. 技术经济,(2):1—6.
李莹,熊涓. 2007. 日本、韩国服务业、服务贸易的发展及对中国的启示. 学术交流,10:98—100.
李勇坚,夏斐. 2013. 中韩服务业发展比较. 中国国情国力,1:15—17.
李勇坚,夏杰长 等. 2009. 制度变革与服务业成长. 北京:中国经济出版社.
刘建兵,柳卸林. 2009. 服务业创新体系研究. 北京:科学出版社.
刘顺忠. 2008. 知识密集型服务业在知识系统中作用机理研究. 北京:科学出版社.
鲁若愚. 2010. 多主体参与的服务创新. 北京:科学出版社.
罗荣渠,牛大勇. 1992. 中国现代化历程的探索. 北京:北京大学出版社.
罗荣渠. 1990. 从西化到现代化. 北京:北京大学出版社.
罗荣渠. 1993. 现代化新论. 北京:北京大学出版社.
马克卢普. 2007. 美国的知识生产与分配. 孙耀君,译. 北京:中国人民大学出版社.
迈耶,西尔斯. 1995[1984]. 发展经济学的先驱. 谭崇台,译. 北京:经济科学出版社.
麦迪森. 2003[2001]. 世界经济千年史. 伍晓鹰,许宪春,叶燕斐,施发启,译. 北京:北京大学出版社.
米切尔. 2002. 帕尔格雷夫世界历史统计:欧洲卷(1750—1993)(第4版). 北京:经济出版社.
南达. 2003. 专业服务业. 李晓光,等 译. 北京:中国人民大学出版社.
诺思. 1992[1981]. 经济史上的结构和变革. 厉以平,译. 北京:商务印书馆.
诺斯. 1999. 制度、制度变迁与经济绩效. 上海:格致出版社,上海三联出版社.
派恩二世,吉尔摩. 2002. 体验经济. 夏业良,鲁炜,译. 北京:机械工业出版社.
潘海岚. 2011. 服务业发展水平的评价指标的构建. 统计与决策,(3):23—25.
佩鲁. 1987[1979]. 新发展观. 张宁,丰子义,译. 北京:华夏出版社.
朴昌根. 2007. 韩国现代化模式:产业化与民主化并驾齐驱. 韩国研究论丛,2:13—30.
任英华,邱碧槐,朱凤梅. 2009. 现代服务业发展评价指标体系及其应用. 统计与决策,13:31—33.
申静,黎婷. 2006. 我国知识型服务业的发展现状分析. 情报理论与实践,29(5):531—535.
孙欣. 2002. 知识型服务业的发展及特征分析. 现代管理科学. 10:54—55.
陶永宽,葛伟民,陈家海,章秀文. 1988. 服务经济学. 上海:上海社会科学院出版社.
田秀杰. 2014. 区域服务业发展评价指标体系的建立与测算研究. 统计与咨询,(3):19—21.
汪林茂. 1998. 中国走向近代化的里程碑. 北京:机械工业出版社.

王建玲. 2012. 服务品牌延伸的灰色评估模型及应用. 北京:科学出版社.

王汝强,祁一平. 2006. 近年韩国现代化研究述评. 黑龙江社会科学,4:154—156.

王小平,李素喜. 2008. 工业化与服务业发展——区域服务业竞争与合作发展研究. 北京:人民出版社.

王仰东,谢明林,安琴,赵公民. 2011. 服务创新与高技术服务业. 北京:科学出版社.

魏江,陶颜,王琳. 2007. 知识密集型服务业的概念与分类研究. 中国软科学. 1:33—41.

吴士元. 2003. 我国省级服务业竞争力的综合评价. 统计与决策,10:57—58.

夏杰长. 2014. 中国服务业发展报告 2014. 北京:社会科学文献出版社.

徐学军. 2008. 助推新世纪的腾飞:中国生产性服务业巡礼. 北京:科学出版社.

许宪春. 2004. 中国服务业核算及其存在的问题研究. 统计研究,7:3—14.

杨珂玲,蒋杭,张志刚. 2014. 基于 TOPSIS 法的我国现代服务业发展潜力评价研究. 软科学,(3):130—134,144.

于丹,李江帆. 2009. 服务经济"稳定器"作用研究. 北京:经济科学出版社.

俞梅珍. 2002. 服务业与当代国际经济竞争. 北京:中国物资出版社.

虞和平. 2002. 中国现代化历程. 南京:江苏人民出版社.

原毅军,陈艳莹. 2011. 中国高端服务业发展研究. 北京:科学出版社.

原毅军,刘浩. 2009. 中国制造业服务外包与服务业劳动生产率的提升. 中国工业经济,5:67—76.

原毅军. 2014. 服务创新与服务业的升级发展. 北京:科学出版社.

曾世宏,郑江淮,丁辉关. 2010. 国外服务业生产率研究:一个文献综述. 产业经济评论,9(2):138—159.

詹森. 2013[2006]. 服务经济学. 史先诚,译. 北京:中国人民大学出版社.

张培刚. 2001. 发展经济学教程. 北京:经济科学出版社.

张蕊. 2012. 美国服务业发展经验及对我国的启示. 对外经贸,1:45—47.

赵德馨. 2003. 中国近现代经济史. 郑州:河南人民出版社.

郑吉昌. 2005. 服务经济论. 北京:中国对外经济贸易出版社.

中国现代化战略研究课题组等. 2004. 中国现代化报告 2004:地区现代化之路. 北京:北京大学出版社.

中国现代化战略研究课题组等. 2005. 中国现代化报告 2005:经济现代化研究. 北京:北京大学出版社.

中国现代化战略研究课题组等. 2009. 中国现代化报告 2009:文化现代化研究. 北京:北京大学出版社.

周丹,魏江. 2015. 知识型服务业与制造业互动——机理与路径. 杭州:浙江大学出版社.

周积明. 1996. 最初的机缘:中国早期现代化研究. 北京:高等教育出版社.

朱高峰. 2015. 现代服务业培育与发展报告研究. 北京:科学出版社.

Adendorff A, R. Donaldson. 2012. Knowledge-based service industry in a South African university town: The case of Stellenbosch. Development Southern Africa, 29(3): 418—433.

Adorno T, Horkheimer M. 1944. The culture industry: enlightenment as mass deception. http://faculty.georgetown.edu/irvinem/theory/Adorno-Horkheimer-Culture-Industry.pdf.

Adorno T, Horkheiner M. 1947. Dialectic of Enlightenment. London: Verso.

Ali S, S. Abdelhak-Djamel. 2012. Evolution approaches towards a service oriented architecture. 2012 International Conference on Multimedia Computing And Systems (Icmcs): 687—692.

BEA. 2015. Industry Economic Accounts. http://www.bea.gov/industry/index.htm.

Bakker B. F. M. 1998. The conceptual development of a classification of services. http://www.voorburggroup.org/Documents/1998%20rome/paper/1998-050.pdf.

Beck U, Giddens A, Lash S. 1994. Reflexive Modernization: Politics, Tradition and Aesthetics in the Modern Social Order. Standord, California: Standford University Press.

Beck U. 1992 [1986]. Risk Society: Toward a New Modernity. London: Sage.

Bell D. 1973. The Coming of Postindustrial Society. New York: Penguin.

Beyers W. B. 2012. The service industry research imperative. Service Industries Journal, 32(4): 657—682.

Birasnav M. 2014. Knowledge management and organizational performance in the service industry: The role of transformational leadership beyond the effects of transactional leadership. Journal of Business Research 67(8): 1622—1629.

Black C E. 1966. The Dynamics of Modernization: a Study in Comparative History. New York, Evanston, and London: Harper & Row, Publishers.

Black C E. 1976. Comparative Modernization: a Reader. New York: The Free Press.

Clark C. 1960. The Conditions of Economic Progress. London: Macmillan&Co. Lit.

Crook S, Pakulski J, Waters M. 1992. Post-modernization: Change in Advanced Society. London: Sage.

Dawson R. 2000. Developing Knowledge-based Client Relationships: the Future of Professional Services. Butterworth Heinemann, Burlington.

De Backer K, Desnoyers-James I, Moussiegt L. 2015. Manufacturing or services—that is (not) the question: the role of manufacturing and services in OECD economies. OECD Science, Technology and Industry Policy Papers, No. 19, OECD Publishing.

Eichengreen B, Gupta P. The Two Waves of Services Sector Growth. NBER Working Paper Series No 14968.

European Commission. 2006. The Economy of Culture in Europe. Belgium: Luxembourg.

Florida R, Tinagli I. 2004. Europe in the Creative Age. www.creativeclass.com/rfcgdb/articles/Europe_in_the_Creative_Age_2004.pdf.

Francisco J, Joseph P. 2009. The Rise of the Service Economy. NBER Working Paper Series No 14882.

Fuchs V R. 1968. The Service Economy. New York: Columbia University Press.

Gallaher M. P, et al. 2006. Innovation in the U.S. Service Sector. New York: Routledge.

Garcia M, et al. 2014. A cost-benefit ergonomics methodology applied to service industry with digital human modeling. European Journal of Industrial Engineering 8(4): 533—553.

Gordon J C, Beily-ORRin H. 2006. International Measurement of the Economic and Social Importance of Culture. Paris: OECD.

Inglehare R. 1997. Modernization and Postmodernization: Cultural, Economic and Political Change in 43 Societies. Princeton: Princeton University Press.

ISO/IEC. 2008. ISO/IEC Guide 76. Development of Service Standards— Recommendations for Addressing Consumer Issues. https://www.iso.org/obp/ui/#iso:std:iso-iec:guide:76:ed-1:v2:en

Jack E Triplett, Barry P Bosworth. 2004. Productivity in the U.S. Service Sector: New Source of Economic Growth. Washington: Brookings Institution Press.

Johns N, D. Lee-Ross. 1998. Research Methods in Service Industry Management. London, New York: Cassell.

Lee K, et al. 2013. Developing a competitive international service strategy: a case of international joint venture in the global service industry. Journal of Services Marketing, 27(3): 245—255.

Liu S H. 2011. Modern service industry in Tianjin: problem, system construction and measures. Education and Management, 210: 185—191.

O'Connor J. 2007. The Cultural and Creative Industries: A literature review. http://www.creativitycultureeducation.org/research-impact/literature-reviews/.

OECD. 1996. The Knowledge-based Economy. Paris: OECD.

OECD. 1999. Promoting Innovation and Growth in Services. Working Paper DSTI/STP/TIP: 4, Paris.

OECD. 2000. The service economy. Business and Industry Policy Forum Series.

OECD. 2001. Innovation and productivity in services. The Joint OECD-Australia Workshop on Innovation and Productivity in Services.

OECD. 2005. Enhancing the Performance of the Services Sector. ISBN 92-64-01029-7.

OECD. 2005. Trade and Structural Adjustment: Embracing Globalisation. ISBN 92-64-01096-3.

OECD. 2009. Guide to Measuring the Information Society. Paris: OECD.

OECD. 2013. Science, Technology and Industry Scoreboard. Paris: OECD.

OECD. 2013. Green Innovation in Tourism Services. OECD Tourism Papers, 2013/01.

OECD. 2015. Dataset: STAN Database for Structural Analysis (ISIC Rev. 4). http://stats.oecd.org/Index.aspx?DataSetCode=STANI4.

Rostow W W. 1960. The Stages of Economic Growth: a Non-communist Manifesto. Cambridge: Cambridge University Press.

Sahoo D. Indian Institute of Management Ahmedabad. 2007. Loyalty Programme Applications in Indian Service Industry. Ahmedabad, Indian Institute of Management.

Seo H J, et al. 2013. Technological change and service industry market share. Journal of Korea Trade, 17(3): 1—28.

Statistics Canada. Services Science and Technology Division. 1992. Service industries bulletin. Ottawa, Statistics Canada.

Stebbing L. 1994. Quality Management in the Service Industry. New York: Ellis Horwood.

UNCTAD. 2008. Creative Economy Report 2008: the Challenge of Assessing the Creative Economy towards Informed Policy-making. New York: United Nations.

UNESCO. 1982. Cultural Industries: a Challenge for the Future of Culture. Paris: UNESCO.

UNESCO. 2009. Framework for Cultural Statistics. Montreal: UNESCO.

Weber R H, Burri M. 2012. Classification of Services in the Digital Economy. Social Science Electronic Publishing. New York: Springer.

Whitfield R I, Duffy A H B. 2013. Extended revenue forecasting within a service industry. International Journal of Production Economics, 141(2): 505—518.

WIPO. 2015. Guide on Surveying the Economic Contribution of the Copyright Industries (Revised Edition). Geneva: WIPO.

World Bank. 2015. World Development Indicators Database. http://databank.worldbank.org/data/reports.aspx?source=world-development-indicators

Wölfl A. 2005. The Service Economy in OECD Countries. OECD Science, Technology and Industry Policy Papers, DSTI/DOC(2005)3. Paris: OECD.

数据资料来源

本《报告》的统计数据和资料主要来自世界组织、有关国家和地区的官方统计出版物。如果没有相关世界组织、国家和地区的统计专家和工作人员通过长期的、艰苦的、系统的努力而积累的高质量的统计数据,本《报告》是无法完成的。特此向她们表示最诚挚的感谢!

本《报告》的数据资料来源主要包括:

国家统计局、国家科技部. 中国科技统计年鉴,1991～2014. 北京:中国统计出版社

国家统计局. 中国能源统计年鉴,1991～2014. 北京:中国统计出版社

国家统计局. 中国统计年鉴,1982～2015. 北京:中国统计出版社

李晓超. 新中国六十年统计资料汇编,2010. 北京:中国统计出版社

BEA. 2015. Industry Economic Accounts. http://www.bea.gov/industry/index.htm.

BEA. 2015. Industry Data. Interactive Access to Industry Economic Accounts Data: GDP by Industry. http://www.bea.gov/iTable/iTable.cfm? ReqID=51&step=1#reqid=51&step=2&isuri=1.

BEA. 2015. National Data. National Income and Product Accounts Tables. Income and Employment by Industry. http://www.bea.gov/iTable/iTable.cfm? ReqID=9&step=1#reqid=9&step=1&isuri=1.

International Labor Office. Yearbook of Labor Statistics,1945～2009. http://www.ilo.org/

UNIDO. 2014. Manufacturing Value Added Database 2014.

http://www.unido.org/en/resources/statistics/statistical-databases.html.

OECD. 2000. OECD Historical Statistics 1970—1999. Paris: OECD.

OECD. 2015. Industry and services /Structural Analysis (STAN) Database. http://stats.oecd.org/

UNCTAD. World Investment Report, 1997～2012. New York and Geneva: United Nations.

UNDP. Human Development Report, 1990～2015. http://www.undp.org/

United Nations. Statistics Yearbook, 1951～2010. New York: United Nations.

World Bank. World Development Indicators,1997～2015. Washington D.C.: World Bank

World Bank. World Development Indicators 2015. http://databank.worldbank.org/data/home.aspx.

World Bank. World Development Report,1978～2015. Washington D.C.: World Bank.

World Resources Institute, et al. World Resources 1986—2005. http://www.wri.org/

World Trade Organization. International Trade Statistics, 2003～2005. Geneva: WTO.

附 录

附录一　服务业现代化评价的数据集

附表1-1　国际行业分类(建议版)的总体结构 …………………………………………… 280
附表1-1-1　国际行业分类(建议版)的具体结构 ………………………………………… 281
附表1-2　服务业现代化的分析指标 ………………………………………………………… 296
附表1-2-1　服务业的分类 …………………………………………………………………… 300
附表1-3-1　2013年世界服务业现代化指数 ………………………………………………… 301
附表1-3-2　2013年世界服务业现代化指标指数 …………………………………………… 303
附表1-3-3　2013年世界服务业现代化指标数值 …………………………………………… 305
附表1-3-4　1980~2013年世界服务业现代化指数和排名 ………………………………… 307
附表1-3-5　1980~2013年世界服务业现代化的发展阶段和国家分组 …………………… 309
附表1-4-1　2013年中国地区服务业现代化指数 …………………………………………… 311
附表1-4-2　2013年中国地区服务业现代化指标指数 ……………………………………… 312
附表1-4-3　2013年中国地区服务业现代化指标数值 ……………………………………… 313
附表1-4-4　2000~2013年中国地区服务业现代化的指数和排名 ………………………… 314

附表1-1 国际行业分类(建议版)的总体结构

序号	国际行业分类(建议版)的总体结构					国际标准行业分类(4.0版)的对照	
	产业	集群	门类	类	说明	门类	类
1	物质产业	农业	A	01—03	农业、林业及渔业	A	01—03
2		工业	B	05—09	采矿和采石	B	05—09
3			C	10—33	制造业	C	10—33
4			D	34—36	建筑业	F	41—43
5			E	37—38	公共事业	D	35—36
6			F	39—41	环境治理	E	37—39
7	服务产业	流通服务	G	42—44	批发和零售业	G	45—47
8			H	45—49	运输和储存	H	49—53
9			I	50—51	食宿服务	I	55—56
10			J	52—53	房地产和租赁	L	68、77
11		其他服务	K	54—56	其他个人和家庭服务	S、T	96—98
12			L	57—59	其他的劳务服务	N	80—81
13	知识产业	人类服务	M	60	科学研发	M	72
14			N	62	教育	P	85
15			O	63—68	信息和交流	J	58—63
16			P	70—73	艺术、娱乐和文娱	R	90—93
17			Q	75	旅行	N	79
18			R	76—78	健康和社会帮助	Q	86—88
19		基本服务	S	80—82	金融和保险	K	64—66
20			T	84—90	专业和技术活动	M	69—71、73—75、95
21			U	92—93	行政和辅助活动	N	78、82
22			V	95	公共管理和社会安全	O	84
23			W	97	成员组织的活动	S	94
24			X	99	国际组织的活动	U	99

附表 1-1-1　国际行业分类（建议版）的具体结构

序号	国际行业分类（建议版）							国际标准行业分类（4.0版）	
	产业	聚类	门类	类	大组	组	说明	门类和组号	大组号
1	物质产业						物质产业		
2		农业					农业		
3			A				农业、林业及渔业	A	
4				01			作物和牲畜生产、狩猎和相关服务活动	类01	
5					011		非多年生作物的种植		011
6						0111	谷类（水稻除外）、豆类和油籽类作物的种植	0111	
7						0112	水稻的种植	0112	
8						0113	蔬菜、瓜类、根类、茎类的种植	0113	
9						0114	甘蔗的种植	0114	
10						0115	烟草的种植	0115	
11						0116	纤维作物的种植	0116	
12						0119	其他非多年生作物的种植	0119	
13					012		多年生作物的种植		012
14						0121	葡萄的种植	0121	
15						0122	热带和亚热带水果的种植	0122	
16						0123	柑橘属水果的种植	0123	
17						0124	仁果类和核果类的种植	0124	
18						0125	其他树木、灌木水果及坚果类的种植	0125	
19						0126	含油水果的种植	0126	
20						0127	饮料作物的种植	0127	
21						0128	调味料、香料及药用作物的种植	0128	
22						0129	其他多年生作物的种植	0129	
23					013	0130	植物繁殖	0130	013
24					014		牲畜生产		014
25						0141	奶牛和水牛的饲养	0141	
26						0142	马和其他马类动物的饲养	0142	
27						0143	骆驼和骆驼科动物的饲养	0143	
28						0144	绵羊和山羊的饲养	0144	
29						0145	猪的饲养	0145	
30						0146	家禽的饲养	0146	
31						0149	其他动物的饲养	0149	
32					015	0150	农牧混合	0150	015
33					016		农业及收获后的辅助活动		016
34						0161	作物生产的辅助活动	0161	
35						0162	牲畜生产的辅助活动	0162	
36						0163	作物收获后的辅助活动	0163	
37						0164	繁殖用种子的加工	0164	
38					017	0170	狩猎、捕捉及相关服务活动	0170	017
39				02			林业与伐木业	类02	
40					021	0210	造林及其他林业活动	0210	021
41					022	0220	伐木业	0220	022
42					023	0230	非木材林业产品的采集	0230	023
43					024	0240	林业辅助服务	0240	024
44				03			渔业与水产业	类03	
45					031		渔业		031

(续表)

序号	国际行业分类（建议版）							国际标准行业分类（4.0版）	
	产业	聚类	门类	类	大组	组	说明	门类和组号	大组号
46						0311	海洋渔业	0311	
47						0312	淡水渔业	0312	
48					032		水产业		032
49						0321	海水养殖	0321	
50						0322	淡水养殖	0322	
51		工业					工业		
52			B				采矿和采石	B	
53				05			煤炭和褐煤的开采	类05	
54					051	510	硬煤的开采	0510	051
55					052	520	褐煤的开采	0520	052
56				06			石油及天然气的开采	类06	
57					061	0610	原油的开采	0610	061
58					062	0620	天然气的开采	0620	062
59				07			金属矿的开采	类07	
60					071	0710	铁矿的开采	0710	071
61					072		有色金属矿的开采		072
62						0721	铀及钍矿的开采	0721	
63						0729	其他有色金属矿的开采	0729	
64				08			其他采矿和采石	类08	
65					081	0810	石、砂及黏土的采掘	0810	081
66					082		未另分类的采矿和采石		089
67						0891	化学矿物及肥料矿物的开采	0891	
68						0892	泥炭的开采	0892	
69						0893	采盐	0893	
70						0899	未另分类的其他采矿和采石	0899	
71				09			开采辅助服务活动	类09	
72					091	0910	石油和天然气开采的辅助活动	0910	091
73					092	0990	其他采矿和采石的辅助活动	0990	099
74			C				制造业	C	
75				10			食品的制造	类10	
76					101	1010	肉类的加工和保藏	1010	101
77					102	1020	鱼类、甲壳类、软体动物类的加工和保藏	1020	102
78					103	1030	水果和蔬菜的加工和保藏	1030	103
79					104	1040	动植物油和油脂的制造	1040	104
80					105	1050	乳制品的制造	1050	105
81					106		谷物磨制品、淀粉、淀粉制品的制造		106
82						1061	谷物磨制品的制造	1061	
83						1062	淀粉及淀粉制品的制造	1062	
84					107		其他食品的制造		107
85						1071	烘烤食品的制造	1071	
86						1072	糖的制造	1072	
87						1073	可可、巧克力和糖果的制造	1073	
88						1074	通心粉、面条、方便面和类似的粉面制品的制造	1074	
89						1075	熟肉和熟食的制造	1075	
90						1079	未另分类的其他食品的制造	1079	

(续表)

序号	国际行业分类(建议版)							国际标准行业分类(4.0版)	
	产业	聚类	门类	类	大组	组	说明	门类和组号	大组号
91					108	1080	牲畜精饲料的制造	1080	108
92				11			饮料的制造	类 11	110
93						1101	烈酒的蒸馏、精馏及勾兑	1101	
94						1102	葡萄酒的制造	1102	
95						1103	麦芽酒和麦芽的制造	1103	
96						1104	软饮料的制造;矿泉水和其他瓶装水的生产	1104	
97				12			烟草制品的制造	类 12	
98					120	1200	烟草制品的制造	1200	120
99				13			纺织品的制造	类 13	
100					131		纺织品的纺纱、编织和精加工		131
101						1311	纺织纤维的纺前加工和纺纱	1311	
102						1312	纺织品的编织	1312	
103						1313	纺织品的精加工	1313	
104					132		其他纺织品的制造		139
105						1391	针织及钩针编织物的制造	1391	
106						1392	纺织制成品的制造,服装除外	1392	
107						1393	地毯和小地毯的制造	1393	
108						1394	索具、绳子、合股线和网具的制造	1394	
109						1399	未另分类的其他纺织品的制造	1399	
110				14			服装的制造	类 14	
111					141	1410	服装制造,但毛皮服装除外	1410	141
112					142	1420	毛皮制品的制造	1420	142
113					143	1430	针织和钩针编织服装的制造	1430	143
114				15			皮革和相关产品的制造	类 15	
115					151		皮革的鞣制及修整;皮箱、手提包、马鞍和挽具的制造;毛皮的整制和染色		151
116						1511	皮革的鞣制和修整;毛皮的整制和染色	1511	
117						1512	皮箱、手提包和类似物品,马鞍及挽具的制造	1512	
118					152	1520	鞋靴的制造	1520	152
119				16			木材、木材制品及软木制品的制造(家具除外)、草编制品及编织材料物品的制造	类 16	
120					161	1610	锯木和刨木	1610	161
121					162		木材、木材制品及软木制品的制造、草制品及编织材料物品的制造		162
122						1621	薄板和木基板材的制造	1621	
123						1622	建筑用木料及木材元件的制造	1622	
124						1623	木容器的制造	1623	
125						1629	其他木制品的制造;软木制品、草编制品及编织材料物品的制造	1629	
126				17			纸和纸制品的制造	类 17	170
127						1701	纸浆、纸和纸板的制造	1701	
128						1702	瓦楞纸和瓦楞纸板以及纸和纸板容器的制造	1702	
129						1709	其他纸制品和纸板制品的制造	1709	
130				18			记录媒介物的印制及复制	类 18	

(续表)

序号	国际行业分类（建议版）							国际标准行业分类（4.0 版）	
	产业	聚类	门类	类	大组	组	说明	门类和组号	大组号
131					181		印刷和与印刷有关的服务活动		181
132						1811	印刷	1811	
133						1812	与印刷有关的服务活动	1812	
134					182	1820	记录媒介物的复制	1820	182
135				19			焦炭和精炼石油产品的制造	类 19	
136					191	1910	焦炭炉产品的制造	1910	191
137					192	1920	精炼石油产品的制造	1920	192
138				20			化学品及化学制品的制造	类 20	
139					201		基本化学品、化肥、氮化合物、初级塑料和合成橡胶的制造		201
140						2011	基本化学品的制造	2011	
141						2012	化肥及氮化合物的制造	2012	
142						2013	初级塑料和合成橡胶的制造	2013	
143					202		其他化学制品的制造		202
144						2021	农药及其他农业化工制品的制造	2021	
145						2022	颜料、清漆和类似涂料、印刷油墨及胶粘剂的制造	2022	
146						2023	肥皂和洗涤剂、清洁剂和抛光剂、香水及盥洗用品的制造	2023	
147						2029	未另分类的其他化学制品的制造	2029	
148					203	2030	人造纤维的制造	2030	203
149				21			基本医药产品和医药制剂的制造	类 21	
150					210	2100	药品、药用化学品及植物药材的制造	2100	210
151				22			橡胶和塑料制品的制造	类 22	
152					221		橡胶制品的制造		221
153						2211	橡胶轮胎和内胎的制造；橡胶轮胎的翻新和再造	2211	
154						2219	其他橡胶制品的制造	2219	
155					222	2220	塑料制品的制造	2220	222
156				23			其他非金属矿物制品的制造	类 23	
157					231	2310	玻璃和玻璃制品的制造	2310	231
158					239		未另分类的非金属矿物制品的制造		239
159						2391	耐火制品的制造	2391	
160						2392	黏土建筑材料的制造	2392	
161						2393	其他陶瓷制品的制造	2393	
162						2394	水泥、石灰和石膏制品的制造	2394	
163						2395	混凝土、水泥及石膏制品的制造	2395	
164						2396	石头的切割、成形和精加工	2396	
165						2399	未另分类的其他非金属矿物制品的制造	2399	
166				24			基本金属的制造	类 24	
167					241	2410	基本钢铁的制造	2410	241
168					242	2420	基本贵重有色金属的制造	2420	242
169					243		金属的铸造		243
170						2431	钢铁的铸造	2431	

（续表）

序号	国际行业分类（建议版）							国际标准行业分类（4.0版）	
	产业	聚类	门类	类	大组	组	说明	门类和组号	大组号
171						2432	有色金属的铸造	2432	
172				25			金属制品的制造，但机械设备除外	类25	
173					251		结构性金属制品、油罐、水箱和蒸汽锅炉的制造		251
174						2511	结构性金属制品的制造	2511	
175						2512	油罐、水箱和金属容器的制造	2512	
176						2513	蒸汽锅炉的制造，但中央供热锅炉除外	2513	
177					252	2520	武器和弹药的制造	2520	252
178					259		其他金属制品的制造；为金属加工提供的服务活动		259
179						2591	金属的锻造、压制、冲压和轧制；粉末冶金	2591	
180						2592	金属的处理和包覆；机加工	2592	
181						2593	刀具、手工工具和普通金属器具的制造	2593	
182						2599	未另分类的其他金属制品的制造	2599	
183				26			计算机、电子产品和光学产品的制造	类26	
184					261	2610	电子元件和电子板的生产	2610	261
185					262	2620	计算机和外部设备的制造	2620	262
186					263	2630	通信设备的制造	2630	263
187					264	2640	电子消费品的制造	2640	264
188					265		测量、检验、导航和控制设备的制造；钟表制造		265
189						2651	测量、检验、导航和控制设备的制造	2651	
190						2652	钟表的制造	2652	
191					266	2660	辐射、电子医疗和电子理疗设备的制造	2660	266
192					267	2670	光学仪器和摄影器材的制造	2670	267
193					268	2680	磁性媒介物和光学媒介物的制造	2680	268
194				27			电力设备的制造	类27	
195					271	2710	电动机、发电机和变压器的制造以及配电和控制设备的制造	2710	271
196					272	2720	电池和蓄电池的制造	2720	272
197					273		配线与配线设备的制造		273
198						2731	光纤电缆的制造	2731	
199						2732	其他电线和电缆的制造	2732	
200						2733	配线设备的制造	2733	
201					274	2740	电力照明设备的制造	2740	274
202					275	2750	家用电器的制造	2750	275
203					279	2790	其他电子设备的制造	2790	279
204				28			未另分类的机械和设备的制造	类28	
205					281		通用机械的制造		281
206						2811	发动机和涡轮机的制造（飞机、汽车和摩托车发动机除外）	2811	
207						2812	液压设备的制造	2812	
208						2813	其他泵、压缩机、旋塞和阀门的制造	2813	
209						2814	轴承、齿轮、传动和驱动部件的制造	2814	
210						2815	烘炉、熔炉及熔炉燃烧室的制造	2815	

(续表)

序号	国际行业分类(建议版)							国际标准行业分类(4.0版)	
	产业	聚类	门类	类	大组	组	说明	门类和组号	大组号
211						2816	起重及装卸设备的制造	2816	
212						2817	办公机械和设备的制造(计算机及外部产品除外)	2817	
213						2818	电动手工工具的生产	2818	
214						2819	其他通用机械的制造	2819	
215					282		专用机械的制造		282
216						2821	农业和林业机械的制造	2821	
217						2822	金属成型机械和机械的制造	2822	
218						2823	冶金机械的制造	2823	
219						2824	采矿、采石及建筑机械的制造	2824	
220						2825	食品、饮料和烟草加工机械的制造	2825	
221						2826	用于纺织、服装和皮革生产的机械的制造	2826	
222						2829	其他专用机械的制造	2829	
223				29			汽车、挂车和半挂车的制造	类 29	
224					291	2910	汽车的制造	2910	291
225					292	2920	汽车车身的制造(车身的设计、制造和装配);挂车和半挂车的制造	2920	292
226					293	2930	汽车及其发动机零件和附件的制造	2930	293
227				30			其他运输设备的制造	类 30	
228					301		船舶的建造		301
229						3011	船只和浮动设施的制造	3011	
230						3012	游船和运动船的建造	3012	
231					302	3020	铁道机车及其拖曳车辆的制造	3020	302
232					303	3030	飞机、航天器和相关机械的制造	3030	303
233					304	3040	军用战车的制造	3040	304
234					309		未另分类的运输设备的制造.		309
235						3091	摩托车的制造	3091	
236						3092	自行车和残疾人座车的制造	3092	
237						3099	未另分类的其他运输设备的制造	3099	
238				31			家具的制造	类 31	
239					310	3100	家具的制造	3100	310
240				32			其他制造业	类 32	
241					321		珠宝、小件装饰物及有关物品的制造		321
242						3211	珠宝及有关物品的制造	3211	
243						3212	仿真首饰及有关物品的制造	3212	
244					322	3220	乐器的制造	3220	322
245					323	3230	体育用品的制造	3230	323
246					324	3240	游艺用品及玩具的制造	3240	324
247					325	3250	医疗和牙科工具和用品的制造	3250	325
248					329	3290	未另分类的其他用品的制造	3290	329
249				33			机械和设备的修理和安装	类 33	
250					331		金属制品、机械和设备的修理		331

(续表)

序号	国际行业分类(建议版)							国际标准行业分类(4.0版)	
	产业	聚类	门类	类	大组	组	说明	门类和组号	大组号
251						3311	金属制品的修理	3311	
252						3312	机械的修理	3312	
253						3313	电子及光学设备的修理	3313	
254						3314	电力设备的修理	3314	
255						3315	运输设备的修理,机动车除外	3315	
256						3319	其他设备的修理	3319	
257					332	3320	工业机械和设备的安装	3320	332
258			D				建 筑 业	F	
259				34			楼宇的建筑	类 41	
260					340	3400	楼宇的建筑	4100	410
261				35			土木工程	类 42	
262					351	3510	公路和铁路的修建	4210	421
263					352	3520	配套工程建设	4220	422
264					359	3590	其他土木工程项目	4290	429
265				36			特殊建筑活动	类 43	
266					361		建筑物的拆除和场地的准备		431
267						3611	建筑物的拆除	4311	
268						3612	场地的准备	4312	
269					362		电气、管道和其他构件的安装活动		432
270						3621	电气安装	4321	
271						3622	管道、供暖和空调系统的安装	4322	
272						3629	其他建筑设备的安装	4329	
273					363	3630	建筑装修和装饰	4330	433
274					369	3690	其他专门的建筑活动	4390	439
275			E				公共事业	D	
276				37			电、煤气、蒸汽和空调的供应	类 35	
277					371	3710	电力的生产、输送和分配	3510	351
278					372	3720	煤气的制造;通过主管道输送的气体燃料	3520	352
279					373	3730	蒸汽和空调的供应	3530	353
280				38			集水、水处理与水供应	类 36	
281					380	3800	集水、水处理与水供应	3600	360
282			F				环境治理	E	
283				39			污水处理	类 37	
284					390	3900	污水处理	3700	370
285				40			废物的收集、处理和处置活动;材料回收	类 38	
286					401		废物的收集		381
287						4011	无害废物的收集	3811	
288						4012	有害废物的收集	3812	
289					402		废物的处理和处置		382
290						4021	无害废物的处理和处置	3821	
291						4022	有害废物的处理和处置	3822	
292					403	4030	材料回收	3830	383
293				41			补救活动和其他废物管理服务	类 39	
294					410	4100	补救活动和其他废物管理服务	3900	390

(续表)

序号	国际行业分类(建议版)							国际标准行业分类(4.0版)	
	产业	聚类	门类	类	大组	组	说明	门类和组号	大组号
295	服务产业						服务产业		
296		流通服务					流通服务		
297			G				批发和零售业；汽车和摩托车的修理	G	
298				42			汽车和摩托车的销售和修理	类45	
299					421	4210	汽车销售	4510	451
300					422	4220	汽车的修理与保养	4520	452
301					423	4230	汽车零件和附件的销售	4530	453
302					424	4240	摩托车及有关零件和附件的销售、修理与保养	4540	454
303				43			批发贸易,但汽车和摩托车除外	类46	
304					431	4310	在收费或合同基础上的批发	4610	461
305					432	4320	农业原料和活畜的批发	4620	462
306					433	4330	食品、饲料和烟草的批发	4630	463
307					434		家庭用品的批发		464
308						4341	纺织品、服装和鞋靴的批发	4641	
309						4349	其他家庭用品的批发	4649	
310					435		机械、设备和物资的批发		465
311						4351	计算机及其外部设备和软件的批发	4651	
312						4352	电子和电信设备与零件的批发	4652	
313						4353	农业机械、设备和物资的批发	4653	
314						4359	其他机械和设备的批发	4659	
315					436		其他批发		466
316						4361	固体、液体和气体燃料及有关产品的批发	4661	
317						4362	金属和金属矿物的批发	4662	
318						4363	建筑材料、五金制品、管道设备和供暖设备及物资的批发	4663	
319						4369	未另分类的其他产品、废料和碎屑的批发	4669	
320					439	4390	非专门批发贸易	4690	469
321				44			零售贸易,汽车和摩托车除外	类47	
322					441		商店的非专门零售		471
323						4411	以销售食品、饮料或烟草为主的非专门商店的零售	4711	
324						4419	其他非专门商店的零售	4719	
325					442		专门商店中食品、饮料和烟草的零售		472
326						4421	专门商店中食品的零售	4721	
327						4422	专门商店中饮料的零售	4722	
328						4423	专门商店中烟草的零售	4723	
329					443	4430	专门商店中汽车燃料的零售	4730	473
330					444		专门商店中信息和通信设备的零售		474
331						4441	专门商店中计算机、外部产品、软件和电信设备的零售	4741	
332						4442	专门商店中音像设备的零售	4742	
333					445		专门商店中其他家用设备的零售		475
334						4451	专门商店中纺织品的零售	4751	
335						4452	专门商店中金属、油漆和玻璃的零售	4752	

(续表)

序号	国际行业分类(建议版)							国际标准行业分类(4.0 版)	
	产业	聚类	门类	类	大组	组	说明	门类和组号	大组号
336						4453	专门商店中地毯和小地毯、墙纸和地面铺设物的零售	4753	
337						4459	专门商店中家用电器、照明设备和其他家用物品的零售	4759	
338					446		专门商店中文化娱乐用品的零售		476
339						4461	专门商店中书籍、报纸和文具的零售	4761	
340						4462	专门商店中音乐和录像产品的零售	4762	
341						4463	专门商店中体育设备的零售	4763	
342						4464	专门商店中游艺用品和玩具的零售	4764	
343					447		专门商店中其他产品的零售		477
344						4471	专门商店中服装、鞋靴和皮革制品的零售	4771	
345						4472	专门商店中药品和医疗用品、化妆品及盥洗用品的零售	4772	
346						4473	专门商店中其他新产品的零售	4773	
347						4474	旧货的零售	4774	
348					448		通过售货摊和市场进行的零售		478
349						4481	在售货摊和市场进行的食品、饮料和烟草产品的零售	4781	
350						4482	在售货摊和市场进行的纺织品、服装和鞋类的零售	4782	
351						4489	在售货摊和市场进行的其他商品的零售	4789	
352					449		不在商店、售货摊和市场进行的零售		479
353						4491	通过邮购商行和因特网进行的零售	4791	
354						4499	其他不在商店、售货摊和市场进行的零售	4799	
355			H				运输和储存	H	
356				45			陆路运输与管道运输	类 49	
357					451		铁路运输		491
358						4511	城际铁路客运	4911	
359						4512	铁路货运	4912	
360					452		其他陆路运输		492
361						4521	市内与近郊的陆路客运	4921	
362						4522	其他陆路客运	4922	
363						4523	公路货物运输	4923	
364					453	4530	管道运输	4930	493
365				46			水上运输	类 50	
366					461		远洋和沿海水上运输		501
367						4611	远洋和沿海水上客运	5011	
368						4612	远洋和沿海水上货运	5012	
369					462		内陆水运		502
370						4621	内陆水上客运	5021	
371						4622	内陆水上货运	5022	
372				47			航空运输	类 51	
373					471	4710	空中客运	5110	511
374					472	4720	空中货运	5120	512
375				48			运输的储藏和辅助活动	类 52	

(续表)

序号	国际行业分类(建议版)							国际标准行业分类(4.0 版)	
	产业	聚类	门类	类	大组	组	说明	门类和组号	大组号
376					481	4810	储存和入库	5210	521
377					482		运输辅助活动		522
378						4821	陆路运输附属服务活动	5221	
379						4822	水运附属服务活动	5222	
380						4823	空运附属服务活动	5223	
381						4824	货物装卸	5224	
382						4829	其他运输辅助活动	5229	
383				49			邮政和邮递活动	类 53	
384					491	4910	邮政活动	5310	531
385					492	4920	邮递活动	5320	532
386			I				食宿服务	I	
387				50			住宿	类 55	
388					501	5010	短期住宿活动	5510	551
389					502	5020	露营地,娱乐车辆停车场和活动停车场	5520	552
390					509	5090	其他住宿	5590	559
391				51			食品和饮料供应服务活动	类 56	
392					511	5110	餐馆和移动餐车食品供应服务活动	5610	561
393					512		活动餐饮和其他食品供应服务活动		562
394						5121	活动餐饮	5621	
395						5129	其他食品供应服务活动	5629	
396					513	5130	饮料供应服务活动	5630	563
397			J				房地产和租赁	L	
398				52			房地产活动	类 68	
399					521	5210	用自有或租赁财产进行的房地产活动	6810	681
400					522	5220	在收费或合同基础上进行的房地产活动	6820	682
401				53			出租和租赁活动	类 77	
402					531	5310	汽车的出租和租赁	7710	771
403					532		私人和家庭用品的出租和租赁		772
404						5321	娱乐和体育设备的出租和租赁	7721	
405						5322	录影带与光盘的出租	7722	
406						5329	其他私人和家庭用品的出租和租赁	7729	
407					533	5330	其他机械、设备和有形商品的租赁	7730	773
408					534	5340	知识产权和产品的租赁,版权作品除外	7740	774
409		其他服务					其他服务	S	
410			K				其他个人和家庭服务		
411				54			其他个人服务活动	类 96	960
412						5401	纺织品和皮毛制品的清洗和干洗	9601	
413						5402	理发和其他美容活动	9602	
414						5403	殡葬及有关活动	9603	
415						5409	未另分类的其他个人服务活动	9609	
416							家庭作为雇主的活动;家庭自用、未加区分的物品生产和服务活动	T	
417				55			家庭作为家政人员雇主的活动	类 97	
418					550	5500	家庭作为家政人员雇主的活动	9700	970

(续表)

序号	国际行业分类(建议版)							国际标准行业分类(4.0版)	
	产业	聚类	门类	类	大组	组	说明	门类和组号	大组号
419				56			未加区分的私人家庭自用物品生产和服务活动	类98	
420					561	5610	未加区分的私人家庭自用物品生产活动	9810	981
421					562	5620	未加区分的私人家庭自我服务活动	9820	982
422			L				其他的劳务服务		
423				57			安全活动	类80	
424					571	5710	私人保安活动	8010	801
425					572	5720	安全系统服务活动	8020	802
426				58			为楼宇和院落景观活动提供的服务	类81	
427					581	5810	设施综合支助服务活动	8110	811
428					582		清洁活动		812
429						5821	楼宇的一般内部清洁	8121	
430						5829	其他楼宇和工业清洁活动	8129	
431					583	5830	院落景观的保养和维护服务活动	8130	813
432				59			其他辅助活动		
433					591	5911	复制、文件准备和其他专业化办公支持活动	8219	
434					592	5921	呼叫中心的活动	8220	822
435					593		未另分类的商务辅助服务活动		829
436						5931	收款公司和信贷局的活动	8291	
437						5932	包装活动	8292	
438						5933	未另分类的其他商务辅助服务活动	8299	
439	知识产业						知识产业		
440		人类服务					人类服务		
441			M				科学研发		
442				60			研究与发展	类72	
443					601	6010	自然科学和工程学的研究及试验发展	7210	721
444					602	6020	社会学和人文学的研究与试验发展	7220	722
445			N				教育	P	
446				62			教育	类85	
447					621	6210	学前教育和初等教育	8510	851
448					622		中等教育		852
449						6221	普通中等教育	8521	
450						6222	技术和职业中等教育	8522	
451					623	6230	高等教育	8530	853
452					624		其他教育		854
453						6241	体育和文娱教育	8541	
454						6242	文化教育	8542	
455						6249	未另分类的其他教育	8549	
456					625	6250	教育辅助活动	8550	855
457			O				信息和交流	J	
458				63			出版活动	类58	
459					631		书籍和期刊的出版及其他出版活动		581
460						6311	书籍出版	5811	

(续表)

序号	国际行业分类(建议版)							国际标准行业分类(4.0版)	
	产业	聚类	门类	类	大组	组	说明	门类和组号	大组号
461						6312	名录和邮寄名单的出版	5812	
462						6313	报纸、杂志和期刊的出版	5813	
463						6319	其他出版活动	5819	
464					632	6320	软件的发行	5820	582
465				64			电影、录像和电视节目的制作、录音及音乐作品出版活动	类59	
466					641		电影、录像和电视节目的制作活动		591
467						6411	电影、录像和电视节目的制作活动	5911	
468						6412	电影、录像和电视节目的后期制作活动	5912	
469						6413	电影、录像和电视节目的发行活动	5913	
470						6414	电影放映活动	5914	
471					642	6420	录音和音乐作品发行活动	5920	592
472				65			电台和电视广播	类60	
473					651	6510	电台广播	6010	601
474					652	6520	电台和电视广播	6020	602
475				66			电信	类61	
476					651	6510	有线电信活动	6110	611
477					652	6520	无线电信活动	6120	612
478					653	6530	卫星电信活动	6130	613
479					659	6590	其他电信活动	6190	619
480				67			计算机程序设计、咨询及相关活动	类62	620
481						6701	计算机程序设计活动	6201	
482						6702	计算机咨询服务和设施管理活动	6202	
483						6709	其他信息技术和计算机服务活动	6209	
484				68			信息服务活动	类63	
485					681		数据处理、存储及相关活动；门户网站		631
486						6811	数据处理、存储及相关活动	6311	
487						6812	门户网站	6312	
488					689		信息服务活动		639
489						6891	新闻机构的活动	6391	
490						6899	未另分类的其他信息服务活动	6399	
491			P				艺术、娱乐和文娱活动	R	
492				70			艺术创作和文娱活动	类90	
493					700	7000	艺术创作和文娱活动	9000	900
494				71			图书馆、档案馆、博物馆及其他文化活动	类91	910
495						7101	图书馆和档案馆活动	9101	
496						7102	博物馆活动以及古迹和楼宇的运营	9102	
497						7103	动植物园和自然保护区活动	9103	
498				72			赌博和押宝活动	类92	
499					720	7200	赌博和押宝活动	9200	920
500				73			体育、娱乐和文娱活动	类93	
501					731		体育活动		931
502						7311	体育设施的运营	9311	
503						7312	体育俱乐部的活动	9312	
504						7319	其他体育活动	9319	
505					732		其他娱乐和文娱活动		932

(续表)

序号	产业	聚类	门类	类	大组	组	说明	门类和组号	大组号
			国际行业分类(建议版)					国际标准行业分类(4.0版)	
506						7321	游乐公园和主题公园的活动	9321	
507						7329	未另分类的其他娱乐和文娱活动	9329	
508			Q				旅行		
509				75			旅行社及相关活动	类79	
510					751		旅行社和旅游经营者的活动		791
511						7511	旅行社的活动	7911	
512						7512	旅游经营者的活动	7912	
513					759	7590	其他预订及相关活动	7990	799
514			R				人体健康和社会帮助	Q	
515				76			人体健康活动	类86	
516					761	7610	医院活动	8610	861
517					762	7620	医疗和牙科治疗活动	8620	862
518					769	7690	其他人体健康活动	8690	869
519				77			留宿护理活动	类87	
520					771	7710	留宿护理机构	8710	871
521					772	7720	面向有智障、精神疾病和药物滥用问题的人群的留宿护理活动	8720	872
522					773	7730	面向老年人与残疾人的留宿护理	8730	873
523					779	7790	其他留宿护理活动	8790	879
524				78			不配备食宿的社会服务	类88	
525					781	7810	为老年人和残疾人提供的不配备食宿的社会服务	8810	881
526					789	7890	其他不配备食宿的社会服务	8890	889
527		基本服务					基本服务		
528			S				金融和保险活动	K	
529				80			金融服务活动,保险和养恤金除外	类64	
530					801		货币媒介活动		641
531						8011	中央银行业务	6411	
532						8019	其他货币媒介活动	6419	
533					802	8020	控股公司的活动	6420	642
534					803	8030	信托机构、基金和类似的金融实体	6430	643
535					809		其他金融服务活动,保险和养恤金除外		649
536						8091	金融租赁	6491	
537						8092	其他信贷活动	6492	
538						8099	未另分类的其他金融服务活动,保险和养恤金除外	6499	
539				81			保险、再保险和养恤金,但强制性社会保障除外	类65	
540					811		保险		651
541						8111	人寿保险	6511	
542						8112	非人寿保险	6512	
543					812	8120	再保险	6520	652
544					813	8130	养恤金	6530	653
545				82			金融保险服务及其附属活动	类66	

(续表)

序号	国际行业分类(建议版)						国际标准行业分类(4.0版)	
	产业	聚类	门类	类	大组	组	说明	门类和组号	大组号
546					821		金融服务附属活动,保险和养恤金除外		661
547						8211	金融市场的管理	6611	
548						8212	证券和商品合约经纪	6612	
549						8219	其他金融服务附属活动	6619	
550					822		保险和养恤金的附属活动		662
551						8221	风险和损失评估	6621	
552						8222	保险代理人和经纪人的活动	6622	
553						8229	其他保险和养恤金的附属活动	6629	
554					823	8230	基金管理活动	6630	663
555		T					专业和技术活动	M	
556				84			法律和会计活动	类69	
557					841	8410	法律活动	6910	691
558					842	8420	会计、簿记和审计活动;税务咨询服务	6920	692
559				85			总公司的活动;管理咨询活动	类70	
560					851	8510	总公司的活动	7010	701
561					852	8520	管理咨询活动	7020	702
562				86			建筑和工程活动;技术测试和分析	类71	
563					861	8610	建筑和工程活动及相关技术咨询	7110	711
564					862	8620	技术测试和分析	7120	712
565				87			广告业和市场调研	类73	
566					871	8710	广告业	7310	731
567					872	8720	市场调研和民意测验	7320	732
568				88			其他专业和技术活动	类74	
569					881	8810	专业化设计活动	7410	741
570					882	8820	摄影活动	7420	742
571					889	8890	未另分类的其他专业和技术活动	7490	749
572				89			兽医活动	类75	
573					890	8900	兽医活动	7500	750
574				90			电脑及个人和家庭用品的修理	类95	
575					901		电脑和通信设备的修理		951
576						9011	电脑和外部设备的修理	9511	
577						9012	通信设备的修理	9512	
578					902		个人和家庭用品的修理		952
579						9021	电子消费品的修理	9521	
580						9022	家用用品、家庭和园艺设备的修理	9522	
581						9023	鞋履及其他皮革商品的修理	9523	
582						9024	家具和家庭摆设的修理	9524	
583						9029	其他个人和家庭用品的修理	9529	
584		U					行政和辅助活动	N	
585				92			就业活动	类78	
586					921	9210	就业安置机构的活动	7810	781
587					922	9220	临时就业机构的活动	7820	782
588					923	9230	提供其他人力资源服务	7830	783
589				93			办公室行政管理和其他企业辅助活动	类82	
590					931		办公室管理和辅助活动		821

(续表)

序号	国际行业分类(建议版)							国际标准行业分类(4.0版)	
	产业	聚类	门类	类	大组	组	说明	门类和组号	大组号
591						9311	办公室综合管理辅助活动	8211	
592					933	9330	会议和贸易展览会的举办	8230	823
593					934	9340	调查活动	8030	803
594			V				公共管理与社会安全	O	
595				95			公共管理与公共安全	类84	
596					951		国家管理及社区经济和社会政策		841
597						9511	一般公共行政管理活动	8411	
598						9512	对提供保健、教育、文化服务和其他社会服务(社会保障除外)的机构的活动的监管	8412	
599						9513	为提高企业经营效率进行的监管和促进活动	8413	
600					952		为整个社会提供服务		842
601						9521	外交事务	8421	
602						9522	国防活动	8422	
603						9523	公共秩序和安全活动	8423	
604					953	9530	强制性社会保障活动	8430	843
605			W				成员组织的活动		
606				97			成员组织的活动	类94	
607					971		企业、雇主和专业成员组织的活动		941
608						9711	企业和雇主组织的活动	9411	
609						9712	专业成员组织的活动	9412	
610					972	9720	工会活动	9420	942
611					979		其他成员组织的活动		949
612						9791	宗教组织的活动	9491	
613						9792	政治组织的活动	9492	
614						9799	未另分类的其他成员组织的活动	9499	
615			X				国际组织的活动	U	
616				99			国际组织和机构的活动	类99	
617					990	9900	国际组织和机构的活动	9900	990

附表 1-2　服务业现代化的分析指标

指标和变量	解释和单位	来源
（1）服务规模	10 个指标	
服务业增加值	百万美元	WDI
服务业增加值比例	占 GDP 的比例，%	WDI
服务业占世界比重	占全球服务业增加值的比例，%	WDI
服务业劳动力	万人	WDI
服务业劳动力比例	占就业总数的比例，%	WDI
旅游服务业增加值比例	占 GDP 的比例，%	OECD
旅游服务业劳动力比例	占就业总数的比例，%	OECD
服务业增加值增长率	年平均增长率，%	WDI
服务业劳动力增长率	年几何平均增长率，%	WDI
服务密度	万美元/平方千米	WDI
（2）服务效率	12 个指标	
服务业劳动生产率	服务业劳动力人均服务业增加值，美元/人	WDI
劳务型服务业劳动生产率	劳务型服务业的劳动力人均增加值，美元/人	OECD
知识型服务业劳动生产率	知识型服务业的劳动力人均增加值，美元/人	OECD
生产型服务业劳动生产率	生产型服务业的劳动力人均增加值，美元/人	OECD
消费型服务业劳动生产率	消费型服务业的劳动力人均增加值，美元/人	OECD
综合型服务业劳动生产率	混合型服务业的劳动力人均增加值，美元/人	OECD
公共型服务业劳动生产率	公共型服务业的劳动力人均增加值，美元/人	OECD
劳务型生产服务业生产率	生产型劳务业的劳动力人均增加值，美元/人	OECD
劳务型消费服务业生产率	消费型劳务业的劳动力人均增加值，美元/人	OECD
劳务型综合服务业生产率	混合型劳务业的劳动力人均增加值，美元/人	OECD
知识传播型服务业生产率	知识传播型的劳动力人均增加值，美元/人	OECD
智力服务型服务业生产率	智力服务型的劳动力人均增加值，美元/人	OECD
（3）服务质量	15 个指标	
人均服务业增加值	全国人均，美元	WDI
人均劳务型服务业增加值	全国人均，美元	OECD
人均知识型服务业增加值	全国人均，美元	OECD
人均生产型服务业增加值	全国人均，美元	OECD
人均消费型服务业增加值	全国人均，美元	OECD
人均综合型服务业增加值	全国人均，美元	OECD
人均公共型服务业增加值	全国人均，美元	OECD
ISO 9001 认证企业比例	%	WDI
物流绩效指数：综合分数	定性指标，1＝很低 至 5＝很高	WDI
创办企业所需的时间	天	WDI
取得营业执照所需时间（天）	天	WDI
出口通关所需时间	天	WDI
公共管理质量评级	定性指标，1＝低至 5＝高	WDI
公共部门透明度等评级	定性指标，1＝低至 5＝高	WDI
预算和金融管理质量评级	定性指标，1＝低至 5＝高	WDI

(续表)

指标和变量	解释和单位	来源
(4) 产业结构	29 个指标	
服务业与工业增加值之比	比值	WDI
服务业与农业增加值之比	比值	WDI
劳务型服务业增加值比重	占服务业增加值的比例,%	OECD
知识型服务业增加值比重	占服务业增加值的比例,%	OECD
劳务型生产服务业增加值比重	占服务业增加值的比例,%	OECD
劳务型消费服务业增加值比重	占服务业增加值的比例,%	OECD
劳务型综合服务业增加值比重	占服务业增加值的比例,%	OECD
知识传播型服务增加值比重	占服务业增加值的比例,%	OECD
智力服务型服务增加值比重	占服务业增加值的比例,%	OECD
生产型服务业增加值比重	占服务业增加值的比例,%	OECD
消费型服务业增加值比重	占服务业增加值的比例,%	OECD
综合型服务业增加值比重	占服务业增加值的比例,%	OECD
公共型服务业增加值比重	占服务业增加值的比例,%	OECD
非公共型服务业增加值比重	占服务业增加值的比例,%	OECD
批发和零售业等的增加值比重	占服务业增加值的比例,%	OECD
运输和储存服务业增加值比重	占服务业增加值的比例,%	OECD
食宿服务业增加值比重	占服务业增加值的比例,%	OECD
信息和通信服务业增加值比重	占服务业增加值的比例,%	OECD
金融和保险服务业增加值比重	占服务业增加值的比例,%	OECD
房地产服务业增加值比重	占服务业增加值的比例,%	OECD
专业、科学和技术服务业比重	占服务业增加值的比例,%	OECD
行政和辅助服务业增加值比重	占服务业增加值的比例,%	OECD
公共管理与国防等的比重	占服务业增加值的比例,%	OECD
教育服务业增加值比重	占服务业增加值的比例,%	OECD
人体健康和社会工作比重	占服务业增加值的比例,%	OECD
艺术、娱乐和文娱服务业比重	占服务业增加值的比例,%	OECD
其他服务业增加值比重	占服务业增加值的比例,%	OECD
家庭作为雇主的增加值比重	占服务业增加值的比例,%	OECD
国际组织和机构的增加值比重	占服务业增加值的比例,%	OECD
(5) 就业结构	31 个指标	
服务业与工业劳动力之比	比值	WDI
服务业与农业劳动力之比	比值	WDI
服务业女性就业人员	占女性就业的比例,%	WDI
服务业童工雇佣比重	占 7~14 岁参与经济活动儿童的比例,%	WDI
劳务型服务业劳动力比重	占服务业劳动力的比例,%	OECD
知识型服务业劳动力比重	占服务业劳动力的比例,%	OECD
劳务型生产服务业劳动力比重	占服务业劳动力的比例,%	OECD
劳务型消费服务业劳动力比重	占服务业劳动力的比例,%	OECD
劳务型综合服务业劳动力比重	占服务业劳动力的比例,%	OECD
知识传播型服务业劳动力比重	占服务业劳动力的比例,%	OECD
智力服务型服务业劳动力比重	占服务业劳动力的比例,%	OECD
生产型服务业劳动力比重	占服务业劳动力的比例,%	OECD

(续表)

指标和变量	解释和单位	来源
(5) 就业结构	31个指标	
消费型服务业劳动力比重	占服务业劳动力的比例,%	OECD
综合型服务业劳动力比重	占服务业劳动力的比例,%	OECD
公共型服务业劳动力比重	占服务业劳动力的比例,%	OECD
非公共型服务业劳动力比重	占服务业劳动力的比例,%	OECD
批发和零售业等的劳动力比重	占服务业劳动力的比例,%	OECD
运输和储存服务业劳动力比重	占服务业劳动力的比例,%	OECD
食宿服务业劳动力比重	占服务业劳动力的比例,%	OECD
信息和通信服务业劳动力比重	占服务业劳动力的比例,%	OECD
金融和保险服务业劳动力比重	占服务业劳动力的比例,%	OECD
房地产服务业劳动力比重	占服务业劳动力的比例,%	OECD
专业、科学和技术劳动力比重	占服务业劳动力的比例,%	OECD
行政和辅助服务业劳动力比重	占服务业劳动力的比例,%	OECD
公共管理与国防等劳动力比重	占服务业劳动力的比例,%	OECD
教育服务业劳动力比重	占服务业劳动力的比例,%	OECD
人体健康和社会工作的比重	占服务业劳动力的比例,%	OECD
艺术、娱乐和文娱劳动力比重	占服务业劳动力的比例,%	OECD
其他服务业劳动力比重	占服务业劳动力的比例,%	OECD
家庭作为雇主的劳动力比重	占服务业劳动力的比例,%	OECD
国际组织和机构的比重	占服务业劳动力的比例,%	OECD
(6) 服务贸易	16个指标	
服务贸易比例	占GDP比例,%	WDI
服务出口比例	占GDP比例,%	WDI
服务进口比例	占GDP比例,%	WDI
信息和计算机服务出口比例	占服务出口比例,BoP,%	WDI
保险与金融服务出口比例	占服务出口比例,BoP,%	WDI
保险与金融服务进口比例	占服务进口比例,BoP,%	WDI
交通服务出口比例	占服务出口比例,%	WDI
交通服务进口比例	占服务进口比例,%	WDI
旅行服务出口比例	占服务出口比例,%	WDI
旅行服务进口比例	占服务出口比例,%	WDI
人均服务出口	全国人均,BoP,现价美元	WDI
人均服务进口	全国人均,BoP,现价美元	WDI
人均商业服务出口额	全国人均,BoP,现价美元	WDI
人均商业服务进口额	全国人均,BoP,现价美元	WDI
人均知识产权收入	全国人均,现价美元	WDI
人均知识产权支出	全国人均,现价美元	WDI
(7) 人力资源	4个指标	
接受过高等教育的劳动力比例	占劳动力的比例,%	WDI
接受过中学教育的劳动力比例	占劳动力的比例,%	WDI
中学入学率(毛入学率)	占适龄人口的比例,%	WDI
大学入学率(毛入学率)	占适龄人口的比例,%	WDI

（续表）

指标和变量	解释和单位	来源
（8）服务设施	9个指标	
人均铁路里程	米	WDI
商业银行分支机构	个/10万成年人	WDI
自动取款机（ATM）	台/10万成年人	WDI
销售点终端机	台/10万成年人	WDI
安全饮水普及率	％	WDI
卫生设施普及率	％	WDI
电力普及率	％	WDI
互联网宽带普及率	％	WDI
移动通信普及率	％	WDI
（9）服务创新	4个指标	
人均R&D经费支出	美元	WDI
R&D经费占GDP比例	％	WDI
专利拥有比例	发明专利申请数/万居民，项/万人	WDI
开展科技开发企业比例	％	EU
（10）服务环境	5个指标	
人均GDP	现价美元	WDI
婴儿死亡率	‰	WDI
城镇人口比例	占总人口比例，％	WDI
人均能源消费	千克标准油/人	WDI
人均居住和服务的CO_2排放量	千克/人	WDI
（11）服务制度	5个指标	
宏观经济管理评级	定性指标，1＝低至5＝高	WDI
公共部门管理等集群平均值	定性指标，1＝低至5＝高	WDI
环境可持续性政策和制度评级	定性指标，1＝低至5＝高	WDI
社会包容性等的平均值	定性指标，1＝低至5＝高	WDI
企业监管环境评级	定性指标，1＝低至5＝高	WDI
（12）服务观念	定性指标	
定性指标	标准化、信息化、智能化 绿色化、个性化	

注：WDI为世界银行数据库数据。OECD为经济合作与发展组织数据库数据。有些指标在某年没有数据，用其最近年的数据（或估计值）代替。

附表1-2-1 服务业的分类

序号	门类	门类名称	类	国际标准行业分类(4.0版)的行业名称	按服务对象分	按知识含量分
1	G	批发和零售业；汽车和摩托车的修理			13	23
2			45	汽车和摩托车的批发、零售和修理	12	22
3			46	批发贸易，但汽车和摩托车除外	11	21
4			47	零售贸易，汽车和摩托车除外	12	22
5	H	运输和储存			11	21
6			49	陆运运输与管道运输	13	23
7			50	水上运输	11	21
8			51	航运运输	13	23
9			52	运输的储存和辅助活动	11	21
10			53	邮政和邮递活动	13	23
11	I	食宿服务活动			12	22
12			55	住宿	12	22
13			56	食品和饮料供应服务	12	22
14	J	信息和通信			13	31
15			58	出版活动	11	31
16			59	电影、录像和电视节目的制作、录音及音乐作品出版	13	32
17			60	电台和电视广播	13	32
18			61	电信	13	31
19			62	计算机程序设计、咨询及相关活动	13	32
20			63	信息服务活动	13	32
21	K	金融和保险活动			11	32
22			64	金融服务活动，保险和养恤金除外	11	32
23			65	保险、再保险和养恤金，但强制性社会保障除外	11	32
24			66	金融保险服务及其服务活动	11	32
25	L	房地产活动			13	23
26			68	房地产活动	13	23
27	M	专业、科学和技术活动			11	32
28			69	法律和会计活动	11	32
29			70	总公司的活动、管理咨询活动	11	32
30			71	建筑和工程活动；技术测试和分析	11	32
31			72	科学研究与发展	11	32
32			73	广告业和市场调研	11	32
33			74	其他专业、科学和技术活动	11	32
34			75	兽医活动	11	32
35	N	行政和辅助活动			11	32
36			77	出租和租赁活动	13	23
37			78	就业活动	12	32
38			79	旅行社、旅游经营者、预订服务及相关活动	12	32
39			80	调查和安全活动	13	23
40			81	为楼宇和院落景观活动提供的服务	13	23
41			82	办公室行政管理、办公支出和其他企业辅助活动	13	23
42	O	公共管理与国防；强制性社会保障			14	32
43			84	公共管理与国防，强制性社会保障	14	32
44	P	教育			14	31
45			85	教育	14	31
46	Q	人体健康和社会工作活动			14	32
47			86	人体健康活动	14	32
48			87	留宿护理活动	12	32
49			88	不配备食宿的社会服务	12	32
50	R	艺术、娱乐和文娱活动			12	32
51			90	艺术创作和文娱活动	12	32
52			91	图书馆、档案馆、博物馆及其他文化活动	12	32
53			92	赌博和押宝活动	12	32
54			93	体育、娱乐和文娱活动	12	32
55	S	其他服务活动			12	22
56			94	成员组织的活动	12	32
57			95	电脑及个人和家庭成员用品的维修	12	32
58			96	其他个人服务活动	12	22
59	T	家庭作为雇主的活动			12	22
60			97	家庭作为家政人员雇主的活动	12	22
61			98	未加区分的私人家庭自用物品生产和服务活动	12	22
62	U	国际组织和机构的活动			14	32
63			99	国际组织和机构的活动	14	32

注：分类代码：21劳务型服务(生产)；11生产型服务；22劳务型服务(消费)；12消费型服务；23劳务型服务(综合)；13综合型服务；31知识型服务(知识传播)；14公共服务；32知识型服务(智力服务)，计算时有所调整。

附表 1-3-1　2013 年世界服务业现代化指数

国家	编号	服务内容指数	服务质量指数	服务治理指数	服务业现代化指数	排名
瑞典	1	89	120	114	108	8
美国	2	114	98	116	110	5
芬兰	3	110	118	117	115	3
澳大利亚	4	100	114	102	105	12
瑞士	5	111	120	115	115	2
挪威	6	87	120	104	104	14
日本	7	87	70	115	91	19
丹麦	8	91	120	113	108	7
德国	9	100	106	110	105	11
荷兰	10	112	120	104	112	4
加拿大	11	95	101	107	101	17
新加坡	12	102	118	97	106	10
英国	13	101	110	105	105	13
法国	14	97	120	108	108	6
比利时	15	113	120	113	115	1
奥地利	16	88	119	98	102	15
新西兰	17	106	102	94	101	18
韩国	18	89	58	115	87	20
以色列	19	98	—	114	106	9
意大利	20	71	100	64	78	24
爱尔兰	21	85	120	100	102	16
西班牙	22	72	94	92	86	21
爱沙尼亚	23	54	83	101	79	22
斯洛文尼亚	24	58	86	91	78	23
乌拉圭	25	56	50	56	54	36
俄罗斯	26	57	25	72	51	40
斯洛伐克	27	53	56	61	57	33
希腊	28	64	89	73	75	25
匈牙利	29	52	57	75	61	30
捷克	30	51	70	77	66	28
葡萄牙	31	69	79	72	73	26
白俄罗斯	32	40	17	74	44	48
拉脱维亚	33	54	29	81	55	35
立陶宛	34	53	58	92	68	27
格鲁吉亚	35	37	26	65	43	51
乌克兰	36	43	13	36	31	72
保加利亚	37	48	40	61	50	42
黎巴嫩	38	49	—	47	48	44
哈萨克斯坦	39	44	24	22	30	73
波兰	40	49	40	69	53	37
阿根廷	41	56	24	61	47	45
巴拿马	42	58	62	66	62	29
克罗地亚	43	51	67	62	60	32
沙特阿拉伯	44	59	45	46	50	41
哥伦比亚	45	49	14	50	38	57
科威特	46	60	68	39	56	34
智利	47	51	31	51	44	47
马其顿	48	42	19	61	41	55
阿塞拜疆	49	31	22	42	32	68
摩尔多瓦	50	44	9	48	33	63
罗马尼亚	51	41	25	57	41	54
委内瑞拉	52	46	15	44	35	60
乌兹别克斯坦	53	23	—	11	17	108
多米尼加	54	40	35	66	47	46
亚美尼亚	55	34	20	48	34	62
巴拉圭	56	40	7	26	25	85
哥斯达黎加	57	54	46	54	51	39
巴西	58	55	18	58	44	49
墨西哥	59	49	20	59	42	52
博茨瓦纳	60	43	13	20	26	83
秘鲁	61	49	12	44	35	61
牙买加	62	53	45	28	42	53
约旦	63	60	41	54	52	38
南非	64	57	21	42	40	56
土耳其	65	52	38	58	49	43
厄瓜多尔	66	41	12	41	31	71
伊朗	67	37	—	29	33	65
蒙古	68	36	10	33	26	78
摩洛哥	69	35	17	46	32	67
马来西亚	70	61	54	67	61	31

(续表)

国家	编号	服务内容指数	服务质量指数	服务治理指数	服务业现代化指数	排名
萨尔瓦多	71	44	12	37	31	69
埃及	72	35	8	50	31	70
中国	73	35	12	59	35	59
阿尔及利亚	74	37	8	33	26	79
土库曼斯坦	75	19	—	—	19	99
突尼斯	76	41	19	50	37	58
阿尔巴尼亚	77	32	34	31	32	66
吉尔吉斯斯坦	78	36	7	12	18	101
塔吉克斯坦	79	29	2	8	13	124
玻利维亚	80	35	6	24	22	89
缅甸	81	16	2	19	13	127
菲律宾	82	40	8	52	33	64
泰国	83	42	41	46	43	50
纳米比亚	84	43	20	21	28	75
津巴布韦	85	29	3	13	15	117
洪都拉斯	86	38	9	32	26	77
尼加拉瓜	87	38	7	27	24	87
越南	88	28	5	30	21	93
肯尼亚	89	30	3	27	20	95
斯里兰卡	90	41	11	31	28	76
刚果共和国	91	24	5	13	14	121
印度尼西亚	92	32	6	25	21	92
赞比亚	93	33	5	12	17	109
危地马拉	94	39	10	26	25	84
毛里塔尼亚	95	18	3	21	14	120
科特迪瓦	96	26	2	26	18	102
印度	97	28	4	35	23	88
巴基斯坦	98	31	3	25	20	96
莱索托	99	38	3	14	18	100
柬埔寨	100	25	10	17	17	107
喀麦隆	101	22	3	28	18	104
厄立特里亚	102	43	—	13	28	74
叙利亚	103	37	7	35	26	80
加纳	104	32	5	28	22	90
乍得	105	16	—	9	12	128
莫桑比克	106	25	2	26	18	103
几内亚	107	21	1	23	15	115
也门共和国	108	46	3	24	24	86
巴布亚新几内亚	109	13	0	28	14	123
海地	110	1	6	—	3	131
尼泊尔	111	25	2	19	15	114
塞内加尔	112	29	5	44	26	81
塞拉利昂	113	13	2	—	7	130
刚果民主共和国	114	20	0	11	10	129
老挝	115	21	7	19	16	111
马拉维	116	27	1	19	16	113
多哥	117	30	2	21	18	105
马达加斯加	118	26	3	18	16	112
马里	119	18	2	25	15	116
尼日利亚	120	34	8	36	26	82
孟加拉国	121	32	2	24	19	97
坦桑尼亚	122	24	3	29	19	98
贝宁	123	34	2	25	20	94
尼日尔	124	26	1	11	13	125
安哥拉	125	15	10	17	14	122
乌干达	126	25	4	21	16	110
中非	127	15	—	28	21	91
布基纳法索	128	22	2	13	13	126
埃塞俄比亚	129	24	2	18	15	119
布隆迪	130	29	0	15	15	118
卢旺达	131	24	3	24	17	106
高收入国家		100	100	100	100	—
中等收入国家		37	10	46	31	—
低收入国家		22	2	18	14	—
世界平均		52	29	62	48	—

注："—"表示没有数据，后同。

附表 1-3-2　2013 年世界服务业现代化指标指数

国家	编号	服务业增加值比例	服务业劳动力比例	人均知识型服务业	人均生产型服务业	服务业劳动生产率	人均服务业增加值	人均服务业贸易	人均旅游国际收入	接受过高等教育的劳动力比例	互联网宽带普及率	出口通关所需时间	R&D经费占GDP比例
瑞典	1	99	111	120	28	120	120	120	120	99	119	120	120
美国	2	106	115	120	116	120	120	67	87	117	110	120	117
芬兰	3	95	103	120	120	115	120	120	118	111	116	120	120
澳大利亚	4	96	98	120	85	120	120	97	120	103	92	120	94
瑞士	5	99	104	120	120	120	120	120	120	99	120	120	120
挪威	6	80	109	120	38	120	120	120	120	108	120	120	69
日本	7	99	98	91	60	105	112	45	19	120	106	115	120
丹麦	8	103	110	120	32	120	120	120	120	92	120	120	120
德国	9	94	100	118	90	107	116	120	82	81	120	120	119
荷兰	10	103	106	120	120	120	120	120	120	93	120	120	83
加拿大	11	96	110	120	55	98	120	107	80	120	120	120	68
新加坡	12	102	113	71	120	113	120	120	120	85	101	120	83
英国	13	106	112	92	93	101	118	120	102	110	120	120	68
法国	14	107	106	111	65	120	120	120	120	98	120	120	93
比利时	15	105	109	120	120	120	120	120	115	120	120	120	95
奥地利	16	96	99	120	38	118	120	120	120	58	120	120	117
新西兰	17	95	103	104	120	83	96	109	120	96	107	120	52
韩国	18	81	98	56	120	52	56	79	46	101	120	120	120
以色列	19	—	113	83	98	—	—	120	112	120	95	120	120
意大利	20	101	98	69	15	118	95	69	116	52	84	67	52
爱尔兰	21	99	107	111	25	120	120	120	120	94	94	120	66
西班牙	22	101	108	58	20	92	80	84	120	120	101	96	52
爱沙尼亚	23	92	92	32	0.1	47	46	120	120	108	103	120	72
斯洛文尼亚	24	89	86	54	0.5	63	53	107	120	84	93	79	108
乌拉圭	25	87	98	30	6.8	37	38	36	90	57	79	79	10
俄罗斯	26	82	92	23	29	29	30	26	13	120	61	60	47
斯洛伐克	27	86	86	31	8.4	51	42	55	75	57	75	79	35
希腊	28	109	101	43	2.8	85	62	88	120	84	96	79	33
匈牙利	29	89	92	26	0.6	37	30	75	86	71	96	75	59
捷克	30	82	84	36	1.9	50	43	79	107	53	98	75	79
葡萄牙	31	103	97	47	30	63	58	75	120	57	89	85	57
白俄罗斯	32	68	81	12	0.2	17	14	25	13	—	109	85	28
拉脱维亚	33	99	96	22	0.0	41	0	74	0	90	89	120	25
立陶宛	34	90	93	26	1.7	40	38	81	74	108	102	120	40
格鲁吉亚	35	90	51	5.6	0.1	16	8	19	61	99	44	120	5.5
乌克兰	36	86	78	8.2	0.3	11	9	16	18	—	32	44	32
保加利亚	37	91	89	12	0.4	23	18	32	89	77	72	67	27
黎巴嫩	38	99	—	13	33	—	57	—	120	—	36	58	—
哈萨克斯坦	39	79	79	14	3.4	33	30	19	14	—	44	16	7.3
波兰	40	87	81	23	2.5	41	32	—	47	82	83	75	36
阿根廷	41	87	106	25	4.9	32	32	15	16	60	53	106	24
巴拿马	42	101	92	16	24	29	27	70	120	107	29	120	7.5
克罗地亚	43	93	88	22	0.3	45	31	73	120	63	82	71	34
沙特阿拉伯	44	52	100	28	56	47	38	57	40	—	37	98	3.1
哥伦比亚	45	77	90	13	15	19	17	8	12	66	34	91	9.4
科威特	46	43	83	46	67	71	67	120	13	55	5	85	15
智利	47	84	95	27	0.1	37	36	30	20	57	48	85	15
马其顿	48	88	73	7.2	0.3	23	12	23	20	62	59	106	18
阿塞拜疆	49	44	69	8.6	1.9	13	9	25	40	47	67	45	8.8
摩尔多瓦	50	93	76	6.2	0.2	9	5	11	10	72	49	85	—
罗马尼亚	51	91	63	11	0.3	37	23	27	13	51	64	98	16
委内瑞拉	52	68	101	17	0.2	21	20	13	4.5	82	27	23	—
乌兹别克斯坦	53	65	—	1.5	3.2	—	3	—	—	—	4	18	—
多米尼加	54	91	61	7.3	0.3	29	15	16	78	59	19	120	—
亚美尼亚	55	67	66	3.3	0.3	10	7	17	47	74	30	79	10
巴拉圭	56	68	84	8.4	1.4	10	8	5	7	48	8	44	3.7
哥斯达黎加	57	94	97	24	2.8	28	27	40	90	68	36	91	20
巴西	58	95	89	27	7.9	29	28	12	5	50	39	95	48
墨西哥	59	85	88	16	5.6	30	24	8	18	68	40	106	21
博茨瓦纳	60	80	79	14	0.1	19	14	11	8.0	—	4	47	11
秘鲁	61	76	107	7.8	6.1	10	13	8	16	44	19	106	6.5
牙买加	62	97	94	8.7	3	15	13	32	120	—	19	64	2.5
约旦	63	91	113	8.8	26	21	12	31	101	82	17	98	18
南非	64	92	101	14	21	28	17	12	28	48	11	79	30
土耳其	65	88	73	14	31	48	25	18	59	53	43	98	39
厄瓜多尔	66	70	77	10	7.1	15	12	6	13	60	25	64	14
伊朗	67	69	69	9.2	1.0	30	13	—	—	—	24	51	13
蒙古	68	67	66	6.9	3.1	12	7.7	—	11	76	8	79	—
摩洛哥	69	77	56	5.3	1.3	16	6.7	12	33	27	9.4	115	31
马来西亚	70	69	84	16	74	29	23	53	114	71	36	115	47

(续表)

国家	编号	服务业增加值比例	服务业劳动力比例	人均知识型服务业	人均生产型服务业	服务业劳动生产率	人均服务业增加值	人均服务贸易	人均旅游国际收入	接受过高等教育的劳动力比例	互联网宽带普及率	出口通关所需时间	R&D经费占GDP比例
萨尔瓦多	71	84	85	5.6	3.2	12	9.0	—	16	34	16	98	1.3
埃及	72	63	68	4.0	4.2	13	5.5	3.7	11	56	12	106	28
中国	73	64	55	11	12	19	13	7.5	6.1	41	50	60	84
阿尔及利亚	74	56	83	8.1	0.4	16	8.5	7.0	1.0	44	12	75	2.8
土库曼斯坦	75	50	—	5.3	0.4	—	9.7				0.1	—	
突尼斯	76	83	72	8.1	1.3	20	9.9	14	32	56	18	98	28
阿尔巴尼亚	77	69	51	5.6	0.1	19	7.9	30	81		21	67	6.4
吉尔吉斯斯坦	78	74	68	2.4	0.1	3.7	2.4	7.0	15		9.0	20	6.5
塔吉克斯坦	79	69	44	1.5	0.1	4.9	1.9		0.1		0.3	18	4.9
玻利维亚	80	66	68	5.0	0.8	6.2	4.3	6.1	8.8		5.3	60	6.5
缅甸	81	48	—	0.5	0.1	—	—	1.3	2.8		0.7	51	6.8
菲律宾	82	78	76	2.7	3.3	9.5	6.5	—	7.7		67	85	4.6
泰国	83	70	53	7.6	39	19	13	32	99	50	28	91	16
纳米比亚	84	82	77	12	0.3	24	12	15	28	19	5.7	53	5.9
津巴布韦	85	77	35	0.2	2.2	4.7	1.7				2.7	24	
洪都拉斯	86	81	64	4.6	0.2	9.3	5.2	9.3	14	18	3.1	106	1.7
尼加拉瓜	87	75	73	3.1	0.1	5.5	3.6	7.1	11	37	7.9	60	1.5
越南	88	59	45	3.2	6.1	5.7	3.3	4.7	—		21	60	7.9
肯尼亚	89	69	46	1.8	5.8	6.5	2.3	1.0	3.2		0.6	49	33
斯里兰卡	90	82	59	2.3	19	16	8.2	7.5	13	48	7.3	64	6.5
刚果共和国	91	32	60	4.4	0.5	6.1	3.0				0.0	25	—
印度尼西亚	92	56	63	3.3	3.4	9.5	6.1	4.3	5.8	16	4.8	75	3.5
赞比亚	93	77	54	1.5	0.0	8.5	3.8	3.1	5.8		0.4	25	12
危地马拉	94	81	71	4.3	0.2	12	7.8	6.3	15	18	8.6	75	1.9
毛里塔尼亚	95	52	—	1.4	0.0	—	1.9	5.6	1.7		0.7	41	
科特迪瓦	96	76	—	2.0	0.2	—	3.2	2.8	1.3		1.0	51	
印度	97	69	41	1.7	1.3	8.4	2.7	4.1	2.3	28	4.4	74	34
巴基斯坦	98	74	48	1.0	1.4	7.5	2.7	1.2	0.3		3.3	59	12
莱索托	99	85	64	3.4	0.0	5.3	1.2	3.9	1.5		0.4	41	0.5
柬埔寨	100	55	42	1.4	0.0	3.0	1.6	6.3	28	8	0.8	58	2.1
喀麦隆	101	64	—	1.4	1.1	—	2.3	3.8	4.1		0.3	55	—
厄立特里亚	102	86	—	0.5	—		0.9	—	—		0.0	25	—
叙利亚	103	67	78	2.3	0.1	9.4	4.0				5.8	64	
加纳	104	65	58	3.5	0.0	6.3	3.3	5.2	5.2		1.0	67	16
乍得	105	47	—	0.8	0.0	—	1.3				0.4	17	—
莫桑比克	106	74	—	1.1	0.2	—	1.2	3.6	1.5		0.3	60	18
几内亚	107	57	27	0.6	0.2	3.5	0.8		0.0		1.7	44	
也门共和国	108	55	80	1.9	—	2.9	1.2	2.9	5.9	24	3.9	44	—
巴布亚新几内亚	109	32	—	3.4	4.4	—	0.5	—	—		0.6	55	—
海地	110			1.1	0.5	—	—	3.1	8.7			38	
尼泊尔	111	67	32	1.0	0.2	3.3	1.2	1.3	2.5	30	4.1	30	13
塞内加尔	112	82	32	1.4	0.3	8.4	2.3	—	—		2.8	106	23
塞拉利昂	113	37	—	1.6	1.3	—	0.8	2.6	1.7		—	51	—
刚果民主共和国	114	60	—	0.3	0.0	—	0.7	0.8	0.0		0.0	29	3.3
老挝	115	55	29	1.1	0.2	8.4	2.6	3.6	14		0.5	55	1.5
马拉维	116	67	40	0.5	0.0	1.2	0.4	—	0.3		0.2	37	—
多哥	117	61	53	1.1	4.6	2.2	1.1		2.6		0.4	53	9.2
马达加斯加	118	78	24	0.4	1.5	3.8	1.0	2.1	4.0	10	0.6	58	4.4
马里	119	53	—	1.1	0.1	—	0.9	3.1	1.7		0.1	49	28
尼日利亚	120	73	61	2.9	0.0	16	6.4	—	0.5	79	0.0	55	9.1
孟加拉国	121	76	50	0.7	1.4	4.0	2.0	1.0	0.1		3.6	44	
坦桑尼亚	122	58	38	1.5	0.0	2.9	1.4	2.1	6.0		0.4	71	16
贝宁	123	72	62	1.0	0.1	2.9	1.7		2.7		1.5	49	
尼日尔	124	57	44	0.6	0.1	2.4	0.7		0.5		0.1	22	
安哥拉	125	37	—	5.2	3.0	—	0.4	21	8.4		1.3	32	
乌干达	126	69	29	1.1	0.0	5.3	1.3	2.4	5.2		1.0	42	20
中非	127	41	—	0.2	5.3	—	0.4		—			28	
布基纳法索	128	57	32	1.0	0.0	3.6	1.1	—	—		0.3	31	8.3
埃塞俄比亚	129	59	28	0.7	8.3	2.8	0.8	—	1.0		0.9	29	25
布隆迪	130	58	—	0.5	—	—	0.4	0.5	0.0		0.1	40	5.1
卢旺达	131	70	23	1.5	1.8	5.6	1.4	1.7	4.2		0.1	49	—
高收入国家		100	100	100	100	100	100	100	100	—	100	100	101
中等收入国家		74	63	4.4	6.5	15	9.2	7.4	10		24	55	59
低收入国家		63	—	0.5	1.7	—	1.0	2.1	3.0	—	0.7	35	4.2
世界平均		96	72	17	24	38	26	25	27		37	58	91

附表 1-3-3　2013 年世界服务业现代化指标数值

国家	编号	服务业增加值比例	服务业劳动力比例	人均知识性服务业	人均生产型服务业	服务业劳动生产率	人均服务业增加值	人均服务贸易	人均旅游国际收入	接受过高等教育的劳动力比例	互联网宽带普及率	出口通关所需时间	R&D经费占GDP比例
瑞典	1	73	78	11 773	29	100 777	38 662	13 916	1202	34	33	9	3.3
美国	2	78	81	13 313	117	101 731	38 634	3560	546	41	30	6	2.8
芬兰	3	70	73	9826	121	89 230	29 836	10 279	743	38	32	9	3.3
澳大利亚	4	71	70	11 194	86	128 566	44 619	5198	1350	35	25	9	2.2
瑞士	5	73	73	16 504	179	147 565	59 928	25 108	2085	34	43	8	3.0
挪威	6	59	77	18 285	38	136 606	53 995	20 500	1113	37	39	8	1.7
日本	7	73	69	6796	61	81 474	27 826	2385	119	41	29	11	3.5
丹麦	8	76	78	13 296	32	104 476	39 065	23 802	1235	32	40	6	3.1
德国	9	69	71	8773	91	82 569	28 778	7287	512	28	35	9	2.9
荷兰	10	76	75	10 352	342	94 599	35 304	15 858	818	32	41	7	2.0
加拿大	11	71	78	9288	55	75 997	30 571	5708	502	46	34	8	1.6
新加坡	12	75	80	5312	1173	87 885	38 863	51 606	3575	29	28	6	2.0
英国	13	78	79	6891	94	78 517	29 433	8214	640	38	36	8	1.6
法国	14	79	75	8275	66	98 417	30 087	7350	858	34	39	10	2.2
比利时	15	77	77	9306	140	102 881	32 117	19 316	1201	40	34	9	2.3
奥地利	16	70	70	9833	38	91 274	31 653	13 364	2385	20	26	10	2.8
新西兰	17	70	73	7778	210	64 586	23 870	5835	1687	33	29	10	1.2
韩国	18	59	70	4144	226	40 095	14 044	4237	291	35	38	8	4.1
以色列	19	—	80	6159	99	—	—	6769	703	45	26	10	4.2
意大利	20	74	69	5140	15	91 629	23 613	3694	728	18	23	19	1.3
爱尔兰	21	73	75	8251	26	110 434	34 327	51 259	963	42	26	8	1.6
西班牙	22	74	76	4329	21	71 070	19 971	4490	1341	35	26	10	1.2
爱沙尼亚	23	68	65	2371	0.1	36 617	11 349	8208	1059	37	28	6	1.7
斯洛文尼亚	24	66	61	4034	0.5	48 427	13 099	5710	1315	29	25	16	2.6
乌拉圭	25	64	69	2263	6.9	28 600	9480	1934	564	20	22	16	0.2
俄罗斯	26	60	65	1707	30	22 610	7475	1376	84	43	17	21	1.1
斯洛伐克	27	63	61	2343	8.5	39 538	10 425	2962	472	20	20	16	0.8
希腊	28	80	71	3205	2.8	65 566	15 391	4703	1459	29	26	16	0.8
匈牙利	29	65	65	1902	0.6	28 758	7480	4028	542	25	26	17	1.4
捷克	30	60	59	2668	1.9	38 415	10 737	4217	670	20	27	17	1.9
葡萄牙	31	76	69	3484	31	49 063	14 484	3986	1174	20	24	15	1.4
白俄罗斯	32	50	57	928	0.2	13 287	3383	1344	84	—	30	15	0.7
拉脱维亚	33	73	68	1675	0.0	31 374	22	3959	1	31	24	10	0.6
立陶宛	34	66	66	1939	1.7	31 045	9376	4307	465	37	28	10	1.0
格鲁吉亚	35	67	36	415	0.1	12 500	2081	991	383	31	12	9	0.1
乌克兰	36	64	55	612	0.3	8515	2218	835	112	—	9	29	0.8
保加利亚	37	67	63	896	0.4	17 532	4424	1720	558	27	20	19	0.6
黎巴嫩	38	73	—	962	34	—	14 154	6148	2813	—	10	22	—
哈萨克斯坦	39	58	56	1020	3.4	25 756	7383	1010	86	—	12	81	0.2
波兰	40	64	58	1714	2.5	31 907	7906	—	297	28	23	17	0.9
阿根廷	41	64	75	1900	4.9	24 948	7856	792	101	21	15	12	0.6
巴拿马	42	74	65	1198	24	22 585	6656	3745	850	37	8	10	0.2
克罗地亚	43	68	62	1669	0.3	34 883	7810	3882	2236	22	22	18	0.8
沙特阿拉伯	44	38	71	2064	56	36 095	9390	3051	253	—	10	13	0.1
哥伦比亚	45	57	64	961	15	14 452	4201	405	76	23	9	14	0.2
科威特	46	32	59	3399	68	55 270	16 564	7802	83	19	1	15	0.3
智利	47	62	67	1991	0.1	28 755	8878	1607	124	20	13	15	0.4
马其顿	48	64	51	539	0.1	17 612	2922	1208	129	22	16	12	0.4
阿塞拜疆	49	32	49	643	1.9	9942	2359	1320	251	16	18	28	0.2
摩尔多瓦	50	68	54	460	0.2	7322	1273	586	63	25	13	23	0.4
罗马尼亚	51	67	44	827	0.3	28 892	5653	1420	80	18	17	13	0.4
委内瑞拉	52	50	71	1285	0.2	16 634	5077	713	28	28	7.3	56	—
乌兹别克斯坦	53	48	—	115	3.3	—	818	—	—	—	1.1	72	—
多米尼加	54	67	43	544	0.3	22 651	3715	879	493	20	5.1	8	—
亚美尼亚	55	49	47	244	0.3	8091	1626	910	294	25	8.2	16	0.2
巴拉圭	56	50	59	628	1.4	7501	2047	270	42	17	2.3	29	0.1
哥斯达黎加	57	69	68	1800	2.9	21 935	6626	2114	566	23	10	14	0.5
巴西	58	70	63	2011	8.0	22 342	6972	617	33	17	11	13	1.2
墨西哥	59	62	62	1212	5.6	23 278	6082	427	113	23	11	12	0.5
博茨瓦纳	60	59	56	1044	0.1	14 803	3549	562	51	—	1.1	27	0.3
秘鲁	61	56	76	579	6.1	8097	3213	416	98	15	5.3	12	0.2
牙买加	62	72	67	647	10	11 821	3177	1723	764	—	5.1	20	0.1
约旦	63	67	80	655	27	16 488	3061	1641	637	28	4.5	13	0.4
南非	64	68	71	1079	21	21 362	4193	648	174	17	3.1	16	0.7
土耳其	65	65	52	1031	31	36 881	6324	943	373	18	12	13	0.9
厄瓜多尔	66	52	54	727	7.2	11 915	2990	346	80	21	6.7	20	0.3
伊朗	67	51	49	683	1.0	22 846	3340	—	—	—	6.7	25	0.3
蒙古	68	49	47	514	3.1	9400	1903	—	66	26	4.9	44	0.2
摩洛哥	69	57	39	397	1.3	12 622	1654	652	205	9	2.6	11	0.7
马来西亚	70	51	59	1179	75	22 113	5597	2837	714	24	10	11	1.1

(续表)

国家	编号	服务业增加值比例	服务业劳动力比例	人均知识性服务业	人均生产型服务业	服务业劳动生产率	人均服务业增加值	人均服务贸易	人均旅游国际收入	接受过高等教育的劳动力比例	互联网宽带普及率	出口通关所需时间	R&D经费占GDP比例
萨尔瓦多	71	62	60	414	3.2	8937	2251	—	102	12	4.5	13	0.0
埃及	72	46	48	295	4.2	10 005	1376	200	69	19	3.3	12	0.7
中国	73	47	39	831	12	15 025	3280	402	38	14	14	21	2.0
阿尔及利亚	74	42	58	608	0.4	12 665	2112	372	7	15	3.3	17	0.1
土库曼斯坦	75	37	—	393	0.4	—	2405	—	—	—	—	0.0	—
突尼斯	76	61	51	604	1.3	15 311	2469	724	201	19	4.9	13	0.7
阿尔巴尼亚	77	51	36	415	0.1	14 649	1968	1594	508	—	5.8	19	0.2
吉尔吉斯斯坦	78	54	31	182	0.1	2896	598	374	93	—	2.5	63	0.2
塔吉克斯坦	79	51	31	114	0.1	3804	463	—	0	—	0.1	71	0.1
玻利维亚	80	49	48	372	0.8	4780	1077	325	55	—	1.4	21	0.2
缅甸	81	35	—	38	0.1	—	—	69	18	—	0.2	25	—
菲律宾	82	58	53	200	3.3	7357	1606	—	48	—	18	15	0.1
泰国	83	52	38	568	39	14 636	3222	1688	619	17	7.7	14	0.4
纳米比亚	84	60	54	894	0.3	18 650	3036	790	175	7	1.6	24	0.1
津巴布韦	85	57	25	18	2.2	3626	434	—	—	—	0.7	53	—
洪都拉斯	86	60	45	345	0.3	7165	1304	497	89	6	0.9	12	—
尼加拉瓜	87	55	51	233	0.1	4260	905	380	70	13	2.2	21	—
越南	88	43	32	238	6.1	4434	827	250	—	—	5.6	21	0.2
肯尼亚	89	51	32	135	5.9	5022	571	55	20	—	0.1	26	0.5
斯里兰卡	90	60	42	168	19	12 434	2045	398	84	17	2.0	20	0.2
刚果共和国	91	24	42	331	0.5	4729	757	—	—	—	0.0	50	—
印度尼西亚	92	42	45	244	3.4	7381	1506	230	36	6	1.3	17	0.1
赞比亚	93	57	38	113	0.0	6608	937	165	36	—	0.1	51	0.3
危地马拉	94	60	50	318	0.3	9373	1928	334	94	6	2.4	17	—
毛里塔尼亚	95	38	—	101	0.0	—	477	300	11	—	0.2	31	—
科特迪瓦	96	56	—	147	0.2	—	806	148	8	—	0.3	25	—
印度	97	51	29	126	1.3	6479	684	219	14	10	1.2	17	0.8
巴基斯坦	98	54	34	71	1.4	5837	664	62	2	—	0.9	22	0.3
莱索托	99	63	46	252	0.0	4114	286	208	9	—	0.1	31	—
柬埔寨	100	41	30	103	0.0	2353	389	338	176	3	0.2	22	0.0
喀麦隆	101	47	—	107	1.1	—	581	203	26	—	0.1	23	—
厄立特里亚	102	63	—	36	—	—	228	—	—	—	0.0	50	—
叙利亚	103	49	55	175	0.1	7309	991	—	—	—	1.6	20	—
加纳	104	48	41	258	0.1	4840	822	280	33	—	0.3	19	0.4
乍得	105	34	—	57	0.0	—	325	—	—	—	0.1	73	—
莫桑比克	106	55	—	81	0.2	—	300	192	9	—	0.1	21	0.4
几内亚	107	42	19	43	0.2	2683	209	—	0	—	0.5	29	—
也门共和国	108	41	56	140	—	2281	303	157	37	8	1.1	29	—
巴布亚新几内亚	109	23	—	251	4.5	—	119	—	0	—	0.2	23	—
海地	110	—	—	85	0.5	—	—	163	54	—	—	33	—
尼泊尔	111	49	22	72	0.2	2576	307	70	16	10	1.1	42	0.3
塞内加尔	112	61	22	108	0.3	6482	560	—	—	—	0.8	12	0.5
塞拉利昂	113	27	—	117	1.3	—	204	138	11	—	—	25	—
刚果民主共和国	114	44	—	21	—	—	174	41	0	—	0.0	44	0.1
老挝	115	40	20	81	0.2	6494	649	191	91	—	0.1	23	0.0
马拉维	116	50	29	38	0.0	931	111	—	2	—	0.1	34	—
多哥	117	45	38	83	4.7	1739	282	—	16	—	0.1	24	0.2
马达加斯加	118	58	17	30	1.5	2946	245	113	25	3	0.2	22	0.1
马里	119	39	—	80	0.1	—	232	165	11	—	0.0	26	0.7
尼日利亚	120	54	43	218	0.0	12 705	1581	—	3	27	0.0	23	0.2
孟加拉国	121	56	35	54	1.4	3072	510	52	1	—	1.0	29	—
坦桑尼亚	122	42	27	114	0.0	2790	352	115	37	—	0.1	18	0.4
贝宁	123	53	44	77	0.1	2277	414	—	17	—	0.1	29	—
尼日尔	124	42	31	46	0.1	1867	177	—	3	—	0.0	57	—
安哥拉	125	27	—	385	3.0	—	103	1125	53	—	0.4	40	—
乌干达	126	50	20	84	0.0	4091	316	129	32	—	0.3	30	0.5
中非	127	30	—	17	5.4	—	93	—	—	—	—	46	—
布基纳法索	128	42	22	77	0.0	2752	267	—	—	—	0.1	41	0.2
埃塞俄比亚	129	43	20	52	8.4	2205	200	—	7	—	0.3	44	0.6
布隆迪	130	42	—	35	—	—	100	26	0	—	0.0	32	0.1
卢旺达	131	52	16	110	1.8	4364	351	90	27	—	0.0	26	—
高收入国家		74	71	7455	101	77 435	24 874	5343	628	27	13	2.4		
中等收入国家		55	44	329	6.5	11 845	2287	396	60	6.4	23	1.4		
低收入国家		46	—	39	1.7	—	256	112	19	—	0.2	36	—
世界平均		71	51	1286	24	29 222	6504	1334	167	—	10	22	2.2
标准值		74	71	7455	101	77 435	24 874	5343	628	35	27	13	2.4

注：人均知识型服务业用人均科技、教育和卫生经费代替，人均生产型服务业用人均航空货运量代表。标准值为当年高收入国家或前20个服务业发达国家的平均值。

附表 1-3-4 1980～2013 年世界服务业现代化指数和排名

国家	编号	指数 1980	指数 1990	指数 2000	指数 2010	指数 2013	排名 1980	排名 1990	排名 2000	排名 2010	排名 2013
瑞典	1	109	108	108	107	108	5	4	2	9	8
美国	2	112	113	115	110	110	3	3	1	6	5
芬兰	3	96	103	96	114	115	12	7	13	2	3
澳大利亚	4	107	102	94	110	105	7	8	16	5	12
瑞士	5	114	117	106	114	115	1	1	3	1	2
挪威	6	113	108	97	103	104	2	5	12	15	14
日本	7	95	85	94	95	91	13	17	17	19	19
丹麦	8	—	95	101	108	108	—	13	8	8	7
德国	9	—	101	95	104	105	—	9	15	13	11
荷兰	10	112	107	106	111	112	4	6	5	4	4
加拿大	11	109	113	103	104	101	6	2	7	14	17
新加坡	12	83	84	100	104	106	18	20	9	12	10
英国	13	102	94	97	105	105	10	14	11	10	13
法国	14	104	99	95	109	108	8	10	14	7	6
比利时	15	104	96	106	112	115	9	11	4	3	1
奥地利	16	85	85	99	102	102	17	18	10	17	15
新西兰	17	92	91	84	97	101	14	15	19	18	18
韩国	18	44	56	79	86	87	27	30	20	21	20
以色列	19	101	95	104	105	106	11	12	6	11	9
意大利	20	62	78	74	81	78	21	21	21	22	24
爱尔兰	21	78	88	86	102	102	20	16	18	16	16
西班牙	22	62	64	74	89	86	22	26	22	20	21
爱沙尼亚	23	—	48	65	79	79	—	32	24	23	22
斯洛文尼亚	24	—	84	59	77	78	—	19	26	25	23
乌拉圭	25	46	43	47	48	54	26	37	38	42	36
俄罗斯	26	—	38	32	45	51	—	44	55	47	40
斯洛伐克	27	—	44	36	55	57	—	36	47	33	33
希腊	28	55	63	65	78	75	23	27	25	24	25
匈牙利	29	36	45	50	63	61	37	35	29	29	30
捷克	30	—	47	48	65	66	—	33	36	27	28
葡萄牙	31	39	58	58	74	73	30	29	27	26	26
白俄罗斯	32	—	21	23	38	44	—	77	74	56	48
拉脱维亚	33	—	32	34	53	55	—	54	50	36	35
立陶宛	34	—	47	47	62	68	—	34	37	30	27
格鲁吉亚	35	—	26	19	38	43	—	62	83	57	51
乌克兰	36	—	21	22	29	31	—	75	80	70	72
保加利亚	37	34	41	35	49	50	39	38	48	40	42
黎巴嫩	38	—	65	54	45	48	—	25	28	46	44
哈萨克斯坦	39	—	25	18	25	30	—	67	91	82	73
波兰	40	31	33	39	50	53	46	52	44	37	37
阿根廷	41	39	38	49	47	47	32	43	31	44	45
巴拿马	42	49	39	49	54	62	25	42	33	34	29
克罗地亚	43	—	60	49	60	60	—	28	30	31	32
沙特阿拉伯	44	90	68	49	49	50	16	22	32	38	41
哥伦比亚	45	38	36	31	37	38	33	47	58	58	57
科威特	46	91	67	66	63	56	15	23	23	28	34
智利	47	42	39	45	48	44	28	41	40	41	47
马其顿	48	—	27	33	39	41	—	59	53	53	55
阿塞拜疆	49	—	22	18	24	32	—	72	88	83	68
摩尔多瓦	50	—	20	22	32	33	—	83	79	65	63
罗马尼亚	51	—	14	22	39	41	—	111	77	51	54
委内瑞拉	52	51	33	26	35	35	24	53	64	60	60
乌兹别克斯坦	53	—	20	14	17	17	—	80	111	104	108
多米尼加	54	21	37	49	47	47	62	46	35	43	46
亚美尼亚	55	—	13	16	31	34	—	114	105	66	62
巴拉圭	56	37	30	24	22	25	35	57	73	89	85
哥斯达黎加	57	40	34	44	49	51	29	49	41	39	39
巴西	58	30	33	36	44	44	47	51	46	48	49
墨西哥	59	36	35	43	42	42	38	48	42	49	52
博茨瓦纳	60	26	33	31	26	26	53	50	56	75	83
秘鲁	61	32	31	34	34	35	42	56	49	62	61
牙买加	62	—	50	42	42	42	—	31	39	50	53
约旦	63	81	66	43	53	52	19	24	43	35	38
南非	64	39	26	33	39	40	31	64	52	52	56
土耳其	65	28	32	34	47	49	51	55	51	45	43
厄瓜多尔	66	34	20	22	30	31	40	82	76	68	71
伊朗	67	37	26	25	29	33	36	66	72	72	65
蒙古	68	32	26	16	25	26	43	66	102	80	78
摩洛哥	69	17	29	30	32	32	71	58	59	64	67
马来西亚	70	31	37	49	60	61	44	45	34	32	31

(续表)

国家	编号	指数					排名				
		1980	1990	2000	2010	2013	1980	1990	2000	2010	2013
萨尔瓦多	71	21	27	29	30	31	63	61	61	69	69
埃及	72	23	24	24	33	31	58	70	71	63	70
中国	73	11	13	21	31	35	88	117	81	67	59
阿尔及利亚	74	23	17	25	26	26	59	89	69	78	79
土库曼斯坦	75	—	18	13	18	19	—	88	116	100	99
突尼斯	76	26	27	32	39	37	54	60	54	54	58
阿尔巴尼亚	77	—	7	24	34	32	—	130	72	61	66
吉尔吉斯斯坦	78	—	20	12	16	18	—	79	119	108	101
塔吉克斯坦	79	—	12	10	12	13	—	118	127	125	124
玻利维亚	80	24	40	25	23	22	57	39	67	84	89
缅甸	81	24	14	10	7	13	56	110	125	130	127
菲律宾	82	17	22	25	26	33	73	74	68	76	64
泰国	83	19	26	29	38	43	66	65	62	55	50
纳米比亚	84	30	39	39	29	28	48	40	45	71	75
津巴布韦	85	18	18	18	14	15	69	87	93	118	117
洪都拉斯	86	19	16	31	23	26	68	102	57	86	77
尼加拉瓜	87	—	21	18	23	24	—	78	89	87	87
越南	88	—	16	16	20	21	—	99	99	94	93
肯尼亚	89	14	17	15	21	20	82	90	107	91	95
斯里兰卡	90	14	19	23	26	28	81	84	75	77	76
刚果共和国	91	38	22	9	13	14	34	73	129	120	121
印度尼西亚	92	13	13	18	21	21	84	113	90	92	92
赞比亚	93	29	12	13	15	17	49	116	114	113	109
危地马拉	94	13	20	30	25	25	83	81	60	81	84
毛里塔尼亚	95	29	16	13	13	14	50	98	113	122	120
科特迪瓦	96	34	15	20	18	18	41	103	82	99	102
印度	97	12	19	19	23	23	85	85	85	85	88
巴基斯坦	98	16	17	17	20	20	74	96	97	93	96
莱索托	99	12	16	17	19	18	86	100	96	98	100
柬埔寨	100	—	17	14	16	17	—	95	108	106	107
喀麦隆	101	15	17	18	18	18	79	94	94	102	104
厄立特里亚	102	—	24	25	28	28	—	68	70	73	74
叙利亚	103	31	24	25	35	26	45	71	65	59	80
加纳	104	8	15	14	22	22	91	105	110	88	90
乍得	105	18	16	16	12	12	70	101	100	126	128
莫桑比克	106	10	13	18	16	18	89	115	95	105	103
几内亚	107	—	14	19	14	15	—	109	84	116	115
也门共和国	108	—	17	18	21	24	—	93	87	90	86
巴布亚新几内亚	109	20	15	28	15	14	65	106	63	112	123
海地	110	—	2	11	3	3	—	127	131	131	131
尼泊尔	111	9	10	11	15	15	90	121	124	114	114
塞内加尔	112	27	21	22	26	26	52	76	78	74	81
塞拉利昂	113	16	10	4	9	7	75	123	130	129	130
刚果民主共和国	114	—	11	18	10	10	—	120	92	128	129
老挝	115	—	8	10	13	16	—	128	126	123	111
马拉维	116	12	7	12	13	16	87	129	117	119	113
多哥	117	25	16	14	19	18	55	97	109	95	105
马达加斯加	118	21	17	13	16	16	64	91	112	111	112
马里	119	15	18	16	16	15	80	86	103	110	116
尼日利亚	120	—	7	13	25	26	—	131	115	79	82
孟加拉国	121	17	13	16	19	19	72	112	98	97	97
坦桑尼亚	122	—	10	16	17	19	—	122	104	103	98
贝宁	123	22	17	19	19	20	61	92	86	96	94
尼日尔	124	16	14	11	13	13	77	108	121	121	125
安哥拉	125	—	24	10	12	14	—	69	128	127	122
乌干达	126	6	10	15	16	16	92	124	106	107	110
中非	127	23	12	12	14	21	60	119	118	115	91
布基纳法索	128	19	14	12	12	13	67	107	120	124	126
埃塞俄比亚	129	15	9	11	18	15	78	126	123	101	119
布隆迪	130	—	9	11	14	15	—	125	122	117	118
卢旺达	131	16	15	16	16	17	76	104	101	109	106
高收入国家		100	104	100	100	100					
中等收入国家		18	17	21	29	31					
低收入国家		—	15	15	14	14					
世界平均		39	49	48	47	48					

注:1980年的互联网宽带普及率用电话普及率代替,1980年接受过高等教育的劳动力比例用1990年的数据代替。

附表 1-3-5　1980～2013 年世界服务业现代化的发展阶段和国家分组

国家	编号	发展阶段					国家分组				
		1980	1990	2000	2010	2013	1980	1990	2000	2010	2013
瑞典	1	4	5	5	5	6	A	A	A	A	A
美国	2	5	5	5	6	6	A	A	A	A	A
芬兰	3	3	4	4	5	5	A	A	A	A	A
澳大利亚	4	4	4	4	5	5	A	A	A	A	A
瑞士	5	4	5	5	6	6	A	A	A	A	A
挪威	6	4	4	5	5	5	A	A	A	A	A
日本	7	4	4	5	5	5	A	A	A	A	A
丹麦	8	4	5	5	5	5	—	A	A	A	A
德国	9	4	4	5	5	6	—	A	A	A	A
荷兰	10	4	5	5	5	5	A	A	A	A	A
加拿大	11	4	5	5	6	6	A	A	A	A	A
新加坡	12	5	6	6	6	6	A	A	A	A	A
英国	13	4	5	6	6	6	A	A	A	A	A
法国	14	4	4	5	5	5	A	A	A	A	A
比利时	15	5	5	5	6	6	A	A	A	A	A
奥地利	16	4	4	5	5	5	A	A	A	A	A
新西兰	17	4	4	4	4	4	A	A	A	A	A
韩国	18	2	3	4	4	4	B	B	B	A	A
以色列	19	4	5	5	6	6	A	A	A	A	A
意大利	20	3	4	4	5	5	B	B	B	A	A
爱尔兰	21	3	3	4	5	5	B	A	A	A	A
西班牙	22	3	4	4	5	5	B	B	B	A	A
爱沙尼亚	23	3	2	4	5	4	—	C	B	B	A
斯洛文尼亚	24	—	3	4	4	4	—	A	B	B	B
乌拉圭	25	4	3	3	3	4	A	C	C	C	B
俄罗斯	26	—	2	2	3	4	—	C	C	C	B
斯洛伐克	27	—	3	3	4	4	—	C	C	B	B
希腊	28	3	3	4	5	5	B	B	B	B	B
匈牙利	29	1	3	4	4	4	C	C	B	B	B
捷克	30	1	3	3	5	4	—	C	C	B	B
葡萄牙	31	2	3	4	5	5	B	B	B	B	B
白俄罗斯	32	2	1	2	2	3	—	D	D	C	C
拉脱维亚	33	2	2	2	4	4	C	C	C	B	B
立陶宛	34	—	3	3	4	4	—	C	C	B	B
格鲁吉亚	35	2	2	1	2	2	—	D	D	C	C
乌克兰	36	0	0	1	2	2	—	D	D	D	C
保加利亚	37	2	2	2	3	3	C	C	C	B	B
黎巴嫩	38	1	4	4	3	3	—	B	B	C	B
哈萨克斯坦	39	—	2	1	2	2	—	D	D	C	C
波兰	40	2	2	2	4	4	C	C	C	B	B
阿根廷	41	2	2	3	3	3	B	C	B	C	C
巴拿马	42	3	2	3	4	5	B	C	B	B	B
克罗地亚	43	—	4	3	4	4	—	B	B	B	B
沙特阿拉伯	44	—	3	3	3	4	A	B	B	B	B
哥伦比亚	45	4	2	2	2	2	C	C	C	C	C
科威特	46	5	5	5	5	4	A	B	B	B	B
智利	47	3	3	3	3	3	B	C	C	B	C
马其顿	48	—	2	2	2	3	—	D	D	C	C
阿塞拜疆	49	2	1	1	2	2	—	D	D	C	C
摩尔多瓦	50	1	1	1	2	2	—	D	D	C	C
罗马尼亚	51	1	1	2	2	3	—	D	D	C	C
委内瑞拉	52	3	2	2	2	2	B	C	C	C	C
乌兹别克斯坦	53	—	1	1	1	1	—	D	D	D	C
多米尼加	54	2	2	3	3	3	D	C	B	B	C
亚美尼亚	55	—	1	1	2	2	—	D	D	C	C
巴拉圭	56	2	2	2	2	2	C	D	D	D	D
哥斯达黎加	57	2	2	3	3	4	B	C	C	B	B
巴西	58	2	2	2	3	3	C	C	C	C	C
墨西哥	59	2	2	2	3	3	C	C	C	C	C
博茨瓦纳	60	2	2	2	2	2	D	C	C	D	D
秘鲁	61	2	2	2	2	2	C	C	C	C	C
牙买加	62	2	2	3	3	3	—	B	C	C	C
约旦	63	4	4	3	4	4	A	B	C	B	B
南非	64	2	2	2	2	3	B	D	C	C	B
土耳其	65	2	2	2	2	3	D	C	C	C	B
厄瓜多尔	66	2	2	2	2	2	C	D	D	C	C
伊朗	67	2	2	2	2	2	C	D	D	D	D
蒙古	68	2	2	1	2	2	C	D	D	C	C
摩洛哥	69	1	2	2	2	2	D	D	C	C	C
马来西亚	70	1	2	2	3	3	C	C	B	B	B

(续表)

国家	编号	发展阶段					国家分组				
		1980	1990	2000	2010	2013	1980	1990	2000	2010	2013
萨尔瓦多	71	2	2	2	2	2	D	D	D	D	C
埃及	72	2	2	2	2	2	D	D	D	C	C
中国	73	0	0	1	2	2	D	D	D	C	C
阿尔及利亚	74	1	1	2	2	2	D	D	D	D	D
土库曼斯坦	75	—	1	1	1	1	—	D	D	D	D
突尼斯	76	1	2	2	2	2	D	D	C	C	C
阿尔巴尼亚	77	0	0	1	2	2	—	D	D	C	C
吉尔吉斯斯坦	78	1	1	1	1	1	—	D	D	D	D
塔吉克斯坦	79	1	0	1	1	1	—	D	D	D	D
玻利维亚	80	2	3	2	2	2	D	C	D	D	D
缅甸	81	1	0	0	1	0	D	D	D	D	D
菲律宾	82	1	2	2	2	2	D	D	D	D	D
泰国	83	1	1	2	2	2	D	D	D	C	C
纳米比亚	84	2	2	2	2	2	D	C	C	D	D
津巴布韦	85	1	1	1	1	1	D	D	D	D	D
洪都拉斯	86	1	2	2	2	2	D	D	C	D	D
尼加拉瓜	87	1	2	1	2	2	—	D	D	D	D
越南	88	1	1	1	2	2	D	D	D	D	D
肯尼亚	89	1	1	2	2	2	D	D	D	D	D
斯里兰卡	90	1	1	2	2	2	D	D	D	D	D
刚果共和国	91	2	1	1	1	1	C	D	D	D	D
印度尼西亚	92	1	1	1	2	2	D	D	D	D	D
赞比亚	93	1	0	1	1	1	D	D	D	D	D
危地马拉	94	1	2	2	2	2	D	D	D	D	D
毛里塔尼亚	95	1	1	1	1	1	D	D	D	D	D
科特迪瓦	96	2	1	2	2	2	C	D	D	D	D
印度	97	1	1	1	2	2	D	D	D	D	D
巴基斯坦	98	1	1	1	2	1	D	D	D	D	D
莱索托	99	1	1	1	1	1	D	D	D	D	D
柬埔寨	100	1	1	0	1	1	—	D	D	D	D
喀麦隆	101	1	1	1	1	1	D	D	D	D	D
厄立特里亚	102	0	2	2	2	2	—	D	D	D	D
叙利亚	103	2	2	2	2	2	C	D	D	C	D
加纳	104	1	1	1	2	2	D	D	D	D	D
乍得	105	1	1	1	1	1	D	D	D	D	D
莫桑比克	106	0	1	1	1	1	D	D	D	D	D
几内亚	107	1	1	1	0	1	—	D	D	D	D
也门共和国	108	0	1	1	2	2	—	D	D	D	D
巴布亚新几内亚	109	0	0	0	0	0	D	D	D	D	D
海地	110	0	0	1	0	—	D	D	D	D	D
尼泊尔	111	0	0	0	1	1	D	D	D	D	D
塞内加尔	112	1	1	2	2	2	D	D	D	D	D
塞拉利昂	113	1	0	0	1	0	D	D	D	D	D
刚果民主共和国	114	1	1	1	1	1	D	D	D	D	D
老挝	115	0	0	0	1	1	—	D	D	D	D
马拉维	116	0	0	1	1	1	D	D	D	D	D
多哥	117	1	1	1	1	1	D	D	D	D	D
马达加斯加	118	1	1	1	1	1	D	D	D	D	D
马里	119	1	1	1	1	1	D	D	D	D	D
尼日利亚	120	1	1	1	2	2	—	D	D	D	D
孟加拉国	121	1	1	1	1	1	D	D	D	D	D
坦桑尼亚	122	1	0	1	1	1	—	D	D	D	D
贝宁	123	2	1	1	1	2	D	D	D	D	D
尼日尔	124	0	1	1	1	1	D	D	D	D	D
安哥拉	125	0	1	1	0	—	—	D	D	D	D
乌干达	126	0	0	1	1	1	D	D	D	D	D
中非	127	0	0	1	1	0	D	D	D	D	D
布基纳法索	128	1	1	1	1	1	D	D	D	D	D
埃塞俄比亚	129	1	0	1	1	1	D	D	D	D	D
布隆迪	130	0	0	0	1	1	—	D	D	D	D
卢旺达	131	0	1	1	1	1	D	D	D	D	D
高收入国家		4	4	5	5	5					
中等收入国家		1	2	2	2	3					
低收入国家		—	1	1	1	2					
世界平均		2	3	3	3	4					

注：国家发展阶段：0 为传统服务业，1 为第一次服务业现代化起步期，2 为第一次服务业现代化发展期，3 为第一次服务业现代化成熟期，4 为第一次服务业现代化到第二次服务业现代化的过渡期；5 为第二次服务业现代化起步期，6 为第二次服务业现代化发展期，7 为第二次服务业现代化成熟期。

国家分组：A 为发达国家，B 为中等发达国家，C 为初等发达国家，D 为欠发达国家。

附表 1-4-1 2013 年中国地区服务业现代化指数

地区*	编号	服务内容指数	服务质量指数	服务治理指数	服务业现代化指数	排名
北京	1	62	40	105	69	1
天津	2	40	34	88	54	3
河北	3	27	8	58	31	21
山西	4	33	8	60	34	14
内蒙古	5	34	15	56	35	12
辽宁	6	36	14	80	43	7
吉林	7	29	9	58	32	18
黑龙江	8	31	8	58	33	17
上海	9	52	41	96	63	2
江苏	10	34	18	84	45	5
浙江	11	36	19	83	46	4
安徽	12	31	6	60	32	19
福建	13	30	17	68	38	8
江西	14	28	6	51	28	26
山东	15	31	12	70	38	9
河南	16	25	6	51	27	28
湖北	17	33	7	63	34	13
湖南	18	30	7	54	30	23
广东	19	37	23	75	45	6
广西	20	27	7	49	28	27
海南	21	35	9	48	31	22
重庆	22	35	9	62	35	11
四川	23	28	5	61	32	20
贵州	24	33	4	43	27	29
云南	25	28	7	44	26	30
西藏	26	35	7	33	25	31
陕西	27	30	9	71	37	10
甘肃	28	31	4	51	28	25
青海	29	30	5	52	29	24
宁夏	30	35	8	55	33	15
新疆	31	32	8	58	33	16
中国		35	12	59	35	
高收入国家		100	100	100	100	
中等收入国家		37	10	46	31	
低收入国家		22	2	—	12	
世界平均		52	29	62	48	

注：*中国香港、澳门和台湾地区的服务业现代化，需要专题研究。后同。

附表 1-4-2　2013 年中国地区服务业现代化指标指数

地区	编号	服务业增加值比例	服务业劳动力比例	人均知识性服务业	人均生产型服务业	服务业劳动生产率	人均服务业增加值	人均服务贸易	人均服务国际收入	人均旅游国际收入	受过高等教育的劳动力比例	互联网宽带普及率	商品出口通关时间	R&D经费占GDP比例
北京	1	105	105	35	4.7	29	47	49	36	120	120	60	120
天津	2	65	63	22	12	56	31	21	28	82	88	60	120
河北	3	49	40	8	10	20	9	1.8	1.3	28	102	60	41
山西	4	57	50	9	17	17	9	1.1	3.6	38	89	60	51
内蒙古	5	50	49	12	25	36	16	1.2	6.1	36	99	60	29
辽宁	6	55	60	12	18	19	16	6.3	12.6	70	120	60	68
吉林	7	49	52	11	6.3	20	11	2.3	3.2	41	93	60	38
黑龙江	8	57	51	9.3	6.2	17	10	2.5	2.5	43	83	60	47
上海	9	85	83	25	13	48	37	44	35	85	120	60	120
江苏	10	62	51	14	8.8	29	22	17	4.8	50	120	60	104
浙江	11	64	51	14	13	24	21	15	16	60	120	60	90
安徽	12	46	43	8.7	25	10	7.1	1.8	4.4	34	68	60	76
福建	13	54	47	10	10	21	15	11	19	32	120	60	60
江西	14	48	46	7.5	12	12	7.3	2.0	1.8	35	70	60	39
山东	15	57	45	11	10	22	15	6.6	4.5	37	95	60	89
河南	16	48	37	7.6	7.6	12	7.9	1.5	1.1	31	68	60	46
湖北	17	54	58	8.7	8.7	13	11	1.5	3.3	43	73	60	75
湖南	18	55	45	8.0	11	14	10	0.9	2.0	32	67	60	55
广东	19	66	56	12	13	26	19	25	24	29	114	60	96
广西	20	51	36	7.4	12	14	7.5	1.7	5.2	29	76	60	31
海南	21	70	54	9.2	7.5	15	12	4.1	6.0	32	81	60	19
重庆	22	63	54	10	11	11	13	5.6	6.8	36	96	60	58
四川	23	49	48	8.5	8.0	10	7.6	1.9	1.5	40	80	60	63
贵州	24	64	55	7.4	8.0	6.9	7.1	0.6	0.9	35	52	60	24
云南	25	58	38	7.9	8.6	9.8	7.0	1.3	8.2	29	58	60	28
西藏	26	73	51	13	2.3	11	9.1	2.6	6.5	9	52	60	12
陕西	27	49	44	12	15	20	10	1.3	7.1	43	92	60	88
甘肃	28	59	48	8.5	7.7	8.8	6.9	1.0	0.1	33	65	60	44
青海	29	49	50	12	8.9	12	8.6	0.6	0.5	46	75	60	27
宁夏	30	58	48	11	24	20	11	1.2	0.3	41	84	60	34
新疆	31	55	49	12	11	16	10	3.0	4.1	46	102	60	22
中国		63	55	11	12	19	13	7.5	6.1	41	50	60	84
高收入国家		100	100	100	100	100	100	100	100	—	100	100	101
中等收入国家		74	63	4.4	6.5	15	9.2	7.4	10	—	24	55	59
低收入国家		63	—	0.5	1.7	—	1.0	2.1	3.0	—	0.7	35	—
世界平均		95	72	17	24	38	26	25	27	—	37	58	91

附表 1-4-3　2013 年中国地区服务业现代化指标数值

地区	编号	服务业增加值比例	服务业劳动力比例	人均知识性服务业	人均生产型服务业	服务业劳动生产率	人均服务业增加值	人均服务贸易	人均服务国际收入	人均旅游国际收入	受过高等教育的劳动力比例	互联网宽带普及率	商品出口通关时间	R&D经费占GDP比例
北京	1	78	74	2594	4.7	22 714	11 706	2632	227	48	56	21	6.0
天津	2	48	44	1618	12	43 259	7647	1133	176	28	24	21	3.0
河北	3	36	28	576	11	15 372	2261	97	8	10	28	21	1.0
山西	4	42	35	648	17	13 492	2360	56	23	13	24	21	1.2
内蒙古	5	37	34	885	26	27 988	4028	62	39	12	27	21	0.7
辽宁	6	41	43	881	18	15 006	4054	338	79	24	37	21	1.6
吉林	7	36	37	789	6.4	15 691	2760	122	20	14	25	21	0.9
黑龙江	8	42	36	692	6.2	13 149	2580	132	16	15	23	21	1.1
上海	9	63	59	1858	14	36 823	9206	2371	217	29	57	21	3.6
江苏	10	46	36	1069	8.9	22 368	5525	900	30	17	39	21	2.5
浙江	11	48	36	1060	13	18 678	5265	792	98	21	45	21	2.2
安徽	12	34	31	650	26	7708	1758	98	28	12	19	21	1.8
福建	13	40	33	769	10	16 442	3703	582	121	11	38	21	1.4
江西	14	35	33	559	12	9281	1822	105	12	12	19	21	0.9
山东	15	42	32	814	11	17 004	3848	355	28	13	26	21	2.1
河南	16	36	26	567	7.7	8910	1966	83	7	11	19	21	1.1
湖北	17	40	41	652	8.8	9889	2774	81	21	15	20	21	1.8
湖南	18	41	32	597	11	10 831	2429	49	12	15	18	21	1.3
广东	19	49	39	880	13	19 906	4622	1331	153	10	31	21	2.3
广西	20	38	26	550	12	10 742	1855	90	33	10	21	21	0.7
海南	21	52	38	689	7.5	11 562	2962	217	38	11	22	21	0.5
重庆	22	47	38	779	11	8528	3241	300	43	12	26	21	1.4
四川	23	36	34	636	8.1	7721	1900	103	9	14	22	21	1.5
贵州	24	47	39	550	8.1	5314	1756	31	6	12	14	21	0.6
云南	25	43	27	588	8.7	7557	1732	70	52	10	16	21	0.7
西藏	26	54	36	1004	2.3	8535	2264	138	41	3	14	21	0.3
陕西	27	36	31	892	15	15 140	2499	69	45	15	25	21	2.1
甘肃	28	43	34	631	7.8	6810	1712	51	1	11	18	21	1.1
青海	29	36	36	902	9.0	9324	2138	32	3	16	20	21	0.6
宁夏	30	43	36	807	24	15 200	2730	64	2	14	23	21	0.8
新疆	31	41	35	899	12	12 058	2446	158	26	16	14	21	0.5
中国		47	39	831	12	15 025	3280	402	38	14	14	21	2.0
高收入国家		74	71	7455	101	77 435	24 874	5343	628	—	27	13	2.4
中等收入国家		55	44	329	6.5	11 845	2287	396	60	—	6.4	23	1.4
低收入国家		46	—	39	1.7	—	256	112	19	—	0.2	36	—
世界平均		71	51	1286	24	29 222	6504	1334	167	—	10	22	2.2
参考值		74	71	7455	101	77 435	24 874	5343	628	35	27	13	2.4

注：人均知识型服务业用人均科技、教育和卫生经费代替，人均生产型服务业用人均航空货运量代表。商品出口贸易通关时间，各地区数据都用全国数据统一替代。2013 年服务业劳动力数据用 2010 年数据代替。

附表 1-4-4　2000~2013年中国地区服务业现代化的指数和排名

国家	编号	指数 2000	指数 2010	指数 2013	排名 2000	排名 2010	排名 2013
北京	1	62	67	69	1	1	1
天津	2	29	49	54	3	3	3
河北	3	17	26	31	21	26	23
山西	4	20	29	34	14	10	14
内蒙古	5	18	30	35	12	21	13
辽宁	6	23	36	43	7	6	7
吉林	7	21	29	32	18	7	15
黑龙江	8	19	30	33	17	15	12
上海	9	35	63	63	2	2	2
江苏	10	20	39	45	5	9	4
浙江	11	19	37	46	4	13	6
安徽	12	17	26	32	19	25	21
福建	13	19	32	38	8	12	9
江西	14	18	24	28	26	22	25
山东	15	18	32	38	9	23	10
河南	16	15	22	27	28	30	30
湖北	17	20	30	34	13	8	11
湖南	18	17	26	30	23	24	22
广东	19	23	38	45	6	5	5
广西	20	17	23	28	27	27	28
海南	21	18	28	31	22	20	17
重庆	22	18	29	35	11	17	16
四川	23	19	26	32	20	14	20
贵州	24	15	23	27	29	29	29
云南	25	15	22	26	30	31	31
西藏	26	16	23	25	31	28	27
陕西	27	27	33	37	10	4	8
甘肃	28	18	24	28	25	18	26
青海	29	18	25	29	24	19	24
宁夏	30	18	28	33	15	16	19
新疆	31	19	28	33	16	11	18
中国		20	31	35			
高收入国家		100	100	100			
中等收入国家		19	29	31			
低收入国家		11	14	12			
世界平均		42	47	48			

注：人均知识型服务业用人均科技、教育和卫生经费代替，人均生产型服务业用人均航空货运量代表。商品出口贸易通关时间，各地区数据都用全国数据统一替代，2013年服务业劳动力数据用2010年数据代替。互联网宽带普及率等少量指标缺数据，采用插值法补充数据。

附录二 世界现代化水平评价的数据集

附表 2-1-1	2013 年世界现代化水平	316
附表 2-1-2	2013 年根据第二次现代化指数的国家分组	318
附表 2-2-1	2013 年世界第一次现代化指数	320
附表 2-2-2	2013 年世界第一次现代化评价指标	322
附表 2-2-3	2013 年世界第一次现代化发展阶段	324
附表 2-2-4	世界第一次现代化指数的增长率和预期完成时间	326
附表 2-2-5	1950～2013 年世界第一次现代化指数	328
附表 2-2-6	1950～2013 年世界第一次现代化指数的排名	330
附表 2-3-1	2013 年世界第二次现代化指数	332
附表 2-3-2	2013 年世界知识创新指数	334
附表 2-3-3	2013 年世界知识传播指数	336
附表 2-3-4	2013 年世界生活质量指数	338
附表 2-3-5	2013 年世界经济质量指数	340
附表 2-3-6	2013 年世界第二次现代化发展阶段	342
附表 2-3-7	1970～2013 年世界第二次现代化指数	344
附表 2-3-8	1970～2013 年世界第二次现代化指数的排名	346
附表 2-3-9	2020～2050 年世界第二次现代化指数的一种预测	348
附表 2-4-1	2013 年世界综合现代化指数	350
附表 2-4-2	2013 年世界经济发展指数	352
附表 2-4-3	2013 年世界社会发展指数	354
附表 2-4-4	2013 年世界知识发展指数	356
附表 2-4-5	1980～2013 年世界综合现代化指数	358
附表 2-4-6	1980～2013 年世界综合现代化指数的排名	360

附表 2-1-1 2013年世界现代化水平

国家	编号	人口/100万	第一次现代化 指数	第一次现代化 排名[a]	第一次现代化 阶段[b]	第二次现代化 指数	第二次现代化 排名	第二次现代化 阶段[c]	综合现代化 指数	综合现代化 排名	国家阶段[d]	国家分组[e]
瑞典	1	10	100	1	4	106	1	2	99	4	6	1
美国	2	316	100	1	4	105	5	2	97	6	6	1
芬兰	3	5	100	1	4	105	4	2	98	5	6	1
澳大利亚	4	23	100	1	4	93	14	1	93	14	5	1
瑞士	5	8	100	1	4	102	7	2	97	8	6	1
挪威	6	5	100	1	4	96	11	1	93	12	5	1
日本	7	127	100	1	4	101	8	1	93	11	5	1
丹麦	8	6	100	1	4	105	3	2	100	1	6	1
德国	9	81	100	1	4	94	12	1	93	13	5	1
荷兰	10	17	100	1	4	104		2	99	3	6	1
加拿大	11	35	100	1	4	91	18	2	89	19	6	1
新加坡	12	5	100	1	4	106	2	2	97	7	6	1
英国	13	64	100	1	4	92	17	2	90	16	6	1
法国	14	66	100	1	4	92	16	2	91	15	6	1
比利时	15	11	100	1	4	99	9	2	99	2	6	1
奥地利	16	8	100	1	4	96	10	1	95	9	5	1
新西兰	17	4	100	1	4	83	20	1	88	18	5	1
韩国	18	50	100	1	4	92	15	1	83	20	5	1
以色列	19	8	100	1	4	89	19	1	88	17	5	1
意大利	20	60	100	1	4	74	23	1	79	21	5	2
爱尔兰	21	5	100	1	4	94	13	2	94	10	6	1
西班牙	22	47	100	1	4	74	22	2	78	22	6	2
爱沙尼亚	23	1	100	1	4	66	28	1	66	30	5	2
斯洛文尼亚	24	2	100	1	4	75	21	1	73	23	5	2
乌拉圭	25	3	100	1	3	50	41		63	34	3	2
俄罗斯	26	144	100	1	4	59	31		60	36	4	2
斯洛伐克	27	5	100	1	4	58	33		63	32	4	2
希腊	28	11	100	1	4	69	25		70	24	5	2
匈牙利	29	10	100	1	4	67	26	1	68	27	5	2
捷克	30	11	100	1	4	67	27	1	69	25	5	2
葡萄牙	31	10	100	1	4	70	24	1	69	26	5	2
白俄罗斯	32	9	98	51	4	50	39		52	48	4	2
拉脱维亚	33	2	100	1	4	56	36		63	35	4	2
立陶宛	34	3	100	1	4	59	30		64	33	4	2
格鲁吉亚	35	4	90	74	2	35	68		40	66	2	3
乌克兰	36	45	94	63	3	43	52		47	56	3	3
保加利亚	37	7	99	49	4	47	45		57	42	4	2
黎巴嫩	38	4	100	1	3	50	40		57	41	3	3
哈萨克斯坦	39	17	100	1	4	45	47		50	53	3	3
波兰	40	38	100	1	4	57	34		58	40	4	2
阿根廷	41	43	100	1	4	55	37		68	28	4	2
巴拿马	42	4	100	1	3	44	49		52	46	3	2
克罗地亚	43	4	100	1	4	57	35		60	37	4	2
沙特阿拉伯	44	30	98	50	4	59	32		65	31	4	2
哥伦比亚	45	47	99	48	3	42	53		50	50	3	3
科威特	46	4	97	55	4	63	29		68	29	4	2
智利	47	18	100	1	4	54	38		59	38	4	2
马其顿	48	2	96	58	3	41	55		45	57	3	3
阿塞拜疆	49	9	94	65	3	34	70		41	63	3	3
摩尔多瓦	50	4	92	70	3	34	69		40	68	3	3
罗马尼亚	51	20	100	1	3	44	48		49	54	3	2
委内瑞拉	52	30	99	47	3	46	46		58	39	4	2
乌兹别克斯坦	53	30	80	89	2	29	81		31	84	2	4
多米尼加	54	10	97	56	3	36	64		50	52	3	3
亚美尼亚	55	3	90	73	2	37	60		44	58	2	3
巴拉圭	56	6	92	68	3	32	74		37	74	3	3
哥斯达黎加	57	5	100	1	3	48	42		52	45	3	2
巴西	58	204	100	1	3	40	58		53	44	3	3
墨西哥	59	124	100	1	4	42	54		51	49	4	3
博茨瓦纳	60	2	90	75	3	31	77		36	77	3	3
秘鲁	61	31	97	53	3	41	56		47	55	3	3
牙买加	62	3	96	60	3	37	62		43	59	3	3
约旦	63	6	96	59	4	43	50		52	47	4	3
南非	64	53	93	67	4	38	59		40	65	4	3
土耳其	65	75	100	1	3	48	43		54	43	3	3
厄瓜多尔	66	16	97	57	3	36	65		42	60	3	3
伊朗	67	77	97	54	3	43	51		42	61	3	3
蒙古	68	3	93	66	2	32	72		42	62	2	3
摩洛哥	69	33	86	81	3	31	78		34	79	3	3
马来西亚	70	29	100	1	3	47	44		50	51	3	2

(续表)

国家	编号	人口/100万	第一次现代化			第二次现代化			综合现代化		国家阶段[d]	国家分组[e]
			指数	排名[a]	阶段[b]	指数	排名	阶段[c]	指数	排名		
萨尔瓦多	71	6	95	62	3	33	71		39	71	3	3
埃及	72	88	91	71	3	32	75		36	76	3	3
中国	73	1357	98	52	3	41	57		40	67	3	3
阿尔及利亚	74	38	94	64	3	32	73		40	70	3	3
土库曼斯坦	75	5	84	86	3	29	82		30	85	3	4
突尼斯	76	11	95	61	3	37	63		40	69	3	3
阿尔巴尼亚	77	3	87	78	2	36	67		39	72	2	3
吉尔吉斯斯坦	78	6	87	79	2	28	85		31	83	2	4
塔吉克斯坦	79	8	77	90	2	23	95		24	97	2	4
玻利维亚	80	10	84	83	3	29	83		32	82	3	4
缅甸	81	53	64	104	1	22	100		23	98	1	4
菲律宾	82	98	91	72	3	32	76		37	75	3	3
泰国	83	67	88	77	2	37	61		35	78	2	3
纳米比亚	84	2	82	88	2	28	86		32	81	2	4
津巴布韦	85	15	61	109	2	20	106		20	109	2	4
洪都拉斯	86	8	85	82	3	27	89		28	91	3	4
尼加拉瓜	87	6	87	80	2	26	90		28	89	2	4
越南	88	90	83	87	2	30	79		29	87	2	3
肯尼亚	89	44	57	115	1	23	98		20	106	1	4
斯里兰卡	90	20	84	85	3	36	66		30	86	3	3
刚果共和国	91	4	71	94	3	24	92		27	93	3	4
印度尼西亚	92	251	84	84	3	28	87		29	88	3	3
赞比亚	93	15	68	98	2	18	116		21	102	2	4
危地马拉	94	16	92	69	3	27	88		33	80	3	4
毛里塔尼亚	95	4	58	112	2	17	118		18	110	2	4
科特迪瓦	96	22	58	113	2	17	120		20	108	2	4
印度	97	1279	75	91	2	23	94		23	99	2	4
巴基斯坦	98	181	68	99	2	19	108		22	100	2	4
莱索托	99	2	70	97	3	25	91		27	92	3	4
柬埔寨	100	15	65	102	1	19	109		17	113	1	4
喀麦隆	101	22	70	95	2	19	110		25	94	2	4
厄立特里亚	102	5	58	111	1	17	119		20	105	1	4
叙利亚	103	22	89	76	3	29	84		40	64	3	3
加纳	104	26	70	96	2	24	93		25	95	2	4
乍得	105	13	41	130	0	14	129		12	128	0	4
莫桑比克	106	26	50	121	1	14	128		14	118	1	4
几内亚	107	12	53	119	2	17	117		15	117	2	4
也门共和国	108	26	72	93	3	22	99		28	90	3	4
巴布亚新几内亚	109	7	47	123	1	20	105		13	124	1	4
海地	110	10	62	107	1	11	131		13	122	1	4
尼泊尔	111	28	67	100	1	23	96		18	111	1	4
塞内加尔	112	14	63	106	2	20	104		20	107	2	4
塞拉利昂	113	6	43	128	0	18	114		11	130	0	4
刚果民主共和国	114	73	62	108	2	20	107		15	115	2	4
老挝	115	7	64	105	2	23	97		21	103	2	4
马拉维	116	16	46	124	1	18	115		12	126	1	4
多哥	117	7	57	117	1	16	125		14	121	1	4
马达加斯加	118	23	57	114	1	20	103		18	112	1	4
马里	119	17	48	122	1	16	123		16	114	1	4
尼日利亚	120	173	65	101	2	21	102		24	96	2	4
孟加拉国	121	157	72	92	2	22	101		22	101	2	4
坦桑尼亚	122	50	55	118	1	16	122		14	119	1	4
贝宁	123	10	60	110	2	19	111		21	104	2	4
尼日尔	124	18	40	131	1	16	124		12	127	1	4
安哥拉	125	23	65	103	2	30	80		38	73	2	4
乌干达	126	37	52	120	1	18	113		13	123	1	4
中非	127	5	42	129	0	13	130		14	120	0	4
布基纳法索	128	17	43	125	0	16	121		12	125	0	4
埃塞俄比亚	129	95	43	127	1	15	126		11	129	1	4
布隆迪	130	10	43	126	1	15	127		9	131	1	4
卢旺达	131	11	57	116	1	19	112		15	116	1	4
高收入OECD国家[f]		1064	100		4	100		2	100		6	
中等收入国家		5178	94		3	31			34		3	
低收入国家		606	54		1	16			14		1	
世界平均		7175	99		4	46			47		4	

注:a. 第一次现代化指数达到100%时,排名不分先后。b. 第一次现代化的阶段:4代表过渡期,3代表成熟期,2代表发展期,1代表起步期,0代表传统农业社会。c. 第二次现代化的阶段:2代表发展期,1代表起步期。d. 国家阶段划分:0代表传统农业社会,1代表第一次现代化起步期,2代表第一次现代化发展期,3代表第一次现代化成熟期,4代表第一次现代化过渡期,5代表第二次现代化起步期,6代表第二次现代化发展期,7代表第二次现代化成熟期,8代表第二次现代化过渡期。e. 国家分组为根据第二次现代化指数的分组,1代表发达国家,2代表中等发达国家,3代表初等发达国家,4代表欠发达国家。f. 高收入OECD国家:OECD国家中的高收入国家,包括32个国家。"—"表示没有数据,后同。

附表 2-1-2　2013 年根据第二次现代化指数的国家分组

国家	编号	第二次现代化指数	第一次现代化指数	综合现代化指数	人均国民收入	人类发展指数	2013年分组[a]	2012年分组[a]
瑞典	1	106	100	99	61 340	0.905	1	1
美国	2	105	100	97	53 720	0.913	1	1
芬兰	3	105	100	98	49 050	0.882	1	1
澳大利亚	4	93	100	93	65 480	0.933	1	1
瑞士	5	102	100	97	88 120	0.928	1	1
挪威	6	96	100	93	104 010	0.942	1	1
日本	7	101	100	93	46 330	0.890	1	1
丹麦	8	105	100	100	61 740	0.923	1	1
德国	9	94	100	93	47 240	0.915	1	1
荷兰	10	104	100	99	52 470	0.920	1	1
加拿大	11	91	100	89	52 570	0.912	1	1
新加坡	12	106	100	97	54 580	0.909	1	1
英国	13	92	100	90	42 050	0.902	1	1
法国	14	92	100	91	43 530	0.887	1	1
比利时	15	99	100	99	47 240	0.888	1	1
奥地利	16	96	100	95	50 600	0.884	1	1
新西兰	17	83	100	88	31 890	0.911	1	1
韩国	18	92	100	83	25 870	0.895	1	1
以色列	19	89	100	88	34 310	0.893	1	1
意大利	20	74	100	79	35 370	0.873	2	2
爱尔兰	21	94	100	94	44 450	0.912	1	1
西班牙	22	74	100	78	29 540	0.874	2	2
爱沙尼亚	23	66	100	66	18 390	0.859	2	2
斯洛文尼亚	24	75	100	73	23 190	0.878	2	1
乌拉圭	25	50	100	63	15 640	0.790	2	2
俄罗斯	26	59	100	60	13 810	0.797	2	2
斯洛伐克	27	58	100	63	17 910	0.839	2	2
希腊	28	69	100	70	22 680	0.863	2	2
匈牙利	29	67	100	68	13 350	0.825	2	2
捷克	30	67	100	69	19 170	0.868	2	2
葡萄牙	31	70	100	69	21 340	0.828	2	2
白俄罗斯	32	50	98	52	6790	0.796	2	2
拉脱维亚	33	56	100	63	14 930	0.816	2	2
立陶宛	34	59	100	64	15 140	0.837	2	2
格鲁吉亚	35	35	90	40	3560	0.750	3	3
乌克兰	36	43	94	47	3760	0.746	3	3
保加利亚	37	47	99	57	7500	0.779	2	2
黎巴嫩	38	50	100	57	9610	0.768	2	2
哈萨克斯坦	39	45	100	50	11560	0.785	3	3
波兰	40	57	100	58	13 490	0.840	2	2
阿根廷	41	55	100	68	14 110	0.833	2	2
巴拿马	42	44	100	52	10 860	0.777	2	3
克罗地亚	43	57	100	60	13 460	0.817	2	2
沙特阿拉伯	44	59	98	65	25 140	0.836	2	2
哥伦比亚	45	42	99	50	7770	0.718	3	3
科威特	46	63	97	68	52 060	0.816	2	2
智利	47	54	100	59	15 270	0.830	2	2
马其顿	48	41	96	45	4980	0.744	3	3
阿塞拜疆	49	34	94	41	7350	0.749	3	3
摩尔多瓦	50	34	92	40	2470	0.690	3	3
罗马尼亚	51	44	100	49	9270	0.791	3	3
委内瑞拉	52	46	99	58	12 500	0.764	3	3
乌兹别克斯坦	53	29	80	31	1940	0.672	4	4
多米尼加	54	36	97	50	5860	0.711	3	3
亚美尼亚	55	37	90	44	3930	0.731	3	3
巴拉圭	56	32	92	37	4190	0.677	3	4
哥斯达黎加	57	48	100	52	9780	0.764	2	2
巴西	58	40	100	53	12 310	0.752	3	3
墨西哥	59	42	100	51	9720	0.755	3	3
博茨瓦纳	60	31	90	36	7370	0.696	3	3
秘鲁	61	41	97	47	6230	0.732	3	3
牙买加	62	37	96	43	5250	0.717	3	3
约旦	63	43	96	52	4940	0.748	3	3
南非	64	38	93	40	7410	0.663	3	3
土耳其	65	48	100	54	10 970	0.759	2	2
厄瓜多尔	66	36	97	42	5810	0.730	3	3
伊朗	67	43	97	42	7120	0.764	3	3
蒙古	68	32	93	42	4360	0.722	3	3
摩洛哥	69	31	86	34	3080	0.626	3	3
马来西亚	70	47	100	50	10 850	0.777	2	3

(续表)

国家	编号	第二次现代化指数	第一次现代化指数	综合现代化指数	人均国民收入	人类发展指数	2013年分组a	2012年分组a
萨尔瓦多	71	33	95	39	3850	0.664	3	3
埃及	72	32	91	36	2940	0.689	3	3
中国	73	41	98	40	6710	0.723	3	3
阿尔及利亚	74	32	94	40	5510	0.734	3	3
土库曼斯坦	75	29	84	30	6880	0.682	4	4
突尼斯	76	37	95	40	4200	0.720	3	3
阿尔巴尼亚	77	36	87	39	4480	0.732	3	3
吉尔吉斯斯坦	78	28	87	31	1220	0.652	4	4
塔吉克斯坦	79	23	77	24	1000	0.621	4	4
玻利维亚	80	29	84	32	2620	0.658	4	4
缅甸	81	22	64	23	1270	0.531	4	4
菲律宾	82	32	91	37	3340	0.664	3	3
泰国	83	37	88	35	5840	0.724	3	3
纳米比亚	84	28	82	32	5740	0.625	4	3
津巴布韦	85	20	61	20	820	0.501	4	4
洪都拉斯	86	27	85	28	2250	0.604	4	4
尼加拉瓜	87	26	87	28	1790	0.628	4	3
越南	88	30	83	29	1740	0.663	3	3
肯尼亚	89	23	57	20	1180	0.544	4	4
斯里兰卡	90	36	84	30	3170	0.752	3	3
刚果共和国	91	24	71	27	2620	0.582	4	4
印度尼西亚	92	28	84	29	3740	0.681	4	4
赞比亚	93	18	68	21	1700	0.580	4	4
危地马拉	94	27	92	33	3290	0.626	4	4
毛里塔尼亚	95	17	58	18	1330	0.504	4	4
科特迪瓦	96	17	58	20	1360	0.458	4	4
印度	97	23	75	23	1530	0.604	4	4
巴基斯坦	98	19	68	22	1360	0.536	4	4
莱索托	99	25	70	27	1550	0.494	4	4
柬埔寨	100	19	65	17	960	0.550	4	4
喀麦隆	101	19	70	25	1290	0.507	4	4
厄立特里亚	102	17	58	20	480	0.390	4	4
叙利亚	103	29	89	40	1530	0.608	4	3
加纳	104	24	70	25	1740	0.577	4	4
乍得	105	14	41	12	980	0.388	4	4
莫桑比克	106	14	50	14	590	0.413	4	4
几内亚	107	17	53	15	450	0.411	4	4
也门共和国	108	22	72	28	1300	0.498	4	3
巴布亚新几内亚	109	20	47	13	2040	0.503	4	4
海地	110	11	62	13	800	0.481	4	4
尼泊尔	111	23	67	18	730	0.543	4	4
塞内加尔	112	20	63	20	1040	0.463	4	4
塞拉利昂	113	18	43	11	680	0.408	4	4
刚果民主共和国	114	20	62	15	370	0.430	4	4
老挝	115	23	64	21	1490	0.570	4	4
马拉维	116	18	46	12	280	0.439	4	4
多哥	117	16	57	14	520	0.473	4	4
马达加斯加	118	20	57	18	440	0.508	4	4
马里	119	16	48	16	620	0.416	4	4
尼日利亚	120	21	65	24	2700	0.510	4	4
孟加拉国	121	22	72	22	1010	0.567	4	4
坦桑尼亚	122	16	55	14	850	0.516	4	4
贝宁	123	19	60	21	860	0.477	4	4
尼日尔	124	16	40	12	400	0.345	4	4
安哥拉	125	30	65	38	—	0.530	4	4
乌干达	126	18	52	13	630	0.478	4	4
中非	127	13	42	14	310	0.348	4	4
布基纳法索	128	16	43	12	690	0.396	4	4
埃塞俄比亚	129	15	43	11	470	0.436	4	4
布隆迪	130	15	43	9	250	0.397	4	4
卢旺达	131	19	57	15	670	0.479	4	4
高收入OECD国家		100	100	100	44 314	0.895*		
中等收入国家		31	94	34	4495	0.627**		
低收入国家		16	54	14	600	0.502***		
世界平均		46	99	47	10 720	0.709		

注：* 很高人类发展；** 中等人类发展；*** 低人类发展。
a. 1代表发达国家，2代表中等发达国家，3代表初等发达国家，4代表欠发达国家。

附表 2-2-1 2013 年世界第一次现代化指数

国家	编号	经济指标[a]				社会指标[a]						指数	排名	达标个数
		人均国民收入	农业劳动力比例[b]	农业增加值比例	服务业增加值比例[b]	城市人口比例	医生比例[b]	婴儿死亡率	预期寿命	成人识字率	大学入学率[b]			
瑞典	1	100	100	100	100	100	100	100	100	100	100	100	1	10
美国	2	100	100	100	100	100	100	100	100	100	100	100	1	10
芬兰	3	100	100	100	100	100	100	100	100	100	100	100	1	10
澳大利亚	4	100	100	100	100	100	100	100	100	100	100	100	1	10
瑞士	5	100	100	100	100	100	100	100	100	100	100	100	1	10
挪威	6	100	100	100	100	100	100	100	100	100	100	100	1	10
日本	7	100	100	100	100	100	100	100	100	100	100	100	1	10
丹麦	8	100	100	100	100	100	100	100	100	100	100	100	1	10
德国	9	100	100	100	100	100	100	100	100	100	100	100	1	10
荷兰	10	100	100	100	100	100	100	100	100	100	100	100	1	10
加拿大	11	100	100	100	100	100	100	100	100	100	100	100	1	10
新加坡	12	100	100	100	100	100	100	100	100	100	—	100	1	9
英国	13	100	100	100	100	100	100	100	100	100	100	100	1	10
法国	14	100	100	100	100	100	100	100	100	100	100	100	1	10
比利时	15	100	100	100	100	100	100	100	100	100	100	100	1	10
奥地利	16	100	100	100	100	100	100	100	100	100	100	100	1	10
新西兰	17	100	100	100	100	100	100	100	100	100	100	100	1	10
韩国	18	100	100	100	100	100	100	100	100	100	100	100	1	10
以色列	19	100	100	—	—	100	100	100	100	100	100	100	1	8
意大利	20	100	100	100	100	100	100	100	100	100	100	100	1	10
爱尔兰	21	100	100	100	100	100	100	100	100	100	100	100	1	10
西班牙	22	100	100	100	100	100	100	100	100	100	100	100	1	10
爱沙尼亚	23	100	100	100	100	100	100	100	100	100	100	100	1	10
斯洛文尼亚	24	100	100	100	100	100	100	100	100	100	100	100	1	10
乌拉圭	25	100	100	100	100	100	100	100	100	100	100	100	1	10
俄罗斯	26	100	100	100	100	100	100	100	100	100	100	100	1	10
斯洛伐克	27	100	100	100	100	100	100	100	100	—	100	100	1	9
希腊	28	100	100	100	100	100	100	100	100	100	100	100	1	10
匈牙利	29	100	100	100	100	100	100	100	100	100	100	100	1	10
捷克	30	100	100	100	100	100	100	100	100	100	100	100	1	10
葡萄牙	31	100	100	100	100	100	100	100	100	100	100	100	1	10
白俄罗斯	32	80	100	100	100	100	100	100	100	—	100	98	51	8
拉脱维亚	33	100	100	100	100	100	100	100	100	100	100	100	1	10
立陶宛	34	100	100	100	100	100	100	100	100	100	100	100	1	10
格鲁吉亚	35	42	56	100	100	100	100	100	100	100	100	90	74	8
乌克兰	36	45	100	100	100	100	100	100	100	100	100	94	63	9
保加利亚	37	89	100	100	100	100	100	100	100	100	100	99	49	9
黎巴嫩	38	100	100	100	100	100	100	100	100	100	100	100	1	10
哈萨克斯坦	39	100	100	100	100	100	100	100	100	100	100	100	1	10
波兰	40	100	100	100	100	100	100	100	100	100	100	100	1	10
阿根廷	41	100	100	100	100	100	100	100	100	100	100	100	1	10
巴拿马	42	100	100	100	100	100	100	100	100	100	100	100	1	10
克罗地亚	43	100	100	100	100	100	100	100	100	100	100	100	1	10
沙特阿拉伯	44	100	100	100	85	100	100	100	100	100	100	98	50	9
哥伦比亚	45	92	100	100	100	100	100	100	100	100	100	99	48	9
科威特	46	100	100	100	71	100	100	100	100	100	100	97	55	9
智利	47	100	100	100	100	100	100	100	100	100	100	100	1	10
马其顿	48	59	100	100	100	100	100	100	100	100	100	96	58	9
阿塞拜疆	49	87	81	100	72	100	100	100	100	100	100	94	65	7
摩尔多瓦	50	29	100	100	100	90	100	100	98	100	100	92	70	7
罗马尼亚	51	100	100	100	100	100	100	100	100	100	100	100	1	10
委内瑞拉	52	100	100	100	93	100	—	100	100	100	100	99	47	8
乌兹别克斯坦	53	23	87	78	100	72	100	83	97	100	59	80	89	3
多米尼加	54	69	100	100	100	100	100	100	100	100	100	97	56	9
亚美尼亚	55	47	83	72	100	100	100	100	100	100	100	90	73	7
巴拉圭	56	50	100	100	70	100	100	100	100	100	100	92	68	8
哥斯达黎加	57	100	100	100	100	100	100	100	100	100	100	100	1	10
巴西	58	100	100	100	100	100	100	100	100	100	—	100	1	9
墨西哥	59	100	100	100	100	100	100	100	100	100	100	100	1	10
博茨瓦纳	60	87	100	100	100	100	34	82	92	100	100	90	75	6
秘鲁	61	74	100	100	100	100	100	100	100	100	100	97	53	9
牙买加	62	62	100	100	100	100	—	100	100	100	100	96	60	8
约旦	63	59	100	100	100	100	100	100	100	100	100	96	59	9
南非	64	88	100	100	100	100	78	85	81	100	100	93	67	6
土耳其	65	100	100	100	100	100	100	100	100	100	100	100	1	10
厄瓜多尔	66	69	100	100	100	100	100	100	100	100	100	97	57	9
伊朗	67	84	100	100	100	100	89	100	100	100	100	97	54	8
蒙古	68	52	86	97	100	100	100	100	99	100	100	93	66	6
摩洛哥	69	37	77	100	100	100	62	100	100	84	100	86	81	6
马来西亚	70	100	100	100	100	100	100	100	100	100	100	100	1	10

附录二 世界现代化水平评价的数据集　321

（续表）

国家	编号	经济指标[a]				社会指标[b]						指数	排名	达标个数
		人均国民收入	农业劳动力比例[b]	农业增加值比例[b]	服务业增加值比例[b]	城市人口比例	医生比例[b]	婴儿死亡率	预期寿命	成人识字率	大学入学率[b]			
萨尔瓦多	71	46	100	100	100	100	100	100	100	100	100	95	62	9
埃及	72	35	100	100	100	86	100	100	100	94	100	91	71	7
中国	73	80	96	100	100	100	100	100	100	100	100	98	52	8
阿尔及利亚	74	65	96	100	92	100	100	100	100	91	100	94	64	6
土库曼斯坦	75	82	62	100	82	99	100	65	94	100	53	84	86	3
突尼斯	76	50	100	100	100	100	100	100	100	100	100	95	61	9
阿尔巴尼亚	77	53	51	67	100	100	100	100	100	100	100	87	78	7
吉尔吉斯斯坦	78	14	95	88	100	71	100	100	100	100	100	87	79	6
塔吉克斯坦	79	12	—	55	100	53	100	73	99	100	100	77	90	4
玻利维亚	80	31	78	100	100	100	47	91	97	100	100	84	83	5
缅甸	81	15	48	26	73	66	61	72	94	100	89	64	104	1
菲律宾	82	40	97	100	100	89	—	100	97	100	100	91	72	5
泰国	83	69	72	100	100	96	39	100	100	100	100	88	77	6
纳米比亚	84	68	96	100	100	89	37	87	92	100	46	82	88	3
津巴布韦	85	10	46	100	100	65	8	61	79	100	39	61	109	3
洪都拉斯	86	27	84	100	100	100	37	100	100	100	100	85	82	7
尼加拉瓜	87	21	93	79	100	100	90	100	100	98	—	87	80	4
越南	88	21	64	82	96	65	100	100	100	100	100	83	87	5
肯尼亚	89	14	49	51	100	50	20	79	87	100	20	57	115	2
斯里兰卡	90	38	95	100	100	37	68	100	100	100	100	84	85	6
刚果共和国	91	31	85	100	52	100	10	84	88	99	64	71	94	2
印度尼西亚	92	44	86	100	92	100	20	100	98	100	100	84	84	5
赞比亚	93	20	57	100	100	80	17	65	85	89	—	68	98	2
危地马拉	94	39	92	100	100	100	—	100	100	96	100	92	69	6
毛里塔尼亚	95	16	54	73	85	100	13	45	90	64	36	58	112	1
科特迪瓦	96	16	50	68	100	100	14	42	73	51	61	58	113	2
印度	97	18	60	81	100	64	70	73	97	87	100	75	91	3
巴基斯坦	98	16	69	60	100	76	83	43	94	71	65	68	99	1
莱索托	99	18	75	100	100	53	—	42	70	100	68	70	97	3
柬埔寨	100	11	55	45	91	41	17	100	97	92	100	65	102	2
喀麦隆	101	15	56	66	100	100	—	50	79	89	79	70	95	2
厄立特里亚	102	6	37	62	100	44	—	83	90	89	14	58	111	1
叙利亚	103	18	100	77	98	100	100	100	100	100	100	89	76	7
加纳	104	21	67	65	100	100	10	66	87	89	96	70	96	2
乍得	105	12	36	29	76	44	34	73	48	15	—	41	130	0
莫桑比克	106	7	37	56	100	63	4	49	78	70	35	50	121	1
几内亚	107	5	40	74	94	72	10	46	83	32	70	53	119	0
也门共和国	108	15	100	100	90	67	20	82	91	85	69	72	93	2
巴布亚新几内亚	109	24	41	42	51	26	6	64	89	79	—	47	123	0
海地	110	9	59	—	—	100	—	55	89	61	—	62	107	1
尼泊尔	111	9	45	43	100	36	95	99	75	100	100	67	100	2
塞内加尔	112	12	65	96	100	86	6	70	94	54	51	63	106	1
塞拉利昂	113	8	43	30	60	78	2	32	72	57	—	43	128	0
刚果民主共和国	114	4	44	68	98	83	—	38	83	94	46	62	108	1
老挝	115	18	42	57	90	73	18	56	94	91	100	64	105	1
马拉维	116	3	47	45	100	32	2	63	88	77	5	46	124	1
多哥	117	6	55	40	100	78	5	55	84	76	67	57	117	1
马达加斯加	118	5	40	57	100	68	16	79	92	88	28	57	114	1
马里	119	7	45	39	87	77	8	39	82	42	50	48	122	0
尼日利亚	120	32	67	71	100	92	40	41	75	—	69	65	101	1
孟加拉国	121	12	63	92	100	66	36	90	100	75	88	72	92	2
坦桑尼亚	122	10	45	45	94	60	3	80	92	99	24	55	118	0
贝宁	123	10	67	62	100	86	6	45	85	53	82	60	110	1
尼日尔	124	5	53	42	94	36	2	50	87	19	12	40	131	0
安哥拉	125	—	40	100	49	85	—	30	74	88	50	65	103	1
乌干达	126	7	42	55	100	31	12	72	83	88	29	52	120	1
中非	127	4	37	26	66	79	—	31	71	46	19	42	129	0
布基纳法索	128	8	35	43	93	56	5	47	83	29	32	43	125	0
埃塞俄比亚	129	6	41	33	96	37	2	67	91	37	19	43	127	0
布隆迪	130	3	33	38	94	23	5	52	80	74	30	43	126	0
卢旺达	131	8	40	45	100	54	6	86	91	85	53	57	116	1
高收入OECD国家		100	100	100	100	100	100	100	100	100	100	100		10
中等收入国家		53	100	100	100	97	100	90	100	100	100	94		7
低收入国家		7	53	46	100	59	7	53	87	72	51	54		1
世界平均		100	100	100	100	89	100	100	100	100	100	99		9

注：a. "—"表示没有数据，后同；b. 为2005～2013年期间最近年的数据。

附表 2-2-2　2013 年世界第一次现代化评价指标

国家	编号	经济指标				社会指标					
		人均国民收入	农业劳动力比例ª	农业增加值比例ª	服务业增加值比例ª	城市人口比例	医生比例	婴儿死亡率	预期寿命	成人识字率	大学入学率ª
瑞典	1	61 340	2	1	73	86	3.9	2	82	100	65
美国	2	53 720	2	1	78	81	2.5	6	79	100	89
芬兰	3	49 050	4	3	70	84	2.9	2	81	100	92
澳大利亚	4	65 480	3	2	71	89	3.3	3	82	100	89
瑞士	5	88 120	3	1	73	74	4.0	4	83	100	56
挪威	6	104 010	2	2	59	80	4.3	2	81	100	78
日本	7	46 330	4	1	73	92	2.3	2	83	100	61
丹麦	8	61 740	2	1	76	87	3.5	3	80	100	82
德国	9	47 240	1	1	69	75	3.9	3	81	100	60
荷兰	10	52 470	2	2	76	89	2.9	3	81	100	77
加拿大	11	52 570	2	2	71	81	2.1	5	81	100	59
新加坡	12	54 580	1	0	75	100	2.0	2	82	97	—
英国	13	42 050	1	1	78	82	2.8	4	81	100	60
法国	14	43 530	3	2	79	79	3.2	4	82	100	60
比利时	15	47 240	1	1	77	98	4.9	3	80	100	72
奥地利	16	50 600	4	1	70	66	4.8	3	81	100	81
新西兰	17	31 890	6	7	70	86	2.7	5	81	100	79
韩国	18	25 870	6	2	59	82	2.1	3	81	100	98
以色列	19	34 310	1	—	—	92	3.3	3	82	100	67
意大利	20	35 370	3	2	74	69	3.8	3	82	99	62
爱尔兰	21	44 450	6	1	73	63	2.7	3	81	99	71
西班牙	22	29 540	4	3	74	79	4.9	4	82	98	86
爱沙尼亚	23	18 390	4	4	68	68	3.2	3	76	100	78
斯洛文尼亚	24	23 190	7	2	66	50	2.5	2	80	100	84
乌拉圭	25	15 640	9	9	64	95	3.7	10	77	98	63
俄罗斯	26	13 810	7	4	60	74	4.3	9	71	100	76
斯洛伐克	27	17 910	3	4	63	54	3.3	6	76	—	54
希腊	28	22 680	13	4	80	77	6.2	4	81	97	117
匈牙利	29	13 350	5	5	65	70	3.1	5	75	99	57
捷克	30	19 170	3	2	60	73	3.6	3	78	99	63
葡萄牙	31	21 340	7	2	76	62	4.1	3	80	94	66
白俄罗斯	32	6790	10	8	50	76	3.9	4	72	—	93
拉脱维亚	33	14 930	8	3	73	67	3.6	7	74	100	66
立陶宛	34	15 140	8	4	66	67	4.1	4	74	100	70
格鲁吉亚	35	3560	53	9	67	53	4.3	12	74	100	33
乌克兰	36	3760	20	10	64	69	3.5	9	71	100	79
保加利亚	37	7500	7	5	67	73	3.9	10	74	98	66
黎巴嫩	38	9610	7	7	73	88	3.2	8	80	90	48
哈萨克斯坦	39	11 560	24	5	58	53	3.6	15	70	100	55
波兰	40	13 490	12	3	64	61	2.2	5	77	100	72
阿根廷	41	14 110	1	7	64	91	3.9	12	76	98	80
巴拿马	42	10 860	17	3	74	66	1.7	16	77	94	43
克罗地亚	43	13 460	10	4	68	58	3.0	4	77	99	62
沙特阿拉伯	44	25 140	5	2	38	83	2.5	13	74	94	58
哥伦比亚	45	7770	17	6	57	76	1.5	15	74	94	48
科威特	46	52 060	1	0	32	98	2.7	8	74	96	28
智利	47	15 270	9	3	62	89	1.0	7	81	97	79
马其顿	48	4980	18	11	64	57	2.6	6	75	98	38
阿塞拜疆	49	7350	37	6	32	54	3.4	30	71	100	20
摩尔多瓦	50	2470	29	15	68	45	3.0	14	69	99	41
罗马尼亚	51	9270	26	6	67	54	2.4	11	74	99	52
委内瑞拉	52	12 500	7	5	42	89	—	14	74	95	78
乌兹别克斯坦	53	1940	34	19	48	36	2.5	36	68	100	9
多米尼加	54	5860	14	6	67	77	1.5	27	73	91	46
亚美尼亚	55	3930	36	21	49	63	2.7	14	75	100	46
巴拉圭	56	4190	23	22	50	59	1.2	19	73	95	35
哥斯达黎加	57	9780	13	6	69	75	1.1	9	79	97	48
巴西	58	12 310	15	6	70	85	1.9	14	74	91	—
墨西哥	59	9720	13	3	62	79	2.1	13	77	94	30
博茨瓦纳	60	7370	26	3	59	57	0.3	36	64	87	25
秘鲁	61	6230	11	7	56	78	1.1	14	74	94	41
牙买加	62	5250	18	7	72	54	—	14	73	88	29
约旦	63	4940	2	3	67	83	2.6	16	74	98	47
南非	64	7410	5	2	68	64	0.8	35	57	94	20
土耳其	65	10 970	22	8	65	72	1.7	13	75	95	79
厄瓜多尔	66	5810	25	9	52	63	1.7	20	76	93	41
伊朗	67	7120	18	9	51	72	0.9	15	75	84	58
蒙古	68	4360	35	15	49	70	2.8	21	69	98	62
摩洛哥	69	3080	39	15	57	59	0.6	26	74	67	16
马来西亚	70	10 850	13	9	51	73	1.2	6	75	93	37

(续表)

国家	编号	经济指标				社会指标					
		人均国民收入	农业劳动力比例[a]	农业增加值比例[a]	服务业增加值比例[a]	城市人口比例	医生比例[a]	婴儿死亡率	预期寿命	成人识字率	大学入学率[a]
萨尔瓦多	71	3850	20	11	62	66	1.6	15	72	87	26
埃及	72	2940	28	15	46	43	2.8	22	71	75	33
中国	73	6710	31	9	47	53	1.9	11	75	95	30
阿尔及利亚	74	5510	11	11	42	70	1.2	22	75	73	33
土库曼斯坦	75	6880	49	15	37	49	2.4	46	65	100	8
突尼斯	76	4200	16	9	61	66	1.2	13	74	80	34
阿尔巴尼亚	77	4480	59	23	51	55	1.1	13	78	97	59
吉尔吉斯斯坦	78	1220	32	17	54	35	2.0	21	70	99	48
塔吉克斯坦	79	1000	—	27	51	27	1.9	41	69	100	23
玻利维亚	80	2620	39	13	49	68	0.5	33	68	94	39
缅甸	81	1270	63	57	33	33	0.6	42	66	93	13
菲律宾	82	3340	31	11	58	45	—	23	68	93	34
泰国	83	5840	42	11	52	48	0.4	11	74	96	51
纳米比亚	84	5740	31	7	60	45	0.4	34	64	89	7
津巴布韦	85	820	66	12	57	33	0.1	49	56	84	6
洪都拉斯	86	2250	36	13	60	54	0.4	19	73	85	21
尼加拉瓜	87	1790	32	19	55	58	0.9	20	75	78	—
越南	88	1740	47	18	43	32	1.2	18	76	90	25
肯尼亚	89	1180	61	29	51	25	0.2	38	61	82	3
斯里兰卡	90	3170	32	8	60	18	0.7	9	74	91	19
刚果共和国	91	2620	35	4	24	65	0.1	36	62	79	10
印度尼西亚	92	3740	35	13	42	52	0.2	24	69	93	32
赞比亚	93	1700	52	10	57	40	0.2	47	59	71	—
危地马拉	94	3290	33	11	60	51	—	26	71	77	19
毛里塔尼亚	95	1330	55	20	38	59	0.1	67	63	51	5
科特迪瓦	96	1360	60	22	56	53	0.1	71	51	41	9
印度	97	1530	50	19	51	32	0.7	41	68	69	25
巴基斯坦	98	1360	44	25	54	38	0.8	69	66	57	10
莱索托	99	1550	40	5	63	26	—	72	49	86	10
柬埔寨	100	960	54	34	41	20	0.2	28	68	74	16
喀麦隆	101	1290	53	23	47	53	—	60	55	71	12
厄立特里亚	102	480	81	24	54	22	—	36	63	72	2
叙利亚	103	1530	13	19	44	57	1.5	12	75	86	31
加纳	104	1740	45	23	48	53	0.1	46	61	71	14
乍得	105	980	83	52	34	22	—	88	51	38	2
莫桑比克	106	590	81	27	55	32	0.0	61	55	56	5
几内亚	107	450	75	20	42	36	0.1	65	58	25	10
也门共和国	108	1300	25	11	40	33	0.2	37	64	68	10
巴布亚新几内亚	109	2040	72	36	23	13	0.1	47	62	63	—
海地	110	800	51	—	—	56	—	55	62	49	—
尼泊尔	111	730	67	35	49	18	—	32	69	60	17
塞内加尔	112	1040	46	16	61	43	0.1	43	66	43	8
塞拉利昂	113	680	69	51	27	39	0.0	94	50	46	—
刚果民主共和国	114	370	68	22	44	41	—	78	58	75	7
老挝	115	1490	71	26	40	36	0.2	54	66	73	18
马拉维	116	280	64	33	50	16	0.0	47	61	61	1
多哥	117	520	54	37	45	39	0.1	55	59	60	10
马达加斯加	118	440	75	26	58	34	0.2	38	65	71	4
马里	119	620	66	38	39	38	0.1	78	58	34	7
尼日利亚	120	2700	45	21	54	46	0.4	74	52	—	10
孟加拉国	121	1010	48	16	56	33	0.4	34	71	60	13
坦桑尼亚	122	850	67	33	42	30	0.0	38	64	79	4
贝宁	123	860	45	24	53	43	0.1	67	59	42	12
尼日尔	124	400	57	36	42	18	0.0	60	61	15	2
安哥拉	125	—	75	6	22	42	—	101	52	71	7
乌干达	126	630	72	27	50	15	0.1	42	58	70	4
中非	127	310	80	58	30	40	—	96	50	37	3
布基纳法索	128	690	85	35	42	28	0.0	64	58	24	3
埃塞俄比亚	129	470	73	45	43	19	0.0	45	63	30	3
布隆迪	130	250	92	40	42	11	0.1	58	56	59	4
卢旺达	131	670	75	33	52	27	0.1	35	63	68	8
高收入OECD国家		44314	4	2	75	80	2.9	4	81	100	76
中等收入国家		4495	25	10	55	48	1.2	33	70	83	28
低收入国家		600	57	32	46	29	0.1	56	61	57	8
世界平均		10720	20	3	71	53	1.5	34	71	85	33
标准值		8436	30	15	45	50	1.0	30	70	80	15

注:a. 为2005~2013年期间最近年的数据。

附表 2-2-3 2013 年世界第一次现代化发展阶段

国家	编号	信号指标				信号赋值				平均值	发展阶段[a]	指数
		农业增加产值占GDP比例	农业增加值/工业增加值	农业劳动力占总劳动力比例	农业劳动力/工业劳动力	农业增加产值占GDP比例	农业增加值/工业增加值	农业劳动力占总劳动力比例	农业劳动力/工业劳动力			
瑞典	1	1	0.05	2	0.09	4	4	4	4	4.0	4	100
美国	2	1	0.07	2	0.09	4	4	4	4	4.0	4	100
芬兰	3	3	0.11	4	0.17	4	4	4	4	4.0	4	100
澳大利亚	4	2	0.09	3	0.13	4	4	4	4	4.0	4	100
瑞士	5	1	0.03	4	0.16	4	4	4	4	4.0	4	100
挪威	6	2	0.04	2	0.10	4	4	4	4	4.0	4	100
日本	7	1	0.05	4	0.14	4	4	4	4	4.0	4	100
丹麦	8	1	0.06	2	0.12	4	4	4	4	4.0	4	100
德国	9	1	0.03	1	0.05	4	4	4	4	4.0	4	100
荷兰	10	2	0.09	2	0.12	4	4	4	4	4.0	4	100
加拿大	11	2	0.05	2	0.11	4	4	4	4	4.0	4	100
新加坡	12	0	0.00	1	0.06	4	4	4	4	4.0	4	100
英国	13	1	0.03	1	0.05	4	4	4	4	4.0	4	100
法国	14	2	0.08	3	0.14	4	4	4	4	4.0	4	100
比利时	15	1	0.04	1	0.06	4	4	4	4	4.0	4	100
奥地利	16	1	0.05	4	0.15	4	4	4	4	4.0	4	100
新西兰	17	7	0.30	6	0.32	3	3	4	3	3.3	4	100
韩国	18	2	0.06	6	0.25	4	4	4	3	3.8	4	100
以色列	19	—	—	1	0.07			4	4	4.0	4	100
意大利	20	2	0.10	3	0.13	4	4	4	4	4.0	4	100
爱尔兰	21	1	0.05	6	0.33	4	4	4	3	3.8	4	100
西班牙	22	3	0.12	4	0.21	4	4	4	3	3.8	4	100
爱沙尼亚	23	4	0.12	4	0.14	4	4	4	4	4.0	4	100
斯洛文尼亚	24	2	0.06	7	0.23	4	4	4	3	3.8	4	100
乌拉圭	25	9	0.34	8	0.43	3	3	4	3	3.3	3	100
俄罗斯	26	4	0.11	7	0.25	4	4	4	3	3.8	4	100
斯洛伐克	27	4	0.12	3	0.09	4	4	4	4	4.0	4	100
希腊	28	4	0.23	13	0.85	4	3	3	2	3.0	3	100
匈牙利	29	5	0.15	5	0.16	4	4	4	4	4.0	4	100
捷克	30	2	0.07	3	0.08	4	4	4	4	4.0	4	100
葡萄牙	31	2	0.11	7	0.27	4	4	4	3	3.8	4	100
白俄罗斯	32	8	0.19	10	0.29	3	4	4	3	3.5	4	98
拉脱维亚	33	3	0.14	8	0.32	4	4	4	3	3.8	4	100
立陶宛	34	4	0.13	8	0.33	4	4	4	3	3.8	4	100
格鲁吉亚	35	9	0.39	53	5.13	3	3	1	0	1.8	2	90
乌克兰	36	10	0.39	20	0.81	3	3	3	2	2.8	3	94
保加利亚	37	5	0.19	7	0.21	3	4	4	3	3.5	4	99
黎巴嫩	38	7	0.36	7	—	3	3	4		3.3	3	100
哈萨克斯坦	39	5	0.13	24	1.22	4	4	3	2	3.3	3	100
波兰	40	3	0.10	12	0.38	4	4	3	3	3.5	4	100
阿根廷	41	7	0.26	1	0.03	3	3	4	4	3.5	4	100
巴拿马	42	3	0.16	17	0.92	4	4	3	2	3.3	3	100
克罗地亚	43	4	0.16	10	0.34	4	4	4	3	3.8	4	100
沙特阿拉伯	44	2	0.03	5	0.20	4	4	4	3	3.8	4	98
哥伦比亚	45	6	0.16	17	0.87	3	4	3	2	3.0	3	99
科威特	46	0	0.00	1	0.03	4	4	4	4	4.0	4	97
智利	47	3	0.09	9	0.39	4	4	4	3	3.8	4	100
马其顿	48	11	0.45	18	0.59	3	3	3	3	3.0	3	96
阿塞拜疆	49	6	0.09	37	2.58	3	4	2	1	2.5	3	94
摩尔多瓦	50	15	0.86	29	1.63	2	3	3	2	2.5	3	92
罗马尼亚	51	6	0.23	26	0.89	3	3	3	2	2.8	3	100
委内瑞拉	52	5	0.11	7	0.35	3	4	4	3	3.5	4	99
乌兹别克斯坦	53	19	0.58	34	—	2	3	2		2.3	2	80
多米尼加	54	6	0.23	14	0.85	3	3	3	2	2.8	3	97
亚美尼亚	55	21	0.69	36	2.14	2	3	2	1	2.0	2	90
巴拉圭	56	22	0.76	23	1.35	2	3	3	2	2.5	3	92
哥斯达黎加	57	6	0.22	13	0.67	3	3	3	3	3.0	3	100
巴西	58	6	0.23	15	0.64	3	3	3	3	3.0	3	100
墨西哥	59	3	0.10	13	0.57	4	4	3	3	3.5	4	100
博茨瓦纳	60	3	0.07	26	1.51	4	4	3	2	3.3	3	90
秘鲁	61	7	0.20	11	0.47	3	4	3	3	3.0	3	97
牙买加	62	7	0.33	18	1.20	3	3	3	2	2.8	3	96
约旦	63	3	0.11	2	0.11	4	4	4	4	4.0	4	96
南非	64	2	0.08	5	0.22	4	4	4	3	3.8	4	93
土耳其	65	8	0.31	22	0.80	3	3	3	2	2.8	3	100
厄瓜多尔	66	9	0.23	25	1.24	3	3	3	2	2.8	3	97
伊朗	67	9	0.22	18	0.53	3	3	3	3	3.0	3	97
蒙古	68	15	0.43	35	1.92	2	3	2	2	2.3	2	93
摩洛哥	69	15	0.51	39	1.83	3	2	2	2	2.5	3	86
马来西亚	70	9	0.23	13	0.46	3	3	3	3	3.0	3	100

(续表)

国家	编号	信号指标				信号赋值				平均值	发展阶段[a]	指数
		农业增加产值占GDP比例	农业增加值/工业增加值	农业劳动力占总劳动力比例	农业劳动力/工业劳动力	农业增加产值占GDP比例	农业增加值/工业增加值	农业劳动力占总劳动力比例	农业劳动力/工业劳动力			
萨尔瓦多	71	11	0.40	20	0.96	3	3	3	2	2.8	3	95
埃及	72	15	0.37	28	1.16	3	3	3	2	2.8	3	91
中国	73	9	0.22	31	1.04	3	3	2	2	2.5	3	98
阿尔及利亚	74	11	0.22	11	0.35	3	3	3	3	3.0	3	94
土库曼斯坦	75	15	0.22	49	—	3	3	2		2.7	3	84
突尼斯	76	9	0.30	16	0.47	3	3	3	3	3.0	3	95
阿尔巴尼亚	77	23	0.85	59	4.33	2	2	2	1	1.8	2	87
吉尔吉斯斯坦	78	17	0.59	32	1.57	2	3	2	2	2.3	2	87
塔吉克斯坦	79	27	1.26	—	—	2	2			2.0	2	77
玻利维亚	80	13	0.35	39	1.99	3	3	2	2	2.5	3	84
缅甸	81	57	5.91	63	—	0	0	1		0.3	1	64
菲律宾	82	11	0.36	31	1.99	3	3	2	2	2.5	3	91
泰国	83	11	0.31	42	2.06	3	3	2	1	2.3	2	88
纳米比亚	84	7	0.21	31	2.18	3	3	2	1	2.3	2	82
津巴布韦	85	12	0.39	66	7.23	3	3	1	0	1.8	2	61
洪都拉斯	86	13	0.48	36	1.90	3	3	2	2	2.5	3	85
尼加拉瓜	87	19	0.73	32	1.95	2	3	2	2	2.3	2	87
越南	88	18	0.48	47	2.21	2	3	2	1	2.0	2	83
肯尼亚	89	29	1.47	61	9.12	2	2	1	0	1.3	1	57
斯里兰卡	90	8	0.26	32	1.20	3	3	2	2	2.5	3	84
刚果共和国	91	4	0.06	35	1.72	4	4	2	2	3.0	3	71
印度尼西亚	92	13	0.31	35	1.71	3	3	2	2	2.5	3	84
赞比亚	93	10	0.28	52	5.49	3	3	1	0	1.5	2	68
危地马拉	94	11	0.39	33	1.91	3	3	2	2	2.5	3	92
毛里塔尼亚	95	20	0.50	55	—	2	3	1		2.0	2	58
科特迪瓦	96	22	0.99	60	—	2	2	1		1.7	2	58
印度	97	19	0.61	50	2.31	2	3	2	1	2.0	2	75
巴基斯坦	98	25	1.18	44	1.96	2	2	2	2	2.0	2	68
莱索托	99	5	0.17	40	—	3	4	2		3.0	3	70
柬埔寨	100	34	1.31	54	3.34	1	2	1	1	1.3	1	65
喀麦隆	101	23	0.77	53	4.23	2	3	1	1	1.8	2	70
厄立特里亚	102	24	1.10	81	—	2	2	0		1.3	1	58
叙利亚	103	19	0.54	13	0.42	2	3	3	3	2.8	3	89
加纳	104	23	0.81	45	3.10	2	2	2	1	1.8	2	70
乍得	105	52	3.75	83	—	0	1	0		0.3	0	41
莫桑比克	106	27	1.42	81	—	2	2	0		1.3	1	50
几内亚	107	20	0.54	75	13.36	2	3	1	0	1.5	2	53
也门共和国	108	11	0.22	25	1.31	3	3	3	2	2.8	3	72
巴布亚新几内亚	109	36	0.86	72	20.08	1	2	1	0	1.0	1	47
海地	110	—	—	51	—			1		1.0	1	62
尼泊尔	111	35	2.23	67	5.94	1	1	1	0	0.8	1	67
塞内加尔	112	16	0.66	46	2.55	2	3	2	1	2.0	2	63
塞拉利昂	113	51	2.26	69	—	0	1	1		0.7	1	43
刚果民主共和国	114	22	0.66	68	—	2	3	1		2.0	2	62
老挝	115	26	0.79	71	8.59	2	3	1	0	1.5	2	64
马拉维	116	33	1.93	64	8.66	1	2	1	0	1.0	1	46
多哥	117	37	2.13	54	7.96	1	1	1	0	0.8	1	57
马达加斯加	118	26	1.65	75	9.53	2	2	1	0	1.3	1	57
马里	119	38	1.70	66	11.79	1	2	1	0	1.0	1	48
尼日利亚	120	21	0.83	45	—	2	2	2		2.0	2	65
孟加拉国	121	16	0.59	48	2.68	2	3	2	1	2.0	2	72
坦桑尼亚	122	33	1.37	67	10.45	1	2	1	0	1.0	1	55
贝宁	123	24	1.05	45	4.34	2	2	2	1	1.8	2	60
尼日尔	124	36	1.63	57	5.13	1	2	1	0	1.0	1	40
安哥拉	125	6	0.08	75	—	3	4	1		2.7	3	65
乌干达	126	27	1.22	72	16.34	2	2	1	0	1.3	1	52
中非	127	58	4.87	80	—	0	1	0		0.3	0	42
布基纳法索	128	35	1.48	85	27.35	1	2	0	0	0.8	0	43
埃塞俄比亚	129	45	3.77	73	9.82	1	1	1	0	0.8	1	43
布隆迪	130	40	2.25	92	—	1	1	0		0.7	1	43
卢旺达	131	33	2.24	75	11.24	1	1	1	0	0.8	1	57
高收入OECD国家		2	0.06	4	0.18	4	4	4	4	4.0	4	100
中等收入国家		10	0.28	25	0.80	3	3	3	2	2.8	3	94
低收入国家		32	1.52	57	—	1	2	1		1.3	1	54
世界平均		3	0.12	20	0.69	4	4	3	3	3.5	4	99

注:a. 4代表第一次现代化的过渡期,3代表成熟期,2代表发展期,1代表起步期,0代表传统农业社会。

附表 2-2-4 世界第一次现代化指数的增长率和预期完成时间

国家	编号	2000年指数	2013年指数	2000～2013年年均增长率	指数达到100需要的年数（按2000～2013年速度）
瑞典	1	100	100	0.0	
美国	2	100	100	0.0	
芬兰	3	100	100	0.0	
澳大利亚	4	100	100	0.0	
瑞士	5	100	100	0.0	
挪威	6	100	100	0.0	
日本	7	100	100	0.0	
丹麦	8	100	100	0.0	
德国	9	100	100	0.0	
荷兰	10	100	100	0.0	
加拿大	11	100	100	0.0	
新加坡	12	100	100	0.0	
英国	13	100	100	0.0	
法国	14	100	100	0.0	
比利时	15	100	100	0.0	
奥地利	16	100	100	0.0	
新西兰	17	100	100	0.0	
韩国	18	100	100	0.0	
以色列	19	100	100	0.0	
意大利	20	100	100	0.0	
爱尔兰	21	100	100	0.0	
西班牙	22	100	100	0.0	
爱沙尼亚	23	95	100	0.4	0
斯洛文尼亚	24	100	100	0.0	
乌拉圭	25	99	100	0.0	0
俄罗斯	26	91	100	0.7	0
斯洛伐克	27	95	100	0.4	0
希腊	28	100	100	0.0	
匈牙利	29	97	100	0.2	0
捷克	30	98	100	0.2	0
葡萄牙	31	100	100	0.0	
白俄罗斯	32	93	98	0.4	5
拉脱维亚	33	95	100	0.4	0
立陶宛	34	95	100	0.4	0
格鲁吉亚	35	82	90	0.7	15
乌克兰	36	90	94	0.4	15
保加利亚	37	92	99	0.5	2
黎巴嫩	38	96	100	0.3	0
哈萨克斯坦	39	90	100	0.8	0
波兰	40	96	100	0.3	0
阿根廷	41	100	100	0.0	
巴拿马	42	95	100	0.4	0
克罗地亚	43	97	100	0.2	0
沙特阿拉伯	44	99	98	−0.1	—
哥伦比亚	45	92	99	0.5	1
科威特	46	100	97	−0.2	—
智利	47	97	100	0.2	0
马其顿	48	92	96	0.3	13
阿塞拜疆	49	84	94	0.9	7
摩尔多瓦	50	79	92	1.2	7
罗马尼亚	51	89	100	0.9	0
委内瑞拉	52	96	99	0.2	3
乌兹别克斯坦	53	77	80	0.3	74
多米尼加	54	90	97	0.6	5
亚美尼亚	55	82	90	0.8	14
巴拉圭	56	88	92	0.3	28
哥斯达黎加	57	94	100	0.4	0
巴西	58	94	100	0.5	0
墨西哥	59	98	100	0.2	0
博茨瓦纳	60	70	90	1.9	6
秘鲁	61	92	97	0.4	6
牙买加	62	90	96	0.5	9
约旦	63	92	96	0.3	13
南非	64	80	93	1.2	6
土耳其	65	88	100	1.0	0
厄瓜多尔	66	91	97	0.5	7
伊朗	67	84	97	1.1	2
蒙古	68	78	93	1.4	5
摩洛哥	69	75	86	1.1	14
马来西亚	70	91	100	0.8	0

(续表)

国家	编号	2000年指数	2013年指数	2000～2013年年均增长率	指数达到100需要的年数（按2000～2013年速度）
萨尔瓦多	71	92	95	0.2	30
埃及	72	84	91	0.7	13
中国	73	76	98	1.9	1
阿尔及利亚	74	85	94	0.8	7
土库曼斯坦	75	72	84	1.2	15
突尼斯	76	89	95	0.5	11
阿尔巴尼亚	77	75	87	1.2	12
吉尔吉斯斯坦	78	71	87	1.6	9
塔吉克斯坦	79	78	77	−0.1	—
玻利维亚	80	79	84	0.6	30
缅甸	81	55	64	1.2	37
菲律宾	82	88	91	0.3	34
泰国	83	77	88	1.0	14
纳米比亚	84	65	82	1.7	12
津巴布韦	85	64	61	−0.3	—
洪都拉斯	86	82	85	0.3	59
尼加拉瓜	87	76	87	1.0	14
越南	88	66	83	1.7	11
肯尼亚	89	58	57	−0.1	—
斯里兰卡	90	72	84	1.2	15
刚果共和国	91	63	71	1.0	36
印度尼西亚	92	68	84	1.7	10
赞比亚	93	50	68	2.4	16
危地马拉	94	78	92	1.3	7
毛里塔尼亚	95	53	58	0.6	86
科特迪瓦	96	51	58	0.9	62
印度	97	59	75	1.9	15
巴基斯坦	98	60	68	0.9	43
莱索托	99	51	70	2.5	15
柬埔寨	100	44	65	3.0	15
喀麦隆	101	52	70	2.3	15
厄立特里亚	102	48	58	1.5	37
叙利亚	103	79	89	1.0	12
加纳	104	55	70	1.9	19
乍得	105	43	41	−0.4	—
莫桑比克	106	48	50	0.2	295
几内亚	107	47	53	0.8	81
也门共和国	108	56	72	1.9	18
巴布亚新几内亚	109	46	47	0.2	346
海地	110	53	62	1.2	40
尼泊尔	111	39	67	4.3	10
塞内加尔	112	55	63	1.2	39
塞拉利昂	113	34	43	1.6	52
刚果民主共和国	114	42	62	3.0	16
老挝	115	38	64	4.0	12
马拉维	116	37	46	1.7	45
多哥	117	46	57	1.6	36
马达加斯加	118	47	57	1.6	35
马里	119	37	48	1.9	39
尼日利亚	120	50	65	2.1	21
孟加拉国	121	51	72	2.7	12
坦桑尼亚	122	42	55	2.1	28
贝宁	123	46	60	2.0	26
尼日尔	124	37	40	0.6	144
安哥拉	125	40	65	3.9	12
乌干达	126	39	52	2.2	30
中非	127	38	42	0.8	103
布基纳法索	128	39	43	0.9	98
埃塞俄比亚	129	33	43	2.1	42
布隆迪	130	31	43	2.6	33
卢旺达	131	34	57	4.1	14
高收入国家		100	100	0.0	
中等收入国家		93	94	0.1	53
低收入国家		58	54	−0.6	—
世界平均		89	99	0.8	1

附表 2-2-5　1950～2013 年世界第一次现代化指数

国家	编号	1950	1960	1970	1980	1990	2000	2010	2011	2012	2013
瑞典	1	81	96	100	100	100	100	100	100	100	100
美国	2	100	100	100	100	100	100	100	100	100	100
芬兰	3	61	84	100	100	100	100	100	100	100	100
澳大利亚	4	86	99	100	100	100	100	100	100	100	100
瑞士	5	84	93	100	100	100	100	100	100	100	100
挪威	6	85	91	100	100	100	100	100	100	100	100
日本	7	63	88	100	100	100	100	100	100	100	100
丹麦	8	84	97	100	100	100	100	100	100	100	100
德国	9	75	92	100	100	100	100	100	100	100	100
荷兰	10	80	97	100	100	100	100	100	100	100	100
加拿大	11	90	100	100	100	100	100	100	100	100	100
新加坡	12	55	77	90	94	94	100	100	100	100	100
英国	13	84	96	100	100	100	100	100	100	100	100
法国	14	76	97	100	100	100	100	100	100	100	100
比利时	15	83	95	100	100	100	100	100	100	100	100
奥地利	16	73	90	100	100	100	100	100	100	100	100
新西兰	17	85	98	100	100	100	100	100	100	100	100
韩国	18	35	52	71	87	97	100	100	100	100	100
以色列	19	85	95	91	100	100	100	100	100	100	100
意大利	20	63	87	100	100	100	100	100	100	100	100
爱尔兰	21	65	85	96	100	100	100	100	100	100	100
西班牙	22	58	73	95	100	100	100	100	100	100	100
爱沙尼亚	23	—	—	—	—	—	95	100	100	100	100
斯洛文尼亚	24	—	—	—	—	—	100	100	100	100	100
乌拉圭	25	—	81	85	96	94	99	100	100	100	100
俄罗斯	26	—	90	—	—	—	91	100	100	100	100
斯洛伐克	27	—	—	—	—	—	95	100	100	100	100
希腊	28	63	74	92	100	99	100	100	100	100	100
匈牙利	29	72	79	92	95	95	97	100	100	100	100
捷克	30	—	—	100	96	93	98	100	100	100	100
葡萄牙	31	48	60	73	86	95	100	100	100	100	100
白俄罗斯	32	—	—	—	—	—	93	97	97	98	98
拉脱维亚	33	—	—	—	97	—	95	100	100	100	100
立陶宛	34	—	—	—	—	—	95	100	100	100	100
格鲁吉亚	35	—	—	—	92	—	82	89	89	90	90
乌克兰	36	—	—	—	—	—	90	94	94	95	94
保加利亚	37	—	81	95	97	87	92	98	98	99	99
黎巴嫩	38	—	77	85	93	—	96	100	100	100	100
哈萨克斯坦	39	—	—	—	—	—	90	99	100	100	100
波兰	40	50	80	95	100	93	96	100	100	100	100
阿根廷	41	81	86	91	94	93	100	100	100	100	100
巴拿马	42	48	63	83	94	94	95	99	100	100	100
克罗地亚	43	—	—	—	—	—	97	100	100	100	100
沙特阿拉伯	44	—	27	52	66	91	99	97	97	98	98
哥伦比亚	45	36	54	66	78	87	92	88	98	99	99
科威特	46	—	77	88	91	98	100	100	99	99	97
智利	47	68	73	77	92	86	97	100	100	100	100
马其顿	48	—	—	—	—	—	92	96	96	96	96
阿塞拜疆	49	—	—	—	—	—	84	89	91	92	94
摩尔多瓦	50	—	—	—	—	—	79	91	91	91	92
罗马尼亚	51	—	68	82	90	83	89	100	100	100	100
委内瑞拉	52	52	75	89	96	94	96	99	100	100	99
乌兹别克斯坦	53	—	—	—	—	—	77	78	78	79	80
多米尼加	54	40	48	62	76	82	90	95	96	96	97
亚美尼亚	55	—	—	—	—	—	82	88	88	89	90
巴拉圭	56	47	56	69	68	73	88	89	90	92	92
哥斯达黎加	57	55	58	73	90	92	94	98	100	100	100
巴西	58	53	59	72	81	87	94	100	100	100	100
墨西哥	59	53	64	79	88	91	98	100	100	100	100
博茨瓦纳	60	—	25	29	47	66	70	84	81	83	90
秘鲁	61	36	59	72	79	82	92	95	96	97	97
牙买加	62	47	68	78	81	83	90	100	96	96	96
约旦	63	—	44	55	85	87	92	95	95	96	96
南非	64	56	63	76	78	80	80	92	92	93	93
土耳其	65	34	45	54	61	79	88	100	100	100	100
厄瓜多尔	66	48	53	65	82	86	91	95	96	96	97
伊朗	67	—	42	57	72	65	84	99	97	97	97
蒙古	68	—	66	—	87	87	78	89	92	92	93
摩洛哥	69	36	41	49	54	66	75	82	85	86	86
马来西亚	70	—	46	55	69	77	91	99	100	100	100

（续表）

国家	编号	1950	1960	1970	1980	1990	2000	2010	2011	2012	2013
萨尔瓦多	71	43	47	54	60	81	92	94	94	95	95
埃及	72	32	48	60	71	73	84	90	91	92	91
中国	73	26	37	40	54	63	76	92	94	96	98
阿尔及利亚	74	38	43	54	72	80	85	91	94	95	94
土库曼斯坦	75	—	—	—	—	—	72	86	86	88	84
突尼斯	76	—	43	54	68	78	89	94	95	95	95
阿尔巴尼亚	77	—	48	—	58	—	75	90	90	90	87
吉尔吉斯斯坦	78	—	—	—	—	—	71	85	85	85	87
塔吉克斯坦	79	—	—	—	—	—	78	76	76	76	77
玻利维亚	80	37	45	61	61	72	79	86	84	85	84
缅甸	81	—	40	25	40	—	55	78	69	73	64
菲律宾	82	43	58	53	61	71	88	90	90	91	91
泰国	83	37	41	55	62	73	77	82	86	87	88
纳米比亚	84	—	—	—	—	64	65	81	82	83	82
津巴布韦	85	—	44	48	52	59	64	68	68	69	61
洪都拉斯	86	31	40	52	57	66	82	90	90	90	85
尼加拉瓜	87	—	49	65	70	—	76	87	86	86	87
越南	88	—	37	—	—	—	66	79	81	81	83
肯尼亚	89	24	31	37	42	48	58	59	55	55	57
斯里兰卡	90	—	50	54	52	66	72	80	81	82	84
刚果共和国	91	—	41	55	62	64	63	60	68	70	71
印度尼西亚	92	16	30	41	43	59	68	82	83	83	84
赞比亚	93	—	42	47	52	52	50	55	56	57	68
危地马拉	94	27	46	46	62	65	78	81	90	92	92
毛里塔尼亚	95	—	26	32	44	53	53	56	59	59	58
科特迪瓦	96	—	—	37	54	51	51	59	56	53	58
印度	97	30	33	39	44	51	59	71	73	75	75
巴基斯坦	98	20	34	42	45	49	60	66	66	67	68
莱索托	99	—	23	34	49	54	51	63	69	69	70
柬埔寨	100	—	25	—	—	—	44	59	63	64	65
喀麦隆	101	—	35	35	48	52	52	71	69	70	70
厄立特里亚	102	—	—	—	—	—	48	62	64	65	58
叙利亚	103	—	48	62	75	79	79	89	94	94	89
加纳	104	—	37	39	42	53	55	62	67	68	70
乍得	105	—	26	28	37	38	43	49	41	40	41
莫桑比克	106	—	24	13	23	36	48	47	49	49	50
几内亚	107	—	15	—	27	44	47	52	50	51	53
也门共和国	108	—	19	—	26	61	56	67	70	70	72
巴布亚新几内亚	109	—	31	36	39	48	46	46	46	47	47
海地	110	17	31	30	30	47	53	60	62	63	62
尼泊尔	111	—	16	23	26	32	39	67	67	68	67
塞内加尔	112	—	34	42	47	48	55	64	66	66	63
塞拉利昂	113	—	19	39	38	42	34	41	42	42	43
刚果民主共和国	114	—	—	—	46	—	42	49	59	60	62
老挝	115	—	24	25	34	34	38	67	64	64	64
马拉维	116	—	26	28	28	37	37	46	45	46	46
多哥	117	—	27	34	42	48	46	55	57	57	57
马达加斯加	118	—	33	41	39	47	47	55	55	55	57
马里	119	—	24	28	31	37	37	43	46	46	48
尼日利亚	120	21	25	37	46	48	50	57	64	65	65
孟加拉国	121	—	29	—	32	43	51	65	69	70	72
坦桑尼亚	122	—	27	35	39	32	42	50	52	54	55
贝宁	123	—	30	38	40	55	46	56	57	58	60
尼日尔	124	—	21	24	30	35	37	32	39	39	40
安哥拉	125	—	30	—	29	59	40	66	67	69	65
乌干达	126	—	28	24	30	33	39	50	55	55	52
中非	127	—	31	35	37	43	38	44	43	44	42
布基纳法索	128	—	—	25	32	32	39	42	43	42	43
埃塞俄比亚	129	—	18	26	26	33	33	44	46	46	43
布隆迪	130	—	17	21	27	34	31	47	49	49	43
卢旺达	131	—	20	24	29	35	34	51	54	55	57
高收入国家[a]		—	100	100	100	100	100	100	100	100	100
中等收入国家		—	51	—	84	84	93	91	91	92	94
低收入国家		—	34	33	45	52	58	56	58	58	54
世界平均		—	—	68	80	81	89	96	98	99	99

注：a. 1950～2000 年为高收入国家，2010～2013 年为高收入 OECD 国家。

附表 2-2-6 1950~2013 年世界第一次现代化指数的排名

国家	编号	1950	1960	1970	1980	1990	2000	2010	2011	2012	2013
瑞典	1	12	9	1	1	1	1	1	1	1	1
美国	2	1	1	1	1	1	1	1	1	1	1
芬兰	3	23	21	1	1	1	1	1	1	1	1
澳大利亚	4	3	3	1	1	1	1	1	1	1	1
瑞士	5	8	12	1	1	1	1	1	1	1	1
挪威	6	4	14	1	1	1	1	1	1	1	1
日本	7	22	17	1	1	1	1	1	1	1	1
丹麦	8	7	5	1	1	1	1	1	1	1	1
德国	9	15	13	1	1	1	1	1	1	1	1
荷兰	10	13	7	1	1	1	1	1	1	1	1
加拿大	11	2	1	1	1	1	1	1	1	1	1
新加坡	12	27	27	27	31	27	1	1	1	1	1
英国	13	9	8	1	1	1	1	1	1	1	1
法国	14	14	6	1	1	1	1	1	1	1	1
比利时	15	10	11	1	1	1	1	1	1	1	1
奥地利	16	16	16	1	1	1	1	1	1	1	1
新西兰	17	5	4	1	1	1	1	1	1	1	1
韩国	18	46	47	42	40	23	1	1	1	1	1
以色列	19	6	10	25	1	1	1	1	1	1	1
意大利	20	21	18	1	1	1	1	1	1	1	1
爱尔兰	21	19	20	19	1	1	1	1	1	1	1
西班牙	22	24	32	20	1	1	1	1	1	1	1
爱沙尼亚	23	—	—	—	—	—	39	1	1	1	1
斯洛文尼亚	24	—	—	—	—	—	1	1	1	1	1
乌拉圭	25	—	23	30	25	26	28	1	1	1	1
俄罗斯	26	—	15	—	—	—	52	43	1	1	1
斯洛伐克	27	—	—	—	—	—	38	1	1	1	1
希腊	28	20	30	24	1	21	1	1	1	1	1
匈牙利	29	17	25	23	28	25	32	1	1	1	1
捷克	30	—	—	1	26	30	30	1	1	1	1
葡萄牙	31	32	39	38	41	24	1	1	1	1	1
白俄罗斯	32	—	—	—	—	—	45	53	52	51	51
拉脱维亚	33	—	—	—	23	—	41	1	1	1	1
立陶宛	34	—	—	—	—	—	40	1	1	1	1
格鲁吉亚	35	—	—	—	33	—	68	71	76	76	74
乌克兰	36	—	—	—	—	—	57	61	64	63	63
保加利亚	37	—	22	22	24	38	47	51	50	50	49
黎巴嫩	38	—	26	31	32	—	37	1	1	1	1
哈萨克斯坦	39	—	—	—	—	—	55	46	1	1	1
波兰	40	31	24	21	1	32	36	1	1	1	1
阿根廷	41	11	19	26	29	31	1	1	1	1	1
巴拿马	42	33	37	32	30	29	42	49	1	1	1
克罗地亚	43	—	—	—	—	—	34	1	1	1	1
沙特阿拉伯	44	—	87	63	58	35	29	52	53	52	50
哥伦比亚	45	43	45	44	48	36	46	76	51	49	48
科威特	46	—	28	29	35	22	1	1	48	48	55
智利	47	18	31	36	34	42	33	1	1	1	1
马其顿	48	—	—	—	—	—	49	54	56	59	58
阿塞拜疆	49	—	—	—	—	—	66	74	70	67	65
摩尔多瓦	50	—	—	—	—	—	73	64	68	72	70
罗马尼亚	51	—	34	33	36	43	60	44	1	1	1
委内瑞拉	52	30	29	28	27	28	35	45	1	1	47
乌兹别克斯坦	53	—	—	—	—	—	79	89	89	89	89
多米尼加	54	39	52	47	49	46	58	55	54	56	56
亚美尼亚	55	—	—	—	—	—	70	75	77	77	73
巴拉圭	56	36	44	43	56	56	61	70	75	70	68
哥斯达黎加	57	26	43	39	37	33	43	50	1	1	1
巴西	58	29	40	40	44	39	44	1	1	1	1
墨西哥	59	28	36	34	38	34	31	1	1	1	1
博茨瓦纳	60	—	93	88	76	62	87	81	86	86	75
秘鲁	61	45	41	41	46	45	50	58	58	53	53
牙买加	62	35	33	35	45	44	56	1	57	57	60
约旦	63	—	59	52	42	40	51	56	59	60	59
南非	64	25	38	37	47	48	71	63	66	66	67
土耳其	65	47	57	60	64	51	62	1	1	1	1
厄瓜多尔	66	34	46	46	43	41	53	57	55	55	57
伊朗	67	—	64	51	52	63	65	48	49	54	54
蒙古	68	—	35	—	39	37	75	73	67	69	66
摩洛哥	69	44	67	64	68	61	83	82	81	81	81
马来西亚	70	—	55	53	55	53	54	47	1	1	1

(续表)

国家	编号	1950	1960	1970	1980	1990	2000	2010	2011	2012	2013
萨尔瓦多	71	37	54	59	65	47	48	60	62	64	62
埃及	72	48	50	50	53	55	67	66	69	71	71
中国	73	52	72	72	69	67	80	62	61	58	52
阿尔及利亚	74	40	61	57	51	49	64	65	65	62	64
土库曼斯坦	75	—	—	—	—	—	85	78	78	78	86
突尼斯	76	—	62	56	57	52	59	59	60	61	61
阿尔巴尼亚	77	—	51	—	66	—	82	68	73	75	78
吉尔吉斯斯坦	78	—	—	—	—	—	86	80	82	82	79
塔吉克斯坦	79	—	—	—	—	—	77	91	90	90	90
玻利维亚	80	42	58	49	62	57	74	79	83	83	83
缅甸	81	—	69	95	87	—	97	90	95	92	104
菲律宾	82	38	42	61	63	58	63	69	72	73	72
泰国	83	41	66	55	59	54	78	84	79	79	77
纳米比亚	84	—	—	—	—	65	90	85	85	85	88
津巴布韦	85	—	60	65	72	70	91	94	98	97	109
洪都拉斯	86	49	68	62	67	59	69	67	74	74	82
尼加拉瓜	87	—	49	45	54	—	81	77	80	80	80
越南	88	—	70	—	—	—	89	88	88	88	87
肯尼亚	89	53	80	79	85	81	95	107	115	115	115
斯里兰卡	90	—	48	58	71	60	84	87	87	87	85
刚果共和国	91	—	65	54	60	66	92	105	97	94	94
印度尼西亚	92	57	84	71	83	71	88	83	84	84	84
赞比亚	93	—	63	66	73	76	106	113	113	113	98
危地马拉	94	51	56	67	61	64	76	86	71	68	69
毛里塔尼亚	95	—	90	86	81	74	101	111	109	110	112
科特迪瓦	96	—	—	78	70	78	103	108	114	119	113
印度	97	50	76	75	82	79	94	92	91	91	91
巴基斯坦	98	55	75	68	80	80	93	98	103	102	99
莱索托	99	—	99	85	74	73	105	101	96	98	97
柬埔寨	100	—	95	—	—	—	115	109	107	106	102
喀麦隆	101	—	73	81	75	77	102	93	94	96	95
厄立特里亚	102	—	—	—	—	—	109	102	104	105	111
叙利亚	103	—	53	48	50	50	72	72	63	65	76
加纳	104	—	71	74	84	75	98	103	99	100	96
乍得	105	—	92	90	94	92	116	120	130	130	130
莫桑比克	106	—	96	101	110	95	108	122	122	121	121
几内亚	107	—	107	—	106	88	110	116	120	120	119
也门共和国	108	—	103	—	109	68	96	96	92	95	93
巴布亚新几内亚	109	—	78	80	90	84	114	125	123	123	123
海地	110	56	79	87	99	86	100	104	108	108	107
尼泊尔	111	—	106	99	108	104	121	106	101	101	100
塞内加尔	112	—	74	69	77	85	99	100	102	103	106
塞拉利昂	113	—	102	73	92	91	128	130	129	128	128
刚果民主共和国	114	—	—	—	78	—	117	121	110	109	108
老挝	115	—	97	93	95	99	123	95	105	107	105
马拉维	116	—	91	89	104	94	126	124	126	124	124
多哥	117	—	88	84	86	82	112	114	112	112	117
马达加斯加	118	—	77	70	89	87	111	115	117	116	114
马里	119	—	98	91	98	93	125	128	125	125	122
尼日利亚	120	54	94	77	79	83	107	110	106	104	101
孟加拉国	121	—	85	—	96	89	104	99	93	93	92
坦桑尼亚	122	—	89	82	91	102	118	118	119	118	118
贝宁	123	—	83	76	88	72	113	112	111	111	110
尼日尔	124	—	100	97	100	96	127	131	131	131	131
安哥拉	125	—	82	—	102	69	119	97	100	99	103
乌干达	126	—	86	96	101	101	120	119	116	114	120
中非	127	—	81	83	93	90	124	126	127	127	129
布基纳法索	128	—	—	94	97	103	122	129	128	129	125
埃塞俄比亚	129	—	104	92	107	100	130	127	124	126	127
布隆迪	130	—	105	100	105	98	131	123	121	122	126
卢旺达	131	—	101	98	103	97	129	117	118	117	116

注：第一次现代化指数达到100，排名不分先后。排名为131个国家的排名。

附表 2-3-1　2013 年世界第二次现代化指数

国家	编号	知识创新指数	知识传播指数	生活质量指数	经济质量指数	第二次现代化指数	国家排名	发展阶段[a]	国家分组
瑞典	1	98	105	109	113	106	1	2	1
美国	2	114	92	103	110	105	5	2	1
芬兰	3	99	113	109	98	105	4	2	1
澳大利亚	4	58	99	111	105	93	14	1	1
瑞士	5	94	99	103	110	102	7	2	1
挪威	6	70	94	115	105	96	11	1	1
日本	7	115	88	97	102	101	8	1	1
丹麦	8	94	111	99	116	105	3	2	1
德国	9	90	82	103	101	94	12	1	1
荷兰	10	84	109	108	114	104	6	2	1
加拿大	11	60	101	104	101	91	18	2	1
新加坡	12	92	105	111	115	106	2	2	1
英国	13	73	90	91	112	92	17	2	1
法国	14	70	87	98	113	92	16	2	1
比利时	15	76	104	107	110	99	9	2	1
奥地利	16	77	102	103	103	96	10	1	1
新西兰	17	53	101	90	90	83	20	1	1
韩国	18	97	102	103	67	92	15	1	1
以色列	19	78	82	91	106	89	19	1	1
意大利	20	33	73	90	98	74	23	1	2
爱尔兰	21	72	102	94	107	94	13	2	1
西班牙	22	30	80	87	101	74	22	2	2
爱沙尼亚	23	30	79	93	62	66	28	1	2
斯洛文尼亚	24	52	89	89	70	75	21		2
乌拉圭	25	4	62	54	80	50	41		2
俄罗斯	26	31	77	77	51	59	31		2
斯洛伐克	27	22	76	73	61	58	33		2
希腊	28	23	77	80	95	69	25		2
匈牙利	29	52	86	69	62	67	26	1	2
捷克	30	39	81	91	58	67	27		2
葡萄牙	31	35	71	82	89	70	24	1	2
白俄罗斯	32	10	73	78	39	50	39		2
拉脱维亚	33	18	73	62	71	56	36		2
立陶宛	34	25	71	78	64	59	30	1	2
格鲁吉亚	35	5	49	40	44	35	68		3
乌克兰	36	13	66	54	39	43	52		3
保加利亚	37	15	66	56	51	47	45		2
黎巴嫩	38	25	57	58	61	50	40		2
哈萨克斯坦	39	8	61	65	45	45	47		2
波兰	40	20	76	75	57	57	34		2
阿根廷	41	11	76	57	74	55	37		2
巴拿马	42	2	49	48	76	44	49		3
克罗地亚	43	15	72	73	66	57	35		2
沙特阿拉伯	44	2	83	91	59	59	32		3
哥伦比亚	45	2	56	41	69	42	53		3
科威特	46	8	77	96	70	63	29	1	2
智利	47	5	80	64	67	54	38		2
马其顿	48	9	56	57	44	41	55		3
阿塞拜疆	49	1	50	43	41	34	70		3
摩尔多瓦	50	8	50	37	43	34	69		3
罗马尼亚	51	11	61	54	51	44	48		3
委内瑞拉	52	4	67	55	56	46	46		3
乌兹别克斯坦	53	7	53	36	21	29	81		4
多米尼加	54	1	49	38	57	36	64		3
亚美尼亚	55	3	68	41	38	37	60		3
巴拉圭	56	2	42	37	46	32	74		3
哥斯达黎加	57	10	57	51	75	48	42		2
巴西	58	9	35	47	71	40	58		3
墨西哥	59	11	46	49	60	42	54		3
博茨瓦纳	60	2	33	37	55	31	77		3
秘鲁	61	1	50	41	72	41	56		3
牙买加	62	3	43	41	61	37	62		3
约旦	63	1	66	43	63	43	50		3
南非	64	5	50	42	56	38	59		3
土耳其	65	15	66	51	58	48	43		2
厄瓜多尔	66	2	52	40	49	36	65		3
伊朗	67	13	66	56	38	43	51		3
蒙古	68	3	50	40	37	32	72		3
摩洛哥	69	2	40	34	42	31	78		3
马来西亚	70	16	56	69	47	47	44		2

（续表）

国家	编号	知识创新指数	知识传播指数	生活质量指数	经济质量指数	第二次现代化指数	国家排名	发展阶段[a]	国家分组
萨尔瓦多	71	10	34	38	51	33	71		3
埃及	72	10	42	38	36	32	75		3
中国	73	27	49	52	35	41	57		3
阿尔及利亚	74	1	41	43	43	32	73		3
土库曼斯坦	75	1	36	57	24	29	82		4
突尼斯	76	12	47	42	46	37	63		3
阿尔巴尼亚	77	2	57	42	42	36	67		3
吉尔吉斯斯坦	78	3	45	33	33	28	85		4
塔吉克斯坦	79	1	34	27	30	23	95		4
玻利维亚	80	5	45	32	35	29	83		4
缅甸	81	1	23	33	31	22	100		4
菲律宾	82	1	44	33	48	32	76		3
泰国	83	7	55	51	36	37	61		3
纳米比亚	84	1	23	32	57	28	86		4
津巴布韦	85	2	26	24	28	20	106		4
洪都拉斯	86	1	31	35	40	27	89		4
尼加拉瓜	87	1	29	34	38	26	90		4
越南	88	1	54	36	29	30	79		3
肯尼亚	89	5	30	26	31	23	98		4
斯里兰卡	90	2	50	44	47	36	66		3
刚果共和国	91	1	25	27	44	24	92		4
印度尼西亚	92	2	36	36	38	28	87		4
赞比亚	93	1	9	26	35	18	116		4
危地马拉	94	1	29	34	44	27	88		4
毛里塔尼亚	95	1	15	31	22	17	118		4
科特迪瓦	96	1	15	22	28	17	120		4
印度	97	2	31	30	30	23	94		4
巴基斯坦	98	1	16	27	33	19	108		4
莱索托	99	1	18	19	64	25	91		4
柬埔寨	100	1	19	28	28	19	109		4
喀麦隆	101	1	19	22	34	19	110		4
厄立特里亚	102	1	11	24	31	17	119		4
叙利亚	103	1	30	48	36	29	84		4
加纳	104	1	32	26	37	24	93		4
乍得	105	1	10	24	20	14	129		4
莫桑比克	106	1	10	21	24	14	128		4
几内亚	107	1	13	27	27	17	117		4
也门共和国	108	1	22	26	40	22	99		4
巴布亚新几内亚	109	1	24	31	25	20	105		4
海地	110	1	7	24	12	11	131		4
尼泊尔	111	1	35	28	27	23	96		4
塞内加尔	112	4	17	26	35	20	104		4
塞拉利昂	113	14	16	24	18	18	114		4
刚果民主共和国	114	23	14	21	20	20	107		4
老挝	115	1	30	33	27	23	97		4
马拉维	116	1	11	29	30	18	115		4
多哥	117	1	18	23	20	16	125		4
马达加斯加	118	6	12	32	32	20	103		4
马里	119	1	15	27	21	16	123		4
尼日利亚	120	1	26	25	33	21	102		4
孟加拉国	121	1	20	28	37	22	101		4
坦桑尼亚	122	1	11	27	26	16	122		4
贝宁	123	1	19	23	32	19	111		4
尼日尔	124	1	6	28	29	16	124		4
安哥拉	125	11	16	27	65	30	80		4
乌干达	126	3	13	29	29	18	113		4
中非	127	1	9	23	18	13	130		4
布基纳法索	128	1	11	28	26	16	121		4
埃塞俄比亚	129	1	11	26	23	15	126		4
布隆迪	130	1	10	26	22	15	127		4
卢旺达	131	1	14	32	29	19	112		4
高收入 OECD 国家[b]		100	100	100	100	100		2	
中等收入国家		10	38	37	39	31			
低收入国家		2	14	24	23	16			
世界平均		36	46	44	57	46			

注: a. 第二次现代化的阶段: 2 代表发展期, 1 代表起步期, 0 代表准备阶段。
b. 高收入 OECD 国家: OECD 国家中的高收入国家, 包括 32 个国家。后同。

附表 2-3-2　2013 年世界知识创新指数

国家	编号	知识创新指标的实际值				知识创新指标的指数				平均值	知识创新指数[e]
		人均知识创新经费[a]	知识创新人员比例[b]	发明专利申请比例[c]	知识产权出口比例[d]	知识创新经费指数	知识创新人员指数	知识创新专利指数	知识产权出口指数		
瑞典	1	1990.3	64.7	2.4	1.3	120	120	31	120	98	98
美国	2	1486.6	40.2	9.1	0.8	120	100	115	119	114	114
芬兰	3	1637.7	71.9	2.9	1.4	120	120	37	120	99	99
澳大利亚	4	1521.1	34.5	1.3	0.1	120	86	17	8	58	58
瑞士	5	2509.2	44.8	1.9	2.5	120	111	24	120	94	94
挪威	6	1702.3	55.8	2.2	0.1	120	120	27	11	70	70
日本	7	1342.2	52.0	21.3	0.6	120	120	120	100	115	115
丹麦	8	1828.2	72.6	2.4	0.7	120	120	30	104	94	94
德国	9	1325.2	44.7	5.9	0.4	120	111	74	55	90	90
荷兰	10	1019.4	43.0	1.4	3.6	93	107	17	120	84	84
加拿大	11	849.3	44.9	1.3	0.2	77	111	16	35	60	60
新加坡	12	1119.3	64.4	2.1	1.0	102	120	27	120	92	92
英国	13	687.6	40.6	2.3	0.6	62	101	30	99	73	73
法国	14	949.8	41.5	2.2	0.4	86	103	28	64	70	70
比利时	15	1063.4	40.0	0.6	0.6	97	99	8	101	76	76
奥地利	16	1422.1	47.0	2.5	0.2	120	117	32	39	77	77
新西兰	17	481.6	37.0	3.6	0.2	44	92	46	30	53	53
韩国	18	1078.5	64.6	31.9	0.3	98	120	120	52	97	97
以色列	19	1528.6	82.8	1.5	0.3	120	120	19	54	78	78
意大利	20	444.6	19.7	1.4	0.2	40	49	17	27	33	33
爱尔兰	21	816.8	33.7	0.7	2.2	74	84	9	120	72	72
西班牙	22	364.3	26.5	0.6	0.1	33	66	8	11	30	30
爱沙尼亚	23	333.3	33.4	0.2	0.0	30	83	2	6	30	30
斯洛文尼亚	24	598.7	42.2	2.3	0.1	54	105	29	19	52	52
乌拉圭	25	39.6	5.3	0.1	0.0	4	13	1	0	4	4
俄罗斯	26	164.1	30.7	2.0	0.0	15	76	25	6	31	31
斯洛伐克	27	150.3	27.2	0.3	0.0	14	67	4	4	22	22
希腊	28	174.5	26.3	0.6	0.0	16	65	8	4	23	23
匈牙利	29	191.2	25.2	0.6	1.6	17	63	8	120	52	52
捷克	30	377.5	32.5	0.9	0.2	34	81	12	29	39	39
葡萄牙	31	296.3	41.4	0.6	0.0	27	103	8	3	35	35
白俄罗斯	32	52.0	—	1.6	0.0	5	—	20	6	10	10
拉脱维亚	33	90.1	18.0	1.1	0.0	8	45	14	6	18	18
立陶宛	34	149.2	28.9	0.4	0.1	14	72	5	11	25	25
格鲁吉亚	35	4.7	5.6	0.3	0.0	—	14	3	3	5	5
乌克兰	36	30.7	11.7	0.6	0.1	3	29	8	14	13	13
保加利亚	37	49.8	16.9	0.4	0.0	5	42	5	8	15	15
黎巴嫩	38	—	—	—	0.2	—	—	—	25	25	25
哈萨克斯坦	39	23.8	7.3	1.1	0.0	2	18	14	0	8	8
波兰	40	119.5	18.5	1.1	0.1	11	46	14	9	20	20
阿根廷	41	83.7	12.3	0.2	0.0	8	30	2	4	11	11
巴拿马	42	20.2	1.2	0.0	0.0	2	3	0	5	2	2
克罗地亚	43	110.5	15.3	0.5	0.0	10	38	7	7	15	15
沙特阿拉伯	44	10.4	—	0.2	—	1	—	2	—	2	2
哥伦比亚	45	18.2	1.6	0.1	0.0	2	4	1	3	2	2
科威特	46	144.8	1.3	—	—	13	3	—	—	8	8
智利	47	57.4	3.9	0.2	0.0	5	10	2	4	5	5
马其顿	48	22.9	6.8	0.2	0.1	2	17	3	13	9	9
阿塞拜疆	49	16.5	—	0.2	0.0	1	—	2	0	1	1
摩尔多瓦	50	7.9	6.4	0.2	0.1	1	16	2	12	8	8
罗马尼亚	51	37.4	9.4	0.5	0.1	3	23	6	10	11	11
委内瑞拉	52	—	2.9	0.0	—	—	7	0	—	4	4
乌兹别克斯坦	53	—	5.3	0.1	—	—	13	1	—	7	7
多米尼加	54	—	—	0.0	—	—	—	0	—	0	0
亚美尼亚	55	8.8	—	0.4	—	1	—	5	—	3	3
巴拉圭	56	4.0	1.7	0.0	—	0	4	0	—	2	2
哥斯达黎加	57	49.6	13.3	0.0	0.0	5	33	1	1	10	10
巴西	58	134.8	7.0	0.2	0.0	12	17	3	4	9	9
墨西哥	59	50.7	3.8	0.1	0.2	5	10	1	28	11	11
博茨瓦纳	60	17.4	1.6	0.0	0.0	2	4	0	0	2	2
秘鲁	61	7.6	—	0.0	0.0	1	—	0	1	1	1
牙买加	62	—	—	0.1	0.0	—	—	1	5	3	3
约旦	63	20.8	—	—	—	2	—	1	—	1	1
南非	64	50.4	4.0	0.1	0.0	5	10	2	5	5	5
土耳其	65	103.7	11.7	0.6	—	9	29	7	—	15	15
厄瓜多尔	66	20.6	1.8	0.0	—	2	4	0	—	2	2
伊朗	67	20.4	7.4	1.5	—	2	18	19	—	13	13
蒙古	68	10.2	—	—	0.0	1	—	6	1	3	3
摩洛哥	69	23.2	8.5	0.1	0.0	2	21	1	0	6	6
马来西亚	70	123.6	17.9	0.4	0.0	11	45	5	5	16	16

(续表)

国家	编号	知识创新指标的实际值				知识创新指标的指数				平均值	知识创新指数[e]
		人均知识创新经费[a]	知识创新人员比例[b]	发明专利申请比例[c]	知识产权出口比例[d]	知识创新经费指数	知识创新人员指数	知识创新专利指数	知识产权出口指数		
萨尔瓦多	71	1.2	—	—	0.1	0	—	—	19	10	10
埃及	72	21.0	5.4	0.1	0.2	2	13	1	24	10	10
中国	73	140.9	10.9	5.2	0.0	13	27	66	1	27	27
阿尔及利亚	74	3.6	1.7	0.0	0.0	0	4	0	0	1	1
土库曼斯坦	75	—	—	—	—	—	—	—	—	—	1
突尼斯	76	29.3	13.9	0.1	0.1	3	35	1	8	12	12
阿尔巴尼亚	77	8.8	1.5	0.0	0.0	1	4	0	1	2	2
吉尔吉斯斯坦	78	2.0	—	0.2	0.1	0	—	2	7	3	3
塔吉克斯坦	79	1.2	—	0.0	0.0	0	—	0	0	0	1
玻利维亚	80	8.5	1.7	—	0.1	1	4	—	9	5	5
缅甸	81	1.3	—	—	—	0	—	—	—	0	1
菲律宾	82	3.1	0.8	—	0.0	0	2	—	0	1	1
泰国	83	24.2	5.4	0.2	0.1	2	13	3	8	7	7
纳米比亚	84	7.7	—	—	0.0	1	—	—	0	0	1
津巴布韦	85	—	0.9	—	—	—	2	—	—	2	2
洪都拉斯	86	1.0	—	—	0.0	0	—	—	0	0	1
尼加拉瓜	87	—	—	—	0.0	—	—	—	0	0	1
越南	88	3.6	—	—	0.0	0	—	1	0	0	1
肯尼亚	89	9.9	2.3	0.0	0.1	1	6	0	12	5	5
斯里兰卡	90	5.7	1.1	0.0	0.2	1	3	2	—	2	2
刚果共和国	91	—	0.3	—	—	—	1	—	—	1	1
印度尼西亚	92	3.1	2.1	—	0.0	0	5	—	1	2	2
赞比亚	93	0.4	0.4	—	0.0	0	1	—	0	1	1
危地马拉	94	1.5	0.3	—	0.0	0	1	—	4	1	1
毛里塔尼亚	95	—	—	—	—	—	—	—	—	—	1
科特迪瓦	96	—	0.7	0.0	0.0	—	2	0	0	1	1
印度	97	12.0	1.6	0.1	0.0	1	4	1	4	2	2
巴基斯坦	98	3.7	1.7	—	0.0	0	4	—	0	1	1
莱索托	99	0.1	—	—	—	0	—	—	—	0	1
柬埔寨	100	—	—	0.0	0.0	—	—	0	2	1	1
喀麦隆	101	—	—	—	0.0	—	—	—	0	0	1
厄立特里亚	102	—	—	—	—	—	—	—	—	—	1
叙利亚	103	—	—	0.1	—	—	—	1	—	1	1
加纳	104	6.9	0.4	—	—	1	1	—	—	1	1
乍得	105	—	—	—	—	—	—	—	—	—	1
莫桑比克	106	2.6	0.4	0.0	0.0	0	1	0	0	0	1
几内亚	107	—	—	—	0.0	—	—	—	1	1	1
也门共和国	108	—	—	0.0	—	—	—	0	—	0	1
巴布亚新几内亚	109	—	—	0.0	—	—	—	0	—	0	1
海地	110	—	—	—	—	—	—	—	2	1	1
尼泊尔	111	2.1	—	0.0	—	0	—	0	—	0	1
塞内加尔	112	5.7	3.6	—	0.0	1	9	—	2	4	4
塞拉利昂	113	—	—	—	0.1	—	—	—	14	14	14
刚果民主共和国	114	0.2	—	—	0.3	0	—	—	46	23	23
老挝	115	—	—	—	—	—	—	—	—	—	1
马拉维	116	—	0.5	—	—	—	1	—	—	1	1
多哥	117	1.4	0.4	—	0.0	0	1	—	0	0	1
马达加斯加	118	0.5	0.5	0.0	0.2	0	1	0	24	6	6
马里	119	4.4	0.3	—	0.0	0	1	—	0	0	1
尼日利亚	120	6.0	0.4	0.0	—	1	1	0	—	1	1
孟加拉国	121	—	—	0.0	0.0	—	—	0	0	0	1
坦桑尼亚	122	3.5	0.4	—	—	0	1	—	—	0	1
贝宁	123	—	—	—	0.0	—	—	—	0	0	1
尼日尔	124	—	0.1	—	0.0	—	0	—	0	0	1
安哥拉	125	—	0.5	—	0.1	—	1	—	21	11	11
乌干达	126	3.2	0.4	—	0.1	0	1	0	9	3	3
中非	127	—	—	—	—	—	—	—	—	—	1
布基纳法索	128	1.2	0.5	0.0	0.0	0	1	0	1	1	1
埃塞俄比亚	129	3.1	0.5	0.0	0.0	0	1	0	0	0	1
布隆迪	130	0.3	—	—	0.0	0	—	—	0	0	1
卢旺达	131	—	0.1	—	0.0	—	0	—	0	0	1
高收入OECD国家		1102.4	40.3	7.9	0.6	100	100	100	100	100	100
中等收入国家		64.7	5.6	1.5	0.0	6	14	18	4	10	10
低收入国家		3.6	—	—	0.0	0	—	—	4	2	2
世界平均		231.4	12.7	2.3	0.4	21	31	29	62	36	36
基准值		1102.4	40.3	7.9	0.6						

注:a. 指人均R&D经费,其数据为2005~2013年期间最近年的数据;
　　b. 指从事研究与发展活动的研究人员全时当量/万人,其数据为2005~2013年期间最近年的数据;
　　c. 指居民申请国内发明专利数/万人,其数据为2005~2013年期间最近年数据;
　　d. 指知识产权出口收入占GDP比例(%),其数据为2005~2013年期间最近年数据;
　　e. 知识创新指数最小值设为1。减少发展中国家数据缺失带来的评价误差。

附表 2-3-3　2013 年世界知识传播指数

国家	编号	知识传播指标的实际值				知识传播指标的指数				知识传播指数
		中学普及率[a]	大学普及率[b]	人均知识产权进口	互联网宽带普及率	中学普及指数	大学普及指数	知识产权进口指数	互联网普及指数	
瑞典	1	129	65	283	95	100	85	120	116	105
美国	2	94	89	123	84	94	117	54	103	92
芬兰	3	144	92	337	92	100	120	120	112	113
澳大利亚	4	136	89	172	83	100	116	76	102	99
瑞士	5	96	56	1510	86	96	74	120	106	99
挪威	6	113	78	131	95	100	102	58	117	94
日本	7	102	61	140	90	100	81	62	110	88
丹麦	8	131	82	274	95	100	108	120	116	111
德国	9	101	60	104	84	100	79	46	103	82
荷兰	10	131	77	2270	94	100	102	120	115	109
加拿大	11	111	59	309	86	100	77	120	105	101
新加坡	12	—	—	4063	81	100	100	120	99	105
英国	13	129	60	164	90	100	79	72	110	90
法国	14	109	60	154	82	100	78	68	101	87
比利时	15	166	72	299	82	100	95	120	101	104
奥地利	16	99	81	232	81	99	106	102	99	102
新西兰	17	119	79	220	83	100	104	97	102	101
韩国	18	97	98	196	85	97	120	86	104	102
以色列	19	102	67	121	71	100	88	53	87	82
意大利	20	99	62	89	58	99	82	39	72	73
爱尔兰	21	119	71	10092	78	100	94	120	96	102
西班牙	22	131	86	45	72	100	113	20	88	80
爱沙尼亚	23	105	78	35	79	100	103	15	97	79
斯洛文尼亚	24	110	84	123	73	100	111	54	89	89
乌拉圭	25	90	63	11	58	90	83	5	71	62
俄罗斯	26	97	76	58	68	97	100	26	83	77
斯洛伐克	27	92	54	106	78	92	71	47	96	76
希腊	28	109	117	29	60	100	120	13	73	77
匈牙利	29	108	57	183	73	100	75	80	89	86
捷克	30	103	63	110	74	100	83	49	91	81
葡萄牙	31	123	66	50	62	100	87	22	76	71
白俄罗斯	32	105	93	15	54	100	120	7	66	73
拉脱维亚	33	107	66	24	75	100	87	10	92	73
立陶宛	34	108	70	17	68	100	92	8	84	71
格鲁吉亚	35	101	33	3	43	100	43	1	53	49
乌克兰	36	99	79	24	41	99	104	10	50	66
保加利亚	37	99	66	28	53	99	87	12	65	66
黎巴嫩	38	75	48	6	71	75	63	3	87	57
哈萨克斯坦	39	101	55	9	54	100	73	4	66	61
波兰	40	109	72	71	63	100	94	31	77	76
阿根廷	41	107	80	52	60	100	106	23	73	76
巴拿马	42	74	43	21	44	74	57	9	54	49
克罗地亚	43	98	62	58	67	98	81	25	82	72
沙特阿拉伯	44	123	58		61	100	76	—	74	83
哥伦比亚	45	93	48	12	52	93	64	5	63	56
科威特	46	111	28		75	100	37	—	93	77
智利	47	99	79	77	67	99	104	34	82	80
马其顿	48	83	38	20	65	83	51	9	80	56
阿塞拜疆	49	100	20	3	59	100	27	1	72	56
摩尔多瓦	50	88	41	6	45	88	54	3	55	50
罗马尼亚	51	95	52	43	50	95	68	19	61	61
委内瑞拉	52	93	78	13	55	93	103	6	67	67
乌兹别克斯坦	53	105	9		38	100	12	—	47	53
多米尼加	54	76	46	7	46	76	61	3	56	49
亚美尼亚	55	91	46		42	91	61	—	51	68
巴拉圭	56	75	35	6	37	75	45	3	45	42
哥斯达黎加	57	109	48	17	46	100	63	7	56	57
巴西	58	—	26	18	51	—	34	8	63	35
墨西哥	59	88	30	12	43	88	39	5	53	46
博茨瓦纳	60	77	25	5	15	77	33	2	18	33
秘鲁	61	94	41	7	39	94	53	3	48	50
牙买加	62	78	29	22	37	78	38	10	46	43
约旦	63	88	47		41	88	61	—	50	66
南非	64	111	20	36	47	100	26	16	57	50
土耳其	65	102	79	10	46	100	104	5	57	66
厄瓜多尔	66	103	41	8	40	100	53	4	50	52
伊朗	67	86	58		30	86	76		37	66
蒙古	68	92	62	5	20	92	82	2	25	50
摩洛哥	69	69	16	2	56	69	21	1	69	40
马来西亚	70	71	37	48	67	71	49	21	82	56

(续表)

国家	编号	知识传播指标的实际值				知识传播指标的指数				知识传播指数
		中学普及率[a]	大学普及率[b]	人均知识产权进口	互联网宽带普及率	中学普及指数	大学普及指数	知识产权进口指数	互联网宽带普及指数	
萨尔瓦多	71	70	26	12	23	70	34	5	28	34
埃及	72	89	33	4	29	89	43	2	36	42
中国	73	92	30	15	46	92	39	7	56	49
阿尔及利亚	74	98	33	4	17	98	44	2	20	41
土库曼斯坦	75	85	8		10	85	11	—	12	36
突尼斯	76	91	34	1	44	91	44	1	54	47
阿尔巴尼亚	77	79	59	8	57	79	77	3	70	57
吉尔吉斯斯坦	78	88	48	1	23	88	63	1	28	45
塔吉克斯坦	79	87	23	0	16	87	30	0	20	34
玻利维亚	80	80	39	5	37	80	51	2	45	45
缅甸	81	50	13		2	50	17	—	2	23
菲律宾	82	85	34	5	37	85	45	2	45	44
泰国	83	86	51	68	29	86	67	30	36	55
纳米比亚	84	64	7	2	14	64	9	1	17	23
津巴布韦	85	47	6		19	47	8	—	23	26
洪都拉斯	86	71	21	5	18	71	28	2	22	31
尼加拉瓜	87	69	—	0	16	69	—	0	19	29
越南	88	77	25		44	77	32	—	54	54
肯尼亚	89	67	3	2	39	67	4	1	48	30
斯里兰卡	90	99	19		22	99	25	—	27	50
刚果共和国	91	54	10		7	54	13	—	8	25
印度尼西亚	92	83	32	7	15	83	41	3	18	36
赞比亚	93	—	—	0	15	—	—	0	19	9
危地马拉	94	65	19	7	20	65	25	3	24	29
毛里塔尼亚	95	30	5		6	30	7	—	8	15
科特迪瓦	96	39	9	0	8	39	12	0	10	15
印度	97	71	25	3	15	71	32	1	19	31
巴基斯坦	98	38	10	1	11	38	13	0	13	16
莱索托	99	53	10	2	5	53	13	1	6	18
柬埔寨	100	47	16	1	7	47	21	0	8	19
喀麦隆	101	52	12	0	6	52	16	0	8	19
厄立特里亚	102	29	2		1	29	3	—	1	11
叙利亚	103	48	31	2	26	48	41	1	32	30
加纳	104	61	14		12	61	19	—	15	32
乍得	105	23	2			23	3	—	3	10
莫桑比克	106	26	5	1	5	26	7	0	7	10
几内亚	107	38	10	0	2	38	14	0	2	13
也门共和国	108	49	10	0	20	49	14	0	25	22
巴布亚新几内亚	109	40	—		7	40	—	—	8	24
海地	110	—	—	0	11	—	—	0	13	7
尼泊尔	111	67	17		13	67	23	—	16	35
塞内加尔	112	41	8	0	13	41	10	0	16	17
塞拉利昂	113	45	—	0	2	45	—	0	2	16
刚果民主共和国	114	43	7	0	2	43	9	0	3	14
老挝	115	50	18		13	50	23	—	15	30
马拉维	116	37	1	0	5	37	1	0	6	11
多哥	117	55	10	0	5	55	13	0	6	18
马达加斯加	118	38	4	1	3	38	6	0	4	12
马里	119	45	7	0	4	45	10	0	4	15
尼日利亚	120	44	10	1	38	44	14	1	47	26
孟加拉国	121	54	13	0	7	54	17	0	8	20
坦桑尼亚	122	33	4	0	4	33	5	0	5	11
贝宁	123	54	12	0	5	54	16	0	6	19
尼日尔	124	18	2	0	2	18	2	0	2	6
安哥拉	125	32	7	0	19	32	10	0	23	16
乌干达	126	27	4	0	16	27	6	0	20	13
中非	127	18	3		4	18	4	—	4	9
布基纳法索	128	28	5	0	9	28	6	0	11	11
埃塞俄比亚	129	38	3	0	2	38	4	0	2	11
布隆迪	130	33	4	0	1	33	6	0	2	10
卢旺达	131	33	8	0	9	33	10	0	11	14
高收入 OECD 国家		105	76	227	82	100	100	100	100	100
中等收入国家		75	28	9	31	75	37	4	38	38
低收入国家		40	8	0	6	40	10	0	7	14
世界平均		75	33	45	38	75	43	20	47	46
基准值		100	76	227	82					

注:a. 为 2005~2013 年期间最近年的数据。中学普及率数据包括职业培训,中学普及率指数最大值设为 100。
b. 为 2005~2013 年期间最近年的数据。

附表 2-3-4 2013 年世界生活质量指数

国家	编号	生活质量指标的实际值				生活质量指标的指数				生活质量指数
		预期寿命	人均购买力[a]	婴儿死亡率	人均能源消费	预期寿命指数	人均购买力指数	婴儿死亡率指数	能源消费指数	
瑞典	1	82	45 930	2	5001	101	109	120	107	109
美国	2	79	54 000	6	6909	98	120	73	120	103
芬兰	3	81	40 160	2	5933	100	95	120	120	109
澳大利亚	4	82	42 220	3	5592	102	100	120	120	111
瑞士	5	83	57 960	4	3302	103	120	119	71	103
挪威	6	81	66 360	2	6487	101	120	120	120	115
日本	7	83	37 550	2	3560	103	89	120	76	97
丹麦	8	80	45 350	3	3123	100	108	120	67	99
德国	9	81	45 020	3	3874	100	107	120	83	103
荷兰	10	81	47 660	3	4594	101	113	120	98	108
加拿大	11	81	42 410	5	7149	101	101	93	120	104
新加坡	12	82	77 840	2	4716	102	120	120	101	111
英国	13	81	38 370	4	2967	100	91	110	63	91
法国	14	82	38 180	4	3827	102	91	119	82	98
比利时	15	80	41 900	3	5020	100	100	120	107	107
奥地利	16	81	45 250	3	3928	100	107	120	84	103
新西兰	17	81	33 760	5	4188	101	80	88	90	90
韩国	18	81	33 330	3	5222	101	79	120	112	103
以色列	19	82	32 050	3	3079	102	76	120	66	91
意大利	20	82	34 930	3	2562	102	83	120	55	90
爱尔兰	21	81	40 020	3	2912	100	95	120	62	94
西班牙	22	82	32 380	4	2500	102	77	116	54	87
爱沙尼亚	23	76	25 670	3	4476	95	61	120	96	93
斯洛文尼亚	24	80	28 510	2	3185	99	68	120	68	89
乌拉圭	25	77	19 320	10	1362	95	46	45	29	54
俄罗斯	26	71	24 070	9	5283	88	57	48	113	77
斯洛伐克	27	76	26 110	6	3170	94	62	68	67	73
希腊	28	81	25 660	4	2170	100	61	113	46	80
匈牙利	29	75	22 840	5	2313	93	54	80	49	69
捷克	30	78	27 200	3	3935	97	65	120	84	91
葡萄牙	31	80	27 280	3	2112	100	65	120	45	82
白俄罗斯	32	72	17 010	4	3223	90	40	113	69	78
拉脱维亚	33	74	21 980	7	2171	92	52	58	46	62
立陶宛	34	74	24 870	4	2469	92	59	108	53	78
格鲁吉亚	35	74	7020	12	825	92	17	36	18	40
乌克兰	36	71	8380	9	2690	88	20	50	58	54
保加利亚	37	74	15 500	10	2511	92	37	43	54	56
黎巴嫩	38	80	16 950	8	1616	99	40	57	35	58
哈萨克斯坦	39	70	20 700	15	4458	87	49	29	95	65
波兰	40	77	23 160	5	2551	95	55	96	55	75
阿根廷	41	76	—	12	1906	94	—	36	41	57
巴拿马	42	77	19 590	16	1109	96	47	28	24	48
克罗地亚	43	77	20 860	4	1855	96	50	108	40	73
沙特阿拉伯	44	74	51 320	13	6789	92	120	32	120	91
哥伦比亚	45	74	12 240	15	674	91	29	30	14	41
科威特	46	74	82 470	8	10 121	92	120	53	120	96
智利	47	81	21 110	7	2179	101	50	59	47	64
马其顿	48	75	12 140	6	1434	93	29	74	31	57
阿塞拜疆	49	71	16 180	30	1473	88	38	14	32	43
摩尔多瓦	50	69	5200	14	920	85	12	30	20	37
罗马尼亚	51	74	18 750	11	1741	92	45	41	37	54
委内瑞拉	52	74	17 700	14	2558	92	42	32	55	55
乌兹别克斯坦	53	68	5460	36	1622	85	13	12	35	36
多米尼加	54	73	11 760	27	744	91	28	16	16	38
亚美尼亚	55	75	8100	14	997	92	19	31	21	41
巴拉圭	56	73	8010	19	783	90	19	23	17	37
哥斯达黎加	57	79	13 940	9	1016	98	33	49	22	51
巴西	58	74	15 490	14	1392	92	37	30	30	47
墨西哥	59	77	15 620	13	1475	95	37	34	32	49
博茨瓦纳	60	64	15 110	36	1015	80	36	12	22	37
秘鲁	61	74	11 080	14	720	92	26	30	15	41
牙买加	62	73	8490	14	1036	91	20	30	22	41
约旦	63	74	11 660	16	1207	92	28	29	26	43
南非	64	57	12 530	35	2675	70	30	12	57	42
土耳其	65	75	18 580	13	1546	93	44	33	33	51
厄瓜多尔	66	76	10 820	20	935	94	26	22	20	40
伊朗	67	75	16 590	15	2883	93	39	30	62	56
蒙古	68	69	10 480	21	1404	86	25	21	30	40
摩洛哥	69	74	7110	26	570	91	17	17	12	34
马来西亚	70	75	23 390	6	2799	92	56	67	60	69

(续表)

国家	编号	生活质量指标的实际值				生活质量指标的指数				生活质量指数
		预期寿命	人均购买力[a]	婴儿死亡率	人均能源消费	预期寿命指数	人均购买力指数	婴儿死亡率指数	能源消费指数	
萨尔瓦多	71	72	7770	15	720	90	18	28	15	38
埃及	72	71	10 100	22	913	88	24	20	20	38
中国	73	75	12 100	11	2143	93	29	41	46	52
阿尔及利亚	74	75	13 480	22	1237	92	32	19	26	43
土库曼斯坦	75	65	13 010	46	4943	81	31	9	106	57
突尼斯	76	74	10 570	13	918	91	25	33	20	42
阿尔巴尼亚	77	78	9840	13	715	96	23	32	15	42
吉尔吉斯斯坦	78	70	3100	21	737	87	7	20	16	33
塔吉克斯坦	79	69	2530	41	286	86	6	11	6	27
玻利维亚	80	68	5900	33	831	84	14	13	18	32
缅甸	81	66	—	42	291	81	—	10	6	33
菲律宾	82	68	8000	23	443	84	19	18	9	33
泰国	83	74	14 580	11	1884	92	35	38	40	51
纳米比亚	84	64	9380	34	706	80	22	13	15	32
津巴布韦	85	56	1610	49	658	69	4	9	14	24
洪都拉斯	86	73	4410	19	656	90	10	23	14	35
尼加拉瓜	87	75	4550	20	563	92	11	22	12	34
越南	88	76	5070	18	731	94	12	23	16	36
肯尼亚	89	61	2820	38	483	76	7	11	10	26
斯里兰卡	90	74	9360	9	554	92	22	49	12	44
刚果共和国	91	62	4660	36	400	76	11	12	9	27
印度尼西亚	92	69	9700	24	861	85	23	18	18	36
赞比亚	93	59	3580	47	614	73	9	9	13	26
危地马拉	94	71	7030	26	720	89	17	17	15	34
毛里塔尼亚	95	63	3570	67	—	78	8	6	—	31
科特迪瓦	96	51	2890	71	597	63	7	6	13	22
印度	97	68	5240	41	624	84	12	11	13	30
巴基斯坦	98	66	4860	69	483	82	12	6	10	27
莱索托	99	49	3280	72	17	61	8	6	0	19
柬埔寨	100	68	2880	28	370	84	7	15	8	28
喀麦隆	101	55	2780	60	323	68	7	7	7	22
厄立特里亚	102	63	1400	36	163	78	3	12	3	24
叙利亚	103	75	—	12	701	93	—	36	15	48
加纳	104	61	3850	46	397	76	9	9	8	26
乍得	105	51	1980	88	—	63	5	5	—	24
莫桑比克	106	55	1060	61	406	68	3	7	9	21
几内亚	107	58	1140	65	—	72	3	7	—	27
也门共和国	108	64	3650	37	278	79	9	12	6	26
巴布亚新几内亚	109	62	2540	47	—	77	6	9	—	31
海地	110	62	1690	55	396	77	4	8	8	24
尼泊尔	111	69	2270	32	367	86	5	14	8	28
塞内加尔	112	66	2210	43	300	82	5	10	6	26
塞拉利昂	113	50	1770	94	—	62	4	5	—	24
刚果民主共和国	114	58	630	78	292	72	1	5	6	21
老挝	115	66	4670	54	—	81	11	8	—	33
马拉维	116	61	760	47	—	76	2	9	—	29
多哥	117	59	1170	55	463	73	3	8	10	23
马达加斯加	118	65	1370	38	—	80	3	11	—	32
马里	119	58	1420	78	—	71	3	6	—	27
尼日利亚	120	52	5380	74	795	65	13	6	17	25
孟加拉国	121	71	3170	34	214	88	8	13	5	28
坦桑尼亚	122	64	2390	38	456	80	6	11	10	27
贝宁	123	59	1910	67	390	73	5	7	8	23
尼日尔	124	61	880	60	—	75	2	7	—	28
安哥拉	125	52	—	101	630	64	—	4	13	27
乌干达	126	58	1680	42	—	72	4	10	—	29
中非	127	50	590	96	—	62	1	4	—	23
布基纳法索	128	58	1560	64	—	72	4	7	—	28
埃塞俄比亚	129	63	1370	45	493	79	3	10	11	26
布隆迪	130	56	750	58	—	70	2	7	—	26
卢旺达	131	63	1540	35	—	79	4	12	—	32
高收入OECD国家		81	42 100	4	4673	100	100	99	100	100
中等收入国家		70	9143	33	1248	87	22	13	27	37
低收入国家		61	1507	56	359	75	4	8	8	24
世界平均		71	14 373	34	1898	88	34	13	41	44
基准值		81	42 100	4	4673					

注：a. 为按购买力平价(PPP)计算的人均国民收入。

附表 2-3-5　2013 年世界经济质量指数

国家	编号	经济质量指标的实际值				经济质量指标的指数				经济质量指数
		人均国民收入	单位GDP的能源消耗[a]	物质产业增加值比例[b]	物质产业劳动力比例[b]	人均国民收入指数	单位GDP的能源消耗指数	物质产业增加值指数	物质产业劳动力指数	
瑞典	1	61 340	0.1	27.5	21.7	120	120	92	120	113
美国	2	53 720	0.1	21.9	18.8	120	84	115	120	110
芬兰	3	49 050	0.1	29.9	27.2	111	92	84	105	98
澳大利亚	4	65 480	0.1	29.3	30.5	120	120	86	94	105
瑞士	5	88 120	0.0	26.8	26.9	120	120	94	106	110
挪威	6	104 010	0.1	41.3	22.8	120	120	61	120	105
日本	7	46 330	0.1	27.4	30.9	105	119	92	93	102
丹麦	8	61 740	0.1	24.2	22.2	120	120	104	120	116
德国	9	47 240	0.1	31.1	29.3	107	120	81	98	101
荷兰	10	52 470	0.1	23.8	25.3	118	120	106	113	114
加拿大	11	52 570	0.1	29.2	22.0	119	80	86	120	101
新加坡	12	54 580	0.1	25.1	19.9	120	120	100	120	115
英国	13	42 050	0.1	22.0	20.7	95	120	115	120	112
法国	14	43 530	0.1	21.3	25.1	98	120	118	114	113
比利时	15	47 240	0.1	23.0	23.1	107	102	110	120	110
奥地利	16	50 600	0.1	29.7	30.2	114	120	85	95	103
新西兰	17	31 890	0.1	30.3	27.0	72	100	83	106	90
韩国	18	25 870	0.2	40.7	30.5	58	55	62	94	67
以色列	19	34 310	0.1	—	20.5	77	120	—	120	106
意大利	20	35 370	0.1	25.9	30.6	80	120	97	93	98
爱尔兰	21	44 450	0.1	27.5	24.7	100	120	92	116	107
西班牙	22	29 540	0.1	25.5	24.1	67	120	99	119	101
爱沙尼亚	23	18 390	0.2	32.4	35.2	41	47	78	81	62
斯洛文尼亚	24	23 190	0.1	34.4	39.0	52	80	73	73	70
乌拉圭	25	15 640	0.1	35.9	30.9	35	120	70	93	80
俄罗斯	26	13 810	0.4	40.0	34.7	31	29	63	82	51
斯洛伐克	27	17 910	0.2	36.9	39.2	40	64	68	73	61
希腊	28	22 680	0.1	20.1	29.0	51	110	120	99	95
匈牙利	29	13 350	0.2	34.7	34.7	30	55	73	82	62
捷克	30	19 170	0.2	39.6	40.8	43	55	64	70	58
葡萄牙	31	21 340	0.1	23.8	31.5	48	113	106	91	89
白俄罗斯	32	6 790	0.5	50.1	42.8	15	23	50	67	39
拉脱维亚	33	14 930	0.2	27.1	32.1	34	70	93	89	71
立陶宛	34	15 140	0.2	34.0	34.4	34	64	74	83	64
格鲁吉亚	35	3 560	0.2	33.4	63.6	8	47	75	45	44
乌克兰	36	3 760	0.7	36.4	44.8	8	16	69	64	39
保加利亚	37	7 500	0.3	32.9	36.9	17	32	77	78	51
黎巴嫩	38	9 610	0.2	26.9	—	22	66	94	—	61
哈萨克斯坦	39	11 560	0.4	41.8	44.0	26	30	60	65	45
波兰	40	13 490	0.2	35.7	42.5	30	59	71	67	57
阿根廷	41	14 110	0.1	36.2	25.2	32	83	70	113	74
巴拿马	42	10 860	0.1	25.6	35.0	25	101	98	82	76
克罗地亚	43	13 460	0.1	31.7	37.8	30	78	79	76	66
沙特阿拉伯	44	25 140	0.3	61.9	29.1	57	40	41	98	59
哥伦比亚	45	7 770	0.1	43.2	36.3	18	120	58	79	69
科威特	46	52 060	0.2	68.2	41.4	117	55	37	69	70
智利	47	15 270	0.1	38.3	32.9	34	79	66	87	67
马其顿	48	4 980	0.3	35.6	48.8	11	36	71	59	44
阿塞拜疆	49	7 350	0.2	67.7	51.5	17	55	37	56	41
摩尔多瓦	50	2 470	0.4	31.9	46.5	6	24	79	62	43
罗马尼亚	51	9 270	0.2	33.2	55.7	21	54	76	51	51
委内瑞拉	52	12 500	0.2	57.9	28.9	28	55	43	99	56
乌兹别克斯坦	53	1 940	0.9	52.5	—	4	12	48	—	21
多米尼加	54	5 860	0.1	33.3	57.2	13	88	76	50	57
亚美尼亚	55	3 930	0.3	50.8	53.3	9	39	50	54	38
巴拉圭	56	4 190	0.2	49.9	40.7	9	54	51	70	46
哥斯达黎加	57	9 780	0.1	30.6	31.8	22	105	82	90	75
巴西	58	12 310	0.1	30.0	37.1	28	94	84	77	71
墨西哥	59	9 720	0.1	37.8	37.6	22	76	67	76	60
博茨瓦纳	60	7 370	0.1	41.8	43.9	17	75	61	65	55
秘鲁	61	6 230	0.1	44.2	24.2	14	98	57	118	72
牙买加	62	5 250	0.2	28.3	33.5	12	58	89	85	61
约旦	63	4 940	0.2	28.1	20.1	11	45	76	120	63
南非	64	7 410	0.4	32.2	28.7	17	31	78	100	56
土耳其	65	10 970	0.1	34.9	48.5	25	78	72	59	58
厄瓜多尔	66	5 810	0.2	48.2	45.7	13	67	52	63	49
伊朗	67	7 120	0.4	49.2	51.7	16	29	51	55	38
蒙古	68	4 360	0.3	50.9	53.2	10	34	49	54	37
摩洛哥	69	3 080	0.2	43.4	60.6	7	57	58	47	42
马来西亚	70	10 850	0.3	49.0	40.7	24	43	51	70	47

附录二 世界现代化水平评价的数据集　341

（续表）

国家	编号	经济质量指标的实际值				经济质量指标的指数				
		人均国民收入	单位GDP的能源消耗[a]	物质产业增加值比例[b]	物质产业劳动力比例[b]	人均国民收入指数	单位GDP的能源消耗指数	物质产业增加值指数	物质产业劳动力指数	经济质量指数
萨尔瓦多	71	3850	0.2	38.4	39.9	9	60	66	72	51
埃及	72	2940	0.3	53.7	52.1	7	37	47	55	36
中国	73	6710	0.3	53.1	61.5	15	32	47	47	35
阿尔及利亚	74	5510	0.2	58.4	41.6	12	50	43	69	43
土库曼斯坦	75	6880	0.7	63.0	—	16	15	40	—	24
突尼斯	76	4200	0.2	38.7	49.1	9	50	65	58	46
阿尔巴尼亚	77	4480	0.2	48.9	72.2	10	65	52	40	42
吉尔吉斯斯坦	78	1220	0.6	45.9	51.9	3	18	55	55	33
塔吉克斯坦	79	1000	0.3	49.2	—	2	37	51	—	30
玻利维亚	80	2620	0.3	51.3	58.0	6	35	49	49	35
缅甸	81	1270	0.2	66.9	—	3	54	38	—	31
菲律宾	82	3340	0.2	42.4	46.6	8	65	59	61	48
泰国	83	5840	0.3	48.3	62.5	13	35	52	46	36
纳米比亚	84	5740	0.1	39.5	45.8	13	89	64	62	57
津巴布韦	85	820	0.8	43.1	75.0	2	14	58	38	28
洪都拉斯	86	2250	0.3	40.5	54.6	5	40	62	52	40
尼加拉瓜	87	1790	0.3	45.0	48.7	4	35	56	59	38
越南	88	1740	0.4	56.7	68.0	4	26	44	42	29
肯尼亚	89	1180	0.4	49.5	67.8	3	27	51	42	31
斯里兰卡	90	3170	0.2	39.5	58.3	7	67	64	49	47
刚果共和国	91	2620	0.1	76.4	57.8	6	88	33	49	44
印度尼西亚	92	3740	0.2	58.4	55.2	8	47	43	52	38
赞比亚	93	1700	0.4	43.5	61.7	4	30	58	46	35
危地马拉	94	3290	0.2	40.3	49.8	7	50	62	57	44
毛里塔尼亚	95	1330	—	61.5	—	3	—	41	—	22
科特迪瓦	96	1360	0.5	44.3	—	3	24	57	—	28
印度	97	1530	0.4	49.1	71.3	3	26	51	40	30
巴基斯坦	98	1360	0.4	45.8	65.9	3	29	55	43	33
莱索托	99	1550	0.0	37.2	—	3	120	68	—	64
柬埔寨	100	960	0.4	59.2	70.4	2	28	43	41	28
喀麦隆	101	1290	0.3	52.8	65.9	3	42	48	43	34
厄立特里亚	102	480	0.3	46.1	—	1	37	55	—	31
叙利亚	103	1530	0.4	55.7	44.7	3	30	45	64	36
加纳	104	1740	0.2	51.9	59.1	4	46	49	48	37
乍得	105	980	—	65.7	—	2	—	38	—	20
莫桑比克	106	590	0.7	45.3	—	1	15	56	—	24
几内亚	107	450	—	57.9	80.7	1	—	44	35	27
也门共和国	108	1300	0.2	59.5	43.8	3	51	42	65	40
巴布亚新几内亚	109	2040	—	77.2	77.3	5	—	33	37	25
海地	110	800	0.5	—	—	2	21	—	—	12
尼泊尔	111	730	0.5	50.8	77.6	2	21	50	37	27
塞内加尔	112	1040	0.3	39.4	77.6	2	37	64	37	35
塞拉利昂	113	680	—	73.0	—	2	—	35	—	18
刚果民主共和国	114	370	0.7	55.7	—	1	15	45	—	20
老挝	115	1490	—	59.6	79.8	3	—	42	36	27
马拉维	116	280	—	50.4	71.5	1	—	50	40	30
多哥	117	520	0.8	54.9	—	1	14	46	—	20
马达加斯加	118	440	—	42.5	83.1	1	—	59	34	32
马里	119	620	—	60.9	—	1	—	41	—	21
尼日利亚	120	2700	—	46.3	—	6	—	54	—	33
孟加拉国	121	1010	0.2	43.9	64.7	2	44	57	44	37
坦桑尼亚	122	850	0.6	57.5	73.4	2	20	44	39	26
贝宁	123	860	0.5	46.9	56.0	2	23	54	51	32
尼日尔	124	400	—	57.7	68.9	1	—	44	42	29
安哥拉	125	—	0.1	77.8	—	—	97	32	—	65
乌干达	126	630	—	49.6	79.8	1	—	51	36	29
中非	127	310	—	70.2	—	1	—	36	—	18
布基纳法索	128	690	—	58.2	87.8	2	—	43	33	26
埃塞俄比亚	129	470	1.1	56.8	80.1	1	10	44	36	23
布隆迪	130	250	—	57.6	—	1	—	44	—	22
卢旺达	131	670	—	48.3	83.8	2	—	52	34	29
高收入OECD国家		44 314	0.1	25.2	28.6	100	102	100	100	100
中等收入国家		4495	0.3	45.2	55.7	10	38	56	51	39
低收入国家		600	0.6	53.7	—	1	19	47	—	23
世界平均		10 720	0.2	29.5	49.1	24	61	85	58	57
基准值		44 314	0.1	25.2	28.6					

注：a. 为人均能源消费与人均GDP之比，为2005~2013年期间最近年数据；
　　b. 为2005~2013年期间最近年的数据。

附表 2-3-6 2013 年世界第二次现代化发展阶段

国家	编号	第一次现代化阶段[a]	产业结构信号 物质产业增加值占 GDP 比例	赋值	劳动力结构信号 物质产业劳动力占总劳动力比例	赋值	平均值	第二次现代化的阶段[b]	第二次现代化指数
瑞典	1	4	27.7	2	21.7	2	2.0	2	108
美国	2	4	21.9	2	18.8	3	2.5	2	109
芬兰	3	4	29.9	2	27.2	2	2.0	2	108
澳大利亚	4	4	29.3	2	30.5	1	1.5	1	96
瑞士	5	4	26.8	2	26.9	2	2.0	2	103
挪威	6	4	41.3		22.8	2	1.0	1	98
日本	7	4	27.4	2	30.9	1	1.5	1	104
丹麦	8	4	24.2	2	22.2	2	2.0	2	107
德国	9	4	31.1	1	29.3	2	1.5	1	99
荷兰	10	4	23.8	2	25.3	2	2.0	2	108
加拿大	11	4	29.2	2	22.0	2	2.0	2	97
新加坡	12	4	25.1	2	19.9	3	2.5	2	108
英国	13	4	22.0	2	20.7	2	2.0	2	98
法国	14	4	21.3	2	25.1	2	2.0	2	97
比利时	15	4	23.0	2	23.1	2	2.0	2	104
奥地利	16	4	29.7	2	30.2	1	1.5	1	100
新西兰	17	4	30.3	1	27.0	2	1.5	1	92
韩国	18	4	40.7		30.5	1	0.5	1	97
以色列	19	4	—		20.5	2	1.0	1	92
意大利	20	4	25.9	2	30.6	1	1.5	1	77
爱尔兰	21	4	27.5	2	24.7	2	2.0	2	98
西班牙	22	4	25.5	2	24.1	2	2.0	2	78
爱沙尼亚	23	4	32.4	1	35.2	1	1.0	1	69
斯洛文尼亚	24	4	34.4	1	39.0	1	1.0	1	79
乌拉圭	25	3	35.9		30.9				53
俄罗斯	26	4	40.0		34.7	1	0.5		63
斯洛伐克	27	4	36.9	1	39.2	1	1.0	1	63
希腊	28	4	20.1		29.0				72
匈牙利	29	4	34.7	1	34.7	1	1.0	1	73
捷克	30	4	39.6	1	40.8		0.5		71
葡萄牙	31	4	23.8	2	31.5	1	1.5	1	73
白俄罗斯	32	4	50.1		42.8				52
拉脱维亚	33	4	27.1	2	32.1	1	1.5	1	60
立陶宛	34	4	34.0	1	34.4	1	1.0	1	63
格鲁吉亚	35	2	33.4		63.6				37
乌克兰	36	3	36.4		44.8				46
保加利亚	37	4	32.9		36.9				50
黎巴嫩	38	3	26.9		—				54
哈萨克斯坦	39	3	41.8		44.0				47
波兰	40	4	35.7	1	42.5		0.5		61
阿根廷	41	4	36.2	1	25.2	2	1.5		58
巴拿马	42	3	25.6		35.0				47
克罗地亚	43	4	31.7	1	37.8	1	1.0		60
沙特阿拉伯	44	4	61.9		29.1	2	1.0		61
哥伦比亚	45	3	43.2		36.3				44
科威特	46	4	68.2		41.4				66
智利	47	4	38.3	1	32.9	1	1.0		58
马其顿	48	3	35.6		48.8				45
阿塞拜疆	49	3	67.7		51.5				35
摩尔多瓦	50	3	31.9		46.5				36
罗马尼亚	51	3	33.2		55.7				47
委内瑞拉	52	4	57.9		28.9	2	1.0		48
乌兹别克斯坦	53	2	52.5		—				31
多米尼加	54	3	33.3		57.2				38
亚美尼亚	55	2	50.8		53.3				39
巴拉圭	56	3	49.9		40.7				41
哥斯达黎加	57	3	30.6		31.8				51
巴西	58	3	30.0		37.1				43
墨西哥	59	4	37.8	1	37.6	1	1.0		44
博茨瓦纳	60	3	41.2		43.9				33
秘鲁	61	3	44.2		24.2				43
牙买加	62	3	28.3		33.5				39
约旦	63	4	33.1	1	20.1	2	1.5		45
南非	64	4	32.2	1	28.7	2	1.5		40
土耳其	65	3	34.9		48.5				51
厄瓜多尔	66	3	48.2		45.7				38
伊朗	67	3	49.2		51.7				46
蒙古	68	2	50.9		53.2				34
摩洛哥	69	3	43.4		60.6				32
马来西亚	70	3	49.0		40.7				51

(续表)

国家	编号	第一次现代化阶段[a]	产业结构信号 物质产业增加值占 GDP 比例	赋值	劳动力结构信号 物质产业劳动力占总劳动力比例	赋值	平均值	第二次现代化的阶段[b]	第二次现代化指数
萨尔瓦多	71	3	38.4		39.9				35
埃及	72	3	53.7		52.1				33
中国	73	3	53.1		61.5				44
阿尔及利亚	74	3	58.4		41.6				34
土库曼斯坦	75	3	63.0		—				30
突尼斯	76	3	38.7		49.1				39
阿尔巴尼亚	77	2	48.9		72.2				38
吉尔吉斯斯坦	78	2	45.9		51.9				30
塔吉克斯坦	79	2	49.2		—				24
玻利维亚	80	3	51.3		58.0				30
缅甸	81	1	66.9		—				23
菲律宾	82	3	42.4		46.6				33
泰国	83	2	48.3		62.5				40
纳米比亚	84	2	39.5		45.8				30
津巴布韦	85	2	43.1		75.0				21
洪都拉斯	86	3	40.5		54.6				28
尼加拉瓜	87	2	45.0		48.7				27
越南	88	2	56.7		68.0				32
肯尼亚	89	1	49.5		67.8				24
斯里兰卡	90	3	39.5		58.3				38
刚果共和国	91	3	76.4		57.8				25
印度尼西亚	92	3	58.4		55.2				29
赞比亚	93	2	43.5		61.7				19
危地马拉	94	3	40.3		49.8				29
毛里塔尼亚	95	2	61.5		—				18
科特迪瓦	96	2	44.3		—				17
印度	97	2	49.1		71.3				24
巴基斯坦	98	2	45.8		65.9				20
莱索托	99	3	37.2		—				26
柬埔寨	100	1	59.2		70.4				20
喀麦隆	101	2	52.8		65.9				20
厄立特里亚	102	1	46.1		—				18
叙利亚	103	3	55.7		44.7				31
加纳	104	2	51.9		59.1				25
乍得	105	0	65.7		—				14
莫桑比克	106	1	45.3		—				15
几内亚	107	2	57.9		80.7				18
也门共和国	108	3	59.5		43.8				23
巴布亚新几内亚	109	1	77.2		77.3				21
海地	110	1	—		—				12
尼泊尔	111	1	50.8		77.6				24
塞内加尔	112	2	39.4		77.6				21
塞拉利昂	113	0	73.0		—				19
刚果民主共和国	114	2	55.7		—				21
老挝	115	2	59.6		79.8				24
马拉维	116	1	50.4		71.5				19
多哥	117	1	54.9		—				16
马达加斯加	118	1	42.5		83.1				21
马里	119	1	60.9		—				17
尼日利亚	120	2	46.3		—				22
孟加拉国	121	2	43.9		64.7				23
坦桑尼亚	122	1	57.5		73.4				17
贝宁	123	2	46.9		56.0				20
尼日尔	124	1	57.7		68.9				17
安哥拉	125	3	77.8		—				32
乌干达	126	1	49.6		79.8				19
中非	127	0	70.2		—				13
布基纳法索	128	0	58.2		87.8				17
埃塞俄比亚	129	1	56.8		80.1				16
布隆迪	130	1	57.6		—				16
卢旺达	131	1	48.3		83.8				20
高收入OECD国家		4	25.2	2	28.6	2	2.0	2	100
中等收入国家		3	45.2		55.7				33
低收入国家		1	53.7		—				16
世界平均		4	29.5		49.1				49

注:a. 第一次现代化的阶段:4代表过渡期,3代表成熟期,2代表发展期,1代表起步期,0代表传统农业社会。
b. 第一次现代化过渡期时,再判断第二次现代化阶段,并根据第二次现代化指数进行调整(必须大于60分);
第二次现代化的阶段:2代表发展期,1代表起步期,0代表准备阶段。

附表 2-3-7　1970～2013 年世界第二次现代化指数

国家	编号	1970[a]	1980[a]	1990[a]	2000[a]	1990[b]	2000[b]	2010[b]	2011[b]	2012[b]	2013[b]
瑞典	1	58	75	93	109	67	85	102	105	106	106
美国	2	71	79	97	108	68	80	100	102	104	105
芬兰	3	49	62	85	103	61	82	102	104	105	105
澳大利亚	4	54	61	77	99	53	65	88	94	95	93
瑞士	5	51	65	98	99	79	88	96	98	99	102
挪威	6	56	65	87	100	62	78	96	96	95	96
日本	7	58	72	88	103	71	82	97	95	99	101
丹麦	8	54	66	87	102	61	80	102	103	103	105
德国	9	56	62	80	97	58	68	89	91	92	94
荷兰	10	60	68	85	93	62	73	99	102	102	104
加拿大	11	59	69	89	92	63	71	90	92	93	91
新加坡	12	41	41	69	76	50	73	96	103	104	106
英国	13	54	64	75	92	55	72	91	91	90	92
法国	14	48	67	78	90	54	65	91	93	91	92
比利时	15	53	74	83	90	58	68	92	97	97	99
奥地利	16	44	55	78	82	52	65	93	94	95	96
新西兰	17	47	62	69	77	49	63	80	83	86	83
韩国	18	25	35	55	84	43	63	88	90	91	92
以色列	19	45	64	65	81	44	69	85	89	89	89
意大利	20	39	47	66	74	47	54	74	74	74	74
爱尔兰	21	38	44	59	76	49	69	93	93	94	94
西班牙	22	31	55	62	72	42	51	73	74	74	74
爱沙尼亚	23	—	81	—	66	45	41	63	66	66	66
斯洛文尼亚	24	—	—	—	67	43	49	74	76	76	75
乌拉圭	25	34	48	59	69	30	38	46	46	47	50
俄罗斯	26	—	97	—	57	49	38	45	55	58	59
斯洛伐克	27	—	—	—	57	37	37	55	55	55	58
希腊	28	35	56	52	62	37	46	69	69	67	69
匈牙利	29	50	53	51	57	37	39	65	67	66	67
捷克	30	66	70	62	60	40	41	64	66	66	67
葡萄牙	31	24	28	39	68	33	46	69	70	69	70
白俄罗斯	32	—	70	—	51	37	30	44	47	49	50
拉脱维亚	33	—	60	—	56	51	36	53	55	55	56
立陶宛	34	—	79	—	55	43	37	55	57	58	59
格鲁吉亚	35	—	63	—	49	25	26	28	28	28	35
乌克兰	36	—	75	—	49	33	30	40	41	42	43
保加利亚	37	50	68	63	48	34	32	43	44	45	47
黎巴嫩	38	—	52	—	54	24	32	43	45	43	50
哈萨克斯坦	39	—	74	—	41	30	28	32	38	43	45
波兰	40	55	51	47	51	30	38	54	56	56	57
阿根廷	41	36	40	54	54	32	41	50	51	54	55
巴拿马	42	41	48	53	52	28	33	41	42	44	44
克罗地亚	43	—	—	—	51	42	40	54	55	56	57
沙特阿拉伯	44	26	40	52	50	25	36	48	52	54	59
哥伦比亚	45	23	27	43	47	23	29	38	40	41	42
科威特	46	59	53	90	54	42	48	62	61	67	63
智利	47	30	36	38	48	27	35	47	49	51	54
马其顿	48	—	—	—	41	21	29	37	36	40	41
阿塞拜疆	49	—	65	—	43	24	22	31	32	33	34
摩尔多瓦	50	—	61	—	39	27	24	33	34	34	34
罗马尼亚	51	36	42	41	42	26	26	44	41	43	44
委内瑞拉	52	32	34	39	40	26	29	39	43	45	46
乌兹别克斯坦	53	—	60	—	40	31	25	33	28	25	29
多米尼加	54	26	35	44	42	21	25	33	33	34	36
亚美尼亚	55	—	—	—	36	25	26	32	33	33	37
巴拉圭	56	24	22	31	40	22	32	38	37	38	32
哥斯达黎加	57	33	31	35	37	26	29	43	45	47	48
巴西	58	30	29	43	40	22	31	40	40	40	40
墨西哥	59	26	33	46	40	24	30	37	38	39	42
博茨瓦纳	60	11	23	28	33	18	29	25	24	26	31
秘鲁	61	25	29	37	38	27	30	38	39	40	41
牙买加	62	25	39	42	46	24	30	36	37	34	37
约旦	63	20	32	50	38	25	34	41	42	43	43
南非	64	39	33	38	37	23	28	37	39	40	38
土耳其	65	20	25	32	36	21	27	42	44	45	48
厄瓜多尔	66	25	40	28	33	24	22	33	33	34	36
伊朗	67	21	22	30	33	21	28	41	39	42	43
蒙古	68	—	55	52	30	22	21	29	27	28	32
摩洛哥	69	23	26	30	33	20	23	29	29	30	31
马来西亚	70	25	24	29	39	24	31	44	45	46	47

(续表)

国家	编号	1970[a]	1980[a]	1990[a]	2000[a]	1990[b]	2000[b]	2010[b]	2011[b]	2012[b]	2013[b]
萨尔瓦多	71	22	25	29	40	20	23	29	30	32	33
埃及	72	25	26	35	40	21	25	28	29	30	32
中国	73	21	25	26	31	15	19	33	36	38	41
阿尔及利亚	74	19	30	39	33	19	22	30	31	27	32
土库曼斯坦	75	—	—	—	35	26	24	19	21	22	29
突尼斯	76	20	29	28	33	19	27	39	37	34	37
阿尔巴尼亚	77	—	35	—	22	17	21	30	34	34	36
吉尔吉斯斯坦	78	—	—	56	—	32	25	21	26	25	28
塔吉克斯坦	79	—	—	—	32	21	16	22	22	23	23
玻利维亚	80	29	25	36	29	21	23	26	26	29	29
缅甸	81	16	21	21	27	18	21	21	20	21	22
菲律宾	82	25	26	29	32	21	23	26	26	27	32
泰国	83	18	26	24	30	19	26	35	35	36	37
纳米比亚	84	—	—	35	28	20	25	24	25	25	28
津巴布韦	85	20	21	27	28	15	12	15	16	20	20
洪都拉斯	86	17	27	29	28	17	19	26	26	26	27
尼加拉瓜	87	22	31	34	25	16	20	25	18	20	26
越南	88	—	17	—	22	14	20	24	26	27	30
肯尼亚	89	16	15	24	26	15	15	18	18	22	23
斯里兰卡	90	22	21	34	24	21	24	33	34	35	36
刚果共和国	91	33	28	23	22	18	18	19	20	24	24
印度尼西亚	92	19	19	29	22	16	19	25	27	27	28
赞比亚	93	15	22	22	20	11	13	15	15	16	18
危地马拉	94	17	25	38	22	16	20	26	26	27	27
毛里塔尼亚	95	21	21	25	24	14	14	16	16	17	17
科特迪瓦	96	9	28	31	20	13	13	14	13	13	17
印度	97	17	19	24	21	14	17	22	22	23	23
巴基斯坦	98	16	17	18	25	14	16	18	19	19	19
莱索托	99	20	24	32	19	14	16	19	18	19	25
柬埔寨	100	—	4	—	19	13	12	15	16	19	19
喀麦隆	101	16	23	24	19	13	14	15	17	18	19
厄立特里亚	102	—	—	—	19	15	15	15	16	27	17
叙利亚	103	31	35	38	24	22	22	30	37	37	29
加纳	104	18	25	22	18	12	15	18	22	23	24
乍得	105	16	26	18	16	13	12	14	14	14	14
莫桑比克	106	8	11	18	18	9	10	13	13	13	14
几内亚	107	8	14	26	18	12	15	14	16	16	17
也门共和国	108	4	14	40	23	15	17	21	19	22	22
巴布亚新几内亚	109	13	19	19	19	13	15	14	13	20	20
海地	110	14	15	24	17	17	14	10	12	12	11
尼泊尔	111	15	13	21	18	12	15	21	21	22	23
塞内加尔	112	24	19	25	16	16	15	19	20	19	20
塞拉利昂	113	24	19	23	14	10	9	13	16	16	18
刚果民主共和国	114	—	17	—	14	11	12	15	15	15	20
老挝	115	6	15	17	18	14	17	21	20	22	23
马拉维	116	21	15	23	16	10	14	17	16	18	18
多哥	117	19	22	23	17	12	12	13	18	14	16
马达加斯加	118	18	15	17	16	15	12	23	20	19	20
马里	119	20	17	17	16	12	13	15	17	14	16
尼日利亚	120	15	16	25	15	10	10	20	18	19	21
孟加拉国	121	5	16	21	16	14	17	21	20	21	22
坦桑尼亚	122	15	14	17	14	9	12	15	13	16	16
贝宁	123	20	21	25	15	12	14	15	17	16	19
尼日尔	124	13	16	18	15	12	14	16	15	16	16
安哥拉	125	19	16	35	15	11	14	19	25	26	30
乌干达	126	11	15	17	14	11	14	18	17	18	18
中非	127	13	15	20	12	11	11	11	13	13	13
布基纳法索	128	2	17	14	13	13	15	15	15	15	16
埃塞俄比亚	129	14	15	18	15	10	11	18	19	17	15
布隆迪	130	10	12	16	11	10	12	15	14	14	15
卢旺达	131	13	10	16	9	11	13	18	18	19	19
高收入OECD国家[c]		72	76	89	100	58	72	95	96	99	100
中等收入国家		20	36	33	38	16	20	28	29	30	31
低收入国家		9	20	22	20	13	15	17	17	18	16
世界平均		33	44	47	46	26	32	43	44	45	46

注：a. 1970~2000年是以2000年高收入国家平均值为基准值的评价。其中,1970年和1990年没有知识创新和知识传播的数据,评价结果仅供参考。

b. 采用第二次现代化评价模型第二版(新版)的评价结果,以2013年高收入OECD国家平均值为基准,见技术注释。

c. 1970~2000年数据为高收入国家的平均值,1990~2013年数据为高收入OECD国家的平均值。

附表 2-3-8 1970～2013 年世界第二次现代化指数的排名

国家	编号	1970[a]	1980[a]	1990[a]	2000[a]	1990[b]	2000[b]	2010[b]	2011[b]	2012[b]	2013[b]
瑞典	1	7	2	3	1	4	2	2	1	1	1
美国	2	1	1	2	2	3	6	4	5	3	5
芬兰	3	18	15	10	4	8	4	3	2	2	4
澳大利亚	4	13	18	15	7	14	18	18	12	12	14
瑞士	5	15	11	1	8	1	1	9	7	8	7
挪威	6	8	12	7	6	6	7	8	9	11	11
日本	7	6	4	6	3	2	3	6	10	7	8
丹麦	8	12	10	8	5	9	5	1	4	5	3
德国	9	9	16	12	9	11	15	16	17	15	12
荷兰	10	3	7	9	10	7	8	5	6	6	6
加拿大	11	4	6	5	12	5	11	15	15	14	18
新加坡	12	23	32	18	19	17	9	7	3	4	2
英国	13	11	14	16	11	12	10	14	16	18	17
法国	14	19	9	13	13	13	17	13	14	16	16
比利时	15	14	3	11	14	10	14	12	8	9	9
奥地利	16	22	20	14	16	15	16	11	11	10	10
新西兰	17	20	17	17	18	20	19	20	20	20	20
韩国	18	46	41	26	15	25	20	17	18	17	15
以色列	19	21	13	20	17	23	13	19	19	19	19
意大利	20	26	29	19	21	21	21	22	22	23	23
爱尔兰	21	27	30	25	20	19	12	10	13	13	13
西班牙	22	35	21	22	22	28	22	23	23	22	22
爱沙尼亚	23	—	—	—	26	22	28	28	28	29	28
斯洛文尼亚	24	—	—	—	25	24	23	21	21	21	21
乌拉圭	25	31	27	24	23	42	34	38	40	41	41
俄罗斯	26	—	—	—	29	18	32	39	34	31	31
斯洛伐克	27	—	—	—	30	32	35	31	35	35	33
希腊	28	30	19	30	27	34	26	24	25	25	25
匈牙利	29	17	24	32	31	33	31	26	26	27	26
捷克	30	2	5	23	28	30	29	27	27	28	27
葡萄牙	31	51	53	42	24	36	25	25	24	24	24
白俄罗斯	32	—	—	—	39	31	47	40	39	39	39
拉脱维亚	33	—	—	—	32	16	37	34	32	34	36
立陶宛	34	—	—	—	33	26	36	30	30	30	30
格鲁吉亚	35	—	—	—	43	53	64	78	77	76	68
乌克兰	36	—	—	—	42	37	50	50	50	52	52
保加利亚	37	16	8	21	45	35	42	45	44	43	45
黎巴嫩	38	—	25	—	34	57	43	43	43	48	40
哈萨克斯坦	39	—	—	—	51	41	58	67	56	47	47
波兰	40	10	26	34	38	40	33	32	31	33	34
阿根廷	41	29	33	27	35	38	27	35	37	37	37
巴拿马	42	24	28	28	37	43	41	47	47	46	49
克罗地亚	43	—	—	—	40	29	30	33	33	32	35
沙特阿拉伯	44	40	34	29	41	51	38	36	36	36	32
哥伦比亚	45	55	55	38	46	62	52	55	51	53	53
科威特	46	5	23	4	36	27	24	29	29	26	29
智利	47	38	37	45	44	46	39	37	38	38	38
马其顿	48	—	—	—	52	68	55	57	62	57	55
阿塞拜疆	49	—	—	—	48	59	80	70	71	71	70
摩尔多瓦	50	—	—	—	61	45	70	65	67	64	69
罗马尼亚	51	28	31	40	50	48	61	42	49	50	48
委内瑞拉	52	34	42	43	56	49	54	53	46	45	46
乌兹别克斯坦	53	—	—	—	53	39	65	66	76	88	81
多米尼加	54	42	39	36	49	72	66	62	68	66	64
亚美尼亚	55	—	—	—	67	55	63	68	69	70	60
巴拉圭	56	50	72	59	55	64	44	56	60	60	74
哥斯达黎加	57	32	47	53	65	47	53	44	41	40	42
巴西	58	37	50	37	57	66	46	51	52	56	58
墨西哥	59	41	43	35	58	56	51	59	57	58	54
博茨瓦纳	60	96	71	69	70	84	76	85	88	86	77
秘鲁	61	47	51	49	62	44	48	54	53	54	56
牙买加	62	45	36	39	47	58	49	60	58	68	62
约旦	63	69	45	33	63	52	40	48	48	49	50
南非	64	25	44	47	64	63	57	58	55	55	59
土耳其	65	65	63	57	66	76	59	46	45	44	43
厄瓜多尔	66	48	35	70	71	60	77	69	70	67	65
伊朗	67	61	74	62	73	69	56	49	54	51	51
蒙古	68	—	22	31	80	65	84	75	78	77	72
摩洛哥	69	54	58	61	69	77	74	74	74	73	78
马来西亚	70	44	69	65	60	61	45	41	42	42	44

(续表)

国家	编号	1970[a]	1980[a]	1990[a]	2000[a]	1990[b]	2000[b]	2010[b]	2011[b]	2012[b]	2013[b]
萨尔瓦多	71	57	62	67	54	79	72	76	73	72	71
埃及	72	49	57	54	59	74	67	77	75	74	75
中国	73	60	66	73	78	95	88	64	63	59	57
阿尔及利亚	74	72	48	44	72	81	79	72	72	81	73
土库曼斯坦	75	—	—	—	68	50	69	101	92	96	82
突尼斯	76	63	49	68	74	80	60	52	59	69	63
阿尔巴尼亚	77	—	38	—	94	87	82	71	65	65	67
吉尔吉斯斯坦	78	—	—	—	76	54	81	79	87	90	85
塔吉克斯坦	79	—	—	—	75	73	97	90	89	93	95
玻利维亚	80	39	65	50	81	70	75	80	80	75	83
缅甸	81	82	80	91	84	83	83	93	95	99	100
菲律宾	82	43	61	66	77	75	73	84	82	79	76
泰国	83	74	60	80	79	82	62	64	64	62	61
纳米比亚	84	—	—	51	83	78	68	88	86	87	86
津巴布韦	85	64	76	71	86	94	122	119	115	103	106
洪都拉斯	86	79	56	64	82	88	90	81	81	85	89
尼加拉瓜	87	58	46	56	87	90	86	86	106	101	90
越南	88	—	88	—	95	104	85	87	84	83	79
肯尼亚	89	80	98	82	85	98	100	108	107	94	98
斯里兰卡	90	56	78	55	89	71	71	63	66	63	66
刚果共和国	91	33	54	83	97	85	91	102	96	89	92
印度尼西亚	92	73	85	63	93	89	89	83	79	78	87
赞比亚	93	86	75	88	100	120	116	115	122	118	116
危地马拉	94	78	64	48	96	91	87	82	83	82	88
毛里塔尼亚	95	59	79	75	91	101	108	110	118	114	118
科特迪瓦	96	98	52	60	99	109	117	125	127	130	120
印度	97	77	81	81	98	103	95	91	90	91	94
巴基斯坦	98	84	90	95	88	99	99	103	101	107	108
莱索托	99	67	68	58	104	100	98	99	103	109	91
柬埔寨	100	—	110	—	101	107	121	114	120	122	109
喀麦隆	101	81	70	78	103	106	119	121	109	110	110
厄立特里亚	102	—	—	—	102	93	105	117	116	80	119
叙利亚	103	36	40	46	90	67	78	73	61	61	84
加纳	104	75	67	87	106	112	106	107	91	92	93
乍得	105	83	59	94	113	110	120	126	125	128	129
莫桑比克	106	100	108	97	107	131	129	127	129	129	128
几内亚	107	99	104	72	109	114	104	123	113	115	117
也门共和国	108	103	103	41	92	96	92	95	100	97	99
巴布亚新几内亚	109	94	84	93	105	108	101	124	128	102	105
海地	110	90	95	79	112	86	107	131	131	123	131
尼泊尔	111	88	106	90	110	113	102	92	93	95	96
塞内加尔	112	53	83	77	117	92	103	98	98	106	104
塞拉利昂	113	52	82	86	126	126	131	129	117	119	114
刚果民主共和国	114	—	86	—	127	124	124	118	121	124	107
老挝	115	101	100	99	108	105	94	94	97	98	97
马拉维	116	62	99	85	118	125	110	109	114	112	115
多哥	117	71	73	84	111	115	123	128	108	126	125
马达加斯加	118	76	101	100	114	97	96	89	99	104	103
马里	119	66	89	101	116	118	118	113	112	127	123
尼日利亚	120	87	93	76	123	128	130	97	105	105	102
孟加拉国	121	102	92	89	115	102	93	96	94	100	101
坦桑尼亚	122	85	105	103	124	130	126	112	112	116	122
贝宁	123	68	77	74	120	117	112	116	110	120	111
尼日尔	124	92	91	96	119	116	113	111	123	121	124
安哥拉	125	70	94	52	121	121	109	100	85	84	80
乌干达	126	95	102	102	125	122	111	106	111	111	113
中非	127	91	97	92	129	119	127	130	130	131	130
布基纳法索	128	104	87	104	128	111	115	120	119	117	121
埃塞俄比亚	129	89	96	98	122	129	128	104	102	118	126
布隆迪	130	97	107	106	130	127	125	122	124	125	127
卢旺达	131	93	109	105	131	123	114	105	104	108	112

注:a. 1970~2000 年是以 2000 年高收入国家平均值为基准值的评价。其中,1970 年和 1990 年没有知识创新和知识传播的数据,评价结果仅供参考。

b. 采用第二次现代化评价模型第二版(新版)的评价结果,以 2013 年高收入 OECD 国家平均值为基准,见技术注释。

c. 1970~2000 年数据为高收入国家的平均值,1990~2013 年数据为高收入 OECD 国家的平均值。

附表 2-3-9 2020～2050 年世界第二次现代化指数的一种预测

国家	编号	1990年第二次现代化指数	2013年第二次现代化指数	1990～2013年年均增长率	预测年均增长率	第二次现代化指数			
						2050	2020	2030	2040
瑞典	1	67	106	2.01	2.01	122	149	182	222
美国	2	68	105	1.88	1.88	119	143	173	208
芬兰	3	61	105	2.35	2.35	123	155	196	247
澳大利亚	4	53	93	2.44	2.44	110	140	178	227
瑞士	5	79	102	1.08	1.08	109	122	136	151
挪威	6	62	96	1.93	1.93	110	133	161	195
日本	7	71	101	1.54	1.54	112	131	152	177
丹麦	8	61	105	2.41	2.41	124	157	200	253
德国	9	58	94	2.10	2.10	109	134	165	203
荷兰	10	62	104	2.29	2.29	122	153	191	240
加拿大	11	63	91	1.61	1.61	102	120	141	165
新加坡	12	50	106	3.33	3.33	133	184	256	355
英国	13	55	92	2.22	2.22	107	133	166	207
法国	14	54	92	2.31	2.31	108	136	171	215
比利时	15	58	99	2.32	2.32	116	146	184	231
奥地利	16	52	96	2.74	2.74	116	152	200	262
新西兰	17	49	83	2.34	2.34	98	124	156	196
韩国	18	43	92	3.41	3.41	117	163	229	320
以色列	19	44	89	3.16	3.16	111	151	207	282
意大利	20	47	74	1.93	1.93	84	102	123	149
爱尔兰	21	49	94	2.85	2.85	114	151	200	265
西班牙	22	42	74	2.52	2.52	89	114	146	187
爱沙尼亚	23	45	66	1.71	1.71	74	88	104	123
斯洛文尼亚	24	43	75	2.42	2.42	88	112	143	181
乌拉圭	25	30	50	2.30	2.30	59	74	92	116
俄罗斯	26	49	59	0.77	0.77	62	67	72	78
斯洛伐克	27	37	58	1.94	1.94	67	81	98	119
希腊	28	37	69	2.76	2.76	83	109	143	188
匈牙利	29	37	67	2.61	2.61	81	104	135	175
捷克	30	40	67	2.30	2.30	79	99	124	156
葡萄牙	31	33	70	3.33	3.33	87	121	168	234
白俄罗斯	32	37	50	1.27	1.27	55	62	70	80
拉脱维亚	33	51	56	0.41	0.41	58	60	63	65
立陶宛	34	43	59	1.46	1.46	66	76	88	102
格鲁吉亚	35	25	35	1.42	1.42	38	44	51	59
乌克兰	36	33	43	1.23	1.23	47	53	60	68
保加利亚	37	34	47	1.43	1.43	52	60	69	79
黎巴嫩	38	24	50	3.22	3.22	63	86	118	162
哈萨克斯坦	39	30	45	1.82	1.82	51	61	73	88
波兰	40	30	57	2.86	2.86	69	92	122	162
阿根廷	41	32	55	2.35	2.35	64	81	102	129
巴拿马	42	28	44	1.98	1.98	50	61	75	91
克罗地亚	43	42	57	1.30	1.30	62	70	80	91
沙特阿拉伯	44	25	59	3.72	3.72	76	109	157	227
哥伦比亚	45	23	42	2.64	2.64	51	66	85	110
科威特	46	42	63	1.76	1.76	71	84	100	120
智利	47	27	54	3.13	3.13	67	91	124	168
马其顿	48	21	41	2.88	2.88	50	67	89	118
阿塞拜疆	49	24	34	1.53	1.53	38	44	51	59
摩尔多瓦	50	27	34	1.09	1.09	37	41	46	51
罗马尼亚	51	26	44	2.33	2.33	52	65	82	103
委内瑞拉	52	26	46	2.53	2.53	54	70	89	115
乌兹别克斯坦	53	31	29	−0.20	0.50	30	32	34	35
多米尼加	54	21	36	2.41	2.41	43	54	69	87
亚美尼亚	55	25	37	1.83	1.83	42	51	61	73
巴拉圭	56	22	32	1.56	1.56	35	41	48	56
哥斯达黎加	57	26	48	2.68	2.68	58	75	98	128
巴西	58	22	40	2.76	2.76	49	64	84	111
墨西哥	59	24	42	2.39	2.39	49	62	79	100
博茨瓦纳	60	18	31	2.42	2.42	37	47	60	76
秘鲁	61	27	41	1.84	1.84	46	56	67	80
牙买加	62	24	37	1.88	1.88	42	51	61	74
约旦	63	25	43	2.39	2.39	51	65	82	104
南非	64	23	38	2.27	2.27	45	56	71	88
土耳其	65	21	48	3.73	3.73	62	89	128	185
厄瓜多尔	66	24	36	1.79	1.79	40	48	58	69
伊朗	67	21	43	3.13	3.13	54	73	100	135
蒙古	68	22	32	1.70	1.70	37	43	51	61
摩洛哥	69	20	31	1.84	1.84	35	42	50	60
马来西亚	70	24	47	3.03	3.03	58	78	105	142

(续表)

国家	编号	1990年第二次现代化指数	2013年第二次现代化指数	1990~2013年均增长率	预测年均增长率	第二次现代化指数 2050	2020	2030	2040
萨尔瓦多	71	20	33	2.34	2.34	39	49	62	78
埃及	72	21	32	1.87	1.87	36	43	52	63
中国	73	15	41	4.37	4.04	54	80	119	176
阿尔及利亚	74	19	32	2.26	2.26	37	47	59	73
土库曼斯坦	75	26	29	0.59	0.59	31	32	34	36
突尼斯	76	19	37	2.83	2.83	45	59	78	103
阿尔巴尼亚	77	17	36	3.26	3.26	45	61	85	117
吉尔吉斯斯坦	78	25	28	0.53	0.53	29	31	33	34
塔吉克斯坦	79	21	23	0.48	0.48	24	25	26	28
玻利维亚	80	21	29	1.39	1.39	32	37	42	48
缅甸	81	18	22	0.79	0.79	23	25	27	30
菲律宾	82	21	32	1.88	1.88	36	43	52	63
泰国	83	19	37	3.02	3.02	46	62	83	112
纳米比亚	84	20	28	1.50	1.50	31	36	42	49
津巴布韦	85	15	20	1.17	1.17	22	24	27	31
洪都拉斯	86	17	27	2.05	2.05	31	37	46	56
尼加拉瓜	87	16	26	1.99	1.99	30	36	44	53
越南	88	14	30	3.47	3.47	38	54	76	107
肯尼亚	89	15	23	1.91	1.91	26	31	38	46
斯里兰卡	90	21	36	2.33	2.33	42	53	66	83
刚果共和国	91	18	24	1.37	1.37	27	31	35	40
印度尼西亚	92	16	28	2.33	2.33	33	41	52	66
赞比亚	93	11	18	1.99	1.99	20	25	30	37
危地马拉	94	16	27	2.34	2.34	32	40	51	64
毛里塔尼亚	95	14	17	0.90	0.90	18	20	22	24
科特迪瓦	96	13	17	1.12	1.12	18	20	22	25
印度	97	14	23	2.32	2.32	27	35	43	55
巴基斯坦	98	14	19	1.34	1.34	21	24	28	32
莱索托	99	14	25	2.56	2.56	30	39	50	65
柬埔寨	100	13	19	1.64	1.64	22	25	30	35
喀麦隆	101	13	19	1.53	1.53	21	25	29	33
厄立特里亚	102	15	17	0.39	0.39	17	18	19	19
叙利亚	103	22	29	1.24	1.24	31	35	40	45
加纳	104	12	24	2.88	2.88	29	39	51	68
乍得	105	13	14	0.31	0.31	14	15	15	15
莫桑比克	106	9	14	2.02	2.02	16	20	24	30
几内亚	107	12	17	1.53	1.53	19	22	26	30
也门共和国	108	15	22	1.70	1.70	25	30	35	42
巴布亚新几内亚	109	13	20	1.89	1.89	23	28	33	40
海地	110	17	11	−1.96	0.50	12	12	12	13
尼泊尔	111	12	23	2.73	2.73	28	36	47	62
塞内加尔	112	16	20	1.17	1.17	22	25	28	31
塞拉利昂	113	10	18	2.43	2.43	21	27	34	44
刚果民主共和国	114	11	20	2.75	2.75	24	31	41	53
老挝	115	14	23	2.23	2.23	27	33	41	52
马拉维	116	10	18	2.40	2.40	21	27	34	43
多哥	117	12	16	1.23	1.23	17	19	22	25
马达加斯加	118	15	20	1.32	1.32	22	25	29	33
马里	119	12	16	1.44	1.44	18	20	23	27
尼日利亚	120	10	21	3.25	3.25	27	37	50	70
孟加拉国	121	14	22	1.91	1.91	25	30	36	43
坦桑尼亚	122	9	16	2.57	2.57	19	25	32	41
贝宁	123	12	19	2.14	2.14	22	27	33	41
尼日尔	124	12	16	1.34	1.34	17	20	23	26
安哥拉	125	11	30	4.35	4.04	39	58	87	129
乌干达	126	11	18	2.37	2.37	22	27	35	44
中非	127	11	13	0.43	0.43	13	14	14	15
布基纳法索	128	13	16	1.19	1.19	18	20	23	26
埃塞俄比亚	129	10	15	1.99	1.99	17	21	26	31
布隆迪	130	10	15	1.66	1.66	17	20	23	27
卢旺达	131	11	19	2.47	2.47	22	28	36	46
高收入国家		58	100	2.40	2.40	118	150	190	241
中等收入国家		16	31	3.08	3.08	39	52	71	96
低收入国家		13	16	0.86	0.86	17	18	20	21
世界平均		26	46	2.48	2.48	54	69	89	113

附表 2-4-1　2013 年世界综合现代化指数

国家	编号	经济发展指数	社会发展指数	知识发展指数	综合现代化指数	排名
瑞典	1	99	100	96	99	4
美国	2	100	92	100	97	6
芬兰	3	98	97	100	98	5
澳大利亚	4	92	100	85	93	14
瑞士	5	99	98	94	97	8
挪威	6	95	100	85	93	12
日本	7	98	92	90	93	11
丹麦	8	100	100	100	100	1
德国	9	98	98	83	93	13
荷兰	10	99	100	98	99	3
加拿大	11	94	88	85	89	19
新加坡	12	100	92	100	97	7
英国	13	91	97	82	90	16
法国	14	93	97	83	91	15
比利时	15	100	100	98	99	2
奥地利	16	98	95	93	95	9
新西兰	17	84	93	86	88	18
韩国	18	84	77	89	83	20
以色列	19	89	94	81	88	17
意大利	20	90	92	56	79	21
爱尔兰	21	99	91	91	94	10
西班牙	22	82	94	59	78	22
爱沙尼亚	23	67	73	59	66	30
斯洛文尼亚	24	76	74	68	73	23
乌拉圭	25	63	86	40	63	34
俄罗斯	26	59	69	53	60	36
斯洛伐克	27	67	73	50	63	32
希腊	28	71	89	49	70	24
匈牙利	29	63	76	65	68	27
捷克	30	71	78	59	69	25
葡萄牙	31	72	86	50	69	26
白俄罗斯	32	48	64	44	52	48
拉脱维亚	33	64	76	48	63	35
立陶宛	34	65	76	49	64	33
格鲁吉亚	35	39	57	24	40	66
乌克兰	36	45	55	40	47	56
保加利亚	37	65	65	41	57	42
黎巴嫩	38	44	76	51	57	41
哈萨克斯坦	39	52	61	36	50	53
波兰	40	59	66	49	58	40
阿根廷	41	63	94	48	68	28
巴拿马	42	56	71	29	52	46
克罗地亚	43	59	75	46	60	37
沙特阿拉伯	44	62	81	50	65	31
哥伦比亚	45	50	69	33	50	50
科威特	46	68	87	48	68	29
智利	47	60	66	51	59	38
马其顿	48	45	56	34	45	57
阿塞拜疆	49	33	65	25	41	63
摩尔多瓦	50	44	48	28	40	68
罗马尼亚	51	50	62	36	49	54
委内瑞拉	52	53	65	57	58	39
乌兹别克斯坦	53	24	39	29	31	84
多米尼加	54	44	66	40	50	52
亚美尼亚	55	37	57	38	44	58
巴拉圭	56	42	47	23	37	74
哥斯达黎加	57	59	66	32	52	45
巴西	58	57	74	28	53	44
墨西哥	59	56	71	26	51	49
博茨瓦纳	60	45	48	13	36	77
秘鲁	61	51	65	26	47	55
牙买加	62	52	48	29	43	59
约旦	63	54	65	38	52	47
南非	64	55	42	24	40	65
土耳其	65	53	68	42	54	43
厄瓜多尔	66	43	58	27	42	60
伊朗	67	41	47	38	42	61
蒙古	68	37	61	27	42	62
摩洛哥	69	37	42	23	34	79
马来西亚	70	55	57	38	50	51

(续表)

国家	编号	经济发展指数	社会发展指数	知识发展指数	综合现代化指数	排名
萨尔瓦多	71	47	54	16	39	71
埃及	72	36	53	21	36	76
中国	73	44	48	28	40	67
阿尔及利亚	74	50	52	16	40	70
土库曼斯坦	75	33	47	11	30	85
突尼斯	76	44	50	25	40	69
阿尔巴尼亚	77	30	49	37	39	72
吉尔吉斯斯坦	78	36	34	23	31	83
塔吉克斯坦	79	24	35	12	24	97
玻利维亚	80	34	37	25	32	82
缅甸	81	24	38	7	23	98
菲律宾	82	42	46	23	37	75
泰国	83	41	35	30	35	78
纳米比亚	84	45	45	7	32	81
津巴布韦	85	29	15	15	20	109
洪都拉斯	86	39	32	13	28	91
尼加拉瓜	87	38	37	10	28	89
越南	88	28	30	29	29	87
肯尼亚	89	29	18	13	20	106
斯里兰卡	90	39	34	17	30	86
刚果共和国	91	25	45	10	27	93
印度尼西亚	92	35	35	15	29	88
赞比亚	93	34	24	6	21	102
危地马拉	94	42	43	13	33	80
毛里塔尼亚	95	19	29	7	18	110
科特迪瓦	96	27	25	7	20	108
印度	97	29	25	13	23	99
巴基斯坦	98	32	29	7	22	100
莱索托	99	30	47	5	27	92
柬埔寨	100	25	16	10	17	113
喀麦隆	101	29	38	8	25	94
厄立特里亚	102	37	22	2	20	105
叙利亚	103	47	50	24	40	64
加纳	104	32	31	12	25	95
乍得	105	16	16	3	12	128
莫桑比克	106	25	15	3	14	118
几内亚	107	21	17	5	15	117
也门共和国	108	45	27	13	28	90
巴布亚新几内亚	109	22	8	8	13	124
海地	110	2	32	7	13	122
尼泊尔	111	25	16	13	18	111
塞内加尔	112	29	24	7	20	107
塞拉利昂	113	13	18	1	11	130
刚果民主共和国	114	20	23	3	15	115
老挝	115	22	21	19	21	103
马拉维	116	27	7	2	12	126
多哥	117	21	17	5	14	121
马达加斯加	118	34	17	2	18	112
马里	119	27	18	4	16	114
尼日利亚	120	27	30	15	24	96
孟加拉国	121	32	26	9	22	101
坦桑尼亚	122	24	16	3	14	119
贝宁	123	34	21	7	21	104
尼日尔	124	25	8	1	12	127
安哥拉	125	30	74	11	38	73
乌干达	126	25	9	7	13	123
中非	127	14	25	4	14	120
布基纳法索	128	19	13	4	12	125
埃塞俄比亚	129	22	9	2	11	129
布隆迪	130	19	6	2	9	131
卢旺达	131	23	17	7	15	116
高收入 OECD 国家[a]		100	100	100	100	
中等收入国家		41	41	21	34	
低收入国家		21	15	4	14	
世界平均		55	53	32	47	

注:a. 高收入 OECD 国家:OECD 国家中的高收入国家,包括 32 个国家。后同。

附表 2-4-2 2013 年世界经济发展指数

国家	编号	经济发展指标的实际值				经济发展指标的指数				经济发展指数
		人均国民收入	人均制造业	服务业增加值比例[a]	服务业劳动力比例[a]	人均国民收入	人均制造业	服务业增加值比例	服务业劳动力比例	
瑞典	1	61 340	8955	73	78	100	100	97	100	99
美国	2	53 720	6142	78	81	100	100	100	100	100
芬兰	3	49 050	7187	70	73	100	100	94	100	98
澳大利亚	4	65 480	4502	71	70	100	78	94	97	92
瑞士	5	88 120	15 519	73	73	100	100	98	100	99
挪威	6	104 010	6900	59	77	100	100	78	100	95
日本	7	46 330	7104	73	69	100	100	97	97	98
丹麦	8	61 740	7077	76	78	100	100	100	100	100
德国	9	47 240	9427	69	71	100	100	92	99	98
荷兰	10	52 470	5462	76	75	100	94	100	100	99
加拿大	11	52 570	4766	71	78	100	82	95	100	94
新加坡	12	54 580	9738	75	80	100	100	100	100	100
英国	13	42 050	4057	78	79	95	70	100	100	91
法国	14	43 530	4328	79	75	98	75	100	100	93
比利时	15	47 240	5833	77	77	100	100	100	100	100
奥地利	16	50 600	8336	70	70	100	100	94	98	98
新西兰	17	31 890	4213	70	73	72	73	93	100	84
韩国	18	25 870	7341	59	70	58	100	79	97	84
以色列	19	34 310	—	—	80	77	—	—	100	89
意大利	20	35 370	4882	74	69	80	84	99	97	90
爱尔兰	21	44 450	9646	73	75	100	100	97	100	99
西班牙	22	29 540	3508	74	76	67	61	100	100	82
爱沙尼亚	23	18 390	2625	68	65	41	45	90	91	67
斯洛文尼亚	24	23 190	4481	66	61	52	77	88	85	76
乌拉圭	25	15 640	1913	64	69	35	33	86	97	63
俄罗斯	26	13 810	1880	60	65	31	32	80	91	59
斯洛伐克	27	17 910	3348	63	61	40	58	84	85	67
希腊	28	22 680	1852	80	71	51	32	100	99	71
匈牙利	29	13 350	2590	65	65	30	45	87	91	63
捷克	30	19 170	4430	60	59	43	76	81	83	71
葡萄牙	31	21 340	2499	76	69	48	43	100	96	72
白俄罗斯	32	6790	1782	50	57	15	31	67	80	48
拉脱维亚	33	14 930	1677	73	68	34	29	97	95	64
立陶宛	34	15 140	2762	66	66	34	48	88	92	65
格鲁吉亚	35	3560	419	67	36	8	7	89	51	39
乌克兰	36	3760	452	64	55	8	8	85	77	45
保加利亚	37	7500	—	67	63	17	—	90	88	65
黎巴嫩	38	9610	773	73	—	22	13	98	—	44
哈萨克斯坦	39	11 560	1477	58	56	26	25	78	78	52
波兰	40	13 490	2213	64	58	30	38	86	81	59
阿根廷	41	14 110	1954	64	75	32	34	85	100	63
巴拿马	42	10 860	523	74	65	25	9	99	91	56
克罗地亚	43	13 460	1616	68	62	30	28	91	87	59
沙特阿拉伯	44	25 140	2455	38	71	57	42	51	99	62
哥伦比亚	45	7770	950	57	64	18	16	76	89	50
科威特	46	52 060	2850	32	59	100	49	42	82	68
智利	47	15 270	1697	62	67	34	29	82	94	60
马其顿	48	4980	537	64	51	11	9	86	72	45
阿塞拜疆	49	7350	330	32	49	17	6	43	68	33
摩尔多瓦	50	2470	263	68	54	6	5	91	75	44
罗马尼亚	51	9270	1618	67	44	21	28	89	62	50
委内瑞拉	52	12 500	1616	42	71	28	28	56	100	53
乌兹别克斯坦	53	1940	189	48	—	4	3	64	—	24
多米尼加	54	5860	883	67	43	13	15	89	60	44
亚美尼亚	55	3930	360	49	47	9	6	66	65	37
巴拉圭	56	4190	474	50	59	9	8	67	83	42
哥斯达黎加	57	9780	1561	69	68	22	27	93	96	59
巴西	58	12 310	1149	70	63	28	20	94	88	57
墨西哥	59	9720	1717	62	62	22	30	83	87	56
博茨瓦纳	60	7370	399	59	56	17	7	79	79	45
秘鲁	61	6230	867	56	76	14	15	75	100	51
牙买加	62	5250	423	72	67	12	7	96	93	52
约旦	63	4940	888	67	80	11	15	89	100	54
南非	64	7410	819	68	71	17	14	91	100	55
土耳其	65	10 970	1682	65	52	25	29	87	72	53
厄瓜多尔	66	5810	791	52	54	13	14	69	76	43
伊朗	67	7120	768	51	48	16	13	68	68	41
蒙古	68	4360	392	49	47	10	7	66	66	37
摩洛哥	69	3080	498	57	39	7	9	76	55	37
马来西亚	70	10 850	2507	51	59	24	43	68	83	55

（续表）

国家	编号	经济发展指标的实际值				经济发展指标的指数				经济发展指数
		人均国民收入	人均制造业	服务业增加值比例[a]	服务业劳动力比例[a]	人均国民收入	人均制造业	服务业增加值比例	服务业劳动力比例	
萨尔瓦多	71	3850	751	62	60	9	13	82	84	47
埃及	72	2940	465	46	48	7	8	62	67	36
中国	73	6710	2583	47	39	15	45	63	54	44
阿尔及利亚	74	5510	—	42	58	12	—	56	82	50
土库曼斯坦	75	6880	—	37	—	16	—	49	—	33
突尼斯	76	4200	678	61	51	9	12	82	71	44
阿尔巴尼亚	77	4480	215	51	28	10	4	68	39	30
吉尔吉斯斯坦	78	1220	202	54	48	3	3	72	67	36
塔吉克斯坦	79	1000	102	51	—	2	2	68	—	24
玻利维亚	80	2620	293	49	42	6	5	65	59	34
缅甸	81	1270	—	33	—	3	—	44	—	24
菲律宾	82	3340	569	58	53	8	10	77	75	42
泰国	83	5840	1727	52	38	13	30	69	53	41
纳米比亚	84	5740	610	60	54	13	11	81	76	45
津巴布韦	85	820	98	57	25	2	2	76	35	29
洪都拉斯	86	2250	408	60	45	5	7	80	64	39
尼加拉瓜	87	1790	246	55	51	4	4	74	72	38
越南	88	1740	334	43	32	4	6	58	45	28
肯尼亚	89	1180	135	51	32	3	2	68	45	29
斯里兰卡	90	3170	652	60	42	7	11	81	58	39
刚果共和国	91	2620	138	24	42	6	2	32	59	25
印度尼西亚	92	3740	760	42	45	8	13	56	63	35
赞比亚	93	1700	136	57	38	4	2	76	54	34
危地马拉	94	3290	655	60	50	7	11	80	70	42
毛里塔尼亚	95	1330	101	38	—	3	2	51	—	19
科特迪瓦	96	1360	184	56	—	3	3	74	—	27
印度	97	1530	229	51	29	3	4	68	40	29
巴基斯坦	98	1360	173	54	34	3	3	72	48	32
莱索托	99	1550	98	63	—	3	2	84	—	30
柬埔寨	100	960	156	41	30	2	3	55	41	25
喀麦隆	101	1290	177	47	34	3	3	63	48	29
厄立特里亚	102	480	—	54	—	1	—	72	—	37
叙利亚	103	1530	—	44	55	3	—	59	77	47
加纳	104	1740	94	48	41	4	2	64	57	32
乍得	105	980	27	34	—	2	0	46	—	16
莫桑比克	106	590	52	55	—	1	1	73	—	25
几内亚	107	450	32	42	19	1	1	56	27	21
也门共和国	108	1300	—	40	56	3	—	54	79	45
巴布亚新几内亚	109	2040	—	23	23	5	—	30	32	22
海地	110	800	—	—	—	2	—	—	—	2
尼泊尔	111	730	41	49	22	2	1	66	31	25
塞内加尔	112	1040	127	61	22	2	2	81	31	29
塞拉利昂	113	680	13	27	—	2	0	36	—	13
刚果民主共和国	114	370	69	44	—	1	1	59	—	20
老挝	115	1490	132	40	20	3	2	54	28	22
马拉维	116	280	26	50	29	1	0	66	40	27
多哥	117	520	38	45	—	1	1	60	—	21
马达加斯加	118	440	—	58	17	1	—	77	24	34
马里	119	620	—	39	—	1	—	52	—	27
尼日利亚	120	2700	266	54	—	6	5	72	—	27
孟加拉国	121	1010	157	56	35	2	3	75	49	32
坦桑尼亚	122	850	57	42	27	2	1	57	37	24
贝宁	123	860	114	53	44	2	2	71	62	34
尼日尔	124	400	28	42	31	1	0	57	44	25
安哥拉	125	—	—	22	—	—	—	30	—	30
乌干达	126	630	68	50	20	1	1	67	28	25
中非	127	310	19	30	—	1	0	40	—	14
布基纳法索	128	690	42	42	12	2	1	56	17	19
埃塞俄比亚	129	470	19	43	20	1	0	58	28	22
布隆迪	130	250	22	42	—	1	0	57	—	19
卢旺达	131	670	35	52	16	2	1	69	23	23
高收入OECD国家	132	44 314	5795	75	71	100	100	100	100	100
中等收入国家	133	4495	1063	55	44	10	18	73	62	41
低收入国家	134	600	59	46	—	1	1	62	—	21
世界平均	135	10 720	1753	71	51	24	30	94	71	55
参考值	150	44 314	5795	75	71					

注：a. 为2005～2013年期间最近年的数据。

附表 2-4-3　2013 年世界社会发展指数

国家	编号	社会发展指标的实际值				社会发展指标的指数				社会发展指数
		城市人口比例	医生比例	生活水平[a]	能源效率[b]	城市人口比例	医生比例	生活水平	能源效率	
瑞典	1	86	3.9	45 930	12.1	100	100	100	100	100
美国	2	81	2.5	54 000	7.7	100	85	100	83	92
芬兰	3	84	2.9	40 160	8.3	100	100	95	91	97
澳大利亚	4	89	3.3	42 220	12.1	100	100	100	100	100
瑞士	5	74	4.0	57 960	25.6	92	100	100	100	98
挪威	6	80	4.3	66 360	15.9	99	100	100	100	100
日本	7	92	2.3	37 550	10.9	100	79	89	100	92
丹麦	8	87	3.5	45 350	19.2	100	100	100	100	100
德国	9	75	3.9	45 020	12.0	93	100	100	100	98
荷兰	10	89	2.9	47 660	11.2	100	99	100	100	100
加拿大	11	81	2.1	42 410	7.3	100	71	100	80	88
新加坡	12	100	2.0	77 840	11.6	100	67	100	100	92
英国	13	82	2.8	38 370	14.3	100	97	91	100	97
法国	14	79	3.2	38 180	11.1	98	100	91	100	97
比利时	15	98	4.9	41 900	9.3	100	100	100	100	100
奥地利	16	66	4.8	45 250	12.9	82	100	100	100	95
新西兰	17	86	2.7	33 760	9.1	100	94	80	99	93
韩国	18	82	2.1	33 330	5.0	100	74	79	54	77
以色列	19	92	3.3	32 050	11.8	100	100	76	100	94
意大利	20	69	3.8	34 930	13.8	85	100	83	100	92
爱尔兰	21	63	2.7	40 020	17.8	78	92	95	100	91
西班牙	22	79	4.9	32 380	11.7	98	100	77	100	94
爱沙尼亚	23	68	3.2	25 670	4.3	84	100	61	47	73
斯洛文尼亚	24	50	2.5	28 510	7.3	62	87	68	79	74
乌拉圭	25	95	3.7	19 320	11.1	100	100	46	100	86
俄罗斯	26	74	4.3	24 070	2.7	92	100	57	29	69
斯洛伐克	27	54	3.3	26 110	5.8	67	100	62	63	73
希腊	28	77	6.2	25 660	10.0	96	100	61	100	89
匈牙利	29	70	3.1	22 840	5.9	87	100	54	64	76
捷克	30	73	3.6	27 200	5.0	91	100	65	55	78
葡萄牙	31	62	4.1	27 280	10.2	77	100	65	100	86
白俄罗斯	32	76	3.9	17 010	2.1	94	100	40	23	64
拉脱维亚	33	67	3.6	21 980	6.3	84	100	52	69	76
立陶宛	34	67	4.1	24 870	5.8	83	100	59	63	76
格鲁吉亚	35	53	4.3	7020	4.3	66	100	17	46	57
乌克兰	36	69	3.5	8380	1.4	86	100	20	16	55
保加利亚	37	73	3.9	15 500	2.9	91	100	37	32	65
黎巴嫩	38	88	3.2	16 950	6.0	100	100	40	65	76
哈萨克斯坦	39	53	3.6	20 700	2.7	66	100	49	30	61
波兰	40	61	2.2	23 160	5.4	75	77	55	59	66
阿根廷	41	91	3.9	—	7.5	100	100	—	82	94
巴拿马	42	66	1.7	19 590	9.1	82	57	47	99	71
克罗地亚	43	58	3.0	20 860	7.1	72	100	50	78	75
沙特阿拉伯	44	83	2.5	51 320	3.7	100	86	100	40	81
哥伦比亚	45	76	1.5	12 240	11.7	94	51	29	100	69
科威特	46	98	2.7	82 470	5.0	100	93	100	55	87
智利	47	89	1.0	21 110	7.2	100	35	50	79	66
马其顿	48	57	2.6	12 140	3.3	71	91	29	36	56
阿塞拜疆	49	54	3.4	16 180	5.0	67	100	38	55	65
摩尔多瓦	50	45	3.0	5200	2.2	56	100	12	24	48
罗马尼亚	51	54	2.4	18 750	4.9	67	84	45	54	62
委内瑞拉	52	89	—	17 700	5.0	100	—	42	54	65
乌兹别克斯坦	53	36	2.5	5460	1.1	45	87	13	12	39
多米尼加	54	77	1.5	11 760	8.0	96	51	28	87	66
亚美尼亚	55	63	2.7	8100	3.6	78	93	19	39	57
巴拉圭	56	59	1.2	8010	4.9	74	42	19	54	47
哥斯达黎加	57	75	1.1	13 940	9.6	93	38	33	100	66
巴西	58	85	1.9	15 490	8.6	100	65	37	93	74
墨西哥	59	79	2.1	15 620	6.9	98	72	37	75	71
博茨瓦纳	60	57	0.3	15 110	6.8	71	12	36	74	48
秘鲁	61	78	1.1	11 080	8.9	97	39	26	96	65
牙买加	62	54	—	8490	5.3	67	—	20	57	48
约旦	63	83	2.6	11 660	4.1	100	88	28	44	65
南非	64	64	0.8	12 530	2.8	79	27	30	31	42
土耳其	65	72	1.7	18 580	7.1	90	59	44	77	68
厄瓜多尔	66	63	1.7	10 820	6.1	79	59	26	66	58
伊朗	67	72	0.9	16 590	2.7	90	31	39	29	47
蒙古	68	70	2.8	10 480	3.1	87	98	25	34	61
摩洛哥	69	59	0.6	7110	5.1	74	21	17	56	42
马来西亚	70	73	1.2	23 390	3.9	91	41	56	42	57

（续表）

国家	编号	社会发展指标的实际值				社会发展指标的指数				社会发展指数
		城市人口比例	医生比例	生活水平[a]	能源效率[b]	城市人口比例	医生比例	生活水平	能源效率	
萨尔瓦多	71	66	1.6	7770	5.4	82	55	18	59	54
埃及	72	43	2.8	10 100	3.4	53	98	24	37	53
中国	73	53	1.9	12 100	2.9	66	67	29	32	48
阿尔及利亚	74	70	1.2	13 480	4.5	86	42	32	49	52
土库曼斯坦	75	49	2.4	13 010	1.4	61	82	31	15	47
突尼斯	76	66	1.2	10 570	4.6	83	42	25	50	50
阿尔巴尼亚	77	55	1.1	9840	5.9	69	39	23	65	49
吉尔吉斯斯坦	78	35	2.0	3100	1.6	44	68	7	17	34
塔吉克斯坦	79	27	1.9	2530	3.4	33	66	6	37	35
玻利维亚	80	68	0.5	5900	3.2	84	16	14	35	37
缅甸	81	33	0.6	—	4.9	41	21	—	53	38
菲律宾	82	45	—	8000	5.9	55	—	19	64	46
泰国	83	48	0.4	14 580	3.1	60	14	35	34	35
纳米比亚	84	45	0.4	9380	8.0	56	13	22	87	45
津巴布韦	85	33	0.1	—	1.3	41	3	4	14	15
洪都拉斯	86	54	0.4	4410	3.6	67	13	10	40	32
尼加拉瓜	87	58	0.9	4550	3.2	72	31	11	34	37
越南	88	32	1.2	5070	2.4	40	41	12	26	30
肯尼亚	89	25	0.2	2820	2.5	31	7	7	27	18
斯里兰卡	90	18	0.7	9360	6.1	23	23	22	66	34
刚果共和国	91	65	0.1	4660	8.0	80	3	11	87	45
印度尼西亚	92	52	0.2	9700	4.3	65	7	23	47	35
赞比亚	93	40	0.2	3580	2.7	50	6	9	30	24
危地马拉	94	51	—	7030	4.6	63	—	17	49	43
毛里塔尼亚	95	59	0.1	3570	—	73	4	8	—	29
科特迪瓦	96	53	0.1	2890	2.1	66	5	7	23	25
印度	97	32	0.7	5240	2.3	40	24	12	25	25
巴基斯坦	98	38	0.8	4860	2.6	47	29	12	28	29
莱索托	99	26	—	3280	41.5	33	—	8	100	47
柬埔寨	100	20	0.2	2880	2.6	25	6	7	28	16
喀麦隆	101	53	—	2780	3.8	66	—	7	41	38
厄立特里亚	102	22	—	1400	3.4	27	—	3	37	22
叙利亚	103	57	1.5	—	2.7	71	50	—	30	50
加纳	104	53	0.1	3850	4.1	66	3	9	45	31
乍得	105	22	—	1980	—	28	—	5	—	16
莫桑比克	106	32	0.0	1060	1.4	39	1	3	15	15
几内亚	107	36	0.1	1140	—	45	3	3	—	17
也门共和国	108	33	0.2	3650	4.6	42	7	9	50	27
巴布亚新几内亚	109	13	0.1	2540	—	16	2	6	—	8
海地	110	56	—	1690	1.9	70	—	4	21	32
尼泊尔	111	18	—	2270	1.9	22	—	5	20	16
塞内加尔	112	43	0.1	2210	3.4	54	2	5	37	24
塞拉利昂	113	39	0.0	1770	—	49	1	4	—	18
刚果民主共和国	114	41	—	630	1.3	52	—	1	15	23
老挝	115	36	0.2	4670	—	45	6	11	—	21
马拉维	116	16	0.0	760	—	20	1	2	—	7
多哥	117	39	0.1	1170	1.3	48	2	3	14	17
马达加斯加	118	34	—	1370	—	42	6	3	—	17
马里	119	38	0.1	1420	—	48	3	3	—	18
尼日利亚	120	46	0.4	5380	3.4	57	14	13	37	30
孟加拉国	121	33	0.4	3170	4.0	41	12	8	44	26
坦桑尼亚	122	30	0.0	2390	1.8	38	1	6	20	16
贝宁	123	43	0.1	1910	2.1	54	2	5	23	21
尼日尔	124	18	0.0	880	—	23	1	2	—	8
安哥拉	125	42	—	—	8.8	53	—	—	96	74
乌干达	126	15	0.1	1680	—	19	4	4	—	9
中非	127	40	—	590	—	49	—	1	—	25
布基纳法索	128	28	0.0	1560	—	35	2	4	—	13
埃塞俄比亚	129	19	0.0	1370	1.0	23	1	3	10	9
布隆迪	130	11	0.1	750	—	14	2	2	—	6
卢旺达	131	27	0.1	1540	—	33	2	4	—	13
高收入OECD国家	132	80	2.9	42 100	9.2	100	100	100	100	100
中等收入国家	133	48	1.2	9143	3.5	60	43	22	38	41
低收入国家	134	29	0.1	1507	1.8	36	3	4	19	15
世界平均	135	53	1.5	14 373	5.5	66	53	34	60	53
参考值	150	80	2.9	42 100	9.2					

注：a. 指人均购买力，按购买力平价PPP计算的人均GNI（国际美元）；
　　b. 为能源使用效率，人均GDP/人均能源消费。

附表 2-4-4　2013 年世界知识发展指数

国家	编号	知识发展指标的实际值				知识发展指标的指数				知识发展指数
		人均知识创新经费[a]	人均知识产权贸易[b]	大学普及率	互联网宽带普及率	知识生产经费投入	人均知识产权贸易	大学普及率	互联网宽带普及率	
瑞典	1	1990	1089	65	95	100	100	85	100	96
美国	2	1487	527	89	84	100	100	100	100	100
芬兰	3	1638	1020	92	92	100	100	100	100	100
澳大利亚	4	1521	207	89	83	100	41	100	100	85
瑞士	5	2509	3656	56	86	100	100	74	100	94
挪威	6	1702	201	78	95	100	40	100	100	85
日本	7	1342	388	61	90	100	77	81	100	90
丹麦	8	1828	674	82	95	100	100	100	100	100
德国	9	1325	267	60	84	100	53	79	100	83
荷兰	10	1019	4104	77	94	93	100	100	100	98
加拿大	11	849	425	59	86	77	85	77	100	85
新加坡	12	1119	4638	—	81	100	100	—	99	100
英国	13	688	431	60	90	62	86	79	100	82
法国	14	950	329	60	82	86	66	78	100	83
比利时	15	1063	599	72	82	97	100	95	100	98
奥地利	16	1422	358	81	81	100	71	100	99	93
新西兰	17	—	292	79	83	—	58	100	100	86
韩国	18	1079	282	98	85	98	56	100	100	89
以色列	19	1529	246	67	71	100	49	88	87	81
意大利	20	445	151	62	58	40	30	82	72	56
爱尔兰	21	817	11242	71	78	74	100	94	96	91
西班牙	22	364	66	86	72	33	13	100	88	59
爱沙尼亚	23	333	42	78	79	30	8	100	97	59
斯洛文尼亚	24	599	151	84	73	54	30	100	89	68
乌拉圭	25	40	11	63	58	4	2	83	71	40
俄罗斯	26	164	63	76	68	15	13	100	83	53
斯洛伐克	27	150	111	54	74	14	22	71	96	50
希腊	28	174	34	117	60	16	7	100	73	49
匈牙利	29	191	400	57	73	17	80	75	89	65
捷克	30	378	147	63	74	34	29	83	91	59
葡萄牙	31	296	54	66	62	27	11	87	76	50
白俄罗斯	32	52	18	93	54	5	4	100	66	44
拉脱维亚	33	90	30	66	75	8	6	87	92	48
立陶宛	34	149	29	70	68	14	6	92	84	49
格鲁吉亚	35	5	4	33	43	0	1	43	53	24
乌克兰	36	31	27	79	41	3	5	100	50	40
保加利亚	37	50	32	66	53	5	6	87	65	41
黎巴嫩	38	—	22	48	71	—	4	63	87	51
哈萨克斯坦	39	24	9	55	54	2	2	73	66	36
波兰	40	120	79	72	63	11	16	94	77	49
阿根廷	41	84	56	80	60	8	11	100	73	48
巴拿马	42	20	25	43	44	2	5	57	54	29
克罗地亚	43	111	63	62	67	10	13	81	82	46
沙特阿拉伯	44	10	—	58	61	1	—	76	74	50
哥伦比亚	45	18	13	48	52	2	3	64	63	33
科威特	46	145	—	28	75	13	—	37	93	48
智利	47	57	82	79	67	5	16	100	82	51
马其顿	48	23	24	38	65	2	5	51	80	34
阿塞拜疆	49	17	3	20	59	1	1	27	72	25
摩尔多瓦	50	8	8	41	45	1	2	54	55	28
罗马尼亚	51	37	49	52	50	3	10	68	61	36
委内瑞拉	52	—	13	78	55	—	3	100	67	57
乌兹别克斯坦	53	—	—	9	38	—	—	12	47	29
多米尼加	54	—	7	46	46	—	1	61	56	40
亚美尼亚	55	9	—	46	42	1	—	61	51	38
巴拉圭	56	4	6	35	37	0	1	45	45	23
哥斯达黎加	57	50	17	48	46	5	3	63	56	32
巴西	58	135	21	26	51	12	4	34	63	28
墨西哥	59	51	30	30	43	5	6	39	53	26
博茨瓦纳	60	17	5	25	15	2	1	33	18	13
秘鲁	61	8	7	41	39	1	1	53	48	26
牙买加	62	—	24	29	37	—	5	38	46	29
约旦	63	21	—	47	41	2	—	61	50	38
南非	64	50	39	20	47	5	8	26	57	24
土耳其	65	104	10	79	46	9	2	100	57	42
厄瓜多尔	66	21	8	41	40	2	2	53	50	27
伊朗	67	20	—	58	30	—	—	76	37	38
蒙古	68	10	5	62	20	1	1	82	25	27
摩洛哥	69	23	2	16	56	2	0	21	69	23
马来西亚	70	124	52	37	67	11	10	49	82	38

(续表)

国家	编号	知识发展指标的实际值				知识发展指标的指数				知识发展指数
		人均知识创新经费[a]	人均知识产权贸易[b]	大学普及率	互联网宽带普及率	知识生产经费投入	人均知识产权贸易	大学普及率	互联网宽带普及率	
萨尔瓦多	71	1	17	26	23	0	3	34	28	16
埃及	72	21	4	33	29	2	1	43	36	21
中国	73	141	16	30	46	13	3	39	56	28
阿尔及利亚	74	4	4	33	17	0	1	44	20	16
土库曼斯坦	75	—	—	8	10	—	—	11	12	11
突尼斯	76	29	4	34	44	3	1	44	54	25
阿尔巴尼亚	77	9	8	59	57	1	2	77	70	37
吉尔吉斯斯坦	78	2	2	48	23	0	0	63	28	23
塔吉克斯坦	79	1	0	23	16	0	0	30	20	12
玻利维亚	80	8	7	39	37	1	1	51	45	25
缅甸	81	1	—	13	2	0	—	18	2	7
菲律宾	82	3	5	34	37	0	1	45	45	23
泰国	83	24	71	51	29	2	14	67	36	30
纳米比亚	84	8	2	7	14	1	0	9	17	7
津巴布韦	85			6	19			8	23	15
洪都拉斯	86	1	5	21	18	0	1	28	22	13
尼加拉瓜	87	—	0	—	16	—	0	—	19	10
越南	88	4	—	25	44	0	—	32	54	29
肯尼亚	89	10	3	3	39	1	1	4	48	13
斯里兰卡	90	6	—	19	22	1	—	25	27	17
刚果共和国	91	—	—	10	7	—	—	13	8	10
印度尼西亚	92	3	7	32	15	0	1	41	18	15
赞比亚	93	0	0	—	15	0	0	—	19	6
危地马拉	94	2	8	19	20	0	2	25	24	13
毛里塔尼亚	95	—	—	5	6	—	—	7	8	7
科特迪瓦	96	—	—	9	8	—	0	12	10	7
印度	97	12	3	25	15	1	1	32	19	13
巴基斯坦	98	4	1	10	11	0	0	13	13	7
莱索托	99	0	2	10	5	0	0	13	6	5
柬埔寨	100	—	1	16	7	—	0	21	8	10
喀麦隆	101	—	0	12	6	—	0	16	8	8
厄立特里亚	102	—	—	2	1	—	—	3	1	2
叙利亚	103	—	2	31	26	—	0	41	32	24
加纳	104	7	—	14	12	1	—	19	15	12
乍得	105	—	—	2	2	—	—	3	3	3
莫桑比克	106	3	1	5	5	0	0	7	7	3
几内亚	107	—	0	10	2	—	0	14	2	5
也门共和国	108	—	0	10	20	—	0	14	25	13
巴布亚新几内亚	109	—	—	—	7	—	—	—	8	8
海地	110	—	0	—	11	—	—	—	13	7
尼泊尔	111	2	—	17	13	0	—	23	16	13
塞内加尔	112	6	0	8	13	1	0	10	16	7
塞拉利昂	113	—	1	—	2	—	—	—	2	1
刚果民主共和国	114	0	0	7	2	0	0	9	3	3
老挝	115	—	—	18	13	—	—	23	15	19
马拉维	116	—	0	1	5	—	0	1	6	2
多哥	117	1	0	10	5	0	0	13	6	5
马达加斯加	118	0	2	4	3	0	0	6	4	2
马里	119	4	0	7	4	0	0	10	4	4
尼日利亚	120	6	1	10	38	1	0	14	47	15
孟加拉国	121	—	—	13	7	—	—	17	8	9
坦桑尼亚	122	3	0	4	4	0	0	5	5	3
贝宁	123	—	0	12	5	—	0	16	6	7
尼日尔	124	—	0	2	2	—	0	2	2	1
安哥拉	125	—	0	7	19	—	0	10	23	11
乌干达	126	3	1	4	16	0	0	6	20	7
中非	127	—	—	3	4	—	—	4	4	4
布基纳法索	128	1	0	5	9	0	0	6	11	4
埃塞俄比亚	129	3	0	3	2	0	0	4	2	2
布隆迪	130	0	0	4	1	0	0	6	2	2
卢旺达	131	—	0	8	9	—	0	10	11	7
高收入 OECD 国家		1102	502	76	82	100	100	100	100	100
中等收入国家		65	10	28	31	6	2	37	38	21
低收入国家		4	0	8	6	0	0	10	7	4
世界平均		231	87	33	38	21	17	43	47	32
参考值		1102	502	76	82					

注:a. 指人均 R&D 经费,其数据为 2005~2013 年期间最近年的数据。
b. 指人均知识产权贸易(进口和出口),其数据为 2005~2013 年期间最近年数据。

附表 2-4-5　1980~2013 年世界综合现代化指数

国家	编号	1980[a]	1990[a]	2000[a]	2010[b]	2011[b]	2012[b]	2013[b]
瑞典	1	98.0	98.1	98.3	99.3	99.4	99.0	98.5
美国	2	92.4	90.7	95.3	96.2	96.2	97.3	97.3
芬兰	3	87.0	91.8	89.4	96.8	98.3	98.1	98.3
澳大利亚	4	90.8	87.8	86.2	92.2	93.1	93.0	92.6
瑞士	5	89.0	92.1	95.9	95.6	96.4	96.6	97.0
挪威	6	91.2	91.4	90.2	93.5	93.1	92.5	93.2
日本	7	94.4	93.1	93.9	93.3	88.3	93.9	93.4
丹麦	8	92.8	97.7	95.1	99.7	99.9	97.8	100.0
德国	9	93.0	93.5	94.7	93.2	92.9	89.9	93.0
荷兰	10	91.0	95.8	90.2	97.6	99.3	96.6	98.8
加拿大	11	92.6	85.0	82.0	90.7	92.0	90.4	88.9
新加坡	12	59.8	63.9	87.6	95.6	96.6	95.9	97.2
英国	13	88.4	88.7	88.4	91.1	90.7	87.0	90.4
法国	14	89.2	89.8	85.6	93.1	93.2	85.9	91.1
比利时	15	90.9	94.4	85.7	97.1	98.3	94.1	99.2
奥地利	16	87.2	92.0	86.9	93.8	93.7	88.7	95.3
新西兰	17	87.4	78.4	74.1	85.0	84.7	83.6	88.9
韩国	18	47.1	63.2	78.7	80.2	80.5	80.1	83.8
以色列	19	82.1	80.6	83.5	86.9	88.2	84.7	89.9
意大利	20	74.6	84.6	77.9	82.9	82.1	75.5	80.4
爱尔兰	21	68.3	71.0	75.0	95.0	95.1	89.1	93.8
西班牙	22	72.7	83.5	74.0	80.9	80.1	76.6	78.9
爱沙尼亚	23	76.4	56.1	62.5	63.3	65.7	64.2	66.8
斯洛文尼亚	24	—	71.0	64.5	73.9	74.6	71.1	73.3
乌拉圭	25	64.0	66.4	62.8	60.5	61.6	58.7	63.5
俄罗斯	26	85.4	56.3	53.9	55.4	57.1	57.7	60.7
斯洛伐克	27	—	69.3	53.1	61.6	61.7	58.8	64.0
希腊	28	68.8	67.4	60.4	74.7	70.6	66.5	70.3
匈牙利	29	63.0	57.9	58.2	67.4	67.9	66.2	68.7
捷克	30	72.7	58.7	57.0	68.2	70.0	66.9	69.8
葡萄牙	31	52.5	60.5	69.3	70.1	69.4	67.3	69.8
白俄罗斯	32	—	62.9	46.6	48.5	50.4	52.3	52.3
拉脱维亚	33	74.7	56.8	56.0	60.7	62.7	61.4	63.3
立陶宛	34	—	57.4	53.7	61.3	63.3	63.2	64.0
格鲁吉亚	35	76.9	48.0	40.9	39.6	37.2	42.9	40.3
乌克兰	36	91.3	50.6	46.0	43.8	44.5	46.4	46.7
保加利亚	37	62.8	52.2	48.0	54.9	55.0	65.0	57.2
黎巴嫩	38	71.8	54.2	56.7	53.9	55.8	57.0	57.7
哈萨克斯坦	39	—	52.9	43.2	45.1	49.3	49.9	50.0
波兰	40	65.2	50.8	53.3	57.2	58.2	56.5	58.6
阿根廷	41	66.6	54.7	64.0	63.9	66.6	66.1	68.7
巴拿马	42	56.3	49.4	50.8	50.7	49.8	50.5	52.5
克罗地亚	43	—	61.9	49.5	58.2	59.5	59.8	60.6
沙特阿拉伯	44	57.4	55.6	43.0	58.9	55.8	54.2	65.4
哥伦比亚	45	50.1	51.3	45.8	47.1	47.7	49.1	50.6
科威特	46	74.0	61.8	54.2	63.9	63.8	55.0	67.7
智利	47	59.5	47.6	54.4	53.1	55.6	55.2	59.4
马其顿	48	—	44.4	46.8	43.8	44.4	45.3	45.3
阿塞拜疆	49	—	—	38.4	39.0	39.8	41.5	41.4
摩尔多瓦	50	59.4	42.5	39.9	37.4	39.0	41.3	40.1
罗马尼亚	51	50.0	40.2	38.9	48.5	46.6	46.6	49.6
委内瑞拉	52	57.6	52.0	50.2	64.6	63.9	65.5	58.7
乌兹别克斯坦	53	—	19.8	28.9	29.3	29.4	31.1	30.8
多米尼加	54	49.6	63.2	59.9	52.2	52.8	53.4	50.0
亚美尼亚	55	—	21.4	37.1	42.1	43.0	43.3	44.0
巴拉圭	56	41.4	40.4	54.6	39.8	38.1	40.1	37.5
哥斯达黎加	57	54.3	49.6	46.7	50.5	50.0	51.3	52.7
巴西	58	51.0	55.9	47.9	52.7	53.1	51.6	53.5
墨西哥	59	57.0	53.4	50.9	46.9	48.6	48.0	50.9
博茨瓦纳	60	20.1	33.3	36.6	31.8	29.4	29.0	35.8
秘鲁	61	47.2	54.3	50.0	47.7	45.5	48.0	47.3
牙买加	62	41.7	43.7	42.1	41.4	43.1	43.0	43.4
约旦	63	49.0	56.1	48.6	54.1	50.5	51.3	52.4
南非	64	50.7	44.6	35.8	38.7	39.0	39.6	40.5
土耳其	65	41.8	45.3	42.3	54.0	55.6	55.9	54.6
厄瓜多尔	66	55.7	42.7	38.0	47.2	42.9	43.9	42.5
伊朗	67	38.8	36.7	33.5	42.4	37.5	37.8	42.5
蒙古	68	65.3	38.9	35.2	37.5	39.2	40.8	41.8
摩洛哥	69	35.3	38.1	37.2	33.6	33.0	33.4	34.0
马来西亚	70	39.4	37.2	43.2	47.5	48.8	47.9	50.4

（续表）

国家	编号	1980[a]	1990[a]	2000[a]	2010[b]	2011[b]	2012[b]	2013[b]
阿塞拜疆	71	43.4	48.7	48.8	36.9	37.7	38.0	39.1
埃及	72	38.2	39.9	39.6	37.5	37.4	41.1	36.5
中国	73	21.1	27.7	31.3	34.2	36.0	37.6	40.3
阿尔及利亚	74	45.6	40.0	30.4	38.6	38.7	34.0	39.7
土库曼斯坦	75	—	—	26.3	26.0	27.5	28.8	30.7
突尼斯	76	40.6	40.0	41.9	41.6	39.6	39.0	39.7
阿尔巴尼亚	77	35.0	31.8	30.2	39.2	38.2	38.7	39.0
吉尔吉斯斯坦	78	—	21.7	35.9	30.1	27.6	30.2	31.2
塔吉克斯坦	79	—	5.5	30.5	23.2	23.1	23.9	24.0
玻利维亚	80	33.2	53.8	40.7	34.1	28.1	28.4	31.9
缅甸	81	25.6	30.2	23.6	21.2	27.5	23.4	22.9
菲律宾	82	39.6	40.1	39.1	35.7	34.7	36.1	37.2
泰国	83	34.2	36.6	32.2	36.6	33.9	33.7	35.7
纳米比亚	84	—	32.5	30.7	31.1	32.2	32.7	32.3
津巴布韦	85	30.4	26.3	24.0	19.4	20.4	20.6	19.7
洪都拉斯	86	36.6	37.8	32.7	32.1	30.6	30.6	28.0
尼加拉瓜	87	42.0	36.7	30.4	30.0	28.4	27.5	28.1
越南	88	—	21.3	22.3	30.2	31.6	32.6	29.0
肯尼亚	89	26.1	27.0	26.5	18.3	17.7	18.2	20.2
斯里兰卡	90	31.8	35.0	27.8	27.7	28.1	28.7	30.2
刚果共和国	91	33.6	37.2	24.6	25.2	22.7	22.0	26.9
印度尼西亚	92	30.7	27.1	30.0	27.4	27.2	27.5	28.7
赞比亚	93	29.6	21.0	18.7	19.1	16.9	22.6	21.3
危地马拉	94	41.2	36.8	30.9	29.7	30.3	35.5	32.7
毛里塔尼亚	95	32.7	37.8	25.5	17.3	17.0	17.7	18.3
科特迪瓦	96	61.7	49.5	23.4	19.5	18.4	17.9	19.9
印度	97	30.0	27.4	29.5	20.8	21.1	22.5	22.5
巴基斯坦	98	29.8	25.7	31.2	21.7	21.6	20.1	22.4
莱索托	99	26.7	44.9	18.6	17.1	17.7	17.5	27.2
柬埔寨	100	—	30.8	19.9	15.8	14.6	15.3	17.2
喀麦隆	101	34.3	31.6	21.3	21.9	22.1	21.8	25.1
厄立特里亚	102	—	—	19.9	22.2	23.0	24.5	20.3
叙利亚	103	44.6	39.3	29.2	41.3	52.0	40.0	40.5
加纳	104	33.9	33.4	19.4	22.7	21.1	21.0	24.7
乍得	105	28.4	25.6	23.7	11.6	11.6	11.1	11.8
莫桑比克	106	18.0	20.7	21.7	13.4	13.3	13.3	14.4
几内亚	107	14.2	42.6	28.5	14.1	14.1	14.1	14.5
也门共和国	108	13.0	30.8	23.3	28.1	23.6	23.9	28.3
巴布亚新几内亚	109	25.9	23.6	19.3	10.3	9.2	9.4	12.9
海地	110	24.3	42.6	22.4	12.2	12.8	15.0	13.4
尼泊尔	111	20.2	22.8	16.9	16.2	15.7	16.8	18.0
塞内加尔	112	29.8	30.4	23.9	19.3	19.8	20.1	20.1
塞拉利昂	113	26.7	27.2	15.4	11.4	11.4	11.6	10.6
刚果民主共和国	114	35.4	33.4	13.8	15.0	15.4	15.9	15.3
老挝	115	18.9	20.1	17.5	18.4	18.4	18.3	20.8
马拉维	116	21.0	31.6	19.4	12.2	11.1	15.1	12.2
多哥	117	28.7	33.7	21.2	14.6	15.6	15.8	14.1
马达加斯加	118	27.3	27.8	22.1	16.9	19.2	17.7	17.8
马里	119	22.6	22.1	17.5	15.8	16.0	15.5	16.2
尼日利亚	120	29.7	30.7	19.1	25.5	24.2	24.8	24.5
孟加拉国	121	25.1	31.3	24.0	20.7	19.6	19.5	22.3
坦桑尼亚	122	18.2	22.7	15.7	14.0	13.1	13.7	14.3
贝宁	123	29.5	36.1	20.9	19.4	18.9	28.3	20.8
尼日尔	124	25.9	23.7	17.4	11.7	10.3	10.7	11.8
安哥拉	125	19.5	44.0	14.6	27.7	34.9	36.9	38.3
乌干达	126	21.3	24.0	21.7	13.6	12.8	15.1	13.4
中非	127	26.7	28.4	17.3	14.5	14.5	14.7	14.3
布基纳法索	128	33.4	22.2	18.7	11.4	11.8	11.5	12.2
埃塞俄比亚	129	17.0	23.8	15.3	16.5	16.8	17.3	10.9
布隆迪	130	24.9	24.0	17.7	9.6	9.5	9.5	9.0
卢旺达	131	19.2	21.5	16.4	14.1	14.1	15.4	14.6
高收入OECD国家[c]		99.9	99.9	99.9	100.0	100.0	100.0	100.0
中等收入国家		51.5	44.4	42.4	31.7	32.8	31.3	34.2
低收入国家		28.2	31.7	23.6	13.6	14.1	13.7	13.8
世界平均		59.8	52.9	50.2	44.5	45.5	46.1	47.1

注：a. 采用综合现代化评价模型第一版的评价结果，以当年高收入国家平均值为参考值的评价。
b. 采用综合现代化评价模型第二版(新版)的评价结果，以高收入OECD国家平均值为参考值，见技术注释。
c. 1980～2000年数据为高收入国家的平均值，2010～2013年数据为高收入OECD国家的平均值。

附表 2-4-6 1980~2013 年世界综合现代化指数的排名

国家	编号	1980[a]	1990[a]	2000[a]	2010[b]	2011[b]	2012[b]	2013[b]
瑞典	1	1	1	1	2	2	1	4
美国	2							
芬兰	3		17			5		5
澳大利亚	4	11	14	12	15	12	10	14
瑞士	5	13	7	2	8	8	6	8
挪威								
丹麦			4	4	1	1	3	1
荷兰	10	9	3	8	3	3	5	3
加拿大	11							
新加坡	12	37	25	11	7	6	7	7
法国	14	12	12	15	14	11	17	15
比利时	15		4		4	4	8	2
奥地利	16				10	10	15	
新西兰	17		19	21	19	19	19	18
韩国		54	27	13	22	22	20	20
以色列	19	10	18	16	18	18	18	17
意大利	20		16	19	20	20	22	21
爱尔兰	21	20	20	20	9	9	14	10
西班牙	22	26	17	22	21	22	21	22
爱沙尼亚	23	21	38	27	31	31	31	
斯洛文尼亚	24	—	21	24	24	23	23	23
乌拉圭	25	33	24	26	35	35	36	34
俄罗斯	26	18	36	37	39	38	37	36
斯洛伐克	27		22	40	32	34	33	32
捷克		28		28	23	24	26	24
匈牙利	29	34	33	25	27	27	27	27
保加利亚	30	25	32	31	26	25	25	25
葡萄牙	31	46	31	23	23	26	24	26
白俄罗斯	32	—	28	52	49	48	33	48
拉脱维亚	33	22	35	33	34	33	33	35
立陶宛	34		34	39	33	32	32	33
格鲁吉亚	35	20	56	61	65	73	61	66
哈萨克斯坦	39		46	52	55	56	51	50	55
波兰	40	32	50	39	38	37	39	40
智利	47	38	57	35	44	42	41	38
摩尔多瓦	50	39	67	63	72	66	53	68
委内瑞拉	52	40	48	43	28	30	29	39
多米尼加	54	51	125	70	60	60	58	53
巴拉圭	56	61	68	34	64	69	66	74
巴西	58							
墨西哥	59	42	45	41	55	53	53	49
博茨瓦纳	60	106	90	71	80	84	85	77
牙买加	62	60	63	59	62	59	60	59
土耳其	65	31	58	58	42	41	40	43
厄瓜多尔	66	44	64	68	53	61	58	60
伊朗		66		82	76	59	71	72	61
马来西亚	70	65	79	56	52	52	54	51

（续表）

国家	编号	1980[a]	1990[a]	2000[a]	2010[b]	2011[b]	2012[b]	2013[b]
萨尔瓦多	71	57	55	46	73	70	71	71
埃及	72	67	73	64	70	72	64	76
中国	73	103	103	79	76	74	73	67
阿尔及利亚	74	55	71	84	69	67	77	70
土库曼斯坦	75	—	—	93	91	89	86	85
突尼斯	76	63	72	60	61	63	69	69
阿尔巴尼亚	77	71	92	85	66	68	70	72
吉尔吉斯斯坦	78	—	120	72	83	87	84	83
塔吉克斯坦	79	—	128	83	94	94	95	97
玻利维亚	80	77	44	62	77	86	88	82
缅甸	81	97	100	100	99	88	96	98
菲律宾	82	64	70	65	75	76	75	75
泰国	83	73	84	78	74	77	78	78
纳米比亚	84	—	91	82	81	79	80	81
津巴布韦	85	81	108	97	104	101	102	109
洪都拉斯	86	68	77	77	79	81	83	91
尼加拉瓜	87	58	83	75	84	91	90	89
越南	88	—	123	104	82	80	81	87
肯尼亚	89	94	107	92	108	109	107	106
斯里兰卡	90	79	86	91	89	85	87	86
刚果共和国	91	75	80	95	93	96	99	93
印度尼西亚	92	80	106	86	90	90	91	88
赞比亚	93	86	124	117	106	111	97	102
危地马拉	94	62	81	81	85	82	76	80
毛里塔尼亚	95	78	78	94	109	110	109	110
科特迪瓦	96	36	53	101	102	106	108	108
印度	97	82	104	87	100	100	98	99
巴基斯坦	98	84	109	80	98	98	103	100
莱索托	99	91	59	119	110	108	111	92
柬埔寨	100	—	96	111	115	117	118	113
喀麦隆	101	72	94	108	97	97	100	94
厄立特里亚	102	—	—	112	96	95	93	105
叙利亚	103	56	74	88	63	46	67	64
加纳	104	74	89	114	95	99	101	95
乍得	105	89	110	99	127	126	128	128
莫桑比克	106	111	125	107	123	122	125	118
几内亚	107	113	66	90	119	119	123	117
也门共和国	108	114	97	102	87	93	94	90
巴布亚新几内亚	109	96	115	115	130	131	131	124
海地	110	100	65	103	124	124	121	122
尼泊尔	111	105	116	125	113	114	113	111
塞内加尔	112	83	99	98	105	102	104	107
塞拉利昂	113	92	105	128	128	127	126	130
刚果民主共和国	114	69	88	131	116	116	114	115
老挝	115	109	126	122	107	107	106	103
马拉维	116	104	93	113	125	128	120	126
多哥	117	88	87	109	117	115	115	121
马达加斯加	118	90	102	105	111	104	110	112
马里	119	101	119	121	114	113	113	114
尼日利亚	120	85	98	116	92	92	92	96
孟加拉国	121	98	95	96	101	103	105	101
坦桑尼亚	122	110	117	127	121	121	124	119
贝宁	123	87	85	110	103	105	89	104
尼日尔	124	95	114	123	126	129	129	127
安哥拉	125	107	62	130	88	75	74	73
乌干达	126	102	111	106	122	123	119	123
中非	127	93	101	124	118	118	122	120
布基纳法索	128	76	118	118	129	125	127	125
埃塞俄比亚	129	112	113	129	112	112	112	129
布隆迪	130	99	112	120	131	130	130	131
卢旺达	131	108	121	126	120	120	117	116

注：a. 采用综合现代化评价模型第一版的评价结果，以当年高收入国家平均值为参考值的评价。
b. 采用综合现代化评价模型第二版（新版）的评价结果，以高收入OECD国家平均值为参考值，见技术注释。
c. 1980~2000年数据为高收入国家的平均值，2010~2013年数据为高收入OECD国家的平均值。

附录三 中国地区现代化水平评价的数据集

附表 3-1-1	2013年中国地区现代化水平	363
附表 3-1-2	2013年中国现代化的地区分组	364
附表 3-2-1	2013年中国地区第一次现代化指数和排名	365
附表 3-2-2	2013年中国地区第一次现代化评价指标	366
附表 3-2-3	2013年中国地区第一次现代化发展阶段	367
附表 3-2-4	中国地区第一次现代化程度的增长率和预期完成时间	368
附表 3-2-5	1970～2013年中国地区第一次现代化指数和排名	369
附表 3-3-1	2013年中国地区第二次现代化指数和排名	370
附表 3-3-2	2013年中国地区知识创新指数	371
附表 3-3-3	2013年中国地区知识传播指数	372
附表 3-3-4	2013年中国地区生活质量指数	373
附表 3-3-5	2013年中国地区经济质量指数	374
附表 3-3-6	2013年中国地区第二次现代化发展阶段	375
附表 3-3-7	1970～2013年中国地区第二次现代化指数	376
附表 3-3-8	1970～2013年中国地区第二次现代化指数的排名	377
附表 3-3-9	2020～2050年中国地区第二次现代化指数的一种预测	378
附表 3-4-1	2013年中国地区综合现代化指数和排名	379
附表 3-4-2	2013年中国地区经济发展指数	380
附表 3-4-3	2013年中国地区社会发展指数	381
附表 3-4-4	2013年中国地区知识发展指数	382
附表 3-4-5	1980～2013年中国地区综合现代化指数	383
附表 3-4-6	1980～2013年中国地区综合现代化指数的排名	384

附表 3-1-1　2013 年中国地区现代化水平

地区	编号	人口 (万人)	第一次现代化				第二次现代化			综合现代化	
			指数	排名	达标个数	发展阶段[a]	指数	排名	发展阶段[b]	指数	排名
北京	1	2115	100	1	10	F4	86	1	S2	76	1
天津	2	1472	100	1	10	F4	77	3		70	3
河北	3	7333	92	19	6	F3	39	20		36	18
山西	4	3630	94	13	7	F3	40	19		37	17
内蒙古	5	2498	95	11	8	F3	43	16		44	10
辽宁	6	4390	99	8	9	F3	55	7		49	7
吉林	7	2751	94	12	7	F3	43	15		42	12
黑龙江	8	3835	92	20	6	F2	44	14		38	15
上海	9	2415	100	1	10	F4	84	2	S1	71	2
江苏	10	7939	100	1	9	F3	65	4		52	5
浙江	11	5498	100	1	10	F4	61	5		53	4
安徽	12	6030	91	21	6	F3	41	18		34	24
福建	13	3774	99	7	9	F3	49	10		46	8
江西	14	4522	93	18	6	F3	33	27		34	23
山东	15	9733	98	9	8	F3	52	9		44	9
河南	16	9413	90	24	6	F3	37	24		32	26
湖北	17	5799	93	15	7	F3	45	12		39	14
湖南	18	6691	93	17	6	F2	38	22		36	19
广东	19	10 644	100	1	10	F4	58	6		50	6
广西	20	4719	88	27	5	F2	35	25		31	27
海南	21	895	89	25	7	F2	44	13		40	13
重庆	22	2970	96	10	7	F3	54	8		43	11
四川	23	8107	90	23	6	F2	38	21		33	25
贵州	24	3502	87	30	7	F2	29	30		26	31
云南	25	4687	87	29	4	F2	28	31		29	29
西藏	26	312	83	31	5	F2	30	29		29	28
陕西	27	3764	94	14	7	F3	45	11		38	16
甘肃	28	2582	87	28	7	F2	33	28		28	30
青海	29	578	90	22	5	F3	35	26		34	22
宁夏	30	654	93	16	7	F3	42	17		35	20
新疆	31	2264	89	26	5	F2	37	23		34	21
香港	32	719	100		10	F4	86		S2	78	
澳门	33	59	100		10	F4	85		S2	79	
台湾	34	2337	100		10	F4	74		S1	74	
中国		136 072	98		8	F3	41			40	
高收入 OECD 国家[c]			100		10	F4	100		S2	100	
中等收入国家			94		7	F3	31			34	
低收入国家			54		1	F1	16			14	
世界平均			99		9	F4	46			47	

注：a. F 代表第一次现代化，F4 代表过渡期，F3 代表成熟期，F2 代表发展期，F1 代表起步期。

b. S 代表第二次现代化，S2 代表发展期，S1 代表起步期，香港的发展阶段根据第二次现代化指数进行了调整。

c. 高收入 OECD 国家：OECD 国家中的高收入国家，包括 32 个国家。后同。

附表 3-1-2 2013 年中国现代化的地区分组

地区	编号	第二次现代化指数	第一次现代化指数	综合现代化指数	人均国民收入[a]	阶段[b]	根据第二次现代化指数的分组	根据综合现代化指数的分组
北京	1	86	100	76	15 059	6	1	2
天津	2	77	100	70	16 092	4	2	2
河北	3	39	92	36	6255	3	3	3
山西	4	40	94	37	5624	3	3	3
内蒙古	5	43	95	44	10 904	3	3	3
辽宁	6	55	99	49	9965	3	2	2
吉林	7	43	94	42	7624	3	3	3
黑龙江	8	44	92	38	6060	2	3	3
上海	9	84	100	71	14 554	5	1	2
江苏	10	65	100	52	12 053	3	2	2
浙江	11	61	100	53	11 060	4	2	2
安徽	12	41	91	34	5119	3	3	3
福建	13	49	99	46	9347	3	2	3
江西	14	33	93	34	5133	3	3	3
山东	15	52	98	44	9099	3	2	2
河南	16	37	90	32	5521	3	3	3
湖北	17	45	93	39	6884	3	3	3
湖南	18	38	93	36	5939	2	3	3
广东	19	58	100	50	9457	4	2	2
广西	20	35	88	31	4942	2	3	3
海南	21	44	89	40	5705	2	3	3
重庆	22	54	96	43	6914	3	2	3
四川	23	38	90	33	5243	2	3	3
贵州	24	29	87	26	3703	2	4	4
云南	25	28	87	29	4052	2	4	4
西藏	26	30	83	29	4211	2	3	4
陕西	27	45	94	38	6897	3	3	3
甘肃	28	33	87	28	3925	2	3	4
青海	29	35	90	34	5898	3	3	3
宁夏	30	42	93	35	6368	3	3	3
新疆	31	37	89	34	6007	3	3	3
香港	32	86	100	78	38 364	6	1	2
澳门	33	85	100	79	90 332	6	1	2
台湾	34	74	100	74	21 558	5	2	2
中国		41	98	40	6710	3	3	3
高收入 OECD 国家		100	100	100	44 314	6		
中等收入国家		31	94	34	4495	3		
低收入国家		16	54	14	600	1		
世界平均		46	99	47	10 720	4		

注：a. 中国内地为人均 GDP。阶段划分：0 代表传统农业社会，1 代表第一次现代化起步期，2 代表第一次现代化发展期，3 代表第一次现代化成熟期，4 代表第一次现代化过渡期，5 代表第二次现代化起步期，6 代表第二次现代化发展期。分组：1 代表发达水平，2 代表中等发达水平，3 代表初等发达水平，4 代表欠发达水平。

附表 3-2-1 2013 年中国地区第一次现代化指数和排名

地区	编号	经济指标达标程度				社会和知识指标达标程度						指数	排名	达标个数
		人均国民收入[a]	农业劳动力比例[b]	农业增加值比例	服务业增加值比例	城市人口比例	医生比例	婴儿死亡率[c]	预期寿命[d]	成人识字率	大学入学率[e]			
北京	1	100	100	100	100	100	100	100	100	100	100	100	1	10
天津	2	100	100	100	100	100	100	100	100	100	100	100	1	10
河北	3	74	73	100	79	96	100	100	100	100	100	92	19	6
山西	4	67	83	100	89	100	100	100	100	100	100	94	13	7
内蒙古	5	100	67	100	81	100	100	100	100	100	100	95	11	8
辽宁	6	100	100	100	86	100	100	100	100	100	100	99	8	9
吉林	7	90	73	100	79	100	100	100	100	100	100	94	12	7
黑龙江	8	72	68	86	92	100	100	100	100	100	100	92	20	7
上海	9	100	100	100	100	100	100	100	100	100	100	100	1	10
江苏	10	100	100	100	99	100	100	100	100	100	100	100	1	9
浙江	11	100	100	100	100	100	100	100	100	100	100	100	1	10
安徽	12	61	82	100	73	96	100	100	100	100	100	91	21	6
福建	13	100	100	100	87	100	100	100	100	100	100	99	7	9
江西	14	61	91	100	78	98	100	100	100	100	100	93	18	6
山东	15	100	91	100	92	100	100	100	100	100	100	98	9	8
河南	16	65	72	100	71	88	100	100	100	100	100	90	24	6
湖北	17	82	67	100	85	100	100	100	100	100	100	93	15	7
湖南	18	70	72	100	90	96	100	100	100	100	100	93	17	6
广东	19	100	100	100	100	100	100	100	100	100	100	100	1	10
广西	20	59	56	92	80	90	100	100	100	100	100	88	27	5
海南	21	68	63	63	100	100	100	100	100	100	100	89	25	7
重庆	22	82	83	100	92	100	100	100	100	100	100	96	10	7
四川	23	62	72	100	78	90	100	100	100	100	100	90	23	6
贵州	24	44	46	100	100	76	100	100	100	100	100	87	30	7
云南	25	48	53	93	93	81	100	100	100	100	100	87	29	4
西藏	26	50	65	100	100	47	100	100	98	74	100	83	31	5
陕西	27	82	78	100	78	100	100	100	100	100	100	94	14	7
甘肃	28	47	50	100	91	80	100	100	100	100	100	87	28	6
青海	29	70	81	100	73	97	100	100	100	100	83	90	22	5
宁夏	30	75	62	100	93	100	100	100	100	100	100	93	16	7
新疆	31	71	62	85	83	89	100	100	100	100	100	89	26	5
香港	32	100	100	100	100	100	100	100	100	100	100	100		10
澳门	33	100	100	100	100	100	100	100	100	100	100	100		10
台湾	34	100	100	100	100	100	100	100	100	100	100	100		10
中国		80	96	100		100	100	100	100	100	100	98		8
高收入OECD国家[f]		100	100	100	100	100	100	100	100	100	100	100		10
中等收入国家		53	100	100	100	97	100	90	100	100	100	94		7
低收入国家		7	53	46	100	59	7	53	87	72	51	54		1
世界平均		100	100	100	100	100	100	89	100	100	100	98		9
标准值														

注: a. 中国内地地区为人均居民生产总值(人均 GDP)。
  b. 中国内地地区为 2012 年的数值。
  c. 中国内地地区为估计值,为根据 2000 年人口普查结果和 2013 年全国婴儿死亡率的换算。
  d. 中国内地地区为估计值,为根据 2010 年人口普查结果和 2013 年全国平均预期寿命的换算。
  e. 中国地区为在校大学生占 18~21 岁人口比例,根据在校大学生人数和 2010 年人口普查数据计算。
  f. 高收入 OECD 国家:OECD 国家中的高收入国家,包括 32 个国家。后同。

附表 3-2-2　2013 年中国地区第一次现代化评价指标

地区	编号	经济指标				社会和知识指标					
		人均国民收入[a]	农业劳动力比例[b]	农业增加值比例	服务业增加值比例	城市人口比例	医生比例	婴儿死亡率[c]	预期寿命[d]	成人识字率	大学入学率[e]
北京	1	15 059	5	1	77	86	6	1	81	98	69
天津	2	16 092	9	1	48	82	3	1	79	98	74
河北	3	6255	41	12	36	48	2	6	75	97	28
山西	4	5624	36	6	40	53	3	5	75	98	24
内蒙古	5	10 904	45	10	37	59	3	9	75	96	29
辽宁	6	9965	29	9	39	66	2	3	77	98	46
吉林	7	7624	41	12	36	54	2	5	77	98	43
黑龙江	8	6060	44	18	41	57	2	3	76	98	39
上海	9	14 554	4	1	62	90	4	1	81	96	56
江苏	10	12 053	21	6	45	64	2	4	77	96	37
浙江	11	11 060	14	5	46	64	3	4	78	95	32
安徽	12	5119	36	12	33	48	1	9	76	93	27
福建	13	9347	25	9	39	61	2	6	76	95	31
江西	14	5133	33	11	35	49	1	14	75	97	31
山东	15	9099	33	9	41	54	2	5	77	95	38
河南	16	5521	42	13	32	44	2	7	75	95	26
湖北	17	6884	44	13	38	55	2	6	75	95	36
湖南	18	5939	42	13	40	48	2	8	75	97	32
广东	19	9457	24	5	48	68	2	5	77	97	20
广西	20	4942	53	16	36	45	2	8	76	97	23
海南	21	5705	48	24	48	53	2	6	77	95	27
重庆	22	6914	36	8	41	58	2	7	76	95	35
四川	23	5243	42	13	35	45	2	7	75	93	25
贵州	24	3703	65	13	47	38	1	19	72	90	17
云南	25	4052	57	16	42	40	2	20	70	92	17
西藏	26	4211	46	11	53	24	2	12	69	59	15
陕西	27	6897	39	10	35	51	2	9	75	96	39
甘肃	28	3925	60	14	41	40	2	14	73	93	22
青海	29	5898	37	10	33	49	2	13	70	86	12
宁夏	30	6368	49	9	42	52	2	7	74	92	22
新疆	31	6007	49	18	37	44	2	2	73	96	19
香港	32	38 364	0	0	93	100	2	2	84	100	60
澳门	33	90 332	0	0	94	100	3		80	96	64
台湾	34	21 558	5	2	68	83	2	6	80	98	84
中国		6710	31	9	47	53	2	11	75	95	30
高收入 OECD 国家		44 314	4	2	75	80	3	4	81	100	76
中等收入国家		4495	25	10	55	48	1	33	70	83	28
低收入国家		600	57	32	46	29	0	56	61	57	8
世界平均		10 720	20	3	71	53	2	34	71	85	33
标准值		8436	30	15	45	50	1	30	70	80	15

注：a. 中国内地地区为人均居民生产总值(人均 GDP)。
　　b. 中国内地地区为 2012 年的数值。
　　c. 中国内地地区为估计值，为根据 2000 年人口普查结果和 2013 年全国婴儿死亡率的换算。
　　d. 中国内地地区为估计值，为根据 2010 年人口普查结果和 2013 年全国平均预期寿命的换算。
　　e. 中国地区为在校大学生占 18~21 岁人口比例，根据在校大学生人数和 2010 年人口普查数据计算。

附表 3-2-3　2013 年中国地区第一次现代化发展阶段

地区	编号	产业结构信号				劳动力结构信号				平均值	发展阶段[a]
		农业增加产值占 GDP 比例	赋值	农业增加值/工业增加值	赋值	农业劳动力占总劳动力比例[b]	赋值	农业劳动力/工业劳动力	赋值		
北京	1	1	4	0.04	4	5	4	0.27	3	3.8	F4
天津	2	1	4	0.03	4	9	4	0.22	3	3.8	F4
河北	3	12	3	0.24	3	41	2	1.97	2	2.5	F3
山西	4	6	3	0.11	4	36	2	1.32	2	2.8	F3
内蒙古	5	10	3	0.18	4	45	2	2.47	1	2.5	F3
辽宁	6	9	3	0.16	4	29	3	1.07	2	3.0	F3
吉林	7	12	3	0.22	3	41	2	1.97	2	2.5	F3
黑龙江	8	18	2	0.43	3	44	2	2.30	1	2.0	F2
上海	9	1	4	0.02	4	4	4	0.10	4	4.0	F4
江苏	10	6	3	0.13	4	21	3	0.49	3	3.3	F3
浙江	11	5	4	0.10	4	14	3	0.28	3	3.5	F4
安徽	12	12	3	0.23	3	36	2	1.38	2	2.5	F3
福建	13	9	3	0.17	4	25	3	0.64	3	3.3	F3
江西	14	11	3	0.21	3	33	2	1.06	2	2.5	F3
山东	15	9	3	0.17	4	33	2	0.97	2	2.8	F3
河南	16	13	3	0.23	3	42	2	1.37	2	2.5	F3
湖北	17	13	3	0.26	3	44	3	2.10	1	2.5	F3
湖南	18	13	3	0.27	3	42	2	1.76	1	2.3	F2
广东	19	5	4	0.10	4	24	3	0.57	3	3.5	F4
广西	20	16	2	0.34	3	53	1	2.85	1	1.8	F2
海南	21	24	2	0.87	2	48	1	3.90	1	1.5	F2
重庆	22	8	3	0.16	4	36	2	1.40	2	2.8	F3
四川	23	13	3	0.25	3	42	2	1.61	2	2.5	F2
贵州	24	13	3	0.32	3	65	1	4.99	1	2.0	F2
云南	25	16	2	0.39	3	57	1	4.21	1	1.8	F2
西藏	26	11	3	0.29	3	46	1	3.45	1	2.0	F2
陕西	27	10	3	0.17	4	39	2	2.67	1	2.5	F3
甘肃	28	14	3	0.31	3	60	1	3.87	1	2.0	F2
青海	29	10	3	0.17	4	37	2	1.54	2	2.8	F3
宁夏	30	9	3	0.18	4	49	2	2.94	1	2.5	F3
新疆	31	18	2	0.39	3	49	1	3.12	1	1.8	F2
香港	32	0.1	4	0.01	4	0.3	4	0.03	4	4.0	F4
澳门	33	0.0	4	0.00	4	0.20	4	0.02	4	4.0	F4
台湾	34	1.7	4	0.06	4	5.0	4	0.14	4	4.0	F4
中国		10	3	0.23	3	37	2	1.04	2	2.5	F3

注：a. F 代表第一次现代化，F4 代表过渡期，F3 代表成熟期，F2 代表发展期，F1 代表起步期。
b. 中国内地地区为 2012 年的数据。

附表 3-2-4　中国地区第一次现代化程度的增长率和预期完成时间

地区	编号	1990年指数	2000年指数	2013年指数	1990~2013年均增长率	指数达到100需要的年数(按1990~2013年速度)	2000~2013年均增长率	指数达到100需要的年数(按2000~2013年速度)
北京	1	90.5	94.2	100.0	0.43		0.46	
天津	2	84.2	93.4	100.0	0.75		0.53	
河北	3	62.9	73.6	92.2	1.68	5	1.75	5
山西	4	69.0	77.4	93.9	1.35	5	1.50	4
内蒙古	5	65.3	72.1	94.8	1.63	3	2.12	3
辽宁	6	79.2	87.2	98.6	0.96	1	0.95	1
吉林	7	68.6	78.7	94.2	1.39	4	1.39	4
黑龙江	8	72.0	80.8	91.7	1.06	8	0.98	9
上海	9	89.4	96.5	100.0	0.49		0.27	
江苏	10	64.2	83.1	99.9	1.94		1.43	
浙江	11	66.3	82.8	100.0	1.80		1.46	
安徽	12	56.7	68.9	91.2	2.09	4	2.18	4
福建	13	65.0	78.7	98.7	1.83	1	1.76	1
江西	14	56.2	68.1	92.8	2.20	3	2.41	3
山东	15	63.4	77.2	98.2	1.92	1	1.87	1
河南	16	59.1	67.1	89.6	1.83	6	2.24	5
湖北	17	62.7	79.5	93.4	1.74	4	1.25	6
湖南	18	57.5	72.5	92.8	2.10	4	1.92	4
广东	19	69.2	81.2	100.0	1.61		1.61	
广西	20	56.4	68.1	87.6	1.93	7	1.96	7
海南	21	61.7	70.0	89.3	1.62	7	1.90	6
重庆	22	—	77.0	95.7			1.72	3
四川	23	57.0	69.1	90.2	2.02	5	2.08	5
贵州	24	51.3	60.0	86.6	2.30	6	2.87	5
云南	25	49.8	60.5	86.7	2.44	6	2.81	5
西藏	26	44.3	59.2	83.4	2.79	7	2.66	7
陕西	27	64.3	78.3	93.7	1.65	4	1.39	5
甘肃	28	59.9	67.0	86.8	1.62	9	2.01	7
青海	29	57.0	71.3	90.4	2.03	5	1.84	6
宁夏	30	61.7	72.5	93.1	1.81	4	1.94	4
新疆	31	60.2	72.2	89.0	1.72	7	1.63	7
香港	32	100.0	100.0	100.0				
澳门	33	100.0	100.0	100.0				
台湾	34	100.0	100.0	100.0				
中国		63.0	75.5	97.5	1.92	1	1.98	1

附表 3-2-5　1970～2013 年中国地区第一次现代化指数和排名

地区	编号	第一次现代化指数								排名							
		1970	1980	1990	2000	2010	2011	2012	2013	1970	1980	1990	2000	2010	2011	2012	2013
北京	1	64	83	91	94	100	100	100	100	3	1	1	2	1	1	1	1
天津	2	66	78	84	93	100	100	100	100	2	3	3	3	1	1	1	1
河北	3	35	56	63	74	90	91	92	92	19	10	15	16	17	17	17	19
山西	4	43	62	69	77	91	92	93	94	9	7	7	13	15	15	15	13
内蒙古	5	46	59	65	72	93	94	94	95	8	9	10	20	11	11	12	11
辽宁	6	60	69	79	87	96	97	98	99	4	4	4	4	8	8	8	8
吉林	7	49	65	69	79	91	92	93	94	6	5	8	10	14	14	14	12
黑龙江	8	56	64	72	81	90	91	92	92	5	6	5	8	16	16	16	20
上海	9	70	82	89	97	100	100	100	100	1	2	2	1	1	1	1	1
江苏	10	41	56	64	83	99	99	100	100	11	11	13	5	5	6	1	1
浙江	11	36	53	66	83	99	100	100	100	17	18	9	6	4	1	1	1
安徽	12	34	52	57	69	87	89	90	91	22	20	25	24	21	21	21	21
福建	13	41	55	65	79	96	98	99	99	13	12	11	11	7	7	7	7
江西	14	34	52	56	68	88	90	91	93	21	19	27	25	20	20	20	18
山东	15	33	51	63	77	94	96	97	98	24	21	14	14	9	9	9	9
河南	16	38	51	59	67	85	87	88	90	15	24	21	27	25	25	25	24
湖北	17	38	54	63	79	94	95	96	93	14	14	16	9	10	10	10	15
湖南	18	32	51	58	73	88	90	91	93	26	22	22	18	19	19	19	17
广东	19	42	59	69	81	98	100	100	100	10	8	6	7	6	1	1	1
广西	20	33	53	56	68	84	85	87	88	23	16	26	26	30	29	29	27
海南	21	—	31	62	70	86	87	88	89	—	30	17	22	23	23	24	25
重庆	22	—	—	—	77	92	94	95	96	—	—	—	15	12	12	11	10
四川	23	31	49	57	69	87	88	89	90	27	25	23	23	22	22	22	23
贵州	24	34	45	51	60	85	86	87	87	20	27	28	30	26	27	27	30
云南	25	33	44	50	61	85	85	86	87	25	28	29	29	27	30	30	29
西藏	26	—	38	44	59	81	82	83	83	—	29	30	31	31	31	31	31
陕西	27	37	53	64	78	89	90	92	94	16	15	12	12	18	18	18	14
甘肃	28	28	46	60	67	84	86	87	87	28	26	20	28	28	28	28	28
青海	29	41	53	57	71	86	87	89	90	12	17	24	21	24	24	23	22
宁夏	30	47	54	62	73	91	93	94	93	7	13	18	17	13	13	13	16
新疆	31	35	51	60	72	84	87	88	89	18	23	19	19	29	26	26	26
香港	32	—	—	100	100	100	100	100	100								
澳门	33	—	—	100	100	100	100	100	100								
台湾	34	—	—	100	100	100	100	100	100								
中国		40	54	63	76	93	94	96	98								
高收入 OECD 国家[a]		100	100	100	100	100	100	100	100								
中等收入国家		—	84	84	93	91	91	92	94								
低收入国家		33	45	52	58	56	58	58	54								
世界平均		68	80	81	89	96	98	99	99								

注：a. 1970～2000 年为高收入国家的值，2010～2013 年为高收入 OECD 国家的值。

附表 3-3-1　2013 年中国地区第二次现代化指数和排名[a]

地区	编号	知识创新指数	知识传播指数	生活质量指数	经济质量指数	第二次现代化指数	排名
北京	1	87.6	89.3	82.6	83.7	86	1
天津	2	79.3	88.1	91.4	47.3	77	3
河北	3	14.0	47.7	63.5	30.9	39	20
山西	4	17.1	46.7	69.3	29.0	40	19
内蒙古	5	17.8	47.6	72.6	33.5	43	16
辽宁	6	39.6	59.4	82.7	36.7	55	7
吉林	7	19.1	54.5	64.1	35.1	43	15
黑龙江	8	24.3	47.8	71.6	33.1	44	14
上海	9	101.8	93.1	87.8	53.5	84	2
江苏	10	80.0	59.6	77.7	42.3	65	4
浙江	11	62.3	62.9	78.3	41.7	61	5
安徽	12	34.9	45.6	48.0	34.1	41	18
福建	13	33.3	58.7	62.9	39.2	49	10
江西	14	11.6	41.8	42.6	35.8	33	27
山东	15	47.6	53.2	69.9	36.3	52	9
河南	16	17.5	43.0	54.0	31.6	37	24
湖北	17	32.8	50.5	60.0	34.9	45	12
湖南	18	18.5	44.8	51.9	35.3	38	22
广东	19	65.9	58.8	66.3	42.1	58	6
广西	20	16.2	43.3	49.3	32.6	35	25
海南	21	13.6	68.5	55.6	39.0	44	13
重庆	22	55.2	66.1	56.6	36.2	54	8
四川	23	23.7	42.7	54.0	32.0	38	21
贵州	24	8.8	36.9	41.7	28.5	29	30
云南	25	8.3	35.2	39.4	30.7	28	31
西藏	26	4.6	33.2	45.8	37.0	30	29
陕西	27	42.9	52.4	52.4	32.4	45	11
甘肃	28	15.8	41.9	45.1	27.8	33	28
青海	29	12.8	38.8	60.8	28.0	35	26
宁夏	30	21.3	45.0	71.3	28.9	42	17
新疆	31	12.9	44.7	63.6	28.5	37	23
香港	32	37.2	99.6	96.9	111.6	86	
澳门	33	10.1	94.8	113.2	120.0	85	
台湾	34	59.5	83.4	92.3	60.6	74	
中国		26.8	48.6	52.1	35.3	41	
高收入 OECD 国家[b]		99.9	100.0	99.8	100.4	100	
中等收入国家		10.5	38.4	37.1	38.9	31	
低收入国家		2.2	14.2	23.6	22.6	16	
世界平均		35.8	46.2	43.9	57.1	46	

注：a. 采用第二次现代化评价模型第二版（新版）的评价结果，见技术注释。后同。

b. 高收入 OECD 国家：OECD 国家中的高收入国家，包括 32 个国家。后同。

附表 3-3-2　2013 年中国地区知识创新指数

地区	编号	知识创新指标的实际值				知识创新指标的指数				知识创新指数
		人均知识创新经费[a]	知识创新人员比例[b]	发明专利申请比例[c]	知识产权出口比例[d]	知识创新经费指数	知识创新人员指数	知识创新专利指数	知识产权出口比例指数	
北京	1	905.3	114.5	31.9	0.18	82	120	120	28	87.6
天津	2	469.8	68.1	14.9	0.22	43	120	120	35	79.3
河北	3	62.1	12.2	1.0	0.05	6	30	13	7	14.0
山西	4	69.0	13.5	1.7	0.05	6	34	21	7	17.1
内蒙古	5	75.8	14.9	0.8	0.11	7	37	10	18	17.8
辽宁	6	164.1	21.6	5.8	0.11	15	54	73	17	39.6
吉林	7	70.3	17.4	1.7	0.04	6	43	21	6	19.1
黑龙江	8	69.4	16.3	2.7	0.10	6	41	34	16	24.3
上海	9	519.6	68.6	16.2	0.84	47	120	120	120	101.8
江苏	10	302.7	58.7	17.8	0.34	27	120	120	53	80.0
浙江	11	240.1	56.6	7.8	0.06	22	120	99	9	62.3
安徽	12	94.3	19.8	5.8	0.06	9	49	73	9	34.9
福建	13	134.4	32.5	2.6	0.05	12	81	33	7	33.3
江西	14	48.4	9.6	0.9	0.04	4	24	11	7	11.6
山东	15	195.2	28.7	6.9	0.09	18	71	88	14	47.6
河南	16	61.0	16.2	1.7	0.02	6	40	21	4	17.5
湖北	17	124.3	22.9	3.1	0.15	11	57	40	23	32.8
湖南	18	79.0	15.5	1.8	0.04	7	38	23	6	18.5
广东	19	219.1	47.1	6.5	0.28	20	117	82	44	65.9
广西	20	36.9	8.6	3.0	0.01	3	21	39	2	16.2
海南	21	26.8	7.8	1.1	0.13	2	19	13	20	13.6
重庆	22	96.0	17.7	4.2	0.73	9	44	54	115	55.2
四川	23	79.7	13.5	2.9	0.11	7	34	37	17	23.7
贵州	24	21.8	6.8	1.1	0.01	2	17	14	2	8.8
云南	25	27.5	6.1	0.8	0.03	2	15	11	5	8.3
西藏	26	11.9	3.9	0.3	0.03	1	10	4	4	4.6
陕西	27	147.1	24.8	7.0	0.05	13	62	89	7	42.9
甘肃	28	41.9	9.7	1.4	0.11	4	24	17	17	15.8
青海	29	38.5	8.3	0.9	0.10	3	20	11	16	12.8
宁夏	30	51.6	12.6	2.7	0.09	5	31	35	15	21.3
新疆	31	32.4	7.0	1.0	0.13	3	17	12	20	12.9
香港	32	277.3	29.9	1.3	0.21	25	74	17	33	37.2
澳门	33	44.9	9.3	1.0	—	4	23	13	0	10.1
台湾	34	658.9	76.6	4.6	—	60	120	58	0	59.5
中国		140.9	10.9	5.2	0.01	13	27	66	1	26.8
高收入 OECD 国家		1102.4	40.3	7.9	0.64	100	100	100	100	99.9
中等收入国家		64.7	5.6	1.5	0.02	6	14	18	4	10.5
低收入国家		3.6	—	—	0.03	0	—	—	4	2.2
世界平均		231.4	12.7	2.3	0.40	21	31	29	62	35.8
标准值		1102.0	40.3	7.9	0.64					

注：a. 指人均 R&D 经费，其数据为 2005～2013 年期间最近年的数据。
　　b. 指从事研究与发展活动的研究人员全时当量/万人，其数据为 2005～2013 年期间最近年的数据。
　　c. 指居民申请国内发明专利数/万人，其数据为 2005～2013 年期间最近年数据。
　　d. 指技术转让收入占 GDP 比例(%)，其数据为 2005～2013 年期间最近年数据。

附表 3-3-3　2013 年中国地区知识传播指数

地区	编号	知识传播指标的实际值				知识传播指标的指数				知识传播指数
		中学普及率[a,d]	大学普及率[b,d]	人均知识产权进口[c]	互联网宽带普及率	中学普及指数	大学普及指数	人均知识产权进口指数	互联网普及指数	
北京	1	110	70	166	75	100	92	73	92	89
天津	2	109	76	174	61	100	101	77	75	88
河北	3	96	28	2	47	96	36	1	57	48
山西	4	92	25	4	49	92	33	2	60	47
内蒙古	5	96	30	2	44	96	39	1	54	48
辽宁	6	97	48	19	56	97	63	9	69	59
吉林	7	97	44	25	42	97	59	11	52	55
黑龙江	8	90	40	1	40	90	52	0	48	48
上海	9	109	56	253	71	100	74	111	87	93
江苏	10	97	37	65	52	97	49	28	63	60
浙江	11	102	33	75	61	100	44	33	75	63
安徽	12	100	28	5	36	100	36	2	44	46
福建	13	109	32	31	64	100	43	14	79	59
江西	14	84	31	4	33	84	41	2	40	42
山东	15	103	39	9	45	103	51	4	55	53
河南	16	93	27	1	35	93	36	0	43	43
湖北	17	96	37	11	43	96	49	5	53	51
湖南	18	90	33	3	36	90	43	1	45	45
广东	19	98	21	64	66	98	28	28	81	59
广西	20	94	24	2	38	94	31	1	47	43
海南	21	98	28	189	46	98	36	83	57	69
重庆	22	97	37	148	44	97	48	65	54	66
四川	23	91	26	6	35	91	34	3	43	43
贵州	24	83	19	0	33	83	24	0	40	37
云南	25	76	19	1	33	76	24	0	40	35
西藏	26	67	15	0	37	67	20	0	46	33
陕西	27	109	40	2	45	100	53	1	55	52
甘肃	28	95	23	1	35	95	30	0	43	42
青海	29	79	13	1	48	79	17	0	59	39
宁夏	30	94	24	3	44	94	31	1	54	45
新疆	31	89	20	7	49	89	26	3	60	45
香港	32	99	67	282	74	99	88	120	91	100
澳门	33	96	63	425	66	96	82	120	81	95
台湾	34	100	84	—	32	100	110	—	40	83
中国	73	92	30	15	46	92	39	7	56	49
高收入 OECD 国家	132	105	76	227	82	100	100	100	100	100
中等收入国家	133	75	28	9	31	75	37	4	38	38
低收入国家	134	40	8	0	6	40	10	0	7	14
世界平均	135	75	33	45	38	75	43	20	47	46
标准值		100	76	227	82					

注：a. 中国地区为在校中学生占 12～17 岁人口比例，根据在校中学生人数和 2010 年人口普查数据计算。
　　b. 中国地区为在校大学生占 18～21 岁人口比例，根据在校大学生人数和 2010 年人口普查数据计算。
　　c. 中国内地地区为人均技术进口费用。
　　d. 中国内地地区的数据，没有考虑出国留学和外地借读的影响。

附表 3-3-4　2013 年中国地区生活质量指数

地区	编号	生活质量指标的实际值				生活质量指标的指数				生活质量指数
		预期寿命[a]	人均购买力[b]	婴儿死亡率[c]	人均能源消费	预期寿命指数	人均购买力指数	婴儿死亡率指数	能源消费指数	
北京	1	81	26 481	1	2226	100	63	120	48	83
天津	2	79	28 297	1	3748	98	67	120	80	91
河北	3	75	10 999	6	2832	93	26	74	61	63
山西	4	75	9890	5	3811	93	23	79	82	69
内蒙古	5	75	19 176	9	4955	93	46	46	106	73
辽宁	6	77	17 524	3	3463	95	42	120	74	83
吉林	7	77	13 407	5	2199	95	32	82	47	64
黑龙江	8	76	10 656	3	2163	95	25	120	46	72
上海	9	81	25 594	1	3288	100	61	120	70	88
江苏	10	77	21 195	4	2575	96	50	110	55	78
浙江	11	78	19 449	4	2373	97	46	119	51	78
安徽	12	76	9001	9	1358	94	21	48	29	48
福建	13	76	16 436	6	2075	94	39	74	44	63
江西	14	75	9026	14	1174	93	21	31	25	43
山东	15	77	16 001	5	2543	95	38	92	54	70
河南	16	75	9709	7	1629	93	23	65	35	54
湖北	17	75	12 106	6	1895	93	29	77	41	60
湖南	18	75	10 444	8	1561	93	25	56	33	52
广东	19	77	16 631	5	1873	95	40	90	40	66
广西	20	76	8690	8	1350	94	21	54	29	49
海南	21	77	10 033	6	1345	95	24	75	29	56
重庆	22	76	12 158	7	1897	94	29	63	41	57
四川	23	75	9220	7	1659	93	22	66	35	54
贵州	24	72	6512	19	1859	89	15	23	40	42
云南	25	70	7126	20	1504	87	17	22	32	39
西藏	26	69	7406	12	—	85	18	35	—	46
陕西	27	75	12 128	9	1973	93	29	45	42	52
甘肃	28	73	6902	14	1975	90	16	32	42	45
青海	29	70	10 372	13	4565	87	25	34	98	61
宁夏	30	74	11 199	7	5116	91	27	58	109	71
新疆	31	73	10 563	9	4214	90	25	49	90	64
香港	32	84	54 380	2	2045	104	120	120	44	97
澳门	33	80	118 230	2	—	100	120	120	—	113
台湾	34	80	34 967	6	5277	99	83	74	113	92
中国		75	12 100	11	2143	93	29	41	46	52
高收入 OECD 国家		81	42 100	4	4673	100	100	99	100	100
中等收入国家		70	9143	33	1248	87	22	13	27	37
低收入国家		61	1507	56	359	75	4	8	8	24
世界平均		71	14 373	34	1898	88	34	13	41	44
标准值		81	42 100	4.3	4673					

注：a. 中国内地地区数据为估算值，为根据 2010 年地区普查数据和中国 2013 年数据的换算。
　　b. 中国内地地区数据为按购买力平价计算的人均 GDP，其他为按购买力平价计算的人均 GNI。
　　c. 中国内地地区为估计值，为根据 2000 年人口普查结果和 2013 年全国婴儿死亡率的换算。

附表 3-3-5 2013 年中国地区经济质量指数

地区	编号	经济质量指标的实际值				经济质量指标的指数				经济质量指数
		人均居民收入[a]	单位 GDP 的能源消耗	物质产业增加值比例	物质产业劳动力比例[b]	人均居民收入	单位 GDP 的能源消耗	物质产业增加值指数	物质产业劳动力指数	
北京	1	15 059	0.15	23	24	34	74	109	117	84
天津	2	16 092	0.23	52	50	36	47	49	57	47
河北	3	6255	0.45	65	62	14	24	39	46	31
山西	4	5624	0.68	60	64	13	16	42	45	29
内蒙古	5	10 904	0.45	64	63	25	24	40	46	34
辽宁	6	9965	0.35	61	56	22	32	41	52	37
吉林	7	7624	0.29	65	62	17	38	39	46	35
黑龙江	8	6060	0.36	59	64	14	31	43	45	33
上海	9	14 554	0.23	38	44	33	49	67	66	53
江苏	10	12 053	0.21	55	63	27	51	46	45	42
浙江	11	11 060	0.21	54	65	25	51	47	44	42
安徽	12	5119	0.27	67	63	12	41	38	46	34
福建	13	9347	0.22	61	64	21	50	41	45	39
江西	14	5133	0.23	65	64	12	48	39	45	36
山东	15	9099	0.28	59	67	21	39	43	42	36
河南	16	5521	0.30	68	72	12	37	37	40	32
湖北	17	6884	0.28	62	66	16	40	41	44	35
湖南	18	5939	0.26	62	65	13	42	42	44	35
广东	19	9457	0.20	52	66	21	56	48	43	42
广西	20	4942	0.27	64	72	11	40	39	40	33
海南	21	5705	0.24	52	60	13	47	49	48	39
重庆	22	6914	0.27	59	62	16	40	43	46	36
四川	23	5243	0.32	65	67	12	35	39	43	32
贵州	24	3703	0.50	53	78	8	22	47	37	29
云南	25	4052	0.37	58	70	9	30	43	41	31
西藏	26	4211	0.00	47	60	10	—	54	48	37
陕西	27	6897	0.29	65	78	16	38	39	37	32
甘肃	28	3925	0.50	59	76	9	22	43	38	28
青海	29	5898	0.77	67	61	13	14	38	47	28
宁夏	30	6368	0.80	58	65	14	14	43	44	29
新疆	31	6007	0.70	63	64	14	16	40	44	28
香港	32	38 364	0.05	7	21	87	120	120	120	112
澳门	33	90 332	—	6	13	120	—	120	120	120
台湾	34	21 558	0.24	32	41	49	45	80	69	61
中国		6710	0.34	53	62	15	32	47	47	35
高收入 OECD 国家		44 314	0.11	25	29	100	102	100	100	100
中等收入国家		4495	0.29	45	56	10	38	56	51	39
低收入国家		600	0.56	54	—	1	19	47	—	23
世界平均		10 720	0.18	29	49	24	61	85	58	57
标准值		44 314	0.11	25	29					

注：a. 中国内地地区数据为人均 GDP 的值，单位为当年价格美元。
b. 中国内地地区数据为 2012 年的值。

附表 3-3-6 2013 年中国地区第二次现代化发展阶段

地区	编号	第一次现代化的阶段[a]	产业结构信号		劳动力结构信号		平均值	第二次现代化的阶段[b]
			物质产业增加值占 GDP 比例	赋值	物质产业劳动力占总劳动力比例[c]	赋值		
北京	1	F4	23	2	24	2	2.0	S2
天津	2	F4	52		50			
河北	3	F3	65		62			
山西	4	F3	60		64			
内蒙古	5	F3	64		63			
辽宁	6	F3	61		56			
吉林	7	F3	65		62			
黑龙江	8	F2	59		64			
上海	9	F4	38	1	44		0.5	S1
江苏	10	F3	55		63			
浙江	11	F4	54		65			
安徽	12	F3	67		63			
福建	13	F3	61		64			
江西	14	F3	65		64			
山东	15	F3	59		67			
河南	16	F3	68		72			
湖北	17	F3	62		66			
湖南	18	F2	60		65			
广东	19	F4	52		66			
广西	20	F2	64		72			
海南	21	F2	52		60			
重庆	22	F3	59		62			
四川	23	F2	65		67			
贵州	24	F2	53		78			
云南	25	F2	58		70			
西藏	26	F2	47		60			
陕西	27	F3	65		78			
甘肃	28	F2	59		76			
青海	29	F3	67		61			
宁夏	30	F3	58		65			
新疆	31	F2	63		64			
香港	32	F4	7	3	21	2	2.5	S2
澳门	33	F4	6	3	13	3	3.0	S2
台湾	34	F4	32	1	41	0	0.5	S1
中国		F3	54		64			
高收入 OECD 国家		F4	25	2	26	2	2	S2
中等收入国家		F3	46		59			
低收入国家		F2	51					
世界平均		F3	30		57			

注：a. F 代表第一次现代化，F4 代表过渡期，F3 代表成熟期，F2 代表发展期，F1 代表起步期。
b. S 代表第二次现代化，S2 代表发展期，S1 代表起步期，香港的发展阶段根据第二次现代化指数进行了调整。
c. 中国内地地区为 2010 年数据。

附表 3-3-7　1970～2013 年中国地区第二次现代化指数

地区	编号	1970[a]	1980[a]	1990[a]	2000[a]	2000[b]	2010[b]	2011[b]	2012[b]	2013[b]
北京	1	31	44	55	74	47	75	82	86	86
天津	2	31	40	43	54	36	62	67	75	77
河北	3	17	29	25	29	21	34	36	38	39
山西	4	24	36	28	32	21	37	38	39	40
内蒙古	5	26	31	27	29	19	37	40	43	43
辽宁	6	28	34	35	40	26	47	49	56	55
吉林	7	25	34	30	34	21	37	40	42	43
黑龙江	8	25	33	30	35	23	39	41	44	44
上海	9	39	44	49	66	48	74	77	81	84
江苏	10	20	29	32	35	25	52	58	64	65
浙江	11	17	24	27	35	24	49	53	56	61
安徽	12	16	25	22	27	19	31	34	37	41
福建	13	18	26	23	31	22	40	43	46	49
江西	14	18	25	22	26	19	29	31	32	33
山东	15	18	26	28	32	22	39	44	47	52
河南	16	18	27	23	26	19	32	34	35	37
湖北	17	17	28	27	31	20	37	40	43	45
湖南	18	17	25	24	28	19	32	34	36	38
广东	19	22	26	27	34	22	45	49	53	58
广西	20	17	25	21	25	18	29	31	33	35
海南	21	—	—	21	26	20	34	35	38	44
重庆	22	—	—	—	27	29	44	42	49	54
四川	23	—	22	24	30	19	32	33	36	38
贵州	24	20	23	19	22	15	26	26	28	29
云南	25	19	22	20	23	16	25	26	27	28
西藏	26	—	15	20	22	16	26	28	29	30
陕西	27	22	31	26	39	21	36	39	42	45
甘肃	28	12	22	24	27	18	29	30	31	33
青海	29	20	28	24	27	18	31	32	35	35
宁夏	30	26	28	26	29	21	38	38	44	42
新疆	31	18	30	26	28	19	31	33	36	37
香港	32	—	—	75	93	66	83	84	85	86
澳门	33	—	—	51	79	56	83	84	84	85
台湾	34	—	—	65	80	55	76	78	79	74
中国		22	26	26	31	19	33	36	38	41
高收入 OECD 国家[c]		72	76	89	100	72	95	96	99	100
中等收入国家		20	36	32	38	20	28	29	30	31
低收入国家		9	20	27	20	15	17	17	18	16
世界平均		33	44	47	46	32	43	44	45	46

注：a. 1970～2000 年是以 2000 年高收入国家平均值为基准值的评价。2001 年以来是以当年高收入国家平均值为基准值的评价。

b. 2000～2013 年是以 2013 年高收入 OECD 国家平均值为基准值的评价，为第二次现代化评价模型第二版（新版）的评价结果。

c. 1970～2000 年为高收入国家的值，2000～2013 年为高收入 OECD 国家的值。

附表 3-3-8 1970～2013 年中国地区第二次现代化指数的排名

地区	编号	1970[a]	1980[a]	1990[a]	2000[a]	2000[b]	2010[b]	2011[b]	2012[b]	2013[b]
北京	1	3	1	1	1	2	1	1	1	1
天津	2	2	3	3	3	3	3	3	3	3
河北	3	23	11	17	16	16	19	18	18	20
山西	4	9	4	8	12	14	16	17	17	19
内蒙古	5	6	9	13	17	24	15	12	13	16
辽宁	6	4	5	4	4	5	6	6	6	7
吉林	7	8	6	7	9	12	14	14	16	15
黑龙江	8	7	7	6	7	8	11	11	12	14
上海	9	1	2	2	2	1	2	2	2	2
江苏	10	14	12	5	8	6	4	4	4	4
浙江	11	24	24	10	6	7	5	5	5	5
安徽	12	26	22	25	21	21	24	20	20	18
福建	13	18	19	22	14	11	9	9	10	10
江西	14	20	21	24	26	20	27	27	27	27
山东	15	17	18	9	11	10	10	8	9	9
河南	16	16	16	23	25	23	21	22	25	24
湖北	17	22	14	12	13	17	13	13	14	12
湖南	18	25	20	21	20	22	22	21	21	22
广东	19	10	17	11	10	9	7	7	7	6
广西	20	21	23	27	28	27	26	26	26	25
海南	21	—	—	26	27	18	18	19	19	13
重庆	22	—	—	—	22	4	8	10	8	8
四川	23	—	26	19	15	19	20	23	22	21
贵州	24	13	25	30	30	31	29	31	30	30
云南	25	15	27	28	29	30	31	30	31	31
西藏	26	—	29	29	31	29	30	29	29	29
陕西	27	11	8	15	5	15	17	15	15	11
甘肃	28	27	28	20	23	28	28	28	28	28
青海	29	12	15	18	24	26	25	25	24	26
宁夏	30	5	13	16	18	13	12	16	11	17
新疆	31	19	10	14	19	25	23	24	23	23
香港	32									
澳门	33									
台湾	34									

注：a. 1970～2000 年是以 2000 年高收入国家平均值为基准值的评价。2001 年以来是以当年高收入国家平均值为基准值的评价。
b. 2000～2013 年是以 2013 年高收入 OECD 国家平均值为基准值的评价，为第二次现代化评价模型第二版（新版）的评价结果。
c. 1970～2000 年为高收入国家的值，2000～2013 年为高收入 OECD 国家的值。

附表 3-3-9　2020～2050 年中国地区第二次现代化指数的一种预测

2000	编号	1990～2000年均增长率	2000～2013年均增长率	预测年均增长率	第二现代化指数				
					2013	2020	2030	2040	2050
北京	1	3.10	4.67	3.89	86	112	164	240	352
天津	2	2.39	5.89	4.14	77	102	153	229	343
河北	3	1.54	5.05	3.29	39	49	68	94	129
山西	4	1.06	5.14	3.10	40	50	68	92	125
内蒙古	5	0.84	6.58	3.71	43	55	80	115	165
辽宁	6	1.48	5.77	3.62	55	70	100	143	204
吉林	7	1.28	5.53	3.40	43	55	76	107	149
黑龙江	8	1.47	5.08	3.27	44	55	76	105	145
上海	9	2.88	4.33	3.60	84	108	153	218	311
江苏	10	0.72	7.63	4.18	65	86	130	196	295
浙江	11	2.66	7.65	5.15	61	87	144	238	394
安徽	12	2.22	5.95	4.08	41	54	80	120	179
福建	13	2.70	6.38	4.54	49	66	103	161	251
江西	14	1.70	4.19	2.95	33	40	54	72	96
山东	15	1.48	6.83	4.16	52	69	103	155	234
河南	16	1.24	5.20	3.22	37	46	63	86	118
湖北	17	1.57	6.17	3.87	45	58	85	124	182
湖南	18	1.65	5.41	3.53	38	48	68	96	136
广东	19	2.29	7.76	5.03	58	82	134	219	358
广西	20	2.09	5.28	3.69	35	46	65	94	135
海南	21	1.95	6.17	4.06	44	58	87	130	193
重庆	22	1.70	4.82	3.26	54	67	92	127	176
四川	23	2.32	5.32	3.82	38	50	72	105	153
贵州	24	1.60	4.95	3.27	29	36	50	69	95
云南	25	1.20	4.67	2.93	28	35	46	62	83
西藏	26	0.93	4.83	2.88	30	37	49	65	86
陕西	27	3.95	6.14	5.04	45	63	104	170	278
甘肃	28	1.21	4.78	2.99	33	40	54	72	97
青海	29	0.99	5.15	3.07	35	43	59	79	107
宁夏	30	0.91	5.35	3.13	42	52	70	96	130
新疆	31	0.58	5.48	3.03	37	46	62	84	113
香港	32	2.14	2.10	2.12	86	100	123	152	188
澳门	33	4.42	3.22	3.82	85	110	160	233	338
台湾	34	2.08	2.31	2.19	74	86	107	133	165
中国		2.34	5.95	4.15	41	54	81	122	183
高收入 OECD 国家		2.22	2.54	2.38	100	118	149	189	239
中等收入国家		2.34	3.64	2.99	31	38	52	69	93
低收入国家		1.66	0.24	0.95	16	17	18	20	22
世界平均		1.95	2.90	2.42	46	54	69	87	111

附表 3-4-1　2013 年中国地区综合现代化指数和排名

地区	编号	经济发展指数	社会发展指数	知识发展指数	综合现代化指数	排名
北京	1	68	84	76	76.0	1
天津	2	68	78	65	70.3	3
河北	3	39	45	25	36.2	18
山西	4	39	48	25	37.1	17
内蒙古	5	49	57	26	44.0	10
辽宁	6	50	60	38	49.4	7
吉林	7	42	54	31	42.2	12
黑龙江	8	37	50	27	38.2	15
上海	9	65	77	71	71.1	2
江苏	10	53	64	40	52.4	5
浙江	11	50	69	39	52.8	4
安徽	12	35	43	23	33.5	24
福建	13	45	58	35	46.1	8
江西	14	35	45	22	34.0	23
山东	15	44	57	32	44.2	9
河南	16	33	43	21	32.3	26
湖北	17	39	50	29	39.5	14
湖南	18	37	47	24	36.0	19
广东	19	48	65	37	49.9	6
广西	20	31	42	20	31.4	27
海南	21	37	50	34	40.1	13
重庆	22	41	49	38	42.6	11
四川	23	34	44	22	33.4	25
贵州	24	30	32	17	26.2	31
云南	25	31	38	17	28.7	29
西藏	26	35	34	17	28.9	28
陕西	27	34	49	31	38.0	16
甘肃	28	29	36	19	28.2	30
青海	29	37	45	20	34.0	22
宁夏	30	38	45	23	35.1	20
新疆	31	36	44	23	34.3	21
香港	32	74	91	69	78.0	
澳门	33	77	96	63	78.5	
台湾	34	78	73	70	73.7	
中国		44	48	28	40.1	
高收入 OECD 国家[a]		100	100	100	100.0	
中等收入国家		41	41	21	34.1	
低收入国家		21	15	4	13.7	
世界平均		55	53	32	46.8	

注：a. 高收入 OECD 国家：OECD 国家中的高收入国家，包括 32 个国家。后同。

附表 3-4-2　2013 年中国地区经济发展指数

地区	编号	经济指标的实际值				经济指标的指数				经济发展指数
		人均国民收入[a]	人均制造业[b]	服务业增加值比例	服务业劳动力比例[c]	人均国民收入	人均制造业	服务业增加值比例	服务业劳动力比例	
北京	1	15 059	2161	77	76	34	37	100	100	68
天津	2	16 092	5863	48	50	36	100	64	70	68
河北	3	6255	2326	36	38	14	40	47	53	39
山西	4	5624	2148	40	36	13	37	53	51	39
内蒙古	5	10 904	4111	37	37	25	71	49	52	49
辽宁	6	9965	3683	39	44	22	64	52	62	50
吉林	7	7624	2834	36	38	17	49	47	53	42
黑龙江	8	6060	1715	41	36	14	30	55	51	37
上海	9	14 554	3873	62	56	33	67	83	79	65
江苏	10	12 053	4169	45	37	27	72	60	51	53
浙江	11	11 060	3848	46	35	25	66	62	49	50
安徽	12	5119	1914	33	37	12	33	44	52	35
福建	13	9347	3238	39	36	21	56	52	51	45
江西	14	5133	1839	35	36	12	32	47	51	35
山东	15	9099	3216	41	33	21	56	55	46	44
河南	16	5521	2191	32	28	12	38	43	39	33
湖北	17	6884	2347	38	34	16	41	51	48	39
湖南	18	5939	1932	40	35	13	33	54	49	37
广东	19	9457	3330	48	34	21	57	64	48	48
广西	20	4942	1575	36	28	11	27	48	39	31
海南	21	5705	796	48	40	13	14	65	56	37
重庆	22	6914	2284	41	38	16	39	55	53	41
四川	23	5243	1846	35	33	12	32	47	46	34
贵州	24	3703	991	47	22	8	17	62	31	30
云南	25	4052	1039	42	30	9	18	56	42	31
西藏	26	4211	253	53	40	10	4	71	56	35
陕西	27	6897	2578	35	22	16	44	47	31	34
甘肃	28	3925	1114	41	24	9	19	55	33	29
青海	29	5898	2171	33	39	13	37	44	55	37
宁夏	30	6368	1866	42	35	14	32	56	49	38
新疆	31	6007	1726	37	36	14	30	50	50	36
香港	32	38 364	541	92.7	79	87	9	100	100	74
澳门	33	90 332	349	93.8	87	100	6	100	100	77
台湾	34	21 558	5200	68	59	49	90	91	82	78
中国		6710	2583	47	39	15	45	63	54	44
高收入OECD国家		44 314	5795	75	71	100	100	100	100	100
中等收入国家		4495	1063	55	44	10	18	73	62	41
低收入国家		600	59	46	—	1	1	62	—	21
世界平均		10 720	1753	71	51	24	30	94	71	55
参考值		44 314	5795	75	71					

注：a. 中国内地地区数据为人均GDP。
　　b. 中国内地地区为估计值，为估计值，为人均工业增加值的80%，工业增加值包括采矿业、制造业和公共事业的增加值。
　　c. 中国内地地区为2010年的数据。

附表 3-4-3 2013 年中国地区社会发展指数

地区	编号	社会指标的实际值				社会指标的指数				社会发展指数
		城市人口比例	医生比例	生活水平[a]	能源效率[b]	城市人口比例	医生比例	生活水平	能源效率	
北京	1	86	5.9	26 481	6.8	100	100	63	74	84
天津	2	82	3.2	28 297	4.3	100	100	67	47	78
河北	3	48	2.0	10 999	2.2	60	69	26	24	45
山西	4	53	2.5	9890	1.5	65	86	23	16	48
内蒙古	5	59	2.5	19 176	2.2	73	87	46	24	57
辽宁	6	66	2.4	17 524	2.9	83	84	42	31	60
吉林	7	54	2.3	13 407	3.5	67	80	32	38	54
黑龙江	8	57	2.1	10 656	2.8	71	73	25	30	50
上海	9	90	4.0	25 594	4.4	100	100	61	48	77
江苏	10	64	2.2	21 195	4.7	80	77	50	51	64
浙江	11	64	2.9	19 449	4.7	80	99	46	51	69
安徽	12	48	1.4	9001	3.8	59	49	21	41	43
福建	13	61	2.0	16 436	4.5	75	69	39	49	58
江西	14	49	1.5	9026	4.4	61	50	21	48	45
山东	15	54	2.4	16 001	3.6	67	83	38	39	57
河南	16	44	1.6	9709	3.4	54	56	23	37	43
湖北	17	55	1.9	12 106	3.6	68	65	29	39	50
湖南	18	48	1.8	10 444	3.8	60	61	25	41	47
广东	19	68	2.4	16 631	5.0	84	83	40	55	65
广西	20	45	1.5	8690	3.7	56	53	21	40	42
海南	21	53	1.8	10 033	4.2	66	63	24	46	50
重庆	22	58	1.6	12 158	3.6	72	57	29	40	49
四川	23	45	1.9	9220	3.2	56	66	22	34	44
贵州	24	38	1.3	6512	2.0	47	45	15	22	32
云南	25	40	1.6	7126	2.7	50	56	17	29	38
西藏	26	24	1.6	7406	—	29	56	18	—	34
陕西	27	51	1.9	12 128	3.5	64	65	29	38	49
甘肃	28	40	1.6	6902	2.0	50	57	16	22	36
青海	29	49	2.3	10 372	1.3	60	80	25	14	45
宁夏	30	52	2.1	11 199	1.2	65	74	27	14	45
新疆	31	44	2.3	10 563	1.4	55	81	25	15	44
香港	32	100	1.8	54 380	18.8	100	63	100	100	91
澳门	33	100	2.6	118 230	—	100	88	100	—	96
台湾	34	83	1.9	34 967	4.1	100	66	83	44	73
中国		53	1.9	12 100	2.9	66	67	29	32	48
高收入 OECD 国家		80	2.9	42 100	9.2	100	100	100	100	100
中等收入国家		48	1.2	9143	3.5	60	43	22	38	41
低收入国家		29	0.1	1507	1.8	36	3	4	19	15
世界平均		53	1.5	14 373	5.5	66	53	34	60	53
参考值		80	2.9	42 100	9.2					

注：a. 中国内地地区数据为按购买力平价计算的人均 GDP，其他为按购买力平价计算的人均 GNI。
　　b. 人均 GDP 与人均能源消费之比。

附表 3-4-4　2013 年中国地区知识发展指数

地区	编号	知识指标的实际值				知识指标的指数				知识发展指数
		人均知识创新经费[a]	人均知识产权贸易[b]	大学普及率[c]	互联网宽带普及率	知识创新经费投入	人均知识产权费用	大学普及率	互联网宽带普及率	
北京	1	905.3	193	70	75	82	38	92	92	76
天津	2	469.8	209	76	61	43	42	100	75	65
河北	3	62.1	5	28	47	6	1	36	57	25
山西	4	69.0	7	25	49	6	1	33	60	25
内蒙古	5	75.8	14	30	44	7	3	39	54	26
辽宁	6	164.1	30	48	56	15	6	63	69	38
吉林	7	70.3	28	44	42	6	6	59	52	31
黑龙江	8	69.4	7	40	40	6	1	52	48	27
上海	9	519.6	374	56	71	47	75	74	87	71
江苏	10	302.7	105	37	52	27	21	49	63	40
浙江	11	240.1	81	33	61	22	16	44	75	39
安徽	12	94.3	8	28	36	9	2	36	44	23
福建	13	134.4	35	32	64	12	7	43	79	35
江西	14	48.4	7	31	33	4	1	41	40	22
山东	15	195.2	17	39	45	18	3	51	55	32
河南	16	61.0	2	27	35	6	0	36	43	21
湖北	17	124.3	21	37	43	11	4	49	53	29
湖南	18	79.0	5	33	36	7	1	43	45	24
广东	19	219.1	91	21	66	20	18	28	81	37
广西	20	36.9	3	24	38	3	1	31	47	20
海南	21	26.8	196	28	46	2	39	36	57	34
重庆	22	96.0	199	37	44	9	40	48	54	38
四川	23	79.7	12	26	35	7	2	34	43	22
贵州	24	21.8	1	19	33	2	0	24	40	17
云南	25	27.5	2	19	33	2	0	24	40	17
西藏	26	11.9	1	15	37	1	0	20	46	17
陕西	27	147.1	6	40	45	13	1	53	55	31
甘肃	28	41.9	5	23	35	4	1	30	43	19
青海	29	38.5	7	13	48	3	1	17	59	20
宁夏	30	51.6	9	24	44	5	2	31	54	23
新疆	31	32.4	15	20	49	3	3	26	60	23
香港	32	277.3	362	67	74	25	72	88	91	69
澳门	33	44.9	425	63	66	4	85	82	81	63
台湾	34	658.9	—	84	32	60	—	110	40	70
中国	73	140.9	16	30	46	13	3	39	56	28
高收入 OECD 国家		1102.4	502	76	82	100	100	100	100	100
中等收入国家		64.7	10	28	31	6	2	37	38	21
低收入国家		3.6	0	8	6	0	0	10	7	4
世界平均		231.4	87	33	38	21	17	43	47	32
参考值		1102.4	502	76.0	81.5					

注：a. 指人均 R&D 经费，其数据为 2005～2013 年期间最近年的数据；
　　b. 中国内地地区数据为估计值，为人均技术转让费用和人均技术进口费用的总和。
　　c. 中国内地地区为在校大学生占 18～21 岁人口比例，根据在校大学生人数和 2010 年人口普查数据计算。

附表 3-4-5　1980～2013 年中国地区综合现代化指数

地区	编号	1980[a]	1990[a]	2000[a]	2010[b]	2011[b]	2012[b]	2013[b]
北京	1	42	52	65	66	70	74	76
天津	2	36	43	50	57	62	65	70
河北	3	25	29	28	30	33	35	36
山西	4	26	31	32	33	34	36	37
内蒙古	5	27	31	30	36	40	42	44
辽宁	6	29	38	39	41	44	47	49
吉林	7	28	33	35	35	37	40	42
黑龙江	8	28	34	33	34	35	37	38
上海	9	42	49	62	63	65	67	71
江苏	10	28	32	35	43	46	50	52
浙江	11	23	31	36	45	47	48	53
安徽	12	22	24	27	27	29	32	34
福建	13	24	29	34	38	41	43	46
江西	14	23	26	29	27	30	32	34
山东	15	20	29	32	36	38	41	44
河南	16	19	25	25	26	28	31	32
湖北	17	25	30	33	33	35	37	39
湖南	18	22	26	30	29	31	34	36
广东	19	26	32	37	43	44	45	50
广西	20	22	25	28	25	28	30	31
海南	21	—	33	31	32	34	35	40
重庆	22	—	—	30	34	37	42	43
四川	23	21	28	30	27	29	32	33
贵州	24	19	23	24	23	23	25	26
云南	25	21	24	25	23	25	27	29
西藏	26	27	28	25	26	26	27	29
陕西	27	27	29	37	32	34	36	38
甘肃	28	17	26	27	25	25	27	28
青海	29	28	29	29	29	30	32	34
宁夏	30	25	29	29	30	32	34	35
新疆	31	26	31	30	30	32	33	34
香港	32	64	77	76	80	77	77	78
澳门	33	—	75	65	83	80	78	79
台湾	34	—	74	74	70	71	72	74
中国		23	28	32	34	36	38	40
高收入 OECD 国家[c]		100	100	100	100	100	100	100
中等收入国家		52	48	43	32	33	31	34
低收入国家		28	38	24	14	14	14	14
世界平均		60	59	50	44	46	46	47

注：a. 采用综合现代化评价模型第一版的评价结果，以当年高收入国家平均值为参考值的评价。
　　b. 采用综合现代化评价模型第二版（新版）的评价结果，以 OECD 高收入国家平均值为参考值的评价，见技术注释。
　　c. 1980～2000 年为高收入国家；2010～2013 年为高收入 OECD 国家，2012 年为 32 个国家。

附表 3-4-6　1980～2013 年中国地区综合现代化指数的排名

地区	编号	1980[a]	1990[a]	2000[a]	2010[b]	2011[b]	2012[b]	2013[b]
北京	1	1	1	1	1	1	1	1
天津	2	3	3	3	3	3	3	3
河北	3	16	15	24	20	18	18	18
山西	4	12	11	13	14	15	16	17
内蒙古	5	9	12	16	9	9	9	10
辽宁	6	4	4	4	7	7	6	7
吉林	7	5	6	8	11	11	12	12
黑龙江	8	6	5	11	13	13	14	15
上海	9	2	2	2	2	2	2	2
江苏	10	8	8	9	6	5	4	5
浙江	11	19	10	7	4	4	5	4
安徽	12	22	28	26	25	24	24	24
福建	13	18	18	10	8	8	8	8
江西	14	20	25	21	24	23	23	23
山东	15	26	17	14	10	10	11	9
河南	16	28	27	28	27	26	26	26
湖北	17	17	14	12	15	14	13	14
湖南	18	23	24	20	21	21	20	19
广东	19	13	9	5	5	6	7	6
广西	20	21	26	25	28	27	27	27
海南	21		7	15	17	17	17	13
重庆	22			18	12	12	10	11
四川	23	24	22	19	23	25	25	25
贵州	24	27	30	31	31	31	31	31
云南	25	25	29	30	30	30	30	29
西藏	26	11	21	29	26	28	28	28
陕西	27	10	16	6	16	16	15	16
甘肃	28	29	23	27	29	29	29	30
青海	29	7	20	22	22	22	22	22
宁夏	30	15	19	23	19	20	19	20
新疆	31	14	13	17	18	19	21	21
香港	32							
澳门	33							
台湾	34							

注：a. 采用综合现代化评价模型第一版的评价结果，以当年高收入国家平均值为参考值的评价。
　　b. 采用综合现代化评价模型第二版（新版）的评价结果，以 OECD 高收入国家平均值为参考值的评价，见技术注释。
　　c. 1980～2000 年为高收入国家；2010～2013 年为高收入 OECD 国家，2012 年为 32 个国家。